BIBLIOTECA JURÍDICA

DE

AUTORES ESPAÑOLES Y EXTRANJEROS

VOLUMEN XI

FRANZ VON LISZT

Profesor de Derecho en la Universidad de Berlín.

TRATADO DE DERECHO PENAL

TRADUCIDO DE LA 18.ª EDICIÓN ALEMANA

Y ADICIONADO CON LA

HISTORIA DEL DERECHO PENAL EN ESPAÑA

POR

QUINTILIANO SALDAÑA

Profesor de Estudios superiores de Derecho penal
y de Antropología criminal en la Universidad de Madrid.

TOMO PRIMERO

MADRID

HIJOS DE REUS, EDITORES

Cañizares, 3 duplicado.

1914

MADRID: HIJOS DE REUS, IMPRESORES.
Ronda de Atocha, 15 centro.

BIBLIOTECA SOCIOLÓGICA

DE

AUTORES ESPAÑOLES Y EXTRANJEROS

PROSPECTO

«Somos de ayer y lo llenamos todo.» Este podía ser el lema de las modernas ciencias sociológicas, que, nacidas há poco más de un siglo, avasallan ya la ciencia contemporánea.

Y á fe que si alguna esperanza de mejoramiento y de renovación cabe en lo humano, no es posible cifrarla más que en este florecimiento de los estudios sociológicos. La Revolución francesa pulverizó la sociedad con su rodillo igualitario; redujo toda la realidad á individuos, unidades inorgánicas de un conglomerado amorfo. Desde entonces la vida social, la política práctica, no tienen otra aspiración que oponer á la obra negativa y demoledora de la Revolución una labor positiva de reconstrucción social. Pero nuestro siglo no podría acometer esta misión sin una serie de rectificaciones teóricas, sin un bagaje de hechos y de experiencias prácticas, que sólo cabe reunir utilizando ampliamente los métodos sociológicos. «Es preciso—dice el sabio profesor de Berlín Otto Gierke—modelar en *sentido social* el Estado, el Derecho, la Moral y la Económía.»

En España ha tenido repercusión, ¿cómo no?, este movimiento; pero en manifestaciones aisladas, inorgánicas y á veces inconscientes. No encontrando órgano adecuado de expresión, los estudios sociológicos han sido incluidos en el heterogéneo marco de la Filosofía y la Historia, ó englobados con el Derecho. Por otra parte, y esto era más de lamentar, apenas si había nada de original y propio en la literatura sociológica patria, á no ser trabajos estadísticos y de legislación obrera y los estudios, en su mayor parte prácticos y de propaganda, de la escuela social católica.

Fundados en la notoria insuficiencia de tal producción y animados por el constante deseo de prestar nuestra ayuda á todo lo que sea exigencia de la cultura, esta Casa Editorial ha creído llegada la hora de inaugurar una **Biblioteca Sociológica de autores españoles y extranjeros,** que sea complemento de las que á las ciencias jurídicas, médicas y filosóficas tenemos ya dedicadas, con aceptación y continuo aplauso de los intelectuales de España y América.

Ancho campo donde extenderse tendrá esta **Biblioteca Sociológica.** No será sólo su objeto la *Sociología abstracta ó pura,* es decir, el estudio de la naturaleza y leyes de la sociedad (considerada, casi siempre, á través de una concepción exageradamente organicista), sino también las *Sociologías especiales,* las ciencias sociológicas, que son, con nuevo punto de vista, gran parte de las que antes se llamaban *ciencias morales y políticas.*

Basta, para comprender la extensión é importancia de los actuales estudios sociológicos, ver el incremento adquirido por la Moral social, la Psicología social, la Economía social, la Estética social, la Higiene y la Medicina social, la Sociología religiosa, la jurídica, la criminal, la filológica, la Antropo-sociología, etcétera; ciencias todas ellas que deben tener acogida en una biblioteca sociológica. Pero, sobre todo, irá la nuestra encaminada á iluminar el llamado por antonomasia *problema social*, la miseria y malestar de la clase obrera, á las que urge poner remedio por medio de una legislación y de una acción social adecuadas.

Como muestra de nuestro Programa presentamos hoy al público la obra del Sr. Castán sobre **La Crisis del Matrimonio**, no sólo por lo sugestivo y nuevo de su tema, sino porque el problema del matrimonio sirve de ocasión al autor para poner de relieve la situación de dificilísima crisis por que atraviesan la ciencia y la sociedad contemporáneas, agitada la una por las fuertes corrientes del positivismo, del socialismo y del anarquismo, y removida la otra por la acción de factores económicos, morales y religiosos de honda transcendencia sobre la constitución y vida de la familia.

No dudamos que nuestro pensamiento y nuestros propósitos hallarán eco entre los intelectuales y entre el público, que, si nunca nos han negado su concurso, mucho menos ahora que les brindamos cooperar con nosotros á una obra de actualidad científica y de importancia práctica, á la vez que de interés para todos, porque todos estamos interesados en conocer la sociedad en que vivimos y contribuir á su progreso y regeneración.

Pero aun confiando en el éxito que obtendrá esta Biblioteca, por la importancia indicada, y garantizado éste también por el triunfo obtenido con las **Bibliotecas Jurídica, Médica** y **Filosófica de autores españoles y extranjeros**, siempre esta Casa Editorial demostrará, aun con triunfos descontados, su verdadero agradecimiento al público, que con su apoyo contribuye á ello, estableciendo con este fin, y siguiendo el mismo criterio adoptado en anteriores empresas, el beneficio especial del **diez por ciento** del precio de los volúmenes que se publiquen á todos los que se suscriban **á esta Biblioteca**, desde su volumen I.

Los volúmenes aparecerán impresos en tamaño 4.°, excelente papel y debidamente numerados, con objeto de que esta Biblioteca tenga la uniformidad necesaria en esta clase de empresas, y el precio de cada uno estará siempre en relación con la extensión de la materia, aunque en ningún caso excederá de *diez pesetas.*

Todos los que deseen figurar suscritos en esta nueva empresa editorial deberán remitir cuanto antes, extendido en forma debida, el siguiente

BOLETÍN DE SUSCRIPCIÓN (1)

D. ...., *vecino de* ...., *provincia de*

calle .... *núm.* ...., *se suscribe desde el* **tomo** .... *á la* **Biblioteca Sociológica de autores españoles y extranjeros** (2), *con el descuento del* **10 por 100** *del valor que se fije á los volúmenes que desea recibir en* (3)

, *y que abonará conforme vayan publicándose.*

de *de 191*

El Suscriptor,

(1) Deberá remitirse á la Casa Editorial franqueado como carta, para evitar extravío.

(2) Esta suscripción puede suspenderse cuando el suscriptor estime conveniente hacerlo, no obligando á todos los volúmenes de la Biblioteca. Caso de que el suscriptor posea algunos volúmenes de esta Biblioteca, deberá indicarlo, para evitar duplicidad de envío.

(3) Deberá indicarse si desea recibir los volúmenes en *rústica* ó en *pasta española.*

INTRODUCCIÓN

§ I. — *Concepto del Derecho penal y objeto de este Tratado a).*

I.—*El Derecho penal como poder público para castigar, jurídicamente limitado.*

Derecho penal *(Strafrecht) b) es el conjunto de las reglas jurídicas establecidas por el Estado, que asocian el crimen, como hecho, c)* á la pena, como legítima consecuencia (1).

El *crimen,* como hecho perteneciente al Derecho penal, constituye una subespecie particular de lo injusto (del delito); es decir, la acción culpable é ilegal.

Y la *pena,* como legítima consecuencia propia del Derecho penal, se distingue de las otras consecuencias

(1) El Derecho penal, en sentido *objetivo,* se llama también Derecho criminal. En sentido *subjetivo,* Derecho penal significa el Derecho de castigar, el *jus puniendi.*

Es de notar que de un *Derecho* penal público, en sentido subjetivo, sólo se puede hablar bajo el supuesto de que el *poder* de castigar por parte del Estado, ilimitado en sí, haya fijado prudentemente, limitándose á sí mismo, el *supuesto* y el *contenido* de su actuación (el crimen y la pena).

Conforme en un todo con Mommsen, 56 (el pensamiento capital de su libro es éste: que el Derecho penal es, á través de la limitación legal, engendrado por el poder coercitivo de los magistrados, ilimitado en sí mismo).

Así como, ante todo, «el Derecho es la política del poder» (véase Ihering), así el Derecho público para castigar es el poder penal público, *jurídicamente limitado* (véase abajo § 2, III). Ahora bien; esta limitación esta formada por el Derecho penal en su sentido objetivo.

legítimas de lo injusto en que representa una peculiar intromisión del Estado contra el culpable en sus bienes jurídicos *(Rechtsgüter) d)*.

El crimen y la pena son, pues, las dos ideas fundamentales del Derecho penal. De ahí resulta que el objeto inmediato de la CIENCIA DEL DERECHO PENAL es formular, bajo un aspecto puramente técnico-jurídico, y basándose en la *legislación*, los delitos y las penas como generalizaciones ideales; desarrollar las prescripciones particulares de la ley, elevándose hasta las ideas fundamentales y los últimos principios para formar un sistema cerrado; exponer en la Parte general del sistema el concepto del crimen y de la pena, en general; y, en la especial, la seriación de los crímenes en *particular* y de las penas legales.

Como ciencia eminentemente *práctica*, que trabaja continuamente para satisfacer las necesidades de la administración de justicia, creando siempre nuevos frutos, la ciencia del Derecho es y debe ser una ciencia propiamente *sistemática;* pues solamente la ordenación de los conocimientos, en forma de sistema, garantiza aquel dominio seguro y diligente sobre todas las particularidades, sin el que la aplicación del Derecho, entregada al arbitrio ó al azar, no pasaría de ser un eterno *diletantismo*.

Este Tratado se limita á la exposición del *Derecho penal vigente en Alemania; e)* en primer término, del *Derecho penal civil* y del *militar* sólo en sus líneas generales.

El Derecho penal vigente fuera de Alemania y el Derecho penal de cada uno de los Estados alemanes quedan fuera de este estudio. En cuanto á la *Historia del Derecho penal*, sólo nos acupamos de ella en cuanto sea necesaria para comprender el Derecho vigente, como acontecimiento histórico capaz de desarrollo ulterior. A la Historia dedicaremos el *primer capítulo* de la Introducción.

II.—*La política criminal f*).

El conocimiento de la pena como uno de los *medios para la lucha contra el crimen*, puesto en manos del Estado, nos lleva más allá del Derecho vigente.

Este conocimiento nos acerca á la cuestión del *fundamento jurídico* y de los *fines del poder penal*, así como del *origen* y de la *naturaleza del crimen*. La solución científica de estas cuestiones es objeto de la POLITICA CRIMINAL, que estriba en la *criminología* y la *penología*.

La Política criminal nos da el criterio para la *apreciación del Derecho vigente* y nos revela *cuál es el que debe regir g*), pero también nos enseña á entender aquél, á la luz de *su fin*, y á aplicarle, en vista de ese fin, á los casos particulares.

Por eso los principios directores de la Política criminal, así como la Historia del Derecho, no pueden en este Tratado ser pasados en silencio; pero deben, como la Historia, ser reservados para la Introducción, cuyo *segundo capítulo* les ha sido dedicado (1).

III.—*Las fuentes del Derecho penal.*

Pertenecen también á la Introducción, más bien que al sistema de Derecho penal, la teoría de las *fuentes* del Derecho penal y la eficacia ó *esfera de dominio* (*Herrschaftsgebiet*), de los principios penales, que, en lo esencial, se apoyan, no en fundamentos penales, sino políticos é internacionales.

El *tercer capítulo* de la Introducción trata, pues, del dominio legal y de las fuentes (2).

---

(1) Véase von Liszt, Z, XX, 165 (*Aufsätze*, II, 284). En contra, Lilienthal, que ha elevado la teoría de las causas del crimen á sistema.

(2) Esta doctrina ha sido tratada casi siempre como parte del sistema; así lo hicieron Binding, Birkmeyer, Finger, Janka, von Lilienthal, Merkel. Con exactitud, Meyer.

ADICIONES

a) Su título original es *Lehrbuch des deutschen Strafrechts* (Tratado de Derecho penal alemán), siendo de advertir que lo germánico, aquí, se refiere, tanto como al contenido, á la técnica. Para entender este *Derecho penal alemán*, verdadera ciencia nacional por la técnica, es preciso conocer la lengua donde el tecnicismo se cristaliza. «La lengua no es un simple traje, es el verdadero cuerpo del Derecho» (Gierke, *Das bürgerliche Gesetzbuch und der deutsche Reichstag* -el Código civil y el Congreso del Imperio alemán.— Extracto del *Tägliche Rundschau*, Berlín, 1896, página 10). El lenguaje científico alemán está en evolución constante á través de síntesis ó composiciones lingüísticas *(Zusammensetzungen)* á base latina ó germánica, y de frases expresivas *(Schlagwörte)*. En notas sucesivas explicaremos las empleadas por el autor, poniéndolas entre paréntesis en el texto. Que sirvan estas notas de suplemento á las obras incompletas de Freusdorf, *Recht und Rede* (El Derecho y la palabra), en *Historischen Aufsätzen dem Andenken an Georg Waitz gewidmet* (Artículos históricos consagrados á la memoria de Jorge Waitz) Hannover, 1886; Günther, *Recht und Sprache* (El Derecho y el lenguaje), Berlín, Heimann, 1898; F. v. Thudichum, *Die Rechtssprache im Grimms Wörterbuch* (El lenguaje jurídico en el Diccionario de Grimm) Stuttgart, 1898; Walter Gensel, *Unsere Juristensprache* (Nuestro lenguaje jurídico) en *Sächsischen Archivs für bürgerliches Recht und Prozess* (Archivos sajones de Derecho civil y procedimiento) VI, 145 y siguientes, cuadernos 3, 4; H v. Lang, *Moderne Schlagwörte* (Frases modernas) Stuttgart, 1902.

b) En los primeros trabajos de Jorge Bager, Carlos Wille, Gärtner y Juan Samuel Freiher von Böhmer aparece invariablemente el nombre *peinliches Recht* (Derecho penal) para designar la ciencia de los delitos y las penas. Este nombre toma también la primera publicación periódica alemana sobre ciencias penales: *Bibliotek für die peinchiche Rechtswissenschaft und Gesetzkunde* (Biblioteca de ciencia penal y de la legislación) Hernborn, Hadamer, 1797. S. Meister, *Einleitung in die peinliche Rechtsregeln* (Introducción á las reglas jurídicas de la penalidad) página 36 y Robert y Koch, *Über civil und criminal-Strafen und Verbrechen* (sobre las penas y los delitos civiles y criminales) Giessen, 1785, página 23 y siguientes, hallaron que los *peinliche Fällen* (casos penales) del Derecho alemán tenían la misma significación que las *causas criminales* de los romanos y crearon la palabra *Criminalrecht* (Derecho criminal), traducción del *jus criminale*, designando así el contenido del hasta entonces llamado *peinliches Recht*. Más tarde Stelzer, *Lehrbuch des deutschen Criminal rechts* (Tratado de Derecho criminal aleman), Halle, 1793, le dá por título á su obra. La innovación tuvo contradictor enérgico en Tittmann, *Versuch über die wissenschaftliche Behandlung des peinliches Rechts* (Ensayo de un estudio científico del Derecho penal) Leipzig, Kramer, 1798, §§ 3, 6, 7 y especialmente la página 8 nota. «En nuestro tiempo—dice—no usamos la palabra de doble sentido *Criminalrecht*, decimos *peinliches Recht*, si bien esta palabra sea igualmente imprecisa» (obra citada página 10, nota). Sin embargo, al año siguiente (1799) aparecía la segunda, pero única importante, revista penal alemana con el título: *Archiv des Criminalrechts* (Archivo de Derecho criminal) fundada en Halle por Klein y Kleinschrod (después *Neues Archiv des Criminalrechts*, editada por Mittermaier hasta 1853) consagrando definitivamente la palabra, hoy anticuada, que prevalece en la técnica de las ciencias penales durante medio siglo. El término, hoy en uso, *Strafrecht* (Derecho penal), decididamente más castizo, es aún más antiguo y fué usado la primera vez por Engelhard, *Versuch eines allgemeinen peinlichen Rechts* (Ensayo de Derecho penal general) 1756, según Franck, *Die Wölffschen Strafrechtsphilosophie* (La Filosofía del Derecho penal de Wolff) Gotinga, Vandenhoeck, 1887, página 22. Nosotros le hemos hallado también en Tittmann (Obra citada páginas 23, 102 y 165). En cuanto al sentido, el término *Kriminalrecht* expresa el *crimen*, así como el actual *Strafrecht* la pena. Stooss, *Lehrbuch des österreichischen Strafrecht*, (Tratado de Derecho penal Austriaco) Viena y Leipzig, Franz Deuticke, 2.ª edición, 1913, página I. nota 1. Se engaña este autor juzgando al *Kriminalrecht* más antiguo que el *Strafrecht* (loc. cit.).

c) Traducimos simplemente por «hecho», «el hecho de autos» en lenguaje forense, la palabra alemana, *Thatbestand*, que literalmente significa «acto-estado» y, en composición, «estado de causa» (Sachs-Villate, *Enzyklopädisches Wörterbuch*, *gros. Aus.* Berlín-Schöneberg, Langenschmidt, 1909, II, 1, 739, col. 3.), donde va ya latente toda una definición psicológica del delito. En una obra como ésta, destinada á la enseñanza, no nos parece lícito dejar en la penunbra de un sentido obscuro y complejo palabras y giros conceptuosos que encarnan todo el gran genio filosófico de la lengua alemana. Por eso, sin sacrificar nunca la exactitud gramatical, hemos procurado siempre la claridad del estilo, no necesitando ponderar las dificultades de este esfuerzo de adaptación á la objetividad del genio latino, cuando á la vez no se quiere perder nada de lo esencialmente germánico en las ideas. Para mayor exactitud, cuando puede haber duda en el sentido, va la palabra alemana entre paréntesis. Que valga, de una vez para siempre, esta advertencia necesaria.

d) Al considerar la infracción jurídica en general, desde el punto de vista del Derecho subjetivo, se dió en la flor de tomar el contenido (un bien) por el continente (una norma, un Derecho). Esta bella figura retórica la hizo por primera vez Birmbaum, *Ueber das Erforderniss einer Rechtsverletzung zum Begriffe des Verbrechens* (Sobre la necesidad de una lesión jurídica para el concepto del delito) 1834, diciendo que si se considera al delito como lesión, este concepto debe ser referido por naturaleza, no á un *derecho,* sino á un *bien* (páginas 149 y siguientes y 175 y siguientes). Birmbaum tenía razón.

La verdadera metáfora se da ya cuando se habla de la *lesión de un derecho.* Los derechos no pueden ser lesionados porque no son seres reales. Lo que se lesiona son *intereses,* es decir, *bienes,* Nosotros hemos hallado esta sensata posición en otro autor más antiguo, en Tittmann. (Op cit. 2.ª edición, 1823) al definir el contenido del delito, como la «lesión de un bien de los particulares .., ó de un bien del Estado» El concepto ético-jurídico de *bien* fué dado por Ahrens (1), *Naturrecht* (Derecho natural) *I. Vorrede,* páginas VI, VII; véase también página 338, «considerado como fundamento contenido y fin de toda la vida pública», así que «todo Derecho

(1) Tal vez antes por Krause (1781-1832), pero á este autor no se le cita nunca en Alemania. Inútilmente se buscará su nombre en los Manuales de Historia de la Filosofía y sólo en Bindelband, *Lehrbuch der Geschichte der Philosophie* (Tratado de Historia de la Filosofía, 4.ª Tubinga, Mobr, 1907, página 512, aparece como discípulo de Schelling. «Apenas tiene otra originalidad—dice Bindelband—que la muy considerable de haber expuesto las ideas generales del proceso idealista en una incomprensible terminología inventada por él y explicada en alemán primitivo.»

Sus obras filosóficas: *Entwurf des Systems der Philosophie* (Proyecto de un sistema de Filosofía), 1804; *Urbild der Menschenheit* (Arquetipo de la Humanidad), Dresde, 1812, trad. esp. de Sanz del Río *(El ideal de la Humanidad para la vida),* Madrid, 1860; *Abriss des Systems der Philosophie* (Compendio del sistema de Filosofía), Gottinga, 1825, Análisis de Sanz del Río, Madrid, 1860; *Vorlesungen über das System der Philosophie,* Gottinga, 1828. Extracto de Sanz del Rio *(Lecciones sobre el sistema de la Filosofía analitica),* Madrid, Andrés y Díaz, 1850; *Zur Kunstlehre ó System der Aestetik,* trad. Giner de los Ríos *(Compendio de Estética),* 2.ª, Madrid. 1883... desconocidas ó relegadas al olvido en todas partes, menos en España, han sido publicadas de nuevo en Leipzig (1882-1894) bajo la dirección de P. Hohlfeld y A. Wünsche.

R. Euken, *Zur Erinnerung an Krause* (En recuerdo de Krause), Leipzig, 1881, puso de actualidad por un momento su memoria. También eso pasó.

será comprendido como *Derecho de bienes» (Gütterrecht).* Danh en *Kritische Vierteljahrs schrift (Revista critica trimestral),* XII, 368 y siguientes, se ha burlado de este juego de palabras.

Ihering, *Zweck im Recht.* (El fin en el Derecho) I, 492, al seña· lar como contenido y objeto del delito las «condiciones de la vida social» las llama «bienes sociales» *(Sozialen Güter).* Merkel, *Abhandlungen* (Trabajos). I. 101, *Juristische Encyklopädie* (Enciclopedía jurídica), 3.ª edicición, por R. Merkel, 1904, señala como posible objeto de la lesión jurídica «todos los intereses y bienes» y Halschner, *Preussisches Strafrecht* (Derecho penal prusiano) I. 1 y 3 «un bien jurídico *(rechtliches Gut)* que está bajo la protección de las leyes». Schaper en 1871, *Begriff und allgemeiner Thatbestand des Verbrechens.* (Concepto y hecho general del delito) en *Handbuch des deutschen Strafrechts* (Manual. ...) de Holtzendorff. II, 89, dice que «en cada disposición penal se desarrolla el fin de protección de bienes. *(Gütterschutz.)*

Al fin Binding, en 1873, *Die Normen und ihre Ubertretung.* (Las normas y su trasgresión), I, 1872; II, 1877, 2.ª, I, 1890, § **50**, *Das Rechtsgut,* páginas 338-353, desarrolla la *teoría* y crea la *palabra,* hoy universalmente aceptadas, una y otra, en la práctica y en la teoría. Posteriormente aquélla ha sufrido modificaciones y ésta ha dado lugar á nuevas combinaciones lingüísticas que renunciamos á exponer por no hacer interminable esta nota.

e) Todas las obras maestras de Derecho penal que circulan por Alemania, lo mismo en forma de «Tratado» *(Lehrbuch)* que de «Manual» *(Handbuch)* están escritas con vista del Derecho positivo vigente en su país y para facilitar su inteligencia.

Recuérdense, entre los más antiguos, los *tratados* de Stelzer *(Lehrbuch des Deutschen Kriminalrechts,* 1793), Stübel *(Lehrbuch,* 1795) el clásico de Feuerbach *(Lehrbuch des gemeines in Deutschland gültigen peinlichen Rechts* 1.ª 1801, 14.ª, de Mittermaier, 1847; 15.ª edición con comentario crítico de Morstadt y Osenbrügen, 1855), los de Salchow *(Lehrb. des gemeines positiven peinlichen Rechts,* 1.ª 1807, 3.ª 1823), Dachelow *(Lehrb. de gemeines Deutschen peinlichen Rechts,* 1807). Henke *(Lehrbuch,* 1815), Martín *(Lehrb. des Deutschen gemeines Kriminalrechts,* 1.ª edición, 1820-25, 2.ª 1823), Rosshirt *(Lehrb. des Kriminalrechts nach der Quellendes deutschen gemeinen Recht,* etc., 1821). Waechter *(Lehrb. des Römis-Teusche Strafrecht,* Stuttgart, 1.ª parte, 1825, 2.ª 1826), Bauer *(Lehrbuch,* 1.ª 1827, 2.ª 1833), Kleuze *(Lehrb. des gemeines Strafrechts,* 1833.) Heffter *(Lehrb. des gemeines Deutschen Kriminalrechts,* 1.ª 1833, 6.ª 1857), Geib *(Lehrb. des Deutschen Strafrechts,* 1.ª I, Leipzig, 1861, II, 1862, 2.ª, Leipzig, 1864). Schütze (2.ª, 1874), Temme (*Lehrb.* 1776), que apenas merece mencionarse, y entre los más conocidos y modernos, los de Berner (*Lehrbuch des Deutschen Strafrechts*, 1.ª 1857; 18ª Leipzig. 1898; hay traducción italiana de Bertola, con prólogo de Lucchini, 2ª Milán, Valladari, 1892), Meyer (*Ibid*, 1.ª 1875; 6.ª refundida por Alteld, 1907), Merkel (Id. 1889, traducción española de Dorado, Madrid, «La España Moderna»), Von Liszt (16.ª, 17.ª 1908; 18.ª 1911: la presente traducción se hace sobre los pliegos que nos envía el editor de Berlín, J. Guttentag, á cuya deferencia estamos agradecidos), y entre los más célebres *manuales*, los de Tittmann (*Handbuch*, 1.ª, 1806 10; 2ª, 1822-24), Schöter (*Handbuch des peinlichens Rechs*, 1818), Wirth (*Handbuch*, 1822), Henke (*Handb. des Kriminalrechts*, 4 partes, I, 1823; II, 1826; III, 1830), Jarke (*Handb. des gem. Deutsch. Strafr.* I, 1897, II, 1828, III, 1830), Luden (*Handb. des Deutsch. particularen Strafr.* I, 1847). Wachter (*Handb.* 1857), Hottzendorf (*Handb.* en colaboración, I, II, III, Berlín, 1871-74, IV, 1877). Bar (*Handb. I, Geschichte*, 1882), Binding (I, Leipzig, 1885), 2.ª 1902; II, 1904), Finger (I, 1904).

Los italianos, que han seguido á Alemania en la reforma de la enseñanza, vieron bien pronto la sinrazón de aquel divorcio existente entre la *teoría* y la *práctica* y, á imitación de los alemanes, tienen, al lado de los Tratados teórico-prácticos de Derecho civil (Gianturco, *Sistema di diritto civile italiano*, I, Nápoles, 1894; Chironi e Abello, *Trattato di diritto civile italiano*, I, Turín, 1904), sus tratados de Derecho penal italiano, como los de Lanza (*Trattato teorico-prattico*, 1896); Tuozzi (*Corso di Diritto penale*, 2.ª, 1899, 4 volúmenes). y los más conocidos de Pessina, *Trattato di Diritto penale*, Nápoles, 1882-1886, 4 volúmenes. Hay traducción española del 1.er volumen por G. del Castillo, con *Notas* de Aramburu, 1.ª, Madrid, *Revista de Legislación*, 1892, 2.ª, con *nuevas notas* de Calón, *Ibid.* 1913; de Manzini *Trattato di Diritto penale italiano*, Turín, Bocca, I y II, 1908; III, 1910; IV, 1911; V, 1913). Florian, Pezzolini, Zerboglio, Viazzi, Puglia y Sighele (*Trattato di Diritto penale*, desde 1906, 8 volúmenes); Civoli (*Lezioni di Diritto penale italiano*, Milán, 1900), y aun Alimena, (*Principii di Diritto penale*, Nápoles, Pierro, I, 1910 II, 1912); además de la gran *Enciclopedia di Diritto penale italiano*, que dirige Pessina (Milán, *Società editrice libraria*, 1901-8, 12 volúmenes), más completa y metódica que la de Cogliolo, (*Completo Trattato teorico e prattico di Diritto penale, secondo il Codice unico del Regno d'Italia*, Milán. 1892).

También, en parte, continúa esta corriente en Francia, á través de las obras de V. Molinier, *Programme de Cours de droit criminel fait a la Faculté de Toulouse*, Toulouse, 1851; 2ª, (*Traité theorique et pratique de droit pénal, annoté et mis au courant*, par

G. Vidal), I, París, 1893. Garraud, (*Traité theorique et pratique de droit pénal français*, 2.ª, 6 volúmenes, 1898-902; 3.ª, I, 1913). Vidal (*Cours de droit criminel et de science pénitentiaire*, 1.ª, 1901, 3.ª, París, Rousseau, 1906, 4.ª 1 er fascículo, páginas 1-528, Ibid., 1910); y en Bélgica, desde Haus (*Cours de droit pénal belge*, 1869) á Thiry (*Cours de droit criminel*, 3.ª, Lieja, Desoer, 1909).

En Austria, los de Janka, *Das österreichische Strafrecht* (El Derecho penal austriaco), 4.ª, dirigida por von Kallina, Viena, 1902; Lammasch, *Grundiss des Strafrechts*, 4.ª, Leipzig, 1911; A. Finger, *Das Strafrecht systematisch dargestellt; Compendien des österreichischen Rechtes* (El Derecho penal., expuesto sistemáticamente, compendio de Derecho penal austriaco), I, 3.ª, 1912, II, 1910; Stooss, *Lehrbuch des österreichischen strafrechts* (Tratado de Derecho penal austriaco), Viena y Leipzig, Franz Deutikce, 1.ª edición, 1910, 2.ª, refundida, 1913; está más extensa que intensa.

La censura dirigida en España contra el autor, acusándole de leguyelo, no tiene, pues, fundamento alguno. Derecho penal es, nada más, una parte del Derecho «que se vive» ó que «se ha de vivir»; pero, no como creación, más ó menos utópica, elaborada en teoría, sino como pronóstico de una continuidad natural, evolutiva, que la razón *descubre, pero no crea*, y á cuyo advenimiento la voluntad culta *contribuye* desde la Cátedra ó desde las Cámaras, por el consejo ó por el poder, acelerando ó retardando su curso.

La ciencia de esta contribución consciente de la voluntad y de la razón á la evolución histórica del Derecho penal es la Política criminal, una ciencia cuya técnica, en el actual sentido, se debe principalmente á Liszt y significa hoy la *más alta expresión teórica* de las ciencias penales. Así que Liszt, contra lo que se suele creer, es el más teórico (pero no utópico) de todos los penalistas de Alemania.

Nuestra labor de adaptación á la legislación española consiste en anotar, en cada caso concreto, el sentido y los preceptos de la ley penal vigente en España, y así la legislación penal española, pasando por el molde orgánico del *Tratado de Derecho penal* de Liszt, quedará científicamente sistematizada.

De este modo tendremos un «sistema de legislación penal española», de que carecemos, á la vez que indirectamente, unos *comentarios* al Código penal y á las *leyes penales especiales*, según la doctrina del Profesor von Liszt.

No omitiremos, generalmente, las consideraciones críticas que nos sugiera la comparación de la legislación penal alemana y la española, á través de la doctrina jurídica de Liszt; por eso, en la modesta medida en que puede esto prometerse, será el nuestro un trabajo de *legislación penal comparada.*

Sirven de preparación estas notas para un *Tratado de Derecho penal español.*

f) No nos ha sido posible precisar quién inventó y usó por primera vez esta palabra. Desde luego, no fué Feuerbach, como aseguran todos, en su *Lehrbuch,* cuya primera edición data de 1801; y menos aún Henke, en su *Handbuch* de 1823, á quien presenta como padre de la Política criminal el mismo Liszt (*Aufsätze und Vorträge,* II). Antes que ellos en 1793—fecha del Prólogo aparece usada por Kleinsrod en su *Sytematische Entwickelung der Grundbegriffe und Grundwahrheiten des peinlichen Rechts* (Desarrollo sistemático de los conceptos y verdades fundamentales del Derecho penal) 3.ª Erlangen, 1805, 3.ª parte, § 131, III, 254. Un recensor de la obra en una revista jurídica de entonces, la *Staatswissenschaftliche und juristische Literatur* (Bibliografía de ciencias políticas y jurídicas) Marzo de 1795, página 347, emplea en su lugar otra expresión, sin duda de más uso: «Política del Derecho criminal» (*Politik des Criminalrechts*). Todo hace suponer que así se designase primitivamente esta ciencia, y que el genio sintético de la lengua, por mano de Kleinsrod, ó de otro, hiciese de las dos palabras una: *Kriminalpolitik.* Oriunda de pura técnica alemana, no se encuentra su equivalente ni en los antiguos escritores italianos, que crearon esta ciencia. (V. Kleinsrod, *Von den italiänischen Schriftstellern über das peinliche Recht und die Criminalpolitik.*—De los escritores italianos, sobre Derecho penal y Política criminal en *Archiv des criminalrechts,* I (Halle 1799, 164), ni en la moderna literatura penal italiana, que la rechaza. (Ferri, *Sociologie criminelle,* París 1893, páginas 584 y siguientes), ó la aplica al contenido de la *Politica social,* confundiéndola. (Lanza, *Sui criterii per commisurare le pene. Saggio di una veduta metodologica,* en *Rivista penale,* LV (1902), 502-509. Nicéforo, *Guia para el estudio y la enseñanza de la Criminologia,* en *Scuola positiva,* 1903, fascículos En Ab.; traducción especial de Quirós, Madrid, Serra, 1903, páginas 39-57. Impalomeni, *Instituzioni di diritto penale* (ópera póstuma), Turín, Unione tipografico-editrice 1908, páginas 7-12 Defínela con exactitud únicamente Manzini, *Trattato di diritto penale italiano,* I (Turín, Bocca, 1908), 26 y aproximadamente Alimena. *Principii di diritto penale, Introd.* I (1910) 16 18. Entre aquéllos y éstos aparece, como excepción, el *Saggio di politica criminale,* Florencia, 1852 (Véase especialmente, páginas 173-188), atribuído á Romagnosi (*ópera póstuma),* que aceptó el nombre alemán. A fines del pasado siglo «comienza apenas a extenderse en lengua francesa». (Maillard, *Etude historique sur la Politique criminelle; l'Utilitarisme,* París, Larose; 1899, página 11. Esta obra carece de todo valor y documentación, como la mayoría de los libros franceses sobre ciencias penales), como sinónima de «ciencia penitenciaria... penología... criminalística» (Vidal, *Cours,* primer fascículo, 4.ª, 1910, *Préface,* página VI).

g) A este sentido responde su primitivo nombre en alemán: *Gesetzgebungkunde* (ciencia ó conocimiento de la legislación), que algunos autores de principios del siglo XIX, como Meister, el joven, *Ueber die Grenzlinien richterlicher Gelindigkeit in peinliche Fällen* (sobre los límites de la indulgencia judicial en casos penales). Zullichan, *In der Darmmanschen Buchhandlung,* 1812, usan continuamente (por ejemplo, páginas 35, 36, 37 y otras), prefiriéndole al entonces neologismo: *Kriminalpolitik.* El pequeño libro de Meister es, según Bohemero, *Literatur des criminalrechts mit bessonderer Rucksicht auf Criminalpolitik* (Bibliografía del Derecho criminal y especialmente de la Política criminal). Gotinga, 1816, página 181, un modelo de tratado de Política criminal, como «ideal de una perfecta legislación». Este nombre tuvo también en Italia con Filangieri (*Scienza della legislazione,* Venecia, 1782; 2.ª, Milán, 1824, 3.ª Capolago, 1835); Carmignani (*Teoria delle leggi*), Carrara (*Prattica legislativa,* Turín, 1874) y otros.

Ese mismo sentido reflejan también sus definiciones; desde la más antigua: «saber legislativo del Estado» ó «ciencia política de legislar» (*gesetzbende Staatsweisheit*), dada por Feuerbach, *Revision der Gründsätze und Grundbegriffe des positiven peinlichen Rechts* (Revisión de los principios y conceptos fundamentales del Derecho penal positivo), I, Erfurt, 1799, hasta la última: «política de legislar» (*Gesetzgebungspolitik*), dada recientemente por Stooss, *Lehrbuch* (1910), § 4.º, página 18.

Al fin el neologismo *Kriminalpolitik,* triunfa definitivamente en Alemania, consagrado por Kleinsrod (ob. cit., 3.ª edición, III, 254, 255); Feuerbach (ob. cit., 12.ª edición, §§ 6 y 18, páginas 10, 28). (*Handbuch des criminolrachts und der criminalpolitik,* 3 volúmenes, Henke Berlín, Stettin, 1823, I, 146 y siguientes); Mittermaier (*Anmerkungen und Zusatzparagraphen* (notas y párrafos adicionales) al *Lehrbuch* de Feuerbach, 12.ª, Giessen, 1836, §§ 2 y 6 d., páginas 2, 12), y Holzendorff, *Handbuch,* I, 55. Como consecuencia del triunfo del *Criminalrecht* sobre el viejo *peinliches Recht,* con diverso sentido, confundido á veces—á través de una lucha curiosa, cuyos rastros pueden verse en Tittmann (obra citada, §§ 3, 6, 7) y otros.—La Política criminal viene á renovar, en parte, el sentido del *Criminalrecht,* en cuanto se ocupa, como aquél, de investigar «qué acciones deben definirse como *delitos*» (Stooss, *Lehrbuch*, página 18, nota 1), á diferencia de la *Política penal (Strafpolitik)*, que considera «cómo deben ser *castigados* los delitos» (*Ibid.*)

I.—HISTORIA DEL DERECHO PENAL

BIBLIOGRAFÍA.—Carecemos de una Historia completa del Derecho penal. La mejor es todavía la de Geib, *Lehrbuch*, I; además, von Bar, *Handbuch*, I.

Muy valiosas aportaciones ofrece Gunther, *Die Idee der Widervergeltung in der Geschichte und Philosophie des Strafrechts* (La idea de la retribución en la Historia y en la Filosofía del Derecho penal), I, 1889; II, 1891; III, cuaderno 1, 1895 (1). Son importantes las relaciones de Löning (Z. II, 134; III, 471; V, 187 y 534; VII, 650); Gunther (XI, 126; XII, 524 y XIV, 100); Knapp (II, 55).

§ 2. — *Introducción general histórica.*

BIBLIOGRAFÍA. — Von Liszt, III, 1 (*Aufsätze*, I, 126); Merkel *Ueber den Zusammenhang zwischen der Entwickiung der Strafrecht un der Gesamtentwickeung der öffentlichen Zustände und des geisten Lebens der Völker* (Sobre la relación entre el desarrollo del Derecho y el desarrollo general de las situaciones públicas y de la vida espiritual de los pueblos), 1889; Löning, *Ueber die Begründung des Strafrechts* (Sobre el fundamento del Derecho penal), 1889; Liepmann, *Die Entstehung des Schuldbegriff* (El origen de la idea de culpa). Dis. 1891. El mismo, Z., XIV, 446; Makarewitz, *Einführung in die Philosophie des Strafrechts auf entwickungsgeschichtlicher Grundlage* (Introducción á la Filosofía del Derecho penal sobre las bases de su desarrollo histórico), 1906; Binding, *Die Entstehung der Strafe in germanisch deutschen Recht* (Origen de las penas públicas en el Derecho germánico alemán), Discurso doctoral, 1909; *Zum ältesten Strafrecht der Kulturvölker* (Para el Derecho penal de los primitivos pueblos cultos); Cuestiones de Derecho comparado puestas por Teodoro Mommsen y contestadas por Brunner, Freudenthal, Goldzieher, Hitzig, Noeldeke, Oldenberg, Roethe, Wellhansen, von Willa-

(1) En la 7.ª edición (1895) de este Tratado y en las anteriores, figuraba citado también Pertile, *Storia del diritto penale*, 1892 y Z. XIV, 236. Nadie ignora la tendencia que hay en Alemania hacia la eliminación del elemento latino, desde la evolución de la lengua hasta la catalogación de la cultura. *(N. del T.)*

mowitz, Moellendorf, 1905. Post, *Grundriss der Ethnologischen Jurisprudenz* (Los fundamentos de la Jurisprudencia, según la etnología), I, 1894; II, 1895. Numerosas disertaciones de Kohler, Bernhöft y otros en *Zeitschrift für vergleichende Rechtwissenschaft* (Revista de Derecho comparado); Leist, *Gräcoitalische Rechtsgeschichte* (Historia del Derecho greco-itálico, 1884. El mismo, *Altarisches Jus gentium* (El Derecho de gentes de los antiguos arios), 1889; Schrader, *Sprachvergleichung und Urgeschichte* (Lingüística comparada y Prehistoria), 2.ª edición, 1890, donde ataca frecuentemente á Leist; Steimetz, *Ethnologische Studien zur ersten Entwicklung der Strafe, usw.* (Estudios etnológicos sobre el desarrollo primitivo de la pena, etc.), 2 volúmenes, 1894; Forster, *Das mosaische Strafrecht in seiner geschichtlichen Entwicklung* (El Derecho penal de Moisés en su desarrollo histórico), 1900; Maschke, *Das Eigentum im Civil und Strafrecht* (La propiedad en Derecho civil y penal), 1895, 233; R. Schmitd, *Die Aufgaben der Strafrechtspflege* (Los problemas de la práctica criminal), 1895, página 67; Löffler, *Die Schuldformen des Strafrechts* (La culpa penal y sus formas), I, 3895, 14; Beschutz, *Die Fahrlassigkeit innerhalb der geschitlichen Entwicklung der Schuldlehre* (El abandono en el desarrollo histórico de las teorías de la culpa), parte I. Beling, cuaderno 76, 1906; Hellwig, *Das Asylrecht der Naturvölker* (El Derecho de asilo de los pueblos primitivos), 1903.

I.—*El Derecho comparado y la Política criminal.*

La Historia del desenvolvimiento de la pena en el Derecho de los pueblos más diversos, presenta los mismos rasgos esenciales.

Por eso, el *Estudio del Derecho comparado* ha contribuído, no sólo á colmar lagunas y á aclarar obscuridades en la Historia del Derecho de un pueblo en particular, sino que, al mostrarnos el camino que ha seguido la pena en todos los tiempos y en todos los lugares, podrá también indicarnos la dirección en que, para lo porvenir, se espera una transformación vigorosa de la legislación penal.

Así, esta ciencia podrá ser el guía consejero de una Política criminal consciente de sus fines, pero al mismo tiempo, ligada con prudencia á los acontecimientos y á los datos.

II.—*Carácter social de las penas primitivas.*

El Derecho comparado nos enseña que el punto de partida de la Historia de la pena coincide con el punto de partida de la convivencia social de los hombres.

Hasta en el más remoto período, accesible á la indagación histórica, entre las razas más duras y degeneradas, hallamos la reacción social, aunque obscuramente presentida, contra el miembro de la sociedad que ha trasgredido las normas de la convivencia, y por lo tanto, ha vulnerado ó puesto en peligro los intereses de la comunidad.

Estamos, pues, autorizados para presentar la pena como un hecho histórico primitivo, y no nos equivocaremos si concebimos al Derecho penal justamente como la primera y más primitiva capa de la evolución jurídica, y consideramos á lo injusto como la palanca del Derecho y de la Moral.

En la unión social prehistórica, que se funda en la comunidad de sangre y aún no distingue el mandamiento de Dios del estatuto de los hombres, el *crimen* es el atentado contra la divinidad, y la *pena* la eliminación ó expulsión *(Ausstossung)* de los atentadores á la asociación cultual, si bien como SACRIFICIO Á LA DIVINIDAD, en primer término.

Con la convivencia de las diversas tribus, unidas por vínculos de sangre, sobre el mismo territorio, cambiase la forma de la reacción social. La expulsión pierde su carácter sagrado para convertirse en PRIVACIÓN DE LA PAZ *(Friedloslegung)* ó persecución. La lesión de un miembro de una tribu por un miembro de otra, da lugar á la VENGANZA DE SANGRE *(Blutrage)*, ejercida de tribu á tribu (como «venganza colectiva»), terminando al sucumbir de una de ellas ó por el agotamiento de ambas.

Por consiguiente, la opinión, muy extendida, que ve la raiz de la pena en el instinto de venganza, manifestándose á través del instinto de conservación de los individuos, requiere rectificación. La expulsión de la asociación de la paz, como venganza de sangre, no es reacción del individuo, sino *reacción de la asociación de tribus (Stammesverband)*, como mandataria del orden de la paz y del Derecho.

Las acciones contra las cuales se dirige la reacción aparecen siempre inmediata ó mediatamente, como violación de los *intereses comunes de la sociedad familiar,* ya sea como perturbación de la paz ó como quebrantamiento del Derecho.

La pena es, pues, desde su origen, reacción *social* (conservación) contra las acciones *antisociales.*

III.—*La pena pública.*

El desenvolvimiento ulterior de la pena nos muestra, con la aceptación de domicilio fijo y el consiguiente relajamiento de la simple unión de tribus, la *medida* de la reacción *aniquiladora (vernichtend)* contra el criminal, al principio sin medida y sin finalidad, impetuosa y violenta. La expulsión de la comunión de la paz (*Friedensgenossenschaft*) se acentúa desde entonces conmutándose por la pena de muerte y las corporales mutilantes, el destierro temporal ó perpetuo y las penas pecuniarias de todas clases.

El perturbador de la paz pública y los suyos, á pesar de la violación del Derecho, son custodiados en la paz jurídica (*Rechtsfriede*) al menos en los casos más leves, por un préstamo en metálico (dinero de la paz, *Friedensgeld*), de más ó menos monta, para la comunidad. La enardecida venganza de sangre, entre uniones de tribus, se concilia; el prohijamiento, con motivo de la reparación en metálico á la tribu ofendida, negociado primero, es exigido después como obligatorio.

Así nace el segundo grado, en el desenvolvimiento de la pena: EL SISTEMA DE COMPOSICIÓN (de *componere*, arreglar, conciliar).

El desenvolvimiento alcanza un impulso poderoso por obra del *poder del Estado* fortalecido y elevado sobre las asociaciones familiares, que desliga al lesionado del manejo de la pena para traspasarla al juez imparcial, que somete á prueba los hechos, libre de preocupaciones. La gravedad de la pena infligida por el Estado se gradúa por la gravedad de la lesión jurídica. La idea eclesiástico-religiosa del talión da la medida y el fin al instinto de venganza. La pena ha entrado en su tercero y, por ahora, último grado de desenvolvimiento con su «objetivación», como PENA PÚBLICA.

Así se transforma en *Derecho penal* público (Véase arriba § I, nota 1), el *poder* penal ilimitado del Estado. La *ley penal* determina, no sólo el contenido y modo de la *pena*, sino también las esteriorizaciones de su principio, y de aquí, demarcado ya el concepto del *crimen*, el arbitrio es imposible, una vez puesto el caso concreto bajo la regla firme que obliga.

IV.—*El fin de la pena.*

Aún hay que dar un paso. La *idea de fin*, que engendra la fuerza del Derecho, está reconocida también en la pena; y con este reconocimiento se hace posible utilizar los múltiples efectos de la amenaza penal y de la ejecución de la pena para la protección de los intereses de la vida humana. (Véase abajo §§ 13 y siguientes.) También el recuerdo del pasado de la pena, si no se le quiere relegar completamente al olvido, ya que, aun hoy, la teoría de la justicia retributiva reivindica para sí el instinto de venganza, nos muestra cómo se cumple irresistiblemente en la Historia de la pena la misma transformación que en el desarrollo de los individuos. La inconsciente, sin finalidad y desorientada actividad del *instinto*, se cambia en actividad de la *voluntad,* determinada y medida por la representación del fin. En la mutua contienda de las teorías penales sobre el *fin de la pena,* se depura la opinión del legislador, que, cada vez más separado de la prevención general, se ve obligado á ver el fin de la pena en la *adaptación* (*Anpassung*) ó *segregación* (*Ausscheidung*) del delincuente. El postulado inexcusable es una POLÍTICA CRIMINAL serena y consciente de su fin, que se nos ofrece de la Historia del desenvolvimiento de la pena.

ADICIONES

I.—Historia del derecho penal en España

BIBLIOGRAFÍA (1).—Carecemos de una Historia completa del Derecho penal español. En su defecto, pueden consultarse:

a) Las obras de Historia general de España.

Ambrosio de Morales, *Crónica general de España,* Alcalá, 1573; J Ferreras, *Synopsis histórica cronológica de España*, Madadrid, Villa-Diego, 1709. traducción francesa de Hermilly, París, 1742; A. Herculano, *Historia de Portugal;* Masdeu, *Historia crítica de España y de la cultura española*, traducción española del autor, Madrid, Sancha, 1783-1805, 20 volúmenes; Lafuente (M. de la), *Historia general de España, desde los tiempos más remotos hasta nuestros días,* Madrid, Mellado, 1850-69, 30 volúmes; Oliveira Martins, *Historia da Civilisaçao iberica,* 3.ª Lisboa, Livraria Bertrand, 1885; traducción española de Caso, Madrid. 1894; Altamira, *Historia de España y de la civilización española,* Barcelona, Gili (1.ª y 2.ª), 1899-1911, 4 volúmenes—*Historia general de España..... de la Real Academia de la Historia, bajo la dirección* de Cánovas del Castillo, Madrid, «El Progreso Editorial», 7 volúmenes (en publicación) desde 1893; Moreno Espinosa, *Compendio de Historia de España,* 10.ª Barcelona, «Anuario de la Exportación», 1906.—Martín Hume, *Historia del pueblo español: su origen, desarrollo é influencia*, traducción española de Caso, Madrid, «La España Moderna» (sin nota de año); Enry Smith, *Spain en Historian's History of the World,* X Londres, *The Times,* 1907.

(1) La indicación de obras no significa recomendación.

b) De Historia general del Derecho español (1).

b') Orígenes:

Sacra Themidis Hispaniae Arcana, jurium legumque, ortus, progressus, varietates et observantiam, cum praecipuis glossarum, commentariorumque, quibus illustrantur, auctoribus, et Fori hispani praxi hodierna publicae luci exponit D. Gerardus Ernestus Frankenan S. R. M. Daniae et Norvegiae Secretarius, Hannoverae, Apud Nicolaum Foesterum, Anno MDCCIII; 2.ª Matriti, 1780; reivindicada para Lucas Cortés (1624 1701), V. Mayans, *Dissertatio qua* Sacra Themidis Hispaniae Arcana..... *vero suo autori* L. Lucae Cortesio, *vindicatur, et simul plagium demonstratur,* en la 2.ª ed., p. 1 s.; Prieto y Sotelo, *Historia del Derecho Real de España,* Madrid, Sánz, 1738, 2.ª, 1821 —Bermúdez, en *Regalia del aposentamiento de Corte; su origen y progreso,* Madrid, 1738, págs. 8-16; Proyecto de Mayans, *Origen y progreso del Derecho español* (21 Julio á 31 Diciembre 1740), en *Colección de Cartas eruditas escritas por D. Gregorio Mayans y Siscar á D. José Nebot y Sans.* Edición Villarroya, I Valencia Monfort, 1791, páginas 1 95 y 17 Enero 1744 en *Instituta Civil y Real* de Berní y Catalá, 3.ª, Valencia, Esteban, 1775, páginas XI-XXXV.- Fernández de Mesa, *Arte histórico y legal de conocer la fuerza y uso de los Derechos Nacional y Romano de España,* Valencia, viuda de Conejos, 1747, 2.ª 1802; Proyecto de Burriel (30 Septiembre 1751) en *Cartas eruditas y críticas,* edición Valladares, Imprenta viuda de Marín, páginas 14, 15; materiales en la Biblioteca Nacional, Museos, *Colección del P. Burriel,* 152 volúmenes, números 12.985-13.127, 13 129, 13 136, 18.743.¹° *Apparatus juris publici hispanici, opus politico judicorum, preecipua juris publici universalis simulque hispanici elemento exponens,* D. Petrus Joseph Peres Valiente, Matriti, órgn. tip. MDCCLI, 2 volúmenes.

F. de Castro, *Compendio histórico del Derecho español,* en *Discursos críticos sobre las leyes y sus intérpretes,* I, Madrid, Ibarra, 1765, páginas 51-86; De Asso y de Manuel, *Introducción á sus Instituciones del Derecho civil de Castilla,* 1.ª Madrid, García, 1771, 7.ª Madrid, Alban, 1806; Cornejo, *Diccionario histórico y forense del Derecho real de España,* Madrid, Ibarra, 1779; Cortines y Andrade, *Década legal,* Madrid, Imprenta Real, 1786; Reguera y Valdelomar, *Resumen de la Historia cronológica del Derecho y leyes generales de España, formado en dos tablas ó planos,* Madrid, 1798; *Guía para el estudio del Derecho patrio,* Madrid,

(1) Ureña, *Discurso universitario* (1906), página 10: «Triste es confesarlo, pero no está en mi carácter el disfrazar la realidad con el ridículo traje de los convencionalismos al uso; la Historia de nuestro Derecho está por hacer».

1807-8. b'') Desarrollo: Martínez Marina, *Ensayo histórico-crítico sobre la antigua legislación y principales cuerpos legales de los Reinos de León y Castilla y especialmente sobre el Código de Don Alonso el Sabio, conocido con el nombre de las Siete Partidas*, Madrid, 1.ª 1808, 2.ª 1834, 3.ª corregida y adicionada por el autor, *Biblioteca de Jurisprudencia y Legislación*, 1845; extracto de Cepeda, Valencia 1836; *Discurso en la Real Academia de la Historia*, Madrid, 1889; Sempere (J.), *Historia del Derecho español*, 1.ª Madrid, I, 1822, II, 1823; continuada por D Teodoro Moreno, Madrid, Sociedad de Autores libreros, numerosas ediciones sin fecha. Proyecto en *Apuntamientos para una Historia de nuestra Jurisprudencia*. Madrid, *Biblioteca económico-política*, II, 804; complemento y rectificación en *Considérations sur les causes de la grandeur et de la décadence de la Monarchie espagnole*, París, 1826; ediciones posteriores: 1841, 1844, 1846; 4.ª, (continuada por Moreno), 1847; otra en Barcelona, 1847; García de Lamadrid, *Historia de los tres Derechos Romano, Canónico y Español*, Madrid, Sánz, 1831; Zuaznavar, *Compendio histórico de la Jurisprudencia de la corona de Castilla*, Madrid, 1832; Pérez Hernández, Madrid, *Boletín de Jurisprudencia y Legislación*, I-III, 1836; Quiroga, *Compendio histórico del Derecho civil de España*, Santiago, 1836; Gómez de la Serna y Montalbán, *Reseña histórica de la legislación española*, al frente de sus *Elementos de Derecho civil y penal de España*, 1.ª, Madrid, Alhambra, 1841; 14.ª, Madrid, Sánchez, 1886, I 1-260. Marqués de Pidal, *Lecciones sobre la Historia del Gobierno y Legislación de España. (Desde los tiempos primitivos hasta la Reconquista)*. Pronunciadas en el Ateneo de Madrid en los años de 1841 y 1842; (Biblioteca jurídica de autores españoles, VI), 1.ª, Madrid, R. de L. 1880; Manresa y Sánchez, *Historia legal de España desde la dominación goda hasta nuestros días*, Madrid, 1841-43, 2 volúmenes; Ortíz de Zárate, *Análisis histórico-crítico de la legislación española*, Vitoria, 1844, 1845 46, 2 volúmenes; Montalbán, *Exámen histórico-filosófico de la Legislación española*, *Explicaciones*, publicadas por los Señores Blanco y Díez, Madrid, Bueno, 1845; Fernández Elías, *Historia del Derecho y de su desenvolvimiento en España*, 1.ª, Barcelona, 1847, 2.ª, Madrid, 1887; Antequera, *Historia de la legislación española desde los tiempos más remotos hasta nuestros días*, Madrid, 1.ª. 1849; 2.ª «nuevamente escrita», 1874; 3.ª, 1884; otra en 1890; von Brauchitsch *Geschichte des spanischen Rechts* (Historia del Derecho español), Berlín, 1852. (Es un compendio de la Historia de Sempere). Viso, *Historia del Derecho español*, Valencia, 1.ª, 1852; 2.ª, 1865; Adame y Muñoz, *Curso histórico filosófico de la Legislación española*, 1.ª, Sevilla, 1855; 2.ª, Madrid, Minerva, 1874;

Domingo de Morató, *Estudios de ampliación de la Historia de los códigos españoles y sus instituciones sociales, civiles y políticas*, Valladolid, 1.ª, 1856; 2.ª, 1871; 3.ª, 1884; Laso, *Historia de la legislación de España*, Madrid, 1860; Ucelay, *Reseña histórica de la legislación española*, Madrid, 1865; Marichalar y Manrique, *Historia de la legislación de España*, Madrid, Imprenta Nacional, 1863-76, 9 vols.; Caldas y Castilla, *Examen histórico-filosófico político de la Legislación antigua, moderna y de la Revolución*, Madrid, Montero, 1871; Sánchez Román, *Estudios de ampliación del Derecho civil y códigos españoles*, I, Granada, 1879, 2.ª, Madrid, 1886; *Historia general de la Legislación española, en Estudios de Derecho civil*, I, *Introducción*, Madrid Rivadeneyra, 1890, 2.ª, 1899; Falcón, *Historia del Derecho civil español común y foral*, Salamanca, 1881; Costa, *Ensayo de un plan de Historia del Derecho español en la antigüedad*, en *Revista de Legislación* LXVIII (1886), 527 557, LXX (1887), 143-163 y 288 315; LXXIV (1889), 497-506, LXXV (1889), 96-118 y 441 453; 2.ª, Madrid, 1889; Hinojosa, *Historia general del Derecho español* (fuentes), Madrid, I, 1887; Ureña, *Historia de la literatura jurídica española*, 1.ª, Madrid, *Revista de Legislación*, 1897 98, 2.ª, Moreno, 1906, 2 volúmenes; Altamira, *Historia del Derecho español*, Madrid, Hernández, 1903 b'"); Crítica: Ureña, *Observaciones acerca del desenvolvimiento de los estudios del Derecho español*, Discurso universitario, Madrid, Estrada, 1906; Altamira, *État actuel des études sur l'histoire du droit espagnol et de l'enseignement de cette science en Espagne, Rapport au Congrès international des sciences historiques de Berlin*, Agosto, 1908; en *Bulletin hispanique*, de Burdeos, XI (1909) 172-199.

c) De Historia del Derecho penal.

Cadafatch, *Atraso y descuido del Derecho penal hasta el siglo XVIII*, Madrid, 1849; Ortiz y Ortiz, *Progresos de la legislación penal*, Madrid, 1859; Gutiérrez, *Examen histórico del Derecho penal*, Madrid, Sánchez, 1866; Maranges, *Fragmentos sobre la Historia del Derecho penal, en Estudios jurídicos*, Madrid, Aribau, 1878; Ureña, *Origen de la ciencia jurídico penal*, Discurso en la Universidad de Oviedo (1881); 2.ª, en *Revista de Legislación*, LXI (1882), 33-74; Valdés Rubio, *Derecho penal*, Parte 2.ª, Tratado 1.º, *Reseña general histórica*, III, 1.ª, Madrid, Imprenta de Sales, 1903, 2.ª, Imprenta Huérfanos, 1910; L. Gambara, *El Derecho penal en la antigüedad y en la Edad Media*, Barcelona, Granada, 1909.

d) Historia del Derecho penal en España.

Alonso Colmenares, *El Derecho penal en España*, Discurso en la apertura de Tribunales de 2 de Septiembre de 1882; 2.ª en *Re-*

vista de Legislación LXI (1882), 255-273; Pacheco, *Código, Introducción*, I, páginas, VII-LXIII; Du Boys, *Histoire du Droit criminel de l'Espagne*, en *Histoire du Droit criminel des peuples modernes*, París, Durán et Pédrul, 1870, traducción española de Vicente y Caravantes, *Historia del Derecho penal de España, para servir de continuación á la Historia del Derecho penal de los pueblos modernos*, Madrid, Pérez, 1872; Ernest Rosenfeld, *Desarrollo histórico del Derecho penal español*, en *La Legislación penal comparada*, de von Liszt, I (1894-96), 29-100; Dorado, *Spanien (Anhang, Nachträge zum ersten Band: Das Strafrecht der Staaten Europas, 1893-1898*. (Apéndice. Adiciones al primer tomo: El Derecho penal de los Estados europeos desde 1893 á 1898), en Liszt y Crusen, II, 526-530; Bernaldo de Quirós, *El Derecho penal español, Historia y fuentes*, 1.ª Apéndice á la traducción española de los *Prolegómenos de Derecho penal* de Brusa, Madrid, Reus, 1897, 2.ª en *Alrededor del delito y de la pena*, Madrid, «Biblioteca de ciencias penales», Viuda de Serra, II (1904), 105-159. El mismo, *La evolución de la penalidad*, en *Teoría del Código penal*, Madrid, Suárez, 1910 (sin documentar).

§ *II.—Los orígenes del Derecho penal español.*

a) Fuentes generales: Estrabón (h. 60 antes de J. C.), *Geographia*, ΣΤΡΑΒΩΝΟΣ ΓΕΩΓΡΑΦΙΚΑ, edición Müller y Hübner, París. Didot, 1853. Comentarios de Casaubon, *Strabonis Rerum Geographicarum libri XVII, cum notis Casauboni et aliorum*, 2.ª edición Morel, París, 1620; otra edición Amsterdam, 1707; Traduciones: francesa de Amédée Tardieu, 2.ª, París, Hachette, 1886-1890, portuguesa (libro III, partes 1.ª y 2.ª), de G. Pereira, Evora, Bravo, 1878, y Coimbra, Imprenta y litografía, 1880; Diodoro Siculo (h. 21 antes de J. C.), *Bibliotheca historica*, ΒΙΒΛΙΟΘΗΚΗΣ ΙΣΤΟΡΙΚΗΣ, edición Müller, París, Didot, 1855; Traducción francesa de Hoefer, París, 1846; Tito Livio (59 antes de J. C. al 17), *Historia romana*, Edición y traducción francesa de Nisard, París, Dubochet, 1844, dos volúmenes, traducción española de Navarro y Calvo, Madrid, Hernando, 1888; Pomponio Mela (siglo I), *De situ orbis, seu de Chorographia libri tres*, edición Frick, Leipzig, 1880; 1.ª traducción española de Tribaldos de Toledo, *ilustrada con nombres modernos de lugares, montes y ríos*, 1642, 2.ª de Gonsâlez de Salas, en 1644; Silio Itálico (25 al 105 de J. C.), *Púnica*, edición y traducción francesa de Ed. Nisard, París, Dubochet, 1837; Plutarco (46 al 120 de J. C.), Vitae, ΒΙΟΙ ΠΑΡΑΛΛΗΛΟΙ

ΓΕΓΡΑΜΜΑΤΩΝ, *Plutarchi Operum*, edición Doehner, París. Didot, 1857; traducción francesa y notas de Dacier, Lyon, 1803; portuguesa, con Introducción de G. Pereira, *Biographia de Quinto Sertorio*, Evora, Bravo, 1878, española de Ranz Ramanillos. Madrid, Sáez, 1879 80 (Biblioteca clásica); Apiano (h. 150 de J. C.), *De rebus hispaniensibus*, ΡΩΜΑΙΚΩΝ ΙΣΤΟΡΙ ΩΝΤΑ ΣΩΖΟΜΕΝΑ. *Romanarum historiarum quae supersunt*, París, Didot, MDCCCL, traducción francesa de Comb Donnous, (*Guerres civiles*), París. 1808; Justino (siglos II al V), *Historiarum philippicarum ex Trogo Pompeio*, Edición y traducción francesa de Nisard, París, Dubochet, 1841; Dionisio Periegetes (siglos III al IV), ΔΙΟΝΥΣΙΟΥ ΟΙΠΟΥΜΕΝΗΣ ΠΕΡΙΗΓΗΣΙΣ, *Geographi graeci minores*, Comentarios de Beruhardy, edición Leipzig. 1828; Rufo Festo Avieno (a. 366 de J. C.), *Ora marítima*, edición crítica de A. Holder, Insbruck, 1887; traducción española de Cortés y López, *Aparato*; sobre él véase Martins Sarmento, *Estudo d'este poema na parte respectiva á Gallizia e Portugal*, Porto, 1880; J Costa, *Litoral ibérico del Mediterráneo en el siglo* VI-V, *a. de J. C., en Estudios ibéricos*, Madrid, 1891-95; M. Sarmento, *Estudo d'este poema ne parte respectiva as costas occidentes da Europa*, 2, Porto, 1896; A. Blázquez, *El periplo de Himilio, según el poema de.....*, Madrid, 1909.

b) Estudios particulares:

Costa, *La poesía popular española y Mitología y Literatura celto hispanas (Introducción á un Tratado de Política*, C. IV), Madrid, *Revista de Legislación*, 1881, páginas 219 y siguientes Hinojosa, *Historia*, I (1887) l. I, c. I, § 1; Costa, *Estudios Ibéricos*, I, Madrid, 1891-95; D'Arbois de Jubainville, *Les celtes en Espagne*, en *(Revue Celtique*, XVI (1893), 374 y siguientes; Pérez Pujol, *España primitiva*, en *Historia de las instituciones sociales de la España goda*, I. Madrid, 1896; F. Garofalo, *I celti, nella penisola iberica*, Girgenti, Montes, 1897; Dorado Montero, *Contribución al estudio de la Historia primitiva de España (El Derecho penal en Iberia)*, Madrid, *Revista de Legislación*, 1901 (1); Contiene *Notas para el Derecho penal en Iberia*, de Costa, páginas 20-50; Bernaldo de Quirós, *Reliquia ibera. Raza y crimen en España, en Figuras delincuentes*, Madrid, Góngora, 1908 (?), páginas 57-60.

---

(1) «Este trabajo forma parte de las notas puestas por el autor á la traducción del *Tratado de Derecho penal* de Liszt Profesor de la Universidad de Berlín; *Tratado* que no tardará en ver la luz.» (Obra citada, página 7, n.*) El autor, en carta fecha 23 de Junio de 1909, ha tenido la amabilidad de decirnos que renunciaba á proseguir su trabajo, abandonado hace años, si nosotros publicábamos el nuestro. Agradecemos tan generosa cesión, lamentando que el ilustre catedrático no termine esta labor que nosotros, con notoria insuficencia, emprendemos.

De la *España primitiva*, ó sea el largo período que se extiende hasta la dominación romana (1), se sabe muy poco todavía. De un tiempo en que se prescindió de ella para escribir la Historia del Derecho (2), se pasó á otro en que se le asignaron caracteres general (3), —padeciendo la ilusión de las nebulosas—para llegar á un tercero, definitivo, en que se la estima «políticamente considerada, á modo de un continente en miniatura» (4), «conjunto heterogéneo de pueblos iberos, celtas, fenicios y griegos, entre los que se mezclan y entrechocan elementos camitas, semíticos y arios, y que presentan el más extraño aspecto, contrastando la cultura de los unos con la rudeza de los otros. Desde tribus que no habían perdido la feroz costumbre de la antropofagia á pueblos que mantenían extensas relaciones comerciales, poseían Marina propia y cultivaban los estudios históricos y literarios y conservaban antiquísimas leyes escritas en verso....., serie gradual que había de traducirse en diferentes manifestaciones jurídicas» (5).

A) RAZA, LENGUA, CRONOLOGÍA.

Se ignora el origen étnico de los primeros pobladores de España, por más que se haya discutido tanto sobre él, como si alguno hubiera logrado traspasar los límites de lo probable.

---

(1) Pérez Pujol, *Origen y progresos del Derecho y del Estado en España* en *Revista de Legislación*, XVIII (1866), 305-342; *España goda* (1896), § 1.º, I, 3-126; Hinojosa, I (1887), § 7, página 19; Dorado (1901), página 7; Equivalente á la *España antigua*. de Masdeu. I, 16 y á la «Iberia anteromana», de Mélida, *Discurso en la Real Academia de la Historia*, 1906, páginas 13-55.

(2) Manresa Sánchez (1841), La Serna y Montalbán (1841), Falcón (1880) y otros.

(3) Sempere, *Historia*, capítulo III: «A excepción de las costas frecuentadas por los fenicios, griegos y cartagineses, estaba casi toda poblada de muchísimas tribus ó naciones *bárbaras é independientes*», edición Moreno, página 24.

(4) Costa, *Estudios ibéricos*, I, páginas 39 y siguiente.

(5) Ureña, *Historia* (2.ª, 1900), páginas 290 y siguiente, y 408 y siguiente.

Cuadro de las teorías sobre el origen étnico de los primeros habitantes de España.

A) *Europeo* (ário ó indo-europeo): *a*) de supervivencia vasca, según Humboldt (G.), *Prüfung der Untersuchungen über die Urbewohner Hispaniens vermittelst der vaskieschen Sprache* (Prueba de las investigaciones sobre los primitivos habitantes de España, por medio de la lengua vasca), Berlín, 1821; hay traducción francesa, de Marrast, París, 1866 y española, Madrid, 1879; Cf. Hübner, *Monumenta linguae iberiae*, Berlín, Reémer, 1893, *Prolegomena*, páginas CXLI, CXLII; anulado por los estudios de van Eys, *Grammaire comparée des dialectes vasques*, y en *Revue de linguistique et de philologie comparée*, VII (1874), páginas 5 y siguientes; y Vinson, *Polémiques sur les origines et les antiquités vasques*, en *Méllanges de linguistique et d'Anthropologie*, en colaboración con Hovelaeque y Picot, páginas 209 y siguientes; *b*), con paralelismo ligúrico, heteronomia vasca, población anterior tartesia, egea de origen, Edouard Philipon, *Les Ibères, étude historique d'Archeologie et de Linguistique*, París, Champion, 1909, *Introduction*, páginas XIV y siguientes y capítulo III; Martín Mínguez, *Estudios heleno-ibéricos, Revista de España*, año 1885.

B) *Asiático* (ário), relación étnica caucásica, georgiana, según opinión de Apolodoro, en *Fragmenta historicae graecorum*, páginas 123 y 161, I, 451 456, trasmitida por Estrabón, *Geografía*, I, 3, 21; Cf. Avieno, *Descriptio orbis terrae*, versículo 881 y siguientes y Varrón (véase Plinio, libro III, *Naturalis Historia*, capítulo III, párrafo 8, edición Nisard, I, 154). En contra Apiano, *De bello mithriadico*, capítulo 101, edición Didot, página 259; opinión sostenida: *a*), en relación con la supervivencia vasca (Cf. Humboldt); *a'*), paralelo etnográfico vasco lapón, por Reitzius, *Tratado de la etimología en sus relaciones con el cráneo humano* (en sueco, 1842; *a''*), paralelo lingüístico vasco-georgiano (véase Hoffman, *Die Iberer im Westen und Osten*, Leipzig, 1838); Góngora y Martínez, *Antigüedades prehistóricas de Andalucía*, Madrid, 1868; L. Bonaparte, *Le verbe vasque*, etc., Londres, 1869; Fita, *Discurso de recepción en la Real Academia de la Historia*, Madrid, 1879 (véase también contestación de Fernández Guerra). En contra Sampere y Miguel, *Los Iberos*, en *Revista de Ciencias Históricas*, III (Barcelona, 1881), 417, antes *Origens y fons de la Nació Catalana*, Barcelona, *La Renaixensa*, 1877, quien afirma el origen vasco absolutamente autóctono (ni ário, ni turánico, ni semítico; *a'''*), origen vasco-armenio-caldeo (el vasco «una de las setenta y dos lenguas de Babel»), descendientes directos de Tubal, hijo de Jafet, según Josefo, *Ant. jud.*, tomo I, página 6; Lucio Marineo Sículo, *Historia de España*, Alcalá de Henares, 1839, página 28; Garibay, *Com-*

pendio historial de España, Barcelona, 1628, VI, 77; Oienhart, *Notitia utriusque Basconiae,* París, 1638, página 137; Moret, *Investigaciones históricas de las antigüedades del Reino de Navarra,* Pamplona, 1665, página 89, y *Anales del Reino de Navarra,* Pamplona, 1684, Ap.; F. de Garma, *Teatro universal de España,* 1938, tomo I, capítulo 22; Larramendi, *De la antigüedad y universalidad del vascuence en España,* 1.ª Salamanca (sin fecha), 2.ª, 1738, y *Diccionario trilingüe del castellano, vascuence y latín,* San Sebastián, 1745, *Prólogo;* Astarloa, *Apología de la lengua vascongada,* Madrid, Ortega, 1803, páginas 261-269; Hervás, *Catálogo de las lenguas,* Madrid, imprenta Beneficencia, 1804, IV, 22-39 y 184 208; P. Isla, *Compendio de la Historia de España,* 1.ª parte; Darrigol, *Disertation critique et apologétique sur la langue vasque* (anónimo); Michel, *Le pais vasque,* París, 1859, número 2; *a''''*), paralelo lingüístico vasco-fenicio, por Oienhart y J. Garat, *Origine des vasque de France et d'Espagne,* París, 1869, páginas 287 y siguiente; Tiele de Lyde y Albert de Reville, en *Revue des deux Mondes,* 15 de Mayo de 1873; Cánovas del Castillo, en *Los vascongados,* de Rodríguez Ferrer, *Introducción,* página XX; *a)'''''*), paralelo lingüístico vasco-ségrico-tártaro, Anónimo, *Recuerdos de la villa de Laredo,* Madrid, 1873; Maury, *La Terre et l'home;* *b*), negando todo parentesco vasco: Berlanga, *Los bronces de Lascuta,* etc., Málaga, 1881-84, *Introducción* y capítulo III; *b'*), Turánico, asiático de las orillas del Yaxartes (supervivencia vasca); pero no ario, ni atlántico, ni autóctono, según Friz Hommel y M. de Nadaillac, *Los primeros pobladores de Europa,* traducción española, páginas 82 y 83, con paralelismo georgiano antiguo, según Fernández y González, *Primeros pobladores históricos de la Península Ibérica,* en *Historia general de España de la Academia,* I, 53; Cf. Teófilo Braga, *A patria portugueza. O territorio e a raça,* Oporto; *Elementos da nacionalidade portugueza, As razas da Peninsula hispanica,* en *Revista de Estudos livres,* Lisboa, 1883-84; en contra A. Coello, *Ethnografia portugueza,* en *Boletín de la Sociedad Geográfica de Lisboa,* II (1880-1881). El *Tangro Mangro,* en *Boletín de la Institución libre de Enseñanza,* VII (1883), 37.

C) *Africano* (camita ó afro-semita), interpretando á Tácito, *Agrícola,* edición de 1608, página 142, según Leibnitz, Nieburn y Eichoff; *a*), procedente del Atlas: Oliveira Martins, obra citada, capítulo II. 3.ª, páginas XXIV y XXXIII, y *Raças humanas,* I, 18-19, Hume, páginas 10-13, por analogías de las lenguas vasca y argelina *(de los Chaonias);* Garrigaud, *Ibéres, Iberie,* Foix, 1884, capítulo XII, página 107, y de instituciones: Hanoteau et Letourneaux, *La Kabylie,* París, 1873; J. M. Pereira de Lima, *Iberos e*

Vascos, París, 1902; *b*), Libio, de Berbería, interpretando textos de Avieno, *Ora marítima,* V, 687-688, y Plinio, *Naturalis Historia,* III, V, 2; Antón, *Razas y naciones de Europa,* Discurso académico, Madrid, 1895, especialmente página 39; *Cráneos antiguos de Ciempozuelos, Boletín de la Real Academia de la Historia,* XXVIII, 1906; *Razas y tribus de Marruecos,* Madrid, 1903; *Los orígenes étnicos de las nacionalidades libio-ibéricas, Asociación española para el Progreso de las Ciencias, Congreso de Valencia* (1909), II, 32 49; S Algier, *Maure, Ibere et Berbère, Boletín de la Societée d'Anthropologie, de Paris,* 1904; Gabelentz (véase Hitz, *Die Indogermanen,* I, 37); de supervivencia vasca, Sergi, Dausaud, Vinson, Michelis, Giacomo, Geze, *Revue internationale des études vasques,* I, 7; Fischer, *Mittelmeerbilder,* Leipzig y Berlín, 1908, página 382; Jiménez Soler, *La España primitiva,* páginas 178, 179; *c*), Tuareg (berebere del desierto), Boudar, *Numismatique ibérienne,* página 92; *d*), *Libio tuareg:* Tubino, *Las diferencias etnológicas que se observan en la población de la Península ibérica,* en *Revista Europea,* Madrid, VIII (1876), 318, 319 y *Los aborígenes ibéricos ó los bereberes en la Península,* en *Museo Español de antigüedades,* VII, 303 364; Cf. Costa, *Estudios ibéricos; e*), *Egipcio,* M. Mínguez, *Apuntes para llegar á conocer algo acerca de los verdaderos orígenes de los primeros pueblos de España, Francia é Italia,* Valladolid, Santarén, 1881; *Datos epigráficos y numismáticos de España,* Valladolid, Rodríguez, 1883, parte 1.ª, páginas 1-23 y Apéndice I, páginas 225-238; G Fournier, *Ensayo de Geografía histórica de España,* II, Valladolid, 1897, páginas 5, 3, 13 y 336 y siguiente, Cf. (sin citar la procedencia), Mélida, *Iberia, arqueológica ante-romana, Discurso en la Academia de la Historia,* Madrid, Tello, 1906, páginas 20 y 21; *f*), *Egipcio y copta,* Giacomino, en *Suplemente periodicé all'Archivio glotológico italiano,* IV, 1 20; *g*), simplemente mediterráneo, como probable: Sergi, *Sulli abitanti primitive del Mediterráneo,* Florencia, Arch, Bruselas, Roma, 1892; *Origine e diffusione della stirpe Mediterránea,* Roma, Sociedad editorial Dante, 1895, páginas 65, 66; *Europa,* Turín, Bocca, 1908, capítulos VI, XII; *Decadenze delle Nazione latine* (hay traducción de Valentí y Gay), Hoyos Sainz y Aranzadi, *Un avance á la Antropología de España,* Madrid, 1892.

D) *Atlántico,* según la tradición egipcia de Theopompo, recogida por Solón (siglo IV, a. de J. C.), conservada por Platón (*Critiques de l'Atlantide, Œuvres,* traducción Cousin, XII 3), sostenida hoy en relación con la supervivencia vasca, por D'Arbois, *Les premiers habitants de l'Europe,* 1.ª, París, 1887; 2.ª, 1889, libro I, capítulo II, páginas 16 y siguiente; Berlieux, *Les Atlantes,* París, 1883; Bory de Saint Vicent, *Resumé geographique,* II, 129;

Costa, *El comercio de Roma en el Sahara y el País de los Garamantes*, (Extracto de Berlieux, en *Boletín de la Intitución libre de Enseñanza*, VI, 1882), 59 92; *Ensayo de un plan* (1886-87); *Paraíso y Purgatorio de las almas según la Mitología Ibérica, Boletín* citado. XII 1888); *Inscripción Ibero-latina de Jodar*, ídem, XIII (1889), 188; *Antigüedades ibéricas, Ganadería*, en *La Controversia*, 1898, números 1'1 184; *La servidumbre adscripticia entre los Iberos*, ídem, 1892, 192; *El litoral ibérico del Mediterráneo*, ídem, 1891 93. 159 y siguiente; Gay, *Constitución y vida del pueblo español*, Madrid, Biblioteca internacional de Ciencias sociales, 1905, I, 56, ó eurafricano, página 75.

E) *Americano*, por parentesco ó por inmigración, según G. Philips, *Die Einwänderung der Iberer in die pyrenaische Halbinsel* (La inmigración de los Iberos en la Península pirenaica.) Todo ello, incluso el texto de Tácito, se puede armonizar á través de la hipótesis de Gaffarel, en 1869, quien afirma que la Atlántida estuvo poblada por «la misma raza cobriza que había ocupado antes que la blanca el Egipto, la Libia, *Iberia* y Etruria, y fundado poderosos imperios en América.» (Cita de Costa, *Islas líbicas, Cyranis, Cerne, Hesperia*, Madrid, *El progreso editorial*, 1887, página 4). Se abstienen de juzgar en absoluto: Virchow, *Les peuples primétifs de l'Europe*, en *Revue scientifique*, XIV (1874, 11; Catailhac, *Les Ages prehistoriques de l'Espagne et de Portugal*, París, Reinwald, 1886, páginas 330 y siguientes; Madrazo. *España, sus monumentos*, Madrid, 1886, I, 154; Pérez Pujol. I, 12, 13; Altamira, I, § 18, 2.ª, páginas 60, 61 y § 10, página 40. La mayor parte de los otros emiten su opinión como probable y son raros los que se atreven á formular juicio definitivo.

Se ignora, porque no se sabe con exactitud, cuál fué la primera nación de España (1). ¿Dieron nombre á Iberia los *íberos*, ó le recibieron de ella? ¿Había aquí una raza cuartenaria anterior?

No está más adelantada la cronología, porque es dudosa la fecha de la incursión de los celtas (2) y hasta

---

(1) Hervás, obra citada, IV, 221; Humbolt, obra citada, edición española, páginas 39 y siguientes; Risco, *España sagrada*, XXXVII. 3; Fournier, *Geografía histórica*, II, 41

(2) Confiesan la duda: Baumstark, en *Pauly's Real Encyclopädie*, 1.ª edición, III. páginas 1392 y siguientes. - Diefenbach, *Origines europae*, páginas 143 y siguientes. F. Garofalo, *I celti*, páginas 5 y siguientes.— Cartailhac, *Les Ages prehistoriques*, pá-

el lugar de la entrada en la Península ibérica es muy discutible (1).

Es un misterio indescifrable, hoy por hoy, el raro secreto de la lengua ibera (2), y cuanto se asegura sobre estudios ibéricos es aventurado ó temerario.

---

gina 333. Se contradicen mutuamente: D'Arbois de Jubainville, *Mémmoire de l'Academie des Inser.* (1890), página 219, *Mélanges*, I, 58; *Les celtes* (1904), página 91; *Les premieres habitants de l'Europe*, I, 379 y siguientes; Müllenhof, *Deutsche Altertumskunde*, I, 108; Hirte, *Die. Indogermanen*, I, 168; Philipon, páginas 32, 139; Hinojosa, I, 50; Pérez Pujol, I, 13; Berlanga, *Lascuta*, 106; Hübner, *Römische Herrschaft zu Westeuropa*, página 267; Virchow, *Les peuples primitifs de l'Europe*, en *Revue scientifique*, XIV, (1874), 6, que sostiene la fecha del siglo VI a. de J. C., con Busolt, *Griegische Geschichte*, I, 436 y siguientes, que la refiere al IV, separándose de todos: Mövers, *Die Phönizen*, II, 2, 589, 654 y siguientes, Murghia, *Historia de Galicia*, I, 415-418 y Martín Mínguez, *Los celtas*, 187, página 35, que señala la fecha de 1500 a. de J. C...! Hume se abstiene de toda suposición, limitándose á decir que «Mucho antes de la Historia documentada, cuando la Humanidad salía penosamente de la fase neolítica» (página 13).

(1) Hume, página 13 y Philipon, página 139, indican el de los *pirineos occidentales*, fundándose éste en la falta de huellas en los orientales (página 140), y aquél en los destubrimientos célticos hechos en la mina de Aramo (Oviedo), á los que pueden añadirse los del Sr Gago, cerca de León; pero contra toda lógica, si se tiene en cuénta su larga residencia anterior en la Galia narbonense (Estrabon, V, 1 1: Κελτάς δέ τούς ἐπί θάτερα μερος κατέχοντας καί τυος κατά Μασσάλιαν καί Νάρβωνα θαλατταν, edición Muller y Hübner, París, Didot, 1853, página 147), cuyo límite al SO. eran los *pirineos orientales*, «límite oriental de Iberia» (Estrabon, III, 1, 3). Es verdad que á su paso por el litoral mediterráneo no dejaron huellas monumentales, pero sí *lingüísticas* (Véase D'Arbois, *Les celtes*, lecciones 10 y 11, páginas 91-116).

(2) Reconocido por todos (Véase Hemin, *Manuel de numismatique ancienne*, I, 220: «on en connait imparfaitement l'alphabet (celtiberienne), sans rien savoir de la langue» Cf. M. Mínguez, *Datos epigráficos*, (1883), páginas 106, 107; C. Pujol, *La epigrafía numismática*, Biblioteca de la Academia de la Historia, XVI, (1890), 341, sin que por esto sea menos plausible el esfuerzo de Delgado y Costa en España que promete continuar Bonanza (*Historia da Lusitania e da Iberia*, Lisboa, I, 1885-91), en Portugal y para cuyo trabajo ha dado el primer paso en Alemania Hübner, *Monumenta linguae ibericae*, Berlín, 1893. *Nuevos estudios sobre el idioma ibérico* en *Revista de Archivos*, Mayo de 1898. Véase también Philipon, *Declinaison dans l'Iberie*, en *Mélanges*, de D'Arbois, páginas 337-269, siendo forzoso esperar los progresos de la Arqueología (Véase F. Fita, *Discurso en la Academia de la Historia*, 9 Diciembre, 906, página 81).

Mejor es dudar (1), mejor es ignorar (2), á veces. Hay algo mejor, sin duda: saber esperar (3), si no nos hemos de entregar á eternos pesimismos (4).

B) PSICOLOGIA, DELICUENCIA.

Carecemos de noticias ciertas sobre la criminalidad de los *primitivos*, en España; si bien tenemos datos suficientes para esbozar su psicología, y sabemos algo de sus costumbres y civilización.

Es cuidado reciente el de la Estadística criminal,

---

(1) A. Herculano: «quem lê desprevenidamente os escriptores antigos e os modernos que aproveitaran as suas affirmativas frequentemente disparatadas, e algunas vezes oppostas, para sobre ellas edificarem o systema mais contradictorio ácerca da divisão dos povos da Hespanha, só póde tirar unna conclusão sincera, e éque em tal materia ponquissimos factos teem o grau necessario de certeza para serem considerades como historicos» (cit. Oliveira, *Historia*, página XXVII).

(2) Philipon, página IX: «L'ignorance en ce cas, n'est-elle pas déjá un progrés sur l'erreur?»

(3) Cartailhac *Les Ages préhistoriques de l'Espagne et de Portugal*, París, Reinwald, 1886, página 333. «En résumé, les hommes du temps préhistoriques resten innommées, et les renseignements qui nous permettreint de classer et d'attribuer á telle ou telle populatiou les vestiges, si nombreux et si interessants du temps protohistoriques, nous font completement defaut. Encore une fois, *sachons attendre;* et demandons á de nouvelles recherches plus de lumières». Cf *Preface* de Quatrefages, página XXXI: «En reunissant leurs efforts, l'anthropologie et l'archéologie pourrout-elles un jour retrouver dans le passé prehistorique le début des peuples qui appareissent tout constitués dans des souvenirs quasi legendaires? L'avenir seul peut répondre á ces questions». En el mismo sentido Siret *(Historia y Literatura) Las primeras edades del metal en el Sudoeste de España* (1881-87), traducción española de Thos, Barcelona, 1890, *Introducción*, Vilanova y Rada y Delgado (1890-93); Pérez Pujol, I, (1896), 4, 5

(4) París, (P.), obra citada, *Avant-propos*, I, página X: «Mais en Espagne, en ce qui concerne les premieres siécles de sa vie civilisée, tout est encore à faire dans l'ordre historique, et malheureusement il est fort à craindre qu'il n'y ait jamais moyen de rien faire: nous semblons condamnés à l'ignorance à perpetuité. Les documents écrites ibériques se réduisen á quelques textes éphigraphiques que de rares érudits peuvent lire, ou pour mieux dire épeler, mais que personne ne sait comprendre. Quant à leur littérature, qui avait sa réputation parmis les anciens, elle samble irrémédiablement détruite».

más para los pueblos anteriores á ella, sirve como fuente de investigación la indagación cualitativa, á través de sus *leyes penales*. Sabemos que tenían leyes los Iberos (turdetanos), según ellos, seis mil años—al menos cuarenta siglos (1)—antes del relato de Estrabón, escritas en verso y formando parte de sus viejos poemas (2); pero no se conserva de ellas más que la memoria.

Queda—otra fuente—el *relato de las cosas maravillosas* del país (mitos, guerras, usos), recogidas por la fantasía, y escritas para la curiosidad vulgar, que se encuentra en los antiguos historiadores y geógrafos; entre ellas, de triste celebridad, crímenes y penas. No olvidemos lo impuro del origen (3). «Los historiadores —dice el mismo Estrabón—se dejan llevar voluntariamente de ese género de mentira que consiste en embellecer las cosas» (4).

Alguna vez, de tarde en tarde, un *descubrimiento arqueológico* parece confirmar un testimonio: dos enviados del viejo mundo—monumento y documento—que se encuentran.

El *lugar* de estos pueblos—nómadas á veces—variaba con frecuencia, y de aquí las contradicciones de

---

(1) En opinión de Lenormant, *Propagación del alfabeto fenicio*, 2.ª, I, 53. Cf. F. Fita, *Discurso de recepción en la Real Academia de la Historia*, página 88, y M. Mínguez, *Datos epigráficos y numismáticos de España*, Valladolid, Rodríguez, 1883, página 3. El traductor Amadée Tardieu supone que tal vez la cifra 6.000 se refiera al número de versos. (Ed. Hachette, I, 226, nota 1).

(2) Estrabón, III, 1, 6: καὶ ποιήματα καὶ νόμους ἐμμέτρους ἐξακισχιλίων ἐτῶν ὥς φασι Ed. Didot, página 115) El testimonio á que se refiere aquí Estrabón (ὥς φασι) no es de fácil precisión; tal vez alude á Posidonio y á los escritores que le siguen, ó simplemente á los turdetanos.

(3) Pero no se exagere negándoles todo valor testimonial histórico, en vez de aquilatarle, en el contraste de la prueba monumental, al toque con las piedras; como hacen Herculano, loc. cit. (Véase atrás, página 80, nota 1) Cf. página XXXIII; Menéndez y Pelayo, *Historia de los heterodoxos españoles*, 2.ª, I, 328, y Jiménez Soler, *La España primitiva, según la Filología*, Zaragoza, Casañal, 1913, páginas 7 y 8.

(4) *Geographia*, III, 4 y 13.

los geógrafos. Lo que dice de la Celtiberia Estrabón, puede aplicarse á toda España (1).

Tal vez no se pueda ni deba hablar de *cráneos* en España, donde una espantosa confusión de sangres presenta á los ojos del antropólogo el ejemplo étnico de una nueva Babel. Pero el hecho es que «la distribución geográfica del índice cefálico en los tiempos prehistóricos coincide, en sus rasgos principales, con la que hoy se observa» (2).

Los íberos. Los primeros pobladores de Iberia son meridionales, mediterráneos,—supla la Geografía á la Etnografía. Vinieron de Africa—Atlas, Berbería ó Egipto—cuya dictadura espiritual de metrópoli sufre todavía el pueblo español. De Iberia subieron á las islas casiterides (Inglaterra) (3), y á Escandinavia (4), cuando mejoró el clima europeo, después de la época glacial (5).

Los iberos tienen la piel morena, atezada, y los cabellos rizosos—según Tacito (6)—oscuros ó negros, frente estrecha y huída, cráneo alargado (dolicocéfalos), la mandíbula saliente (prognatismo), talla corta, constitución débil (7); caracteres bien conservados en la bella

---

(1) C. Müller, *Strabonis Geographicarum Tabulae*, París, Didot, 1880, *Prefatio*, página V.

(2) Oloriz, *Distribución geográfica del índice cefálico en España*, Madrid, 1894, página 262. Lo mismo ocurre en Italia, según R. Zampa, *Crania italica vetera*, en *Memorie della Pontificia Accademia dei nuovi Lincei*, VIII, 1891.

(3) Tácito, *Agrícola, Vita*, 11.

(4) Anderson, *Sveuska växtvärldens historia. e korthet framstalld*, Stokolmo, 1896 Cf. Krause, *Die Anfang der Kultur in Scandinavia*, ed. *Globus*, LXXI (1897) 7, y Sergi, *Specie e varietà umane*, Turín. Bocca, 1900, página 196.

(5) Montelins, *De Förhistoriska Perioderna, Skandinavien*, en *Manadsblad*, Stokolmo, 18 3, y *Les temps prehistoriques en Suède et dans les autres pays scandinaves*, París, 1895, página 11.

(6) *Agricola*, 11: «Colorati vultus et torti plerumque crines Iberos veteres» (Ed. Didot, página 455). Cf. Iornandés, *De gestarum sive gothorum origine et rebus gestis*, (Ed. Nisard, París, Didot, 1855, página 425). Tito Livio, CL, Floro, *Epit.* 105.

(7) Virchow, *Les peuples primitifs de l'Europe*, en *Rev. scient.*

raza española (1), como indica la distribución del índice cefálico de España (2), semejantes á los actuales africanos habitantes del Atlas (3). Eran ribereños, *iberos* por su nombre (4).

En las supervivencias actuales, es la raza predominante en la Península (5). Tal vez pertenecían á la raza de Cro-Magnon, que se encuentra aquí como en Argel, Marruecos, Canarias y Portugal (6).

A excepción de los colonos griegos, fenicios y cartagineses, *Iberos* son todos los primitivos habitantes de Iberia—excepto los Celtas—: Lusitanos, Turdetanos, Edetanos, Cántabros, Galáicos, Tartesios y los indígenas. Los Iberos—la mayor parte—son pueblos salvajes, como todo pueblo donde la civilización, naciente en las llanuras, perece ante la amenaza constante de los montes (7), donde la mayoría de la población convive con las fieras.

Los *lusitanos*—los guerreros de Iberia — adoraban como primera divinidad á Marte (8), con el nombre de Neton (9). Son dolicocéfalos inferiores, si se puede ha-

---

XIV, 8, les cree braquicéfalos. Véase Hume, *Historia del pueblo español*, traducción española, páginas 10 y 11.

(1) Sergi, *Origine e Diffusione*, página 66.

(2) Oloriz, obra citada, página 261

(3) Antón, *Origen étnico*, página 42

(4) Fernández Guerra, *El libro de Santoña*, páginas 13 y 18.

(5) Broca, *Mémoires sur les Basques*, en *Mémmoires*, volumen II, París, 1872. Thurman Further, *Résearches on the two Principal forms of ancient British Skulls*, en Memorias de la Sociedad de Antropología de Londres, volumen III. Sergi, *Origine e diffusione*, página 66.

(6) Cartailhac, *Ethnologie ancienne de l'Espagne et du Portugal*, en *Les âgés préhistoriques de l'Espagne*, el capítulo último. Cf. Virnau *La race de Cro Magnon, ses migrations, ses descendents*, en *Revue d'Anthropologie*, 1886, página 10 Véase Jacques, *L'ethnologie prehistorique de la Péninsule*, en *Historia y Literatura* Siret, *Les âges préhistoriques*, páginas 360 y siguientes. Góngora y Martínez, *Antigüedades prehistóricas de Andalucía*, Madrid 1868. Quatrefages y Hany, *Crania ethnica*, páginas 500 y siguientes.

(7) Estrabón, III, 4 y 13.

(8) Estrabón, III, 3, 3 y 6.

(9) Macrobio, *Saturn.*, I, 19, 5: «Accitani, Hispana gens, simulacrum Martis, radiis ornatum, maxima religione celebrant, Ne-

blar de de la raza de Mugem (1). Los lusitanos son «iberos autónomos» (2).

Mil quinientos años antes de J. C., aparecen en Lusitania los puñales (παραξιφις) (3) de bronce y un poco más tarde las espadas de doble filo (ξίφο ἀμφίστομους) (4), requeridas, seguramente, no por las necesidades de la caza ó de la defensa contra los animales, sino por el odio á los hombres, padre común de la guerra y de delito (5). Es célebre en la Historia el *gladius ibericus*, que «los romanos fueron incapaces de igualar» (6).

En las riberas del Tajo — refiere Estrabón — vivían treinta tribus (7) entregadas al bandolerismo; los montañeses habían bajado para convidarse á sus vecinos del llano, país rico y fertil; y éstos, para defenderse, dejaron de cultivar el campo que acabó por ser estéril, dedicándose entonces todos á bandidos (8). No conocían más cultivo ni ganadería que el adiestramiento para la perpetua guerra, hábito general de los españoles (9).

Toscas estatuas de guerreros, halladas en Portu-

---

ton vocantes». Cf. F. Fita, *Restos de la declinación céltica y celtibérica*, Madrid. 1878, páginas 35 y 42, y *Discurso de recepción en la Academia de la Historia*, página 55.

(1) Quatrefages y Levy, *Crania ethnica*, Leite de Vasconcellos, *Religiões da Lusitania*, I, 32.

(2) Apiano Alejandrino, § 56: Ἰβήρων αὐτονόμων, οἱ λυσιτανοὶ καλοῦνται

(3) Estrabón, III, 3, 6.

(4) Diodoro Sículo. V, 54. Véase Sophus Müller, *Urgeschichte Europa*. Berlín, traducción francesa, (*Europe préhistorique*), París. 1905. Kramer, *Notes*, cree que en el texto primitivo la mención de la espada precede á la del puñal. Cf. Amédée Tardieu *Geographie de Strabon*, I, 252. nota 1.

(5) Véanse reproducciones de estas armas de «diferentes formas, igualmente peligrosas y prácticas», en París, (P) *Essai sur l'Art et l'Industrie de l'Espagne primitive*, París, Leroux, II (1904), 283-277. Cartailhac, *Ages préhistoriques de l'Espagne et de Portugal*, París, 1887. figuras 357, 368. 360; Vinova y Rada y Delgado, páginas 597 y 604. Villa-Amil y Castro, *Armas*, etc., *Museo español de antigüedades*, IV, 59

(6) E. Benlier, en *Dictionnaire des antiquités*, de Daremberg y Saglio, palabra *Gladius*, página 1605.

(7) Plinio, *Lusitania*, IV, 35, cuenta hasta cuarenta y seis.

(8) Estrabón, III, 3, 5.

(9) Justino, *Historia*, libro XLIV, capítulo 2.

gal (1), confirman este triste abolengo militar—forma del bandolerismo histórico (2)—que no pudieron extinguir los romanos (3).

Plutarco y Apiano nos hablan de sus costumbres bestiales é inhumanas y de sus descarados latrocinios, para cuya represión fué enviado C. Mario (4); de donde les viene, tal vez, el nombre á los Montes marianos ó *Sierra morena* (5).

Practicaban frecuentes sacrificios humanos de un

---

(1) Véase Hübner, en *Archeologische Zeitung*, 1861, páginas 185 y siguientes y Pl CLIV, 1 3, y *Monatsbericht*, 1861, páginas 314 y siguientes; *Antike Bildwerke*, páginas 330 y siguientes, y *Arqueología de España*, páginas 253 y siguientes; traducción portuguesa de Soromenho, *Noticias archeológicas de Portugal*, § 141, Ap. C. páginas 103 y siguientes, y española de Murguia, *Historia de Galicia*, IV, 520 y siguientes. Véase *Revue Archeologique*, 1862, página 285 y 1897, página 416. Martins Sarmento, *Estatuas militaires no jardino botanico de Ajuda*, en *O occidente*, 1.º Noviembre 1886, páginas 246 y 248, y *l'Archeologo Portugués*, II, 23 y siguientes; *Comptes rendus de la Société des Antiquaires de France*, 30 Diciembre 1836. Mélida, en *Revista de Archivos*, 1897, páginas 149 y siguientes Leite de Vasconcellos, en *l'Archeologo Portugués*, 1902 páginas 23 y siguientes. y P. París, en *Ibidem*, 1903 páginas 1 y siguientes. Cf. *Essai sur l'Art et l'industrie de l'Espagne primitive*, París, Leroux, 1903, I, 64-73

(2) Diodoro Siculo, libro V, capítulo 34, § 7: Διὸ καὶ Ρωμαῖοι πολλάκις ἐπαὐς στρατεύσαντες τῆ σμ ἐν πολ ῆς καταφρονήσεως ἀπεστπαν αὐτ.ὑ, ςεἰς τέλος δὲ τὰ ληστήρια καταλῦσαι πολλάκις φλοτιμηθέντες οὐκ ἠδονήθησαν. (Obra y edición citados, I, 275). *Ibidem*, § 6: Ιδιον δὲ τι παρὰ τοῖς Ιβερσι καὶ μάλιστα παρα τοις Λυσιτανοῖς ἐπιτηδέυεται.. κατατρέχοι τι τὴν Ιβηρίαν και ληστεύδντες μετὰ πλοττους ἀθροιζουσι, καὶ τοῦτο διατελο: ιι πραντοντες μεπὰ πασης καπαφροτήσεως.

(3) Mommsem *Römische Geschichte* (Historia de Roma), Leipzig, 1856 57; I IV, c 1. Cf. Varron, *De re rustica* 1. I, c 16: Multos agros egregios colere non expedit propter latrocinia vicinorum. et in Hispania prope Lusitaniam.

(4) *Vit e. C. Marius*, capítulo VI, § 4: Μετα δὲ τὴνστρατη γίας κλήρω λαδὼν την ἐκτὸς Ιβηρίαν λεγεται καθᾶραι ληστδκιων τὴν επαρκίαν ανηπερον ουσαν ἔτι τοῖς ἐθισμοῖς καὶ θηριωδη καὶ τὸ λησθευετυ υδτω τότε των Ιβήρων ουκί καλλιστον ἔγουμενων. (*Plutarchi Operum*, edición Didot, I, 487). Cf. Apiano *De rebus hispaniensibus*, capítulo 100: Ελήστευον δ' ἐξ ἀπορίας ουτοι καὶ κρίνας αυτοὺς ὁ Δείδιος ἀνελεῖν (edición Didot, página 73).

(5) Ramírez y Las Casas-Deza, *Corografía de la provincia de Córdoba*, 1841: «Viene el nombre de Montes Marianos á esta cordillera, que por corrupción ha degenerado en el de Sierra Morena, del Pretor Cayo Mario, que sabiendo que por ellos vagaban muchos bandoleros lusitanos, con algunas tropas de celtíberos logró exterminarlos».

culto mágico á los dioses, examinando las entrañas: unas veces sin arrancarlas, por el tacto, otras vertiéndolas; y de la manera como caía la víctima desventrada, de manos del arúspice, sacaban presagios (1).

Braquicéfalos, según el profesor sueco Reitzius (2), dolicocéfalos, según Broca (3), mixtos, según otros (4), los *cántabros* (5) son los tigres de Iberia.

---

(1) Estrabón, III. 3, 6. Cf. Tito Livio, *Decad.*, l. XLIX: «Lusitanos... equo atque homine suo ritu inmolatis». (Edición Lemaire, VIII, 452).

(2) *Tratado de la etimología en sus relaciones con el cráneo humano* (en sueco), 1842.

(3) Sobre una serie de sesenta cráneos sacados del cementerio de Zarauz. V. Cf. Hamy et Quatrefages, *Crania ethnica*, página 95. *Actes de la soc. d'Anthr. de Paris*, 1862 63. Los cántabros actuales de las «vertientes septentrionales de la cordillera cantábrica y el litoral comprendido entre Coruña y Santander», son braquicéfalos, según Oloriz (*Distribución del índice cefálico en España*. Madrid, 1894): pero los cráneos de las cuevas del Milagro (80, 6) y Mina de Arano (76, 76), en Pinedo, son mesaticéfalos. (Ibidem).

(4) En los cráneos prehistóricos halló tres tipos Prüner-Bey, en *Bulletin de la Soc. d'Anthr. de Paris*, 1.ª, IV (1863), 35. Cf. D'Abadie, *Discussion sur les types basques*, en Boletín citado, 2.ª, III (1868), 103; en los actuales encuentra un tipo único mixto Aranzadi, *El pueblo euskalduna, Estudio de Antropología*, San Sebastián, 1889, página 42. Sin índice característico, según Oloriz *Distribución geográfica del índice cefálico en España*, página 277

(5) Seguros de que los *Vascones* fueron primitivamente un pueblo distinto de los *Cántabros* —Estrabón dice: «Gallegos, astures y cántabros, hasta los Vascones y el Pirineo» — incluimos á las tres provincias vascongadas en Cantabria, siguiendo á Garibai, *Compendio historial de España*, libro IV, capítulo V; Henao, *Averiguaciones de las antigüedades de Cantabria*; Osaeta y Gallaéstegui, *Cantabria vindicada*; Juan de Aval , en *Revista Vascongada*, Vitoria, 1847, y entre los modernos Fernández Guerra, *El libro de Santoña*, páginas 18 y 21, y Rodríguez Ferrer, *Los vascongados*. Madrid. Noguera, 1878, páginas 2 y 17.

En contra, el mismo Fernández Guerra, *La Cantabria*, en *Boletín de la Sociedad geográfica*, IV, 124; «Ni en lengua, genio, inclinaciones y raza, pueden confundirse Celtas é Iberos, Cántabros y Vascones», y José Moret, *Antigüedades de Navarra*, edición citada al principio, quien ha intentado demarcar la geografía histórica de los primitivos vascones. Véase Hervas, *Catálogo*, V, 238. Nos fundamos en que los datos de los antiguos historiadores y geógrafos respecto á *Cantabria* se refieren evidentemente á cántabros y vascones (como los habitantes de la *Vasconia* romana son vascos y navarros) en cuyas montañas se unieron cántabros, vascos é iberos ante la invasión céltica, con el nombre de *euskaros*, para luchar contra el extranjero *(erdara)*, formando

Estrabón pondera, entre las narraciones fabulosas que se refieren á los Iberos, especialmente del Norte, no ya su valor, sino su crueldad y ferocidad (1). Las escenas de Sagunto y Numancia, habían sido precedidas entre los Cántabros. En la guerra cantábrica, las madres mataban á sus hijos para que no cayesen en poder de los enemigos; y un hijo mató con un hierro á sus padres y hermanos prisioneros, atados con cadenas, por orden de sus padres. Lo mismo hizo una mujer con sus compañeros de cautividad. Otro se arrojó á una hoguera (2). Sólo eso podía esperarse de un pueblo que vive bajo el imperio de las hembras (γυναικοκρατία, dice Estrabón; de γυνή γυναικός, hembra del animal, y κρατέω, dominar) (3), no menos valerosas que los hombres (4). Eran diestros en carreras hípicas, que los Romanos copiaron para la táctica de la guerra (5).

Los delitos de incendio de bosques, por los pastores, eran tan frecuentes en el país vasco, que el Pirineo (de πῦρος, fuego), tomó de ahí su nombre (6). Cuando se sentían viejos é inhábiles para la guerra, se precipitaban desde un peñasco (7).

---

otra nueva nació mixta: Cantrabia contra celtiberia, unidos por las costumbres - «viven de un mismo modo», dice Estrabón -; pero separados de nuevo por el idioma que una rama seca, los vascongados actuales, conserva como culto esotérico de familia.

(1) III, 4, 17: τὰ πρὸς ἀνδρείαν, ἀλλὰ καὶ τὰ πρὸς ὠμότητα καὶ ἀπόνοιαν θηριώδη. (Edición Didot, página 136)

(2) Estrabón, lugar citado: καὶ γὰρ τέκνα μητέρες ἔκτειναν πρὶν ἁλῶναι τὸν πόλεμον τὸν ἐν Καντάβροις, καὶ παιδίον δὲ δεδεμένων αἰχμαλώτων γονέων καὶ ἀδελφῶν ἔκτεινε πάντας, κελεύσαντος τοῦ πατρὸς, σίδηρον κοριεύσαν, γυνὴ δὲ τοὺς συναλόντας. κληθείς δέ τις εις μεθυσκομένους ἔβαλεν αὑτὸν εἰς πυράν. (Edición citada, página 136).

(3) Parece que «daban su parecer en público». E. Cordier, *El derecho de familia en los pirineos*, 1859; es decir, que tenían voto como las viudas en los Concejos de la montaña de León, — otro país céltico y las americanas de Kansas.

(4) Estrabón, lugar citado:.... κοινὰ δὲ καὶ τὰ πρὸς ἀνδρείαν τήν τε τῶν ἀνδρῶν καὶ τὴν τῶν γυναικῶν, (Edición citada, página 137)

(5) Arriano, *Ars táctica*, § 40.

(6) Diodro Sículo, citado por Rodríguez Ferrer, *Los Vascongados*, página 12, número 1.

(7) Silio Itálico, *Punica*, III, versículos 326 331:

«Cantaber ante omnes, hiemis aestusque famisque
Juvictus palmanque examni ferre labore.

Es verdad que el único testimonio directo y monumental que poseemos, no confirma el juicio severo de los antiguos historiadores y geógrafos. Los dibujos de animales que decoran las paredes de la cueva de Altamira (Santander) (1)— nuestro primer Museo ibérico— ó los de Covalanas, Hornos de la Peña y Castrillo, no revelan la menor huella de ferocidad. No están atravesados de flechas aquellos animales, como los de Niaux, en el Perigord y la región de los Pirineos (2), ni decapitados, ni siquiera muertos (3). Las figuras humanas, con disfraz animal, están en actitud orante ó suplicante (4); lo que recuerda prácticas totemistas (5). Falta saber si estas grutas fueron habitadas por Iberos ó por Celtas, ó por los que ni Iberos ni Celtas fueron.

Los *turdetanos* eran los más cultos en Iberia (6) y los más ricos (7). — Cultura y riqueza, venidas una del cielo y otra de la tierra, se encontraron, pero volvieron á separarse..... Tenían «costumbres dulces y corteses» (8), porque no eran autóctonos: primero

---

Mirus amor populo, quum pigra incannit aetas
Imbelles jam dudum annos praevertere saxo,
Nec vitam sine Marte pati; quippe omnis in armis
Lucis causa sita, et damnatum vivere paci»

(1) Sobre su autenticidad, neolítica ó protoneolítica, Vid. Martel, *L'Evolution souterraine*, París, 1908; Pierre París, *La grotte prehistorique d'Altamira*, en *Promenades archeologiques en Spagne*. París, Lerroux, 1910, páginas 3-42; antes, Conferencia en la Universidad de Oviedo, 30 de Noviembre de 1908. En contra, Puig y Larraz, *Catálogo de las cavernas y simas de España*, en *Biblioteca de la Comisión del mapa geológico*. 1894.

(2) Reinach, *Orpheus*, París, 1909, páginas 112, 163, París, obra citada.

(3) V. Cartailhac y Breuil, *La caverne d'Altamira á Santander (Espagne)*, Mónaco, 1906, París; *Promenades archeologiques*, planchas III, IV, V, VI y VII. En vano ensayando hipótesis, se ha querido poner en relación estos inocentes dibujos con la teoría del homicidio mágico, V, París, páginas 13, 21 y 35, y Quirós, *El homicidio mágico*, en *El doble suicidio por amor*, Madrid, Viuda de Serra, 1910, página 129.

(4) París, plancha IV.

(5) París, páginas 35, 36; Reinach, obra citada.

(6) Estrabón, III, 2, 4.

(7) *Ibidem*, III, 1, 6; Cf. Homero, cita de Estrabón, III, 2, 13.

(8) Estrabón, III, 2, 15.

fenicios (1) tal vez celtas (2) — luego romanos; y porque eran nuestro eslabón con el mundo civilizado (3), entonces al mediodía. Eran «la gente menos varonil de España» (4) en aquella edad de hierro. Parece que hubo muchos piratas en sus costas, que habían sido pacificadas en tiempo de Estrabón (5). De entre ellos, son los *túrdulos,* los más antiguos (6), y á orillas del Cleriso (Guadalete), los *tartesios*, una de las cinco naciones feroces, de Avieno (7). Tartesia ciudad feliz (8), donde se adoraba á Júpiter (9).

Eran recios, como su época.

En la segunda guerra púnica, un esclavo, que vengó á su amo, reía en el tormento (10), venciendo en crueldad á los verdugos. Horroriza leer el relato de Justino, en que Gargoris, supuesto rey de Tartesia (Tarifa), á quien la debilidad de su hija hizo abuelo, expone al nie-

---

(1) Estrabón, III, 2, 13.
(2) Polibio, cita Estrabón, III, 2, 15.
(3) Estrabón, III, 2, 6 Cf. Juan Annio, *De primis temporibus, et quatuor ac viginti Regibus Hispania,* Lyon, 15˙4; Mariana, *Historia general de España,* I, 18-20; Ferreras, *Historia,* edición francesa, I, 6. En contra, Zurita, *Anales* y Masdeu, II, 41 44. De los modernos, lo creen D'Arboys de Jabainville, *Les premières habitants de l'Europe*, I, 5 ‹, 86.
(4) Tito Livio, *adiciones* 3.ª y 4.ª, libro III, capítulo 3, 1, 416 y 7, 2. Tuvieron que tomar á sueldo á 10.000 celtíberos para hacer frente á Publio Manlio.
(5) III, 2, 5: εχουσι δὲ καὶ οἱ ἄνεποι τάςιν οἱ πελάιοι πρόσεστι δὲ καὶ ἡ σύμπασα ὑπάρχει ῥᾳστώνη τοῖς πλοϊζομένις. (*Ibidem,* página 119).
(6) Asclepiades Mirleano, *Turditania descriptio*, Cf. Pomponio Mela, *Descriptio terrae*, III, 1, «veteres Turdules».
(7) *Ora maritima,* vers. 420:

> «Ultra, citraque quatuor gentes colunt
> Nam sunt feroces.....
> .....et divites tartessi».

(8) Dionisio, *Orbis ducriptio*, versículos 334-337 y *Comentarios* de Eustaquio Cf. Fernández Guerra y Mínguez, *Los celtas,* páginas 18, 19 y 44.
(9) Arriano, *Expedición de Alejandro,* II, 16.
(10) *Justini historiarum philippicarum x Trogo Pompeio,* libro XLIV, capítulo II: «Celebratur etiam bello Punico servi illius patientia, qui ultus dominum, inter tormenta risu exsultavit, serenaque laetitia crudelitatem torquentium vicit» (Edición Nisard, París, Dubochet, 1841, página 551). Cf. Polibio, II, 36, 1; Tito Livio, XXXI, 2; Silio Itálico, I, 144-181; Apiano, VII, 2.

to, arrojándole varias veces á las fieras, y por último, al mar (1).

Al este de los antiguos turdetanos (Túrdulos), otro pueblo, los *Edetanos*, ha sido exhumado recientemente, como por arte mágica, gracias á los descubrimientos arqueológicos de los hermanos Siret. Tampoco estos ancestrales nos honran.

En sus primeras armas, toscas hachas de piedra, más estimadas que la propia sangre (2), se revela ya el alma ibera, cuya primera ciencia es la del mal, brillando como destello único, entre la rudeza nativa, el más fino propósito de daño (3).

No contradice esta falta de piedad para los vivos al gran respecto á los muertos, revelado en las tumbas descubiertas por los hermanos Siret (4); que fué siem-

(1) «Huic (rex vetustissimus Gargoris), quum ex filiae stupro nepos provenisset, pudore flagitii variis generibus exstingui parvulum voluit: ... Primum omnium, quum eum exponi jussisset, et post dies ad corpus expositi requirendum misisset, inventus est vario ferarum lacte nutritus. Deinde relatum domum tramite augusto, per quem armenta commeare consueverant, projici jubet: crudelis prorsus, qui proculcari nepotem, quam simplici morte interfici, maluit. Ibi quoque quum inviolatus esset, nec alimentis egeret, canibus primo jejunis, et multorum dierum abstinentia cruciatis, mox etiam suibus objecit. Itaque quum non solum non noceretur, verum etiam quarumdam uberibus aleretur, ad ultimum in Oceanum abjici jussit.» (Edición citada, página 552).

(2) Justino, XLIV, II: «plurimis militares equi et arma sanguine ipsorum cariora». (Edición Nisard, página 551).

(3) Siret (L.), *L'Espagne prehistorique*, en *Revue des questions scientifiques*, Bruselas, IV, 2.ª (Julio de 1893, 493 y siguiente: «Les armes dont l'homme se servait étaient des pierres massives, pesantes, au pourtour rendu tranchant ou comme hérissé de pointes, c'est à-dire *aussi blessant que possible:* ce sont des assommoirs ou cassetêtes, des haches, des poignards même et probablement aussi des armes de jet. On en trouve de très bien taillées en forme d'amande régulière qui ont pu être emmanchées, mais généralement elles sont grossières..... mais recherchée pour son poids. En un mot, on s'est *préoccupé de produire des objets pouvant faire le plus de mal possible* comme armes et généralment *sans application comme outils*». Cf. *Anthropologie*, París, 1892, página 385.

(4) Siret (H. y L.), *Les premiers âges du métal dans le sud-est de l'Espagne*, Anveres, 1887, página 134: «Hâtons-nous d'ailleurs de le reconaitre: tout en subordinnant les ensevelisse-

pre rasgo de nobleza hispana «dar buena sepultura á quien se privó de buena vida,» como dirá el funesto héroe de la leyenda española (1) en pleno siglo XIX.

A usanza egipcia (2), pintaban sus cadáveres de rojo y negro—ya directamente (3), ya en segunda inhumación sobre el esqueleto (4)—poniéndoles diademas y pendientes (5). Les depositaban vestidos y alhajados en sepulturas sólidas, bajo su techo, y en la tumba ponían vasos preciosos con alimentos, armas y útiles (6). Pero todo aquel cuidado y previsión revela precisamente el miedo á las profanaciones, por parte de los enemigos (7).

Algunas espadas y puñales-cuchillos (8), hallados en las tumbas (1.ª, 9.ª y 18.ª de Fuente Alamo y 529 y otras del Algar), junto á esqueletos de hombres, aparecen aún con manchas de sangre y briznas de telas y cabellos. ¿No habrán sido estas las mismas armas que sirvieron para matarles? (9).

---

ments à de pures considerations pratiques, ce grand peuple portait le respet de ses morts à un point qu'il est dificile de dépasser. Le respect de la mort donne la vraie mesure de cette civilisation primitive.»

(1) Said Armesto, *La leyenda de Don Juan,* Madrid, Hernando, 1908, páginas 273 y siguiente.

(2) Sobre las analogías con el arte egipcio. Véase Pierre París, *Essai sur l'Art et l'Industrie de l'Espagne primitive,* página 49. Cf. Musso, *La Preistoria,* II. *Origini della civiltá mediterranea,* Milán, Treves, 1910. páginas 28 y 196. En cuanto al origen, véase atrás, página 28, n. C), c).

(3) Kulakovski, *Sur la question des squelettes colorés,* 1904, página 673.

(4) Virchow, *Zeitschrift für Ethnologie,* 1898, página 71. Los hermanos Siret suponen que la pintura de cinabrio ú ocre se hacía sobre bandas de tela, cuyo tejido ha sido destruído por el tiempo (páginas 157 y siguientes).

Tal vez se pintaban, en vida, como los bretones, según César, *De bello gallico,* V, 14: «Omnes vero se Britanni vitro inficiunt, quod caeruleum efficit colorem, atque hoc horridiores sunt in pugna aspectu.» Cf. Plinio, *Naturalis Historia,* libro XXII, capítulo 179.

(5) Siret, páginas 157 y siguientes, y Plancha, XX.

(6) Ibidem, página 134.

(7) Van Beneden, *Préface* á la obra de los hermanos Siret, página VI.

(8) Siret, obra citada, *Album, Desins d'aprés nature, par Louis Siret,* Anveres, 1887; Planchas, 49, 66, 68.

(9) Otras de mujeres, con un puñal triangular y punzones,

Sin aventurarse en hipótesis, bien sabido es el trato que generalmente daban á los muertos; ya que, si conocieron la incineración, en cambio, entregaban los cuerpos de los que morían peleando á pasto de los buitres (1) — hay datos arqueológicos (2) — hasta el punto de que Diógenes, presintiendo para él esta forma de destrucción, la llama irónicamente «sepultura ibera». Y no es viable la conjetura mitológica que explica el hecho suponiendo que los buitres eran aves sagradas (3) y el fin honroso (4); porque los héroes y caudillos — Corbis y Orsua (5), Viriato (6), T. Graco (7) — fueron siempre incinerados en Iberia, como entre los

---

junto á la cintura, envueltos cuidadosamente en pañuelos de seda, revelan más bien la creencia en un enemigo ultratemporal, tal vez cancerbero ó el eterno dragón. Véase sin explicación P Furgies, *Tombes prehistoriques des environs d'Orihuela,* 1905, páginas 14, 261 y 262.

(1) Silio Itálico, *Punica*, libro XIII, capítulo V, versículos 471-472:

> «Tellure (ut perhibent) is mos antiquus Ibera,
> Exanima obscoenus consumuit corpora vultur».

(Edición Nisard, XIII, 414).

(2) En Andalucía G. Bonsor, *Les colonies agricoles pré-romaines de la vallée du Bétis,* Extracto de la *Revue Archeologique,* XXXV (1899), París, Leroux. En relación con los conocidos textos de Avieno En el Sudeste, L. y H. Siret, obra citada y Extracto de *Revue des questions scientifiques,* Bruselas, 1888, páginas 24-25 y 36-39.

(3) Costa, *Paraíso y Purgatorio de las almas según la mitología de los Iberos,* en *Boletín de la Institución libre de Enseñanza,* XIII (1888), 128; fundándose en Teliano, *De natura animarum,* libro X, capítulo 22

(4) Ibidem, página 129; Cf. Silio Itálico, III, V, 340-343.

(5) Silio Itálico, XVI, v. 546-547:

> «..... nam corpora junctus
> Una quum reperet flamma rogus, impius ignis
> Dissiluit, cineresque simul jacuisse negarent».

(Edición citada, página 470).

(6) Apiano, *De rebus hispaniensibus,* VI, 75; ἐπὶ ὑψηλοτάτης πυρᾶς ἔκαιον. (Edición citada, página 63).

(7) Tito Livio, *Historia romana,* XXV, 17: «alli ab Annibale (et ea vulgatior fama est) tradunt in vestibulo punicorun castrorun roguun extractum esse.» (Edición Nisard, París, Dubochet, 1844, I, 685).

arios primitivos (1). Lo atestiguan descubrimientos arqueológicos (2).

Parece que al Sudeste de Iberia, tal vez por influjo de los colonos griegos, había algún pudor. La descripción que hace Artemidoro del tocado de la mujer ibera, con sus arcos sobre la frente para tender el velo (3), concuerda con el hermoso busto greco-fenicio-ibero de Elche, descubierto en 1897, que está en el Louvre (4).

Las armas y el robo—hermanos de sangre—es también la profesión de los *galáicos* (5), que eran ateos (6), y por lo mismo supersticiosos y crueles. Como los lusitanos, sus vecinos, adivinaban el porvenir por las entrañas de las víctimas, el vuelo de las aves y la dirección de las llamas (7).

---

(1) Pictet, *Les origines européennes, ou les Aryas primitifs*, 2.ª, París. 1877. III, 264. El *Avesta, Vendidad, Farg rd*, I, §§ 45 48 incluye entre los «actos criminales inesplicables, el enterramiento de los cuerpos muertos» (Véase *Avesta, livre sacré des sectateurs de Zoroastre*, traducción francesa de C. Harles, Lieja, L. Grandmont, 18 5, I, 85).

(2) En varias grutas de Portugal, hasta de tiempos neolíticos. Véase Rocha Peixoto, *Antiguidades prehistóricas de Concelho da Figueira*, Coimbra. II (1891), 86.

(3) Véase Estrabón, III, 4, 17. (Edición Didot, página 136).

(4) Th. Reinach, *La tête d'Elche au Musée de Louvre*, en *Revue des Etudes grecques*, 1898, cree que se trata de una obra de autor griego - sobre tipo ibero - ; tan maravilloso es. P París, *Essai*, I, 279-289 la juzga ibera, pero única, si bien algo semejante á otra hallada en el Cerro (Albacete). Cf P. París, en *Bulletin hispanique*, III, 123. Véase también. C. Fallian, *Thal ssocratie Phocéenne, a propos du buste d'Elche*, en *Bulletin hispanique*, V, 101 y siguientes. P. Ibarra, en *Correspondencia alicantina*, 6 Agosto 1897, *La Ilustración española y americana*, 30 Agosto 1897 y *Revista de la Asociación artístico-arqueológica barcelonesa*, Octubre Diciembre 1897. Obsérvese el parecido con el tocado actual de las mujeres de Georgia, lo que serviría á la hipótesis filológica de Fita.

(5) Justino, libro XLIV, capítulo 3: «Ipsi armis et rapinis serviunt» (Edición citada, página 552).

(6) Estrabón, III, 4, 16.

(7) Silio Itálico. *Punica*, versículos 344-348:

«Fibrarum et pennae, divinarumque sagacem
Flammarum misit dives Callaecia pubem,
Barbara nunc patriis ululantem carmina linguis,
Nunc, pedis alterno percussa verbere terra,
Ad numerum resonas gaudentem plandere caetras,
Haec requies heduque viris, ea sacra voluptas.»

Los *astures*, «pálidos, escudriñadores del oro» (1), eran avaros (2); buscando los tesoros naturales en el corazón de la tierra, antes que nadie en nuestra patria (3). Además de su participación en el caudal ético de los pueblos del Norte: «Astures, Galáicos y Cántabros (4) vivían de un mismo modo»—dice Estrabón (5).

Los crímenes de los *atlánticos*, de los que se supone supervivientes á los canarios actuales, merecieron el castigo del cielo (6).

Los iberos—en conjunto—son verdaderos bárbaros; orgullosos, insolentes, astutos, crueles, de carácter falso y pérfido—dice Estrabón (7)—pródigos de la vida y fáciles al suicidio, cuando viejos (8); signos todos de una tendencia que aún sobrevive, como factor etnico. en la criminalidad actual de España (9).

---

(1) Lucano, IV, versículo 298.

(2) Silio Itálico, I, 231.

(3) Sin útiles apropiados - en la edad de piedra - hacían excavaciones por medio del fuego, resquebrajando, con herramientas improvisadas de piedra ó cuerno, por ansia inconcebible de riqueza, en país tan fértil. Veánse las memorias sobre las minas de cobre del Milagro á seis kilómetros de Covadonga, y de otras de estaño, por G Schulz y S. Paillete, *Notice sur quelques gîtes d'etain*, en *Bulletin de la Société géologique de France*, 2.ª, VII, 183. Cartailhac, *Les âges prehistoriques*, página 206.

(4) Masdeu, II, 118.

(5) *Geographia*, III, 3, 7.

(6) D'Arboys de Jubainville. Cit. M. de Nadaillac, *Los primeros habitantes de Europa*, traducción española, páginas 79 y 80.

(7) III 4 5.

(8) Silio Itálico, *Punica*, I, versículos 225-228:

«Prodiga gens animae, et properare facillima mortem.
Namque ubi transcendit florentes viribus auros,
Jupatius aevi speruit novisse senectam,
Et fati modus in dextra est.»

(9) Si es que el aragonés actual es el más puro ibero (**Antón**, *Las razas de España, Conferencias en el Ateneo de Madrid)* y á partir de la estadística de los delitos de sangre, por provincias (véase Bernaldo de Quirós, *Criminología de los delitos de sangre en España*, Madrid, Editorial Internacional, 1906, páginas 23-25, se atribuye á «la vieja raza ibera, conservada en su mayor originalidad en las vertientes de las mesetas y de las sierras que en su cara oriental dan aguas al padre Ebro, al factor étnico en estado de pureza, este efecto de impulsividad salvaje» (Quirós, *Reliquia ibera*, página 60), contradiciendo en parte los resultados de Ferri (*L'Omicidio nell'Antropologia criminale*, Turín, Bocca.

Si su piedad era dudosa, es seguro, en cambio, que la propiedad no existía entre los iberos.

El mismo Estrabón nos refiere sus hábitos de bandolerismo (1). El delito más común era el robo de ganados, tenido por honroso (2), hasta el extremo de llegar á ser «tomados como sinónimos los dos términos: «abigeo» y «español» (3). En fin, eran belicosos por afición (4), y por consiguiente, bandidos (5) de oficio.

Nada más justo si el geógrafo Dionisio, hablando de los iberos, nos dice que era una raza noble (ἀγαυῶν) (6),

---

1895, páginas 289, 290); Gimeno Agius *La criminalidad en España y sus colonias*, Madrid, imprenta *El Correo*, 1886, páginas 18 y siguientes; antes en *Revista de España*, 1885, y *Revista de los tribunales* XV, 1887, 31; Reclus, *Nouvelle géographie*, París, 1876, I, 827; Carpena, *Antropología criminal*, Madrid, 1909, página 163.

(1) Estrabón, libro III, capítulo IV, § 5: τοῦτο δὲ τὸ αὔθαδες ἐν (δὲ) τοῖς Ἴβηρσι μάλιστα ἐπέτεινε, προς αὐτὸ δὲ καὶ τὸ πανοῦργον φύσει καὶ τὸ μὴ ἁπλοῦν. Edición citada página 131, capítulo III, § 5: καθάπερ εἰκὸς λυπρὰν γὰρ νεμόμενοι καὶ μικρὰ κεκτημένοι τῶν ἀλλοτρίων ἐπεθύμουν. (Edición citada, página 1?7, capítulo IV § 13: οἱ δὲ πολεις ἡμερῶσαι οὐδ' αὐταὶ ῥᾳδίως ὅταν πλεονάζῃ, τὸ τὰς ὅλας ἐπὶ κακῷ τῶν πλησίον οἰκούν. (Edición citada, página 1?0)

(2) Plutarco *C Marius Vitae*, VI, 1: λέγεται καὶ τὰ λῃστηρίων τὴν επαρχίαν ἀνήμερον ἔτι ἐθεπο ς κ ι τὸ ληστεύειν ουπω τοτε τῶν Ἰβήρων οὐχὶ κάλλιστον ἡγουμένων. (Edición Didot, I, 487).

(3) Virgilio, *Georgicas*, III, 406-409:

> ..... nunquam custodibus illis
> Nocturnum stabulis furem, incursusque luporum
> Aut impacatos a tergo horribilis Iberos.

Cf La Cerda, página 409: Hos (abactores) enim intelligit per Iberos κατ' ἐξοχήν. Lemaire, *Virgilii opera*, V, 1820, 5 7. Pro quocun que abigeo et praedone *Iberum* posuit, quia est gens rapinis et praedationibus infamis imprimis cum nondum satis perdomita esset; hinc *inpacatos Iberos* apellat Servio. Fere enim Hispani omnes acerrimi abactores sunt (cita Lemaire, página 537). Véase para todo esto el precioso artículo de Costa *Cuatreria ó abigeato*, en *Estudios ibéricos*, páginas XXX X-LIV.

(4) Véase Xenofonte, ΕΛΛΗΝΙΚΑ (*Historia graeca*), libro VII, capítulo I, §§ ?0 y 31 *Xenophontis scripta quae supersunt*, edición Didot, París, 1861, páginas 467 y 469); Platón, ΝΟΜΟΙ (*Leges*), libro I, § 40; *Platonis opera*, edición Hirschig, París, Didot, 1861, II, 272.

(5) Estrabón, III, 4, 5: μεγάλοις δοὺκ ἐπιβαλλομενοι. (Edición citada, página 131)

(6) ΔΙΟΝΥΣΙΟΥ ΟΙΚΟΥΜΕΝΗΣ ΠΕΡΙΗΓΗΣΙΣ (*Dionisii orbis descriptio*), versiculos 334 564: Ἀλλ' ἤτι πυμάτῃ μὲν ἀγαυων εστιν Ἰβήρων.

....

que no otra cosa sino violencia y depredación fué la nobleza, como profesión en el mundo.

Los *Vetones*, *Carpetanos y Arevacos*—cuenca superior del Tajo, desde Toledo á Talavera y vertiente septentrional del Guadarrama—eran tan aficionados á los toros (1) como ahora, haciendo de ellos ídolos (2) (totemismo) en culto de Apis (3). En época posterior, los juegos circenses se dan con fieras del país y el *clan* mata á su *totem*, el toro, á quien sigue adorando, en una rara forma de *totemismo criminal* (4).

Los Celtas.—A falta de datos históricos, recurramos á los carácteres físicos (anatómicos y fisiológicos). Los segundos pobladores de España son arios. Tienen como los Germanes y la mayor parte de los Eslavos la piel blanca, cabellos rubios ó rojos, lisos, ojos azules, cráneo corto y ancho (braquicéfalos)--como los actuales

---

ἀφνειοὶ νέμουσι ἀγραυλων πατέες Ἰβήρων. (*Geographi graeci minores*, edición Didot. París, 1861. páginas 122, 140).

(1) A. de Morales. *Crónica de España*, 1574 libro VIII, capítulo 18, página 3; Antonio de la Puente (Antonio Pons). *Viaje de España*, 1772, II, 283; E. de Mariat gui. *Toros de Guisando*, en *Arte en España*, IV (1865), 44 y 144 y siguiente; otras reseñas en Fernández Guerra, *Discurso de Contestación á Saavedra*, 1862; Hübner, en *Zeitschrift für allgemeine Erdkunde* 1863, páginas 340 y siguiente; *Boletín de la Real Academia de la Historia*, I (1877-79), 2, 20; Oliver. *Noticias de las Actas de la Academia de la Historia*, 1879, página 57; Hübner, *Arqueología de España*, páginas 253, 256 y *Corpus inscriptionum latinarum*, II, números 734, 247 2727, 2910, 3051 y 305 ; *Catálogo del Museo arqueológico nacional*, sección 1.ª, página 95, números 2011 2013; véase Paredes, *Esculturas prehistóricas de la Península hispánica*, en *Revista de Extremadura*, 1902 páginas 351 y siguiente. Serrano Fatigati, *Animales y Monstruos de piedra*, en *Boletín de la Sociedad Española de Escursionistas*

(2) P París, *L'idole de Miqueldi*, en *Bulletin hispanique*, 1901, página 1 plancha I, y *Essai*. I 56 64; antes, G de Otaloga, *Micrología geográfica de la Merindad de Durango*, Sevilla, 1634; Flores. *España sagrada*.

(3) Véase Paredes, *Los Tramontanos celtibéricos*, cita París, *Essai*, I, 60, núm. 1.

(4) Forma no sospechada por Reinach, *Cultes, Mythes et Religions*, 2.ª, París, Lerroux, 1908, I, 2 y siguiente. Especie de sadismo religioso, paralelo del sadismo actual de nuestros *chulos*, atormentadores de sus hembras masochistas, que necesitan ser castigadas para amar.

habitantes de la Liébana (Santander)—con las mandíbulas deprimidas, talla elevada, miembros vigorosos (1).

Son, por sus costumbres, pueblo nómada (2), y por su nombre «gente feroz» *(guillet*, en cámbrico) (3), enemiga implacable de las honradas tribus agrícolas, hecha á vivir de salteamientos y robos y por ello á guarecerse en muy cerrados *bosques*, de donde les vino el nombre de *celtas* (4). En Iberia los celtas fueron siempre montañeses (5).

Puede ensayarse un esbozo de geografía histórica celta, en España, comparando testimonios y hallazgos arqueológicos, monumentos megalíticos y textos (6), cráneos antiguos y supervivencias étnicas (7).

---

(1) Tácito, *Agrícola*, 11: «Rutilae comae, magni artus Germanciam originem asseverant» (edición Didot, página 455). Tácito se refería á las dos razas - caledonia y silúrica - de Bretaña, poblada por análoga inmigración doble, del Norte y del Sur; Cf. Jornandés, capítulo II: «... corpora magna, sed fluida; qui Gallés, sive Hispanis aquibusque attenditur assimiles». (Edición Nisard, página 425); Virchow, *Les peuples primitifs de l'Europe, Revue scientifique*, XIV, 8, 9, equivocando los índices cefálicos; véase Jacques, *L'ethnologie prehistorique*, página 367, afirma, como generalmente admitido, que los Celtas pertenecen á un tipo braquicéfalo. Arriano Alejandrino, *Expedición de Alejandro*, libro II, capítulo 4: «Sunt vero Celtae et procerae staturae et multum sibi ipsis tribuentes».

(2) Estrabón, III, 2, 15.

(3) P. Hervás, *Catálogo de las lenguas*, Madrid, 1805, VI, 32; Cf. M. Mínguez, *Datos epigráficos*, página 80, número 1.

(4) La etimología es de Obrien. En contra, Hervás, *Catálogo de las lenguas*.

(5) Fernández Guerra, *Libro de Santoña*, página 21: «mil quinientos años antes de Cristo, cayeron sobre España (los Celtas), llevando la desolación y la muerte á sus campos, y encendiendo horrible lucha entre sus pacíficos moradores. Domado el Pirineo, se corrió la mayor parte de los galo celtas, hacia las fuentes del Ebro, encastillándose en los montes de Galicia y Asturias, para dominar más tarde las sierras de Portugal y Andalucía.»

(6) Sin olvidar que esto es simple conjetura histórica, porque «de la antigüedad céltica no está probado nada», véase Georges Dottin, *Manuel de l'Antiquité celtique*, París, 1906.

(7) Y considerando que «se presenta en España tan atenuada la braquicefalía céltica, que aún pudiera discutirse en muchos puntos su existencia, y es preciso reconocer que en casi todos ha sido vencida y como ahogada por la dolicocefalía de las grandes masas de población primitiva ó por la sucesiva inmigración en nuestro suelo de nuevos elementos también dolicocéfalos», Oloriz, *Distribución geográfica del índice cefálico*, página 269.

A los Celtas se atribuyen los dólmenes, que marcan desde Asia (1)—India y Siria—por el Norte de Africa —Sudán, Trípoli, Túnez, Argelia, Marruecos—y el Occidente y Norte de Europa—Oeste de Francia, Inglaterra, Holanda, Alemania del Norte, Dinamarca, Suecia—la gigante huella de su paso. En España hay dólmenes.

En Iberia, como en todas partes, los Celtas habitaban al Occidente (2)—por donde el nombre es tal vez geográfico, no etnográfico (3)—; unos, entre la Lusitania y la Bética, hacia el promontorio Sacro (Cabo de San Vicente) (4). Allí se encuentran dólmenes en los campos (5) y braquicéfalos en la raza (6).

(1) Véase Sergi, *Homo eurasicus*, en *Europa*, página 630.

(2) Según Eforo (siglo IV a. J. C), los antiguos griegos daban el nombre de *Celtas* á todos los occidentales, *Escitas* á los septentrionales y *Etiopes* á los del mediodía. Cf. Estrabón, III, 3, 5 y I, 58, 33; Dionisio de Halicarnaso, en Herodoto, *Halicarnasaei historiar.*, edición greco-latina de Amsterdam, 1763, página 254; Ferreras, *Historia general*, I, 8; Masdeu, *Historia crítica*, II, 108, Cf. 815; Hervás *Catálogo*, III, 5.

(3) M Mínguez, *Los Celtas, Estudio histórico geográfico*, Madrid, Aguado, 1887, y *Datos epigráficos*, página 5; G. Fournier, *Geografía histórica*, II, 35; Jiménez Soler, *La España primitiva*, página 178 En contra, Moedano, *Historia literaria*, II, 5 10. Es ociosa la discusión, porque la Geografía hace la Etnografía. Si no hubo Celtas, y se llamaban así los que habitaban en una cierta región — al Occidente — éstos, quienesquiera que fuesen, por la convivencia local endogámica, fijarían tipos comunes, trasmitidos por generación. El lugar hace la raza

(4) Erodoto, *Historiarum*, libro II, página, 118, libro IV, página 303; Estrabón, III, 3, 5; Cláudio Ptolomeo (siglo II de J. C.), libro II, capítulo IV, tomo II; Plinio, *Naturalis Historia*, libro III, capítulo I, § 3; Eforo, *Fragmenta historiarum graecorum*, §, 243; Estrabón, *Prolegomena*, I, 2, 27.

(5) Fernández Guerra, en *Semanario pintoresco*, de Assas, 1857, páginas 130 y 131; Góngora, *Antigüedades prehistóricas de Andalucía*, página 114; A Machado en *Revista de Filosofía, Literatura y Ciencias*, Sevilla, 1869-74; Tubino, *Estudios prehistóricos*, Madrid, 1868, y *Los monumentos megalíticos de Andalucía*, etc., en *Museo español de Antigüedades*, 1876; Cañal, *Sevilla prehistórica*, Sevilla, 1894 y *Nuevas exploraciones*, en *Anales de la Sociedad española de Historia Natural*, XXV (1897); Candau, *Prehistoria de la Provincia de Sevilla*, Sevilla, 1894; Bonsor, *Les colonies agricoles preromaines de la vallé du Bétis*, en *Revue Archeologique*, XXXV, (1899).

(6) Oloriz, *Indice cefálico*, páginas 267, 269 y 276: «Tierras bajas de Andalucía».

Otros, los Célticos del Centro, los *Carpetanos*, á orillas del Tajo (1), hasta el Guadiana — la Mesopotamia ibérica, de Estrabón — en las vecindades de la moderna Ciudad Rodrígo y en Extremadura (Badajoz) (2). Allí hay dólmenes (3) y allí hay braquicéfalos (4).

Hubo Celtas en Galicia (5); primero, de paso para *Ibernia* (Irlanda) (6); luego, habitando desde el *promontorio céltico* (Cabo de Finisterre), hasta el Emítico (Cabo Ortegal) (7). Son los *Nerios*. En Galicia hay dólmenes (8). En Galicia hay braquicéfalos, en las provincias de Coruña y Lugo, y zona marítima de Pontevedra (9).

---

(1) Estrabón, III, 1, 6.

(2) Plinio, libro IV, capítulo 12, § 35.

(3) José Viú, *Antigüedades de Extremadura*, en *Extremadura, Colección de sus inscripciones y monumentos*, 2.ª, Madrid, 1852, I, 244; J. M.ª Tubino, *Los monumentos megalíti os de Andalucía, Extremadura y Portugal*, en *Museo Español de Antigüedades*, VII 1876, 303 364, y L Guerra, *Notas á las Antigüedades de Extremadura*, Coria, 1883, páginas 11, 12 y 24 26; Barrantes, *Aparato bibliográfico de Extremadura*, Madrid, Núñez, 1875, tomo I, página 454, 455; Vilanova, en *Boletín de la Academia de la Historia*, XV (1889), 192; Estacio da Veiga, *Antigüidades do Algarve*, 1886 1891; Leite de Vasconcellos, *Religioes de Lusitania*, I, 248 285.

(4) Oloriz, *Indice cefálico*, página 276: «La cuenca media del Tajo».

(5) Estrabón, III, 3, 5; Plinio, *Naturalis historia*, III, 1; Pomponio Mela.

(6) Hector Boetio, *Scotorum historiae*, 1521; Vallancey, *A vindication of the ancien history of Ireland*, Dublín, 1780, IV, 291; con las reservas de Buchanan, *Rerum Scoticarum historia auctore Georgio Buchanan*, Ultrajuti, 1786, IV, 48.

(7) Hervás, *Catálogo de las lenguas*, IV, 201 220.

(8) Saralegui, *Estudios sobre la época céltica en Galicia*, 1.ª, Ferrol, Taxonera, 1867, 3.ª, 1824; Villa-Amil y Castro, *Antigüedades prehistóricas y célticas de Galicia*, Lugo, Soto, 1873; el mismo, *Los castros y las Mamoas de Galicia*, en *Museo*, VII (1876), 199 237; Barros Silvelo, *Antigüedades de Galicia*, La Coruña, 1875; Murguia, *Historia de Galicia*, 1.ª, Lugo, Soto, 1866; 2.ª, La Coruña, Carré, 1901, I, y *Galicia, en España y sus monumentos*, Barcelona, Cortezo, 1888, capítulo I; Maciñeira y Pardo, *Investigaciones prehistóricas de Galicia*, en *La Ilustración Artística*, Barcelona, 2 y 25 de Febrero de 1895, y *Castros prehistóricos de Galicia*, en *Revista crítica de Historia y Literatura*, Madrid, 1897, 1899; Castillo López, *Protohistoria, Los castros gallegos*, 2.ª, La Coruña, 1898.

(9) Oloriz, *Indice cefálico*, página 276.

Los Celtas de Galicia y de Inglaterra se llaman «brigantes» (1).

Hubo Celtas en Asturias (2), porque allí se encuentran dólmenes de piedra (3) y esos cráneos-dólmenes, que se llaman braquicéfalos (4), desde las montañas hasta el mar (5).

Les hubo en todo el Pirineo (6); es decir, el Norte de Iberia (7), para ocupar más tarde casi toda la Península, hasta Cádiz según Eforo (8).

Los *Berones* — habitantes de la Rioja, capital Varia (Varea)—eran Celtas. En la Estadística criminal de España, Logroño es el país de máxima criminalidad.

Es preciso no olvidar que los celtas, antes de venir á Iberia, en las Galias, eran querellosos y pederastas (9); y á veces, antropófagos (10). Y no consta que se corrigiesen de estos vicios.

Buscando paralelos fáciles, se ha querido presentar

---

(1) Ptolomeo pone cerca de Coruña á «Havía de los Brigantes» y P. Orosio I, 2, habla de «Brigancia de Galicia»; véase Hervás, *Catálogo*, IV, 208 y siguiente. De aquí tomaron tal vez su nombre en Francia los aventureros del siglo XIV, que marchaban en tropas y los bandidos de hoy.

(2) Descubrimientos en la mina de cobre del Milagro (Covadonga), C. de Prado y Prüner Bey, en *Bulletin de la Société d'Anthropologie de Paris*, V, 462 y Aramburu y Zuloaga, *Monografía de Asturias*, Oviedo, 1899 páginas 23 y siguiente

(3) Oloriz, *Indice cefálico*, página 268 y 276: «El litoral comprendido entre Coruña y Santander.» Es decir, toda la costa asturiana hasta los puertos: más de media Asturias

(4) A de Morales, *Viaje por España*, 1572; Eduardo Sangrador, en *Biblioteca Histórica Asturiana*, Oviedo, 1866, página 17; P. Carballo, *Antigüedades y cosas memorables del Principado de Asturias* (1613, edición Biblioteca citada, I (1864), 224; Assas, *Semanario pintoresco español*, 1857, página 133; Rada y Delgado y J Melibran, *Memoria* de 1871. Canel Acevedo, Menéndez de Luarca y M. Fernández, cita Aramburu, obra citada, páginas 60, 61; Hübner, *Inscripciones ibéricas de Asturias*, en *Boletín de la Historia*, XXX, 126.

(5) Aristóteles, *Metereologicarum*, I, 13.

(6) Aristóteles, *De animalium generatione*, II, 8.

(7) Véase Estrabón, IV, 4, 6.

(8) Estrabón, III, 4, 12

(9) Estrabón, IV, 4, 6: Κελτοὶ φιλόνεικοί τέ εισι, καὶ οὐ νομίζεται παρ αὐτοῖς αἰσχρόν τοῦ τῆς ακμῆς αφειδεῖν τοὺς νέους. (Edición Didot, página 165).

(10) Estrabón, IV, 5, 4.

á los Celtas alegres, amigos de sociedad, noveleros, habladores, inquietos, con vestidos claros y barrocos; al contrario de los Iberos, misántropos, poco comunicativos, montaraces, tristes, cuyo carácter se refleja en el color negro de sus trajes (1).

Hay quien afirma que los celtas eran de costumbres dulces y corteses, como sus parientes (2) ó vecinos (3) los Turdetanos. Pues bien, los dulces y alegres celtas gustaban de vaciar los cráneos de los muertos para servirse de ellos, guarnecidos de oro, como copas en sus mesas (4).

Practicaban sacrificios humanos (5) como sus hermanos de las Galias, los Galo-Celtas, que lo habían aprendido de los Fenicios y Cartagineses (6). El relato de Estrabón (7) y los descubrimientos arqueológicos españoles (8) concuerdan justamente.

---

(1) Fouillée, *Le peuple espagnol*, en *Esquisse Psychologique des peuples européens*, 3.ª, París, Alcan, 1903, página 141. Se refiere á Estrabón (III, 3, 7), quien dice, que los hombres vestían de negro en la *Batestania* (Lusitanos) con mantos de lana gruesa, *como los Celtas;* á diferencia de *las mujeres,* que los llevaban de color... ¡Hay que leer bien!

(2) Polibio, cita Estrabón, III, 2, 15.

(3) Estrabón, lugar citado.

(4) Silio Itálico, *Punica*, XIII, versículos 482 488:
«At Celtae vacui capitis circumdare gaudent
Ossa (nefas) aurc, ac mensis capocula servant».
(Edición citada, página 414).

(5) Véase Jiménez Soler, *La España primitiva,* página 177.

(6) Feuil, *Plan systematique de la religion des anciens Gaules*, páginas 356 y siguientes; Cf. Masdeu, II, 144.

(7) IV, 4, 5 (traducción: «se acostumbraba, por ejemplo, que el desgraciado como víctima recibiese un golpe de sable — en el lugar de las costillas flotantes —; después se le predecía el porvenir, según la forma de las convulsiones, en presencia de los Druidas» Cf. edición Müller, *Index variæ lectionis*, página 964.

(8) Góngora y Martínez, página 88: «Supongamos la víctima tendida de espaldas sobre el vértice; la mitad de su cuerpo caerá sobre una de las piedras, la otra sobre la o uesta; la sangre correrá por ambos lados.» (Descripción de las piedras labradas descubiertas cerca de las *peñas de los gitanos,* Granada.) No importa el lugar, pues sabido es que los celtas, como nómadas, recorrieron toda España. Estos usos parece que conservaron sus hijos, los celtíberos, según el Marqués de Cerralbo, *El alto Jalón, Descubrimientos arqueológicos, Discurso en la Real Academia*

Era el culto sanguinario de los Druidas (celtas), y en España no faltan tumbas y templos druídicos (1).

Los celtíberos.—Nos acercamos á la Historia documentada. El primitivo dualismo antropológico—Iberos y Celtas—se resuelve por fusión (2) en una zona que se extiende desde Aragón hasta el Promontorio céltico (cabo de Finisterre), desde Úbeda hasta el Guadiana (3) —el mayor imperio ibérico—, con las reservas que merece la Geografía de Estrabón (4), dando lugar á una raza mixta (5).

Conviene saber como se había formado aquella gente. Si las razas eran diversas, por su origen (6), las cos-

---

de la Historia, Madrid, 1909, páginas 79 83, donde describe la pila de sacrificios de Monreal de Arriba «en medio de una asamblea celtibérica» De una semejante habla Bonsor, *Les colonies agricoles,* &, en una roca de Acebuchal. Sobre los sacrificios humanos de los celtas de Galicia, véase por curiosidad Villa-Amil y Castro, obra citada: «en la concavidad que presenta se adapta un cuerpo humano en posición supina y aptitud muy propia para ser degollado y que la sangre corra por un profundo canal de un decímetro de ancho y otro tanto de fondo» (Cit. Menéndez y Pelayo, *Historia de los Heterodoxos,* 2.ª, I, 121).

(1) Mitjana, *Memoria sobre el templo druida hallado en las cercanías de Antequera,* Málaga, imprenta Martínez Aguilar, 1847; Mélida, *Iberia arqueológica anterromana,* página 32; Gómez Moreno, *Arquitectura tartesia: la necrópolis de Antequera,* en *Boletín de la Academia de la Historia,* XLVII (1905), 81 132; Assas, en *Semanario pintoresco,* 1897, páginas 130, 131; Góngora, *Antigüedades prehistóricas de Andalucía,* página 114; A. Machado, en *Revista de Literatura, Filosofía y Ciencias,* de Sevilla, 1869-1872; Tubigo, *Estudios prehistóricos,* Madrid 1868; *Los monumentos megalíticos de Andalucía, Extremadura y Portugal,* en *Museo español de antigüedades,* VII (1876 ; Martínez de Padiu, *Historia política, religiosa y descriptiva de Galicia,* Madrid, 1859, I, 234 y siguientes.

(2) Diodoro Sículo. libro IV; Tito Livio, libro V.

(3) Polibio, libro III, edición citada, página 53; Estrabón, III, 4, 12 14 (edición latina, I, 225 y siguientes).

(4) Rennelius, *Topography of the plain of Troy,* página 22: «It appears charly that he (Estrabón) was not in habit ob subjecting his writen Geography to the test of tabular construction, whence, in some cases, its accurcey and consistency were never put to the proof».

(5) Antón, *Cráneos antiguos de Ciempozuelos,* en *Boletín de la Academia de la Historia,* XXX, 448 467.

(6) Aceptamos el dualismo clásico—iberos y celtas con todas las reservas debidas, como única solución constructiva con beligerancia actual. Véase Sergi, *L'uomo neolitico nella penisola*

tumbres coincidían; y tenían, tal vez, una misma religión (1); siendo de lamentar la rareza de monumentos Celtíberos (2). Habitaban confundidos (3), lo que prueba la analogía de costumbres.

Según Estrabón, los Iberos, lo mismo que los Celtas, los Scytas y demás pueblos, en caso de apuro, eran antropófagos (4).

Opinan muchos que los Celtas, en cuanto á justicia y moralidad, nada tenían que envidiar á los Iberos, con quienes mezclaron hasta el nombre (5), merced á profundas analogías, dando lugar al pueblo *celtíbero* (6).

---

iberica, en *Europa*, Turín, Bocca, 1908, capítulo XII, páginas 290 y 630.

(1) F. Fita. *Restos de la declinación céltica y celtibérica en algunas lápidas españolas*, Madrid, 1878.

(2) No la falta absoluta, como suponen H. Martín, *Du type ethnique des Ibérés*, en *Comptes-rendus du Congrés de Lisbonne* (1880), página 436; y Jacques, *L'ethnologie préhistorique de la Peninsule*, en *Les premieres àges de metal* (Anveres, 1887), página 360.

(3) Apiano, *De rebus hisp.*, VI, 2: «Cetœrum existimo celtas aliquando, superato Pyrenaeo, cum Iberis permixtos habitasse: unde Celtiberorum nomen manaverit».

(4) Estrabón, IV, 5, 4: και τοι τό γε τῆς ἀνθρωποφαγίας καὶ Σκηθικὸν εἶναι λέγεται καὶ ἐν ἀνάγκαις πολιορκητικαῖς καὶ Κελτοὶ καὶ Ἴβηρες καὶ ἄλλοι πλείονες ποιῆσαι τοῦτο λεγονται (Edición, Didot, página 167).

(5) Lucano:

> «... Profugique á gente vetusta,
> Gallorum Celtae miscentes nomen Iberis.»

(Cita Valerio Máximo, III, 2, § 21 nota, edición, Lyon, página 265, Cf. Estrabón, III, 4, 5, sículo V, 9)

(6) Tierry, *Histoire des Galois*, título I, obra citada; Rodríguez Ferrer, obra citada, páginas 11-12; Cf. Fernández Guerra, *Libro de Santoña*, página 18: «mientras los célticos, embreñados en las sierras de Aragón y Navarra, cuáles por alianza con las tribus ibéricas primitivas, cuáles uniéndose á muchos en matrimonio, se vieron señores de la extensa región que por este vínculo se hubo de llamar *celtiberia*.» Otro es el origen *latino* de esta palabra (de *cactus Iubal*), según Rodrigo Ximénez, *Roderici archiepiscapi de rebus Hispaniae*, en *Hispania illustrata*, Francfort, 1603, II, 29, Cf. Alderete, *Del origen y principio de la lengua castellana*, Roma, 1606, IV, 230 y siguientes; El Tostado, *Alphonsi Tortati episc., Abulensis, opera In Genesim*, Venecia, 1596, página 51.

Su primera labor fué arrebatar á los Vaceos el campo colectivo que cultivaban (1), instalándose en él.

Fruto de este cruce, los celtíberos eran reputados como los más feroces en Iberia (2).

No eran muy morales sus costumbres. Estrabón cuenta que ellos y los pueblos que les rodeaban al Norte, adoraban á una divinidad sin nombre á quien rendían culto celebrando cada mes, en el plenilulio, danzas nocturnas, en coro, que se prolongaban hasta el día (3).

Los dibujos—casi perfectos—hallados en una roca de Cogul, al Sur de Lérida, representando danzas de mujeres, con los pechos colgantes, al rededor de un hombre desnudo (4), confirman este rito inmoral (5). Su caudillo, Viriato, era «un bandido» (6), como todos los guerreros de la Historia. Los celtíberos practicaban el patronato (κατάσπεισις) ó clientela (7) la *devotio* de Rómulo, como en la antigua Roma (8), en Germania (9), en

---

(1) F. Fita, *Discurso de recepción*, página 73.

(2) Estrabón, III, 2 15: ἐι δὲ τούτοις εἰς ὁ Κελτίβηρες οἱ παντων νομισθετες ποτὲ θηριωδέσταοι. (Edición. Didot. página 125).

(3 III. 4, 16: ἀνωνύμῳ τινὶ θεῷ (θύειν) ταῖς πανσελήνοις νύκτων πρὸ τῶν πυλῶν, πανοικίους τε χορεύειν καὶ παννυχίζειν. Edición Didot. página 136).

(4) Abbé H. Breuil. *L'ege des peintures d'Altamira*, en *Revue préhistorique*, 1906, página 8; Rocafort, *Les pintures rupestres de Cogul*, en *Bulletin del Centre Excursionista de Catalunya*, Marzo de 1908; Breuil, *Les pintures cuaternaries de la roca de Cogul*, en *Bullleti del Centre Excursionista de Lleyda*, Octubre de 1908; Breuil y Cabré, *Les peintures rupestres du bassin inferieur de l'Ebre*, en *L'Anthropologie*, XX 1909); L. Vidal, *Les peintures rupestres de Cogul*, en *Annuari de l'Institut d'Estudis Catalans*, Barcelona, 1909, páginas 4 10.

(5) El rito de iniciación, según Breuil, obra citada.

(6) Estrabón, III, 4, 5.

(7) Plutarco, *Sertorius (Vitae)*, § 14; Estrabón, III, 4, 18; Valerio Máximo, *Facturum, dictorumque memorabilium*, II, 6, 11; véase Jiménez Soler, *La España primitiva*. página 111, 112; Tito Livio, XXVIII, 21, citado por Dorado-Costa, *notas*, página 55, no dice que fuesen *devoti* los enviados á luchar por los príncipes en los funerales de Escipión, pero sí en el libro XXVI, § 50: «delectu clientium habito, etcétera (edición Nisard. I, 757).

(8) Dionisio de Halicarnaso, *Antiquit Rom*, II, 4.

(9 Dahn, *Die Könige der Germanen*, 2.ª, Leipzig, 1885, VI, 123-141.

las Galias (1) y en todos los pueblos primitivos (2) indoeuropeos, como entre los salvajes de hoy (3), lo que prueba la extremada miseria y falta de seguridad personal y real en aquel tiempo.

Otros pueblos.—Entre los *Almuinces,* que piratearon y dominaron durante cuarenta años la Península, se practicaba colectivamente el homicidio-suicidio de los ancionos (4), si es cierta la leyenda (5).

Por el Sudoeste, viniendo de las islas Pityussas (Baleares), hacían sus temibles correrías los *gymnetas* (6), la raza etiope de los «hombres desnudos» (etimología), que viven al aire libre, admirados por la castidad (7); grandes tiradores de arco, estos salvajes filósofos, organizaron concursos de tiro para muchachos impúberes en Iberia (8). Avieno observa el contraste de un nombre griego en «este lugar feroz y bárbaro» (9).

---

(1) César, *De Bello gallico,* III, 22 y VI, 15, 2; Flach, *Les origines de la France ancienne,* París, 1887, páginas 48 144 y Fustel de Coulanges, *Les origines de système feodal,* París, 1890, páginas 252-299; D'Arbois de Jubainville, en *Bulletin celtique,* VII (1886), 79 y siguientes; Hinojosa, *Historia,* I, 67, 68. *Estudios,* 117, 118.

(2) Fustel de Coulanges, *La cité antique,* página 307.

(3) Hinojosa, *Historia,* I (1887), 67, 69, quien parece confundir la clientela, patrocinio, *devotio,* con la primitiva confraternidad ó adopción fraternal (véase G Tamassia, *L'affratellamento,* Turín, 1886, páginas 34 y siguiente), que subsiste entre los Eslavos (véase Bogisic, *Le Droit contumier des Slaves Meridionaux,* en *Revue de Legislation antienne et moderne,* 1876, páginas 153 y siguiente); lo distingue bien Pérez Pujol. obra citada, I (1896) 30, 31.

(4) *Crónica del Rey Don Alfonso el Sabio,* parte I, capítulo 14: «Que cuando ell omne era muy vieio que aborrecie la vida del mundo e querie yr aparaiso, quemavánle dentro en el fuego». Edición Florián de Ocampo, 154, 1, folios 9, 10.

(5) La niega Margarit, *Paralipómenon,* libro I, capítulo 5, véase F. Fita, *Discurso de recepción,* página 90.

(6) Avieno, *Ora maritima,* 460, 461:

«. . hic Herna (Elche) civitas fuit.
Gymnetes istos gens locos insiderant»;

véase Reinach, en *Revue des Études grecques,* 1898, página 47.

(7) Estrabón, XV, 1, 70.

(8) *Ibidem,* XVI, 4, 9.

(9) *Ora maritima,* páginas 451-458:

Su rito fúnebre ha pasado á la posteridad. Estos bárbaros, cortaban en pedazos los cadáveres para embutirlos en urnas, que cubrían con peñas (1); tal vez los llamados *talagots* en Baleares (2), donde se han hallado huesos y urnas (3).

Desde las correrías de los *Normandos* (4), Iberia fué una continua escuela de piratería. Al Nordeste vive la raza feroz de los *Indígetes* (5), pobladores de la costa catalana (6), más tarde fundida á la colonia griega de Emporium (Ampurias), en una rara mezcla de costumbres bárbaras y sabias leyes, de dureza y arte, que distingue todavía el pueblo catalán.

Estudiando la carta arqueológica de España de P. París, con los lugares donde se han descubierto monumentos ibéricos, se ve el contraste de la frecuencia en países montañosos con la rareza en los llanos (véase *Essai*, II, *Carte)*. Los bosques y las quebraduras de las montañas fueron los primeros lugares de seguridad—fortalezas naturales — contra el hombre y de herman-

---

«... nec stupori sit tibi
quod in feroci barbaroque sat loco
cognomen hujus Greciae anipis sono».

(1) Juan Bohemo, *De legibus, moribus et ritus gentium,* libro III: «Membra enim corporis incisa in vas conjiciunt, supraque saxa accumulant». Cf Diodoro Sículo, *Histórica,* libro V, capítulo 18 (edición Didot. I, 264).

2) Les consideran como sepulcros: Jorge Armtrony, *The History of the island of Menorca,* 1.ª, 1752, 2.ª, Londres, Davis, 1756, páginas 215-225; Ramis, *Antigüedades célticas de la isla de Menorca,* 1818; Pons y Soler, en *Historia de la isla de Menorca,* de Olea y Quadrado, Ciudadela, 1876, II, 368 388 y Hübner, *Arqueología de España* (1888), página 228.

(3) Pons y Soler, obra citada

(4) Dozy, *Recherches sur l'histoire et la litterature de l'Espagne pendant le moyen âge,* Ley de 1860, II, 272 siguiente.

(5) *Ora marítima:*

«Post indigetes aperi se proferunt
Gens cita dura, gens ferox, venatibus
Sutisque inhaerent...»

En contra, Mullenhof, Pujol y Camps, *Empurias y Rhode,* Sevilla, 1878, página 87.

(6) Estrabón, III, 4, 1.

dad con las fieras; de producción expontánea, pero de inclemencia metereológica. Así eran aquellos hombres guerreros, feroces, ociosos y recios.

En conjunto, comparando las supervivencias étnicas con los resultados de estudios hechos en nuestro Laboratorio de Criminología—curso de 1911-1912—sobre la Estadística criminal española del último decenio (1899-1908), hay un máximum de criminalidad á favor de los iberos; y, en términos generales, aproximadamente, en España: dolicocefalia=criminalidad. Dolicocefalia es inferioridad de índice cefálico, máximum de instinto y mínimum de reflexión: nuestra característica.

C) Penalidad.

Respecto á la penalidad de los primitivos pobladores de España, se sabe muy poco de cierto. En general, los *celtíberos,* eran muy crueles con los malhechores (1). Los *lusitanos* precipitaban á los condenados á muerte, arrojándoles desde una roca (2), según el testimonio escueto de Estrabón. Los parricidas eran apedreados fuera de la ciudad ó territorio (3).

Ni una ni otra pueden considerarse como formas específicas de una escala penal, sino como maneras propias de la ejecución de la pena de muerte en la Edad de piedra, survivales en la del bronce (4) y aún

---

(1) Diodoro Siculo, libro V, capítulo 34: Τοῖς δ' ἤθεσι μὲν τοὺς κακουργους καὶ πολεμίους ὑπαρχουσιν ὠμοί. (Edición Müller, I, 274).

(2) Estrabón, libro III, capítulo 3, § 7: τοὺς δὲ θανατονμενυυς καταπετρουσι (Edición citada, página 128).

(3) Estrabón, III, 3, 7: τους δὲ πατραλοίας εξω τῶν δρων ἢ τῶν πόλεων, καταλενουσι (lugar citado), ó ἀπωτάτω, según la conjetura de Müller (*Index variae lectionis,* en *Strabonis Geographiae,* páginas 955, 956) en lugar de πaταμων, que suprime Meineke (*Vindiciae Estabonianae,* página 30).

(4) Según la cronología más probable: Véase Costa, *Ensayo de un plan,* etcétera, en *Revista de Legislación,* LXVIII (1886), 533. En cuanto al Este y Sudeste de España, véase Siret (Hernesto y Luis), *Las primeras edades del metal en el Sudeste de España, resultados obtenidos en las excavaciones hechas por los autores desde 1881 á 1887.* Traducción española de Thos y Codina, Barcelona, 1890. Tal vez en el período del cobre, Vilanova y Rada y Delgado, *Geología y Protohistoria Ibéricas,* Madrid, 1893, en la

después (1) en una forma: las ejecuciones colectivas. Entre los *vaceos* (2) (siglo II antes de J. C.), como entre sus hermanos los Iberos orientales (3), existía un régimen comunal (4), y el delito de oculta-

---

Historia General de España, de la Academia, I. 529 568 Hume, *Historia*, página 13, número 2 En contra, Oliveira Martins. *As razas humanas*. II, 232 y siguiente. Para varios detalles, pero con reservas en todo, vease Bonanza, *Historia de Lusitania è da Iberia*, I. Lisboa, 1885

(1) De la universalidad de esta pena es razón, no el hecho de que «las piedas son las primeras armas que la naturaleza ofrece al hombre» Manzini, *Paleontología criminal*, traducción española, Madrid. V. de Serra, *Biblioteca de ciencias penales*, III, 106, cuando subsiste y prevalece entre otras más perfectas, sino su aptitud insustituible para las ejecuciones colectivas. Mientras la pena sea *venganza social* (Makarewiez, *La evolución de la pena*, traducción española, Madrid, Reus, 1907. páginas 44 y siguiente), existirá la lapidación, aplicada hoy mismo, no sólo en pueblos bárbaros (Hannoteau y Letourneau. *La Kabylie*. III, 301), sino cultos, con la costumbre de apedrear á los criminales sorprendidos *infragranti*, equivalente europeo de la ley de Lynch.

(2) También en las Galias (véase D'Arbois de Jubainville, *Recherches sus l'origine de la propiété foncière et des noms de lieu en France*, en *Revue Celtique*, VIII (París, 1887), 29-105; *Les celtes en Espagne*, idem. XIV (1893), 375-76.

(3) Estrabón, véase F. Fita, *Discurso de recepción*, página 93.

(4) Institución frecuente en los pueblos primitivos; Aristóteles, *Política*, libro II capítulo 2. En cuanto á los Scytas, vid Estrabón, *Geografía*, VII, 3, 9; Cf Nicolás Damaceno, fragmentos. 123 137, en *Fragmenta historiae graecorum*, de Müller, III. En las Galias, hasta la conquista de César. Sostienen la tesis de la universalidad: Viollet, *Étude sur le caracter coellectif des prémières propriétés inmobilères*, París, 1872; edición alemana aumentada por Bücher, Leipzig, 1881. Laveleye, *Essai sur la propriété collective du sol*, Bruselas, 1886 En contra: Fustel de Coulanges, *Observations sur une ouvrage du M. E. de Laveleye sur le propriété collective du sol en divers pays*, en *Séances et travaux de l'Académie des sciences morales et politiques*, II (1886). 262-277; Dargun, *Ursprungs und Entwicklungsgeschichte des Eigentums* (Historia del origen y desarrollo de la propiedad) en *Zeitschrift für vergleichende Rechtswissenschaft*, V. 1 115.

Este régimen ha sobrevivido hasta nuestros días en diversos lugares de la misma zona territorial (cuenca del Duero: 18 poblaciones ó gentes, capital Palencia, hoy pertenecientes á las provincias de Zamora, Palencia, Segovia, Valladolid y Burgos, la actual *tierra de campos*, según estudios de Azcárate *Historia del Derecho de propiedad*, III (1883), 180 y *Boletín de la Institución libre de Enseñanza*, VII. 247. Altamira, *Historia de la propiedad comunal*, Madrid, 1890. Pedregal, *Derecho consuetudinario*, (1885), II, 115, 124. Pérez Pujol, *Historia de las instituciones*

ción (1)—robo á la comunidad—era castigado con la muerte (2).

El castigo del hurto á los particulares estaba reservado á la venganza privada (3); como en la constitución primitiva de todos los pueblos indo-europeos (4).

Se supone que practicaban las penas de *degollación* y de *mutilación*. Los *lusitanos* sacrificaban á los prisioneros de guerra abriéndoles el vientre para adivinar el porvenir ó cortándoles la mano (5) derecha para ofrecerla á Marte, por lo que se dijo que eran «enemigos humanos, benignos con sus huéspedes...» (6).

---

sociales de la España goda (1896). Fernández, Duro, Costa, *Derecho consuetudinario*, II, 7. Méndez, *Derecho consuetudinario*, II, 23 y siguiente. López Morán, *Derecho consuetudinari*, II, 253 y siguiente. Serrano Gómez, *Costumbres de la provincia de Bur g s*, *Revista de Legislación*, XCI (1897), 445 y *Derecho consuetudinario*, II, 350 y 380. Costa, *Colectivismo agrario* (1898), páginas 196 198, 462.

(1) Así, en el régimen comunal, se da la paradoja de Proudhon, ya que siendo el Derecho la desposesión general, la propiedad privada viene á ser el equivalente del robo en este régimen.

(2) Diodoro Siculo, V, capítulo 34, § 3: Χαριέστατον δὲ τῶν πλησιοχώρων ἐθνῶν αὐτοῖς ἐστι τὸ τῶν Οὐακκαίων ὀνομαομενών σύστημα Οὗτοι γάρ καθ ἕκαστον ἔτος διαιρούμεωοι τὴν χώραν γεωργοῦσι καὶ τούς καρπούς κοινοποιουμενοῖ μεταδιδόασιν ἑκάστω τὸμέρος, και τοῖς νοσφισαμένοις τι γεωγοῖς θανατον τὸ προς τιμον τεθείκασι (I, 275), texto diversamente interpretado por Masdeu, *Historia crítica*, III (1785, 164; Paredes Guillén, *Plasencia*, 1888; D'Arbois de Jubainville, *Les celtes en Espagne* (1893), 376; Altamira, *Historia de la propiedad comunal* (1890), página 114; Cf. *Historia de España*, I (2.ª), 69; Costa, *Colectivismo agrario en España*, Partes I-II, *Doctrinas y hechos*, Madrid, Sales, 1898, página 42 I. La diversidad de opiniones no afecta, sin embargo, á lo penal.

(3) Hübner, *Corpus inscriptionum latinarum*, número 463 (inscripción de Villaviciosa, Extremadura): *Dea Ataecina Turibrigensi Proserpina, per tuam majestatem, te rogouro obsecro, uti vindicis quot mihi furtum factum est: quisquis mihi imudavit, involavit minusve fecit eas res quae infra scripta sunt; tunicas VI, parvula lintea II .. Iunoxium, cujus ego nomen nun ignoro, tamen tu scis, jus vindicatamque a te peto.*

(4) D'Arbois de Jubainville, *Les celtes en Espagne* (1893), 374 y 375.

(5) Estrabón, libro III, capítulo 3, § 6 ειθ'δταν πληγή (δπυ) τὰ σπλάγχνα ὑπό τοῦ ιεροσόπον, μαντεύονται πρῶτον ἐκ τοῦ πτώμ τος. τῶν δ'αλοντων ταςχεῖρας αποκοπτοντες τας δεςΐάς ανατιθεάσιν. (Edición citada, página 128).

(6) Diodoro Siculo, *Biblioteca histórica*, V, 34. Cf. Masdeu, II, 162 y 163.

Según Eforo, discípulo de Isócrates, la ley de los antiguos celtas castigaba la obesidad, imponiendo multas á los jóvenes cuya cintura excediese del límite reglamentario (1). Para las mujeres compañeras del hombre en los azares de la guerra y del delito, era también deshonrosa la obesidad (2).

La *infamia*, como exposición del cadáver (3) ó del delincuente vivo (4), la *prisión* y la *esclavitud por deudas* (5), como en las Galias (6), la *asfixia por el agua* (7), figuraban tal vez en el cuadro de su escala penal.

Se conocen casos de *responsabilidad colectiva* (8)—consecuencia del régimen económico de comunidad y del jurídico de defensa privada — como en la organización gentilicia de las razas primitivas (9), y especialmente entre las indo-germánicas (10):

---

(1) Estrabón, IV, 4, 6: ἴδιον δὲ καὶ τοῦτο˝ ἀσκεῖν γάρ αὐτους μήπαὺς εἶναι μηδὲ προλαστορας τοὺ δ' ὑπερβαγγόμνον τῶν νέων τό τῆς στώνης μέτρον τσημιοῦσθαι (Edición citada, página 165)

(2) Nicolás Damasceno: «Habent quoque zonam certae mensurae intra quam si venter cujusdam comprehendi nequeat, pro dedecora in magno habetur » (Cf. Marichalar y Manrique, I y siguiente.)

(3) Silio Itálico, libro I, versículo 154: *ostentabat ovans populis...*- dice refiriendo la ejecución de Tago

(4) Dahn, *Ursprungliche Geschichte* (Historia primitiva), libro III, capítulo V.

(5) Plutarco, *Caesar*, capítulo XII. — Véase Costa, *Ensayo para un plan*, etc., *Revista de Legislación*, CXVIII (1896), 557. *Estudios ibéricos* (1891 95), *I. Viriato y la cuestión social en España en el siglo II antes de J. C.* Conferencia en el Ateneo de Madrid (1896). *El colectivismo agrario en España* (1898), páginas 423 y siguiente *La servidumbre entre los Iberos* (inédito).

(6) César, *De bello gallico*, I 4; VI, 12 y 13.

(7) Costa, *Ensayo de un plan*, etc., *Revista de Legislación*, LXVIII (1886) 557, *Notas*, páginas 40 43.

(8) Pseudo Aristóteles, *De mirabilibus auscultationibus*, capítulo 86 El hecho citado subsiste hoy en la misma región por fenómeno de *juris-continuatio:* véase Costa, *Estudios ibéricos*, página 100 y siguiente.

(9) Sales y Ferré, *Tratado de Sociología*, 2.ª parte, tomo I, y Post. *Die Grundlagen des Rechts und die Grundzüge seiner Entwickl ungsgeschichte* (Los fundamentos del Derecho y los elementos de su desarrollo histórico), páginas 54-73.

(10) Pictet, *Les origines indo-européennes*, 2.ª, París, 1877, II, libro IV. Schrader, *Sprachvergleichung und Urgeschichte* (His-

Eslavos é Indios (1), Griegos y Romanos (2), los Germanos (3), y que debió ser la más generalizada entre los Iberos (4). En *Celtiberia* se empiezan á hallar, ya en la edad de hierro, los cráneos clavados (5), forma tal vez de ejecución penal, como en la época romana.

Según Estobeo, el célebre autor de las *Sentencias* (6)—refiriéndose á Nicolás Damasceno—, entre los celtas era más grave el homicidio cometido contra el extranjero ó peregrino que contra el ciudadano del país; á tal extremo llegaba en ellos el sentimiento de hospitalidad, como intuición del Derecho de gentes. Así, en este caso, el homicidio se castigaba nada más con el destierro; pero en aquél, con la muerte (7).

En época posterior, los cartagineses, aplicaron la *crucifixión* á los prisioneros la guerra (8), al lado de

---

toria primitiva y lingüística comparada). Jena, 1883, páginas 391-95. Zocco Rosa, *Studii sulle origine della gens.*, en *Rivista scientifica del diritto*, II (1898), I, 69 y siguiente. Azcárate, *Gobierno local*, en *La Administración*, I (1895).

(1) Sumner Maine, *Ancien law* traducción francesa, *l'Ancien Droit et la coutume primitive*, París, 1886, páginas 311-331.

(2) Leist, *Graeco italische Rechtsgeschichte* (*Historia del Derecho greco itálico*). Jena, 1885, páginas 11-57; Ihering, *Der Geist des römischen Rechts* (El espíritu del Derecho romano) hay traducción francesa *l'Esprit du Droit romain*, I, París, 1877, páginas 184-209.

(3) Sybel, *Die Entstehung des deutschen Königthums* (Los orígenes del Imperio alemán), 2.º, Francfort 1881, páginas 35-70.

(4) Hinojosa I, § 14, páginas 70 y siguiente. - Pérez Pujol, I, 28 y siguiente. Costa, *Estudios ibéricos*, página 4, VI y siguiente. *Poesía popular*, página 232 y siguiente. Altamira, Historia, I (2.ª, Barcelona, Gili, 1909), § 21, páginas 67 y siguiente.

(5) Véase Marqués de Cerralbo, *El alto Jalón. Descubrimientos arqueológicos, Discurso en la Academia de la Historia*, Madrid, 1909, página 74. El hecho de ser tres los esqueletos hallados así y en buen enterramiento, desvanece toda hipótesis criminal.

(6) Κέκρας Αμαλθαας̃τρς ΙΩΑΝΝΟΥ ΤΟΥΣΤΟ ΒΑΙΟΥ ΣΚΑΟΓΑΙ ΑΓΟ ΦΘΕΓΜΑΤΩΝ Figure excudebat Bhristoph Croschoverses, anno M.D XLIII.

(7) Serm. XLII: μέιςω δ'δςίγ (Κελτοι) ἤντἰμια Κατὰ τον ξένον ανελοντος ἤ πολίτην (ωολιτον, ὑπερ τον μεν γάρ δάνατος ἤ ζημία; υπερ τον δέ πολίτον, φυγή. (Edición citada, folio 304 vuelto).

(8) Tito Livio, *Historia romana*, libro XXVIII, capítulo 37. Amilcar, vencedor de los Turdetanos ó Celtas y Lusitanos, hizo crucificar á sus jefes Istolacio y Judortes. Es célebre la ejecución de Tagos por Asdrúbal; véase Polybio, libro II, capítulo 36, § 1;

otras formas de ejecución de la pena de muerte, como la lapidación, que subsiste, la entrega á las fieras, el aplastamiento y la mutilación lenta. Las demás penas eran tan heterogéneas como la multa, la prisión, el destierro y los azotes. Empleaban ya tal vez el tormento, como medio inquisitivo; las penas eran transcendentes; el juicio secreto y sin audiencia del acusado, siendo de consideración especial los delitos religiosos, militares y contra el orden público (1).

Los *griegos*—de quienes procede acaso nuestra civilización (2)—que comunicaban su Derecho á los naturales (3), parece ser que fueron nuestros primeros civilizadores en lo jurídico. Así lo hicieron los jonios en Cádiz (4). Tal vez nuestra primitiva lengua fué la suya (5).

Sus penas son relativamente más humanas. Al lado de la muerte aparecen la confiscación, el destierro, la inhabilitación para ejercer cargos públicos, á los jueces que fallaban contra la ley, como en Marsella Menecratu. Conocían la rehabilitación, la composición y tal vez el ostracismo (6).

Tito Livio, libro XXI, capítulo 2; Apiano, *De bello Annibalico*, libro VII, capítulo 2; Justino, XLIV, capítulos 2 y 5; Valerio Máximo, libro III, capítulo 3, § 7; Silio Itálico, *Punica*, libro I, versículos 144 181.

(1) Costa, *Ensayo de un plan*, etcétera, en *Revista de Legislación*, LXVIII 1886, 543 Nada de esto está documentado.

(2) René Dussaud, *Les civilisations prehelléniques dans le bassin de la mer Egée*, París, 1910.

(3) Estrabón, libro III, capítulo 4, § 8: τῷ χρόνω δ' εἰς ταὐτὸ πολίτευμα συνῆλθον μικτόν τι ἔκ τε βαρβάρων καὶ Ἑλληνικῶν νομιμων, ὅπερ καὶ ἐπ' ἄλλων πολλῶν συνέβη. (Edición citada página 132). Hume página 17, número 1, observa analogía de instituciones con la organización ibérica, entre ellas la Asamblea general de ciudadanos y el procedimiento.

(4) Philostrato, *Vita Apollonis* libro V, capítulo 4. Sobre el elemento griego en los monumentos de la civilización primitiva de España, véase Bonsor, *Les colonies agricoles pré romaines de la vallé du Betis*, París 1899; Hume, página 25, número 1.

(5) Véase Martín Mínguez, *Alfabetos heleno ibéricos*, en *Revista de España*, 1887, CXVI, 544 y siguientes; CXVII, 86 y siguientes y 253 y siguientes; CXVIII, 421 y siguientes y 526 y siguientes.

(6) Costa, *Plan para un estudio*, etcétera, *Revista de Legislación*, LXVI (1886), 547. - Sin documentar.

D) PROCEDIMIENTO.

Los procedimientos judiciales estaban á tono con la penalidad. Existía el duelo judicial (1), en el centro y norte de la Península, como forma al menos supletoria del juicio y á modo de arbitraje (2). Entre los tartesios, al Mediodía, el testigo de cargo no podía ser inferior al procesado en edad (3).

Se dice que una piedra oscilante daba testimonio de la pureza de las doncellas (4), suponiéndose también la existencia de otras ordalias (5) incruentas, como la co-

(1) Tito Livio, *Historia romana*, libro XXVIII, capítulo XXI: «Gladiatorium spectaculum fuit non ex eo genere hominum, ex quo lanistis comparare mos est, servorum qui venalem sanguinem habent: voluntaria omnis et gratuita opera pugnantium fuit *quidam quas disceptando controversias finire nequierant aut nolueran, pacto inter se, ut victorem res sequeretur, ferro decreverunt. Neque obscuri generis homines, sed clari illustresque. Corbis et Orsua, patrueles fratres, de principatu civitatis, quam Ibem vocabant, ambigentes, ferro se certaruros professi sunt. Corbis maioraetate erat, Orsuae pater princeps proxime fuerat, a fratre maiore post mortem eius acept. Cum verbis disceptare Scipio vellet ac sedare iras: «negatum id—ambo dicere—cognatis communibus, ne alium deorum hominunve quan Martem se judicem habiturus esse.* «Roboie major, minor flore aetatis ferox mortem in certamine, quam ut alter alterius imperio subiceretur, praeoptantes, cum dirimi ab tanta rabie nequierent, insigne spetaculum exercitui praebuere documentumque, *quantum cupiditas* imperi malum inter mortales esse. Major usu armorum et astu facile stolidas vires minoris superavit», edición París, 1679, página 485; Cf Valerio Máximo, *Factorum, dictorumque memorabilium,* libro IX, capítulo 11, § 1 y Silio Itálico, *Punica,* libro XVI, capítulo 56, sobre la verdad de este último testimonio, véase M. y Pelayo, *Historia de los Heterodoxos,* 2.ª, I, 308, nota 1.

(2) Hinojosa, I, 79-80; D'Arbois de Jubainville, *Le duel conventionnel en droit irlandais et chez les celtibères,* en *Nouvelle Revue historique de droit français et étrangèr,* Noviembre y Diciembre de 1889, páginas 629 632; *Le duel chez les celtibères (Les celtes en Espagne,* § 4, *Revue celtique,* XIV (1893), 367-375; Pérez Pujol, I, 50 y 58; Dorado, página 38, nota 5

(3) Nicolás Damasceno (siglo I, a de J. C.), hermano del rey Ptolomeo, *Morum mirabilium collectio,* Cf. 403: παρὰ Ταρτησσίοις νεωτέρῳ πρεσβύτερον καταμαρτυρεῖν ἔξεστι. (Citado por Costa. *Notas).*

(4) Murguia, *Historia de Galicia:* «Todavía existe en pie, en Galicia, una que ha perpetuado, en su nombre, la memoria de esta fundación». Citado por Costa, *Poesía popular* (1881) página 265; *Plan para un estudio,* etcétera, *Revista de Legislación,* LXVIII (1886); 557.

(5) Pérez Pujol, I, 59: «Es de suponer asimismo que se cono-

rriente sagrada del río, en prueba de virginidad y fidelidad (1) y la fuente divina (2), en la decisión de causas criminales y pleitos (3), así como el vuelo de las aves (orneoscopia) (4), como en Roma (5) y entre los primitivos germanos (6).

También en Lusitania, la tradición cuenta que, en ciertos procesos criminales, el cambio de color de la *Parca* — cerda de piedra que se conserva en Murça (Tras-os-Montes)—era signo de inocencia ó de culpabilidad (7).

Se supone, en fin, que los *concilia* (8) ibéricos (9)—el *convenus vicinorum* de la Edad Media (10), sobrevi-

---

cieran otras ordalias en pueblos tan dados á agüeros y supersticiones como lo eran entonces los iberos.»

(1) Juliano, *Orat*, XVI.

(2) Plinio, *Naturalis Historia*, XXXI.

(3) Hubner, *Corpus inscriptionum latinarum*, II; *Inscriptiones Hispaniae latinae*, número 416 página 633 (en Lamas de Moledo. Portugal): *Rufin et Tiro scripserunt: Leamni Cori doenti Anucom Lamaticom crouce ai macariae coi Petranio et Adom porcom ioueas cacilobricoi.*

(4) Silio Itálico, III, 343. Véase atrás, página 44, nota 7.

(5) Muratori, *Disertatione sopra l'antichita italiana*, Disert.. 38; Canciani, *In leges ripuariorum, monitum.*

(6) Tácito, *De moribus germanorum*, capítulos 9, 10.

(7) Martins Sarmento, *Correspondance*, 1880, en *O Archeologo Portugés*, 1901 página 32; Cf. P. París, *Essai*, I, 57, nota y página 45.

(8) Tito Livio, libro XXI, capítulo 14: *Ad haec audienda cum circumfusa paulatim multitudine persmixtum senatui esset populi concilium*, libro XXIX, capítulo 3; *Tum a Mandonio evocati in concilium*, conquestique ibi clades suas.. .. XXI, 19: *Ita enim maximus natu ex iis in Concilio respondit..... inde extemplo abire finibus Volcianorum jussi; ab nullo deinde Concilio Hispanias benigniora verba tullere.* (Edición citada, páginas 18, 523, 24).

(9) A diferencia del *Senatus:* Hinojosa, I, 64, notas 2 y 3; Pérez Pujol, I, 51; Altamira, I (2.ª), 69; en contra, Costa, *Notas*, páginas 40, 41 y 42, nota 1. Tal vez de origen griego. (Véase Hume, página 17, nota 1).

(10) *Código Theodosiano*, libro XI, título XXIV, *De patrociniis vicorum; Fuero Juzgo*, L, 6, título 5, libro VIII, «conceio ante los vecinos»; *Fuero de León* (1020), cánon I, «in obnibus concilius..... judicentur. .» (Edición Muñoz y Romero, I, 61). No confundir con los *conventos jurídicos* (véase Plinio, *Naturalis historia*, libro III, capítulo 1), comparados á las cortes medioevales españolas por Pedro de Marca, *Marca hispánica*, libro II, capítulo 4. En contra, Sempere, *Historia del Derecho español*, edición Moreno, página 28.

viendo en el «concejo de vecinos» actual (1), análogo á la «aljama» berberisca (2), á la «comunidad agrícola» de los Pirineos (3), á la *Landsgemeine* suiza (4) — ejercía jurisdicción civil y criminal (5).

Esto es todo lo que se sabe y la mejor parte de lo que se supone. Para la indagación se ha indicado el estudio de las instituciones sociales de la época post-visigótica, de la Reconquista, especialmente en los Fueros municipales, suponiendo ingeniosamente que se trata de survivales consuetudinarios de instituciones ibero-celtas, ahogadas durante siglos bajo el peso de la doble civilización románico-germana (6), al reaparecer

(1) Pérez Pujol, I, 49, II, Parte general, libro II, capítulo IV, § VIII, páginas 311-318; Costa, *Derecho consuetudinario*, II, 282; Dorado, 44, nota 6; en contra, Hinojosa, *El origen del régimen municipal en León y Castilla*, en *La Administración*, III (1896), 418 y siguiente.

(2) Hanoteaux et Letorneau, *La Kabylie et les coutumes kabyles*, III, 1 y siguiente; Duveyzier, *Les touareg du Nord*, página 331.

(3) Loutchitzki, *La comunidad agrícola en los Pirineos*, en *La Administración*, V, (1897), 451 y siguientes.

(4) Depiogne, *Le referendum en Suisse*, Bruselas, 1892, páginas 2-15

(5) Costa, *Notas*, página 49; Altamira, *Historia*, I (2.ª), 69. Al menos en la Edad Media no consta que el *conventus publicus vicinorum* tuviese atribuciones judiciales, ni que se verificasen ante él la tramitación y fallo de pleitos y causas, aunque sí la ejecución de ciertas penas Véase Dahn; *Die, Könige der Germanen*, 2.ª, Leipzig, 1885, VI, 390-314; Pérez-Pujol, II (Valencia, 1886), 259-318; Halban, *Das römische Recht in der germanischen Volksstaaten*, Breslau, 1899, I, 171-164; Hinojosa, *Origen del régimen municipal en León y Castilla*, 1.ª, *La Administración*, Julio de 1896; 2.ª, *Estudios sobre la Historia del Derecho español*, Madrid, 1903, páginas 5-72.

(6) Costa, *Poesía popular* (1881), página 235, nota 1; Pérez Pujol, *Prólogo* á la obra de Comas, *Proyecto de Código civil. Enmienda presentada al Senado*, Madrid, 1885, página XIV; Costa, *Plan de una Historia del Derecho español en la antigüedad*, Madrid, 1889; *Inscripción ibero-latina de Gódar*, en *Boletín de Institución libre de Enseñanza*, 1889; *Estudios ibéricos*, Madrid, *Burgos y Burgarios*, en *Boletín de la Institución libre de Enseñanza*, XIX (1895), 311, 1891-94, páginas 100 y siguientes; Pérez Pujol, *Historia de las instituciones*, (1896), I, 15 número 2, 43 notas 3, 83 y 133; Dorado (1901), páginas 11, 12, 25, 34, texto y notas; Altamira, *Historia del Derecho español* (1903), páginas 86 87; es de advertir que la hipótesis de Costa y Pujol se refiere á las instituciones civiles, y que Costa, en *Burgos y Bur-*

en libertad, como escritura primitiva del gran palimsesto de la raza.

La Historia es, sin duda, más de lo que se cuenta (1), pero no precisamente lo que se imagina.

La Historia padeció su Filosofía (2); la Prehistoria y

---

garios (página 311) y *Notas para el Derecho penal en Iberia* (página 12, nota 1), ha rectificado su primera posición en el sentido de poner restricciones á la hipótesis de la *juris-continuatio*. En esta actitud le sigue Dorado (página 12). Es sensible que la muerte de Pérez Pujol nos impida conocer su opinión definitiva.

(1) Véase la crítica aguda de Erhardt, *Ueber historisches Erkennen, Probleme der Geschichtsforschung* (Sobre el conocimiento histórico. Problemas de investigación histórica), Berna. 1906, página 4, y Max Nordau (*Le sens de l'Histoire*, traducción francesa de Jaukolevitch, París, Alcan, 1910, páginas 1 y siguientes), contra el estrecho sentido clásico, en el que están incluídos la mayor parte, incluso P. Lacombe (*De l'Histoire considerée comme une science*, París, 1894, página 1).

(2) Valgan las siguientes notas de muestra, más bien que ensayo de una Bibliografía provisional: (Se han excluído las obras de historiografía, si bien quedan algunas que lo son á la vez de *Filosofía de la Historia*)

a) *Precedentes:* Joannes Bodinus, *Methodus ad facilem historiarum cognitionem. Amstelodami, sumptibus Joannis Bovensteing*, MDCL (V. H. Baudrillart. *Jean Bodin, et son temps*, París, 1853); Bossuet, *Discours sur l'Histoire Universelle, á Mgr. le Dauphin. Œuvres complétes*).

b) *Origen: Cinque libri di Giambattista Vico de principi d'una scienza nuova d'intorno alla comune natura delle nazioni*, 2.ª, Nápoles, 1730 (Véase especialmente *Del ricorso delle cose umane*, V, 428 y siguientes), Sobre ella, Werner (Carl), *Ueber Giambattista Vico als Geschichtsphilosophen und Begrunder der neueren italienischen Philosophie*, (Sobre J. B. Vico, como filósofo de la Historia y fundador de la nueva Filosofía italiana). Viena, 1877; Voltaire (Ab. Bazin, pseudónimo), *La Philosophie de l'Histoire*, Genève, 1765; sobre ella, Larcher, *Suplement á la «Philosophie de l'Histoire» de feu M l'abbé Bazin, nécesaire á céux qui veulent lire cette ouvrage avec fruit*; y Réplica de Voltaire, *Defense de mon oncle*, apéndice á la edición de Amsterdam; *Essai sur les moeurs et l'esprit des nations*, París 1769 (al frente, *La Philosophie de l'Histoire*) *Œuvres complètes*, París, 1853; Herder (J. G.), *Ideen zur Philosophie der Geschichte der Menschenheit, Mit einer Einleitung von Hienrich Luden*. (Ideas para la Filosofía de la Historia de la Humanidad. Introducción de Luden), 1.ª, Leipzig, 1784; 2.ª, 1812, 2 volúmenes; hay traducción francesa con Prefacio de Edgard Quinet, París, 1827-28, 3 volúmenes; es refundición de *Noch eine Philosophie der Geschichte für Erziheung der Menschenheit* (Aún una Filosofía de la Historia para educación de la humanidad), hoy desconocido.

c) *Integración:* Hegel, *Vorlesungen über die Philosophie der Geschichte* (Lecciones sobre Filosofía de la Historia). Edición

la Protohistoria, padecen hoy su nigromancia, aun más

Gans, tomo IX, Berlín, 1837; A. Compte, *Cours de Philosophie positive*, París, 1839, tomos IV y VI. También *La Sociologie. Resumé par Emile Rigolage*, París, Alcan, 1887; P. J. L. Bucher, *Introduction á la science de l'histoire*, 2.ª París; J. G. Fichte, *Die Grundzüge des gegenwärtigen Zeitalters* (Los caracteres de la época actual), *Sämmliche Werke*, tomo VII, edición Fichte, Berlín, 1864; Carlyle, *On heroes and heroworship and the heroic in history*, Londres, Ward, Lock y Compañía; Fr. W. J., von Schelling, *Sämmliche Werke*, tomo VI, Stuttgart y Augsburgo, 1860; Lotze, *Mikrokosmos, Ideen zur Naturgeschichte und Geschichte der Menschenheit, Versuch einer Anthropologie* (Microcosmos, Ideas para la Historia natural y la Historia de la Humanidad, Ensayo de una Antropología), Leipzig, 1864; Henry Thomas Buckle, *History of Civilisation in England*, 2.ª, Londres, 1866, tomo I; Kant, *Idee zu einer allgemeinen Geschichte in weltbürgerliger Ansicht* (Idea de una Historia Universal de sentido cosmopolita), *Sämmliche Werke*, edición Hartenstein, Leipzig, 1867, tomo IV; Hermann, *Philosophie der Geschichte* (Filosofía de la Historia), Leipzig, 1870; Robert Flint, *The Philosophy of History in France and Germany*, Edinburgo y Londres, 1874; Romagnosi, *Dell'indole e di fattoré del incivilmento*; Roeholl, *Die Philosophie der Geschichte* (La Filosofía de la Historia), Gotinga, 1878; Herbart, *Sammliche Werke*, edición Hartenstein, tomo VIII; Bernheim, *Lehrbuch der historischen Methode und der Geschichtsphilosophie* (Tratado sobre el método histórico y la Filosofía de la Historia), 1903; Georg Simmel, *Die Probleme der Geschitsphilosophie, Eine erkenntniss-theorischeStudie* (Los problemas de la Filosofía de Historia, Estudio teórico cognoscitivo), Leipzig, 1892; Lacombe, *De l'Histoire considerée comme science*, París, 1894; Barth, *Die Philosophie der Geschichte als Sociologie* (La Filosofía de la Historia como Sociología), Leipzig, 1897; Karl Marx, *Zur Kritik der politischen Œconomie* (Crítica de la economía política), edición Kausky, Stutgatt, 1897, *Vorwort*, páginas X y siguientes.

d) *Crítica*, Bath, *Die Geschichtsphilosophie Hegels und der Hegelianer bis auf Marx und Hartmann* (*La Filosofía de la Historia de Hegel* y de los hegelianos hasta Marx y Hartmann) Leipzig, 1890; Letelier (V), *La Filosofía de la Historia*, en *La evolución de la Historia*, 2.ª, Santiago de Chile, 1900, 2 volúmenes; Trojano, *Della Filosofia della Storia*. Comunicación á la Sección de Metodología del Congreso de Roma, 1903 y numerosas obras menos importantes, originales ó expositivas de Buchez, *Introducción á la ciencia de la Historia*; Guinet, *Introducción á la Filosofía de la Historia*; Hint, *La Filosofía de la Historia en Europa*, Barchou de Penchoen, *Ensayo de una Filosofía de la Historia*; Schlegel, Balenseu, Fontane, Murúa, *Filosofía de la Historia*. A estos es preciso añadir los Tratados de *Historia de la civilización*, general ó particular, cuando llevan propósito de interpretar, al estilo de las *Historias de la Humanidad*, de Laurent ó Michelet, ó las menos conocidas de Bruck, Dumndray, Kolb, Meicheikoff, Perkins, Mehemet, Jold, Walhmutch, Klezu, Lerroux, Wrouski, Churchel, Mongeolle, Olivet; las *historias críticas* de algún empeño construc-

grave (1). Pero no se exagere esta verdad, que mata en flor preciosos estímulos, negando, sin distinguir, todo valor al material histórico (2) ó afirmando que de todo un pueblo, en absoluto, no se sabe nada (3).

---

tivo, teórico; los *evangelios filosóficos* como el *Ideal de la Humanidad (Urbild der Menschenheit,* Dresde, 1811, traducción española de Sánz del Río, Madrid, imprenta Galiano, 1860), de Krause, que se aprovechan de la Historia, interpretándola como «maestra de la vida» (Cicerón); en fin, los estudios de la *Psicología de los pueblos,* desde Le Bon *(Les lois psychologiques de l'évolution des peuples,* París, Alcan, 1895), hoy de tan abundante literatura, y los *Tratados de Sociología,* desde Spencer *(Principles of Sociology,* Londres, Williams y Compañía, Norgate, 3 volúmenes: traducción francesa de Cazelles, París, Germer 1878 82, 4 volúmenes), donde encarna la última fase—única científica—de la Filosofía de la Historia. España no se vió libre de este achaque. A D Joaquín de Mora deben acumularse unas *Lecciones de Filosofía de la Historia, pronunciadas en el Ateneo de Madrid,* afortunadamente descocidas

(1) En el recto sentido etimológico de adivinar, valiéndose de los muertos (νεκρομαντεία; de νεκρος, muerto y μαντεία, adivinación); que no son otra cosa los escasos monumentos megalíticos que se conservan. y no importa que el objeto de la adivinación ó evocación sea lo futuro ó lo pasado. De magia negra ó blanca merece bien ser calificado, y á las ciencias ocultas adjudicarse, casi todo lo que sobre Prehistoria se ha hecho; caso agudo de las ciencias históricas, ocadas hoy, cada vez más, de emulación con la novela y la dramática. F Pollard, *Factors in modern history,* Londres, 1907, página 3, llega á «poner la fantasía en el primer rango entre las facultades indispensables á los que estudian y enseñan la Historia», entendiendo por fantasía «el hecho y la invención», y el mismo Mommsen, *Römische Geschichte,* Berlín, 1885 V y siguiente, afirma que la «fantasía es madre de toda historia» (véase Max Nordau, *Le sens de l'histoire,* página 6, nota 1).

(2) Jiménez Soler, *La España primitiva, Introducción;* Véase atrás, página 32, nota 3.

(3) G. Dottin, *Manuel de l'antiquité celtique,* París, 1906.

§ 3. — *El Derecho penal romano.*

BIBLIOGRAFIA. — Mommsen, *Römisches Strafrecht* (Derecho penal romano). Sobre eso, véase Hitzig, *Sshweizer, Z,* XIII, 182; Ferrini, *Diritto penale romano, Teorie generali,* 1899.

I. — Hasta el siglo VII de la ciudad.

La peculiaridad del primitivo Derecho penal romano, más digna de mencionarse en la época de las supuestas leyes reales, estriba en la resolución — ajena á los demás Derechos indogermánicos, en el grado inicial de su desenvolvimiento — con que se consideraran: el delito, como violación de las leyes *públicas* y orden jurídico protegido, y la pena, como reacción *pública* contra el delito.

Realmente no faltan numerosas y positivas huellas de una anterior constitución SAGRADA del Derecho penal (1), que se nos presenta en la *expiatio* y *execratio capitis,* con la *consecratio bonorum,* como expulsión del reo de la comunidad religiosa y como reconciliación de la Divinidad con el pecador arrepentido. Así, en la sevicia paterna, en el *fraus* en las relaciones entre patrono y clientes, en la alteración de límites, en la omisión de la operación cesárea, en la muerte del buey que se destina al trabajo, y más tarde, en la lesión de las *leges sacratae* y de las personas sagradas. También el holocausto, en el homicidio fortuito, era sagrado.

Pero irresistiblemente se consuma la diferencia entre Derecho y Religión, entre *jus* y *fas*, y con ellas el triunfo de la pena pública.

---

(1) Véase Mommsen, 900.

La VENGANZA DE SANGRE y el RESCATE DEL HOMICIDIO (sistema de composición), tienen valor sólo en estrechos límites. Así en el tenaz *Derecho al homicidio* del ofendido, sobre el violador de la fe conyugal, asido en acto flagrante y sobre el ladrón nocturno; en el caso raro del *contrato de composición (si membrum rupit, ni cum eo pacit, talio esto,* Festus); en las *composiciones* tasadas, en el *os fractum aut collisum* y otras injurias (en cuyo lugar entró más tarde la *actio injuriarum estimatoria)*, y especialmente en los numerosos DELITOS PRIVADOS, en las querellas de multa del Derecho civil con motivo del doble, triple y cuádruple daño, que ya en todas partes ha entrado en lugar del talión extrajurídico ποινή, *poena* ó satisfacción).

En dos conceptos criminales se agrupan los delitos jurídicos contra los intereses de la comunidad y de los individuos: *perduellio* y *parricidium.*

PERDUELLIO, la guerra mala y perversa, la guerra contra la patria, ó como se dice modernamente: la alta traición, es el punto de partida para el desenvolvimiento del delito político.

En el PARRICIDIUM (el «homicidio de los allegados» de Mommsen), la muerte violenta de los descendientes del mismo tronco (supuesta ley de Numa, en Festus: *si quis hominem liberum dolo sciens morti duit, parricida esto)*, se cierra el gran grupo de los delitos comunes. Precisamente en eso, en que el homicidio sea considerado como una lesión del orden jurídico público, cuyo castigo no será confiado á la voluntad privada, estriba la diferencia más sorprendente entre el punto de vista jurídico romano y el germánico. Pero también, fuera del *perduellio* y el *parricidium,* hallamos previstos y penados con pena pública: el incendio, el falso testimonio, soborno del juez, la sátira difamatoria, el *furtum manifestum*, reuniones nocturnas y hechicería *(alienos fructus excantare, alienam segetem pellicere).*

Con el número é importancia de los delitos pertenecientes á esta dirección adelanta la constitución pública del Derecho penal; de una parte, en la dureza de *penas* impuestas por el delito (predomina la pena de muerte), de otra, en la organización de los *procedimientos penales*, que aún no comprenden, como en época posterior, el procedimiento de la querella privada.

En las XII tablas se completa la determinación seria de la legislación penal. Las viejas disposiciones penales no aumentan; caen parcialmente en olvido, como la mente del testigo falso. De los delitos privados, sólo el de daños lleva, en la *ley Aquilia,* una reglamentación profunda y notable. Las corrientes de la época, regulando los pronunciamientos de los magistrados (leyes de provocación), no favorece á la promoción del Derecho penal. El poder penal paterno y la represión censoria deben velar por el mantenimiento de las costumbres y de la disciplina. Se limitan y van desechándose la pena de muerte y las corporales graves. El destierro, en la fórmula *aquae et interdictio,* con pérdida de los derechos civiles, es la consecuencia general del delito. Ha tomado un carácter *altamente político* la práctica penal.

II.—La época de las «quaestiones».

Mas precisamente en esta cualidad, eminentemente política, debió encontrar el Derecho penal romano la fuente de su renacimiento. Hacia el año 605 de Roma entraba en la vida una innovación, al principio imperceptible, pero de graves consecuencias. Por quejas de las provincias contra los gobernadores, sobre restitución de las *repetunda,* había juzgado hasta el presente la justicia senatorial de los *recuperatores.*

En relación con la *lex Calpurnia de repetundis* una Comisión permanente del Senado, bajo la presidencia de su Pretor, estableció la primera llamada *quaestio perpetua* para la resolución de este caso.

Pronto comprendieron los jefes del partido popular que esta disposición era un arma en la lucha contra la situación dominante. La *lex Sempronia* de 631 confirió á los señores la competencia judicial en el procedimiento de las *quaestiones* y el Derecho, no ya á la devolución de las exacciones, sino también á la imposición de la pena, incluso la de destierro. ASI EL PROCEDIMIENTO DE LAS QUAESTIONES LLEGÓ Á SER PROCEDIMIENTO PENAL.

Numerosas leyes se crearon con él, en el siguiente decenio, regulando el procedimiento y extendiendo su competencia á otros delitos. Sin embargo, eran siempre solamente *delitos de la situación senatorial dominante,* como delitos de preponderante importancia política, los que determinaban el objeto del procedimiento nuevo. Los delitos comunes, lo mismo antes que después, quedaban aparte.

Del 572 al 674 entra la REFORMA DE SULLA, en la *legislación penal* (1).

El procedimiento de las *quaestiones*, utilizado hasta entonces por la pasión sectaria como arma de partido, viene á ser el fundamento para la reedificación del Derecho penal romano. Sulla aumentó en las *leges Corneliae* (*de sicariis, testamentaria-nummaria*, *de majestate* y otras), el número de las *quaestiones* existentes; confirió su jurisdicción á los senadores nuevamente, *asignando también al procedimiento de las quaestiones los delitos comunes,* cuya naturaleza es determinada á fondo.

Las leyes *Juliae* de César y Augusto, á través de la creación de un armónico *ordo judiciorum publicorum,* ponen un término provisional á esta evolución.

Por eso, juntamente con los *delitos privados*, ampliamente desarrollados—precisamente en esta época por el Edicto pretorio—que el lesionado persiguió ante

---

(1) Vid. Hitzig. Schweizer, Z., XIII, 196.

la justicia civil con demanda civil de multa (1), entró un nuevo grupo de delitos: LOS CRÍMENES PÚBLICOS *(legítima, ordinaria)*. Se apoyan en leyes particulares, que establecen para cada delito el hecho y la pena legítima (casi siempre interdicción), regulan los procedimientos y dirigen el dictamen de una *quaestio* existente ó de nueva creación.

La denuncia pertenecía á todo el pueblo. El *dolus* es exigible; la tentativa y la complicidad son castigados (ordinariamente) como la consumación y la acción. Los jueces están llamados á resolver sobre la culpabilidad y la inculpablidad; una sentencia discernida sobre un caso aislado es imposible.

Pertenecen á este grupo los siguientes delitos: delitos de los empleados públicos, que ya habían dado el impulso para toda la evolución; así el cohecho *(crimen repetundarum)*, la capción de empleo (*ambitus* y *crimen sodaliciorum)*, robo y sustracción en el servicio (*crimen peculatus et de residuis)*, alta traición *(crimen majestatis*, sustituyendo poco á poco al viejo *perduellio)*, violación de la paz pública con actos de autoridad *(vis publica et privata,* con preponderante carácter político), sustracción de personas *(plagium)* y falsificación *(falsum)*, homicidio intencional *(crimen sicariorum et veneficorum, parricidium,* como muerte violenta de los parientes), lesiones corporales y allanamiento de morada *(injuriae atroces: pulsare, verberare, domum vi introire);* finalmente, los delitos de sensualidad, sojuzgados por la *lex Julia de adulteriis,* (art. 736) y otras: infidelidad, ultraje á las costumbres, proxenetismo y matrimonio incestuoso *(adulterium, stuprum, lenocinium, incestus)*.

Un grupo intermedio, autónomo, forman las ACTIO-

(1) Lehmann, *Uber die Vermögenstrafen des römischen Rechts. Berliner Seminarabhandlungen* (sobre las penas pecuniarias en el Derecho romano. Trabajos del Seminario de Berlín.) IV, 2 cuaderno, 1904.

NES POPULARES (Interdictos, querellas pretorias y edilíticas, denuncias de relaciones coloniales y municipales), cuya interposición correspondía á todo el pueblo, pero solamente envolvían multa que caía, generalmente, sobre el acusador.

III.—*Tercera época. El imperio.*

La caída del viejo *ordo judiciorum publicorum*, desde la terminación del siglo II después de Jesucristo, deja intacto, por el momento, al Derecho penal material; especialmente subsiste la oposición entre los *crimina publica* y *delicta privata*. Son, sin duda, señales de los tiempos que precisamente aquellos conceptos de delito, en que se enlaza la nueva fundamentación del Derecho penal romano, los *delitos de servicio* de la época de la República, desaparecen de los señalamientos de la práctica forense, mientras que otros, como el *crimen majestatis*, sufren una transformación esencial y de contenido. Pero, en lo principal, permanecen las *leges Corneliae y Juliae*, los fundamentos firmes sobre los cuales la ciencia jurídica romana clásica, continúa edificando, en su doble labor de completar y transformar.

Al principio, poco á poco, salen á luz las consecuencias del fortalecimiento del poder único del Estado, aun en los dominios del Derecho penal. A medida que la persecución de oficio avanza en más amplia extensión y siempre con dirección más consciente y ascendente, se reducen más los dominios del delito privado, á favor de la pena criminal.

Aparece el nuevo y extenso grupo de los CRIMINA EXTRAORDINARIA, tan importante para todo el posterior desarrollo del Derecho penal, grado medio entre *crimen publicum* y *delictum privatum*, aunque más próximo de aquél que de éste. Deben su *origen*, no á una resolución popular, sino á ordenamientos imperiales y resoluciones del senado ó al arte de la interpretación jurídica; su consecuencia es, no la invariable *poena ordinaria*, sino una pena adaptada según *medida* de la propia importancia de los casos concretos. Al *lesionado* pertenece la acusación, la jurisdicción penal al Procurador; la *parte subjetiva* del acto es puesta en primer término como en los *criminibus publicis*, es exigido el *dolus malus* y castigadas la tentativa y la complicidad.

Dentro de los *crimina extraordinaria*, podemos distinguir tres subgrupos:

I. De los *delitos privados* salen los *casos graves*, castigados con dureza penal. Así del *furtum:* el delito de los *saccularii* (robo de bolsillo), *effractores* (robo con fractura), *expilatores* (saqueadores, merodeadores); *balneurii* (ladrón de baños, ó como dice von Bar: «marta de paletots»); *abigei* (ladrón habitual de ganados *quasi artem exercentes*), y la *expilatio hereditatis*. De la rapiña: el delito de los *latrones* (con inclinación al asesinato) y *grassatores*. De la injuria: los *libelli famosi* (escritos difamatorios y calumniosos), el delito de los *directarii* (perturbadores de la paz doméstica) y otros casos.

II. Junto á esos hallamos un gran número de *nuevos conceptos del delito*. Así el encubrimiento (*crimen receptatorum*), el engaño (*stelionatus*, y como caso especial, la *venditio fumi*, la ilusión de una influencia que no existe para prestar servicios), el cohecho (*concussio*), el rapto (*raptus*), el aborto (*abactus partus*), la exposición (*expositio infantium*). Además llegan, entre otros, bajo la influencia del Cristianismo, los *delitos religiosos*, que habían sido desconocidos hasta aquí por el Derecho romano: blasfemia, perturbación de los oficios divinos, apostasía y herejía, así como los delitos más ó menos análogos de hechicería.

III. Finalmente *aparece*, como si la evolución condujera á ello, hacia el fin de la época, la concesión al lesionado del derecho de elección entre la *actio ex delicto* civil y la *accusatio extra ordinem* penal en la *mayor parte de los delitos privados* (no sólo en el *furtum* y la *injuria*), aun sin especial ordenación legal (Vid. Ley 92, Dig. 47, 2; Ley 45, Dig. 47, 10).

Una real transformación experimenta aún el *sistema penal*. La *aquae et ignis interdictio* ha sobrevivido; pero ha perdido su importancia práctica. En su lugar aparece un sistema, ricamente organizado, de penas de la vida y corporales, de penas de la libertad, con ó sin trabajo forzoso, de penas infamantes y económicas, frecuentemente graduadas, según el estado del sentenciado; pero, en general, tendiendo á una excesiva severidad.

En cambio, permanece en lo esencial la *particularidad jurídica* de las disposiciones penales del Derecho romano. Ahora como antes, echamos de menos la claridad y la precisión en la determinación del *concepto del delito*, y cuanto más se aproxima la época á su terminación, tanto mayor es la influencia de aquella pseudo-ética, antijurídica, arbitraria y sin freno que caracteriza á la decadencia posterior del Imperio. Tampoco puede ni debe admirarnos, si vemos que la formación de las *teorías generales* del Derecho penal, aquella última y gravísima cuestión de la ciencia criminal, viene sobre principios particulares y sin fundamento.

El Derecho romano hubiera sido por eso impropio para ser aceptado en Alemania, si en los siglos posteriores la Italia de la Edad Media no hubiese tomado sobre sí el trabajo que habían descuidado los juristas romanos, dejándolo sin resolver á la posteridad (1).

---

(1) La mayor parte de las disposiciones penales se hallan en el libro 4.°, títulos 1 al 5 y 8 de la Instituta, en los libros 47 y 48 del Digesto y en el libro 9 del Código.

ADICIONES

§ 3.—*El Derecho penal de la España romana.*

BIBLIOGRAFÍA. — Está por hacer la Historia del Derecho español en la época romana. Como Historia de las fuentes, Hinojosa, *Historia,* I, (1887) libro 1 y Hübner, *La Arqueología de España* (1888) páginas 90-94. Toda la información es directa, valiéndonos de ediciones críticas y monografías que se citarán en el lugar correspondiente á cada una de las fuentes legales; especialmente Hübner, *Inscriptiones Hispaniae latinae,* Berlín, 1869 *(Corpus Inscriptionum latinarun,* II) y *Ephemeris epigraphica, Corporis Inscriptionum latinarum Supplementum,* II, III, Berlín-Roma, 1876-79, más la colección de obras de Berlanga. Fuentes generales históricas para este período: Polibio (hacia 204 al 123 a. de J. C.), *Historiae,* libros II-X, edición Dübner, París, Didot, 1839-65. Sobre él, K. W. Nitzsch, *Polybius, zur Geschichte antiker und Historiographie,* Kiel, 1842; H. Nissen, *Die Œkonomie der Geschichte des Polybius,* en *Rheinisches Museum* XXVI (1871) 211 y siguientes; A. Breska, *Untersuchungen über die Quellen des Polybius im drittem Buche,* Leipzig-Berlín, 1880; R. Thommsen, en *Hermes,* XX (1885) 196 y siguientes; *Reproducciones,* en Cornelio Nepote (34 al 24 a. de J. C.) *De excellentibus ducibus exterarum gentium (De viris illustribus)* capítulos XXXII, XXXIII, edición Nipperdey-Lupus, Berlín, 1878. C. Julio César (100 al 44 a. de J. C.), *De bello civili,* libros I, II y *De bello Hispaniensi,* edición Dübner, París, Didot, 1867; Diodoro Sículo (h. 21 a. de J. C.), *Bibliotheca historica,* C. V. libros 16 1 °), 33-38, edición citada; Tito Livio (59 a. de J. C. al 17), obra citada, *Decadas,* 3.ª, 4.ª y 5.ª, libros XXI-XLV; *Periochae,* libros XLVI-XLIX, LII-LVII, LIX, LX, LXVII, LXX, XC-XCII, XCIV, CIII, CX-CXIII, CXVI, CXXXV, edición citada. Sobre él F. Lachmann, *De fontibus historiarum T. Livii, commentatio,* I, II, Gotinga, 1822 y 15-28; C. Peter, *Livius und Polybius, über die Quellen des 21 und 22 Buches des Livius,* Halle, 1863; H. Nissen, *Kritische Untersuchungen über die Quellen der 4 und 5 Dekade des Livius,* Berlín, 1863; K. W. Nitzsch, en *Die römische Analy-*

tik, Berlín, 1873; C. Peter, *Zur Kritik der älteren römischen Geschichte*, Halle, 1879; *Estractos* de J. Floro, *Bellorum omnium annorum DCC (epitome)*, I, 33 *(Res in Hispania gestae)*, I, 43 *(Balearium)*, II, 10 *(bellum sertoriarum)*, II, 13 *(bellum civile Caesaris et Pompei)*, II, 33 *(bellum Cantabricum et Asturicum)*. edición C. Halen, Leipzig, 1854, y Valerio Maximo, *Factorum et dictorum memorabilium libri novem*. Sobre ellos, U. Koehler, *Qua ratione T. Livii annalibus usi sint historici latini atque Graeci*, Gotinga, 1864. *Reproducciones* de Silio Itálico (25 al 105 de J. C.), obra y edición citadas, libros I-III, especialmente al 3.º Mario Juniano Justino (siglos II.º al V.º), *Epitomes historicarum Philippicarum*, libro XLIV *(Res Hispaniae et Punicae*, de Egneo Pompeyo Trogo), edición citada; Tácito (h 54 al 140 de J C.), *Annales*, I § 78 y VI, 19; edición Népperdey, Berlín, I, 1887, II, 1888; Plutarco (46 al 120 de J C.), obra y edición citadas. Sobre él S. H. L. Heeren, *De fontibus et auctoritate vitarum parallelarum Plutarchi commentationes IV*, Gotinga, 1820; H. Peter, *Die Quellen Plutarchs in den Biographien der Römer, neu untersucht*. (Las fuentes de Plutarco, en las biografías romanas, nuevamente investigadas), Halle, 1865, y *Salust und Plutarch*, en *Symbola philologorum Bonnensium in honorem F. Ritschelii collecta*, Leipzig, 1867. Apiano (h. 150 de J. C.), obra citada. (Ἰβηρική) libros I, II. *De bello civili*, libros I-V, edición Dübner, París, Didot, 1840. Sobre él E Hannak, *Appian und seine Quellen*, Viena, 1869. Casio Dion (h. 155 al 235 de J. C.), *Universalis historia*, edición Gros y Boissée, París, 1845-70, 10 volúmenes con notas. Fragmentos de otros historiadores romanos, menos conocidos, en *Historicorum Romanorum fragmenta*, edición H. Peter, Leipzig, 1888. Presbítero Orosio (h. 417) *Adversus paganos historiarum libri septem*, edición Lugdumi Batavorum. Ap Potuliet. 1738; Eusebio, *Chronicon*, edición Stephanus, París, 1512; Rodríguez Moedano (P y R), *Historia literaria de España desde su primera población hasta nuestros dias*, Madrid, III, Xavier Garin, 1770; IV, Ibarra, 1772; V, 1777; VI, 1780; VII, 1781; IX, 1785; X, 1801. Crítica bibliográfica española: Altamira, *Les lacunes de l'histoire du droit romain en Espagne*, 1.ª en *Mélanges Fitting*, I, Montpellier, 1907.

En general, el aspecto jurídico de los vastos territorios sometidos á la dominación romana, sobre todo en el imperio colonial, es de la autonomía de los elementos individuales y la más grande variedad de Derechos (1), aun en materia punitiva, dando lugar á «tantos derechos penales como Estados autónomos ó cuasiautónomos (2).»

La ingerencia del Derecho romano en la regulación de los derechos locales, fué lenta y hábil, á diferencia de lo que ocurría en el procedimiento y en la jurisdicción (3). Las tendencias á la unificación, iniciadas esporádicamente en la República (4) y acentuadas algo durante el Imperio (5), sólo tuvieron algún éxito práctico en lo penal — más teórico que efectivo en el Derecho privado —, gracias á la concesión de la ciudadanía romana á todas las ciudades del Imperio al empezar el siglo III por Caracalla (6); unificación preparada en lo interno por el Cristianismo—recibido como religión del Imperio bajo Theodosio I—, al hacer penetrar una misma creencia y una misma moral (7), así como en lo externo por la compilación de Justiniano.

A pesar de esa tendencia, gracias á la tolerancia (8)

---

(1) Mitteis, *Reichsrecht und Völkerrecht in der östlichen Provinzen des romischen Kaiserreichs mit Beiträgen zur Kenntnis des griegischen Rechts und des spätrömischen Rechts-Entwickelung*, Leipzig, 1891, *Einleitung*.

(2) Mommsen, *Das römische Strafrecht*, Leipzig, 1899, página 115

(3) Ferrini, *Exposizione storica e dottrinale del Diritto penale romano*, en la *Enciclopedia del Diritto penale italiano* de PESSINA, Milán, *Società editrice libraria*, 1901, I, 17, nota 5.

(4) V. S. C. (a. 878 de Roma, 186 de J. C.) *de Bacchanalibus:* Bacanalia ne quis adiese velet ceivis Romanus neive nominus Latini neve socium quisquam. A diferencia de lo que ocurría en otras ramas del Derecho; Vid., Mommsen, *Staatsrecht*, III, 619, 693.

(5) Cucq. *Le conseil des Empereures d'Auguste à Dioclétien*, París, 1884, páginas 499 y siguientes; Mommsen, *Strafrecht*, I, 120 y siguientes. Es verdad que desde Augusto (27 a. de J. C.), la Bética correspondía al Gobierno directo y administración del Senado, así como la Tarraconense y la Lusitania al Emperador. Cassio Dion, 53, 12.

(6) Ulpiano, *Digesto*, 1, 5, 17; Cf. Mommsen, *Hermes*, XVI, 494; *Staatsrecht*, III, 699; *Strafrecht*, I, 123 y siguientes; el *jus latii* fué dado á España el año 75 de J. C., siendo cónsules Vespasiano (V) y Tito (III), según Mommsen, *Monatsbericht der K. A. der W. zu Berlin*. 1861, páginas 77, 75, 98, notas 26-35; Cf. Plinio, H. N. (Manuscrito Leidense), 3, 30, C. I. L. II, 1610.

(7) Mommsen, *Strafrecht*, I, 121.

(8) Mommsen, *Strafrecht*, I, 119.

y á través de un período de siglos, se fué desarrollando, al lado del Derecho penal romano, central, ortodoxo, aunque incompleto, el *jus civile,* un Derecho penal heterodoxo, local, el de los estatutos jurídicos de las ciudades, el *jus municipale* y *jus provinciale* (después *edictum provinciale)* existentes dentro del Imperio, *consentido* á veces por las autoridades romanas, á veces *aplicado* por hallarse explícitamente reconocido por las leyes (1) como preferente (2).

Es cierto que, en general, como veremos, estos derechos particulares seguían de cerca al Derecho romano (3), pero no es por eso menos interesante su elemento de variedad.

A ellos pertenece el Derecho de las ciudades *helénicas* (4), de las *itálicas* (5), de las *africanas* (6) y *asiá-*

---

(1) 32 *Digesto. De legibus,* 1, 3: In quibus causis scriptis legibus non utimur, id custodiri oportet quod moribus et consuetudine inductum est: et si qua in re hoc difieret, tum quod proximum et consequens ei est: si nec id quidem apparet, tum jus quo urbs Roma utitur, servari oportet. Cf. *Código Theodosiano,* V, 22 y libro 2; *Código Justinianeo,* VIII, 53. L 2: quae sit longa consuetudo. Sobre esto vid., Landucci, *Una celebre constituzione dell'imperatore Constantino,* Padua, 1885 Cf Hinojosa, H. I, 138, nota 1

(2) Sobre todo en Derecho personal: Véase Mommsen, *Bürgerlicher und peregrinische Freiheitsschutz in römischen Staat,* en *Festgaben fur Georg Beseler,* Berlín, 1885, página 275. En contra: Cucq., en *Revue critique d'histoire et de literature,* I (1885), 9-11; Hinojosa, H I. 139, nota 1.

(3) Mommsen, *Strafrecht,* I, 123

(4) Sin llegar á la afirmación de Mitteis *(Reichsrecht und Völkerrecht,* páginas 61 y siguientes), asegurando la existencia de un Derecho griego común dentro del romano. — En contra: Mommsen, *Strafrecht,* I, 116; Ferrini, *Enciclopedia,* I.

(5) Por ejemplo: la prohibición del talión establecido en las XII Tablas para el caso de ruptura de un hueso, no fué aceptada por los otras villas de Italia (Véase Catón, *in III originum*). En Sicilia se aplicó el Derecho penal propio bajo la dominación romana. (Véase Cicerón, *Verr.*, 1, 2, 37, 90).

(6) Así una distinción del Derecho de Alejandría sobre la aplicación de la pena de azotes entre Griegos y Egipcios (Philon, *Adversus Fleu.,* 10); la permisión del matrimonio entre hermanos consanguíneos (Séneca, III); general en Egipto (Wilcken, *Sitzungen Bericht der Berliner Akademie,* 1883, página 903), hasta el siglo II (Mommsen, *Strafrecht,* I, 116).

ticas (1) y el Derecho penal de las ciudades *hispanas*, único en su género (2), que nadie ha reunido y cuyos materiales están, en parte, por descubrir.

Por su esfera de dominio, las leyes romanas, en España, no fueron nunca *generales* sino *locales* (3).

Los municipios tenían leyes propias y las colonias también, aunque refrendadas por el Senado (4); mas la situación de éstas debía ser aún preferible en España, cuando Itálica y otras villas, siendo emperador Adriano, pidieron cambiar su condición (5) haciéndose colonias (6), en tanto que en otras partes (7) pedían hacerse municipios.

---

(1) Como el Estatuto de Mylasa, en Caria (Asia Menor), de tiempos de *Septimio Severo*, publicado por Th. Reinach, *Bulletin de Correspondence Héllenique*, XX (1886) 523 y siguientes.

(2) Hübner, *Arqueología*, página 91.

(3) Franckenan (Lúcas Cortés) *Sacra Themidis*, Sec., I, § 2: «Altius Hispani juris repetendi originem, ultra tempora Romanorum, qui longo satis annorum tractu Hispaniarum tennere frena, non datur progredi Notum vero iis, qui Romanorum Imperatorum ad praetores magistratusque illius regni legere rescripta, non nisi Romanis legibus illic tunc fuisse locum». (Edición Madrid, 1780, página 2); Gutiérrez. *Practica quaestionum*, libro III, página 15, nota 2. Cf. Martino Alpizcueta Navarro y otros.

(4) Rodrigo Caro, *Antigüedades y Principado de la ilustrísima ciudad de Sevilla. Convento jurídico*, folio 13, vuelto: «Las leyes de la Colonia no fueron siempre las mismas que las de Roma, porque sus magistrados las podían hacer para su ciudad, pero corregíalas y confirmábalas el Senado Romano». (Edición Sevilla, Grande, 1934). Cf Lagrange, *Itálica*, página 11: «Il est certain que les colonies se gouvernant par leurs propres lois, et élisant elles mêmes leurs magistrats, étoient plus indépendantes que les municipes; mais en même temps elles étoient moins considérées, surtout dans le temps ou la ville d'Italica fit cette demande».

(5) Aulo Gelio, *Nocttes atticae*, XVI, 13: «mirarique se ostendit (Hadrianus) quod et ipsi Italicenses et quadam item alia municipia antiqua, in quibus Uticenses nominat, cum suis moribus legibusque utique uti possent, in jus coloniarum mutare gestiverint». (Edición citada, página 900).

(6) Gruter, *Inscrip.*, parte 2ª, I, 385

(7) A. Gelio, lugar citado, Marichalar y Manrique pretenden explicar esto por motivos individuales y económicos, relativos á las consecuencias del *jus civitatis*, fundándose en Plinio (capítulo 37: «Ita maximum beneficium vertebatur in gravissiman injuriam»), lo que no convence, pues motivos particulares no determinan comúnmente una decisión general.

Leyes municipales.

I.—Una de las más importantes es la *Lex Coloniae Genetivae Juliae* (1), dada por Cayo Julio César á la colonia de Urso (Osuna), en la Bética, hacia el año 710 de Roma (44 a. de J. C.), y reproducida con interpolaciones en la época en que Vespasiano dió á las ciudades hispanas el *jus Latii*.

Es curioso el carácter *permisivo* de esta ley, en los minuciosos detalles orgánicos y administrativos á que se refiere, dando sus preceptos civiles en forma negativa penal, es decir, de *no sanción* (2).

La acción para perseguir era pública (3), en sus di-

---

(1) R. de Berlanga, *Los Bronces de Osuna*, Málaga, 1873; Giraud, en *Journal des Savants*, 1873; Bruns, *Die Erztafeln von Osuna* (Las planchas de bronce de Osuna), en *Zeitschrift für Rechtsgeschichte*, XII, 82 126, XIII, 383, 391; C. Re, *Le tavole di Osuna*, Roma, 1873; Giraud, *Les Bronces d'Osuna, Remarques nouvelles*, París, 1875; Mommsen y Hübner, en *Ephemeris epigraphicae*, II, (1876), 105 151; Grand, en *Journal des Savants*, Noviembre de 1876; R. de Berlanga, *Los nuevos bronces de Osuna*, Málaga, MDCCCLXXVI; Hübner y Mommsen, en *Ephemeris epigraphica*, III (1877), 91-112; Hinojosa y Rada y Delgado, *Los nuevos bronces de Osuna*, 1.ª, *Museo Español de Antigüedades*, VIII, 2.ª, Madrid, 1876; Exner, *Zur Stelle über die manus injectio in der Lex Coloniæ Juliæ Genetivæ* (A propósito del pasaje sobre la *manus injectio*, etcétera), en *Zeitschrift für Rechtsgechichte*, XIII (1877), 392 398; Bruns, en *Fontes juris romani antiqui*, 4.ª, Tubinga, 1879, páginas 110-127.

(2) C 62: Iis sine fraude sua kapere liceto. C. 63: itque iis sine fraude sua capere liceto. C. 65: .....duumviri sine fraude sua dato cte. C. 70: .....sunere, consumere liceto itque eis sine fraude sua facere cte. Cf. c. 71. c. 91: idque eos IIviros sine fraude sua facere liceto. C. 103: «id ei sine fraude sua facere liceto» y rep. c. 124: «ex hac lege liceto itque eius sine fraude sua».

(3) C. 61: .....«eiusque pecuniae, qui volet, petitio.... esto». C. 73: eiusque pecuniae, qui volet, petitio, persecutio, exactioque esto». C. 74: «eiusque pecuniae, qui volet, petitio pesecutioque ex hac lege esto». C. 75: ídem. C. 81: ídem. C. 92: eiusque pecuniae, qui volet petitio persecutioque esto. Cf. c. 93: ad finem. C. 97: eiusque pecuniae colonorum eius coloniae qui volet petitio esto C. 101: eiusque pecuniae qui volet petitio persecutioque esto. C. 12.: eius que pecuniae qui corum volet reciperatorio iuditio apud II virum praefectunve actio petitio persecutio ex hac lege ius potestasque

versas formas procesales (1), como en el Derecho de Roma.

La *Lex coloniae Genetivae* autorizaba la prisión por deudas (2) de acuerdo con las XII Tablas (3), según el texto de Aulo Gelio (4), pero á diferencia de aquella (5 , de tan fatales resultados (6), con la humanidad que habían difundido cuatro siglos y medio de cultura. El acreedor que ejerciese violencia excesiva contra el deudor era castigado con el duplo; con más veinte mil sextercios (7) para los vecinos de la colonia. Sabido es cómo en el antiguo Derecho romano el acreedor tenía facultad para vender al deudor y hasta para matarle (8), si bien en la práctica de los tiempos plenos (siglo de Augusto), se resolvía la insolvencia en forma de servidumbre de adscripción ó colonato (9), como entre los iberos (10).

El dinero procedente de las penas impuestas con oca-

---

esto. Cf. c. 126, 139, 131, 132, ad finem.—*Lex Flavia Malacitana*, t. 58: .....deque ea pecunia, municipii, eiius, municipii qui volet, cuique per H. L (Hac Lege), licebit actio petitio, persecutio, esto. Cf. ts., 62, 67. Cf. *Salpensana*, t 26.

(1) *Digesto* 44. 7 §. 28. *Papiniano:* Actio in personam infertur petitio in rem; persecutio in rem vel in personam.

(2) C. 61: «cuiquis ita manum inicere iussus crit iudicati iure manus iniectio esto itque ei sine fraude sua facere liceto. Vindex arbitratu decemviri, quive iure dicundo praerit locuples esto. Ni vindicen dabit iudicatumve faciet, secum ducito; iure civile vinctum habeto».

(3) .....«ni iudicatum facit aut qui endo em iure vindicit, secum ducito, vincito, aut nervo aut compedibus, quindecim pondo ne maiore, aut si volet minore vincito».

(4) *Noc. Ath.*, XX 1, 45.

(5) Aulo Gelio, *Noc. Ath.*, XX, 1, 49

(6) Tito Livio, libro II capítulos 23 á 33.

(7) «Si quis in eo vim faciet, ast eius vincitur dupli damnas esto colonisque eius coloniae H. S. (sestertium). CCIƆƆ CCIƆƆ (viginti milia) darc damnas esto».

(8) Wolf, *Ein Beitrag zur Rechtssymbolik aus spanischen Quellen* (contribución al simbolismo jurídico de las fuentes españolas), Viena, 1865, páginas 34 35.

(9) Varrón. *De re rustica*, I, 17; Columela, *De re rustica*, I, 8; Fustel de Coulanges, *Colonat romain*, capítulo I.

(10) Véase atrás, página 61.

sión de los vectigales (1), se dedicaba á los sacrificios (2), y el usar de ello de otro modo constituía fraude (3); tal vez á fin de evitar que los magistrados coloniales (4), los decuriones (5) ó los recuperadores, encargados del incremento del Erario, apareciesen como interesados en el negocio (6). No consta, sin embargo, la pena impuesta á los fraudulentos.

No faltan sanciones de carácter higiénico. Estaba prohibido transportar, enterrar y quemar cadáveres en lugares habitados ó transitados, bajo pena de quinientos sextercios (7); así como hacer nuevo crematorio *(Ustrina)* á menos de quinientos pasos de la ciudad, con multa de cinco mil (8).

---

(1) De *vehere* (transportar) (en sus dos formas: *inveho* (importación) y *eveho* (exportacion , en el comercio entre la metrópoli y las colonias; más tarde el *portorium* (portazgo ó pontazgo) del Digesto (1º, 2, 60, 8, *redemptor eius ponti portorium ab eo exigebat*). En la época de esta ley, la palabra *vectigal* se aplicaba á toda clase de tributos.

(2) Ya que la colonia Julia Genetiva era inmune: Plinio, III, 12: es decir, que no estaba obligada al pago del vectigal á Roma; Hygin *De limitibus custitutio* (páginas 205, 5, edición Lachmam). debet (enim aliquid) interesse inter (agrum) inmunem et vectigalem, nam quem admodum illis condicio diversa est Livus, XXI, 45, agrum se daturum esse in Italia, Africa, Hispania, ubi quisque velit inmunem ipsi, qui accepisset, liborisque».

(3) C. 65: Quae pecunia poenae nomine ob vectigalia, quae colonia Genetivae Juliae erunt, in publicum redacta erit, eam pecuniam nequis erogare neve cui dare neve attribuere potestatem habeto, nisi at ea sacra, quae in colonia allove quo loco colonorum nomine fiat, neve quis aliter eam pecuniam sine fraude sua kapito, neve quis de ea pecunia ad decuriones referundi neve quis de ea pecunia senientiam dicendiius potestatem que habeto».

(4) *Notitia dignitatum Imperii romani,* en *Byzantine historiae,* XXXVII.

(5) Véase *Cod. Theodosiano,* libro 25: *De decurionibus.*

(6) Mommsen, *Ephemeris epigraphica,* III, 106.

(7) C. 73: Nequis intra fines oppidi coloniaeve, qua aratro circunductum erit, hominem mortuom inferto neve ibi humato neve urito hominis mortui monimentum aedificato. Siquis adversus ea fecerlt, is colonis coloniae Genetivae Juliae H. S. (sertertium) IↃↃ (quinque milia) dare damnas esto eiusque pecuniae, qui volet, petitio, persecutio exactioque esto, itque quot inaedificatum erit duumviri aedilesve demoliendum curando. Si adversus ea mortuus inlatus positus ve erit, expianto, ueti oportebit».

(8) C. 74: Nequis ustrinam novan, ubi homo mortuus combustus non erit, propius oppidum passus D (quíngenntos) facito. Qui

Análogas disposiciones, en reconocimiento de costumbres, parecen haber regido en otras ciudades de la Bética, como Carmona (1).

El que derruía ó deterioraba un edificio y no daba garantía de reedificar, estaba condenado á pagar el tanto del valor de la cosa (2), como en Málaga (3); de donde se induce una implícita propiedad comunal (4).

Estaban prohibidos los tejares para más de trescientas tejas, y el dueño condenado á perder el edificio y el solar, que eran confiscados á beneficio de la colonia (5).

---

adversus ea facerit H. S., I ƆƆ, colonis coloniae Genetivae Juliae dare damnas esto».

(1) Fernández López, *Necrópolis romana de Carmona,* página 4: «En cuestiones de higiene pública el municipio Carmonense, regíase por leyes especiales basadas en antiguas costumbres del país, tanto más rigurosas en su aplicación cuanto más se alejan los tiempos.... basta la comparación de la distancia á que se encuentran de las urbes los enterramientos contemporáneos de las colonizaciones fenicia y cartaginesa y de la dominación romana: los primeros están á cinco y seis kilómetros, los segundos á un kilómetro el que menos, y los últimos á quinientos metros escasos». (Edición de la Comisión de Monumentos, Sevilla, tipografía Salesiana, 1899).

(2) C. 75: «Nequis in oppido coloniae Juliae aedificium detegito neve demolito neve disturbatu, nisi si praedes duumvirum arbitratu dederit se reaedificaturum, aut nisi decuriones decreverint, dum ne minus L adsint eum ea res consulatur. Si quis adversus ea fecerit, quanti ea res erit tantam pecuniam colonis coloniae Genetivae Juliae, dare damnas esto».

(3) Cf *Flavia Malacitana,* título 62: Nequis, in oppido municipii flavi, malacitani quaeque ei, oppido continentia, aedificia erunt aedificium, destegito, destruito, demoliendumve curato, nisi, decurionum conscriptorumve, sententia cum maior pars eorum, adfuerit, quod, rectiturus intra proximum annum, non erit Qui adversus ea fecerit. is quanti E. R. E. T. P. municipibus municipi flavi, malacitani damnare damnas esto.

(4) Ya que el motivo estético de una análoga prohibición en Roma estaba expresamente establecido por las *Leges decemvirales,* según la referencia de Ulpiano. *Fragmento* 1, en el *Digesto,* 47, 5, Ley XII «Tabularum neque solvere permitit tignum furtivum aedibus vel vineis iunetura, neque vindiare: quod providenter Lex effecit: ne vel aedificia sub hoc praetextu diruantur. vel vinearum cultura tubentur; sed in eum qui convictus est iuxisse, in duplum dat actionem».

(5) C. 76: «Figlinas teglarias maires tegularum CCC (trecentarum) tegulariumque in oppido coloniae Juliae nequis habeto. Qui abuerit, it aedificium isque locus publicus coloniae Juliae esto, eiusque aedificii, quicumque in colonia Genetiva Julia jure dicundo praerit sine dolo malo eam pecuniam in publicum redigito».

El decenviro que infringía la obligación de jurar era multado con cinco mil sextercios, con más la pérdida de derechos y emolumentos de su cargo (1).

En Urso, como en Roma (2), no podían venderse los campos, selvas ni edificios públicos pertenecientes á la colonia, ni — á diferencia de la Metrópoli (3) —, arrendarse por más de cinco años (4; y aquel á quien reportaba utilidad y se ostentaba como comprador, era castigado con multa de cien sextercios, á razón de yugada y año, para los colonos (5).

Al decurión, augur ó pontífice que, dentro de los cinco años, no viviese en la colonia ó á una milla, se le exigía, á más de la pérdida del cargo, una prenda *(pig-*

---

(1) C. 81: «Qui ita non iuraverit, is tabulas publicas ne scribito neve aes apparitorium mercedemque ob eam rem kapito. Qui iusiurandum non adigerit ei H S. I ƆƆ multa esto....»

(2) Front. *De cont. agr.*: «haec inscriptio videtur ad personam coloniae ipsius pertinere neque uello modo abalienari posse a republica». (Edición Lachmam, páginas 54, 55). Higinio, *De limit. const.*: «aeque territorio si quid erit adsignatum id adipsam urbem pertinebit, nec venire aut abalienari a publico licebit». (Edición Lachmam, páginas 197, 198) No sin excepciones anteriores, ya en retro, Tito Livio, XXXI, 13: ut si quisquum solvere posset populus, pecuniam habere, quam agrum, mallet restiture agrum populo: ya sin reservas: T. Livio, XXVIII, 46: et quia pecunia ad bellum deerat, agri Campani regionem a fossa Graeca ad mare versum, vendere questores jussi».

(3) Gaius, III, 145 *Digesto*, 6, 3, 1 y 39, 4.ª, 11, 1.

(4) Que era el tiempo que duraba la investidura de los decenviros para el ejercicio de la potestad censoria, según la ley Julia municipal: C. I, L. 1, 206, 142 á 156. (Mommsen, *Ephemeris, epigraphica,* 3, páginas 104, 105).

(5) C. 82: «Qui agri quaeque silvae quaeque aedificia colonis coloniae Genetivae Juliae, quibus publice utantur, data, adtributa erunt, nequis eos agros neve eas silvas neve ea edificia vendito, neve locato longius quam in quinquennium, neve ad decuriones referto neve decurionum consultum facito, quo ei agri caeve silvae cave aedificia veneant aliterve locentur, neve si venierint itcirco, minus coloniae Genetivae Juliae sunto. Quique iis rebus fructus erit, quot se emisse dicat, is in iuga singula inque annos singulos H. S. (sestertium) C. (centum) colonis coloniae Genetivae Juliae dare damnas esto».—Se ignora la pena impuesta al magistrado que hacía esta venta ilegal porque falta el capítulo 83. Tal vez se refiera á este y otros casos el «juicio de indignidad» de que habla la ley más adelante (capítulos 105, 123, 124), como supone Berlanga (*Los nuevos bronces de Osuna,* página 136).

nus) (1), en el sentido de pena pecuniaria, según Mommsen, como en Roma, en caso análogo (2). El decenviro que incurría en venalidad (3) era castigado con multa de 20.000 sextercios, y ciertas arbitrariedades políticas con 5.000 (4).

El procedimiento criminal era público (5), como en Roma (6), y contradictorio, concediendo el mismo tiempo para informar al acusador y al defensor (7).

Los duunviros, en tiempo de guerra, tenían facul-

---

(1) C. 91: . . .erit tum quicumque decurio, augur pontifex huiusque coloniae domicilium in eius coloniae oppido propiusve it oppidum passus C X Ɔ (mille) non habebit annis V proxumis, unde pignus eius quot satis sit capi possit, is in ea colonia augur pontifex decurio ne esto. quique II viri in ea colonia erunt, eius nomen de decurionibus sacerdotibusque de tabulis publicis eximendum curanto, uti quot recte factum esse volet.

(2) Tito Livio, 3, 38: Patrum haud fere quisquam in foro, in urbe rari erant; Indignitate rerum cesserant in agros.... postquam citati non convenievant, dimissi circa domos apparitores simul ad pignora capienda sciscitandunque nun consulto detrectarent, referunt senatum in agris esse. - Cf. Mommsen, *Ephemeris,* II, 124.

(3) C. 93: «Quicunque II vir post coloniam deductam factus creatusque erit quive praefectus ad II viro e lege huius coloniae relictus erit, is de loco publico neve pro loco publico neve abredemtore mancipe praedeve donum munus mercedem aliutve quid kapito neve accipito neve facito, quo quid ex ea re at se suorumve quem perveniat. Qui adversus ea fecerit, is H. S CC I ƆƆ coloniae Genetivae Juliae dare damnas ésto». Como en Roma, Cicerón, *De lege,* 3, 4, 11: donum ne capiunto neve danto neve petenda neve gerenda neve gesta potestate. Cf. Mommsen, *Ephemeris,* II, 139, 145.

(4) C. 97: «Ne quis II vir neve quis pro potestate in ea colonia facito neve ad decuriones referto neve decurionum decretum facito fiat, quo quis colonis coloniae patronus sit atopteturve praeter eum cui colonis agrorum dandorum atsignandorum jus ex lege Julia est eumque qui eam coloniam deduxerit liberos posterosque eorum, nisi de maioris partis decurionem qui tum aderum, per tabellam sententia, cum non minus L. aderant, cum ea res consuletur. Qui adversus ea fecerit H. S. I ƆƆ colonis eius coloniae dare damnas esto».

(5) C. 96 .. uti ad decuriones referatur, de pecunia publica deque multis poenisque, etc.

(6) Dionysio Halicarnaso, *Ant. rom.,* IV, 25, *Digesto* 48, 1, 1.

(7) C. 102: Quot horas omnino omnibus accusatoribus in singulas actiones dicendi potestatem fieri oportebit, totidem horas et alterum tantum reo quive pro eo dicet in singulas actiones dicendi potestatem facito.

tades penales (1), como los tribunos militares romanos (2).

Las faltas de carácter agrícola, previstas, como en la ley *Mamilia* (3), eran castigadas con mil sextercios (4).

Se ordenaba por esta ley un «juicio de indignidad» contra los decuriones (5), en que era también pública la acción—, tal vez por la venta del *ager coloniae*, pre-

---

(1) C. 103: Quicunque in colonia Gennetivae II vir praefectusve iure dicundo praerit eum colonos incolasque contributos quocunque tempore coloniae finium tuendorum causa armatos educere decuriones censuerint, quot maior pars qui tum aderut decreverint... Eique II viro aut quem II vir armatis praefecerit idem ius eademque animadversio esto, uti tribuno militum populi romani in exercitu populi romani est.

(2) *Digesto* 49, 16, 12, 2. Cf. Polybio, *Historia*, 6, 37, 8.

(3) *Lex Mamilia Roscia Paducea Alliena Fabia* (de los *gromáticos)*, c. 54: «qui ager hac lege cui datus adsignatus erit, etcétera».

(4) C. 104: Qui limites decumanique intra fines coloniae G. deducti factique erunt, quaecunque fossae limitales in eo agro erunt, qui iussu Cai Caesaris dictatoris imperatoris et lege Antonia senatusque consulto plebique scito ager datus at asignatus erit, ne quis limite decuma nosque opsaeptos neve quit immolitum neve quit ibi opsaeptum habeto, neve eos arato, neve eis fossas opturato, neve opsaepito, quo minus suo itinere aqua ire fluere possit. Si quis atversus ea quit fecerit, is in res singulas, quotienscunque fecerit H. S. CXↃ colonis coloniae G. J. dare damnas esto.

(5) C. 105: «Si quis quem decurionum indignum loci aut ordinis decurionatus esse dicet, praeterquam quot libertinus erit, et ab II viro postulabitur, uti de ea re iudicium reddatur, II vir, quo de ea re in ius aditum erit, ius dicito iudiciaque reddito. Isque decurio, qui iudicio condemnatus erit, postea decurio ne esto neve in decurionibus sententiam dicito neve II viratum neve aedilitatem petito neve quis II vir comitis suffragio eius rationem habito neve II virum neve aedilem renuntiato neve renuntiari sinito. C. 123. II vir ad quem de ea re in ius aditum erit, ubi iudicibus, apud quos ea res agetur, maiori parti corum planum factum non erit, eum de quo iuditium datum est decurionis loco indignum esse, eum (texto restituído por Mommsen), qui acusabitur ab his indicibus eo inditio absolvi iubeto. Qui ita absolutus erit, quod iudicium praevaricationis causa factum non sit, is eo iudicio hac lege absolutus esto. C. 124: Si quis decurio coloniae G. decurionem coloniae G. hac lege de indignitate accusabit eo iudicio ex hac lege condemnarit, si volet in eius locum que condemnatus erit sententiam dicere, ex hac lege liceto itque eum sive fraude sua iure lege recteque facere liceto, eiusque is locus in decurionibus sententiae dicendae rogandae hac lege esto.»

visto antes (1)—, procedimiento criminal que no se encuentra en Roma (2).

Había penas, en fin, para los que ocupaban en los espectáculos públicos el lugar correspondiente á los decuriones (3), como en Roma por la *Lex Julia de ambitu* (4), ó simplemente la localidad ajena (5); para los decenviros ó prefectos que descuidaban ó introducían irregularidad en los nombramientos de jefes de santuarios ó en la celebración de juegos circenses ó sacrificios (6), ó no cumplían las órdenes de los decuriones (7), ó se inmiscuían en su jurisdicción (8), ó, siendo candidatos á cargos públicos ó magistraturas en la colonia, diesen convites, en el mismo año de la elección, de más de nueve personas cada día, ó diesen regalos con motivo de la pretensión (9), prohibi-

---

(1) C. 82.—Cf. Berlanga. *Los nuevos bronces de Osuna*, página 136.

(2) Mommsen, *Strafrecht*, I, 122, nota 2.

(3) C. 125: «Nequis praeter eos, qui supra scripti sunt, qui locus decurionibus datus adsignatus relictusque erit, in eo loco sedeto neve quis alium in ea loca sessum ducito neve sessum duci jubeto sciens dolo malo. Si quis adversus ea sederit sciens dolo malo sive quis adversus ea sessum duxerit ducive jusserit... is in res singulas quotienscunque quid de ea re adversus ea fecerit H.S.IↃↃ colonis coloniae G. Jul. dare damnas esto».

(4) *Digesto*, 48-14. *Código Justiniano*, 9-26, *Código Theodosiano*, 9-26.—Cf. Cicerón, *in Vatin*, 15.

(5) C. 126: «...adque uti locus datus at signatus attributusque erit, sedeat, neve facito, quo quis alicuo loco sedeat sciens dolo malo. Quid adversus ea fecerit, is in res singulas quotiescumque quid adversus ea fecerit, H. S. I ↃↃ colonis coloniae G. Juliae dare damnas esto.

(6) C. 128 (10.000 sextercios).

(7) C. 129 (10.000 sextercios).

(8) C. 130 y 131 (100.000 y 10.000 sextercios respectivamente).

(9) C. 132: «Nequis in C. G. post hanc legem datam petitor kandiatus, quicumque in C. G. Juliae magistratum petet, magistratus petendi causa in eo anno, quo quisque anno petitor kanditatus magistratum petit petiturusve erit, magistratus petendi convivia facito neve at cenam quem vocato neve convivium habeto neve facito sciens dolo malo... dum taxat in dies singulos hominum VIII.. neve quis alterius petitionis causa cui quid donum munus aliudve quid dato donato largito sciens dolo malo. Si quis adversus ea fecerit H. S. I ↃↃ colonis coloniae G. Juliae dare damnas esto.»

ción que existía también en Roma (1), en la misma época.

II. La *lex Flavia Malacitana* (2), dada por Domiciano (81-84 de J. C). á la ciudad de Málaga, castigaba al que impidiere la celebración de los comicios, con multa de diez mil sextercios (3). La acción era pública (4).

En esta ley, como en las actuales, no aparece penada la *forma evolutiva* de esos viejos delitos políti-

---

(1) Cicerón, *pro Murena*, 35: Num locum ad spectaculum dare? aut ad prandium invitare? minime sed vulgo passim quid est vulgoi universos.—Cf. Mommsen *Ephemeris*, II, 139, 140.

(2) 1.ª ed. Rodríguez de Berlanga, *Estudios sobre los dos bronces encontrados en Málaga á fines de Octubre de 1851*, Málaga, Aguilar, 1853. 2.ª Giraud, *Les Tabes de Salpensa et de Málaga*, París, 1856. 3.ª Mommsen, *Die Stadtrechte der lateinischen Gemeinden Salpensa und Malaga in der Provinz Baetica* (El Derecho local de las comunidades latinas de Salpensa y Málaga en la provincia de la Bética), en *Abhandlungen derphilogisch historischen Classe von der königliche wissenchaftliche-sächsische Gesellschaft*, III, Leipzig, 1857, págs 361-507. Arndts en *Zeitschrift für Rechtsgeschichte*. 5.ª R. de Berlanga. *Aeris salpensani exemplum fideliter expresum sumptibus Georgii Loringii e revisione et accuratissima emendatione* Doctoris Berlangae Malacae Ex. offic. lith. F. Mijanae, 1858. 6.ª El mismo, *Ensayo de una nueva versión castellana del bronce Salpesano*. Madrid, *Revista de Legislación*, 1859. 7.ª Zumpt, *De Malacitanorum et Salpensanorum legibus municipalibus in Hispaniae super repertoris*, en *Studia Romana*, Berlín, 1859, páginas 269-322. 8.ª R. de Berlanga, *Aeris malacitani exemplum fidelitur expressum sumptibus Georgii Loringii e revisione et accuratissima emendatione* Doctoris Berlangae. Malacae, Ex offic. lith. F. Mitjanae, 1861. 9.ª El mismo, *Estudios romanos, especialmente sobre epigrafía romano-hispana*, Madrid, Galiano, 1861. 10.ª El mismo, *Monumentos históricos del municipio flavio malacitano*, Málaga, Aguilar, 1864. 11.ª Van Swinderen, *De Gere Salpensano et Malacitano*, Groninga, 1866. 12.ª Hübner, C. J. L. II (186), números 1, 263, 1, 964, páginas 253-262. Bruns, *Fontes juris romani antiqui*, 4.ª, 1879, páginas 130-141.

(3) C. 58: Ne quis intercedito, neve quid aliud facito quo minus in eo municipio H. L. comitia habeantur, perficiantur qui, aliter, adversus ea fecerit sciens D. M. (dolo malo), is in, res singulas, H. S. X (milia), municipibus municipii, flavii malacitani dare damnas esto.

(4) ... eisusque pecuniae deque ea pecunia municipi eius municipii, qui volet cuique per hanc legem licebit, actio petitio persecutio esto.

cos—contra el orden público (1) ó contra la Constitución (2)—en el sentido de impedir, no la celebración, sino la libre decisión: de influir individualmente sobre los acuerdos (3); lo que no autoriza á pensar que no existiese. Al contrario, parece que existía el *absolutismo oligárquico* de Aristóteles (4)—dueño de la Justicia y de la Ley—que aún subsiste (5).

El patrocinio y clientela (6), que practicaron los Celtíberos (7), estaban reglamentados, y las infracciones se castigaban, respectivamente, con multa é inhabilitación especial perpetua (8). Las sentencias de los magistrados en juicios y causas debían darse por escrito (9), de acuerdo con la *Lex Tabeleria* (10). La morosidad en la devolución y dación de cuentas á la Hacienda municipal se castigaba con el duplo (11), como

(1) Código penal español de 1870, artículos 243, número 2.° y 250, número 2.°

(2) Código penal, artículos 165 y 166.—Cf. Constitución de 1876, artículos 32, 33.

(3) La forma primitiva y violenta en el Código penal, artículos 167 á 180 —Cf Constitución 34-47 y Ley de Enjuiciamiento criminal 750 756.

(4) *Política*, III, 5.—Cf. Platón, *República*, VIII

(5) Joaquín Costa, *Oligarquía y Caciquismo*, Madrid, Fortanet, 1901, páginas 14 y siguientes

(6) Vid. Dionisio de Halicarnaso, *Antiquit. rom.*, libro II, § XI, edición Reiske

(7) Véase atrás, pág. 55.

(8) Tít. 61: ... qui aliter adversus ea patronum publice municipibus municipii flavii malacitani cooptaverit patrociniumve cui detulerit is H S. X. (milia) in publicum municipibus municipii flavii, malacitani D O E et is qui adversus H L patronus coop tatuscuive patrocinium delatum erit, ne magis ob eam rem patronus municipum municipii flavii. malacitani, tanti esto.

(9) *Flavia Malacitana*, tít. 61: .. et jurati per tabellan sententiam tulerint.

(10) Año 616 de Roma, dada por el Tribuno de la plebe L. Casio, siendo cónsules M Emiliano Lépido Porcino y C. Hostitio Manciano; excepto en los juicios contra los reos de Estado.—V. Cicerón, *De amicitia*, XXII. Cf. *De lege*, 3, 16

(11) Tít. 67: ... per quem steterit Q. M ita pecunia, redigeretur referretur, quove minus ita rationis redderentur is, perquem steterit Q M. rationes redderentur quove minus pecunia, redigeretur referreret heresque ejus isque ad quem ea res qua de agitur, pertinebit, Q. E. R. erit tantum et alterum tantum municipibus ejus municipii, flavi malacitani, etcétera.

al tutor moroso en Roma, según sentencias de Paulo(1).

III. La *Lex flavia Salpensana,* de la misma época y origen que la anterior, castigaba á los Decenviros, Ediles y Questores, que se negaban á prestar el juramento de fidelidad, con multa de diez mil sextercios, siendo pública la acción para perseguir (2).

Domina el sentido utilitario, como obsesión común, en todas las leyes hispanas de esta época, á diferencia de lo que ocurría en otras partes. Así en Bantia (Pulla, de Tito Livio), en igual caso, la pena no era pecuniaria, sino de incapacidad (3). A la barbarie de la sangre sucede la barbarie del oro.

IV. Otra fuente del Derecho penal romano en España es la *Lex metalli Vispascensis,* dada en la época de los Flavios (de Vespasiano á Domiciano) (4), hacia fines del siglo I de la Era Cristiana (94-95) (5), para regular la vida en una zona minera de Lusitania, al Sur de Lisboa. Hallada en Aljustrel, en una plancha de bronce, ha pasado á la posteridad con el nombre del lugar y del objeto.

Según el bronce de Aljustrel (6), los servicios pú-

---

(1) Julius Paulus, *Recept. Sent.,* libro II, título 30. En cuanto á la acción, V. *Digesto* 27, 3. Fr. 2, *Paulo.*

(2) Tít. 26: ... qui ita non juraverit is H. S X. (milia) municipibus, ejus municipii D. D (dare damnas) esto, ejusque pecuniae deque ea pecunia municipium ejus municipii qui volet... actio petitio persecutio esto.

(3) ... quei ex hac lege non juraverit is magistratum imperiumve nei petitio, neive gerito, neive habeto. (V. Klenze, en *Philologische Abhandlungen,* páginas 19 y siguientes, facsímile I, Ritschl, *Priscae latinitatis monumenta epigraphicae,* facsímile XIX. Mommsen, C. J. L., I, 197).

(4) Hübner, *Ephemeris epigraphica,* III (1877), 168, 170. Berlanga, *Los bronces de Lascuta,* etcetera (1881) página 653.

(5) Berlanga, obra citada, página 653, nota 5. – Hinojosa, *Historia,* I 149.

(6) 1.ª Soromenho, *La Table de Bronce d'Aljustrel,* Lisboa, Noviembre de 1876 2.ª Hübner, *Lex metalli vispascensis, en Ephemeris epigraphica* (III) (Berlín, Mayo de 1877), 167 (con apéndice de Mommsen y colaboración de Bücheler, Büchsenschütz, Hirschfeld, Jordan y Krüger). 3.ª, Hübner, *Römische Bergwerksver-*

blicos y privados—pregones, baños, calzado, barbería, lavaderos, explotación de minerales y escorias—se arrendaban, y el incumplimiento de las condiciones estipuladas era castigado con multas (1). Estos arrendamientos—verdaderos monopolios industriales—eran á la exclusiva, y á la prohibición general de fabricar ó de vender seguía la sanción (2).

---

waltung (Administración romana en materia de minas), en *Deutsche Rundschau,* III (1877) 196-213. 4.ª Bruns, en *Zeitschrift für Rechtsgeschichte,* XIII (1877) 372-383. 5.ª Wilmanns, *Die römische Bergwerksordung von Vipasca* (La ordenanza romana de Vipasca sobre minas), en *Zeitscrift für Bergrecht,* XIX (1877). Jaques Flach, (versión francesa) en *Nouvelle revue historique du droit français et étranger,* París, 1878, 2.ª edición *La Table de Bronce d'Aljustrel. Etude sur l'Administration des mines au 1.er siècle de notre Ere,* París, 1879. Bruns, *Fontes juris romani antiqui,* 4.ª edición Tubinga, 1879, páginas 141-145. Re, *La Tavola Vispascense, en Archivio Giuridio,* XXIII (1879) 327-388; Demelins, *Zür Erklärung der Lex metalli Vipascensis* (Para esclarecimiento de la ley, etcétera) en *Zeitschrift der Savigni Stiftung für Rechtsgeschichte,* IV, 34-49. Estacio da Veiga, *A Tabula de bronce d'Aljustrel,* Lisboa, 1880. Rodríguez de Berlanga, (versión española), *Los Bronces de Lascuta, Bonanza y Anjustrel,* Málaga 1881, páginas 623-830.

(1) *Centesimae argentariae stipulationis,* 7: «Quod ex hoc capite legis conductori socio actorive ejus debebitur nisi in triduo proximo quam deberi coeptum erit, datum solutum satisve factum erit, duplum dare debeto». Balinei fruendi, 9-10: «Conductori vendere ligna nisi ex recisaminibus ramorum quae ostili idonea non erunt ne liceto; si adversus hoc quid fecerit, in singulas vehes (sextertium) centenos nummos fisco dare debeto» Si bis balineum recte praebitum non erit, tum procurator metallorum multam conductori quotiens recte praebitum non erit usque ad (sextertios) (ducenos dicere liceto».

(2) *Sutrini,* 4: «Reficere calciamenta nulli licebit nisi cum sua dominive quis curaverit refeceritve». *Tonstrini,* 1: «Conductor frui debeto ita, ne alius in vico metalli Vipascensi inve territoris ejus tonstrinum quaestus causa faciat». Ibidem, 3: «Circitoribus, quos conductor non miserit, tondendi ius ne esto». VI *Tabernarum fulloniarum,* capítulo 1. «Vestimenta rudia vel recurata nemini mercede polire nisi cui conductor socius actorive eius locaverit permiseritve liceto. VII. *Scriturae scaurariorum et testariorum,* capítulo 2: Qui ex alis locis ubertumbis aeris argentive rutramina in fines metallorum inferet, in pondo (centum denarium unum) conductori socio actorive eius dare debeto (véase también 1, IX, 1 y I, 1 á 7). *Sutrini,* 1: «Qui calciamentorum quid loramentorunve, quae sutores tractare solent, fecerit clavomve caligarem fixerit venditaveritve, sine quid aliui, quod sutores vendere debent, vendidisse intra fines convictus erit, is conductori socio actorive ieus duplum dare dsbeto». *Tonstrini* 1: «Qui ita tonstrinum fece-

Los derechos del arrendatario, respecto á un tercero, gozaban de toda la protección legal; ya que se le permitía, equiparado al Fisco (1), apoderarse de una prenda en garantía, ¡hasta con pena para la resistencia!.. (2), y á veces, el derecho al comiso (3). La barbarie del oro.

Lástima que otras leyes conocidas, como la «ley agraria» (111 de J. C.) (4), que, indudablemente, contenía disposiciones penales anejas á la reglamentación del *ager publicus populi romani* en España, hayan desaparecido en todo ó en parte.

Edictos de los Emperadores

Un edicto de Trajano ó Adriano (7 de Octubre de 119 de J. C.) conservado en el *bronce de Pamplona* (Pompelo) (5), daba disposiciones para asegurar la pena de

---

rit, in singulos ferramentorum usus (denarios) .. conductori socio actorive eius dare debeto». VI. *Tabernarum fulloniarum*, 1: « .. qui convictus fuerit adversus ea quid fecisse, in singula lacineas (denarios) (ternos) conductori socio actorive eius dare debeto». VII.3. (*Scriturae scaurariorum et testariorum*): «Quod ex hoc capite legis conductori socio actorive eius debebitur neque ea die, qua die deberi coeptum erit, solutum satisve factum erit, duplum dare debeto».

(1) *Digesto* 49, 14, 46, § 4· Fiscus semper habet ius pignoris. *Digesto* 39, 4, 11, § 2: Commisis mercibus.

(2) II 7 Conductori socio actorive eius pignus capere liceto. Cf., IV 3, V 4: Conductori socio actorive eius pignoris captio est, qui pignus capientem prohibuerit in singulas prohibitiones (denarios quinos) dare debeto. VI, 2: Pignus conductori socio actorive eius caperere liceto – Cf. Gayo, *Inst.* IV, 28: Item lege censoria data est pignoris capio publicanis vectigalium publicorum populi romani adversus eos qui aliqua lege vectigalia deberent

(3) V 1: . . et ea ferramenta commissa conductori sunto VII, 4: Conductori socio actorive eius pignus capere liceto et quod eius pignus capere liceto et quod ejus escauriae rutraminis coctum expeditum fractum cretum lavatumque erit quive lapides lausiae expeditae in lapicaedinis erunt commissa ei sunto, nisi quidquid debitum erit conductori socio actorive eius solutum erit.

(4) C. I, L. I, número 200.

(5) Berlanga, *El nuevo bronce de Itálica*, Málaga. 1891. Apéndice II: *El bronce de Pompelo*, páginas 239 288.

los contumaces (1), que eran los citados por tercera vez, de acuerdo con el Derecho de Roma (2). Un rescripto de Antonino Pío á Aurelio Marciano, Procónsul de la Bética, establecía el procedimiento para perseguir y castigar los delitos de sevicia y corrupción de esclavos (3). Otros conocen: de Antonio á Mecio Probo sobre las facultades de los gobernadores en materia de relegación (4) y de Adriano al Concilio de la Bética, según Ulpiano (5), que castigaba con la muerte el abigeato, en los lugares donde era este delito más frecuente, y con trabajos forzados perpetuos ó temporales en otros. Cometían abigeato los que robaban diez ovejas del rebaño, ó cuatro ó cinco puercos ó una caballería mayor (caballo ó buey), siendo mayor la pena si eran domesticados y el robo se hacía en el establo (6), definición

(1) «Et ius magistratus vestri exequi adversus contumaces potestis, et nihilominus, qui continibus accipiendis desunt sciant futurum ut non per hoc tuti sint. Nam et non aceptarum cautionum periculum ad eos respiciet, et quidquid praesentes quoque egerunt, id communis oneris erit».

(2) Gayo, *Inst* IV, 184: Cum autem in ius vocatus fuerit adversarius, neque eo die finire potuerit negotium, vadinonium et faciendum est, id est ut promittat id est sine satisdatione, quibusdam eum satisdationem, quibusdam jurejurando, quibusdam recuperatoribus suppositis, id est ut qui non stiterit, est protinus a recuperatoribus in summan vadimonii condemnatur.

(3) *Mosaicum et Romanorum legum Collectio.* III, 1-3. – Cf. Ulpiano, libro VIII *De officiis proconsulis* L., 2, D. *De his qui sui*, 1, 6.

(4) L. 7, § 10, D. *De interdictis*, 48, 22.—Cf. Ulpiano, X, *De officiis proconsulis*.

(5) Libro VIII. *De officis proconsulis*. *Digesto*, libro XLVII, título 14, L. 1: De abigeis puniendis ita divus Hadrianus Concilio Baeticae rescripsit: abigei cum durissime puniuntur ad gladium damnari solent: puniuntur autem durissime non ubique, sed ubi frecuentius est id genus maleficii alioquin et in opus et nonnunquam temporium dantur. – Cf. Paulo, l. *De poenis paganorum sub titulo de abigeis*. (Véase Huschke, *Jurisprudentiae Antejustinianae quae supersunt*, 4.ª Lipsiae, 1879, página 664.) Mosaic, XI, 17. Cf. L. 1, *Digesto: De Abigeis.*

(6) Calistrato, *De cognitionibus*. libro VI, *Digesto*, libro XLVII, título 14, L. 3: Oves pro numero abactarum aut furem aut abigeum faciunt. Quidam decem oves gregem esse putaverunt; porcos etiam quinque vel quattor abactos, equum bovem vel unum abigeatus crimen facere. Eum quoque plenius coercendum, qui a estabulo abegit domitum pecus, non a silva nec grege.

dada sin duda para el mismo país cuando aparece ligeramente modificada en el edicto de Eurico (1), á través del Código Teodosiano (2).

Una constitución de Constantino el Magno (año 317) á Octavio, Conde de las Españas, sometía al fuero y procedimiento comunes á los delincuentes de la categoría de los *clarissimi* (3), ejemplo notable de progreso hacia la igualdad social, cuando un siglo más tarde, en tiempo de Honorio, subsiste en el Imperio, á partir de la condición económica, la distinción ente las diferentes clases de personas á los efectos penales (4), que servirá de marco (es ya la época de la invasión) á las

---

(1) Abactor, si usque ad unum, equum, et duas equas, totidunque boves, et usque ad X capras, et V porcos tulisse, tam de stabulo quam de pascuis fuerit approbatus... severissime puniatur. (Véase Gaudenci, *Tre nuovi frammenti dell'Editto de Eurico,* en *Rivista italiana per le scienze giuridice,* VI (1888) 237.

(2) V. Costa, *Estudios ibéricos,* página XLVIII, números 41, 42.

(3) C. 1 *Código Theodosiano. De acusationibus,* 2, 1. - C. 1. *Código Justinaino,* De *acusationibus,* 2, 24. No siempre; cuando cometían ciertos delitos. No se sabe con exactitud quiénes pertenecían á esta clase. Pérez Pujol (V. nota inmediata), les coloca en tre los senadores y los primeros curiales, suponiendo fuesen los agraciados con «codicilos honorarios». — *Código Theodosiano,* libro VI, título XXII, *De honorariis codicilis* - teniendo honores de senador sin serlo. (Obra citada, página 62).

(4) Así, con respecto al tormento, no era igual la condición social y jurídica de todos los habitantes; pudiendo dividirse éstos en los siguientes grupos, según las leyes de 412 y 414—52, 54, título V, libro XVI, *Código Theodosiano.* — respecto á la represión de la herejía de los donatistas:

1	*Ingenuos:*		
I	Honorati	Potentes, Potentiores ó Ditiores.....	No condicionales ó exentos de tortura...
	Illustres		
	Spectabiles		
	Senatores		
	Clarissimi		
	Sacerdotales	Mediocres, Honestiores, Idonei......	
	Principales		
	Decuriones		
II	Militantes		
III	Privati		
	Negotiatores		

desigualdades de la constitución social de los pueblos bárbaros á quienes atribuimos el origen de todas las malas influencias en las instituciones modernas de los pueblos cultos.

Los documentos no podían presentarse fuera del tribunal y los jueces debían fallar las causas ante el público (1).

En otra (año 322), dirigida á Tiberiano, Conde de las Españas, se castigaba el delito de ocultar siervos fugitivos (2). No faltaban penas civiles de sentido ético. Una ley de Constantino, dirigida á Tiberiano, Vicario de las Españas (Mayo de 336), disponía la pérdida de la mitad de la donación *ante nuptia (propter nuptias*, desde Justiniano), dada por el novio á la novia cuando, deshecho el proyecto matrimonial, se probase que aquél la había besado (3). Los bienes de los proscritos eran confiscados (4).

Existía ya entonces *un registro de penados*, según la Constitución de Valentiniano y Valente (a. 365), á Valeriano, Vicario de las Españas, advirtiendo que se cuidara de inscribir solemnemente el nombre del delincuente y el delito por el que se le acusaba, en los

	Plebei	Tenuiocres, Infimi. Humiliores.....	Condicionales ó sujetos al tormento.....
	Plebs Urbana-Collegati		
	Plebs rustica-Possesores		
	Vagantes		
2	*Libertos*		
3	*Colonos*		
4	*Siervos*: Adscritos á la tierra		
	Siervos: Personales		

Pérez Pujol, *Condición social de las personas á principios del siglo V*, en *Revista de España*, XCVII (1884) 60.

(1) Constitución de Valentiniano y Valente (año 365), á Valeriano; Capítulo 10. *Código Theodosiano. De officio Rec. prov.*, 1, 16 (1884) 60.

(2) C. 6. *Código. Inst. De servis fugitivis*, 6. 1.

(3) Véase Marichalar y Manrique, *Historia de la Legislación*, II, 57.

(4) Constitución de Constantino (a. 357), á Celestino, Cónsul de la Bética.—C. 5, *Código Theodosiano, De bonis proscriptorum*, 9, 42.

registros públicos (1). También se mandaba por la *Flavia Malacitana* inscribir las multas (2), como en Roma (3), si bien cabe presumir que el fin de esta disposición fuese aún más práctico que el de contribuir á la futura estadística penitenciaria y criminal (4).

Julio César, siendo pretor de España, reglamentó la usura, reservando al deudor la tercera parte del capital (5).

Una epístola de Trajano ó Adriano (6), sobre los jueces que debían entender en las denuncias hechas por el Fisco (7), según la tabla descubierta en Itálica, le asimila á los particulares, sometiéndole al procedimiento común (8).

Senado-Consultos.

Un Senado-Consulto (h. 177), siendo Cónsules Marco Antonino y Lucio Commodo, en forma de arenga ó

---

(1) C 4 *Código Theodosiano, De custodia reorum*, 9, 3.

(2) T. 66: Multas in eo municipio ab II viris praefectove dictas, item ab aedilibus quas aediles dixiesse se apud II viros, ambo alterve, ex, is professi erunt II vir, qui I. D. P. in tabulas communes municipum eiius municipi referri iubeto.. Quaeque multas non erunt iniustae a decurionibus conscriptisve judicatae, eas multas II viri *in publicum municipium, eius* municipii, *redigunto.*

(3 Por disposición de L. Pisón, según Tácito, *Annales*, libro XIII: Neve multam ab iis *dietam* quaestores aerari in publicas tabulas, etc.

(4) La estadística numérica existía ya en Roma. Véase César, *De Bello Gallico*, I, 29, I, II, 4; Cicerón, *De Legibus*, II, 18, III, 8, *De Cratio*, II; *pro Sextio*, 45, 46. Salustio, *De Bello catilinario*, 52; T. Livio, I, 3, III, XLII, 10; Plinio, *Historia natural*, VII, 25, 48; 49. Tácito, *Annal*, I, 2, IV, 47; *Historia*, I, 4, 11; Suetonio, *in Octavium*, 101, 102 (*Breviarium totius imperii ab Augusto conscriptum*). Dión Cassio, XLIII, *Digesto*, Libro XXXV, tit II, § 68, *ad Legem Falcidiarum. Evangelium*, San Lucas, II, V, 1, 3; San Mateo, XVII, 25, XX, 17, 19, *Actium*, V, V, 37 (*Edictum á Caesare Augusto, ut describeretur universus orbis* ; Jac. Perizionii, *De Augustae orbis terrae descriptione*, Disertaciones, 1690.

(5) Plutarco. Cit. Castro, I, 248.

(6) Berlanga, *Los bronces de Osuna*, 1873, páginas 117-129; Mommsen, *Ephemeris epigraphica*, II, 149-151; Berlanga, Idem, *Suplemento*, páginas 310-312; Bruns, *Fontes*, página 175.

(7) Véase *Digesto. De iure Fisci*, XLIX, 14.

8) «Ad fiscum meum si quae cuiuscumque rei nuntiationes

discurso proyecto, ante el Senado, se halló grabado en bronce, cerca de Itálica (1), para cuyo circo (2) se dictó.

El reglamento para el orden de los juegos circenses en Itálica disponía que el empresario ó munerario, á quien se entregaba el condenado *ad gladium* (3), prestase juramento y fianza en garantía de que había de morir el reo en la arena (4); donde se descubre un curioso modo de ejecución extragubernamental (5) de la pena (recuérdense los reformatorios americanos, los detectives, etc.), que es tal vez el porvenir de la defensa social.

Hay noticia de otros senado-consultos anteriores, estableciendo lo que se llamará después *justicias ex-*

---

post hac fient, in iudice uno eadem observari debebunt quae cum inter privatos ad unum iudicen ibitu.»

(1) Hübner y Mommsen, en *Ephemerise pigraphica*, Abril de 1890, VII, 385-416; R. de Berlanga, *El nuevo bronce de Itálica*, Málaga, Imprenta Rubio, 1891.

(2) Sobre este lugar de diversiones públicas y de ejecución de ciertas penas ya que ambas cosas se asocian en la antigüedad—Véase Justo Lipsio, *De Amphiteatro extra urbem*, capítulo II; Edición *Thesaurus graev.*, IX, 1321; Maffei, *De Amphiteatro veron*, página 54; Montfaucon, *Antiquités explores sur les amphithéâtres;* Mayans, *Epistol*, página 52; Laborde, *Description d'un pavé*, página 11; Morales, *Chronica general de España*, III, 83; Rodrigo Caro, *Convento jurídico de Sevilla*, página 103.

(3) X, 58: «Cum maximi princeps oratione sua praedixerint fore, ut damnatum ad gladium procurator eorum (tradicturus non esset dictori muneris privati) nisi (cautione interposita plure quam sex aureis et nisi iuraverit... (Véase Mommsen, VIII, 392, nota; Berlanga, páginas 22, 82).

(4) Una de las formas de la pena de muerte en Roma El *damnatus ad gladium*, debía morir dentro del año en que se le sentenciaba. Véase Paulo, *Sent.*, V, 17, 3: «Sane qui ad gladium dantur intra annum consumandi sunt.» *Leg. Mos. et RomColl.*, II, 7, 4: «Nam ad gladium damnati confestim consumuntur, ver certe intra aunum debent consumi: hoc enim mandatis continentur».

(5) Los condenados á esta pena morían á veces indefensos: *Código Tehodosiano*, IX, 18, 1: «Ut ante quam aliquid faciat, quo se defendere possit gladio consumatur» á mano de los gladiadores. Véase Apuleyo, *Metamorph.*, IV, 13: «Gladiatores isti famosae manus... alibi nox ii, perdita securitate.» Otras veces se mataban unos á otros, luchando entre sí Véase Tácito, *Ann.*, XII, 56: «Pugnantum quamquam inter sontes fortium virorun animo.» Cf. Aulo Gelio, *Noct.*, V, 14, 17-28. Berlanga, páginas 80-82.

traordinarias; uno de ellos, nombrando jueces especiales para residenciar al pretor Canuleyo, en vista de quejas de los españoles (1) y otro (a. 100) sobre el proceso contra Cecilio Clásico, procónsul de la Bética (2).

Todavía á fines del siglo IV no hay una ley común en lo penal, y se puede hablar de un Derecho penal romano de España (3).

Este muere con la unificación del Derecho bajo la legislación de los Emperadores cristianos (4), extendiendo por todas partes aquel sentido sanamente positivo del Derecho penal romano (5), descalificado por Carrara (6) y rehabilitado por Ferri (7).

Criminología.

a) Celtiberia. — En la época romana persiste el vigor salvaje de la raza ibera.

---

(1) Tito Livio, XLIII, 2.

(2) Plinio, Ep. 3 9. Cit. Hinojosa, H. I, 182, nota 1.

(3) Una Constitución de Graciano, Valentiniano y Teodosio (a. 383), á Mariniano, Vicario de las Españas, establecía la pena para un delito tan común como el de falsa denuncia de homicidio. Véase capítulo 14, *Código Tehodosiano, De accusationibus,* 9, 1.

(4) Especialmente por obra de Teodosio II que, al recopilar las más importantes constituciones posteriores á Constantino, derogó todas las no incluídas en su *Código* (a. 429)—el libro IX trata de Derecho y procedimiento penal—, y *Novelas* (a. 447)—promulgadas éstas por Valentiniano III (a. 448) en el resto del Imperio—y de los dos en cuanto al valor de la Jurisprudencia, por la llamada *ley de citas,* una Constitución de Valentiniano, promulgada luego por Teodosio (L. 3, *Código Theodosiano, De responsa prudentum,* 1, 4). La unificación de los Edictos—incluso los provinciales—fué obra del jurisconsulto Silvio Juliano, autorizada por senado-consulto de Adriano en el llamado *Edicto perpetuo* (*Constitución, Tanta,* § 18.)

(5) Véase Capobianco, *Il diritto penale di Roma messo a confronto col diritto penale vigente e colle teorie delle scuola positiva,* Florencia, Barbera, 1894.

(6) Landucci, *Storia del Diritto Romano,* Padua, 1818, I, 815, cree que no necesita rehabilitación.

(7) *La riabilitazione del diritto penale romano,* en el homenaje á Filipo Serafini, Florencia, 1892, y en *Studi sulla Criminalita ed altri saggi,* Turín, Bocca, 1901, páginas 413-415.

Eran duros y firmes en el tormento aquellos hombres. Tácito (a. 26 de J. C.), cuenta el caso brutal del *Termestino* que asesinó al pretor Lucio Pisón, y que, mudo en el tormento, al ser llevado de nuevo á él, se suicidó, dándose un feroz golpe de cabeza contra una roca del camino (1). Muchas veces preferían morir atormentados por guardar el secreto, más estimado que la vida (2); y para atenuar el dolor, cantaban en los suplicios (3).

Si acaso la barbarie de los naturales era poca, los romanos, puestos en trance de guerrear, que es la barbarie organizada, fueron sus maestros. Los sitiadores de Munda (a. 45 a. de J. C.), hicieron, con los cadáveres de los vencidos sus trincheras, atravesándoles, unos con otros, con sus mismas lanzas, como estacada de carne..... «barbaridad rara vez, ó ninguna, hasta entonces vista»—dice nuestro Ferreras (4).

No conocían la fidelidad los celtíberos, desertando

---

(1) *Anales*, libro IV, capítulo XIX: «In citeriore Hispania, admissum a quodam agreste, nationis Termestinae, is praetorem provinciae, L. Pisonem, pace incuriosum, ex improviso in itinere adortus uno vulnere in mortem adfecit, ac pernicitate equi profugus, post quam saltuosos locos attigerat, dimisso equo, per *diruptu* et avia sequenteis frustatus est neque diu fefelit nam prehenso ductoque per proximos pagos equo, cuius foret cognitum, et repertus eum tormentis edere conscios adigeretur; voce magna, sermone patrio, frustra se interrogari clamitavit adsisterent socii ac spectarent: nullam vim tantam doloris fore, ut veritatem eliceret idemque cum postero ad quaesitionem retraheretur, eo nisu proripuit se custodibus, saxoque caput adflixit, ut statim exanimaretur» (Edición Justo Lipsio, Antuerpiae, ex officina plantiniana, MCXXVII, página 126).

(2) Justino, *Historiarum philippicarum*, libro XLIV, capítulo II: «Saepe tormentis pro silentio rerum creditarum in *mortui*: adeo illis fortior taciturnitatis cura quam vitae.» (Nota del discípulo Sr. Puelles).

(3) Diodoro Sículo, *De fabulosis antiquorum gestis*, edición Basilea, MDXXXI libro VI: «Bella numerum aggrediuntur poena, quum hosti obviant cantando.» Véase atrás, página 40, nota 10.

(4) *Synopsis. Parte primera, que comprende sus sucesos desde la creación del mundo hasta el nacimiento de J. C., N. S. y Redemptor*, I, 205.

colectivamente, al dejar solo á C. Scipión frente á Asdrúbal, sin que valieran ruegos ni promesas; «acción infame é indigna de españoles» (1). Viriato, el Cid de la España primitiva, es muerto á traición por los suyos (141 a. de J. C.), como Sertorio (2).

Un exceso de cólera les inutilizaba en sus luchas contra las legiones romanas, según Séneca (3); y eran tan obstinados, que preferían morir antes que entregarse, como los cuatro mil celtíberos de la batalla entre Silano y Magón (4), ó arrojarse á las llamas después de haber quemado en una pira, levantada en el foro, mujeres, hijos y riquezas, como los vecinos de Astapa (¿Estepa?) (5), émula de Sagunto (6), los gallegos (7), y una ciudad de los vaceos (8), como lo habían hecho ya los cántabros en el monte Vindio (9).

Fué el nuestro, de antiguo, país de gente matona y pendenciera, como lo prueba su insuperable habilidad en fabricar espadas (10), tan ponderadas en Roma (11), y

---

(1) Ferreras, I, 97.

(2) Tito Livio, XCVI (véase *Epítomes*) edición Nisard, II, 898.

(3) *De ira*, I, 11: «Hos tamen Hispani, Gallique, et Asiae Syriaeque molles bello viri, antequam legio *visetur*, caedunt, ob nullam rem aliam opportunos quam ob iracundiam.» (*L. Annaei Senecae philosophi.... continens opuscula moralia, Patavii*, MDCCXXVIII, Ex tip. Sem., I, 12).

(4) Tito Livio, *Decadas de la Hstoria Romana*, libro XXVIII.

(5) Tito Livio, lugar citado, libro XXVIII, capítulo 22.

(6) Polibio, libro III; T. Livio, XXXI; Plinio, XXVI, 40.

(7) Ferreras, I, 213: «Haciendo un foso de quince mil pies de longitud, donde desesperados se dieron la muerte, unos con su propias armas, otros con veneno y otros entregándose al fuego.» Cf. Floro, IV, 12; Dion Casio, LIII; P. Osorio, VI, 21.

(8) Tito Livio, *Epítome*, libro LVII; Patérculo, libro II, capítulo 4; Floro, libro II, capítulo 18; Ferreras, I, 160.

(9) Véase Ferreras, I, 211; «Desesperados, unos se murieron de hambre, otros se mataron con veneno, otros con sus propias armas.....»

(10) Suidas, v. verb Μάχαιρα: «Coltiberi fabrica gladiorum aliis multum praestant. Nam et pugnum acriter, et ictum utraque manu potentem ferunt. Itaque Romani patriis gladiis depositis Hannibalico bello Ibericos receperunt, forum quidem mutata: sed ferri bonitatem, et frabricae solertiam imitari non potuerunt.» Cf. Diodoro Sículo, V, 310; Justino, libro XLIV.

(11) Polibio, II, 6. Véase atrás, pág. 35.

muy superiores á las que usaban los feroces galos (1), de un filo solamente (2).

Eran aquellas de dos filos, de acero bien templado (3) y buena punta; unas largas, causando heridas mortales (4), y otras cortas ó puñales (5) *(Rhambas)* (6), que usaban lo mismo infantes que caballeros (7), así como la terrible espada corva, á modo de hoz *(Falcata)*, que P. Casirio, legado de Augusto en la guerra Cantábrica, hizo grabar en las monedas de la época como símbolo de España militar (8); tridentes (9), flechas, picas y harpones, con la punta en forma de gancho, como un anzuelo, que, una vez hecha presa en la carne, no podía desprenderse (10). De algunas eran in-

---

(1) Tito Livio, VII, 10: «Pedestre scutum capit, Hispano cingitur gladio ad propriorem habili pugnam» XXII, 46: «Hispano (gladio), punetim magis quam caesim assueto petere hostem, brevitate habiles et cum mucronibus.» XXXI, 34; XXXVIII, 21: «Ilic miles (Veles) gladio Hispanicus, est cinctus» Cf Polibio, III, 114 y VI, 4, 21; Plinio, XXXV, 14; Marcial IV, epíg. 33; S. Dupleix, *Memoires des Gaules,* página 101; Masdeu, II, 165.

(2) Casaubón, en *Strobanis Rerum Geographicarum*, Edición Amsterdám, 1707, I, 231

(3) Diódoro Sículo, V, 310 Tenían fama las de Calatayud, templadas en las aguas del Jalón. Véase *Histoire Universelle, traduite de l'Anglois d'une société des gens de lettres,* Amsterdam y Leipzig, 1740, XIII, 210; Cf. Vairal, I, 13'; Masdeu, I, 80.

(4) Vegecio, I, 12: «Caesim pugnantes non solum facile vicere, sed etiam divisère Romani. Caesa enim quovis impetu veniat non frequenter interficit, cum et armis vitalia defendantur et officibus. At contra puncte duas uncias adacta mortalis est Necesse est enim ut vitalia penetret quidquid immergitur Deinde dum caesa infertur braquium dextrum latusque nudatur. Puncta autem tutô corpore infertur, et adversarium sanciat antequam videatur.»

(5) Diodoro Sículo, V, 310.

(6) Polibio, X, 18: «Genus est pugionis aut ensis.»

(7) Diodoro Sículo, V, 310: «Et quia binis instructi gladiis sunt quam primum certamine equestri vicerunt, ab equis desilium, peditumque ordinibus immuxti pugnas mirificas edunt.»

(8) Flórez, *Medallas de España,* tabla I, número 11; I, 116.

(9) Ceán Bermúdez, *Sumario,* página 64: «Armas arrojadizas, semejantes al dardo, con tres puntas afiladas». Descubiertas en Jumilla en 1774 También en Osuna en 1903. Véase Eugel y Paris, página 457, XXX III

(10) Diodoro Sículo, V, 34: σανλοις δλοσιδηροις ἀγκισἰδωδεσι. Cf. Carthaillac, *Les ages,* cita, página 250. Eugel y París, *Une forteresse,* páginas 458-466, plancha XXV.

ventores: como del terrible dardo todo de hierro (*gaesum*), de donde viene el nombre de valiente (*gaesi*) en latín, copiado por los romanos (1). De todo ello han sido hallados ejemplares en gran número (2).

Hércules, es el héroe favorito de la mitología popular de España (3). Como buenos colonizadores, los romanos tomaron de los Celtas é Iberos la barbarie de su civilización: los nombres y táctica de la guerra (4). En España tuvieron los Romanos una verdadera escuela de guerra (5). Tanta dureza y crueldad han culminado en la Historia con un nombre, símbolo de toda locura de furor homicida y suicida, entre ruinas é incendio: *Numancia*.... (6). Los historiadores llaman he-

---

(1) Ateneo, *Deipno sophistarum libri XV, cum latina interpretatione Jacobi Delechampii*, Lugduni, 1597, cita Casaubon, página 232.

(2) Son innumerables las espadas y puñales de la época halladas por todas partes en España. En la necrópolis ibérica de Almedinilla (Córdoba), por Eugel y París (*Revue archeologique*, II (1906), 49 92; en la fortaleza ibérica de Osuna por los mismos (*Une forteresse iberique a Osuna*, páginas 452 454, plancha XXX): en Fuente Alamo y el Algar por los hermanos Siret (*Album*, planchas 49, 66, 68 y otras); en la provincia de Granada por Góngora (*Antigüedades prehistóricas de Andalucía, passim*).

(3) Saavedra, *Las carreteras romanas en España, Discurso de recepción en la Real Academia de la Historia*, Madrid, Galiano, 1862, página 94: «En el castillo de Sancti Petri, estuvo el famoso templo de Hércules Gaditano». El Hércules de Cádiz, era egipcio, según P. Mela, III, 6 y Estrabón, III. (Véase F. Fita, *Discurso de recepción*, página 87).

(4) Arriano, *Ars tactica*, § 33: «quod ne Romani quidem ipsi multa corum habeant ex sermone propio, sed ex Iberico aut Celtico, quoniam res ipsas, qua Celticae sunt, assumpresunt, quum eis in preliis Celtarum equitatus maxime placerent».

(5) G. Pereira, *Quinto Sertorio e a Romanisaçao da Peninsula*, Evora, Bravo, 1878, página VI.

(6) Valerio Máximo, *Exemplorum*, III, 2, 7: «Numantino vero Theogeni ad consimilem virtutem capessendam, quasi magistra gentis suae ferocitas extitit. Perditis nemque et afflictis rebus numantinorum, cum ommes cives nobilitate, pecunia, honoraribusque praestaret; vicum suum, qui in ea urbe speciosissimus erat, contractis undique nutrimentis ignis, incendit, protinusque strictum gladium in medio posuit, ac binos inter se dimicare jussit: ut victus, incisa cervire ardentibus tectis superjaceretur: Qui cum tam forti lege mortis omnes absumpsisset, ab ultimum seipse flammis immersit.» (Edición citada, página 280). Según Estrabón, III,

roísmo (1) á la ceguera de una resistencia salvaje y desesperada á la luz de la civilización que propaga un pueblo grande y generoso.

Para el criminalista, el heroísmo es el máximum de temibilidad de un *estado peligroso* (*Tembilità, Etat dangereux, Gemeingefährichkeit*) que se engendra por igual en los procesos paralelos de la guerra y el delito.

Eran tan ladrones, que Escipión, para darles la batalla, una vez pasado el Ebro, les soltó ganados, á fin de que saliesen á robarles (2).

El delito más frecuente en esta época es el *delito político,* en forma de rebeliones, á consecuencia, por lo general, de abusos cometidos por pretores y questores en la exacción de los impuestos (3), como en el caso de L. Pisón. Para evitarlo, enviaba comisiones Roma, pero sin resultado (4). La tasa de los granos para la venta la hacía en España, en tiempo de Cicerón, el pre-

---

4, 13, excepto unos pocos (πλὴν ὀλίγων), que prefirieron entregar la plaza á morirse.

(1) Floro, *Rerum a Romanis gestarum,* Ebroduni, 1621, capítulo XVIII, página 547, Duchesne, *Compendio de la Historia de España,* traducción española del P. Isla, Madrid, 1746, I, 77-72, Masdeu, I, 102-105.

(2) Tito Livio *Decas Tertia* libro XXVII, capítulo 32: «Campus ante montibus circa septus erat in eam vallem Scipio quum pecora rapta pleraque ex hostium agris, propelli ad irritandam fe ritatem barbarorum jussiset, velitis subsidio misit á quibus ubi per procursationem commisa pugna esset Lellum cuna equitatu impetum ex occulto facere jubet, Mons opportune promiens equitum insidias texit: nec ulla mora pugnae facta est. Hispani in conspecta procul pecora, velites in Hispanos praeda occupatos incurrere. (Edición *Regis in usum Delphini,* París, Leonard, 1679, III, 498, 499. —Vid supra, páginas y notas.

(3) Baltasar Alamos de Barrientos, *Aforismos deducidos de la obra de Cayo Cornelio Tácito,* en *Anales,* título 284: «Los ministros de la cobranza de los tributos, procedan en ella blanda y apaciblemente, y más entre naciones libres, porque siendo con más aspereza de la que se puede llevar, causaran alborotos, rebeliones y peligro de su vida.» (Nota del discípulo Sr. Puelles)

(4) Código, Libro I. C. De censibus et censoribus et paraequatoribus, libros I, II y X, ibidem; De numeribus patrimon, Código Theodosiano, libro X; De censoribus, paraequatoribus et inspectoribus, libro I: Ne damna provincialibus inferantur, véase Sempere, *Historia,* edición Moreno, página 30.

tor (1); contra lo dispuesto por el Senado, en aquella ocasión en que una comisión de españoles, en queja contra los robos de los gobernadores, halló protección en Catón, logrando el destierro voluntario de M. Matieno y P. Furio (2). C. Graco reprende á Fabio por sus exacciones á los españoles, obteniendo otro S. C. en que se dispone la devolución del dinero; otro tanto hacían los magistrados (3).

Sin embargo, los españoles jamás cometieron tiranicidio, según el presbítero Orosio (4), lo que debe entenderse limitándose á los que nos gobernaron, — recuérdese la tentativa de regicidio contra Calígula por el cordobés Emilio Régulo (5),—y no en absoluto, como lo prueba el asesinato de Epasto por dos hermanos españoles, mediante precio, y que Valerio Máximo refiere como honroso (6).

El patronato ó *devotio* celtíbera (7), ha llegado á ser en el siglo v, una fuente de delitos y de infamias.

---

(1) Cicerón, *pro Balbo:* «Frumentariam aestimationem in cellam per praetorem esse, in Hispaniam factitam.»

(2) Marichalar y Manrique, I, 133-134.

(3) Lebanio, *In orat, adversus ingredientes in magistr. dom.*, véase Sempere, páginas 31, 32.

(4) *Adversum paganos historiarum,* libro V, capítulo XXIII: «Tamen fortis fide ac viribus semper Hispania, cum optimos invictissimosque reges reipublicae dederit, nullum unquam tyrannorum, ab initio usque in hodiernum diem, de se editum missit vel in se extrinsecus incurrentem, vivum potentemve dimisit.» (Edición citada, página 358.)

(5) A. de Morales, *Crónica general de España,* IX, 6, folio 225, Cf. Masdeu, V, 411.

(6) Valerii Maximi, *Exemplorum memorabilium*, libro V, capítulo 4, § 3: «Vos quoque frates memoria complectar, quorum animus origini fuit nobilior. Siquidem admodum, humiles in Hispania nati, pro parentum alimentis spiritum erogantes specioso exitu vitae inclaruistis. Duodecim enim millia munnum, quae post mortem vestram his darentur á Paciaecis pacti, ut eorum patris interfectorum Epastum gentis suae tyranum occideretis: Nec ausi solum insigne facinus estis, sed etiam strenuo se forti exitu clausistis. Iisdem enim manibus Paciaecis ultionem, Epasto poenam, genitoribus alimenta, vobis gloriosa fata peperistis. Itaque tumulis etiam nunc vivitis...., etc.» (Edición Lugduni Batavorum, Aupd Hackium, 1651, páginas 480-481.)

(7) Véase atrás, página 55.

Los pobres se entregaban á los ricos, esclavizándose voluntariamente para que los defendieran, y los de mediana fortuna vendían sus bienes para comprar la seguridad de sus familias; aquéllos vendían los patrocinios, aceptando la defensa de los humildes para robarles — cuenta Salviano (1) — hasta que hubo de prohibirse el patrocinio bajo pena (2).

Era muy frecuente el *suicidio*, no sólo entre los hombres de guerra, como medio de huir suplicios é ignominias, cuando caían prisioneros sin armas, sino entre los de letras, como el caso ejemplar de Séneca (3) y el de su hermano Aneo Galión (4).

Había también el *suicidio militar funerario*, de que hablan Estrabón, Valerio Máximo, Plutarco y Tito Livio. Los antiguos celtíberos, tenían por deshonor el sobrevivir á su caudillo (5) y se inmolaban sobre el (6) sepulcro de su jefe, á quien habían jurado fidelidad. Así lo hicieron los clientes de Sertorio (7) y de Viriato. Las piedras confirman el relato del biógrafo: Un soldado de Sertorio, Bebricio Calagurritano, se suicidó (72 a. de J. C.) por no afrontar el deshonor, mayor aún que la pena de sobrevivirle (8).

---

(1) *De vero judicio et providentia Dei*, libro V, Cf. Silviano, *In orat. De patrociniis*; véase Sempere, edición Moreno, página 31.

(2) *Código Theodosiano*, libro V, *Di patrociniis vicorum*, libro 1: Ut nemo ad sucesus patrocinium suscipiat rusticanus, vel vicos eorum.

(3) Tácito, XV, 14.

(4) Eusebio *Chronicon*, Olimpiada, 220: «Junnius Annaes Gallio frater Senece, egregius declamator propria se manu interfecit mortem eius Nerone in suam presentiam differente.» (Edición citada, folio 86).

(5) Valerio Máximo, *Factorum, dictorumque memorabilium*, VI, 15 (Edición Nisard, II, 602).

(6) Estrabón, III. (Edición Didot, página 117).

(7) Plutarco, *Sertorius (Vitae)*, § 14.

(8) Diis Manibus Q. Sertorii me Bebricius. Calagurritanus devoti arbitratus religionem, esse eo, sublato qui omnia cum diis inmortalibus communia, habebat me incolumen retinere animam vale, Viator qui haec legis et meo disce exemplo fidem servare. Vid. Masdeu, *Historia* VI, 330, quien advierte las dudas inmotivadas que hay sobre la autenticidad de esta inscripción, dudosa,

En los funerales de los Excipiones se dan la muerte, luchando como gladiadores, los naturales (1).

El suicidio guerrero, para huir venganzas, se torna *homicidio-suicidio*, adornándose con refinamientos paganos, que repetirá Petronio, en tiempos de Nerón. Scápula, fugitivo de Munda, convoca á familiares y siervos, distribuye entre ellos sus tesoros, manda preparar una pira y después de cena opípara, sobre tapices riquísimos, ungidos los cabellos de resina y nardo, un siervo cumple la orden de degollarle y un liberto enciende la pira..... (2).

Estaba generalizado el uso del *veneno*, como el famoso *tóxico* (3), «que se hacía de cicuta, ó de un árbol por nombre Tax ó Texo, y del que tenían siempre nuestros naturales buena prevención para darse á sí mismos la muerte y evitar de ese modo alguna desdicha, como perder la libertad cayendo en manos de los enemigos» (4). El padre de Licinio Cincenna se envenenó con opio (5); un tal Mela, con zumo de puerros ó ajos silvestres (6); Annibal, con «tóxico» (7), y Asdrúbal Annón, con «ponzoña» (8). Del *papaver ibéricum* (adormidera de España), fabricaban los romanos el opio más

---

sin embargo, porque «la disposición epigráfica no era así en aquel entonces». (N. de M. M.)

(1) Tito Livio, XXVIII, 21. (Edición Nisard, II, 21).

(2) *De Bello Hispaniensi*, capítulo XXXIII: «Scapula, totius seditiones familiae et libertinarum caput, ex praelio cordubam quem venisset, familiam et libertos convocavit; pyram sibi exstruxit; coenam afferri quam opimam imperavit; item optimis insternendum vestimentis: pecuniam et argentum in praesentia familiae donavit. Ipse de tempore coenavit, resinam et nardum identidem sibi infundit. Ita novissimo tempore servum jussit et libertum, qui fuisset ejus concubinus, alterum se jugulare, alterum pyram incendere.» Véase Menéndez y Pelayo, *Heterodoxos*, 2.ª, I, 311.

(3) Plinio, XVI, 10, y Diodoro Sículo.

(4) R. y P. Rodríguez Moedano, III, 227, 228, Cf. Estrabón, III, 4, 18.

(5) Plinio, II, 18.

(6) Moedano, III, 28.

(7) Plinio, XIX, 6.

(8) Apiano, *Los triunfos*, I, 13 (Edición Valencia, 1552, folio 11.)

fuerte, «de cuya virtud se valió Licinio, caballero romano, para dar fin con sueño eterno á sus perpetuas y molestas enfermedades» (1).

Como país militar y de continuas guerras, era frecuente en España el *duelo*. Se recuerda, entre otros, el de Tito Manlio Torquato con un soldado galo (2) (a. 392 de Roma); el de Quinto Cocio con un joven celtíbero (3); pero sobre todo, el célebre entre Corbis y Orsúa (4), caso sintomático, representativo de toda la ferocidad y toda la codicia de una raza. El mismo Escipión quedó asombrado y no ocultó su indignación.

Es notable el caso de *parricidio preterintencional* ocurrido entre un padre y un hijo españoles en la guerra entre Vitelio y Vespasiano (a. 69) de que habla Tácito (5), y consta en una lápida de Augusto (6).

b) *Cantabria.*—Los *Cántabros* opusieron á la dominación romana el más terrible obstáculo vivo con que luchó Augusto, que, venciéndolos, no consiguió domi-

---

(1) Góngora y Martínez, *Antigüedades prehistóricas de Andalucía*, Madrid, Moro, imprenta, 1868, páginas 56.

(2) Claudio Quadrigario, en Aulo Gelio, *Noct. Attic.*, libro IX, capítulo 13: Scuto pedestri, et gladio Hispano cinctus, contra Gallum constitit... Manlius iterum scutum scuto percutit, atque de loco certo hominem iterum dejicit: eo pacto et sub Gallicum gladium successit, atque Hispanico pectus hausit.»

(3) Valerio Máximo, *Exemplarum*, III, 2, 21. (Edición citada, página 265.)

(4) Véase atrás, página 45, nota 1.

(5) *Historia*, III, 5: «Julius Mansuetus, ex Hispania rapaci Legioni additus impuberem filium domi liquerat. Is mox adultus, inter septimanos a Gabba conscriptus, oblatum forte patrem et vulnere stratum, dum semianimem scrutatur, agnitus, agnoscensque, et exanguem amplexus, voce flebili precabatur piatos patres manes, nève se ut parricidam adversarentur, publicum id facinus et unum militem quotam civilium armorum partem?» (Cf. Ferreras, II, 95, 96), equivocando la cita.

(6) *Inscrip*, 1308, de Masdeu, *Apéndice:* En Murviedro:

D. M.
IVL, MANSV : :
TAE AN. XXXX
IVL. CIP. : : : : : : : :
: : : : : : : : SIMA (VI, 507-508.)

nar por entero el territorio (1). El eco de las montañas repitió por muchos siglos sus gritos de muerte (*¡ill!*), de guerra y de reto (2), y los romanos, vencedores (3), se retiraron del país (4), tal vez por miedo. En tiempo de Tiberio no ha podido ser dominado el bandolerismo,

---

(1) P. Merula: Utra montes enim, qui a Pyreneis perpetuo procurrunt ad Nerium usque promontorium habitabant, neque nisi cum maxima difficultate sumaque periculo adiri poterant» Cf. Rodríguez Ferrer, página 102: «Harto hicieron en no ceder hasta que el mundo entero estaba conquistado» - dice Fernández Navarrete *Reseñ. histórica del antiguo obispado alavense)*, Cf. Marichalar y Manrique *(Historia de la legislación)* y Amador de de los Ríos. Sostienen que no se rindieron nunca Ortíz de Zárate, Moraza, Antón del Olmet. Leibnitz, *Colletánea etimológica*, parte 2.ª, *Opera omnia*, Ginebra, 1768, VI, 195; Franckenan (Lucas Cortés), *Sacra*, Sección I, § 2: «..... de Cantabris, Navarrisque, qui Romanorum numquam subire jugum.» (Edición Madrid, 1870, página 2.)

(2) Rodríguez Ferrer, página 102, texto y nota.

(3) Horacio, *Odas*, libro IV, oda, VI:

«Cantaber indoctum juga ferre nostra»

Cf. XIV:

«Te cantaber non ante domabilis»

Cf. libro III:

«Servit hispanus vetus hostis orae
Cantaber sera domitus catena».

(4) «Contents d'y avoir assuré leur domination, ils se tinrent sans doute eloigués d'un pays sans production, a demi sauvage»; *(Statistique du Departement des Bas-es pyrinées*, citado por Ferrer, página 12). Fernández Guerra, obra citada: «Ni una piedra siquiera puesta á deidad del olimpo greco-romano ó ibero, ha aparecido hasta ahora en la Vasconia, Vardulia, Caristia, Antrigonia y Cantabria». La afirmación de Fernández Guerra no es exacta. El Sr Martín Mínguez, que prepara un libro magistral sobre Cantabria, nos hace observar que en el monte Canal, casi frente á frente de Brañosera, se tiene á «Peña Hestia» (Vesta), y el monte Cándamo junto á Cervers. Ferreras, I, 214-215: «porque la experiencia le había dado á conocer la ferocidad de los cántabros..., en los soldados era tanto el miedo que la tenían, que no querían obedecer las órdenes de sus cabos.» No se han hallado construcciones cristianas en Cantabria, anteriores al estilo *romá-nico* - español—de mediados del siglo x á mediados del xiii—, según Amador de los Ríos, *Estudios monumentales arqueológicos sobre las provincias Vascongadas*, en *Revista de España*, 1871, número 81. Confróntese Rodríguez Ferrer y Navarrete, en *La Semana*, número 49 (7 de Octubre de 1850) y *Los Vascongados*, página 12, número 2. No queda más que el monumento vivo de su lengua, dice Soraluce, *Historia de Guipúzcoa*.

en Cantabria (1), donde era peligroso arriesgarse (2).

El año 586, los vascones bajan del Pirineo á Francia, asolando todo: plantíos y sembrados (3), nuevos bárbaros del Mediodía.

Su sangre se conservaba pura y fiera, como su lengua sin mezcla alguna, ya que todas las irrupciones se hicieron desde Africa y por el Mediterráneo (4).

En 1120 eran sus descendientes «salvajes tan sanguinarios como bestias bravas» (5), y ya avanzado el siglo XII, «criminales sin freno y sin ley» (6); hasta el extremo de que Ricardo Corazón de León, por entonces, tuvo que emplear la fuerza para pasar los puertos (7) con los peregrinos á Santiago.

En los siglos XV y XVI «era cosa común y diaria en ella (Cantabria), el que sus familias más principales se despedazaran entre sangre, fuego y desdichas por las colectividades opuestas de sus *banderizos*» (8); como

---

(1) Estrabón, libro III, capítulo 4, § 8: τυύς τε γάρ συνέχοντας ἔτι νιν μάλιστα τὰ ληστήρια Κανταβρονς... κατέλυσιν ὁ Σεβαστος Καῖσαρ. Citado por Costa, *Estudios ibéricos,* página XLI, número 13, sin correspondencia con el lugar del original.

(2) P. Merula: «Ultra montes enim, qui a Pyreneis perpetuo procurrunt ad Nerium usque promontorium habitabant; neque visi cum maxima difficultate sumaque periculo adiri poterant». (Citado por Rodríguez Ferrer, *Los Vascongados*, página 102).

(3) Pedro de Marca, *Histoire de Bearn,* París, 1640, página 105.

(4) Pauli Merulae, *Cosmographia,* citado por Hervás, *Catálogo de las lenguas,* V, 211.

(5) Anónimo, *Histoire de Bayonne:* «Vrais sauvages aussi sanguinaires que les bêtes fauves avec les quelles ils ont l'habitude de vivre.» (Citado y combatido por Soraline.)

(6) F. Michel, *Le pais basque,* París, 1859: «..... en estas retiradas montañas y por estos inaccesibles lugares no habitan sino hombres feroces..... prontos á cometer cualquier crimen....; hombres sin freno y sin ley.» (Relato de un portugués.)

(7) De aquí el origen de la voz *passeport* (pasaporte), según Michel. Véase R. Ferrer, página 103.

(8) Rodríguez Ferrer, página 104: «..... Y este estado social debió de durar mucho por este suelo, á juzgar por la arqueología, las puertas ferradas y de una sola hoja que tenían en el valle de Aramagona (Alava), sus antiguos caseríos, en previsión del fuego y del hacha (de las que yo poseo una muestra), y las providencias durísimas que mandaron ejecutar, más principalmente los Reyes Catolicos Don Fernando y Doña Isabel en sus jefes y parientes

los Arancibias, de que habla Trueba (1). Hombres duros, como el solar de sus «montes férreos» (2), sanguinolentos, que llevan «la vena del hierro en sus entrañas» (3), los Cántabros son los hombres-fieras de la Historia.

En Cantabria, como entre los bretones (4), subsistió por mucho tiempo, como único, el nombre que provenía del parentesco por la madre (5), lo que revela la existencia anterior del «grupo madre» como forma de la gens, de donde nace la familia materna (*matriarcado*), no como constitución familiar absolutamente primitiva (6), en un proceso constante de evolución, sino como el hetairismo (7), en el sentido de «un estado al

---

mayores de estas banderías, y los castigos y escarmientos que aplicaba la Santa Hermandad á los crímenes que se cometían por estos montes y despoblados, época tenebrosa y que vivamente nos recuerda el brazo alzado que empuña una espada. y campea en el fondo del escudo de armas de la provincia de Alava, al que le orla este más expresivo mote: «*Justicia contra malhechores.*»

(1) *El valle de Marquina*. Véase también *La casa del homicida*, en *El libro de las montañas*, Bilbao, Emperaile, 1867, páginas 145, 146.

(2) A. de Trueba, *Mi valle*, en *Album poético español*, Madrid, A. de Carlos, 1874, página 333; véase la cita de Plinio, sobre el monte Triano.

(3) M. y Pelayo, *La galerna del sábado de Gloria* (1876):

Puso Dios en mis cántabras montañas
Auras de libertad, tocas de nieve,
Y la vena del hierro en sus entrañas...

en *Odas, Epístolas y Trajedias*, Madrid, Perez Dubrull, 1883, página 41.

(4) J. César, *Comentarium*.

(5) Portal, *Política de las leyes civiles*, 1873 parte II, libro I, título I, capítulo I.

(6) Véase Sales y Ferré, *Tratado de Sociología*, 2.ª parte; *Del hetairismo al matriarcado*, Madrid, Suárez, 1894, II, 164 y siguientes.

(7) Costa (*Poesía*, página 226) afirma que los romanos hallaron restos de hetairismo en las Baleares, fundándose en Diodoro Sículo (sin cita de lugar), quien sólo dice: V. 16: «Promiscuae ibi Barbarorum gentes habitant, maxime vero Poeni», y más adelante: «Maxime vero omnium in amorem foeminarum sunt effusi, quas tanti aestimant, ut cum mulieres a piratis captae illinc avehuntur, tribus aut quatuor viris unam aliquam redimant.» Como se ve sólo una cita de segunda mano, sin evacuar, ó una lectura precipitada pudo originar equivocación semejante.

que se ha llegado después» (1), por degeneración. En el siglo III, los vascones han heredado el arte de adivinar de lusitanos y galaicos; porque había *agoreros* en Vasconia, en tiempo de Alejandro (2).

c) *Tarraconense.*—Progresan los tiempos; y así, si en la época primitiva vimos á los bandidos españoles asolar los campos, ahora los hallamos dueños y señores de una ciudad (¿Lérida?) que sirve de centro de operaciones á sus correrías y latrocinios. Interesante y curiosa página de la Historia es la que describe la toma de esta ciudad por Catón (3).

Es verdad que en esto, como en otras cosas, fueron los romanos sus maestros. Hasta el mismo Catón, al frente de un ejército en España, autorizaba á sus soldados para dedicarse al saqueo y la rapiña (4).

Los Moedano defienden á los españoles de la común acusación de ladrones, entendiendo este vocablo como sinónimo de guerreros (5). Y por cierto que es sabio

---

(1) Darwin, *The Descent of Man,* Londres, 1879, página 594, Sumner Maine, *L'Ancien Droit et la Coutume primitive,* París; Alcán, páginas 274-278.

(2) Lampridio, *Alexander Severus,* capítulo XXVII, en *Scriptores Historiae Augustae,* II, 276: «Haruspicinae quoque peritissimus fuit, ὀρνεοσκόπος magnus, ut et Vascones Hispanorum, et Ponnoruorum augures vicerit», Cf. Ferreras, II, 153, 154 y M. y Pelayo, *Heterod,* 2.ª, I, 320.

(3) Tito Livio, *Historia romana,* XXXIV, 20: «Lacetanos, deviam et silvestrem gentem, quum insita feritas contenebat in armis, tum conscientia, dum consul exercitusque turdulu bello est occupatus depopulatorum subitis incursionibus sociorum, etcétera.» (Edición Nisard, páginas 298, 299

(4) Tito Livio, *Historia romana* XXXIV, 13: «Tempus, inquit, quod saepe optastis, venit, quo vobis potestas fieret virtutem vestram ostendendi. Adhuc praedomum magis, quam bellantium, militastis more; nunc justa pugna hostes cum hostibus conseretis manum. Non agros inde populari, sed urbium *opes exahaudire licebit.*» (Edición Nisard, página 294).

(5) *Historia,* libro III, núm. 203: «Pero este nombre ignominioso que dan á algunos jefes de los españoles para deprimir sus victorias no significa lo que ahora entendemos por aquella expresión. Llamábase latrocinio á un género de guerra furtiva y por sorpresa, en la cual, valiéndose de la desigualdad del terreno y el descuido de los enemigos, se les acometía inopinadamente y más bien con asechanzas que á viva fuerza. En este género de

el lenguaje: guerra y bandolerismo (1), guerrero y ladrón.

d) *Bética.*—Pueblo particularista, inquieto (*nec in bello concordia, nec in pace quiescentia*), el de la Bética, no fué, sin embargo, el de máxima criminalidad. De *atentados al ornato público* hay mil testimonios en otras tantas maravillas de arte románico, bárbaramente mutiladas (2); pero cabe la duda si los autores serían hispano-romanos ó *hispano-vándalos* (3), y aún más, si vándalos del siglo V ó del XIX.

No era raro el *robo de sepulturas*, cuando se tomaban para evitarlo tamañas precauciones de ingenio (4) y de fuerza (5). Todo ello fué inútil cuando, á la caída del Imperio, ocurrió el célebre saqueo de tumbas en la Bética (6); y antes, cuando la persecución religiosa

---

guerra se aventajaban los españoles, especialmente los lusitanos. Por esto eligieron á Viriato y tuvieron la gloria bajo este pretendido capitán de ladrones de conseguir insignes victorias contra los Generales y Cónsules romanos Sertorio siguió después el mismo camino, lo cual nos da idea que los que se llamaban ladrones eran excelentes soldados por su valor y destreza militar.» Cf Estrabón, IV, 4, 2: μερη ληστρίχως πολεμοῦντες.

(1) Ya hemos demostrado la conexión histórica entre el espíritu guerrero y el bandolerismo en la España primitiva. (Véase atrás, páginas 35, 36, 44, 46, texto y notas).

(2) F. López, *Itálica*, página LXXVIII.

(3) Itálica estuvo bajo el poder de los vándalos del 411 al 419. (Véase Idacius, *Chronicon*, art. 15.)

(4) F. López, *Necrópolis de Carmona*, página 17: «Con tal cerramiento, el hueco de la puerta convertíase en un gran nicho cuadrilongo, que estucado y quizá pintado—de la primera operación conserva vestigios—, formaba juego con la hornacina de la estatua, á la que estaba frontero y servía admirablemente para despistar á curiosos y ladrones.»

(5) López, página 51: «La sala funeraria se cerraba en Prepusa como en el Elefante, con una gran piedra empotrada y fija á ambos lados mediante un elemento durísimo, imposible de romper para el que no dispusiera de tiempo y herramientas á propósito.» Cf. F. López, *Excavaciones en Itálica*, página XXV. Véase atrás, página 42, nota 7.

(6) Idem lugar citado: «Cuando el saqueo de las tumbas, los ladrones, espoleados por el miedo que es de suponer fracturaron la parte superior del umbral, punto en que el muro presentaba menos grosor y resistencia, y abriendo hueco suficiente para un hombre, entraron y salieron por él, tapándolo luego con otra piedra cogida al acaso.» (Véase también nota 1). El autor se con-

consumó saqueos y violaciones en los cementerios cristianos (1).

Parece, en cambio, que las costumbres eran más puras aquí que en la metrópoli, como lo atestiguan los triclinios de la tumba del Elefante (2) y la estatua de la bacante dormida en la del Quemadero (3) (Carmona), cuyo velo cubre partes poco veladas generalmente en los modelos romanos.

Gente atlética y brutal debieron ser aquellos hijos de Hércules (4). Los romanos, aliándose á los iberos, formaron aquí, como en otras partes, partidas de *balistas* (5), que arrojaban, á mano ó con honda—célebre invención de los mallorquines—(6), proyectiles de

---

tradice en otro lugar (*Historia de la ciudad de Carmona*, Sevilla, 1886), atribuyendo el hecho á salvamento de cadáveres, ante el peligro de la invasión Esta misma hipótesis hacía el Sr. Rada y Delgado (página 147), en 1885, al finalizar su sabia memoria.

(1) F. López, *Itálica*, página XXVII.

(2) López, *Necrópolis de Carmona*, páginas 60 y 61: «En efecto, mientras que allá en el Lacio se admitía en los convites á niños y mujeres, sin que importe gran cosa la condición impuesta de mantenerlos á los pies, pues sentados ó echados, y á pesar de las coronas que los invitados se ponían, las borracheras eran posibles y el pudor y la inocencia corrían grave riesgo, aquí, en la Bética, se les dignificaba más, se les servía aparte y en clinio independiente y se les ponía á cubierto de ciertas contingencias.. »

(3) Rada y Delgado, *Necrópolis de Carmona*, Madrid, Tello, 1885, página 117 y lámina XVII. No puede decirse lo mismo de la figura de ámbar (tal vez Hércules niño), re roducida en la lámina XXIII, número 7, ni del ídolo ó fetiche femenino, completamente desnudo, como aquéllas, hallado en la fortaleza de Osuna. (Véase Pujol y París, página 486, plancha XL, B.) Uno y otro son muñecos de uso privado, que en todo caso, revelarían corrupción individual, pero no de las costumbres públicas. No así el bellísimo grupo erótico de Venus y Adonis, del mosaico de Tarragona (Laborde, *Description d'un pavé en mosaïque decouvert dans l'ancien ville d'Itálica*, A París, imprenta. Didot, año XMCCCII, página 102 y plagio XX), así como multitud de estátuas (Laborde, página 20 plancha XXII.)

(4) Aunque sin valor científico, véase G. Bowles, *Introducción á la Historia Natural de España*, Madrid, 1775, páginas 240 y siguiente, y J. Tollabia, *La Gigantologia spagnola vendicata*, Nápoles, 1760, páginas 2 y siguientes.

(5) Salustio, *Jug.*, 57: «Romani... pars enimus glande aut *lapidibus* pugnantes.» Cf. Apiano, *Bello Mitriadico*, 22, 33; *Bello civil*, 536; J. César, *De Bello Hispaniense*, 13, 18. Silio Itálico I, 334.

(6) Estrabón, libro III, Edición Casaubón, I, 255. Cf. Diodoro

piedra en forma cilíndrica (*litobolos*) y balas ó bellotas de plomo bicónicas, algunas del peso de una libra y con tal fuerza y golpe tan certero que causaban destrozos horribles es el enemigo, «más que nuestra fusilería» —dice Campomanes (1).—De éstas se han hallado en gran número en Osuna (2), Alcalá de Gisbert (3), frente al Castillo de Teba (la vieja, provincia de Córdoba), en el despoblado de Cabriñana, donde se dió la batalla pompeyana en que murió el rey Indo (4); y en Montoro (*Epora*), algunas con inscripciones (5) — precursoras de los modernos despachos telegráficos—para comunicarse sitiados y sitiadores; análogas á las encontradas en las Galias (Loire, Gavre, Candé) (6), y en Cartago (7), pero *mucho más grandes*, hasta el punto que asombra la fuerza que supone su manejo, aun con aparatos.

Cierra este esbozo psicológico una nota amena: el tosco bajo-relieve hallado en la fortaleza ibérica (8) de Osuna representando el beso pasional de dos amantes, más ingenuos que bellos — él de larga nariz y frente hundida, ella con collar de perlas —, parecido á otro

---

Sículo, y S. Isidoro de Sevilla, cits. Vayrac, *État presente de l'Espagne,* París, 1718, I 568. Con ellas combatieron contra los Griegos sicilianos. Masdeu, I, 99.

(1) *Antigüedad marítima de la República de Cartago,* Edición Madrid, 1756. Discurso preliminar, páginas 75, 76. Cf. Vayrac, I 168-171, Masdeu, I, 100.

(2) Eugel y Paris, *Une forteresse,* páginas 435-452.

(3) Ceán Bermúdez, *Sumario,* páginas 39, 378.

(4) Ceán Bermúdez, página 378. Con un diseño de las glandes de plomo y nota del peso.

(5) Hübner, C. J. L., II, *Suplemento,* 6.248, 1, 2 y 6.248, 9, 6.325, Berlanga, *Catálogo del Museo de los Excmos. Sres. Marqueses de Casa Loring,* número LXV, página 81. Véase también página 120, número 1.

(6) Rene Kerviler, *Des proyectiles cylindro-coniques ou en olive depuis l'antiquité jusque á nos jours,* en *Revue archeologique,* II (1863) 280.

(7) P. Delatre, véase Eugel y París, páginas 442, 443.

(8) Arthur Eugel y Pierre París, *Une forteresse ibérique à Osuna* (fouilles de 1903), en *Nouvelles Archives des Misiones scientifiques,* XIII, 83, 2.ª, París, Imprenta Nacional, 1906, página 439, plancha XVI, A.

de la misma época, en grafito, sobre un bloque de piedra, hallàdo en Estepa (1), existentes ambos en el Museo del Louvre. Todo se armoniza en el fondo, si es que, como aseguran los psiquiatras, no están lejos el *amor* y la *crueldad*.

Muchos monumentos—lápidas, medallas (2), sepulcros, vasos—, hay en espera de interpretación en los Museos, y muchísimos en espera de descubrimiento bajo la tierra y en los cimientos y muros de viejos caserones, aguardando á que el moderno arado de desfonde los alumbre, como fuente viva, ó que la piqueta, que tanto daño hizo, sirva una vez de arma de progreso.

Penología.

Los remotos hechos llegan á nosotros á través de cantos y leyendas, únicas crónicas—crónicas rimadas—de los primitivos, que la tradición, recibiéndose por el oído, gusta de armonías.

Entre los cántabros existía la pena de *expulsión del territorio* para los adúlteros, según la tradición recogida por Fauriel (3), que explica la invocación del *canto de los cántabros* (4).

---

(1) P. París, *Essai*, I, figura 323.

(2) Por ejemplo, la moneda de Edeta, donde aparecen una especie de grillos (Alonso O'Crouley, *Catálogo de las medallas, camafeos, monumentos antiguos*, etc., Madrid, López, 1794, página 107.)

(3) *Histoire de la Gaule meridionale*, París, Paulin, 1836, II, 524: «Il y eut, selon cette tradition, en Biscaie, un chef très brave et fort aimé nommé Lelo. Ce chef ayant été obligé de faire une expédition de guerre en pays étranger, un certain Zara profita de son absence pour séduire sa fémme Tota. Lelo, son expédition terminée, etant revenu chez lui, les deux amants se concertèrent pour le tuer et le tuèrent. Le crime fut découvert et fut du bruit. Il fut décide dans l'assamblée du peuple que les deux coupables seraient á jamais bannis du pays.» Obsérvese el parecido de esta historia con la de Agamenón. Esta tradición basca fué importada en España por Rodríguez Ferrer, *Los vascongados, su país, su lengua y el Príncipe L. L. Bonaparte*, Madrid, Imprenta Noguera, 1873, página 56, nota 2.

(4) Hallado en Simancas en 1590 por Juan Ibáñez de Ibar-

Dura y cruel debió de ser la *custodia reorum* en España; que no inventaron los sarracenos la mazmorra. En Córdoba había, como en otras grandes ciudades, un calabozo subterráneo (*Puteal*), según la inscripción descubierta por Ambrosio de Morales (1).

Reaparece la pena de *ostentación* (2), ahora en su

---

güen, erudito vizcaíno y publicado por Humboldt en las rectificaciones y adiciones al *Mithridates*, de Adelung, volumen II, parte 1.ª (Berlín, 1817, página 92). He aquí la primera estrofa:

Lelo! Il Lelo.
Lelo! Il Lelo.
Leloa! Zarae.
Il Leloa.

(¡Oh, Lelo! Lelo ha muerto. ¡Oh, Lelo! Ha muerto Lelo. ¡Lelo! Zara mató á Lelo.) *Ueber die Cantabrische oder Baskische sprache, Berichtigungen und Zusätze zum erstem Abschnitte des zweitem Bandes,* páginas 84-89. Citado ya por Iturriza, *Historia general de Vizcaya,* Biarritz, 1785, y Juan Antonio Moguel, *Carta á D. José de Vargas Ponce de 30 de Marzo de 1802,* en *Memorial histórico español*. VII, 720, 722, quien le estima auténtico. Reproducido después por Fauriel, ob. cit., II, 521-528; Michel, *Le pays basque,* París, Didot, 1857, páginas 231-233; Araquistain, *Tradiciones Vasco-Cántabras,* Tolosa, 1866, página 166; Costa, *Poesía,* páginas 407-408, y Sánchez Calvo, *Los nombres de los dioses,* Madrid, Imprenta La Riva, 1884, páginas 277-278, quien lo interpreta diversamente. Fué compuesto, según la tradición, cuando, vencidos por Augusto, los cántabros se retiraron con su jefe Uchin á una alta montaña, en que estuvieron bloqueados. (Humboldt, loc. cit.; Fauriel, página 523; Rodríguez Ferrer, página 56.) Los versos siguientes contienen elementos lingüísticos posteriores, palabras latinas y aun vocablos medioevales. Tal vez se trate de una obra poética reciente sobre asunto antiguo ó bien de una imperfecta reconstrucción posterior. Hay también otras dos composiciones que le recuerdan en Bernardo Echepare, *Linguae vasconum primitiae,* Burdeos, 1845, el libro vasco más antiguo que se conoce. Pueden verse, traducidas al francés por G. Brunet y M. Archu, en *Actes de l'Académie royale des sciences, belles-lettres et arts de Bordeaux*, IX (1847), 132, 148 y 187.

(1) *Corduba ab Ambrosio Morali cordubense descripta:* «Habuit etiam romanorum tempore ad romanae civitates et aliarum magnificentissimarum civitatum imitationem *puteal Cordubae*. Visitur namque hodie quoque in Marchionis comnarensis aedibus marmoreum puteal cum haec inscriptione: PUTEAL THADAI.. Aristoteles porro in politices docet, non nosi magnas urbes puteal, hoc est subterraneum carcerem ad putei similitudicem excavatum habere solitas fuisse.» (En *Hispania illustrata,* edición Francofurti, apud Marnicum, MDCIII, tomo II, página 858). Cf. Masdeu, VI, 191.

(2) Véase adelante.

forma guerrera primitiva. Es la exposición de las cabezas clavadas en picas, como castigo del espionaje, en la rebelión de Salondico (1), como lo habían hecho los cartagineses, en otra forma, con Tago (2)--si hemos de creer á Silio Itálico—y con Asdrubal, Annón (3).

El hecho de no sacrificar á los dioses y al Emperador, asimilado al delito *lesae majestatis* (4), era castigado con la muerte acompañada de tormentos horribles, que narró Prudencio, especialmente en las épocas de Decio y Diocleciano, hasta el edicto de tolerancia (5).

Los romanos aplicaron en España su *Derecho penal extraordinario*, que era un Derecho penal militar. El haz de vergas del lictor, al salir de Roma, se enriquecía con un hacha, símbolo del Derecho sobre la vida contra desertores, indisciplinados y sediciosos. No había jerarquías ante el hacha del cónsul. La *pena de muerte,* en el delito colectivo, se aplicaba diezmando. El centurión imponía el castigo horrible del palo ó *baquetas*, y las faltas leves se castigaban con *trabajos forzados*, como cavar zanjas y llevar estacas para fortificar el campamento (6).

---

(1) Tito Livio, libro XLIX.
(2) Véase adelante.
(3) Apiano, I, 13: «Sacáronle de allí muerto y cortáronle la cabeza, la cual, hincada en la punta de una pica, la trajeron por toda la ciudad.» (*Los triunfos de Apiano,* Valencia, 1522, folio XI).
(4) Garus, *Kirchengeschichte von Spanien,* I, Ratisbona, 1862. Vicente de la Fuente, *Historia eclesiástica de España,* 2.ª, I (Madrid, 1873), 43, 162 y Apéndice, 325-328. Menéndez y Pelayo, *Historia de los heterodoxos españoles,* I, Madrid, 1879. – Allard, *Les persecutions en Espagne pendant les premieres siècles du Christianisme,* en *Revue des questions historiques,* XXXIX (1886), 5-51.
(5) De Galerio, en 311, al que siguieron los de Constantino: de Milán (a. 312 para Occidente, y de 324 para Oriente).
(6) F. de Castro, *Doctrinal de Historia crítica de España,* Sevilla, Díaz, 1898, I, 211: «Dejarás de llevar estacas – decía Escipión – cuando te baste la espada para defenderte.»

Un desertor, Cayo Macieno, es castigado con *azotes* y *venta* á bajo precio, para ignominia (1).

La pena de muerte en Roma se aplicaba, en la época de la República, de tres modos: por *crucifixión*, por *cremación* y por *degollación* (2). A éstas se unió la condenación á morir en el circo, en dos formas: por la *espada* y por las *fieras* (3).

La *degollación* era, sin duda, la más honrosa cuando César ahorcó á unos esclavos espías, mientras que á un soldado de las legiones del país le decapitó (4).

Los romanos aplicaron en España, como en otras colonias (5), la pena de *crucifixión* (6) á los prisioneros cántabros (7) y á los cristianos de la Bética, según los descubrimientos hechos en Itálica (8) y en los

---

(1) Tito Livio, *Epitome,* libro LL, edición París, 1679, página 160; Cf. Masdeu, II, 343.

(2) Paulo, *Sentenciae,* V, 17, 3: «Summa supplicia sunt *crux, crematio, decollatio.*»

(3) *Digesto* XXVIII, 3, 6, § 7: «Si quis fuerit capite damnatus, vel *ad bestias,* vel *ad gladium,* vel alia poena quae vitam adimit.....» ¿Estas otras formas, á que se refiere el Digesto, son las anteriores ú otras? ¿No existían otras *legales?* ¿Las habría *discrecionales?* Veámoslo.

(4) Aulo Hircio, *De bello hispaniense,* capítulo III.

(5) Mommsen, *Strafrecht.*

(6) Estrabón, *Geographia,* III, 4, 18.

(7) Comprueban, tal vez, este hecho las *tres cruces* que figuran sobre el adarve de las monedas romanas acuñadas en Emérita, después de la victoria contra los cántabros, así como en las fortalezas romanas. (Fernández Guerra, *Cantabria,* Madrid, 1878, página 30.) Cerca del *Hirnio* (hoy monte Hernio), se conserva el «Sitio de la Cruz» *(Gurutzeta),* donde, según la tradición, crucificaban los romanos á *cántabros* prisioneros que preferían morir á someterse en servidumbre. (Araquistain, *Tradiciones vasco-cántabras,* página 169, nota 3). Lo recuerda el *Canto de la muerte (Ill canzoa),* el *Paean de los romanos.* (Horacio: «Nonnulli ex Cantabris ab hostibus capti in cruce latitiae *Paean* canebant»), que, según Dion, «los cántabros condenados á la cruz morían cantando, dando así muestras de desprecio de la vida y de su valor, propio de fieras.»

(8) F. López, *Itálica,* página XXXVI: «La palma grabada en las losas y la presencia de clavos, que, por su grosor, tamaño y materia no tuvieron aplicación en los ataúdes, son elementos de prueba más que suficientes para creer que la segunda sepultura es de un cristiano muerto en cruz, pues sabido es que los fieles, siempre que podían, solían enterrar con el cuerpo del mártir al-

sepulcros de Carteya (Rocadillo), cerca de Gibraltar (1).
Ya lo habían aplicado antes los cartagineses á un noble español llamado Tago, cuyo siervo le vengó dando muerte á Asdrúbal, según Silio Itálico (2), conforme en parte con Tito Livio (3), pero no con Polibio, quien habla nada más de la muerte de Amílcar en el campo de batalla, al frente de una armada poderosa (4).

---

guno ó algunos de los instrumentos empleados en su suplicio.» Véase también página LXXXIX.

(1) Francisco M.ª Montero, *Historia de Gibraltar y de su campo,* Cádiz, imprenta de la *Revista Médica,* 1860, capítulo V: «A poco que se profundice en este terreno (ruinas de Rocadillo), se encuentran sepulcros, y hace poco descubrimos nosotros cuatro, con grandes losas de tierra cota, encajadas unas con otras formando una bóveda al cadáver y rodeadas de mampostería. En uno de ellos se encontró una botella de vidrio gruesísimo, con un largo cuello de figura extraña, partida en dos pedazos y varios clavos de bronce.» (Nota del discípulo Sr. Puelles.)

(2) I, 151-154:

«Ore excellentem, et spectatum fortibus cansis
Antiqua de stirpe Tagum, superumque hominunque
Immemor, erecto suffixum robore moestis
Ostentabat ovans populis sine funere regem.»

165-168:

«Quem postquam diro suspensum robore vidit.
Deformen leti famulus, clam corripit ensem
Dilectum domino, pernixque irrumpit in aulam
Atque immite ferit geminato vulnere pectus.»

(Edición Bipontina, 1784, página 8.ª)

(3) XXI, 2: «Ceterum nihilo ei (Asdrúbal) pax tutior fuit, barbarus eum quidam palam, ob iram interfecti ab eo domini, obtruncavit; comprehensusque ab circunstantibus haud alio, quam si evasisset, vultu, tormentis quoque quum laceraretur, eo fuit habitu oris, ut, superante laetitia dolores, ridentis etiam speciem praebuerit.» (Edición Drakenborch, I, § 37.) Tito Livio, como se ve, no dice qué género de muerte había dado Asdrúbal al dueño del vengador, ni su nombre, que se halla nada más en Silio Itálico, de quien lo tomó, sin duda, Mariana. (*De rerum Hisp.,* parte 1.ª, libro II, capítulo 8.)

(4) II, 1: Και χρομενιος τολμηρως παραβόλως ἑαυτῷ Κατά τόν τε Κινδὺνς Καιρὸν, ἐρρωμένως τὸν βιον μετήλλαξε. (Edición Casaubon, Leipzig 1764, I, 146). Cf. Cornelio Nepote, *De vita exelentium imperatorum* XXI, *Hamilcar:* «Quod Hamilcare occiso.» Edición N. Courtín, Venecía, 1786, página 116). Cornelio Nepote no dice cómo murió Asdrúbal, porque no habla de él, y Polibio se limita á decir que murió (III, 13; Ασδρνβα τελεντης; edición citada página 269), de muerte natural, ha de entenderse. No se comprende, pues, la imperdona-

En cuanto al siervo, unos dicen que era galo (1), otros que africano (2), otros que español..... (3), de donde resulta que la crucifixión de Tago es tal vez una fantasía de Silio Itálico, propia de poetas, fundada en un dato escueto de Tito Livio. Apiano (4), Justino (5) y Valerio Máximo (6) siguieron á Tito Livio simplemente.

En cambio, parece seguro que la aplicaron más tarde á los sufetas, en Gadir (7), porque era ya la pena de la época.

Sulpicio Galba, gobernador de la Tarraconense — pretor en 151, procónsul en 150 — en tiempo de Nerón, á un tutor que había muerto con veneno á su pupilo, por quedarse con la herencia, le mandó crucificar; y alegando aquél que era ciudadano romano á quien, según las leyes, no se podía condenar á ese género de suplicio, mandó que la cruz fuese más alta que las otras

---

ble ligereza de Costa y de Dorado (*El Derecho penal en Iberia,* página 23, que, dando por cierto el hecho, citan á Polibio en el lugar (también equivocado, porque no existe en el libro II el capítulo 6), donde habla de Amílcar. En el mismo error había incurrido antes un traductor y comentador de Polibio (Thuillier, *Histoire de Polybe, Comentaire,* libro II, capítulo 1, nota a; Amsterdam, aux despenses de la Compagnie, 1729, III, 126), confundiendo á Amílcar con Asdrúbal, y pretendiendo desmentir á Tito Livio, que habla de este General y no de aquél, pero sin citar á Silio Itálico. Tal vez lo tomaron de aquí los españoles.

(1) Durcan de la Malle y J. Yanoski, *Histoire de Cartage,* París, Didot, 1845, traducción española de V. Díez Canseco, Madrid, Imprenta de Ayuals de Izco, 1852, en *La Escuela del pueblo,* V, 73, nota 1, Thuillier, lugar citado.

(2) Valerio Máximo, libro V, capítulo 3, *Externa:* «Servus Afer...., etc.» (En el epígrafe).

(3) Bárbaro, en el sentido de natural del país. Cf. Silio Itálico, Tito Livio, lugares citados.

(4) *De bello annibalico,* libro VII, capítulo 2.

(5) Véase atrás, página 34, número 1.

(6) V. 3, § 7: «Servus barbarus Asdrubalem quod dominum suum occidissus interemit.» (Edición citada, página 290).

(7) Tito Livio, XXVIII, 37: «Mago, quum Gades repetisset..... mittendis legatis querendoque, quod portae sibi socio atque amico clausae forent, purgantibus iis, multitudinis concursu factum, infestae ob direpta quadam ab conscendentibus naves militibus, ad conloquium sufettes eorum, qui summus Poenis est magistratus quem quaestore eliquit, laceratosque verberibus cruci adfligjussit.» (Edición Arn. Drakenborch, Leipzig, Reich, 1759, II, 184).

y que la blanqueasen por añadidura, para más diferenciarse (1). Pero poco duraron sus rigores (2), caído Séneca (3).

En el *tormento* se llegaba á la fracturación de las piernas, según se observa en un raro fenómeno antropológico (4), ibero ó galo, que pudo ser un monstruo delincuente.

En España se practicaban *formas nuevas de la ejecución de la pena de muerte* que no aparecen en las leyes romanas, como lo revelan el cráneo atravesado por dos clavos, hallado cerca de argollas de hierro, sujetando huesos de antebrazo, en el cercado de Simón (Carmona) (5), análogo al que se halló en unas ruinas romanas de Bullas (Murcia) (6), la calavera de Itálica estudiada por Oloriz (7), los cráneos de Molina de Aragón (8), los diez esqueletos de la Mancha Alta, descu-

(1) Suetonio, *Vitae. Galba*, § 8, Cf. Tito, *Historia*, I, 42; Plutarco, Γάλας, 3-4; Ferreras, II, 87.

(2) Suetonio, *Galba*, § 9: «Paulatim in desidiam seguitiemque conversus est, ne quid materiae praeberet Neroni.»

(3) René Waltz, *Vie de Sénèque*, página 241, nota 1.

(4) López, *Itálica*, página LIII: «.... Un esqueleto gigantesco.... El cráneo llama desde luego la atención, no tanto por su volumen, que es grande, cuanto por la forma piramidal que afecta. En efecto, muy poco por encima de los arcos supercigliares, el frontal se deprime y dirige bruscamente hacía atrás, arrastrando la verdadera concha, que aplana, y convirtiendo el principio de la bóveda en superficie apenas ondulada. Los parietales se aplanan y ensanchan también en sus dos tercios anteriores, volviendo á elevarse en el posterior para formar una especie de eminencia conoidea la bóveda, gana en amplitud lo que pierde en altura, resultando un plano casi cuadrangular, con el índice cefálico de los braquicéfalos, impropio de esta región, donde domina la delicocefalia.. . Los maxilares superiores, anchos y gruesos, levantan la base de los huesos molares, que apenas se arquean. El maxilar inferior, de ramas anchas, largas y robustas, y ángulo poco abierto, da á la cara un prognatismo acentuado. Los fémures y tibias, de grosor casi doble del corriente y longitud proporcionada.....»

(5) Rada y Delgado, *Necrópolis de Carmona*, páginas 143-144.

(6) Idem, *Memoria á la Real Academia de la Historia*.

(7) *Estudio de una calavera antigua perforada por un clavo, encontrada en Itálica*, en *Boletín de la Academia de la Historia*, XXXI, 257.

(8) Andrés de la Pastora, *Antigüedades prehistóricas del partido de Molina de Aragón*, en *Boletín de la Academia de la Historia*, III (1883), 154.

biertos en el siglo XVIII (1), el de Osma (2) y otros, en lugares de España (3) y del extranjero (4).

El hecho de estar inhumano y no incinerado el cadáver, por excepción, en la Necrópolis de Carmona, induce á pesar que fuera aquél de algún cristiano, y ésta la pena impuesta á los primeros prosélitos en España (5).

A la misma congetura (6) induce el esqueleto hallado en la Necrópolis de Itálica con ablación del cráneo, «desde la sutura lamboidea hasta un poco por bajo de las esfeno-parietales» y pérdida del frontal, que faltaba (7), sin duda para variar el encéfalo, lugar del pensamiento.

A veces los detalles del tormento constan en el mar-

---

(1) *Boletín* citado, III (1799), 225.

(2) Loperraez, *Descripción histórica del obispado de Osuna*, Madrid, Imprenta real, 1788, página 31.

(3) F. Fita, *Memoria á la Real Academia de la Historia*. Nos aseguran, de referencia, que en la misma forma se han hallado esqueletos en Cádiz. No es raro el hallazgo, cuando sirvió ya de asunto á una novela corta de Alarcón: «El Clavo».

(4) Véase Menéndez y Pelayo, *Historia de los heterodoxos*, 2.ª, I (1911), 135, 136.

(5) Rada y Delgado, página 144.

(6) Otra es la que han dado Broca, *Sur la trépanation du crâne et les aumenlittes craniennes a l'époque neolitique*, en *Revue d'Anthropologie*, VI (1877); Cartailhac, *Les âges préhistoriques*, páginas 83, 84; A Reville, *Prolégomenes de l'Histoire des Religiones*, página 128; Leite de Vasconcellos, *Religioes da Lusitania*, I, 186, confundiendo casos de verdadera trepanación médica, mucho antes de la muerte, con otros coetáneos ó posteriores, que pueden revelar ritos funerarios, lo mismo que crímenes ó penas. Ni se olvide que ellos se refieren á cráneos prehistóricos, y nosotros á sepulturas romanas (siglos IV y V).

(7) Fernández López, *Excavaciones en Itálica* (año 1903), Sevilla, edición de la Comisión de Monumentos, 1904, páginas XVI-XVII: «En nuestra opinión, el esqueleto es de un cristiano del siglo IV, víctima de las persecuciones religiosas de esta centuria. Comprendemos que suplicio de tal naturaleza ha de parecer á muchos demasiado cruento y horrible para aplicarlo á individuo vivo. Así es en efecto, pero no excluye la posibilidad de la ejecución, antes bien la abona y justifica, ya que, cuanto más terrorífico fuera el martirio, tanto más eficaz había de ser para evitar la difusión de las nuevas creencias. Tal, al menos, creían los verdugos.»

tirologio romano (1) y en las actas de los Santos (2), — no siempre de valor histórico — como el de San Torcuato, martirizado en Guadix (3) (años 83, 84), sufriendo una herida en la cabeza y otras en el brazo y la mano (4), según se ha visto en sus reliquias, descubiertas en Celanova en 1595.

El tormento se aplicaba á los primeros cristianos, no como medio para arrancar la confesión, que era espontánea, sino como forma de la ejecución de la pena de muerte. Así el martirio de San Mancio (a. 109), obispo de Ebora (5).

Otros morían en el circo echados *á las fieras*, como Santa Marciana (siglo II), en Toledo, destrozada por un toro (6).

De la mayor parte se ignora el género de muerte, que era ejecutada por los infieles, sin formación de causa, ó por los sacerdotes idólatras (7).

Continúa (8) aplicándose la pena de *mutilación* ahora por los vencedores romanos (9), según costumbre indí-

---

(1) *Martyrologii romani Gregorii XIII. Jussu editi*, Urbani VII, et Clementis X, *Auctoritate recogniti. Nov. editio á Benedicto XIV, Romae*, Tipografía vaticana, MDCC, XLVIII.

(2 *Acta sanctorum..... colecta, digesta, illustrata a Godefrido Henschenio et Daniele Papebrochio, e societate Jesu.* Antuerpiae, *Apud Michaelem cuobrum*, año MDCLXXX.

(3) *Martyrologii romani*, página 111.

(4 *Acta, Maii, die décima quinta. De adventu in Hispaniam:* «Cranium vero obvolutum cruento sudario insticti vulneris retinebat fissuram, nude apparuit vero martyrio consummatus fecisse idemque probare potest braquium eum manu, sua adhuc carne..... nam et hic spectatur plaga hians, inter quartum et quintum digitum, quam dicunt esse a lancea quae vitam Sancto abstulit.» (Edición citada, III, 443).

(5 *Martyrologii romani*, 15 de Mayo, Edición citada, página 111.

(6) *Martyrologio romano*, 12 de Julio: «Toletti sanctae. Martianae Virginis et Martyris quae pro fide Christi bestiis objecta, atque a tauro discerpta, martyrio coronatur». (Edición citada, página 159).

(7) Ferreras, II, 99.

(8) Véase más atrás, página 43.

(9) Appiano, *De rebus hispanialibus*, capítulo XCIV: 'O δὲ τὰς χεῖρας αὐτῶν εκτμῖυτ. (Edición Didot, página 71).

gena (1). De penas de mutilación, como la de cortar las manos (2), hay testimonios, aunque no vivos, eloçuentes. Suplicio Galba, á uno que manejaba dinero, tal vez cambista ó recaudador, y no con la limpieza que debía, mandó amputar las manos y clavarlas en la mesa (3).

Ni aún era lícito renunciar á los destinos públicos para vivir retirado de la política. Eso le valió la muerte á Herenio Seneción (año 89), antiguo *questor* de la Bética, su provincia, muerto por orden de Domiciano (4).

Se conocen casos de *indulto extraordinario*. Eran tan frecuentes los latrocinios, en la época de Augusto, que llegó á ser imposible la vida, especialmente por las fechorías de Caracota, célebre capitán de bandidos, cuya çabeza puso en precio el Emperador. Presentóse á él temiendo, más que al instinto de conservación de los naturales, al de codicia, y el César le perdonó, entregándole la suma ofrecida, para que viviese (5).

Tal vez aplicaron en España la pena de *traslación* —proscripción general—, impuesta alguna vez á las colonias (6); como lo habían hecho en Italia con Cremona (Lombardía), fundada por los galos, y con Man-

---

(1) Dorado, *Notas, Revista de legislación*, XCVIII (1901) 38.

(2) Fernández López, *Excavaciones en Itálica*, páginas XVI y XVII. La sepultura era de un mártir, confirmando todo la arbitraria forma empleada en la represión del cristianismo por los jueces romanos. Hircio refiere también cómo á un pompeyano, á quien se sorprendió con un aviso de su jefe, le fué aplicada esta pena, tal vez ateniéndose á las costumbres del país. (Véase atrás página 43, número 3).

(3) Ferreras, II, 87, Cf. Suetonio, *Vitae*.

(4) Tácito, *Agrícola*, capítulo 2. Plinio, libro VI, *Epístola* ultima. Dion Casio, libro LXVII. Ferreras, II 100.

(5) Suetonio, *Vida de Augusto*; Dion Casio, libro LXV. Ferreras, II, 64. Ceán Bermúdez, *Sumario de las antigüedades romanas que hay en España*, Madrid, 1853.

(6) *Antigüedades y principado de la ilustrísima ciudad de Sevilla*. Sevilla, Imprenta de Andrés Grande, 1634, libro I, capítulo IX: «Otras colonias había que, siendo ciudades primero muy pobladas, castigaban sus vecinos con quitarles su patria, casas y campos, y llevarlos á otra parte, muy lejos á fundar de nuevo, y éste era un triste espectáculo.» - Cf. libro III, capítulo LVIII.

tua, llorada patria de Virgilio (1), según las Églogas.

Induce á suponerlo el hecho de la traslación de Zelis, villa próxima á Tingis (Tánger), en Mauritania, haciéndola pasar al otro lado del Estrecho, entre Carteya y Mellaria (Rocadillo), con el nuevo nombre de *Julia Yoza* (2), *Julia Transducta* (3) ó *Tingi altera* (4), aunque no falta quien niegue su existencia (5). Estrabón

---

(1) *Eglogas*, libro IX, versículos 27 y 28:

«Vare tuum nomen, superet modo Mantua nobis
Mantua vae miserae nimium vicina Cremonae.»

Georgicas libro II, versículo 198: «Et qualem infelix amisit Mantua campum.» (*Bucolica, Georgica et Aeneis*, Roma, MDCCLIIIXIII Apud Joannes Zempel, tomo I).

(2) Estrabón, III, 2, § 8: ἦν δὲ καὶ Ζῆλες Πιγγιος αστυγείτιυν, ἀλλὰ μετῴκισκν (de μετα ψήφισις, traslación por decreto) ταντηα εἰς τήν περαίαν Ρωμαίοι,... καὶ ὠνόμασ~ν Ἰουλίαιν Ἰοςαν τήνπόλν. (Edición Didot, página 116).

(3) «Ioza» es nombre fenicio, que equivale á «transducta», en latín, siendo extraño que Estrabón la aplique aquel nombre y no el romano. (Véase Mövers *Phoenicia*, II, 63). Cf. Samuel Bochardt en *Chanaam*, libro I, capítulo XXXIV: «Quia Ioza Poenis id ipsum fuit quod Romanis Traducta.» (Edición Francfort, 1861, página 681).

(4) Pomponio Mela, *De Situ orbis*, libro II, capítulo VI: «Et quam transvecti ex Africa phoenicis habitant, atque nude nos sumus *Tingi altera:* tum Mellaria, et Belo, et Besippo, usque ad junonis promontorium, oram freti ocupant.» Según la restitución de Iaac Causaubón, aceptada por Saumaise, Reinold y Masdeu. (H. III, 37). La enmienda de Causaubón diciendo «Tingi altera» en lugar de «Tingentera», favorece nuestra hipótesis, cuya originalidad corresponde al Sr. Puelles, alumno de Sevilla. Pomponio Mela era de Carteya, cerca del lugar (hoy Tarifa ó Algeciras), donde existió Julia Traducta.

(5) Fundándose en Plinio, *Naturalis Historia*, libro V, capítulo I: «Oppida fuere Lissa. Cotes ultra columnas Herculis, nune est Tingi quondam ab Autoeoconditum: postea a Claudio Coesare cum Coloniam faceret appellatum Traducta Julia.» La situación de esta colonia en Africa y no en España, contradice á su nombre, sin que valga á explicarlo la hipótesis ingeniosa de Harduino, en el sentido de suponer que, trasladada á España por Augusto, fuera repasada al África por Claudio, ya que Ptolomeo, Marciano Herecleota, el Ravenate y Gregorio de Tours, posteriores á Claudio, la sitúan en España cerca del Estrecho. (Véase A. Delgado, *Nuevo método de clasificación de las medallas autónomas*, Sevilla, Izquierdo, 1973, II, 309, 305). Se limitan á negar: Ignacio López de Ayala, *Historia de Gibraltar*, 1782; Francisco M.ª Montero,

refiere otro caso con unas tribus lusitanas, á quienes los romanos trasladaron á la parte opuesta del Tajo (1). Dion Casio cuenta que Julio César mandó á los vecinos del monte Herminio (entre Guardia y Coimbra) que bajasen á vivir al llano, porque hacían presas (2).

Menos dura y de más sabio sentido era la penalidad que hallaron los romanos en España. Según Estobeo, el célebre autor de las «Sentencias» (3)—refiriéndose á Nicolás Damasceno—, entre los celtas era más grave el homicidio cometido contra el extranjero ó peregrino que contra el ciudadano del país; á tal extremo llegaba en ellos el sentimiento de hospitalidad, como intuición del Derecho de gentes. Así en este caso, el homicidio se castigaba nada más con el destierro; pero en aquél, con la muerte (4).

Derecho científico.

El Derecho penal científico de la España romana está representado *honorariamente* por el filósofo y jurisconsulto Lucio Annéo Séneca (5), natural de Cór-

---

Historia de Gibraltar y de su campo, libro I, capítulo IV, y Adolfo de Castro, *Historia de Cádiz y su provin ia,* libro I La existencia de Julia Traducta aparece demostrada por veintiuna monedas autónomas publicadas por Delgado. (Obra citada, II, 307, 309.)

(1) III, 1, 6.

(2) *Dionisii Casii Nicoei romanae historiae* Lugduni, 1554, VIII. 98.

(3) Κέρας Αμαλθαίας ΙΩΑΝΝΟΥ ΤΟΥ ΣΤΟ ΒΑΙΟΥ ΣΚΑΟΓΑΙ ΑΝΟΘΕΓΜΑΤΩΝ. *Figure excudebat Bhristoph Croschoverses,* anno M.D XLIII.

(4) Serm. XLII: μὲιςω δ' ὕςἰγ (Κελτοι) ἤντἰμιαΚατά τυν ξένοι ανελοντος ἤ πολιτην (ωολιτον), ὑπερ τον μεν γάρ, δάνατος ἡ ζημία; υπερ τον δὲ πολίτον, φυγὴ, (Edición citada, folio 304, v.)

(5) *L. Annaei Senecae philosophi escriptorum quae stant... cum annotationibus Mureti, Pinciani, Oppsonii, aliorumque diversorum collectionibus,* Lugduni, apud haeredes Symphoriani Beraud, MDXCII. Para la corrección de los textos: *L. Annaei Senecae philosophi, tomus primus continens opuscula moralia,* Patavii MDCCXXVIII, Ex Typographia Seminarii.

doba (1), pero educado en Roma (2), y bien poco hispano por su espíritu (3).

La *Crimonología* de Séneca está en el tratado *De ira*, dedicado á Novato (4), y publicado el año 41, con gran éxito (5). Allí hace el más delicado retrato del pasional (6)—ya comparado al loco por los antiguos filó-

---

(1) V. Justo Lipsio, *De vita et scriptis, L. Annaei Senecae*, en *L. Annaei Senecae philosophi opera, quae stant omnia: A. Justo Lipsio emendata et Scholiis illustrata*, 2.ª edición, Antuerpiae, ex oficina plantiniana, MDCXV, p. XII.

(2) Séneca, *Consolatio ad Helviam*, capítulo XVII: «Illius manibus in urbem perlatus sum, illius pio maternoque nutricio, per longum tempus aeger convalui» (Edición citada, I, 1274.)

(3) Compárense sus máximas morales, especialmente del tratado *De ira*, con el testimonio, aún viviente, del carácter español, impulsivo é iracundo, altivo y vengador, hasta el extremo de que historiadores como Masdeu y Hume cifran en ese «tono sentimental», que diría Wundt, todo el secreto de su psicología, que dió triste caudal de inspiración á un teatro delatante Si le conoció Séneca fué para deplorarle estérilmente, ya que poco pudo influir sobre él desde Roma, y la supervivencia actual acusa el más rudo purismo.

Nada menos acertado que tomar á este refinado estoico como representativo de la filosofía española, cual lo hicieron, entre otros, el malogrado Ganivet (*Idearium español*, Granada, 1897, página 60), y mi admirado amigo Adolfo Bonilla (*Historia de la Filosofía española*, Madrid, Suárez, 1908 I 92, 144 y siguientes), creyendo que «sus doctrinas y hasta su estilo tienen alguna esencial y oculta conformidad con el sentido práctico de nuestra raza, etc.» (Menéndez y Pelayo, *La ciencia española*, 3.ª, Madrid, 1887, I, 253). Si influyó en España su filosofía fué nada más entre los cultos. (Véase Bonilla, páginas 146 y siguientes), en el terreno de la especulación y de ningún modo en la vida.

(4) *Lucii Annaei Senecae, De Ira, ad Novatum*. Tres libros. (Edición citada, I, 891-894). Marcus-Annaeus-Novatus, á quien se dirige Séneca, era su hermano menor, después, por adopción, Junio Gallion, de quien hablan Quintiliano *Inst. orat.)*, Tácito (*Ann* VI), Eusebio (*Chronicon*), y el mismo Séneca (*De vita beata y Espístolas)*.

(5) René Waltz, *Vie de Sénèque*, París, Perrín, 1909, página 85.

(6) *De ira*, I. 1: «Nam ut furentium certa indicia sunt, audax et minax vultus, tristis frons, torva facies, citatus gradus, inquietae manus, color versus, crebra et vehementius acta suspiria: ita irascentium eadem signa sunt. Flagrant, et micant oculi, multus ore toto rubor, exas etuante ab imis praecordiis sanguine, labia quatiuntur, dentes comprimuntur, horrent, ac subriguntur capilli, spiritus coactus ac stridens, articulorum seipsos torquentium sonus, gemitus, mugitusque, et parum explanatis vocibus sermo praeruptus, et complosae saepius manus, et pulsata humus pedi-

sofos y poetas (1)—, anticipándose á Lavater en el acierto de un bello estudio fisonómico. Séneca no define la ira (2), la describe, estudiándola también como causa del delito (3); en cuanto es el deseo de vengarse (4), de volver mal por mal, que definió Aristóteles (5).

Las más bellas páginas de psicología criminal no igualan á los delicados análisis del filósofo hispano, vivientes de movimientos y de color, como retratos á pluma de un artista (6).

Hay una Sociología criminal visible en esta Psicología. Porque son causas del delito (de las riñas) la fatiga y el hambre, la sed y toda excitación, que obran como

---

bus, et totum concitum corpus, magnasque irae minas agens; faeda visu, et horrenda facies depranvatium se, atque intumescentium» (Edicion citada, I, 891, 892). Véase también libro III, capítulo 4.

(1) Themistio: (ὀργήν μαίαν ὀλιγο χρονιον), Philemon, el poeta: Μαινόμεθα πάντες, πόταν ὀργιζώμεθα). Catón: (Iratum ab insano non, nisi tempore, distare). Horacio: (Ira furor brevis est) El mismo Séneca, después: «Brevem insnaiam.» *De ira*, I, 1: «Quidam itaque ex sapientibus viris ira dixerunt brevem insaniam». (Edición citada I, 891.) Séneca alude á Themistio, Philemon y Horacio

(2) Vid. varias definiciones en Lactancio, *De ira Dei*, capítulo XVII. Edición Varior, 1660, página 809 Justo Lipsio cree que está incompleto en este lugar el texto de Séneca.

(3) *De ira*, I, 2: «Aspice tot memoriae proditos duces, mali exempla fati Alium ira in cubili suo confodit: alium inter sacra mensae ira percussit...» (Edición citada, I, 891). Séneca alude al asesinato del Pretor Asellion en el momento de celebrar sacrificios en el templo de Castor. (Véase Apiano, *De Bellis civilibus*, I Edición de Amsterdam, 1670, página 645) *De ira*, II, 36: «Transfoderunt itaque armata corpora, et in eorum quos occiderant iacuere complexibus.» (Edición citada, I, 938). Cf. l. III, c. 3.º, sobre delitos colectivos, l. III, c. 2.

(4) *De ira*, I, 3; «...iram cupiditatem esse poenae exigendae non facultatem. (Edición citada, I, 892.)

(5) *De animâ*, c. I: ὄρεξιν ἀντιλυπήσεως. Cf. más amplio. *Rhet. ad Theod.*, c. II.

(6) Véase todo el tratado *De ira*, especial. I, 1: «...aeque enim impotens sui est, decoris oblita, necessitudinum immemor, in quod, coepit pertinax, et intenta; rationi, consiliisque praeclusa, vanis agitata causis, ad conspectum aequi, verique inhabilis, ruinis simillima, quae super id, quod oppressere, fraguntur.» (Edición citada, I, 891). Cf. l. III, c. 6 y esp. II, 3, 4.

la úlcera, al tacto (1). Son doctrinas de su época (2). Por eso Séneca insiste en que debe tratarse á los esclavos con dulzura (3), ya que la crueldad y el terror les hacían traidores (4), contra la doctrina dominante: «Todo es permitido con el esclavo» (5) y contra la ley misma que autorizaba á matar (6).

Su *Penología* es aun más sabia.

La mayor pena del delito es haberle cometido (7), dice, recordando á Platón (8). En este sentido, cada culpable sufre el mal que ha hecho: el crimen vuelve á su autor, ya que se castiga por el daño del ejemplo (9) —dice el trágico (10). Y anticipándose á los anarquistas penales, en la doctrina de la corrección por la palabra (11), funda la pena en el bien del delincuente, aun

---

(1) *De ira,* III, 10: «Vetus dictum est: «Alasso rixam quaeri» (Plinio, *Nat hist.*, XXII, 24). Aeque autem et ab esuriente, et a sitiente, et ob onmi homine quem aliqua res urit. Nam ut uclera ad levem tactum » (Edición citada, I, 954.)

(2) V. Plauto, *Anfitrion:* «Vetus adagium est: Fames et mores bilem in nasum conciunt» y Teocrito: πεΐναντι εγ μηδέποτ' ἔνθης.

(3) *Epist.*, XLVII, *De Benef.*, III, 18-28; *De ira.*, III, 24, 35; *De Clem*, I, 18

(4) *Epist.*, XLVII, 4.

(5) *De Clem.*, I, 18, 2: «cum onmia in servium liceant.»

(6) Justiniano, *Instit* I, 8, 1; Gayo, *Comment.*, I, 52.

(7) *De ira,* III, 26: «Maxima est enim factae injuriae poena fecisse: nec quisquam gravius afficitur, quam qui ad supplitium pœnitentiae traditur » (Edición citada, I, 971.) Cf. Plutarco, *De tranquilitate*. El principio paralelo en *De Clem*, I, 1:« Quamvis enim recte factorum verus fructus sit fecisse, nec ullum virtutum pretium dignum illis extra ipsas sit.» (Edición citada, I, 989.)

(8) Gorgias, XXIV.--Σώκρατες, οὕτως, ὡσ μέγιστον τῶν κακῶν τυγχάνει ὂν τὸ ἀδικεῖν. (Edición Didot, París, 1856, I, 342)

(9) *Hercules furens,* acto III. vers. 735, 736: «Quod quisque fecit, patitur; auctorem scelus repetit, suaque premitur exemplo nocens.» (Edición Nisard), París.

(10) Sabido es que las diez trajedias atribuídas á *Séneca el trájico* parecen ser obra de nuestro *Séneca el filósofo*. Véase Quintiliano, *Instit. orat.*, X; Tácito, *Anales,* XIV, 62. Cf. Nisard, *Etudes de moeurs et de critique sur les pöetes latins de la decadence,* París. René Waltz, *Vie de Sénéque,* París, Perrín, 1909, página 119.

(11) *De ira,* I, 5: «Nec ulla dura videtur curatio, cuius est salutaris effectus, ita legum praesidem, civitatisque rectorem decet quandiu potest, verbis et his mellioribus ingenia curare, ut facienda suadeat, etc.» (Edición citada, I, 895.)

para legitimar su destrucción (1), haciendo en favor de la pena de muerte el más raro argumento (2).

En Séneca se encuentra la doctrina moderna de la eliminación penal (3), defendida con argumentos biológicos (4), hasta el punto de que Garofalo le cita (5); ¡suprimamos á los incorregibles! pero sin odio... Es consecuencia legítima de la doctrina estóica, en el sentido romano (6).

La pena es un acto pasional, en el segundo grado de su proceso evolutivo (7).

Siendo esta misma la esencia de la retribución pe-

---

(1) Loc. cit.: «Quemquam perire, etiam peremitis intersit.» Justo Lipsio, página 5, número 48: «Ne in nequitia diutius haereat.» — Cf. I. 15. «Quid est cur oderim eum, cui tum maxime prosum, cum illum sibi eripio?» (Edición citada, I, 903.)

(2) *De ira,* I, 16: «Tibi insanabilis animus est, et sceleribus scelera contexens: et jam non causis, quae nunquam malo defecturae sunt, impelleris, sed satis tibi est magna ad peccandum causa: peccare. Perbibisti nequitiam, et ita visceribus inmiscuisti, ut nisi cum ipsis exire non possit. Olim miser mori quaeris, bene de te merebimur. Auferemus tibi istam, qua vexatis, insaniam, et per tua, alienaque volutato supplicia, id, quod unum bonum tibi superest repraesentabimus mortem. Quare irascar, cui cum maxime prosum? Interim optimum genus misericordiae est, occidere.» (Edición citada, I, 904, 905.) Sin embargo, la doctrina de Séneca sobre la pena de muerte, está limitada por la de la necesidad social. Véase *De clem.*, I, 12.

(3) I, 15: «At corrigí nequeunt, nihilique in illis bene aut spei bonae capax est? *Tollantur e coetu mortalium* facturi peiora quas contingunt, et quo uno modo possunt desinant esse mali; sed hoc sine odio. Num quis membra sua tunc odit cum abscendit? Non est illa ira sed misera curatio.

(4) Loc. cit.: «Rabidos effligimus canes, et trucem atque inmansuetum bovem occidimus, et morbidis pecoribus ne gregem polluant, ferrum demittimus... Nec ira, sed ratio est, a sanis inutilia secernere.

(5) *¡Contro la corrente!* Nápoles, Alfonsi, 1888, § 5. Traducción española de G. Ugarte, Quilota. 1904, páginas 77, 78

(6) Justo Lipsio, *Coment,* página 12, núm. 126: «Stoico sed et Romano sensu. Si quis in summis miseriis, sine spe evadendi; si hostis impotens instat, et moriendum alieno arbitrio, vel ludibrio; servus cliens, amicus manum commodat, et per miseratione tollit.»

(7) *De ira,* II, 4: «Et ut scias quemadmodum incipiant affectus, aut crescant, aut efferantur, est primus motus non voluntarius quasi praeparatio affectus, et quaedam comminatio. Alter cum voluntate non contumaci, tanquam oporteat me vindicari, cum laesus sim, aut oporteat hunc poenas dare cum scelus fecerit.» (Edición citada, I, 918.)

nal, se adivina cuán profunda había de ser la renovación de la doctrina jurídica hecha por Séneca, en cuanto al fundamento del Derecho de castigar, más importante que la de Beccaria.

Pero ¿qué cosa hay tan incómoda como la ira y tan difícil como el vicio? (1). El gran estóico nos enseña á ser buenos por comodidad... La ira es, no sólo fea, sino inútil contra la opinión de los paripatéticos (2), ya refutada por Cicerón (3).

En presencia de los malvados Heráclito lloraba, Demócrito reía; Séneca, más piadoso que ellos, ni deplora ni se burla: comprende y perdona. Leyendo á Séneca se recuerda á Espinosa, á Mad. Staël, á Víctor Hugo y á Guyau.

«El sabio—dice—es indulgente para el error y hace por reformarle» (4). Así la doctrina correccional nace con la primera crítica moral de la retribución.

«Las penas son medicinas», á su juicio, y debiéndose aplicar gradualmente á la gravedad del mal, no retrocede ante los más duros castigos (5), como se hace en los reformatorios americanos.

---

(1) *De ira*, II, 13: «Multo difficilius est, facere ista quae facitis Quid enim quiete otiosius animi? Quid ira laboriosius? Quid clementia remissius? Quid crudelitate negotiosius? Vacat pudicitia libido occupatissima est. Omnium denique virtutum tutela facilior est, vitia magno coluntur.» (Edición citada, I, 927.)

(2) Especialmente de Theofastro de Eresia, discípulo y sucesor de Aristóteles, autor del libro *Los caracteres*, traducido por La Bruyere. Véase Diógenes Laercio, libro II, § 36. La refutación de Séneca en *De ira, passim*, especial, I, 12, 13, 14.

(3) Véase *Tuscul. quaest*, libro IV, capítulo 38, *De Offic.*, libro I, § 89.

(4) *De ira*, II, 10: «Non irascetur sapiens pecatoribus. Quare? Quia scit neminem nasci sapientem, sed fieri: scit paucissimos omni aevo sapientes evadere: quia conditionem humanae vitae prespectam habet. Nemo autem naturae sanus irascitur... Placidus itaque sapiens et aequus erroribus, non hostis, sed correptor peccantium... Omnia ista tam propitius aspicet quam aegros suos medicus... Lento adjutorio opus est contra mala continua et fecunda; non ut desinant, sed ne vincant» (Edición citada, I, 923, 924.) Cf libro II, capítulos 6, 7, 9. Véanse las interesantes anécdotas y pensamientos de Sócrates (*De ira*, II, 11), Pisistrato (*Ibid.*), Platón (*Ibid.*, capítulo 12), Celio (ídem, capítulo 8) y Catón (II, 32).

(5) *De ira*, I, 16. «Omne poenae genus remedii loco admoveo.

De aquí la doctrina finalista que Séneca toma de Platón (1), como lo había hecho Lactancio (2): «las penas se imponen al delincuente, no porqué pecó sinó para que no peque; atendiendo, no al pasado, sino á lo futuro» (3). Porque «el que no evita el delito, pudiendo, lo manda» (4).

El tratado *De Clementia,* dedicado á Nerón (5), tal vez incompleto (6), es de los años 55 al 56 (7). Séneca contribuye á la depuración del elemento pasional—ma-

---

Tu adhuc in prima parte versaris errorum nec, graviter laberis sed frecuenter. Objurgatio te primum secreta, deinde publica emendare tentabit. Tu longius jam processisti, quam ut possis verbis sanari. Ignominic contineberis, cum tibi fortius aliquid, et quod sentias, inuerendum est, in exilium et loca ignota mitteris. In te duriora remedia jam solida nequitia desiderant, et vincula publica, et carcer adhibebitur, etcétera. (Edición citada I, 904, siguiente.) «Varia in tot animis, vitia video, et civitati curandae adhibitus sum, pro eujusque morbo medicina quaeratur. Hunc sanet verecundia, hunc peregrinatio, hunc dolor, hun cgestas, hunc ferrum.» (Lugar citado).

(1) *Leyes,* libro XI: ουχ ἕνεκα τοῦ κακοοργῆσαι διδις τὴν δίκην (οὐ ἀγρ τὸ γεγονὸς αγένητον ἔσταο τιοτέ), τοῦ δ'εἰς τὸν αὖθις ἕνεκα χρονον ἢ τὸ τιαράτιαν μισῆσαι τὴν ἀδικίαν αὐτόν τε καὶ τοὺς ιδόντας αὐτὸν δικαιούμενον. (Edición Didot, II, 476).

(2) *De ira Dei,* capítulo XVIII: «Nam (sicut ait Plato) nemo prudens punit quia peccatum est sed ne peccetur, apparet, quae malum vir sapiens opposuerit exemplum... Non ergo propterirac magnitudinem donanda erat poena, sed differenda, etcétera.» (Edición Florencia, F. Ginuta, 1513. Mense Octobri, folio 152.)

(3) *De ira,* II, 31: «Ergo ne homini quidem nocebimus, quia peccavit, sed ne peccet. Nec unquam ad praeteritum, sed furturum poena referetur. Non enim irascitur, sed cavet.» (Edición citada, I, 932. Cf. I, 16: «In utroque non praeterita, sed futura intuebitur. Nam ut Plato ait: «*Nemo prudens* punit quia peccatum est sed ne peccetur.» Revocari enim praeterita non possunt, futura prohibentur, et quos volet nequitiae male cedentis exempla fieri, palam occidet, non tamtum ut pereant ipsi, sed ut alios pereundo deterreant.» (Edición citada, I 909.)

(4) *Tosades,* versículo 201:

«Qui non vetat peccare, cum possit, jubet.»

(5) *Lucii Annaei Senecae ad Neronem Caesarem, de Clementia.* Dos libros. (Edición citada, I, 989, 1028.)

(6) *In librum II de Clementia:* «Secundum hic liber non videtur esse pars operis superioris, sed initium alterius, nec apparet esse perfectum, nisi quod Seneca docti desiderant ordi, nom et connexionem.» (Nota del editor anónimo de Lyon, I, 1028). El primer libro contiene 26 capítulos, y el segundo, siete, sin nota de *fin.*

(7) René Waltz, *Vie de Sénèque,* página 244.

teria primera de la pena—, oponiendo á la crueldad (1) la severidad, á la misericordia (2) la clemencia (3), como virtudes á que debemos tender, huyendo aquellos vicios (4).

El perdón de la primera ofensa, la base ética de lo que hoy llamamos *condena condicional*, es uno de los consejos que da al rey (5), tomando como ejemplo el Derecho penal de la familia.

Los tres fines modernos de la pena, según la clase de delincuentes: *corrección, intimidación* y *eliminación*, fueron señalados por él (6).

La eliminación de los incorregibles, le lleva á justi-

---

(1) *De clem.*, II, 2: «Crudelitas... nihil aliud est, quam atrocitas animi in exigendis poenis.» (Edición citada, I, 1023.)

(2) *De clem.*, II, 5: «Misericordia est aegritudo animi, ob alienarum miseriorum speciem, aut tristicia ex alienis malis contracta quae accidere immerentibus credit, aegritudo autem in sapientem virum non cadit» (Edición citada, I, 1025.) Compárese con las *modernas* doctrinas de Nietzsche sobre el superhombre Y más adelante (capítulo VI): «Misericordia vicina est miseriae habet enim aliquid trahitque ex ea. Imbecilles oculos esse scias, qui ad alienam lippitudinem et ipsi suffunduntur.» (Véase todo el pasaje, edición citada, I, 1026.)

(3) *De clem.*, II, 3: «Clementia est temperantia animi, in potestate ulciscendi, vel laenitas superioris adversus inferiorem in constituendis poenis.» (Edición citada I, 1027.) Véase la defensa de esta virtud en el libro I, capítulos 2, 3.

(4) *De clem*, II, 4: «Haec autem vitium animi est. Utraque circa severitatem circaque clementia posita sunt, quae vitare debemus, ne perspeciem severitatis in crudelitatem, ne per speciem clementiae in misericordiam incidamus. In hoc leviore periculo erratur, sed par error est a vero recedentium.» (Edición citada, página 1024.)

(5) *De clem.*, I, 14: «Quod ergo offiicium eius est? Quod bonorum parentum qui obiurgare liberos nonnunquam blande, nonnunquam minaciter solent, aliquando admonere etiam verberibus Nunquid aliquis sanus filium a prima offensa exheredat?» Edición citada, I 1005) Cf. Cicerón, *Pro Roscio*.

(6) *De clem.*, I, 22: «Transeamus ad alienas injurias, in quibus vindicandis haec tria lex secuta est, quae Princeps quoque sequi debet, aut ut eum quem punit, emendet; aut ut poena ejus ceteros meliores reddat, aut ut sublatis malis, securiores ceteri vivant.» (Edición Patavii, 1728, I, 287, 288.) Cf. *De ira*, I, 16: «Hoc semper in omni animadversione servabit, ut sciat, alteram adhiberi, ut, emendet malos, alteram ut tollat.» Cf. Platón, *De legibus*, libro IX; *Opera*, edición Stephanus, 1578, página 854.

ficar la exposición de los que nacieron deformes (1), que autorizan las XII Tablas (2).

Si se ha dicho, resumiendo todo el moderno sentido del Derecho penal, que no debe atenderse al delito sino al delincuente, que la *individualización de la pena* —fórmula de la moderna penología—ha de hacerla el juez, esto lo había ya dicho Séneca (3).

La *clemencia penal* se funda, no en motivos sentimentales, sino en razones profundamente psicológicas: «porque es más fácil corregir á quien conserva algo íntegro» (4), ya que la pena es siempre corrosiva, como mal que es.

En la cuestión de si las leyes deben castigar los *delitos horribles*, raros ó nulos, como el parricidio, Séneca es del parecer de Solón (5), opinando, contra Cicerón (6), que las leyes son á veces una enseñanza para el mal, que vale más no hablar de ello, juzgándolo in-

---

(1) Loc. cit.: «Rabidos affigimus canes, trucem, atque inman suetum bovem occidimus, et morbidis pecoribus, ne gregem poluant, ferrum demittimus, portentosos foetus extrahimus, liberos quoque, si debiles monstrosique editi sunt mergimus.»

(2) «Pater insignem ad deformitatem puerum cito necato», según la restitución de Gravina, *De Iure naturali et gentium*, § 31, edición Lips, 1737, páginas 187, 188. Cf. Dionisio de Halicarnaso, *Antigüedades romanas*, libro II, § 15, edición Oxon, 1704, I 85; Cicerón, *De leg.*, libro III, capítulo 8. Esta costumbre se practicó en Roma hasta el reinado de Valentiniano.

(3) *De clem*, I, 15: «Memor non de quo censeret, sed cui in consilio esset.» (Edición citada, I, 1.003.)

(4) *De clem.*, I, 22: «Ipsos facilius emendabis minore poena, diligentius enim vivit, cui aliquid integri superest.» (Edición citada, I, 1 004.)

(5) «Is cum interrogaretur: cur nullum supplicium constituisset in eum qui parentem necasset, respondit se id neminem facturum putasse.» (Según Cicerón, *Oratio pro Roscio Amerino*, capítulo 25, edición Graeve.)

(6) Cicerón, loc. cit.: «Sapienter fecisse dicitur cum de eo nihil sanxerit, quod antea commissum non erat, ne non tan prohibere, quam admonere videretur. Quanto majores nostri sapientius? Qui cum intelligerent, nihil esse tam sanctum, quod non alicuando violaret audatia, supplicium in parricidas singulare es cogitaverunt, ut, quos natura ipsa retinere in officio non potuisset, il magnitudine poenae maleficio summoverentur.» (Edición Nisard, II, 41.)

creible (1), porque las leyes, á veces, hacen los delitos, que dirá Bentham en su día.

En estas doctrinas se inspiró, para gobernar, el Nerón de la primera época, superior á todos los príncipes, frase de Trajano (2).

De Quintiliano se duda y hasta se niega terminantemente su origen hispano (3); ya que Marcial, español y de Calahorra, no le cita entre los iberos, sino aparte, co-

---

(1) *De Clem.*, I, 23: «Summa enim prudentia altissimi viri, et rerum naturae peritissimi maluerunt, velut incredibile scelus et ultra andatiam positum praeterire quam dum vindicat ostendere posse fieri. Itaque parricidae cum lege coeperunt, et illis facinus poena mostravit... Putet se innocentem esse civitas erit.» (Edición citada, I, 1.015.)

(2) «Procul distare differe omnes Principes a Neronis quinquennio».—V. Aurelius Víctor, *Caesar*, V, 2; *Epit* V, 3. (Justo Lipsio, Notas á Séneca, *in lib. de Clem.*) Séneca escribió también, entre otros libros morales (*Moralium libri*), de que hablan Lactancio (libro II, capítulo II), y el mismo Séneca (*Epístolas*, 106, al principio, y 109), un tratado *De causis*, á que se refiere el autor anónimo del libro *Rerum Britanniae*, todos ellos perdidos. Allí, tal vez, se hallen los complementos de su maravillosa doctrina penal y ética.

(3) *M. Fabii Quintiliani Vita, ex Angeli Politiani Praefatione:* «M. Fabius Quintilianus Romae natus est, quibus consulibus, aut quo Imperante Caesare, non legi. Verissima conjectura adducor ut fidem libris *Temporum* non habeam, ubi legitur Quintilianus Calagurra urbe Hispaniae oriundus.» (*M. Fabii Quintiliani, oratoris eloquentissimi, De institutione oratoria. Libri XII*, etcétera Parisi Apud Andoëneum. Parucum, MDXLII, folio A, VI, vuelto.) Cf. L. Marineo Siculo *De Rebus Hispaniae*. libro XXV; antes un biógrafo anónimo (Omnibono Leoniceno?), en la edición de Venecia, Locatelli, 1423.) E Dodwell, *Vita M Fabii Quintiliani per annales disposita*, el Abad Gedoya y otros

En contra Eusebio, *Chronicon*, Olimp. 216: «Quintilianus ex Hyspania calaguritamus primus Romae publicam scholam et salarium Phisco accepit.» Cf. Olimp. 211. (Edición Enrique Stephanus, París, 1512, páginas 87, 88.) Ausonio Politiano (*Declamatione pro Quintiliano*), Rafael Valaterrano (*Anthropología*), Cataneo (Ad Plinium, *Epístola XIV*, libro II), Jacobo Bergomense (*Suplementum ad Ann.* LXXII) y, con reseña de la discusión, Nicolás Antonio, *Bibliotecha Hispana vetus*, libro I, capítulo XII, párrafos 239 272, Madrid, Ibarra, 1788, I. 69 y siguiente. También Joseph Rodríguez de Castro, *Biblioteca española*, Madrid, Imprenta real, 1876, II. *Escritores españoles*, 102 y siguientes. Hoy, fundándose en la *santidad* de San Jerónimo (traductor latino del *Chronicon*, de Eusebio de Cesarea. Olimp., 191 y 196), Alfaro y Navarro; *Marco Fabio Quintiliano, Memoria bio-bibliográfica*, Madrid, Imprenta Fuentenebro, 1887, páginas 17, 18.

mo romano (1). Romano y profesor de Retórica era su abuelo M. Flabio Quintiliano, y lo fué su padre.

Otro de los grandes forenses del reinado de Augusto era el español Porcio Latrón (2), tal vez cordobés (3), como los otros. En sus *Declamaciones*, conservadas también por Séneca, se encuentran «controversias judiciales», como acusador y defensor. Más fuertemente elocuente que Galión y no menos hábil, afirmó que la infamia y el peligro, por sí, destruyen la virtud (4).

Iguales dudas hay sobre el cordobés Junio Galión (5), padre adoptivo de Annéo Novato, el hermano de Séneca, cuyos alegatos forenses han sido conservados por éste con encomio en sus célebres *Controversias*. Orador brillante, dijo, entre otras cosas, que el delito de los particulares no infama á la sociedad (6), sin sospechar que la delata, porque es la sociedad quien prepara el crimen, como dirá Quetelet. Creía, en cambio, que el delito del viejo era locura (7), sin pensar que alguien, un día, había de generalizar la afirmación.

No sabemos, sin embargo, cuál era la verdadera opinión de estos célebres abogados, si es que la tenían. Nada más lejos del Derecho científico que la mercenaria labor de esos envenenadores de la justicia, forzados á afirmar lo que convenga en cada caso.

---

(1) «Quintiliane vagae moderator summe inventae,
Gloria Romanae Quintiliane togae.»

(2) Séneca, *Controversia*, libro I, *Praefacium*: «Hispaniae consuetudinis morem non poterat dediscere.»

(3) V. N. Antonio, *Bibl. Vet.*, I. 3, n. 3. Cf Andrés Scotto, nota Séneca, loc. cit., Moedano, H. VII, números 38 39.

(4) «Puto enim virginem esse te, sed contrectatam oculis omnium: Etiam si citra stuprum, cum viris voluntatam.» (V. Séneca, *Controversia*, I, 2.)

(5) Nicolás Fabro: «Fuit autem Gallio pater, quemadmodum, et filius Cordubensis.» En Séneca, *Controversia 11*, número 8. —Cf. Séneca, *Epístola* 108; Nicolás Antonio, *Bibl. Vet.*, 1, 3, número 40.

(6) V. Séneca, *Controversia* 34, libro V. (X.)

(7) Ibidem II, 14: «Luxuriosus adolescens peccat: senex luxuriosus insanit.»

§ 4 —El Derecho penal alemán en la Edad Media.

I. La primera Edad Media (1). Hasta el siglo XIII.

BIBLIOGRAFÍA.—Brunner, *Deutsche Rechtsgeschichte* (Historia del Derecho alemán), II, 1892 556 690.—Waitz, *Deutsche Verfassungsgeschichte*, (Historia de la Constitución alemana), 1880 y siguientes.—Wilda, *Das Strafrecht der Germanen* (El Derecho penal germánico), 1842.—Osenbrüggen, *Das Strafrecht der Longobarden* (El Derecho penal longobardo), 1863.—Bethmann-Hollweg, *Der Zivil prozess des gem. Rechts in geschichtlicher Entwicklung* (El procedimiento civil del Derecho común en su desarrollo histórico), IV-VI, 1868, y siguientes. Schröder, *Lehrb. des deutschen Rechtsgeschichte* (Tratado de Historia del Derecho alemán), 5.ª edición, 1907. - Schreuer, *Die Behandlung des Verbrechenskonkurrenz in den Volksrechten* (El procedimiento del concurso de delitos en el Derecho de los pueblos), 1896.—Maschke, *Lex francorum Chamayorum*, capítulos XXIV y XXVI. Discurso en la Universidad de Königsberg, 1898. —His. *Das Strafrecht der Friesen im Mittelalter* (El Derecho penal de los frisones en la Edad Media), 1901.—Heck, *Altfriesische Gerichtverfassung* (La constitución judicial de los antiguos frisones), 1894. —El mismo, *Die Gemeinfreien* (Las franquicias públicas), 1900. —Murker, *Das Strafrecht der altisländischen Grágás* (El Derecho penal de los viejos Grágás islandeses), Discurso en la Universidad de Heidelberg, 1907 Informes en Z. II y siguientes.

I. 1. En las fuentes germánicas se nos presenta, incomparablemente más claro que en las de Roma, el desenvolvimiento sucesivo del Derecho penal. En las leyes del pueblo (*Volksrechten, leges barbarorum*) el

---

(1) Traducimos por «primera Edad Media» ó Edad Media anterior, la expresión *frühere Mittelalter*, como equivalente de la *Pré-Moyen Âge* de los historiadores franceses. (Véase Seignobos, *Antiquité Romaine et Pré-Moyen Age*, 3.ª, París, Colin, 1907, capítulos XXII-XXVII.) - *(N. de T.)*

orden jurídico público se ha elevado ya indudablemente sobre la simple unión de tribus. En su virtud, quedan en segundo término, de una parte, la constitución sagrada del Derecho penal, y de otra la negación de la paz y la venganza de sangre.

El sistema de composición queda, inequívoco, en el centro de las disposiciones penales. Pero, dentro de la comunidad política, hallamos, cada vez más, la *parentela* (*Sippe*) como corporación de Derecho público, que se apoya en la comunidad de sangre. La parentela garantiza á sus miembros protección y reconciliación, defiende á los compañeros atacados y venga á las víctimas. Y así las huellas de UNA ANTERIOR FASE EVOLUTIVA del Derecho penal, penetran hasta las profundidades de la Edad Media alemana.

2. Reminiscencias paganas recuerdan el *carácter sagrado* del primitivo Derecho penal. En la magia y destrucción de templos, en el perjurio y robo de cementerios, en la profanación de cadáveres y sepulturas, en el incesto y homicidio de los parientes, la justicia humana toma prestada de la divina su espada penal (1); sólo poco á poco, y débilmente, la Iglesia cristiana suplanta al paganismo.

3. De la *negación de paz* (*Friedlosigkeit*) ó persecución, la pena característica del Derecho norte-germánico para todos los delitos graves (violaciones de la paz, *Friedensbrüche*), sólo hallamos huellas aisladas en el Derecho de los pueblos alemanes (2), y, por lo de-

---

(1) Vid. Brunner, II, 684; His, 165. – A esto se refiere también el célebre pasaje del Derecho frisón, *Add.*, 12, 1: «Qui fanum effregerit et ibi aliquid de sacris tulerit, ducitur ad mare, et in sabulo, quod accessus maris operire solet, finduntur aures ejus et castratur et immolatur diis quorum templa violavit» Véase también abajo, página 137, nota 9.

(2) *Sal.*, em., 55, 2 (*Behrend* . Si quis corpus jam sepultum effoderit aut expoliaverit, *wargus sit*, hoc est expulsus de eodem pago, usque in illa die quam ille cum parentibus defuncti convenerit, ut et ipsi parentes rogati sint pro eo, ut liceat ei infra patriam esse, et quimque antea panem aut hospitalitatem ei dederit, etiamsi uxor ejus hoc fecerit D. C. den, qui faciunt sol. XV

más, donde se menciona, aparece, no como pena del delito cometido, sino como consecuencia jurídica de la rebeldía, contra la resistencia del reo (1).

Sin embargo, el término de su más extensa aplicación puede hacerse llegar, con nuestros más notables historiadores del Derecho (Brunner, Schröder), aún á los tiempos históricos.

4. No sólo en el robo y adulterio, sino también en otros muchos casos, los Derechos de los pueblos mencionan el Derecho del ofendido (y de sus allegados) á golpear al infractor que no da reparación, hasta matarle (2). Pero á menudo el *Derecho de necesidad del atacado,* va condicionado ya por la resistencia del delincuente; y del Derecho al homicidio se deriva, en desarrollo sucesivo, el Derecho á traer atado ante la justicia al detenido en el acto de cometer el delito é influir en el procedimiento, acelerado para su condena á pena aflictiva; la denuncia reforzada en acto incontestable (*unvernachteter Tat*), según el modo de expresión de la segunda Edad Media alemana.

5. La *venganza de sangre* (*Blutrache*) es, como ya indicó Tácito (3), Derecho y deber de toda la parentela, en cuanto es venganza de los allegados, en acto no flagrante. Queda sin efecto por el pago de una suma, en calidad de penitencia: la *compositio*. La parentela lesio-

---

culpabilis judicetur. *Rib.* 85, 3. (Sohm), aquí ya, en el robo de sepulturas, sólo en el segundo lugar. Capítulo I de la ley sálica: La mujer que se casare con un esclavo será expulsada (expellis).

(1) *Sal.,* 56, 1. Si quis ad mallum veniere contempserit etc. 2... Tunc rex extra sermonem suum ponat eum. Tunc ipse culpabilis et omnes res erunt suas.

(2) *Bajuv*, 9, 5; 8, 1; *Sax.*, 4, 4; *Ribb.*, 77: Si quis homminem super rebus suis comprehenderit, et eum ligare vuluerit, aut super uxorem, aut super filiam, vel his similibus, et non praevaluerit legare, sed colebus ei excesserit, et eum interficerit, coram testibus in quadruvio in elita eum levare debet et sic 40 seu 14 noctes custodire et tunc ante judice in harao coniurit, quod eum de vita forfactum interfecisset.

(3) *Germ.,* capítulo XXI: Suscipere tam inimicitias patris seu propinqui quam amicitias necesse est.

nada tiene, al principio, la elección entre la contienda (*Fehde*) y la aceptación de la cantidad, y sólo tras lucha acerba, que aparece claramente en las Capitulares, resulta el fuerte poder del Estado para hacer la liquidación judicial del contrato de expiación en virtud de un deber jurídico. Así, la venganza de sangre es reemplazada por el sistema de la composición.

Pero las formas del proceso jurídico alemán en la Edad Media, muestran aún el origen del Derecho en la contienda; al auxilio con las armas sucede la asistencia por el juramento; éste es, como aquél, un Derecho y deber de los parientes que, armados de todas armas, unidos por la ayuda, fortifican, con el asentimiento general, el juramento del principal juramentado.

II. En el establecimiento preciso de los rescates, así como en la reglamentación firme del SISTEMA DE COMPOSICIÓN, estriba, como ya se dijo, la importancia principal de las disposiciones penales del Derecho popular. Su remota antigüedad consta por las relaciones de Tácito (1).

Las diversas infracciones jurídicas son estimadas en numerosas graduaciones; el importe de la composición ó rescate se determina con exactitud para cada diente, cada dedo, cada frase injuriosa, cada tocamiento impuro con mujer ó muchacha. En las fórmulas de composición de los diversos derechos populares hallamos dos sumas principales: una mayor y otra menor; aquélla como *rescate de sangre* (*Wergeld*) ó *Precio del hombre* (*Mannged*), en el homicidio y casos análogos, ésta como *penitencia* (*Busse*), en las infracciones leves (2).

(1) *Germ.*, capítulo XII. Sed et levioribus delictis pro modo poena; equorum pecorumque numero convicti multantur. Pars multae regi vel civitati, pars ipsi qui vindicatur vel propinquis ejus exsolvitur. Capítulo XXI. Nec implacabiles durant (inimicitiae). Luitur enim etiam homicidium certo armentorum ac pecorum numero, recipitque satisfactionem universa domus.

(2) El *Wergeld* se estima, según las diferentes estirpes, en 150,

Pero lo elevado del rescate no se medía simplemente por la gravedad del delito cometido, sino también por la situación y nacionalidad, la edad y sexo del lesionado. Juntamente con la cantidad que se paga al lesionado y á su familia, se ha de contar la *compra de la paz Friedensgeld*, *Fredus ó Fredum*), á la comunidad, como intermediaria del contrato de reconciliación *Sühnevertrag*).

También el contrato de conciliación, y el importe de la reparación, se apoyan sobre los fundamentos de la unión troncal, así como la venganza de sangre, de donde proceden.

Lo que Tácito nos refiere cu andodice: *Recipitque satisfactionem universa domus*, se confirma brillantemente por otras fuentes. La *participación de la familia* en el pago, así como en el cobro del importe de la reparación, que se manifiesta en los Derechos populares alemanes sólo por huellas aisladas, se ha conservado por largo tiempo en el bajo y en el alto Derecho alemán; en el último hasta el siglo XVI, en parte (1).

III. Tampoco la PENA PÚBLICA fué extraña, sin embargo, al más antiguo Derecho alemán. Una paz de otro orden, necesaria, á la vez, para el Ejército en empresas militares, para el pueblo reunido en sus Congresos ó Asambleas, para el templo y la Iglesia, obligó á

---

160 y 200 chelines; la *Busse*, en 10, 12 y 15, respectivamente.—Vid. Brunner, I, 226, II, 612. Cuánto significaban estas sumas en la situación económica, y por tanto, en la condición jurídica de los sorprendidos—recuérdese el nónuplo Wergeld que correspondía frecuentemente al homicidio—, se evidencia en que, según las fuentes de la época, costaba un buey de uno á tres chelines, y un caballo de seis á doce. Vid. Waitz, II, 1, 279. Según Schröder, el Wergeld importaba el valor de una finca libre.

(1) *Sal.*, 58, 62: Sic cujuscumque pater occissus fuerit mediétate compositionis filii collegant et alio medietate parentes qui proximiores sunt, tam de patre quam de matre, inter se dividant (satisfacción hereditaria, *Erbsühne*, y satisfacción alimenticia, *Magsühne*). *Sax.*, 18, 19. Wilda, 395.—*Waitz, I, 71, nota 3, 75*, nota 3.—Brunner, *Zeitschr. der Savigny-Stiftung* (Revista de la fundación Savigny, III, 1.—Heusler., *Institutionem*, II, 541.—Günther, I, 176, nota 42.

poner el poder penal en manos de la colectividad y de sus representantes (1).

Así hay, especialmente, delitos *político-militares*, como la traición civil y en caso de guerra, que desde los tiempos más remotos fueron castigados con pena pública (2).

Pero ya en la época de los *merovingios*, y más aún en el *reinado de los carlovingios*, con el claro conocimiento y más aguda prosecución del fin del Estado, entran en los dominios de la pena pública (3) nuevos delitos.

Desde mediados del siglo VI aparece la legislación de las Capitulares, con disposiciones penales contra el robo y el hurto, homicidio é incesto, hechicería y envenenamiento, perjurio y falso testimonio, falsificación

(1) V. Tácito, *Germ.*, capítulo 7: Ceterum neque animadvertere neque viciere ne verberare quidem nisi sacerdotibus permissum: non quasi in poenam nec ducis jussu sed velut deo imperante quem adesse bellantibus credunt (carácter sagrado) Capítulo XI. Silentium per sacerdotis, quibus tunc (en las asambleas populares). et coercendi jus est, imperatur. Capítulo VI. Scutum reliquisse praecipuum flagitium. Nec aut sacris adesse aut concilium inire ignominioso fas: multique superstites bellorum infamiam laqueo finierunt. Capítulo XII. Licet apud consilium accusare quoque et discrimen capitis intendere. Distinctio poenarum ex delicto Proditores et transfugas arboribus suspendunt; ignavos et imbelles et corpore infames coeno ac palude, injecta insuper crate, mergunt. Diversitas supplicii illuc respicit tamquam scelera ostendi oporteat, dum puniuntur, flagitia abscondi. (Vid., sobre este pasaje, Waitz I, 425)

(2) *Rib.*, 69, 1: Si quis homo infidelis extiterit, de vita componat et ommes res ejus fisco censeantur. *Bajuv*, II, 1, 2: Ut nullus liber Bajuvarius alodem aut vitam sine capitali crimine perdat, id est si in necem ducis consiliatus fuerit, aut inimicos in provinciam invitaverit aut civitatem capere ab extraneis machinaverit. A esto se refieren también las numerosas prescripciones contra la deserción.

(3) Así la ley ripuaria castiga con pena pública las injurias á los documentos de la realeza (60, 6), el hurto manual (79), el soborno del juez (88), el rapto de la mujer libre, hecho por esclavo (34, 4), la falsificación de documentos reales (58, 3), el homicidio de parientes y el incesto (66, 2).—En el Derecho Sajón hay pena de muerte para el perjurio, perturbación de la paz doméstica, incendio y hurto por valor de más de tres chelines. Carlos el Grande procuró atenuar estas reglas, pero castigaba las ofensas á la fe cristiana con la muerte. Vid. Waitz, III, 131; Günter, I, 182.

de monedas y documentos. Por la creciente *desigualdad de fortuna* se acelera principalmente este movimiento; quien no puede pagar el rescate, expía con su cuerpo, como el siervo desde la antigüedad. El *poder real para desterrar* es, especialmente, un poderoso factor para la formación del Derecho. En el Derecho oficial (*Amstrecht*) aparecen numerosas sanciones penales nuevas, junto al Derecho popular, no ya para la protección de la iglesia y el claustro, de viudas, huérfanos y pobres, sino también para la garantía de la paz pública contra los actos de violencia, de diversos modos (1). Finalmente, no puede desestimarse la influencia de la *Iglesia*, que, si bien careció de un poder penal, obró sobre las ideas jurídicas del pueblo, así como sobre la legislación real, por medio de los libros penitenciales y los decretos de sus concilios, y se esforzó por colmar las lagunas que ofrece aún el Derecho penal del mundo entero (2).

Así, hacia fines de esta época, al florecimiento del reinado franco, la concepción pública del delito y de la pena ha ganado la victoria. De aquí en adelante, la mayor parte de los delitos legales contra los intereses de la colectividad son castigados con pena pública y perseguidos de oficio.

IV. Con la caída de la Monarquía franca empieza, aun para los dominios recientemente establecidos del Derecho penal, sostenidos por un poder central fuerte,

---

(1) V. Waitz, III, 319; Brunner, II, 34.—*Summula de bannis* (Boretius, capítulo CCXXIV.)

(2) No podemos incluir aquí el Derecho penal canónico. Véase una exposición que agota la materia en Hischius, *Kirchenrecht* (Derecho eclesiástico), IV, 619 á 864; (Derecho romano y merovingio), V, 1.ª parte (hasta el siglo XIV), V, 2.ª parte (siglo XV hasta nuestros días).—Hollweck, *Die Kirchlichen Strafgesetze* (Las leyes penales de la Iglesia), 1899.—Knapp, Z. XXI-312 Brands, *Die Lehre von der Strafe bei Thomas von Aquin* (La teoría de la pena según Santo Tomás de Aquino.) Discurso en la Universidad de Berlín, 1908.—*Del Corpus iuris canonici*, el libro V de las Decretales.

un MOVIMIENTO GENERAL DE RETROCESO, que destruyó las disposiciones, aún no bien arraigadas, de la época de los carlovingios, ó, al menos, las relegó á segundo término, oscureciéndolas por mucho tiempo.

Así desaparecen los Derechos populares escritos en lengua extraña y cae en el olvido la legislación de las Capitulares. Es esta la época del *Derecho consuetudinario*, salido del sentido jurídico popular, que aparece en el saber jurídico de los regidores.

Con eso vuelven á colocarse en primer término las *antiguas concepciones jurídicas alemanas nacionales*, que habían sido suplantadas frecuentemente, bajo el dominio franco, por principios jurídicos extraños románico-canónicos. Y al punto adquiere valor el carácter del espíritu popular alemán, que lleva consigo una fuerza orgánica, desplegándose en las más ricas formas, en oposición á la dirección centralista y unificadora de la época pasada, para el enorme *desmembramiento* del Derecho, según los troncos y hasta según comarcas y comunidades.

Paralelamente á esto va operándose el nuevo despertar de la *constitución jurídico-privada del Derecho penal*, rechazando el poder penal público que condicionado por un fuerte golpe del Estado, no pudo afirmar su preeminencia en la época en que el poder real estaba tocado de decadencia y aun no consumado el desarrollo de la soberanía territorial.

Así va perdiéndose, casi totalmente, la idea de una persecución del delito de oficio; el rescate extiende sus dominios á costa de la pena pública; queda á gusto del lesionado la elección entre elevar la queja ó denuncia y la reconciliación *(Abfindung, Taidigung)* con el delincuente, que, en la simple fechoría (á diferencia de la injusticia), puede enajenar ó librar *(ledigen)* de la pena corporal sancionada (sin escapar al deshonor, ciertamente), por el pago en metálico.

La inseguridad en la práctica judicial da lugar al

Derecho de guerra medioeval (Fehderecht). Distinto esencialmente de la antigua venganza de sangre, como Derecho necesario, cuando el auxilio jurídico contra las infracciones civiles ó penales no podía conseguirse, correspondía, después del previo reto *(Absage, diffidatio),* al autorizado para el uso de armas. Este Derecho vino á ser sucesivamente limitado por las *paces legales territoriales* (de 1085 hasta el siglo XVI) primero y abolido después, al pasar por las *contractuales,* y desechado principalmente antes por las *paces perpetuas* (1).

---

(1) Böhlau, *Nove constitutiones domini Alberti* (es decir, La paz territorial del año 1235), 1858. Nueva bibliografía en Löning, Z, V, 266.—Günther, Z, XI, 185.—Sobre esto Huberti, *Gottesfrieden und Landfrieden* (Tregua de Dios y paz pública), I, 1892.—Heilborn, Z, XVIII, 1, quien observa sobre eso, con razón, que las paces públicas provinciales, llegando más allá de la persecución de la contienda, tienen frecuentemente el carácter de vastos Códigos penales.

ADICIONES

4.— El Derecho penal español en la Edad Media.

1.—España goda.

Bibliografía. — San Isidoro de Sevilla, *Historia de regibus gothorum*, c. a. 624. *Isidori hispalensis opera*, edición Colonia, 1617. *Chronicon Gothorum* edición Schott, *Hispania illustrata*, II, Francof. 1603-1608. - Iserhielm, *De regno Westrogothorum in Hispania*, Upsala, 1705. —Biener, *Historia legum visigothicarum in regno Hispaniae vetere spei*, 1, Lipsiae, 1783. - Jovellanos, *Plan de una disertación sobre las leyes visigodas, presentado á la Academia de la Historia en 1785 (Biblioteca de autores españoles, Obras de Jovellanos,* I 455-456, Madrid, Rivadeneyra, 1858). Rühs, *Uber die Gesetze der Westgothen* (Sobre las leyes visigodas), Greiswald 1801. – Savigny, *Geschichte des römischen Rechts im Mittelalter* (Historia del Derecho romano en la Edad Media), 1.ª, Heidelberg, 1815-31; 2.ª, con adiciones de Merkel, Heidelberg, 1834-1851. - Lardizábal, *Discurso sobre la legislación de los visigodos y formación del Libro ó Fuero de los jueces y su version castellana,* al frente del *Fuero Juzgo, en latín y castellano,* edición de la Real Academia española, Madrid Ibarra, 1815, págs. III-XLIV. - Sempere, *La Constitución gótico española,* París, imprenta Nougueron, 1820.—Legrand d'Aussy, *Mémoire sur l'ancienne législation de la France, comprenant le loi salique, le loi des Visigoths, le loi des Bourguignons.* — Aschbach, *Geschichte der Westgothen* (Historia de los visigodos), Frankfurt. a M., 1827. - Guizot, *Cours d'Histoire moderne. Histoire générale de la civilization en Europe depuis la chute de l'empire romain jusqu'a la Révolution française,* Bruselas, Hauman, 1839; 2.ª, París, 1857; Lecciones 3.ª, 6.ª y 11.ª, § 1.º, *Du droit romain chez les Visigoths.*—M. de Pidal, Obra citada (1841-42), Lecciones XV XXI, páginas 213-300. - Pacheco (J. F.) y La Puente y Apezechea, *De la monarquía visigoda y de su Código: El libro de los jueces ó Fuero Juzgo,* al frente de *Los Códigos españoles concordados y anotados,* de *La Publicidad*, Madrid, Rivadeneyra, 1847, I, páginas V-LXXV. – Molinier, *Du duel en Spagne,* en *Revue de lé-*

gislation et de jurisprudence, XXX (1849). Bourret, *L'Ecole chrétienne de Seville sous la monarquie des visigoths*, París, 1855.

Cárdenas, *Elementos constituvos de la legislación visigoda*, etcétera, en *Revista de legislación*, IX (1857), 161-176; *Vestigios del antiguo Derecho germánico y de las costumbres de los escandinavos que se conservan en la legislación visigoda, Ibid.* 321-345; Helfferich, *Entstehung und Geschichte des Westgothenrechts* (Origen é Historia del Derecho visigodo), Berlín, 1858; Marichalar y Manrique, *Obra citada, 2.ª época: período gótico*, I (1861), 271-477, II (1861), 1-86; Cárdenas, *Orígenes del Derecho español*, 1.ª, Madrid, «El Derecho moderno» (c. a. 1861); 2.ª, *Estudios jurídicos*, I con *Introducción* (Biblioteca judicial), Madrid Imprenta de Núñez, 1884; Du Boys, *Del Derecho penal de España bajo la dominación de los Visigodos*, en *Histoire de droit pénal des peuples modernes*, tomo I, libro II, capítulo 8.º, París, traducción española en *Historia del Derecho penal de España*, Apéndice, páginas 523-563; Dahn, *Das Straf-Recht der Lex Visigothorum* (El Derecho penal de la ley de los visigodos), en *Westgothische Studien* (Estudios visigodos) Würzburg, Stahel, 1874, parte III, páginas 141-242; *Der Straf-Process der Lex Visigothorum* (El procedimiento criminal, etcétera); Ibid P. V, páginas 259 286; *Zur Geschichte der Gesetzgebung bei den Westgothen* (Para la Historia de la legislación visigoda) Id. P. I, páginas 1 52; Dahn, *Politische Geschichte der Westgothen* (Historia política de los Visigodos), Vurzburgo, 1870, en Rankc, *Weltgeschichte* (Historia universal), parte IV, Leipzig, 1883, edición española en Oncken, *Historia universal*, Barcelona, Montaner y Simón, 1890, IV, 128-215; Fernández-Guerra, Hinojosa y Rada y Delgado, *Historia general de España desde la invasión de los pueblos bárbaros hasta la ruina de la Monarquía visigótica*, en *Historia general de España, de la Real Academia de la Historia*, tomo II, Madrid (sin fecha); Hinojosa, *Historia*, libro III, *España visigoda* (1887), 329-373; Campo y Abril, *Ensayo histórico sobre los Códigos españoles, I Fuero Juzgo*, Habana, Alvarez, 1891; Pérez Pujol, *Historia de las instituciones sociales de la España goda* (obra póstuma), Valencia, Vives, imprenta, 1896, 4 volúmenes; Sobre esto, Santa María de Paredes, *Pérez Pujol y su obra póstuma: Historia de las instituciones sociales de la España goda*, Valencia, Vives, 1896; Zeumer, *Geschiche der Westgothischen Gesetzgebung* (Historia de la legislación visigoda), en *Neues Archiv der Gesellschaft für altere deutsche Geschichtskunde*. XXIII (1897), 419-516, XXIV (1898), 39-122, 571 630 y XXVI (1900), 91-149; Del Giudice, *Diritto penale germanico rispetto all'Italia*, en *Enciclopedia del Diritto penale italiano*, de Pessina, Milán, Sociedad editorial librera, I (1904), 429-609; Ureña, *La legislación góticohispana (Leges antiquiores; Liber iudiciorum), Estudio crítico*, 1.ª, Madrid, Moreno, 1905; 2.ª en *Historia*, Apéndice 3.°, II (2.ª, 1906), 1 586 (Principal fuente bibliográfica española).

El Derecho penal de la España goda es una resultante de la concepción germánica, individualista, de la penalidad, en función con la vigorosa legislación romana, inspirada en el principio social, á través de una fórmula penal: la intimidación.

La invasión de los visigodos (godos occidentales, á diferencias de los ostrogodos), en España, como la de los longobardos en Italia (1), determina la introducción del elemento germánico en el sistema penal español.

Aquellos primogénitos de entre los pueblos bárbaros (Pacheco) (2), después de crear el Estado más poderoso de su tiempo, realizan en España una obra legislativa superior á todas las contemporáneas y posteriores en Europa (3).

Por obra del sin igual vigor de nuestra raza, España realiza en siglo y medio (del 550 al 660), á través del Fuero Juzgo, la fusión de los elementos *germánico* é *hispano-romano* (4), que Francia, para la de los *Dere-*

---

(1) Del Giudice, *Introduzione*, § 1, páginas 431 y siguiente

(2) Los Sres. Marichalar y Manrique, I, 290 294, llegan hasta negar que fuesen bárbaros. De la «mayor cultura y romanismo de los godos (de España) sobre los otros bárbaros», habla el Marqués de Pidal, página 232.

(3) Pacheco, *Código. Introd.*, páginas XXXV, XXXVI: «Nada hay comparable en la Europa del siglo VII á la legislación de los visigodos. La ley ripuaria y la borgoñona le son tan inferiores, como que aun no han salido del carácter de leyes personales; las capitulares de Carlomagno, redactadas dos siglos después, no pueden tampoco sufrir la comparación. Para hallar algo que pueda oponérsele es necesario atravesar nada menos que seis siglos y fijarse en el gran libro de las Partidas. Aun así, no siempre es el cotejo favorable á la obra más moderna No es todo progreso en semejante salto; á veces encontramos retrogradación, y el instinto de Eurico ó de Chindaswinto nos parece más humano y más justo que la erudición romancesca de D. Alfonso.» Cf. Cuyas, *De Feudis*, II, 11 y Gibbon, *Hist. de la Chûte de l'Empire romain*, IX, 30.

(4) Pacheco, *Código, Introd.*, página XXX.

chos galo-romano y *germánico,* tardará en lograr catorce siglos (1), bajo la influencia del Cristianismo, é Italia seis, bajo el *doble poder de los longobardos* y de los reyes francos, que reafirmaron el elemento *germánico* hasta el advenimiento de los *comuni* (2).

Con las voces germánicas que *empañan* la pompa grave del idioma latino—corrupción de que se quejaba Sidonio y que se nota á partir del siglo x, en el latín de las crónicas — entran la venganza de sangre y los desafíos (3), perturbando el ritmo solemne del *jus latii* (4).

Del feudalismo político y administrativo, si le hubo en España (5), era consecuencia — como en época anterior (6) — el *feudalismo penal,* ingénito en los antiguos germanos.

«La falta de propiedad territorial iba acompañada de malas consecuencias legales; por ejemplo, la inca-

---

(1) Garraud, *Précis de droit criminel*, París, Larose et Tenin, 1907, § VII, página 25.

(2) Del Giudice, *Introduzione*, capítulo I, § 1.

(3) Dahn, *Polit. Gesch.*, edición Oncken, capítulo IV, § 1, página 173.

(4) «Las leyes se escribían para que el pueblo, al leerlas, las entendiera. El lenguaje, en ellas, es el necesario entonces, cuando el latín se iba desbaratando y no se quejaba con *razón* Sidonio, pues su latín no era ya el de la *lengua corriente* en sus días y las voces germánicas clavaban *ideas de relación y cosas* de nueva entrada.» Nota del Sr. Martín Mínguez.)

(5) Lo dudan Castro, *Discursos críticos sobre las leyes y sus intérpretes,* tomo III, discurso 1.° y Du Boys, obra citada, página 43. En contra, Sempere, *Historia del Derecho español,* edición Moreno, páginas 155-160, fundándose en las Partidas II, títulos 21 y 23, III, título 18, ley 89 y IV, títulos 25, 26 y en documentos de Cataluña, *Usatges De firmatione directi, De intestatis nobelibus,* el 34: *Ne feudium alienetur sine licentia domini* y testimonios documentales de Pedro de Marca, *Marca hispánica,* Apéndices 236, 264, 289, 307, 309, 411, 416, 444, 494, 496. Para Galicia, véase Molina, *De hispanorum primogeniis*, libro II, capítulo 13, número 61; *Historia compostelana*, en *España sagrada,* XX, 441 y XXXVI, 149. Para Castilla, Florez, *España sagrada*, XXXVI, 437 y Rodericus Toletano, *De rebus Hispaniensibus,* libro VII, capítulos 15, 21, 33; véase en el capítulo siguiente, lo que decimos de la *pagesia de remensa,* en Cataluña y los orígenes del feudalismo medioeval.

(6) Véase atrás, página 97, nota 3.

pacidad para probar su inocencia ó la de los otros, por medio del juramento; y la esclavitud, por no pagar la pena impuesta, ó multa de composición, para expiar la muerte» (1).

En aquella época de turbulencias del reino godo, el delito político era el delito más común. De diez y nueve reyes, desde Ataulfo á Rodrigo, diez perecieron de muerte violenta (2). En la época de Leovigildo y Chindasvinto, los nobles se habían acostumbrado á asesinar á los reyes que no les agradaban (3).

En orden de frecuencia, á la muerte y destierro suceden la multa á los particulares y la confiscación. Más que poder supremo, parece árbitro de intereses privados el legislador, regulando el importe de las composiciones. Porque todo se paga, en el sentido material de la palabra, en esta época.

El criterio legal para el cómputo de la pena, es siempre un múltiplo del daño ó del beneficio, según se trate de dolo ó de culpa. Son penas subsidiarias de la multa los azotes, para los esclavos, y á veces, la esclavitud. El Derecho privado penal oscila entre la legítima agresión—venganza privada—y la legítima defensa. Pero, en conjunto, el Derecho penal español entra en una nueva era de humanidad y de eficacia.

Fuentes. — Los principales monumentos legales de la época son: 1.° El *Edicctum regis* (4), descubierto por

(1) Dahn, obra citada, página 176, col. 1.

(2) Du Boys, § 2, página 527.

(3) Gregorio de Tours: *Historia Francorum*, libro III, § 30: «Sumpserunt Gothii detectabilem consuetudinem; ut si quis eis de regibus non placisset gladio eum adpeterent et quem libuisse animo, hunc sibi fecerint regem.»

(4) 1.ª Gaudenzi (*Un'antica compilazione de Diritto romano é visigoto, con alcuni frammenti delle Leggi di Eudico tretta da un manoscritto della biblioteca di Holkham)*, Bolonia, 1886. 2.ª *Nouvelle Revue historique de Droit français et étranger*, X (1886), 525 528. 3.ª Zeumer (*Leges visigothorum antiquiores)*, 1894; *Appendix*, 317 320. 4.ª (Edición crítica). El mismo, en (*Monumenta germaniae historica*. *I Leges visigothorum*, Hannoverae et Lipsiae, Imprenta Bibliopolii, 1902; *Suplementa*, *2 Collectionis iuris roma-*

Gaudenzi (1), y atribuído á TEODORICO II (453-466), primer legislador de los visigodos, según la crítica moderna (2).

Sea Ley (3), Edicto provincial (4), ó Compilación de carácter privado (5), pero visigoda de origen (6), es este el nuevo punto de partida para la Historia del Derecho español, en la Edad Media.

---

novisigothici, Capita VII-XX *(Fragmenta gaudenziana)*, páginas 469-472.

(1) En 1885, en un códice perteneciente á la biblioteca de Holkham, propiedad de Lord Leicester; antes, á principios del siglo XVI, en Santa María de Ravello (Salerno); más tarde en Nápoles, en poder del jurisconsulto Irezzu.

(2) Interpretando textos de Jordanes, *Getica* (c. a. 551) capítulo XI: «Ethieam eos erudiens barbaricos mores compescuit, fysicam tradens naturaliter *propriis legibus* vivere fecit, quas usque nunc conscriptas *belagines* numcupant». San Isidoro de Sevilla (c. a. 634), capítulo VIII: «Tunc Golfilas eorum Gothorum episcopus Gothicas litteras condidit, et scripturas Novi ac Veteris Testamenti in eodem linguam convertit. Gothi autem, statim ut *litteras et legem* habere coeperunt». Sidonio Apolinar, *Epistola II*, 1 (c. a. 469-470). «Exultans Gothis, insultansque Romanis... *leges Tehodosianas* calcans, Theodoricianasque proponens.» (Edición Baret, París, 1879, *Auc. ant.*, VIII, 21 y siguiente); y suscribiendo la opinión del Cardenal César Baronio, *Annales Ecclesiastici*, An. 468, XII: «non Evaricum primo (ut Isidorus habet) iura Gothis scripta dare coepisse, sed *Theodoricum* eius praedecesorem, quas Sidonius *Theodoricianas leges* appellat». En fin, el mismo Eurico, capítulos CCLXXVII: «Antiquos vero terminos (sic) stare iubemus, sicut et bonae mem(ori)ae pater noster in dicta lege praecepi(t » y CCCV: «quod gloriosae memori(ae patris nostri) vel decessorum nos(trorum constituit) mansuetudo; quia iniq(uum esset principum statuta convel(li)». Edición crítica, páginas 5, 16. Cf. Zeumer, *Praefatio*, página XIII.

(3) Gaudenci, obra citada.

(4) Zeumer, obra citada, XXIII, 465 y *Eine neuentdeckte westgothische Rechtsquelle* (Una fuente del Derecho visigodo recientemente descubierta), en *Neues Archiv.*, XXII, 389 y siguiente

(5) Conrat, *Geschichte der Quellen und Literatur des römischen Rechts* (Historia de las fuentes y bibliografía del Derecho romano), I, 270; Brunner, *Deutsche Rechtsgeschichte* (Historia del Derecho alemán), Leipzig, 1887-72, I, 325; Schmidt, en *Zeitschrift der Savigny-Stiftung, Germanische Abtheilung*, IX (1888), 223 237.

(6) Ureña, II, 170-235; en contra Schupfer, *Manuale di Storia del Diritto italiano*, página 79; Patetta, *Sui frammenti di Diritto germanico della Collezione Gaudenziana*, páginas 22-24, que sostienen su origen ostrógodo; Lardizabal, página VII, fué el primero en rectificar, entre los modernos, la errada opinión de considerar á Eurico como el primer legislador de los visigodos.

El *Edictum regis* castigaba al juez prevaricador á pagar el cuádruplo, más la destitución (1). Cuando no mediase dolo, se reducía la pena según la escala del delito (2). La triple rebeldía se castigaba con la pérdida del negocio, incluso devolución de lo exigido al deudor (3). El acreedor que se cobrase por su mano, apropiándose un caballo, un buey ó un siervo del deudor, sin acudir al rey ó al juez, estaba obligado á pagarle multa *(componere)*, más la restitución (4). Al que comprase á un hombre libre, en estado de cautividad ó de penuria, el vendedor le devolvía la cantidad, más una quinta parte, como pena. El esclavo recobraba la libertad (5). El que, habiendo recibido ocultamente un depó-

(1) C. X: «Si quis iudex voluntate sua indicaverit, ei edictum tranrgressus fuerit propter pecuniam et aliquem preiudicaverit, quadruplum, quantum acceperit, inferat fisco: et ampius iudex non sit.» (Edición crítica de Zeumer, página 470 Esta disiposción, en cuanto á lo primero, pasa á la *Lex visigothorum* II, 1, 21). Cf. *Edictum Teoderici*, capítulo II: «Iudex, si pecuniam. . acceperit . *in quadruplum*, quod venalitatis studio accepit, exolvat.»

(2) X. ..«Quod si causam ipsam non preiudicaverit voluntarie, satis reducatur secundum edicti seriem.» (Edición crítica, lugar citado). Véase *Lex visigothorum*, II, 1, 21. (Edición crítica, página 69.)

(3) XI. «Si quis iudex miserit nuntium ad aliquem veniendi ad iudicium, et ad quem miserit venire contempserit semel et bis, et si tertio ad iudicis iussum non venerit ad iudicium, perdat causam et restituat debitori suo, quod ei debere constiterit.» (Edición crítica, página 470) Véase *Lex visigoth.*, II, 1, 19 (Edición crítica, páginas 65 67), la ley de Chindasvinto que la sustituyó. Aquí el sentido romano deja paso al visigodo, según Zeumer (página 470, nota 6).

(4) XIII. «Quod si prius quam interpellet, pigneraverit et tulerit ei unum caballum, *componat* solidas tres. Quod si bobem iugalem tulerit, det solidas duos ad hominem illum, cui caballum sibe bus fuerit; et quod pigneravit restituat Si autem mamcipium pigneraverit, cum tres solidis eum restituat domino suo.» (Edición Zeumer, página 471) Sustituída en la *Lex visigoth.*, V, 6, 1, por la *De non pignorando*, de Recesvinto (Edición crítica, página 231).

(5) XVII. «Si quis ingenuum hominem captivum aut in fame oppressu emerit super quinque solidos numerum, reddatur illi sex; si decem emptus fuerit, reddat doudecim; quod si plures eum solidos emerit, his similia restituatur, et reddeat ad libertatem.» (Edición crítica, página 471.) Véase *Lex antiqua*, de Eurico, 290, 299 y 300, en *Lex visigoth.*, V, 4, 10 12. (Edición crítica, páginas 220, 221) y comp. Interpret. ad Nov. Val. III, 32 en *Lex rom* , 11. «emtor si quinque solidis emit, sex recipiat, si decem, duodecim

sito, lo negase, pagaba el duplo (1). Si lo perdió por culpa ó por hurto lo devolvía (2), á no ser que perdiese todo, lo suyo y lo ajeno (3).

2.° La *Lex Antiqua* (4), ó *Statuta legum*, escrita por Eurico (5), (Tolosa, c. año 475) reformada por Leovigildo (6), y compilada por Recaredo (7), y de la que

solidos similiter.» (Zeumer, edición crítica, página 471, nota 4).

(1) XVIII. «Si quis ingenuus absconse peculium ad custodiendum acceperit et hoc se postea accepisse ipse negaverit, comprobetur ei, et reddat duplum.» (Edición crítica, página 471).

(2) «Si autem commendatum sibi ad custodiendum peculium per sua negligentia perdiderit quolibet furto, restituat quod acceperit» (Edición citada, páginas 471, 472.) Véase *Lex visigoth.*, V, 5, 1. 3, 5 (Edición crítica, páginas 227 229).

(3) «Quod si suam et alienam perdiderit causam, nihil dare cogatur» (Edición citada, página 472).

(4) 1.ª edición de Bluhme (*Die westgothischen Leges Antiquae oder das Gesetzbuch Recareds der ersten. Bruchstücke eines Pariser Palimpsestem*); Halle, 1847, 2.ª del mismo *Zur Texteskritik Westgothenrechts und Reccared's Leges Antiquae)*, Halle, 1872; 3.ª, de Zeumer (*Legum Godicis Euriciani fragmenta*, en *Leges Visigothorum antiquiores)*, Hannover, 1894; 4.ª edición crítica, del mismo (*Fragmenta Codicis rescripti cum supplementis suo loco additis, Codicis Euriciani leges, ex Lege Baiuvariorum restituae*, en *Monum. germ hist., I)*, Hannover, 1902.

(5) San Isidoro de Sevilla, capítulo 35, «Sub hoc rege (Eurico) Gothi *legum statuta* in scriptis habere coeperunt, nam antea tantum moribus et consuetudine tenebantur» (*Chron. min*, edición Mommsen, II, 281); Cf. Arzobispo, Don Rodrigo, libro II, capítulo X, «Sub hoc rege Gothi legum suarum statuta ad scripturae seriem redegerunt: nam antea tantum moribus et consuetudine tenebantur»; Alonso de Cartagena, *Anacephalaeosis*, capítulo XVI: «Hic Euricus apud Arelatum convocatis magnatibus et proceribus attento quod Cothi leges in scripto non habebant, sed moribus absque scriptura, quasi per quoddam arbitrium regebantur, ideo leges ad scripturam reduxit...» y los *Maurinos*, en *Nouveau traité de diplomatique*, I (1750), II (1757), III (1759), 52-53 y 150-154 La opinión de Marichalar y Manrique, I, 313-314, no tiene valor más que en cuanto á la afirmación, concordante con San Isidoro, Rodrigo y Cartagena, de que Eurico fué el primero que dió leyes escritas á los godos; ya que ellos, en 1861, no se refieren todavía al códice descubierto por los Maurinos en 1750, un siglo antes, y publicado ya por Bluhme en 1847, y del que habían dado cuenta en España Asso y De Manuel, en 1786 (4.ª edición, página IV) y García de la Madrid, en 1831 (página 158)

(6) San Isidoro, capítulo 51: «in legibus quoque (Leovigildus) ea quae ab Eurico incondite constituta videbantur *correxit*, plurimas *leges praetermissas* adiciens, plerasque superfluas auferens» (Edición Mommsen, II, 288) Codificada, según Gaudenzi (1886), páginas 187-196.

(7) En el palimsesto de París, según Bluhme, obra citada, 1847,

sólo se conservan fragmentos (1) románicos (2), comprende ya un amplio desarrollo del Derecho penal, especialmente en las materias relativas al rapto (III, 3, 5-6), violación (III, 4, 1), aborto (VI, 3, 1-7), adulterio (III, 4, 1), hurto y premio al denunciante (VII, 1, 3-4 y 2, 1 s), estupro (III, 4, 7-8), homicidio (VI, 5, 11), tormento de los siervos (III, 4, 10-11, secuestro (VII, 3) y falsificación (V I, 5); así como de procedimiento criminal (VII, 4) (3). Ante todo, establece el principio de la personalidad de las penas (4).

---

y *Encyklopädie* de Ersch y Gruber, página 133. Merkel, *Recared I Sammlung des westgothischen Volksrecht und deren Beziehung zum Volksrechts der Bayern*. (La colección de Derecho de gentes visigodo de Recaredo I y su relación con el Derecho de gentes bávaro), en *Zeitschrift für Deutsches Recht* (Revista de Derecho alemán). XII, 281 294; Cuaderno 2, número 9, y antes en *Zusätze zu Savigny's Geschichte des römischen Rechts im Mittelalter* 2, Heidelberg 1851, VII, 43 (1847).—Helfferich, *Entstehung und Geschichte des Westgothenrechts* (1858), página 14; Stobe, *Geschichte der deutschen Rechtsquellen* (Braunschweig, 1860), página 76.- Bethmann Hollweg, *Der Civilprocess des gemeinen Rechts* (Bonn, 1868), IV, 210. Dahn, *Westgothische Studien* (1874), páginas 7-29. - Cárdenas, *Estudios jurídicos*, I (1884), páginas XVI-XXV, VIII, como probable. *Hinojosa*, H. I (1887), 359 y siguientes. No contradice la atribución de la *forma codificada* á Recaredo á la procedencia euriciana del *contenido legal*. Pero en ese caso, esta colección no debiera llamarse «Código de Eurico», sino «Código de Recaredo», que contiene «Leyes de Eurico» antiguas (*lex antiqua* en tiempo de Recesvinto; verdadero estatuto de promulgación (*Statuta legum*). Vid. Gaupp, *Über die westgothische Antiqua*, en *Neue Jenaer Literatur=Zeitung*, 1848

(1) En el *Codex Rescriptus Parisiensis* (Lat. 12.161) procedente del Monasterio de Carbie (Somme), y descubierto por los benedictinos de Saint Germain-des-Prés, á mediados del siglo XVIII y perteneciente hoy á la Biblioteca Nacional de París. El texto fraccmentario del Palimsesto de París ha sido reconstituído en parte con ayuda de la *Lex Baiuvariorum* (capítulos 274 y 275), gracias á los trabajos de Knust, publicados por Blume (Edición crítica de Zeumer, páginas 28 32.)

(2) Du Boys, *Historia*, Ap. edición española, página 526, número 1: «Es notable que las leyes que nos han sido conservadas, bajo este nombre (*antiqua* ó *antiqua noviter emendata*), sean en su mayor parte tomadas del *Derecho romano*; casi no nos queda ninguna de ellas que se refiera á la tradición gótica primitiva al derecho bárbaro propiamente dicho.»

(3) Dahn, *West. Stud.*, páginas 29. Las indicaciones se refieren á la *Lex visigothorum*.

(4) VI, 1, 8: «Omnia crimina suos secuantur.» (Edición crítica, página 256).

La pena del Juez prevaricador se transforma en el duplo del daño y el que se benefició con la sentencia estaba obligado á devolver (1). El incesto, en todas sus formas, se castigaba con la confiscación, y en los menores con la esclavitud pública (2). La pena del aborto era de 200 azotes ó la esclavitud, cuando se produjo con pócima; y si á golpe y se siguió la muerte, como homicidio (3). El que matase á un ladrón armado, de día, ó cargado con su botín, de noche, quedaba libre de pena (4). El inductor de un siervo, en delito de hurto ó daño, era castigado como autor y el siervo con azotes (5). El que compró cosa robada era obli-

(1) *Cod. Fur., ex lege Baiuv. restit,* 1 (L. Bai. 2, 17, 18). «Iudex si accepta pecunia male preiudicaverit (et cuicumque iniuste quidquan auferri praecepit), ille, qui iniuste aliquid ab eo per sententiam iudicantis abstulerit, ablata restituat. Nam iudex, qui perperam iudicaverit, in duplum ei, cui damnum intulerat, cogatur exolvere, quia ferre sententiam contra legum nostrarum statuta praesumpsit.» (Edición crítica de Zeumer, página 28) Cf. *Lex visig thorum,* II, 1, 21 (Edición citada, lugar citado, y páginas 68 y 69).

(2) (L. *Bai.,* 7, 1-3: *De nuptiis incestis,* Nuptias prohibemus incestas; itaque uxorem habere non liceat socrum, nurum, privignam, noveream, filiam fratis, filiam sororis, fratris uxorem uxoris sorerem. Filii fratrum, filii sororum inter se nulla praesumptione iungantur. Si quis contra hoc fecerit, a loci iudicibus separentur et omnes amittant, quas fiscus adquirat. Si minores personae sunt, quae se inlicita coniunctione polluerunt, careant libertatem, servis fiscalibus adgregentur.» (Edición crítica, página 28.) Esta ley fué modificada en el sentido de la moderación por Recaredo L. vis. III, 5, 2, edición citada, páginas 159 y 160), y sustituída por Chisdasvinto (III, 5, 1, página 159). Véase Zeumer, *Neues Archiv.,* XXIII, 104 y siguientes, 114 y siguientes.

(3) 3. L. *Bai,* 8, 18, 19). «Si quae mulier alii potienem dederit, ut avorsum faceret, si ancilla est, CC flagella suscipiat, et si ingenua, careat, libertatem, servitio deputanda cui (iusserimus). Si quis mulier(em) ictu quolibet abor(tare) fecerit, si mulier mortua fuerit, tamquam homicida teneatur.» (Edición crítica, página 29.) Reformada y completada por Leovigildo en L. vis., VI, 3, 1, 2 (Edición citada, páginas 260 261)

(4) 4. (L. *Bai,* 9, 5 (Fur, qui per diem gladio se defensare voluerit, si fuerit occisus, mors eius nullatenus requiratur.) Fur nocturn(us) captus in furto, dum res furtivas secum portat, si fuerit occisus, nulla ex hoc homicidii querela nascatur.» (Edición crítica, página 29) Cf. L. vis., VII, 2, 15, 16 (Edición citada, 294).

(5) 5. (L. *Bai.,* 9, 6) «Si quis alienum servum suaserit aut aliquid damnosum in fraudem domini sui, ut posset accusare eum, et fraus ipsa fuerit detesta per investigationem iudicis, dominus

gado á devolver la mitad y el encubridor castigado como autor (1). La pena del daño, en la muerte de un animal, llega al nónuplo (2); y una forma especial de hurto leve, pero de máxima temibilidad, el de las esquilas del ganado, se castiga duramente con multa (3).

No sólo la falsa acusación, sino el suministro de datos falsos contra alguno, se castigaba con la pena correspondiente al acusado (4). Cuando el acusado falsamente fuese un siervo y sufrió tormento, el acusador debía dar á su dueño otro semejante, y si murió en él, dos, según la doctrina del Digesto (5). Si no le tenía, ni dinero para pagársele, quedaba él mismo en servidumbre (6).

---

nec servum perdat nec aliquid damni pro compositione patiatur, sed ille, cuius conlu(dio vel sua)sione crimen admissum est, tamquam fur damnetur, in novicuplum compositionem cogatur exolvere. Servus vero quod tulit reddat et insuper CC ictus flagellorum extensus publice accipiat.» (Edición crítica página 29). Cf. L. *vis.*, VII, 2, 6 (Edición citada, página 291).

(1) 6. (L. *Bai*, 9, 7) «Si quis de fure nesciens comparavit, requiret accepto spatio venditorem Quem si non potuerit invenire, (ad)probet se sacramento et testibus innocentem et quod apud eum (a)gnoscitur ex medietate restituat et furem quaerere non desistat. Quod si furem celare voluerit periuras se postea detectus fuerit inventus, tamquam ille fur ita crimine damnetur.» (Edición crítica, página 30). Comp. L. *vis.*, VII, 2 (Edición citada, página 291).

(2) 7. (L. *Bai.*, 9, 9.) «Si quis oculte in nocte alienum cavallum aut bovem aut aliquod animal occiderit (novecupli compositionem dare cogatur).» (Edición crítica, página 30.) Cf. L. *vis.*, VII, 2, 23 (Edición citada, página 297), copiada por Recesvinto.

(3) 8. (L. *Bai*, 9, 11.) «Si quis tintinabulum furaverit de cavallo vel de bove, un(um) solid(um) componat; si de vaca, du(os) tremiss(es); si de minutis pecoribus; tremiss(es) singulos.» (Edición crítica, página 30.) Cf. casi exactamente con L. vis., VII, 2, 11 (Edición crítica, página 293); L Burg., 4, 5; L. Sal., 27, 1, 2; Edición Roth., capítulo 289. Véase Brunner, *Deutsche Rechtsgeschichte*, I, 301.

(4) 10. (L. *Bai.*, 9 18.) «Si quis contra caput alterius falsa suggesserit vel pro quaqumque invidia de iniusta se accusationem commoverit, ipse poenam vel damnum, quod alteri intulit, excipiat.» (Edición crítica, páginas 31). Véase L. vis, VI, 1, 6 de Chindasvinto, y VII, 1 5 (Edición citada páginas 255, 256 y 288).

(5) III, 6, 9 De servo qui accusatur, y XLVIII, 5, 26, § 16.

(6) 11. (L. Bai., 9, 19). «Si quis servum accusaverit iniuste alienum, et innocens tormenta pertulerit, pro eo quod innocentem in tormenta tradidit, domino simili mancipium reddere usu moretur.

El delito de destrucción de límites ó términos se castigaba severamente con veinte sueldos de multa, si el autor era libre, y con cincuenta azotes, si esclavo, por cada hito ó mojón allanado ó arrancado (1). Si hubo adquisición de terreno, por ausencia ó por ignorancia del dueño, perdía lo poseído el usurpador, sin que pudiera invocar prescripción en favor suyo (2). Entra el intervencionismo en las leyes, hasta el punto de que la fijación de nuevos límites de heredades sin acuerdo de la otra parte ó inspección superior, se castigaba como usurpación, cuando lo hacía un hombre libre, y con doscientos azotes, si un esclavo (3). La rapiña, con ocasión de incendio, se castigaba con el cuádruplo (4)

Si vero innocens in tormentis mortuus fuerit, duos servos eiusdem meriti sine dilatione restituat. Si non habuerit servum aut unde componat, ipse subiaceat servituti, qui innocentem fecit occidi». (Edición crítica, página 31). Cf. L. vis., VI, 1, 5 de Chindasvinto (Edición citada, páginas 252-255).

(1) 274. (Cod. París). «Si quis limites complanaverit aut terminos fixos fuerit ansus evellere: si ingenuus est, per singula signa vel notas vicenos solidos componat; si servus est, per singula signa quinquagena flagella suscipiat». (Edición crítica, página 3. Cf. *Digesto*, XLVII 21; Pauli Sent., V, 22, 2; L. Rom Vis., V. 24, 2; L. Bai., 12, 1-3; Ed. Theod., c. 104; L. Burg., 55, 67; L. Rom. Burg., 39, 1, 2; Ed Roth., c. 236-239, y L. Vis., X. 3, 2. (Edición citada, página 397). Véase Mommsen, *Römisches Strafrecht*, páginas 822 y siguientes y Wilda, *Strafrecht der Germanen*, página 925 y siguiente.

(2) c. 275. (Cod. París). «Quod si quis intra terminos alienos per absentiam aut per ignorantiam domini partem aliquam forte possederit, statim eam, cum antiqui et evidentes ab inspectoribus fines agnoscuntur, amittat domino reformandam. Nec contra signa evidentia ullum longae possesionis tempus opponat». (Edición crítica, página 4). Cf L. Vis., X, 3, 4 de Recesvinto (Edición citada páginas 397, 398).

(3) c. 276. (Cod. París). «Nullus n(o)vum terminum sive con sorte par is al terius aut sine inspectore constituant. Quod) si forsitam liber hoc fecerit, dannu m) pervasoris excipiat, quod legibus con(ti)netur Si vero hoc servus admisserit (do)mino nesciente, CC flagella publica(e ex)tensus accipiat» (Edición crítica, páginas 4, 5). Cf. L. Bai, 12, 5, 6; L. Vis., X, 3, 5. (Edición citada páginas 398, 399).

(4) 280. (Cod París). «Si quis, dum domum flamma consumit, se quasi auxilium praebiturus ingresserit et aliquid forte rapuerit, dominus domus diligenter inquirat, et si eum potuerit invenire, ille, qui rapuerit, in quadruplum rapta restituat». (Edición ci-

del beneficio, como en el Digesto (1), en caso análogo.

De otras disposiciones penales y procesales sobre rapto, adulterio y violación, estupro, tormento de los siervos, homicidio, hurto y premio al denunciante, secuestro y falsificación, atribuídas también á Eurico (2) y que aparecen en la *Lex Wisigothorum* bajo el epígrafe *Antiqua* (3), no puede asegurarse la procedencia. Tal vez (4) pertenecen á esta ley disposiciones contenidas en capítulos extravagantes de la *Lex Visigothorum* que aparecen en algunos códices (5).

Así ciertas injurias de hecho, contra un hombre libre, aun sin culpa, se castigaban con multa y subsidiariamente con azotes (6). Había exención para las lesiones preterintencionales (7). Esta ley castigaba al difa-

---

tada, página 7). Cf. L. Bai., 15, 2 5; L. Vis., V, 5, 3 Edición citada, página 228).

(1) XLVII, 9, 1.

(2) Dahn. *West. Estud.*, página 29. Zeumer opina más bien que sustituyen ó reproducen en parte otras de Eurico hoy perdidas, sobre el mismo asunto. (Véase Edición crítica, páginas 142 número 1; 151, número 2; 300, número 1). Basta eso, sin embargo, para conocer el desarrollo del Derecho penal en la *Lex Antiqua*.

(3) III. 3, 5 (Edición crítica, página 142); III 4, 1 (página 147); VII. 1, 3 4 y 2, 1 y siguiente (páginas 286-291); III. 4, 7 8 (página 150); III, 4, 10-11 (página 151); VI, 5, 11 (página 173); VII, 1 3 4 y 2, 1 5 (páginas 287, 289 290); VII. 3 1 6 (páginas 298-299); VII, 5, 1, 2-6 páginas 303, 305-306); VII, 4, 1-5 (páginas 300-302).

(4) Si es tan cierta como verosímil la opinión de Blume (*Zur Testeskritik des Westgothenrechts, Zusätze*, página XXVI) y Ureña (H. II, 97, 375-381).

(5) De León y Zamora y, en parte, del de París. (Véase Zeumer, *Additamentum capita inferiori aevo in singulis codicibus adscripta*. (Edición crítica, páginas 462 y siguiente).

(6) *De contumelio ingenuorum*. «Si quis aliquem hominem ingenuum pedibus traxeri sine culpa aut subguturaverit aut capillos capitis abstraxerit, si nullus livor apparuerit, pro singulis obiectionibus, que superius continentur, coactus a iudice quinque solidos reddat, cui iniuriam fecerit. Et si non habuerit, unde componat, districtus a iudice quinquaginta flagella suscipiat». (Edición crítica, página 464) Cf. *Lex visigoth.*, VI, 4, 7 (Edición citada, página 268) y todo el título 4, libro VI

(7) *De his, qui se in gladiis impulerint alienis*. «Si quis lanceam vel quod libet gladium in manu sua tenens, dum usu sperans, et aliquis in eadem gladio inciderit sine voluntate eius, qui gladium in manu sua tenuit, dum sacramento se expiaverit, non

mador con pena de azotes, cuando no fuese cierta la existencia del vicio, defectos físicos ó actos personales (1). Si lo podía probar, se induce que el difamador quedaba libre de pena (2). Esta misma doctrina se encuentra en *La ley sálica* (3). El Código de Eurico es la primera compilación conocida de Derecho visigodo, como las XII Tablas en Roma, y análoga á las que hicieron más tarde los demás reyes bárbaros de Europa (4), conservadas en las colecciones de Lindenbrogio (5) y de Canciani (6). Eurico hizo en España lo que Gundobaldo en Borgoña (7).

---

iude conscium fuisse, vulneratus suae imputet culpe. Quid enim culpe eius poterit extimari, qui nesciens hoc factum gladiun in manu sua tenuit?» (Edición crítica, página 463). Cf *Lex visigoth.*, VI, 5, 2 y siguiente (Edición citada, páginas 270, 271).

(1) *Titulus de conviciis et verbis odio. e dictis,* capítulo I. «Si quis violentus homo contra hominem aliquis ad aliquem dixerit *madrosum* capite vel cervice, et ille non habuerit, qui dixerit criminator extensus ante iudicem L flagella suscipiat».

Capítulo II. «Si quis *genebrosum* vel *cotrosum* dixerit, et ille non habuerit, cui dixerit, dictor criminis extensus ante iudicem CL flagella suscipiat».

Capítulo III. «Si qui *unigosum* dixerit, id est *tauposum* vel *disturpatum,* et ille non habuerit, dictor criminis extensus ante iudicem XXX flagella suscipiat».

Capítulo IV «Si quis *circumcisum* dixerit vel *disturpatum,* et ille non habuerit, dictor criminis extensus publice CL flagella suscipiat».

Capítulo V. «Qui *pond rosum* dixerit et ille non habuerit, dictor criminis extensus publice CL flagella suscipiat».

(2) Capítulo VI. «Qui *Sarracinator* dixerit, et non probaverit, dictor criminis extensus ante iudicem CL flagella suscipiat». (Véase Zeumer, Edición crítica, páginas 462, 463). Véase *Lex visigoth.*, XII 2 *in fine,* en algunos códices.

(3) Título XXX, *De conviciis* Cs. 3 6 y 7 (*The ten texts with the glosses and the Lex emendata. Synopticaly edited by* J. H. Hessels. *With notes on the frankish words by* H Kern, Londres, 1880, cols. 181-188.

(4) Marqués de Pidal, página 231.

(5) *Codex legum antiquarum, in quo continetur Leges Wisigothorum, Edictum Thedorici Regis*.. etc Francf., Marnio, 1613.

(6) *Barbarorum Leges Antiquae, cum notiis et glosariis,* Venecia, Coletio, 1789.

(7) Zeumer, *Leges visigothorum, Praefatio,* parte XIII: «*Euricus* auten suas et decessorum suorum *leges* collegisse, supplevisse, digessisse et in certam codicis formam redegisse videtur, id quod inter Burgundiones fecit Gundobadus».

Un suplemento establecía el orden de la prueba caldaria (1); evolución, tal vez, de las ordalias ibéricas (2).

3.° La *Lex legum* (3) ó *Lectio legum* (4), descubierta por Conrat (5), castigaba el delito de abigeato, con violencia ó fraude, á la pena del cuaduplo (6), en vez

---

(1) «Qualiter examinatio debeat fieri. Hic ordo servabitur. (In l. XII, t. 3, sent 18) De mensura et ordine examinationum kaldarie Tres uncias semis atque pueritia innocens tota manu sana et totum corpus absque macula. Lapides tres manu dextra in caldaria mittad et postea eiciat. Et si formidulosus lapidem non eiecerit aut bis aut tertio pro uno negatio manum miserit aut supra mensuram caluerit aqua, omnino examinatio invalida erit. Et qui prosumpserit mensure pondere taxatum, negotium reparaverit valituram inter omnia ac censura plenum robur obtineat. Haec est in quinquagesimo canone de coercitione principium et episcoporum auctorica regula. Mancipium, dum quindecim annos habuerit, mittat manum in caldaria, usque in XVII annum ipsa est pueritia». (Edición crítica de Zeumer, página 463). Cf. *Lex visigoth.*, VI, 1, 3 (Edición citada, páginas 250, 251).

(2) Véase atrás páginas 64, 65

(3) Primera edición, Gaudenzi, *Tre nouvi frammenti dell'Editto di Eurico* en *Rivista italiana per le scienze giuridiche*, VI, 1888, 234-245; Segunda. Esmein *Nouveaux fragments de l'Edict*, en *Nouveau Revue historique de Droit française et étrangére*, XIII, 1889, 428 435; Tercera, Conrat, en *Zeitschrift Der Savigny Stiftung für Rechtsgeschichte* (Revista de la fundación Savigny para la Historia del Derecho); Cuarta, el mismo, *Geschichte der Quellen und Literatur des römischen Rechts imfrüheren Mitte latter*, (Historia de las fuentes y bibliografía del Derecho romano en la Edad Media primitiva), Leipzig 1889-91, *Lex legum*, páginas 268-274; Quinta, Patetta, *Sui frammenti de Diritto germanico della Collezione Gaudenzi e della Lectio legum*, Roma, paginas 5-10. Cf. *Contributi alla Storia del Diritto romano nel Medio evo*, Roma 1891, páginas 29-38; Sexta. Ureña, Lectura de Gaudenzi, en *Historia*, II, Apéndice C, páginas 565-567 y Pl.

(4) Según la lectura de Patetta, *Contributi alla Storia del Diritto romano nel Medio evo*, Roma, 1891, páginas 29-38.

(5) *Neues Archiv*, XIV, 211. El hallazgo fué hecho en un viejo Códice del siglo IX, de la Biblioteca Vallicelliana (B. 32. folio 158 a. b.) de Roma, perteneciente, en el siglo XI (1090), á la Iglesia de Veroli.

(6) Título XXIII (fragmento 1.°). Abactor, si usque ad unum equum, idest caballum, et duas equas, idest jumentas, tolidanque boves, et usque ad X capras, et V porcos tulisse, tam de stabulo quam de pascuis fuerit approbatus, sive per subreptionem sive ea violenter (ex violentia) idest virtute alibi duxerit, severissime puniatur, quisquid vero intrasuprascriptum numerum animatium, vel pecorum, a quocumque sublatum fuerit tamquam furtum furavit) sub qua drupli pena persolvat. (Edición Ureña, página 565). Cf. Edic. Theod., capítulo LVII.

de la muerte ó los trabajos forzados á perpetuidad del Edicto de Adriano (1).

Establece el principio de la personalidad de las penas (2), de acuerdo con el Derecho antejustinianeo (3) y la *Lex antiqua* (4). El que persuadiese á un sirviente para que abandonase la casa de sus dueños ó le facilitase medios para la fuga, estaba obligado á pagar doce sueldos y á devolverle el sirviente ó entregarle uno de los suyos (5).

Esta colección insignificante é incompleta (6) se atribuye, originariamente, á Eurico (7). Lo indiscutible es su origen visigótico (8); pero se desconocen la época y el motivo de la codificación.

---

(1) Véase atrás, página 96.

(2) *Constitutio domini Justiniani imperatoris, quod ille solus culpavilis erit qui culpa committit* (fragmento 3.°): Omnia crimina suoque sequantur autores, nec pater pro filio, nec filio pro pater, nec uxor pro marito, nec marito pro uxore, nec fratre pro fratre, nec propinquo pro propinquus, nec vicinus pro vicinus, ullam calumniam pertinescat. sed ille solus judicetur culpavilis qui culpa committit et crimen cum illo qui fecit(fecerit) moneatur, nec successores, aut heredes pro facto parentum, vel amicos, ullum periculum pertimescat. (Edición citada, página 566).

(3) Ulpiano, libro VIII, *Disputation.*, y Paulo, libro XVIII, *ad Plautium, Digesto*, XLVIII, 4, 11, 19 y 20.

(4) Vid atras, página 155).

(5) *De jubiliis* al cap. (fragmento 6.°): Si quis jubilius aut jubilias aliena, quod est mercenariis, aut complacitum aut sine placitum abuerit, siquis eum suaserit. idest si ei munimen dedet it ac (aut) infugaverit, et de servitio eiusdem mercedosi sui eum distulerit quod est sustenscr, ille qui eum suaserit ac (et ó vel) infugaverit, sit culpavilis per ipser banum monimen, solidos duodecim, ab illo cui jubilius fuit et ille qui eum suaserit replicentur ipsum jubilius, aut unum de propriis suis, in servitium illius cui jubilius (jubileus) fuit replicentur, et amplius calumnia non generentur. (Edición citada, página 567). Cf. L. Bai., I, 4; L. Alam., VIII.

(6) Se conservan, únicamente, el resto de la rúbrica original y seis capítulos completos, pero heterogéneos y borrosos.

(7) Especialmente los capítulos 4.°, 5.° y 6.°, según Gaudenzi y Esmein (Lugares citados). El 3.° solamente, según Ureña (H. II, 293, 359, 388), si bien reconociendo la procedencia euriciana de los últimos (4.°, 5.° y 6.°), pero no directa, sino á través del *Codex revisus*, de Leovigildo (páginas 388 420).

(8) A excepción de los últimos, que según Patteta y Conrat (Loc. cit.) pertenecen al Derecho longobardo, cuya analogía reconoce Ureña (páginas 391 y siguiente).

4.° La *Lex romana Visigothorum* (1) ó «Breviario de Alarico» (2) (Tolosa, 2 Febrero 506) subscrita y editada por Aniano (3), no ofrece especial interés en este estudio.

Muy superior á las compilaciones análogas de Derecho romano, obra de los bárbaros, como el Edicto de Teodorico y la *Lex romana Burgundinorum* (4), de más vida legal que ellas y con vigencia en Euro-

---

(1) Primera edición Sichard, *Codicis Theodosiani, Libri XVI: quibus sunt ipsorum Principum auctoritate, adictae Novelle... Breviarium Alarici regis*, Basilea, 1528; Segunda de Haenel, *Lex romana Visigothorum*, Leipzig, 1849; Tercera Complementaria, de la Academia de la Historia, *Legis Romanae Wisigothorum fragmenta ex Codice pelimsesto Sanctae Legienensis Ecclesiae*, Madrid, Febrero 1896.

(2) Por otros nombres: *Lex romana, Liber legum romanorum* (otras veces *romanarum*), *Liber legum* (Haenel), *Liber juris, Liber legis, Liber legis doctorum, Liber juridicus, Corpus legum, Corpus Theodosianum* (Vid *Ley de Teudis*), *Lex Theodosi, originalia legum, Breviarium alarici regis* (siglo XVI), ó *Breviarium Aniani* de los historiadores españoles. Este último nombre no aparece antes del siglo XVI y sólo se conocía una edición separada del *Breviarium Alaricianum* de Sichard, Basilea, 1528. Bouchaud, *Mémoire sur le Code d'Alaric.*, en *Mémoires d'Institut des sciences et des arts. sciences morales et politiques*, París, IV, año XI.

(3) *Subscriptio*, A: «Anianus vir spectabilis ex praeceptione gloriosi Alarici regis hunc codicem de Theodosiani legibus atque species iuris vel diversis libris electum Aduris (Aire, Landes) anno XXII, eo regnante edidi atque subscripsi». (Véase Edición crítica de Zeumer, páginas 466 y 467).

(4) Sohm, *Institutionem des römischen Rechts*, Leipzig, 1884, página 65: «A diferencia del edicto de Teodorico y de la ley romana de los Borgoñones, que fundieron inhábil y groseramente una nueva redacción de los preceptos del Derecho romano, interesantes por la práctica, la Ley romana de los visigodos conservó, á lo menos en su mejor parte, el Derecho romano imperial, é intentó conservar también parte de la jurisprudencia clásica. De aquí que, mientras los Códigos ostrogodo y borgoñón perdieron toda su importancia práctica con la ruina del reino á que pertenecían, el *Breviarium Alarici*, á pesar de haber perdido su validez, aun en España mismo, por la unión de romanos y visigodos, bajo un Código único (la *Lex Visigothorum*, nuevamente refundida); sin embargo, continuó mostrando su vitalidad en Occidente. Fué la *Lex romana* del Occidente de Europa y dominó en este concepto (aunque á veces sólo por medio de malos extractos), la vida romántica en el Sur de Francia, y en algunas partes de la Alemania del Sur (Recia), hasta el siglo XI».

pa (1), ni sus Leyes (2), ni su *Jus* (3), ni siquiera la *Interpretatio* (4) son godas. Todo ello es una «Compilación de extractos más ó menos discreta y atinadamente hechos, de los principales monumentos jurídicos que compendian el Derecho romano vigente en las Galias y en España á fines del siglo v y principios del vi» (5).

En vano Savigny, persistiendo en su error de considerar á la Interpretación del *Breviario* hecha en época de Alarico (6), pretendió ver en un texto de

---

(1) Marqués de Pidal (1841-42), página 231: «Así sucedió en el resto de Europa, donde el Breviario ó *lex Romana* fué la legislación común de los antiguos habitantes».

(2) Comprende el *Codex Theodosianus* (menos las Const 4.ª, t. 8, 2 y 3 t. 10, 1 á 6 del t. 11 y todo l. IV, y las *Novellae Leges Post-Theodosianae* (12 de Teodosio II, 13 de Valentiniano III, 5 de Marciano 2 de Magoriano y 1 de Severo).

(3) Comprende las *Institutiones,* de Gayo *(Liber Gaii),* las *Sententiarum,* libro V, de Paulo; el *Codex Gregorianus* (22 Const.), el *Codex Hermogenianus* (2 Const.) y el *Responsarum,* libro I, de Papiniano (un fragmento).

(4) Haenel, *Antiqua summaria Codicis Theodosiani ex Codice Vaticano nunc primum edita,* Leipzig, 1834, parte XV; Bluhme, *Lex Romana Burgundionum, Praef.* en *Mununmenta Germaniae,* H. III, 1863, 580; Deruburg, *Die Institutionem des Gaius.* Halle, 1869, página 120; Fitting, *Die sogenante westgothische Interpretatio* (la llamada *interpretatio visigotica),* en *Zeitschrift für Rechtsgeschichte* (Revista de Historia del Derecho), XI, 1873, 222-249; Lecrivain, *Remarques sur l'Interpretatio de la Lex Romana Visigothorum,* Tolosa, 1889. Rectificando á Savigny, II, 54 y siguiente, Guizot, *Cours d'Histoire moderne,* página 222, col. 25, y Dahn., en *Westgothische Studien,* páginas 9, 31, 32 y siguiente.

(5) Ureña, II, 301. Cf Lardizábal, parte IX: «las leyes de este Breviario eran todas romanas, promulgadas para el gobierno particular de los romanos, que repugnaban sujetarse á las leyes godas publicadas antes por Eurico, y así se dió también á este Breviario el nombre de ley romana». Zeumer no la incluye en la edición crítica de las *leges visigothorum.* Unicamente la *antiqua, de gradibus,* pasa de la *lex romana* (libro IV, título 10, §§ 1 8 á la *lex visigothorum* (IV, 1, 1 7), entre las antiguas leyes tomadas del Código euriciano, renovado por Leovigildo. (Edición crítica de Zeumer, páginas 171-173 y 487).

(6) Verdad es que parece así indicarlo la *Praescriptio* que va al frente en los prolegómenos de la edición del Theodosiano, publicada por Mommsen: «In hoc corpore continetur leges sive species iuris de Theodosiane vel de diversis libris electae vel, sicut praeceptum est, *explanatae* anno XXII, regnante domino Alarico rege ordinante viro ilustre Goiarico comite». (Véase edición crí-

aquélla sobre la elección de Jueces (1) un rastro del jurado germánico (2). Guizot, aunque compartiendo aquel error, supo rectificar su yerro (3).

Sus penas son las del sistema penal romano (4), añadiendo, para el parricidio, la inmersión en un saco con serpientes (5), sustituído á veces por el fuego ó por las fieras (6). También se citan, además de las fieras (7), la crucifixión (8), la extirpación de la lengua y el extrangulamiento (9), aunque no es seguro que se aplicasen (10).

Como el Edicto de Teodorico en Italia (11), el Breviario significa la primera manifestación legal de la

---

tica de Zeumer, página 465). Pero esa explicación ó exposición (*explanatio*, hecha por mandato de Alarico, se añadió tomándola de los expositores é intérpretes romanos, ya que de leyes romanas se trataba y á romanos se dirigían.

(1) *Codicis Theodiosiani*, II, 1, 12, *Interp.*: «Cum pro objecto criminis aliquis audiendus est, quinque nobillissimi viri judices, de reliquis sibi similibus, missis sortibus eligantur»

(2) *Histoire du droit romain dans le moyen âge*, I, 265: Le teste du *Code* ordenne qu'a Rome, pour prononcer sur une accusation criminelle contre un sénateur; cinq sénateurs soient désignés par le sort; l'*Interpretation* rend cette rigle gênerale et exige cinq des principaux citoyens, *du même rang que l'accusé, c'est-à dire décurions ou plébéiens, selon le condition de l'accusé lui-même*... Ne pourrait pas-en conjuter ici l'influence des *Scabini* germains?».

(3) *Histoire*, página 224, columna 1.ª: «Ces mots de *reliquis sibi similibus* signifient évidemment que les cinq jugues seront tirés au sort entre leur *pareils*, et non entre les *pareils* de l'*accusé*. Il n'y a donc la aucune trace de cette idée que les juges doivent etre de meme rang et de meme condition que l'accusé Les mots *nobilissimi viri* auraient du en convaincre M de Savigny et prevenir son erreur; comment les appliquer en effet a des juges plébéiens?».

(4) «Summa supplicia sunt crux, crematio, decollatio; mediocrium delictorum; metallum, ludus deportatio; minimae: relegatio, exsilium, opus publicum, vincula.» (B. P. V., 19; Dahn, página 173.)

(5) B T. IX, 12, 1: «in culeo cum serpentibus». Se han suprimido el gallo y el mono.

(6) P. V., 26.

(7) B. P. V., 25, 9-11, sinónimo de «summum supplicium», 24.

(8) B. T. X., 5, 1.

(9) VI, 5, 12.

(10) Dahn, página 174.

(11) Del Giudice, *Introduzione*, página 431.

ruda cortesía germánica frente al refinamiento serenamente triunfante, en la paz, de la vencida nobleza romana.

La única nota original está en el *Commonitorium*, suscrito por el Canciller, que se acompañaba á cada copia autorizada, enviada á los Condes para el cumplimiento y aplicación exclusiva de esta ley, donde se les conminaba con pena de muerte y de confiscación (1).

3.° La *Ley de Teudis* (2) (Toledo, 24 Nov. 546), que se halla en el palimsesto legionense descubierto por Beer y Díaz Jiménez (3), establecía el importe de las costas judiciales (4). Imponía esta ley pena de multa para la prevaricación (5). Las exenciones ilegales, en

---

(1) *Commonitorium:* Providere ergo te convenit, ut in foro tuo nulla alia lex neque iuris formula proferri vel recipi praesumatur. Quod si factum fortasse constiterit, aut ad periculum capitis tui aut ad dispendium tuarum pertinere noveris facultatum. Hanc vero praeceptionem directis libris iussimus adhaerere, ut universos ordinationis nostrae et disciplina teneat et poena constringat. (Zeumer, edición critica, página 446.)

(2) 1.ª Cárdenas, *Noticia de una ley de Teudis desconocida, recientemente descubierta en un palimsesto de la Catedral de León.* En *Boletín de la Real Academia de la Historia* XIV 1889), 473-495; véase Apéndice F. Fita, *La ley de Teudis y los Concilios coetáneos de Lérida y Valencia,* lugar citado; 2.ª, el mismo, en *Revista de Legislación,* LXXV (889), 267 y siguiente; 3.ª, Fernández Guerra, Hinojosa y Rada y Delgado, II, 373-389; 4.ª, *Legis Romanae Visigothorum fragmenta ex Codice palimpsesto Sanctae Legionensis Ecclesiae* Matriti (Academia de la Historia) MDCCCXCVI, 34-39; 5.ª, Zeumer, *Das Processkostengesetz des Königs Theudis von 24 November 546.* (La ley de aranceles judiciales del rey Theudis), en *Neues Archiv.*, XXIII (1897), 77 10.; 6.ª, el mismo, *Leges Visigothorum,* Hannoverae, MDCCCII, *Suplementa,* 1, II, 467-469.

(3) Entre fragmentos de la *Lex romana Visigothorum y de la Biblia Itala* de la escritura primitiva (siglos VI y VII) y la *Historia de la Iglesia,* de Eusebio de Cesárea, en la posterior (siglos IX al X); véase Cárdenas y F. Fita, *De lege theudiana,* en el *Proemium,* al frente de la edición de la Real Academia de la Historia, páginas XVIII-XXIV. «Interpretado por D. Jesús Muñoz Ribero, trabajo inédito hecho para la Academia.» (Nota del Sr. M. Mínguez).

(4) *Lex Theudi regis de litium expensis et commodis iudicum et executorum,* añadida al libro IV, título XVI del Código Theodosiano. Edición citada, páginas 35-39.

(5) Lin 63-67: «Vestrum (aut)em quisquis si fabore lenitus aut redemptione proclivis eorum neglexerit damna et rapinam, quin-

lo judicial, se castigaban con la pena del usurpador (1), que era el duplo (2).

Esta ley, que concuerda con las otras leyes bárbaras de Europa (3), revela un aspecto de la delincuencia en la Edad Media; la delincuencia judicial, bien arraigada aquí, según muestra un cánon del concilio de Tarragona (año 516), reinando Teodorico (4). Este mismo rey había intentado poner remedio al mal, en cartas enviadas á Amalarico, su nieto (5). Una ley posterior, aún más severa (6), cierra la evolución penal, en esta primera mitad de la Edad Media; cuando es tal el furor de litigar, que la Iglesia castiga el juramento de irreconciliación (7), al mismo tiempo que los reyes la explotación de esa pasión—, exacciones, prevaricación—pillaje vil en guerras judiciales.

El Fuero juzgo.—El segundo intento de unificación legal que se lleva á cabo en la Historia de España da un resultado definitivo. Es la época de Chindasvinto y

---

que se noverit librarum auri multandum fisci compendiis profuturas » (Edición crítica, página 469.)

(1) Lins. 58-62: «Si quis vero (exe)cutorum pretermissa summa superius comprehensa amplius in commodis suis accipere voluerit, amisso legitimo benefacto, de id, quod super accepit, presumptoris satisfactione multetur.» (Edición crítica, páginas 468 y 469.)

(2) Cf. L. Rom. vis., Código Theodosiano, II, 1, 3; L. vis., II, 1 26 (Edición crítica, página 73). Véase Zeumer, *Neues Arch.*, XXIII, 100.

(3) Ley Sálica, título 53, número 2; Rip. título 89; Edict Theodosiano, capítulos 2, 3, 4; Borgoñ., Preafac.

(4) Can. X: «Ne *more saecularium* iudicum auderent accipere pro impensis patrociniis numera.» Cit Cárdenas, *Boletín de la Real Academia de la Historia*, XIV (1889), 484; *Lex. romana wisigothorum*, Edición citada, *Proemium*, p. XXI.

(5) Casiodoro, *Variorum*, libro V, epist. 39.

(6) Vid adelante, en *Fuero juzgo*.

(7) Conc. de Lérida (Agosto de 546) Can. VII: «Qui sacramento se obligaverit ut litigans eum quolibet ad pacem nullomodo redeat, pro periurio uno anno a communione corporis et sanguinis domini segregatus reatum suum elemosynis fletibus et quantis potuerit ieiuniis absolvat; ad caritatem autem, quae operit multitudinem peccatorum, celeriter festinet venire.» Cit. F. Fita, *Boletín*, XIV, 494 y *Proemium*, p. XIX, número 13.

Recesvinto, cuando rige un sólo Código para romanos, visigodos y suevos (1).

Abolida por Leovigildo (2) la ley *De nuptiis gentilium* de Valentiniano y Valente (año 375), que castigaba con la muerte el matrimonio de romano con mujer bárbara (3) y viceversa (4), unificada de derecho la raza, el *Fuero juzgo* (5) de Recesvinto (¿654?) *(Lex Wi-*

---

(1) Es verdad que la Septimania se siguió rigiendo por el Breviario de Aniano y el Derecho romano como supletorio, que sustituye á la *Lex romana Burgundinorum*, pero esta parte del reino visigodo (reino de Tolosa) corresponde ya á la Historia de Francia (Véase Dahn, *Historia*, página 183, col. 2); *West. Stud.*, página 32, nota 3; tomado de Alteserra, *Rerum aquitanicarum*, l. V, Tolosae, 1648, página 205.

(2) *Lex vis.*, III, 1, 1 *(Antiqua)*, V. Zeumer, *Neues Archiv*, XXIII, 477 y siguientes XXIV 573 y siguientes, y Edición crítica, páginas 120, número 1, 121. Cf. Ureña, H. II, 334, 353.

(3) L. *Rom vis.* (Código Theodosiano), III, 14, 1. «Nulli provincialium, cuiuscumque ordinis aut loci fuerit, cum barbara sit uxore coniungium, nec ulli gentilium provincialis femina copuletur. Quod si quae inter provinciales atque gentiles affinitates ex huiusmodi nuptiis extiterint, quod in iis suspectum vel noxium detegitur, capitaliter expietur.» (Edición Haenel, Leipzig, 1849, página 92.)

(4) *Interpretatio:* «Nullus Romanorum barbaram cuiuslibet gentis uxorem habere praesumat, neque barbarorum coniungiis mulieres Romanae in matrimonio coniungantur. Quod si fuerint, noverint se capitali sententiae subiacere.» (Edición citada, página 92.) Tal vez existió una disposición análoga en el Código de Eurico, según Zeumer (*Neues Archiv.*, XXIV, 88 y siguientes, y XXIV, 573 y siguientes, y Edición crítica, loc. cit., nota 1), á que alude Leovigildo: «habuerit prisce legis abolita sententia, etcétera.» (Edición crítica, página 122.)

(5) Primera edición impresa de Pithou *(Codex legem Wisigothorum)* París, Novelli, 1579; 2.ª de Schott *(Hispaniae Illustratae seu rerum urbiumque Hispaniae, Lusitaniae, Aethiopiae et Judiae scriptores varii)* III, Franeofurti, Marnio, 1606, páginas 481 1014; 3.ª de Lindenbrog *(Codex Legum Antiquorum in quo continetur Leges Wisigothorum.* etc.), Francof Marnio, 1613, páginas 1-238; 4.ª de Georgisch *(Codicis Legis Wisigothorum Libri XII,* en *Corpus Juris Germanici Antiqui)*, Halle Magdeburgo, 1738, cols. 1845-2198; 5.ª de Bouquet *(Recueil des Historiens des Gaules et de la France)*, París, libr asoc. IV (1711), 283 461; 6.ª de Canciani *Barbororum Leges Antiquae, cum notis et glosariis)*, Venecia, Coletium, IV (1789) 45-208; 7.ª de la Academia Española *Fuero Juzgo en latín y castellano cotejado con los más antiguos y preciosos códices)*, Madrid, Ibarra, 1815; 8.ª de Walter *Corpus Juris Germanici Antiqui, Lex Wisigothorum*, Berlín, Thormann, 1824, I. 415 664; 9.ª de «La Publicidad». *(Los códigos españoles concordados y anotados: Liber Judicum aut*

sigothorum, Liber judiciarum, Liber Judicum, Forum Judicum), del que existen diferentes redacciones (1), es el Código fundamental de los visigodos.

Traducido al castellano (2), restaurado por Alfonso V (año 1003) y confirmado tal vez por Alfonso VI (año 1091), primer rey de Castilla (3), con leyes copiadas de los códigos Teodosiano y Justinianeo, á través del breviario (4), ó consagración de costumbres aprendidas de los romanos (5), el elemento latino tiene un peso considerable en este código.

De entre todas las «bárbaras y belicosas naciones septentrionales, que sobre las ruinas del vasto y poderoso imperio romano levantaron sus monarquías», eran

---

Codex Wisigothorum), Madrid, Rivadeneyra, I (1847), páginas LXXV-LXXXIII y 1-93; 10.ª de la Real Academia de Ciencias de Lisboa. *(Portugaliae Monumenta Historica a saeculo octavo post Christum, usque ad quintum decimum, Leges et Consuetudines)*, Lisboa. Academia, 1856, I, 1-133; 11.ª de Fernández Elías. (*Fuero Juzgo en latín y castellano, concordado y comentado con la Legislación española y con la novísima Jurisprudencia, y cotejado con los más antiguos y preciosos códices*, Madrid, Minuesa, I (1878) 1 694; 12.ª de Zeumer (*Fontes iuris germanici antiqui in usum scholarum ex Monumentis Germaniae Historicis separatim editi. Leges visigothorum antiquiores)*, Hannover, Culemann, 1894, páginas 21-313; 13.ª edición crítica de Zeumer *(Monumenta Germaniae Historica. Leges visgothorum)*. Hannover y Leipzig, Culemann, 1902, I, 33-456.

(1) Pertz, *Handschriften der Lex Visigothorum*, en su *Archiv.*, VII, VIII, Pétigny, *De l'origine et des différents redactions de la loi des Wisigoths*, en *Revue historique de droit française et étranger*, I, Paris, 1855.

(2) Y bueno es recordar que, al hacer la traducción, se alteró algo el texto (Lindenbrog: *Tamen in omnibus, non respondent latinae editioni)*, introduciendo modificaciones, á veces de importancia. (V. Reguera y Valdelomar, *Colección general de Códigos antiguos y modernos, Fuero Juzgo*, páginas 1 y siguientes, notas).

(3) V. Du Boys, Historia, páginas 15 y 16. Indirectamente también por Alfonso VII, al darle como fuero á Santa Olalla (año 1124). No cesó nunca de considerarse como conteniendo las reglas del Derecho común de España (Du Boys, *Historia del Derecho penal de España*, página 113). Era como el Derecho romano en la Francia meridional, el Derecho común escrito vigente en cuanto no estuviese expresamente derogado por las costumbres locales (Du Boys, *Historia*, página 113).

(4) Lardizábal, p. IV.

(5) Marín y Mendoza, *Historia de la milicia española*, Madrid, 1876, I, 226.

los godos «la que más se apartó de las primitivas costumbres de sus mayores, aunque retuvo muchas, y, por consiguiente, dió más regularidad á la legislación» (1). Nada de extraño tiene que se hiciese aquí la unificación á base románica, como en Italia y el sur de las Galias (2).

A nosotros, sin embargo, no nos interesa tanto el Fuero Juzgo como las leyes visigodas anteriores á él, desde el *Editum regis* á la ley de Teudis, pasando por el Código de Eurico. Aquél significa la perfección, pero también lo heteromónico; éstas el espíritu original que ha de vivificar la legislación penal española, autónoma, donde reviven, acaso, los gérmenes dormidos del Derecho ibero (3), saltando sobre el romanismo del Fuero Juzgo, primero, y de las Partidas, por fin.

La ley de los visigodos es la negación del Derecho gótico, que, desterrado de las leyes, pero latente en las costumbres, hará su aparición solemne y brutal en la

(1) Lardizábal, p III.

(2) M de Pidal, Lección XVI: «Esta marcha general y uniforme debía con todo producir resultados diferentes según el elemento que predominaba en cada nación. Donde prevalecía la ley, la lengua y la civilización de Roma, como sucedía en Italia, en España y en el mediodía de las Galias, la legislación debía tener mucho de romana, donde el *romanismo* había echado pocas raíces, como en la Gran Bretaña y en el Norte de las Galias, debía prevalecer el Derecho y costumbres germánicas, y la lengua y el genio de aquellas naciones» (páginas 231-232).

(3) Ureña, *Historia*, II, 325: «Al calor de los principios del Derecho bárbaro renacen antiquísimas costumbres y tradiciones jurídicas de la España primitiva, que yacían como muertas y olvidadas bajo la losa sepulcral de la unidad romana. Al contacto del Derecho germánico, resurge de su tumba el Derecho celtibérico Y el uno para los vencedores y el otro para los vencidos, dibujan instituciones similares en el mismo y uniforme fondo de la legislación romana. ..a dote cántabra y la dote germana; la comunidad económica del matrimonio celtibérico y los gananciales visigóticos; la patria potestad en las antiguas tribus hispánicas y la autoridad tutelar de la madre en la familia goda, los felices atisbos del Consejo ó juntas de parientes en nuestro Derecho primitivo y en las legislaciones germánicas...» Todo esto es un poco aventurado. Así ¿Qué es *concretamente* el Derecho celtíbero? ¿La dote cántabra, es la celtíbera? ¿Qué era la patria potestad en las antiguas tribus hispánicas? ¿Era igual en cada una de ellas? (N. de M. M.)

segunda mitad de la Edad Media, en la lengua inculta de los Fueros municipales. Por eso las leyes visigóticas, que son las menos godas, son las más perfectas que hicieron en toda Europa los germanos (1), y el Fuero Juzgo es el Código magistral de la Edad Media, contra la opinión injusta y grosera expresión de Montesquieu (2), rectificada por Martínez Marína (3) y por Zeumer (4).

No es, pues, una ley bárbara (5), aunque la hiciesen los bárbaros, sino latina (6), ó mejor romano-bárbara (7).

---

(1) Legrand d'Aussy, *Mémoire sur l'ancienne legislation de la France*, París, *Instit. nat de cienc.*, Tomo III, página 402.

(2) *De l'esprit des lois*, libro XXVIII, capítulo 1: «Les lois de Wisigoths, celles de Recessvinde, de Chinoasvinde et d'Egica, sont pu rils, gauches, *idiotes*...; elles n'atteignent point le but; pleines de réthorique et vides de sens, frivol s dans le fond et gigantesques dans l'style». (*Œuvres*, París, Didot, 1838, página 439.)

(3) *Ensayo histórico*, § 30. Edición citada, página 26, nota. 2. Comp. Sempere, ed. Moreno, páginas 89-91 y 96.

(4) *Leges visigothorum*, (Edición crítica), p. VIII: Inmerito ergo iudicium illius caute limitatum indiscrete ad omnes ostenditur.

(5) Guizot *Histoire*, página 32, colección 1.ª: «Ouvrez la loi de Visigoths; ce n'est pas une loi barbare; èvidemment celle si est rédigée par les philosophes du temps, par le clergé. Elle abonde en idées générales, en theories, et en theories pleinement étrangéres aux moeurs barbares. Ainsi vous savez que la législation des Barbares était une legislation personnelle; c'est-à dire, que la même loi ne s'appliquait qu'aux homnes de la même race... par opposition au systéme de la législation réelle fondée sur le territoire. Eh bien! la législation du Visigoths n'est point personelle, elle est fondée sur le territoire... Chez les Barbares, les hommes avaient. selon leur situation, une valeur déterminée; le Barbare, le Romain, l'homne libre, le Leude, etc., n'étaient pas estimés au même prix; et y avait une tarif de leurs vies. Le principe de l'égale valeur des homnes devant la loi est établi, dans la loi des Visigoths Regardez au systéme de procedure; au lieu du serment du *compurgatores*, au de combat judiciaire, vous trouverez la preuve par témoins, l'examen rationel du fait tel qu'il peut se faire dans une société civilisée. En un mot, la loi visigothe tout entiére porte un caractére savant, systématique, social. On y sent l'ouvrage de ce même clergé qui prévaleit dans les conciles de Toléde, et influait si puissamment sur le gouvernement du pays».—Cf. página 55. Gibbon, *Histoire di la chûte de l'empire romain*, Libro IX, capítulo 38, páginas 114 y siguientes

(6) Vid. Cuiacio, *Ad 2, Feud*. II: «... sint in eis omnia fere petita ex iure civile, et sermone latino conscripta, non illo insulso ceterarum gentium»

(7) Canciani, *In Lex Wisigoth. monit;* página 51: «Wisigotho-

Es admirable el esfuerzo y la habilidad que supone la reglamentación del Derecho de vida y muerte del dueño sobre el esclavo, no atreviéndose á negarle (1).

Es un Código donde se encuentran «juicios dignos de cualquiera legislación» en «armonía con la manera como en nuestros días se comprende el Derecho público... En el Fuero Juzgo la pena no es un pacto entre particulares, y no existe en él vestigio alguno de parentelas enemigas, ni de venganza de la sangre (2). Adviértese en aquel monumento legal, que su lenguaje es el de un rey que se dirige á los súbditos de un país entre quienes existe el vínculo de una fuerte unidad... En suma, se había colocado en aquel cuerpo legal la primera piedra de un verdadero Derecho penal público (3).» En este sentido, se ha dicho que el título preliminar del Fuero Juzgo es superior al *Contrato Social* (4)

Dividido en doce libros, á imitación de Justiniano (5), en títulos y leyes, es este el primer Código verdadero (6) que aparece en Europa, después de los romanos,

rum codex ita comparatus est, ut jus nec mere barbarum referat, neque mere romanum; adeo ut vere diri possit *Corpus juris romano barbari.*»

(1) VI, 5, 12 (de Egica): «*Que el sennor non mate su siervo sin razón.* Si el omne que face algún pecado, ó lo conseió non deve seer sin pena: mucho más aquel non deve seer sin pena qui faz el omecillio por crueldad. E porque los sennores matan los siervos muchas veces por crueldad en ante que los siervos sean condenados de algún pecado; por end les queremos toller esta licencia á los sennores que lo non fagan, hy establecemos por esta ley que ningun sennor niu ninguna sennora non mate su siervo nin su sierva si non por mandado dei iuez, por pecado que fiziese el siervo publicamientre. . etc.» (Edición *La Publicidad,* páginas 155 156). V. Guizot. *Historia,* página 55, colección 2.ª

(2) Ya veremos hasta qué punto es esto exacto

(3) Rossenfeld, obra citada, página 85 En cuanto á la autoridad del soberano, V. Enry Smith. *The Historian's History of the Wolrd*, X (*Spain*), 32.

(4) Ferrand, *L'Esprit de l'Histoire,* lettre 29.

(5) Cujas, loc. cit.: «... aemulatione codicis Justiniani, quorum autoritate utimur libentes».

(6) Pacheco, *Código Introducción,* página XXXV: «Nada hay en ella de ciencia, y muy poco de principios de la legislación, como lo comprendemos en el día; pero los rectos instintos de un

y más importante que ellos en lo penal, por la extensión que á esta ley concede (1). Es, con relación al

---

pueblo bárbaro, las leyes del Código Teodosiano, que se tuvieron á la vista, y el espíritu de la Iglesia, tan predominante en aquella sociedad, produjeron disposiciones frecuentemente útiles, á veces muy elevadas y siempre superiores á cuantas regían contemporáneamente en los nuevos Estados de Europa Es un Código verdadero y tan extenso y completo como le habían menester los pueblos á quienes se daba. Con todas sus faltas, con todos sus errores, la humanidad ganó con él y en muchos siglos no ha logrado otro semejante». (Cf. p. XXIX).

(1) De los doce libros del Fuero Juzgo, la materia penal comprende cuatro enteros: el VI que trata, *De los malfechos e de las penas e de los tormentos*, con cinco títulos. (I. *De los que acusan los malfechores;* II *De los malfechores e de los que conseyan, e de los que que dan hierbas;* III. *De los que tayen á las mujeres que no hagan parto;* IV. *De las layas de los omnes;* V. *De las muertes de los homines*) el VII. *De los furtos e de los engaunos* con seis: (I *De los descubrimientos de los furtos;* II. *De los ladrones e de furtos;* III. *De los que prenden los omnes por fuerza e que las venden en otra parte;* IV. *De la guarda y el juicio de los justiciados;* V. *De los que falsan los escriptos;* VI. *De los que falsan los metales* ; el VIII. *De las fuerzas e de los damnos e de los quebrantos;* con seis también, (I. *De los cometidores e de los forzado* ; II. *De las quemas y de los quemadores;* III *De los damnos de los árboles e de los huertos e de las mieses e de las otras cosas;* IV. *Del damno que face el ganado e de las otras animalias;* V. *De los puercos que pascen e de las animalias que andan erradas;* VI. *De las abejas y del damno que facen).* Además en el título preliminar *(Primer título De la elección de los principes et del insinuamiento como deben judgar derecho et de la pena que aquellos que judgan torto)*, el § XI que trata *De los que quebrantan los juramentos,* el XIII, *De la guarda de la vida de los principes*, el XIV, *De la merced de los principes contra los culpados,* el XV, *De gardar la salut del rey et de los fillos* y siguientes. En el libro III *(De los casamientos e de las nascencias)* los títulos: I *Del ordenamiento e las bodas,* Ley 1.ª: *Si la ninna casa contra la voluntad del padre con otri, e non con aquel con quien es desposada;* II, *De las bodas que non son fechas lealmientre* (ocho leyes); III, *De las muieres libres que lievan por fuerza* (doce leyes); IV, *De los adulterios e de los fornicios* (diez y ocho leyes); V, *De los adulterios contra natura, e de los religiosos, e de los sodomitas* (siete leyes), VI *De los departimientos de los casados e de los desposados* (tres leyes). En el IV, *Del linaje natural,* el título IV. *De los niños echados* (Leyes 1.ª y 2.ª); el título V. *De las avenencias e de las compras* los títulos I, *De las cosas de la sancta Eglesia* (Leyes 5.ª y 6.ª); IV, *De lo que dan los omnes las cambias e de las vendiciones* (Leyes 6.ª y 8.ª, con variantes en la edición Villadiego, 9.ª, 12.ª, 13.ª y 18.ª); Véase *Delas cosas encomendadas hy emprestadas* (Leyes 3.ª y otras); VII, *De las franquezas e de los franqueados* (Leyes 6.ª y otras). En fin, casi todo el último libro XII, *De denedar los*

Brevario, lo que debieron ser las *Capitulares* con respecto á la *Ley Sálica.* «Pertenece á una segunda fase social, la que sucedió á la barbarie, para elevarse, con auxilio del sacerdocio, á un más alto grado de civilización (1).»

La ley.—Realizada la unidad social y jurídica, la ley se daba para todos (2). Aparece allí ya el principio de la claridad de las leyes, que enunciará Beccaria once siglos después (3).

El delito.—No existe en el Fuero Juzgo una definición filosófica del delito, aunque pudiera obtenerse la descriptiva, por reconstrucción, sobre los datos legales referentes á una de sus formas: el homicidio (4). Desde luego que no hay delito donde no hubo ánimo de delinquir (5), conforme con el principio ro-

---

tuertos e derraygar las sectas e sus dichos), consagrado á los delitos religiosos.

(1) Du Boys, edición citada, página 527. — En otro lugar (página 543) dice: «es más avanzado que las Capitulares mismas y que muchos ensayos incompletos, intentados por nuestros reyes hasta Luis XIV y Napoleón.» «..es, de las leyes, bárbaras la que ofrece un todo más completo, el mejor dividido, el mejor clasificado por orden de materias; la que contiene sobre la naturaleza y los deberes del legislador, las generalizaciones más atrevidas y más profundas, finalmente, aquella en que se encuentran difundidas las nociones más puras sobre el principal objeto de la penalidad social: la expiación.»

(2) I, 2, 3: *Que faz la ley:* «La ley govierna la cibdad, e govierna a omne en toda su vida, e así es dada a los barones, cuemo a las mugieres, e a los grandes cuemo a los pequennos, e así a los sabios cuemo a los non sabios, e así a los fiiosdalgo cuemo a los villanos: e que es dado sobre todas las otras cosas por la salud del principe e del pueblo, e reluce cuemo el sol en defendiendo a todos.» (Edición académica, página 4, columna 2.ª). Preferimos dar los textos del Fuero Juzgo en castellano porque es justo que así se haga, ya que en nuestra lengua estuvo vigente, y para servir mejor á las necesidades de la enseñanza.

(3 I, 1, 6: «*Cuemo deve fablar el facedor de las leyes.* El facedor de las leyes deve fablar poco e bien, e non deve dar iuyzio dubdoso más lano e abierto, que todo lo que saliese de la ley, que lo entiendan luego todos los que lo oyeren, e que lo sepan sin toda dubda, e sin nenguna gravedumbre». (Edición académica, página 3, col. 1.ª).

(4) Libro VI: título V. *De las muertes de los homines.*

(5) Libro VI, título V, Ley 1.ª (de Flavio Rescindo) «que non es derecho que aquel sea penado... que non lo fizo por su grado». (Edición citada, página 112). Cf. *Ibid.,* Leyes 2.ª, «de su grado»;

mano (1). Antes bien, el delito supone propósito de hacer mal (2), como efecto de odio (3) ó crueldad (4), según la doctrina del Deuteromonio (5).

Así la definición más amplia de delito, capaz en el objetivismo bárbaro, es esta que apenas necesita la abstracción de la especie para lograr un modelo de generalización legal: «Todo omne que *mata* á otro por su grado, é non por ocasión, debe ser penado por el omezillio (6).» Sea ó no de Chindasvinto esta ley (7), en el simbolismo de homicidio y crimen, como su forma de mayor frecuencia y gravedad, no le falta nada.

Uno de los mayores aciertos de esta ley es la idea de culpa, no menos hondamente deducida que la del dolo. En el fondo, es culpa la falta de previsión contra la ocasión (8), el segundo grado del mal (9). La previ-

---

3.ª, «sin mala voluntade»; 4.ª, «sin su grado»; 5.ª, «non lo quiso. . por su grado ; 7.ª, «non avía voluntad... por su grado»; 9.ª, «non por su grado».

(1) «Crimen videri non potest, quod nont est ex voluntate commissum».

(2) VI, 5, 6: «per le fazer desondra».—En el *Escurialense 1.º* «desondra ó mal» Cf. «desondra ó mal» en el 2.º del Marqués de Malpica. Edición académica, página 113, col. 1.ª y n 12), Cf. Ley 7.ª «nin de le facer mal», (Edición citada, página 113 .

(3) VI. 5, 1: «e ninguna malquerencia non avía contra el; Cf. 8.ª «no lo fizo por ninguna malquerencia ni por ningún odio». 2.ª «si ante non avía ninguna enemistat con el» (Edición citada, páginas 112-113).

(4) VI, 5, 12 (de Egica). «Si el omne que face algún pecado, ó lo conseió, non deve ser sin pena; mucho más aquel non deve seer sin pena que faz el omezillo por su crueldad». (Edición citada, página 114).

(5) XIX, 4: et nullum contra eum odium habuisse monstratur. (Edición Torres, Amat, Madrid, 1842, I, 481-682).

(6) VI 5, 11 (de Flavio Rescindo, Edición citada, página 113, col. 2.ª) Cf VI, 5, 17: «Por que nengun omezillio, que omne faz por su voluntad non deve seer sin pena, etc.» (Edición citada, página 117). Cf. *Collatio*, libro 10, I, se non voluntate, sed *cave*.

(7) V. Cárdenas, I. 111. En la Edición crítica de Zeumer (página 273) figura como *Antiqua*, procedente del Código euriciano revisado por Leovigildo. (V. *Indes legum*, página 487).

(8) VI, 5, 7: «mas porque le firió locamientre, e non se guardó de ocasión. .» Edición citada, página 113). Cf VIII, 2, 3: «porque se non guardó» (página 137).

(9) VI, 5, 3: «porque non se sopo guardar de facer mal.» (Edición citada, página 112).

sión, según los casos, supone «guardarse» y «guardar» (1). La pena es inferior y casi siempre pecuniaria (2).

La falta de intención se prueba con juramento (3), como en las leyes de los Francosalios (4), de los Longobardos (5) y de los Anglosajones (6).

En los casos de muerte de un tercero, en riña entre dos, se resuelve con arreglo á la *Causaltheorie* de los alemanes; y así sufre pena el que mató por equivocación la (causa) pero también aquél á quien se propuso matar, si había promovido la contienda (la causa de la causa) (7). Así sucede en el ejemplo clásico del homicidio preterintencional, cuando muere por equivocación el que vino á poner paz entre dos que se peleaban; el que mató sin dolo ni culpa, es responsable, aunque en grado menor, como homenaje al sentimiento de venganza (8). No falta, pues, una teoría de la culpa, como

(1) VIII, 3, 3: «Si algún omne taya arbol.., si omnes estudieren derredor del arbol, develos dizer, que se guarden ante que caya. E si despues que ge lo dixiere, alguno fuere ferido del arbol, o muerto, et que la taia non deve pechar nenguna calomna: mas si, matar omne vieio, o feble, o omne que duerma, o otro omne que se non pueda guardar, o alguna bestia o algún ganado, por la bestia que matar dé otra bestia aquel que lo taiaba, e por el omne muerto peche omezillo.» (Edición citada, página 138).

(2) VI, 5, 3: «peche una libra doro» (página 112); VI, 5, 7: «...una libra doro a los parientes del muerto e reciba L azotes» (página 112). VIII, 2, 3. «tanto como valía la cosa que quemó (página 127). VI, 5, 5: «peche una libra doro a los parientes del muerto» (página 113).

(3) VI, 5, 5: «e aquel que lo mató pudiere provar por su iuramento» (página 113).

(4) *Ley Sálica,* 35, 36; Códigos 5-10. (Edición Brunner, página 546, número 10). Cf. Edicto de Chilperico, c. 5. (Edición Boretius, I, 8).

(5) *Edicto de Rotario,* 342, cit. Del Giudice, página 470.

(6) Alfred. 13, 2 (Edición Schneid, página 235).

(7) VI, 5, 4.ª: «todavía porque él fizo que se feziere omizilio... e por ende deven amos ver danno, porque el uno fuera razón de muerte por su grado y el otro mató sin su grado». (Edición citada, página 112).

(8) 5, 5.ª: «peche una libra doro a los parientes del muerto, porque lo non quiso ferir ni matar... ca la muerte daquel non deve ser sin venganza». (Edición citada, página 113). Esto por excepción y de ningún modo, como supone Del Giudice (obra citada, página 463), constituyendo la involuntariedad una atenuante.

piensa Dahn (1), por más que no esté declarada en términos generales; ni la ley de los visigodos confunde la culpa con el caso, como las otras leyes bárbaras (2).

Así el Fuero Juzgo es superior á las demás leyes penales germánicas, en quienes el fundamento del delito es exclusivamente el daño, como en el primitivo Derecho germánico (3), donde la falta de voluntariedad no privaba la nota de delito (4). La antítesis del dolo es el caso, llamado «ventura» ú «ocasión» (5), como eximente (6), definida en el Derecho romano (7).

El inductor no es castigado como el autor (8), doctrina constante del Derecho romano (9) y la *Lex romana wisigothorum,* sino con mayor pena, si se añadió

---

(1) *Wes. Est.*, página 143.
(2) Del Giudice, páginas 163 y siguientes.
(3) Schlyter, *Corpus iuris Svo-Gotorum,* V, 25: «Si quis non voluntarie, sed casualiter cuequam vulnus infixerit, non id circo minus integram vulneris recipiet emendationem, cuius dolorem leniri non movit casus potius quam propositum infligendi. Nec ipsum multum interest casum potius quam peopontio laesum esse». Cf. Andrea Sunesen, *Parafrasi del Diritto scionico,* loc. cit., y Del Giudice, páginas 45-460.
(4) Del Giudice, obra citada, páginas 462-463. Cf. página 468: «La Legge visigota e aquella fra tutti i Diritti barbarici che maggiormente si affranca dal predominio dell'elemento oggettivo e che considera la volonta criminossa come essenziale alla figura del reato».
(5) VI, 5, 9: «*Si algun omne mata el sicrvo por alguna ventura* Si el omne libre non por su grado mas por ocasión, etc» (Edición citada, página 113) Cf. LL. 19 y 20. Cf. L. 3.ª: «*Si algun omne mata a otro por empuxo, o por alguna ventura.* Quien mata a otro omne por ocasión o por empuxamiento dotro, etc».
(6) VI, 5.ª 8.ª: «... o el padron mata a aquel que aiuda por ocasion... non deve seer penado ni difumado por el omezilio.» (Edición citada, página 113). VIII 3, 3: «non deve pechar nenguna calomna» página 138) VIII, 3, 4: «non sea tenido del danno» (página 138)
(7) *Collatio* 1, 10. 1: quippe quod adseveret, homicidium se non voluntate, sed casu fortuito fecisse... omni eum metu ac suspicione .. volumus liberari. (Cit. Zeumer, edición crítica, página 273, nota 3).
(8) VI, 5, 12: «Si el omne que faze algún pecado, *o lo conseió,* non deve seer sin pena...» (Edición citada, página 114).
(9) Gayo. *Instituta,* I, 52 53; *Código Theodosiano,* IX, 12.

al consejo la autoridad (1); menor en otro caso (2).

La responsabilidad, que era trascendente en el antiguo Derecho germánico (3), se hace personal en las leyes visigodas (4), como en la de los borgoñones (5). Pero ¡qué diferencia entre la fórmula del Fuero Juzgo (6), que recuerda á la del Digesto (7) y la de los otros godos!

«El pecado muere con el ladrón», dice elocuentemente el Fuero Juzgo (8); pero, si dejó bienes, resti-

---

(1) VI, 5, 12: «E porque el que manda, o conseia fazer omnecillo es más culpado que aquel que lo faze de fecho, por ende establecemos.. que el siervo que fizo el omnecillo, deve recibir CC azotes e seer sennalado laydamientre e los sennores que lo fazen deven seer descabezados.» (página 115).

(2) VI, 5, 12: «Y el omne libre que conseia con otro de fazer omnecillio, aquellos quel dieron alguna ferida, ol mataron deven recibir muerte, e aquellos que lo conseiaron; maguera non fueron con él, reciba cada uno CC azotes por el conseio que dieron, e sean sennalados, e den cada uno dellos L sueldos a los parientes del muerto; e si non ovieren onde los paguen, sean siervos de los parientes del muerto» (página 115).

(3) Cornelii Taciti, *Germania,* (98) Edición Sweiser Sidler, Halle 4.ª 1884; c. XXI. Dahn. *Fehde-Gang und Rechts-Gang der Germanen Bausteine,* Berlín, 1880. II, 76 128. Salvioli *La responsabilitá dell'erede e della famiglia pel delitto del defunto nel suo svolgiment storico,* en *Rivista italiana per le scienze giuridiche,* II (1886), 15 46.

(4) Vid atrás: *Lex antiqua,* página 155, en *Lex Wix.*, VI, 1, 8; (Edición citada, página 256). Cf. *Lex Legum,* Cons. Just. frang. 3.º (Edición citada, página 566).

(5) *Lex Burgundionum.* II, 7: «Hoc specialiter in huiusmodi causa universitas noverit observandum, ut interfecti parentes nullum nisi homicidam persequendum esse cognoscant quia sicut criminosum jubemus extingui, ita nihil molestiae, sustinere patimur innocentem.» Cf. 65.

(6) VI, 1, 8.ª: «*Que aquel solo deve aver la pena que fiziere la culpa* Todos los pecados deven seguir a aquellos que los fazen. Assí que el padre non sea penado por el fiio, ni el fiio por el padre, ni la muier por el marido, ni el marido por la muier, ni el ermano por el ermano, ni el vizino por el vizino, ni el pariente por el pariente non sea penado; mas aquel solo sea penado que fizier el pecado, y el pecado muera con él: e sus fiios, ni sus erederos non sean tenidos por ende.» (Edición académica, página 104).

(7) *Digesto,* XLVIII, 4, 11: «extinguitur crimen mortalitate.»

(8) VIII, 2, 19: «Si algún omne a la buena del ladrón, que ge le mandó él, porque es su pariente más propinquo, porque el pecado fue muerto con el ladrón, este que la buena a, non deve recibir ninguna pena en su cuerpo; mas faga tal emienda qual deve fer el ladrón, si visquies.» (Edición citada, página 124).

tuyasu heredero (1), como en el Derecho romano (2). La miseria espiritual y material eran atenuantes (3); á través de un sentido cristiano de individualización penal (4).

La prescripción penal, que era como la civil (5), de treinta años, no alcanzaba á los reos de incesto y matrimonio ilegal con quebrantamiento de votos (6). La denuncia del ladrón por el cómplice (7) y el arrepentimiento en el quebrantamiento de votos (8) merecen la indulgencia del legislador.

---

(1) Cf. V, 6, 6; VI, 1, 7. (Edición citada, páginas 94, 104). V. Stobbe, en *Jahrbuch* de Bekker y Muther, V, 297, 326 y siguientes; Lewis, *Succession des Erben in die obligationen des Erblasser*, páginas 156 y siguientes.

(2) Gayo, *Institution*, IV, 112: «Est enim certissima iuris regula ex maleficiis poenales actiones in heredem nec competere nec dari solere, veluti furti.. » *Digesto*, XLVII, 1, 1 pr.: «Civilis constitutio est poenalibus actionibus heredes non teneri nec ceteros quidem successores: id circo nec furti conveniri possunt, sed .. ad exibendum actione teneri eos oportet, si possideant». V. Mommsen. *Römisches Strafrecht*, páginas 66, 55 y siguientes.

(3) XII, 1, 1.ª (de Recaredo): «*Cuemo el Rey manda a los iueces que sean mesurados en dar el iuicio.* Nos, que ponemos pena a la maldad de los omnes, qual devemos, conviénenos que ayamos a *los mezquinos*, cuemo pleya a Dios E por esto defendemos a iueces que son de nuestro regno, que han poder de iudgar .. Mas todavía esto le mandamos que contra los *omnes viles, que son pobres*, que atiemplen la pena de las leyes en alguna cosa a los pobres » (Edición académica, página 174, colección 1.ª)

(4) Valdés, *Derecho penal*, edición de 1910, II, 128.

(5) X, 2, 3: «Omnes causae vive bonae sive malae aut etiam criminales, etcétera.» Cf. III, 3, 7. Vid. Geib. *Geschichte des römischen Criminal-process*, Leipzig, 1842, II, 140: Dahn, W. E., 173.

(6) III, 5, 1: «el juez los deporta luego, e los meta en algunos monesterios e fagan siempre penitencia » (Edición citada, página 60); Cf. III, 5, 3: «e sean defamados, e fagan mas fuerte penitencia por siempre en los monesterios *Historia*, página 61); III, 5, 2: y envielos fuera de la tierra, e por ellos bevir luengo tiempo de so uno, non sean escusados (página 61).

(7) VII, 1, 3: Si aquel que descubre el furto, lo sopo quando se facía, si de su voluntad lo descubrió, non deve aver ninguna pena nin deve demandar otro galardón por lo que demuestra (Edición citada, páginas 119-120, composición VI, 1, 3, ídem, página 102).

(8) III, 5, 3: «Mas estos tiramos ende, los que salienron ende por enganno dotri, ó los que tornaren á la orden por su voluntad; todavía si el marido non tomó otra muier, ni la muier otro marido.» (Edición citada, página 61).

Supremo sacerdote de la justicia el rey, hay casos de arbitrio real y aun judicial (1), como en las demás leyes bárbaras (2). Son las penas *arbitrarias* de la Edad Media, análogas al *ius honorarium* y la *poena extra ordinem*, romanos (3), precedentes de la moderna *individualización de la pena.*

La pena.—Tampoco existe en el Fuero Juzgo una definición concreta de la pena. El fin de la ley—de la ley penal debe entenderse—, es la prevención general (4), la intimidación (5), como en las leyes francas (6).

Aparecen, aquí también las penas de privación de

---

(1) II, 1, 7: «Tod omne que apusiere algun mal al príncipe falsa mientre... si fuere persona vil y que non aya nenguna dignidad, faga el príncipe dél *lo que quisiere*, e de sus cosas». (Edición citada, página 12). VII, 6, 2: «Quien face maravedís falsos, ó los rage, ó los cercena .. si fuere siervo... e si despues fuere fallado en tal fecho sea presentado antel iuez, que lo iusticie *cuemo quisier*... E si el que falsa maravedís es omne libre... e si es omne de vil guisa, deve seer siervo de quien el rey mandare.» (Edición citada, página 132).

(2) *Roht.*, 9: «aut qualiter regi placuerit componet», 163: «sit in potestatem regis iudicare quod illi placuerit.» Cf 189; *Lex Bai*, II, 4, 2: «in ducis sit potestate quale poena sustineant.» Capit de Ludovico Pío (año 818 9), capítulo 20: «secundum nostram voluntatem et potestatem diiudicandus est.» (Edición Boretius, I, 285).

(3) Vid. Pessina, en *Actes du Congrés pénitentiaire de Rome*, 1885, I, 107.

(4) Libro 2, 5: «*Porque es fecha la ley*. Esta fué la razón porque fué fecha la ley, que la maldad de los omnes fuese refrenada, por miedo della, e que los buenos visquiesen seguramente entre los malos; e que los malos fuesen penados por la ley, e dexasen de facer mal por el miedo de la pena.» (Edición académica, página 8)

(5) VI, 5, 16: «Y esto establescemos por tal que la maldade de los malos sea refrenada, pues que veyen que non pueden escapar, que non sean penados, dexen si al que non de fazer mal con miedo de pena lo que fazían muchas vezes por su grado ó pudiesen.» (Edición citada, página 117).

(6) *Guntehramni regis edictum* (año 585)... «Quo fiat, ut dum praeterita resecantur scelera, nullus audeat perpetrare futura.» Cap. missum gen. (802), capítulo 33: «...ut caeteri metuum habeant talia perpetrandi.» Cap. Silvac. (833), capítulo 7: «Sic decernatur, ut caeteri metum habean.» (C. Boretius-Krause, I, 10; I, 97; II, 273). A diferencia de la ley borgoñona. Vid. Wilda, obra citada, páginas 488 y siguiente y Brunner, *Abspaltungen der Friedlo sigkeit*, en *Z. f. Rechtsgesch*, II, 587 y siguiente.

los derechos (1), como en el Digesto (2) y en las Capitulares (3).

Establece el principio de la proporcionalidad de las penas (4). Las penas graves, comparadas á fuertes medicinas (5), abundan en este Código. La esclavitud por deudas del antiguo Derecho ibero (6), coincidiendo con una antigua costumbre visigoda (7), se consagra (8).

La faida. — En las leyes visigodas — dice Dahn — no subsiste el Derecho de la faida (9); ¿pero era esto

---

(1) II, 4, 1 (antigua): «Los omizieros, e los sorteros, e los siervos, e los ladrones, e los pecadores, e los que dan yervas, e los que fuerzan les muieres, e los que dieron falso testimonio, e los que van por pedir conseio á las sorteras, estos non deven recebir por testimonio en nenguna manera.» (Edición citada, página 33).

(2) III, 2, 1.

(3) Cap. (miss. aquisgr. primum, 809), capítulos 1, 28 (Edición Boretius, I, 148, 151). Cap francisca, capítulo 8: «Hoc sancimus, ut in palatiis nostris ad accusandum et indicandum et testimonium faciendum non se exhibeant viles personae et infames, histriones scilicet nugatores manzeres (de scurta nati), scurrae, concubinarii neque exturpium feminarum commixtione proyecti aut servi, aut criminosi.» (Edición citada, I, 334).

(4) VI, 2, 2: «Los que facen pecados de muchas maneras, deven ser penados de muchas maneras» (Edición citada, página 105). Cf. VI, 5, 16. «Non nos remenbramos, que fasta en esaquí pusiesemos penas de muchas maneras daquellos que facen los omecillos, segundo cuemo el fecho de cada uno merecía.» (Edición citada, página 116). Cf. VI, 4, 3: «*La muy grand sandez de muchos* omnes es de vengar por mayor pena: que mientras que cada uno teme seer penado por lo que fizier se guarde mas de mal fazer.» (Edición citada, página 108).

(5) Primer título, § XII. «Así como la laga que ye gran eno corpo del omne, non se pode sanar, si non per grandes melecinas, ó por fierro, ó por quemas; así la maldat de aquellos que son endurecidos, non pode seer tollida, si non foren penados por mais graves sentencias.» (Edición citada, página XI)

(6) Véase atrás, página 61, nota.

(7) Dahn, *Historia primitiva,* Barcelona, 1881, libro III, capítulo 4. «El castigo del deudor insolvente era la servidumbre ó esclavitud.» Cf Davond Oghlou, *Histoire de la l'egislation d s anciens Germaines,* Berlín, 1845, *Introd.*, parte CV y sección H., página 28; «el deudor en general se hacía esclavo de su ó sus acreedores, como el multado cuando no podía pagar la multa». Cf. 1, 212; «era adjudicado como esclavo á cada uno de los acreedores.»

(8) V, 4, 5: «Si algún ome es culpado de muchas debdas ó de muchas culpas... deve fazer pagos á cada uno segund aquel deve; e si non, sea siervo de todos... siervo daquellos por la debda.» (Edición académica, página 93).

(9) Dahn, *Westgothische Studien,* página 259. En el mismo

inexistencia legal ó verdadera cesación de hecho? (1). Lo cierto es que, en ciertos casos, sobre todo los que corresponden más exactamente á lo que llamamos hoy delitos privados, como los sexuales, el Fuero Juzgo entrega al culpable á la potestad ilimitada (2) ó limitada (3) del ofendido y su familia.

El mismo Dahn recuerda el caso de lesiones graves, en que el ofendido determina la medida de la reparación (4), donde se refleja una curiosa transición de la faida á la composición (5), á través del talión. La entrega del siervo, forma de la faida aneja á la servidumbre,

---

sentido Walter, *Deutsche Rechtsgeschichte*, 2.ª, Bonn. 1857, II, 372, Masdeu, XI, 119; Köstlin, *Das germanische Strafrecht*, en *Zeits f. d'uts. Rechtsg*. XIV, 378-381; Gutiérrez, página 122.

(1) Del Giudice, obra citada, capítulo III, *Faida e diritto*, página 455.

(2) III, 2. 6: «Nenguna muier non se case con otro marido, cuando el suyo non es en la tierra, fasta que sepa cierta cosa del suyo si es muerto. Otrosi lo deve aquel que quiere casar con ella. E si esto non ficieren, e se ayuntaran, e después viniere el primero marido, amos sean metidos en poder del primer marido, que los puede vender, ó *facer dellos lo que quisiere*.» (Edición académica, página 51, col. 2.ª); 4, 1: «Si algun omne ficiere adulterio con la muier aiena por fuerza, e aquel que lo faze, si a fiios legítimos en otra muier, este solo sea metido en poder daquesta muier forzada, e sus cosas finquen á los fiios legítimos. E si non oviere fiios legítimos que devan aver sus cosas, este sea metido en poder del marido daquella muier con todas sus cosas, *e vénguse en él cuemo él se quisiere*. Mas si el adulterio fuese fecho de la voluntad de la muier, la muier e el adulterador, sean metidos en mano del marido, *e faga dellos lo que quisiere*.» (Edición académica, página 55, col. 1.ª). Cf. LL. 3.ª, 5.ª, 9.ª y 12.ª del mismo título, L. 2, tomo IV, al principio; L. 3.ª, tomo VI, libro IV. («Mas si el siervo... etcétera»).

(3) III, 6, 2: «... e la muier que se casare con él, sabiéndolo que á otra muier, aquesta deve seer metida en poder de la primera muier, que faga della lo que quisiere, *fueras muerte*. E si los fiios provaren este pecado al padre despues de la muerte de la madre, á los mas propinquos parientes si fiios non han esta muier pecador sea metuda en poder dellos, que fagan della lo que quisieren, *si non muerte*.» (Edición citada, página 64). En esclavitud, III, 4, 2, III, 4, 1, 3, 9, 13, VI, 5, 12, 16, 1, 8.

(4) VI, 4, 3: «... e develo castigar además el iuez assi que aquel quien fo ferido, e recibe el tuerto, si quisiere recibir emienda danquel que él fizo, reciba tanto por emienda daquel que ie lo fizo *quanto él lo asmare* (desee) el lo mal que recibió». (Edición citada, página 108, columna 2.ª).

(5) Página 176.

no es para la venganza arbitraria (1) sino en la medida del talión, que aplicará el lesionado ó su familia (2); y esto, no sólo en la *noxae datio* de los siervos (3), sino en los hombres libres (4).

Chindasvinto generalizó el sistema, extendiéndolo á toda clase de lesiones (5) y, lo que es más, á todos los que alegaban ignorancia de la ley (6), lo que Dahn califica de «verdaderamente dracónico» (7).

En la imposibilidad de abolir completamente la faida, fué gran paso el de organizar la acusación, como Derecho y deber de esposos, hijos y parientes (8).

El procedimiento acusatorio era ordinariamente el de la época (9), en Derecho romano (10) y germánico.

El talión.—He aquí como se opera la transición: El talión se eleva en sus funciones, de medida empírica de la pena — límite de la venganza—, á doctrina de la prevención general, como fundamento del Derecho de castigar (11)—límite de la idea de retribución, no menos pasional y peligrosa que el instinto y la psicología del talión surte (12).

---

(1) III, 2, 6.
(2) VI, 1, 2.
(3) VI 1, 4.
(4) VI, 1, 2; VI, 2, 4. Así en el delito de hechizo ó magia: «ut damnum tam in corporibus quam etiam in universis rebus id patiantur quod ei fecisse reperiuntur».
(5) VII, 4, 3.
(6) Idem, 5.
(7) Página 205.
(8) VI 5, 14.
(9) Schäffner, *Geschichte der Rechtsverfassung Frankreichs*, 2.ª Franckfur a. M. 1839, I, 380. Bethen. H. I, 27. Amaral, página 4.2. Masdeu, XI, 94 Dahn, W. E página 263. - En contra Davoud Oghlou, I, 120-125. Gourey, *Uber Freiheit; Leibeigenschaft, Adel* etc., traducción alemana, Gottinga. 1738, página 212.
(10) Tomo IX 1, 3, 4.
(11) VI, 43 (antigua): «*Que los que fieren o legan los ombres de ven meter su cuerpo a otro tal o se avenir con ellos* La muy grand sandez de muchos omnes es de vengar por mayor pena: que mientra que cada uno teme seer penado por lo que fizier, se guarde más del mal fazer». (Edición citada, página 108, columna 2.ª)
(12) Vid. Nadastiny, *Untermenschen, Das jus talionis im Lichte der Kriminalpsychologie*, 1908

Como medida y forma de la pena, el talión se aplicó principalmente á la muerte (1) y por analogía, la muerte por el fuego, al delito de incendio (2); la pena del delito imputado al acusador (3) falso de la *Lex antiqua* (4), que se encuentra aún en el Código penal de 1848, con la pérdida igual de vida ó bienes (5); para el libertador de la prisión preventiva, la pena del libertado (6); al auxiliador del ladrón para la fuga, la pena de éste (7); y la misma pena impuesta en la sentencia al juez prevaricador (8), supervivencia actual del talión en nuestro Código (9).

Se aplicaba también á lesiones é injurias de hecho, sevicias, secuestro, detención ilegal, aparte de la pena (10).

---

(1) VI, 5 17: «... e lo faga morir tal muerte qual él dió al otro» (página 117), «cedem morte». Cf. VI, 5, 18: «el que mata, luego deve morir» (página 118).

(2) VII, 2, 1: «Todo omne que enciende casa aiena en cibdat, o fuera préndalo el iuez, e fagalo quemar» página 126).

(3) II. 4. 6: «Peche a aquel contra quien dixo la falsa testimonia, quantol fizo perder por su falsedad» (Edición citada, página 35), Cf. Código repet., prael. IV, 20, 13: «quidquid damni fecit, ab eo recipiet».

(4) *Lex vis.*, VI, 1, 6 (de Chindasvinto) y VII, 1, 5; Vid atrás, página 159.

(5) Artículo 241: «1.º, Con la pena impuesta al acusado, si este la hubiere sufrido por el falso testimonio» (Edición Pacheco, II, 328). Reformado en 1850. (Véase Supl. de G. Serrano, página 237), Cf. 248 249.

(6) VII. 4, 6: «mas deve facer enmienda por el omnecillo; e por todo el damno que ficiera aquel quien era preso.» (página 128).

(7) Cf. IX, 1, 19: «E si los non pudiere presentar el que los encubrió, reciba él mismo la pena que ellos devían recibir» (página 155).

(8) VII, 4, 5: «El iuez que iusticia el omne de muerte, que non era el culpado, deve morir tal muerte qual él dió al otro que non era culpado» (página 127). Cf. Digesto XLVII, 15, 6: «eadem poena adficiantur».

(9) Art. 361: «la pena impuesta por la sentencia». Cf. L. 21. Dic. 907, año 55. - Cod 1848, art. 269; Cf. Cod. 1850, art. 301. Pacheco lo justifica, II, 403. Otro caso de talión en el Cod. 1870, artículo 205.

(10) VI, 4 3: «cada un omne libre que tirar a otro por cabellos, o semnalar en el rostro o en el cuerpo con correa o con palo, firiéndolo o traéndolo villanamientre por fuerza, o lo metiere en la cárcel o en alguna guarda, o lo mandare a otro prender o legar; aqueste que ésto fizo deve recibir otra tal pena en su cuerpo,

El talión, medida de la pena, tiene una medida á su vez. De aplicarle á ofensas leves—palmada, puñada, coz ó herida de cabeza—«habría mayor daño ó peligro». En este caso, está prohibido el talión (1).

No es un estigma del Fuero Juzgo el talión. Le consagraron los más grandes legisladores del mundo: en Roma, los decenviros (2); Moisés, en Palestina (3); Pitágoras, en la Magna Grecia (4); en Atenas, Solon (5). Kant (6), Benthan (7) y Filangieri (8), le proclamaron como la fórmula penal más justa—de ecuación perfecta—y más eficaz: la que mejor ayuda á la asociación mental delito y pena, base psicológica de la intimidación (9). Se ha hecho su historia (10).

La composición.—Así, por limitación moral de la venganza (regulación de la venganza) á una norma de igualdad, primero material (ojo por ojo, diente por diente, vida por vida) luego representativa (el valor de la lesión ó de la vida), á través de la medida común de los valores, viene la composición (reconocimiento

---

cuemo él fizo, o mandó facer, e develo castigar además el iuez. (Edición citada, página 108).

(1) VI, 4, 3: «non mandamos que este aya otra tal pena como aquel que lo fizier» (página 108)—«prohibemus reddere talionem». (Edición citada, página 264)

(2) *Lex XII Tabulas*, § VIII (Edición Dirksen).

(3) *Deut.*, XIX, 21; *Exod.*, XXI, 24; *Levit.*, XXIV, 19 y 20; *Evang. S. M th.*, V, 38.

(4) Vid. Vico, *Scienza nova*, Lib. IV. Filangieri, *Scienza della legislazione*, III, 95, nota 3.

(5) Diógenes Lacreio, *In Solone*, Libro I, capítulo LVII. Ant. Thys, *Colletio atticarum et romanarum legis*, en *Theaurus antiquitatum graecarum*, de J. Gronovio, V (1898, 1839.

(6) *Metaphysische Anfagsgründe der Rechtslehre* 1er Teil, *Mataphisik der Sittens*, 2ª parte, § 49, E, I: «Nur das Wiedervergelttungrecht *(justalionis)*.. Kann die Quantität und Qualität der Strafe bestimmt angeben» (Edición Vorländer, Leipzig, Dürz, 1907, página 159.) Hay una mala tradución española.

(7) *Tratados de derecho civil y penal*, tradución Salas, II, 178.

(8) *Sciensa della legislazione*, loc. cit.

(9) Vid. una brillante defensa en Chassan, *Essai sur la Symbolique du droit*, París, Viderog, 1847, páginas 198, 201.

(10) Günther, *Die Idee der Wiedervergeltung in der Geschichte und Philosophie des Strafrecht*, Erlangen, 1889-1896, 3 vols.

del Derecho penal privado, negación de la práctica penal privada), con sus célebres tarifas (1). Es la métrica penal.

Era un progreso, porque el sistema de composición puede mejor y con la más precisa igualdad medir las gradaciones del delito (2). Era eficaz, y á él se vuelve, á través de la doctrina penal de la indemnización (3).

En la muerte de un ingenuo, por animal doméstico, el precio de la composición, según la edad, era:

Hombres:	75 >	años	100	sueldos.
	50—75	»	200	»
	20—50	»	300	»
	15—20	»	150	»
	> 14	»	140	»
	> 13	»	130	»
	> 11	»	110	»
	> 10	»	110	»
	7— 9	»	90	»
	4— 6	»	80	»
	2— 3	»	70	»
	1	»	60	»
Mujeres:	60 >	»	100	»

(1) VI. 4, 3 (antigua): «por oio sacado peche C sueldos; e si por ventura viere algun poco aquel que es ferido en el oio, el que lo firio peche una libra de oro al ferido... E a quien fieren en los renes (riñones) quel fazen corcobado pechenl C sueldos por emienda. E quien taia mano, o por ferida faze que non pueda fazer provecho, péchele C sueldos por emienda. A quien taiaren el pulgar deve aver L sueldos por emienda: por el otro siguiente dedo deve pechar XL sueldos por emienda: por el tercero deve pechar XXX sueldos: por el quarto XX sueldos: por el quinto X sueldos. Otro tanto deve pechar por los dedos de los piedes. Por cada un diente quebrantado deve pechar XII sueldos. A quien quebrantaren pierna, ol fazen dela seer coxo, reciba una libra doro por emienda, etc.» (Edición citada, páginas 108 109).

(2) Wilda, *Das Strafrecht der Germanen*, página 484.

(3) Garofalo, *Criminología*, edición francesa, páginas 400-401; *Rappor au Congrés pénitentiaire international*, Roma, 1885, *Riparatione alle vittime dei delitti*, Turín, 1887, Fioretti, en *Actes du 1er Congrés d'anthropologie criminelle*, Roma, 1887.

40—60	»	200	»	
15—40	»	250	»	(Cod. Leg. 150).
1—15	»	la mitad que un muchacho (1).		

La tarifa para las lesiones (VI, 4, 1), según el sistema decimal, era así:

I. Autor libre—lesionado libre:
golpe en la cabeza *(pro livore)*. . . 5 sueldos.
desgarre de la piel *(cute rupta)*. . . 10 »
herida hasta el hueso *(plaga usque ad ossen)*. . . . . 20 »
ruptura de hueso *(pro osse fracto)*. 100 »

II. Autor libre—lesionado esclavo:
La mitad que en el número I.

III. Autor esclavo—lesionado esclavo:
La tercera parte y 50 manotadas.

IV. Autor esclavo—lesionado libre:
La tarifa I y 70 manotadas (2).

Pero resulta que al pago de la composición, se añade, en los casos III y IV, el castigo privado al siervo; lo que supone la entrega al señor del siervo (III) ó al hombre libre (IV) á quien hirió. Si el señor se niega á la composición *(componere)*, queda sólo la entrega *(tradere)* (3), es decir, la faida que sobrevive á través de la esclavitud.

Así venganza, talión, composición, son las tres fases sucesivas de la evolución del Derecho penal en el mundo antiguo (4); como intimidación, eliminación y corrección, son las tres fases modernas de la penalidad.

Procedimiento.—Admite en un solo caso (5) las *or-*

---

(1) Dahn, *West. Stud.*, página 175, modificada por nosotros.
(2) Dahn, página 176.
(3) VI, 4, 1; 9-11; VI, 3, 6. Véase Dahn, página 176.
(4) Königswarter, *La vengeance, le talion et les compositions*, en *Revue de législation et de jurisprudence*, XXXIV y XXXV, París, 1849.
(5) VI, 1, 3 (ed. lat., II, 1, 82): «que sea trahido antel iuez, e sea constrinnido cuemo manda la ley caldaria. E si el fecho fuere

dalias ó juicios de Dios (1), cuyo ritual vimos en el suplemento á la *Lex antiqua* (2). En cambio, han desaparecido los duelos judiciales (3).

Existía la *publicidad*, no sólo en la ejecución de las

---

manifiesto, el iuez lo mande tormentar; e si lo confessar, faga enmienda cuemo manda la ley de suso; e si se purgar segund cuemo manda la ley caldaria el que lo acuso non deve aver nenguna pena». (Edición citada, página 102, columna 1ª). Véase Dahn, *Studien zur Geschichte der germanischen Gottesurtheile*, (Estudios para la Historia de los juicios de Dios en Germania), Munich. 1857; Pfalz, *Die germanische Ordalien*, Leipzig, 1865; Du Boys, página 526, nota 2. Es de advertir que esta ley falta en algún Códice (véase Edición académica, página 102, nota 2). Gutiérrez, obra citada, página 142, dice que «es dudoso que el Libro de los Jueces aprobase este medio de justificación»; Peréz Hernández citado Gutiérrez, página 144) que «el Código visigodo los había repudiado» y Morón (Cf. Gutiérrez, página 145) que «fueron desconocidos durante la monarquía visigoda», recordándose un solo caso de aplicación: el de Montano, obispo de Toledo, que acusado de incontinencia, «dijo misa un día con ascuas vivas en el seno sin que se apagase el fuego ni se quemasen las vestiduras»; que refiere A. de Morales (*Crónica general*, libro XI, capítulo 48, § 4: *El Arzobispo de Toledo Montano y el gran milagro que Nuestro Señor mostró por él*). Martínez Marina cree que esta ley es adición de la época en que se abusó de estas pruebas en León, Castilla y Navarra, donde se escribió el códice vigiliano, de donde la ha tomado la edición de la Academia (*Ensayo histórico*, edición 1808, página 231). Le sigue Muñoz y Romero, mal documentado *Colección de fueros*, página 22, nota), rectificados por Villa Amil y Castro, *Del uso de las pruebas judiciales llamadas vulgares*, en *Boletín histórico*, 2.ª, Madrid. Aribau y Compañía, 1885 páginas 3 y 4. Las autorizaba ya en 596 el Concilio II de Zaragoza (Véase adelante). Lardizabal y Pacheco opinan que no fueron introducidas hasta la Reconquista (Véase adelante). Cf. Campo y Abril, I 107. En contra, el mismo Ambrosio de Morales (*Crónica*, XI, 48, §§ 5 y siguientes), Mariana (*Historia*, libro V, capitulo 7), Prieto y Sotelo (*Historia*, capítulo 9), Sempere (*Historia*, páginas 110-112), que se apoyan en la leyenda de Montano (menos Sempere) para afirmar que de aquí tomó origen entre los visigodos «la costumbre errónea de estas pruebas, luego puestas en leyes».

(1) Ducange, *Glossarium med. et inf. latinitatis*, Verb. *Judicium Dei*, III (París, Didot, 1844), 917, col. 2.ª Muratori, obra citada, Disc. 38.

(2) Véase atrás, páginas 158 y 159, nota 1.

(3) Ulloa, *Sobre los duelos*, en *Tratado de cronología para la Historia de España*, Madrid, Academia histórica matritense, II, 1796, página 43; Gaupp, *Das alte Gesetz der Thüringer*, Breslau, 1834, página 5; Dahn, W E., 1874, página 259. En contra, Davoud Oghlou, *Histoire de la ligislation chez les anciens Germains*, París, 1845, I, 9 y Du Boys, I, 519. Cf. traducción española, página 526.

penas (1) y del tormento (2), sino para el interrogatorio de los brujos (3), prueba de la clase en las heridas (4), juramento en una verificación del juez, con el fin de determinar el número de testigos (5).

¡Con qué delicadeza advierte al juez su deber de examinar antes que nada los hechos, en la *prueba*, no exigiendo «livianamente» (6) el juramento cuando hay testimonios ó hay escritos!

Al precepto sigue la sanción. La penalidad de la *delincuencia judicial* — exacciones ilegales, prevaricación—, establecida por el *Edictium regis* y la ley de Teudis (7), se agrava. Recaredo había duplicado el importe de la multa, más la destitución, poniendo á los sacerdotes por fiscales (8); Chindas-

---

(1) VIII, 3, 6; VI, 2, 3: «publice flagella suscipiat»; VIII, 3, 10: «publice extensus»; VI 2, 3; II, 1, 9; 2, 9: «in populi conventu»; IX, 3, 3: «in conventu publice»; III, 3, 4: «in praesentian aliorum»; III, 1, 3; IV, 5, 1: (ante el juez); III, 3, 1: «in conspectu omnium publice»; III, 3, 17: «publice verberetur discussa ante judicem». A veces, parcialmente según las circunstancias; así IX, 2, 4: «in conspectu certantium»; VII, 4, 7, «non in absconsis locis... in conventu publico», con el fin de la intimidación: III, 4, 17.

(2) VI, 2: «honesti viri».

(3) VI, 2, 3: en el Códex Legionense.

(4) VI, 1, 4; otras veces (4, 8): sólo ante el juez.

(5) VIII, 2, 1. Véase Dahn, W. E., página 261.

(6) II, 1, 21 (Recesvinto): «El iuez que bien quisiere oyr el pleyto, deve primeramente saber la verdad de los testimonios, si los oviesen en el pleyto, o del escripto si la y oviere, e non deve venir al sagramiento de las partes, nin las deve coniurar livianamente. Ca esto semeia mayor derecho que el escripto venga primeramientre por saber la verdad, e después venga el iuramento si fuese menester. Et mandamos que en los pleytos sea dado el sagramiento de las partes cuando non pudier seer provado por testigos, ni por escripto». (Edición de *La Publicidad*, páginas 111 y 112.)

(7) Véase atrás, páginas 151-168.

(8) XII, 1, 2: «E si algún iuez esta nuestra constitución non quisiere guardar, pierde su dignidade e demas peche al rey *diez libras de oro*. E los sacerdotes aquello mandamos en poder Dios pues que sopieren que los iueces non quieren guardar esta nuestra ley, si lo non ficieren a nos luego saber, sepan que ellos habrán la pena que fué establecida en el conceio, e de mas entréguenle de suyo quanto perdieren los pobres, porque lo non quisieron decir». (Edición citada, página 175) Cf. *Concilii Toletani III*, año 689, *Recaredo regnante celebrati*, cans. 18, 21. (Zeumer,

vinto (1) obliga al juez á indemnizar al perjudicado y, subsidiariamente, á sufrir cincuenta azotes (2) ó quedar en esclavitud (3).

Derecho científico.—El Derecho científico tiene escasa importancia en esta época. Las definiciones de las diversas especies de delitos y penas dadas por San Isidoro de Sevilla (4), el mayor sabio de entonces, ó son decididamente equivocadas ó están tomadas del Derecho romano antiguo (5).

Derecho consuetudinario.—Con ser tan brillante el cuadro de la legislación visigoda hay derecho á pensar que era aún más rico y vigoroso su Derecho consuetudinario (6), que en muchos puntos contradice á los prin-

---

Edición crítica, página 407, nota 1). Véase G. Kaufmann, *Deutsche Geschichte,* II, 411, 3; Dahn, *Die Könige,* VI, 300, 304 y 341.

(1) Así dicen Cárdenas y Fita, *De lege theudiana,* pág. XXI; pero en la edición de la Academia esta ley figura como de Flavio Rescindo (página 18), y en la de Zeumer como *antigua,* en la redacción de Ervigio (páginas 68 y 69).

(2) II, 1, 19 (Edición Zeumer, II, 1, 21): «... e el iuez por que iudgó contra verdad peche otro tanto de lo suyo sin entrega daquella cosa que levó, que deve entregar, e si non oviere otro tanto, cuemo mando levar, que non pueda facer enmienda. Si el que non peche todo quanto oviere por enmienda. E si ninguna cosa non oviere onde pueda facer enmienda, reciba L azotes paladinamente.» (Edición citada, página 18). Cf., en lo primero, II, 1, 24 de Chindasvinto (página 20).

(3) Edición Zeumer, II, 1, 21, *Antiqua* Recc.: «Quod si non habuerit unde componat, cum his, que habere dinoscitur, ipse iudex illi, cui componere debuit, subiaceat serviturus» (página 69).

(4) *Etimologicarum,* libro V; *De legibus,* capítulos 26, 27; *Opera,* Matriti, ex tip reg. MDXCIX, páginas 86-89.

(5) Amaral, *Sobre o estado civil da Lusitania desde a entrada dos povos de Norte àte à dos Arabes,* en *Memorias de literatura portuguesa,* Lisboa, 1796, página 340; Lafuente, II, 511; Morón, *Curso de Historia de la civilización de España,* Madrid, 1841, II, 296; La Serna y Montalbán, I, 61 64; Du Boys, I, 515 543; Fauriel, *Histoire de la Gaule méridionale sous la domination des conquérants Germains,* París, 1836, I, 504; Manresa, 105; Dahn, *West. Stud.,* 141. Reconoce su falta de originalidad y errores Menéndez y Pelayo, *Estudios de crítica literaria.* Madrid, 1884, páginas 137 y siguiente

(6) Marqués de Pidal, sección XVI (al fin). «Este Código (el Fuero Juzgo) no es, con todo, en mi opinión el representante fiel de *todo el Derecho germánico español de aquella época, pues había costumbres, leyes y prácticas de que no se hace en él mención, y que, sin embargo, existían ya y existieron en lo sucesivo y se*

cipios jurídicos de la *Lex wisigothorum* (1), tan interesante para el estudio comparado del Derecho alemán (2).

En las *Fórmulas visigóticas* (3), (Época de Sisebuto: 615-620), descubiertas por el español Ambrosio de

---

desarrollaron poderosamente cuando les faltó la presión de los obispos y la de la unidad nacional y cuando volvió el espíritu de localidad á revivir después de la invasión de los árabes» (página 232). Por desgracia las notables *Lecciones* del Marqués de Pidal se suspendieron en 1842, no alcanzando á la época de los fueros, donde era de esperar la prometida demostración sobre cuestión tan importante. En el mismo sentido Muñoz y Romero, en su *Discurso de recepción en la Academia de la Historia.* Estas adivinaciones han sido confirmadas á través del método comparado por Ficker, *Ueber nähere Verbandschaft zwischen spanisch-gotischen und norwegisch-isländiches Recht,* Insbruck, 1887, en *Mitteilungen des Institut für österreichische Geschichtsforschung,* 1888. También Jovellanos (1785). Edición citada, página 456, col. 2.ª, dedicaba á las «Costumbres de España bajo la dominación de los godos», el artículo II, sección L, parte 2.ª de su *Plan;* Lardizábal, encargado por la Real Academia de cumplir esta misión, no se ocupó del asunto á que se refería Jovellanos. Tal vez á este particular, entre otros, aludía el anotador de sus obras, D. Cándido Nocedal, cuando decía: «Discurso excelente, pero no llena del todo las miras que el Autor se había propuesto en este plan.» (Edición citada, página 456, col. 2.ª n.)

(1) Pidal, *Lecciones* (1841-42), páginas 232 y 233-300; Laboulage, *Recherches sur la condition civile et politique des fumes depuis les Romains juqu'à nos jours,* París, 1843, página 421; J. Grimm, en *Zeits. f. deuts. Rechts.,* V (1847), 27; Muñoz, *Disc.* (1860), páginas 7, 36-49 y siguientes; Herculano, *Opúsculos,* 2.ª, Lisboa, 1886, página 289; G. Barrós, *H. da administracao publica em Portugal,* I, Lisboa, 1885, 28 y siguiente; Gide, *Etude sur la condition privée de la femme,* 2.ª, París, 1885, página 312; P. Pujol, *Historia,* I (1896), 528; Hinojosa, *Das germanische Element,* página 283, nota.

(2) Ficker, obra citada, 1888; Cf. Amira, en *Literaturblatt für germanische und romanische Philologie,* IV (1888) y *Grundriss des germanischen Rech'es,* 2.ª, Strasburgo, 1907, página 7; Maurer, en *Kritische Vierteljahrschrift für Gesetzgebung und Rechtswisseuschaft,* XXX (1889), 195; Brunner, *Grundzüge der deutschen Rechtsgeschichte,* 4.ª, Leipzig, 1910, página 50, y *Deutsche Rechtsgeschichte,* 2.ª, I (Leipzig, 1906), 494; Schmann, *Rezeptionen germanischer Rechte,* Rostok, 1905, página 13; Viscogradeff, *Roman Law in mediaeval Europe,* Londres, 1909, página 21.

(3) Primera edición Rozière, *Formules Wisigothiques inédites, publiées d'après un manuscrit de la bibliotheque de Madrid,* París, 1854; 2.ª, Biedenweg, *Commentatio ad formulas Visigothicas novissimé repertas,* Berolini, 1856; 3.ª, Marichalar y Manrique (1865), II, 37-86; 4.ª, Zeumer, *Formulae merovingici et Karolini aevi,* Hannoverae, 1886, páginas 572-595.

Morales (1) en 1572 y publicadas tres siglos más tarde por un francés (2), es donde se refleja mejor el Derecho español de la Edad Media, en la interesante evolución del romano al gótico. Allí se hace alusión á penas impuestas por el otorgante contra el que negaba la ingenuidad de los libertos (3), de acuerdo con el Derecho romano (4), y contra el que se oponga á una donación hecha á la Iglesia (5). En todas ellas, aparte maldicio-

---

(1) En la Catedral de Oviedo, realizando un viaje científico de orden de Felipe II. Se atribuye el manuscrito al obispo Pelayo, que ocupó la silla de Oviedo desde 1105 á 1129, y existe en la Biblioteca Nacional, sig., F. 58 de manuscritos. (V. A. de Morales, *Crónica general de España*, libros XI, XII, y Florez Risco, *Noticias que escribió Antonio de Morales*, etc, *España Sagrada* (1793) XXXVIII (Apéndice XI), 367 y 369 Verosimilmente, las hizo Munio, monje de Sahagún (siglo XII), escribiente del primer Becerro de Sahagún, con el que algunas concuerdan. (Nota del Sr Martín Minguez, que posee una colección de ellas.)

(2) Marichalar y Manrique, II, 38: «Por ese abandono y descuido tan frecuente en España, y que ruboriza á los que aprecian cual se merecen nuestros antiguos monumentos científicos, esta colección de XLVI fórmulas se ha impreso la primera vez en París, el año 1854, por M. Eugene Rocière. Tenemos, pues, el sentimiento al reproducirlas, de no ser los primeros que las damos á la estampa.»

(3) *Fórmula* I (sin encabezamiento): «.. posterum denique ne iquietudo in vos áliqua incubat, ant contra hoc factum nostrum irrita adversitas impugnet, tali maluimus judicio presenti tramiti poena subjungere. Sit ille Deus reus, sit á sancta communione alienus, sit á consorcio justorum extraneus, sit á grege catholico segregatus, atque dum ille tremende examinationis judicii dies illuxerit, inter impiorum cruciamenta sortis Jude damna sustineát, inter crepitantibus fiammis aeternis conflagretur incendiis, sitque era hominibus manendo obnoxius.» (Edición Marichalar, II, 42). *Formulario* V, *Alia:* «Quod si forte, quod fieri non credo, contra hanc libertatem aut ego aut quiqumque venire templaverit, primitus juditium Dei incurrat, et á sacrosanto altario efficiatur extraneus, et sicut Datan et Abiron vivus in infernum descendat, et cum Judam Scarioth participium sumat, et sinsuper inferat vobis auri libras tantas, et nec sic quoque hanc libertatem inrumpere permitatur.» (Edición citada, II, 15).

(4) Paulo, *Sent.*, libro V: «Qui de ingenuitate cognoscunt, de calumnia ejus, qui temere controversiam movit, admodum exilii possunt ferre sententiam.» *Fórmula* VI, *Alia:* «Si quis vero, quod fieri non reor, ex adverso consurgens contra hujus epistolae materiem venire conaverit, sacrilegii erimine tenatur obnoxius, et nec sic hujus paginae valeat fundamenta disrumpere.» (Edición citada, II, 46 47) Cf. Colet IV, causas 68, 73 y 74.

(5) *Fórmula* VII. «Si quis sane, quod fieri non reor, contra

nes y excomuniones más ó menos serias, se descubre la extraña facultad de sanción que la práctica autorizó sin duda á los particulares, bien distinta de la simple cláusula penal, pena convencional de nuestro Derecho civil de obligaciones (1).

Tan terminante es á veces (2), que el glosador, en las márgenes del Códice, supone que se trata de documento otorgado por un rey.

A veces, el otorgante, previniendo el incumplimiento, se impone á sí mismo penas, no ya pecuniarias (3), sino de pérdida de la libertad (4); de acuerdo con el principio exclusivo del Derecho godo, según el cual es cada uno dueño de mejorar ó empeorar de condición (5) y,

---

hanc nostrae oblationis cartulan venire conaverit, stante hujus cartulae firmitatem, aliud tantum, quantum obtulimus ecclesiae vestrae, ex suo proprio gloriae vestrae vold ad cultores vestros persolvat, et Juditium Jude Scariotis sumat, ut in ejus condemnatione communem habeat participium, ac in adventum Domini sit anathema maranatha, vel in hoc seculo exors ab omni etc.» (Edición citada, página 52).

(1) Ley 34, título 11, Partida V; 1.ª, título 11, libro II. N. R.; Proyecto Código civil, 1851, artículos 1.079-1.085; Código civil, 1.152-1.155: Código de comercio, 56.

(2) *Fórmula* X, *Alia:* Offerre quippe liceat peccatori pro enmendatione criminum, pro amissa culpa facinorum, pro amputandis moribus, quo propius imprimimur, delictorum ut com missa, etc. (Edición citada, II, 52).

(3) *Fórmula* XXXVIII, *Cautione:* «Qui si minime fecere et diem hujus meae cautionis excessero, juratus dico per hoc et illud quia liceat tibi cautionen meam cui tu ipse volueris tradere et ad libito mihi executare supra dicta pecunia una cum beneficio suo dupplicata cogar exolvere.» (Edición citada, páginas 79-80).

(4) *Fórmula* XLV, *Placitum:* «Quod si, inmutata voluntate, ab ea, que promito, destinare tentavero, et ad alia loca transire ausus fuero, juratim dico por aeternitatem supernae suumque terribilem futuri juditii diem quia liberum habeat vestra potestas vestrique successores incautam meam persequi voluntatem et ad jus revocare sancte censure decus» (Edición citada, página 85).

(5) Cf. *Form.* XXXII, *Cartula objurgationis:* «Domino semperque meo illi ille. Licet sanctione legum sit constitutum, tamen nullus pro sua voluntate suum estatum deteriorat: sed quotiens prae legitimam quis suam portando personam necesitate vel miseria aliqua laborare videtur, sua causa constringitur de suum statum qualem vult ferre juditium. utrum *meliorandi an deteriorandi liberam habeat potestatem.* Ideoque propiae mecum deliberavi ut statum meum venumdandum preposui, etc.» (Edición

por lo tanto, de venderse, como en el *Fuero juzgo* (1).

Análogas á las francesas (2) y merovingias (3), estas fórmulas reflejan, en páginas oscuras é inestimadas (4) la vida del Derecho en esta época.

Las *Capitulares* de los reyes francos (5), que estuvieron vigentes en parte de la península, contienen interesantes disposiciones penales.

En la *Constitutio de Hispanis,* de Ludovico Pío (año 815), se halla la enumeración más completa de los crímenes, como causas mayores (6). El *Preceptum pro Hispanis* (año 844), de Carlos II, exceptúa de los beneficios de la jurisdicción nacional, en materia criminal, los tres crímenes de homicidio, rapto é incendio, por los cuales quedaban los españoles sujetos á la jurisdicción francesa (7).

---

citada, página 74). Véase Marichalar y Manrique, comentario, locución citada.

(1) *Fuero Juzgo* V, 4, 11: «Si el home libre sufre que lo vendan (*Escurialense* 1.°: «omne libre que deuesa ser vendido, é lo manda á otri que lo venda por partir el precio») et partir el precio con aquel quel vende si quisiere después seer libre, non deve seer, mas deve fincar por siervo; ca non es derecho que aquel sea libre, que quiso seer siervo, etc.» (Edición académica, página 87, col. 1.ª)—Véase Cárdenas, *Introducción* (1884) I, p. XL.

(2) Edición de Rozière, *Recueil général des formules usitées dans l'empire des Frances du V au X siècle*, 3 volúmenes. París, 1859-71.

(3) Zeumer, *Formulae Merovingici et Karolini aevi,* en *Mon. Germ.*, V, 1886.

(4) Altamira, *Historia del Derecho español* (1903), página 85.

(5) Boretius-Krause, *Capitularia regúm Francorum,* I (1881) y II (1897), en *Mon. Germ. hist.*

(6) Capítulo 2: «Causae maiores . homicidia, raptus, incendia, depraedationes, membrorum amputationes, furta, latrocinia, alicuarum rerum invasiones» (Edición Boretius, I, 262).

(7) Capítulo 3 (Edición citada, II, 259). Véase Del Giudice, página 461 ed.

Derecho canónico.

BIBLIOGRAFÍA.—*a) Fuentes:* 1.ª ed. García Loaisa, *Collectio Conciliorum Hispaniae,* 1598. 2.ª Aguirre, *Collectio maxima Conciliorum Hispaniae, et novi orbis,* Romae, 1693, tomo III. 3.ª Cenni, *Codex veterum Canonum Ecclesiae Hispanae,* Romae, 1739. I y II. 4.ª J. Catalani, *Coll. max. conc. omnium Hispaniae,* Romae, 1753. 5.ª P. M. Villanuño, *Summa conciliorum Hispaniae, notis novisque dissertationibus adornata,* Madrid, 1785, 4 vols. 6.ª F. Antonio González, *Collectio canonum Ecclesiae Hispan ae, ex probatissimis et pervetustis codicibus* Matriti, ex Typograhpia regia. 1808 1821. 7.ª *Colección de cánones de la Iglesia española, con notas é ilustraciones,* por D. Juan Tejada y Ramiro, Madrid. Imprenta de José María Alonso, 1849 1855, 211-588. Luis Blanco, *Noticia de las antiguas y genuinas colecciones canónicas inéditas de la Iglesia española,* Madrid, 1798. *b)* Trabajos: Florez, *España Sagrada,* 2.ª 1773, VI, 13 211. C. Cenni, *De antiquitatibus Ecclesiae Hispaniae Dissertationes,* 1741 Alfonso Clemente de Arostegui. *Historia Eccl. Hisp. excolenda exhortatio ad Hispanos,* Roma, 1747, en La Fuente, *Historia ecles.,* 2.ª I 285 292. La Serna Santander, *Prefatio historico-critico in veram et genuinam collectionen veterum Canonum Ecclesiae Hispaniae.* Bruselas, 1800. La Fuente, *Historia eclesiástica de España,* 2.ª Madrid, 1873, II, 232-350. Hefele, *Conciliengeschichte,* 2.ª Friburgo i. B. 1873. Gams, *Kirchengeschichte von Hispanien,* Ratisbona, 1864, Maassen, *Geschichte der Quellen und der Literatur der canonischen Rechts im Abendland.* Dahn, *Die Werfassung der Westgothen,* 2.ª Leipzig, 1885. M Pelayo, *Historia de los heterodoxos españoles,* 1.ª Madrid, 1877, I, 163-227.

Empecemos por evocar la consanguinidad de aquel estrecho parentesco, entre la Iglesia y el Estado (1), en que las leyes civiles llevan sanción canónica (2), tan eficaz entonces, y llevan las canónicas sanción civil (3);

---

(1) No la Nación, que también lo eran los judíos, tan perseguidos en España.

(2) *Concilium Toletanum,* IV, canon 75: «Qui contra hanc vestram definitionem praesumsserit, anathema sit.» (Tejada, II, 313.) Cf. Tolet., XVI, canon 10 (II, 580); y los cánones de los Concilios en confirmación de leyes: XII, 9: *De confirmatione legum quae in judaeorum nequitiam promulgatae sunt:* (II, 476-478). Respecto al V, véase Sotelo, libro II, capítulo 15.

(3) Por primera vez Egica., Tolet., XVII, tom. reg. n. 6: «Sic

ejemplo de cooperación legislativa en que éstas imitan á las civiles en su forma y en que «la ley civil, á imitación de la Romana, acepta numerosos principios de aquélla, dictando disposiciones que del orden eclesiástico trascienden al secular» (1); régimen de sociedad, más que de protección, en que la Iglesia gana en poder todo lo que pierde en independencia (2). Doble represión que ponderan San Agustín (3) y San Isidoro (4) y definirá el Concilio VII (5).

El Derecho penal de la España goda florece en los Concilios nacionales de Toledo (6), asambleas mixtas, eclesiástico-políticas (7), de donde surten á la vez, un

---

quoque ut quid de illis... canónica vestri coetus setentia ..: quod nostra legis censura perpetius stabire manere decernat (II, 594) *Const.*, cap. I, y las leyes en confirmación de los Concilios de Toledo; III, *Edictum regis in confirmatione concilii* (Tejada, II, 251); IV, canon 75 (II, 313); XII, *Edictum in confirmatione* (II, 483); XIII, *De conformatione concilii Totalani duodecimi* (II, 505, 506); Cf. F. J., XII, 1, 3 (Edición académica, páginas 140 y 141, nota Edición crítica, página 408 ; XIV, *Lex in conf. conc.* (II, 517-519); XV, *Lex in conf. conc. gen.* (II, 549); XVI, *Lex edita in conf.* (II, 582, 582); XVII, *Lex in conf. edit.* (II, 605).

(1) Ureña, *Historia*, II, 422 y 423.

(2) Ch. Revillout, *De l'arrianisme dans les peuples germaniques*. París, página 256

(3) *Lib. III contra Crescon*, capítulo 51: In hoc Reges... mala prohibeant, non solum quae pertinent ad humanam societatem. verum etiam quae ad divinam Religionem, Cf. Epist., 185; Al., L, capítulo 6. Cf., S. León, Epist. 75, in Conc Calcedonense part. III, capítulo 51: «ut ausus nefarios comprimenda, ad Ecclesiae praesidium, etc.»

(4) *Sentent.*, lib. III, cap. 51: «...Potestas hoc imperit per disciplinae terrórem. Saepe per reguum terrenum celeste reguum proficit, ut qui intra Ecclesiam positi contra fidem et disciplinam Ecclesiae agunt, rigore Principum conterantur, etc.» Cf. Flórez, VI, 25.

(5) Canon 1: «...quam ut mundana lege et ecclesiástica convenit instanter disciplina corrigere.» (II, 351).

(6) Morales, libro II, capítulos 3, 53. Villadiego, *Forus antiquus gothorum*, Matriti, Madrigal, 1600; *Chron.*, página 35, *Exord.*, página 6.

(7) Marina, *Teoría de las Cortes de León y de Castilla*. Madrid, 1813, parte 1.ª, capítulo 1.° Cf. Thomasino, *Vetera et nova disciplina*, libro III, capítulo 50 nota 10. Lardizábal, *Prólogo*, página XXII. Balmes, *El protestantismo comparado con el catolicismo*, IV, capítulo LXI Salazar, *Derecho canónico*. 2.ª Madrid, 1883, I, 270. Ureña, *Historia* II, 424 y siguiente. V. Gibbon, *Histoire de la chûte de l'empire romain*. París, 1789, IX, 118. En con-

Derecho canónico nacional y un Derecho político cristiano, fruto de la alianza entre la Iglesia y el Estado, en la conjunción feliz de la Religión y de la Patria.

La Historia de los Concilios de Toledo, especialmente del IV al XVI, es la Historia interna de la legislación española recopilada en el Fuero Juzgo, á través de los llamados «nomocánones» ó cánones-leyes (1).

Resumen de leyes romanas, costumbres germánicas y cánones conciliares, el Fuero Juzgo es la obra de los Concilios (2). Tiene cada uno su fisonomía, su personalidad político-penal. En cada uno nace ó culmina la evolución de una institución, curiosa metamorfosis de canon religioso á ley civil.

El III° Concilio de Toledo (año 586), convocado por Recaredo—nuevo Constantino godo—, es el primero de esta serie. Después de los anatemas contra el arrianismo (3)—albor de la fe católica en la conciencia nacional—, entra la disciplina en las costumbres. Establecido el celibato eclesiástico en España (4), antes que en parte

---

tra, Cenni, II. Dis. 4, capítulo 4; Flórez, VI, 38 y siguiente; La Fuente, II, 353 y siguiente; Sempere *Historia del Derecho español*, páginas 69-75 y *Constitución gótico hispana*.

(1) Trasladados ó referidos en aquella complicación, aunque no á la letra, porque «los compiladores del Fuero Juzgo gozaban de la misma autoridad para dar nomocánones que sus predecesores.» (La Fuente, II, 359, nota 2). Sempere censura estas alteraciones. (*Historia del Derecho español*, página 89). Respecto á su justificación, V. Pacheco, *Discurso preliminar;* folios 40 y siguientes y La Fuente, Historia, II, 349 y siguientes. Hasta los cánones de los Concilios provinciales como el Hispalense, II (San Isidoro, 13 Noviembre, 619) estaban redactados en estilo análogo al de las leyes civiles. V. Hefele. *Conciliengeschichte,* traducción francesa, París, Adrien, 1870, III, 613.

(2) Sempere, *Historia*, páginas 88-89: «Sus recopiladores y aun los verdaderos autores de gran parte de sus leyes fueron eclesiásticos, como lo dan bien á entender las varias comisiones á los Concilios para su formación, y las alteraciones que se han notado en algunas, comparadas con sus originales, á favor de la autoridad sacerdotal.»

(3) *Damnatio Arrianae haeresis.* (Edición citada, II, 226-228). Semejantes á las del I (año 400) contra el priscilianismo: *Regulae fidei catholicae contra omnes haereses, et quam maxime contra Priscilianos.* (Edición citada, II, 182-184).

(4) Concilio Elvira (año 324), canon 33: *De episcopis et minis-*

alguna; se dispone que les sean vendidas las concubinas á los clérigos, nueva pena de esclavitud (1) que confirmarán los Concilios IV° (2) y VIII° (3) y Recesvinto hace ley (4). A ellos se les recluía en penitencia temporal (5) ó perpetua (6), mientras se defiende la libertad de las viudas y doncellas, excomulgando al que contra su voluntad les obligare á contraer nupcias (7).

---

tris, ut ab uxoribus abstineant, (II, 65); Carta de Srico á Eumerio, obispo de Tarragona, Decreto III, (citado por Tejada); Tolet. I, (año 400), canon 1.° II, 175); Tolet. II (año 527), canon 1.° (II, 204, 205 y antes un cierto Concilio de Lusitania, á que se refiere el canon 1.° del Concilio I ° (V. Tejada, *Prólogo*, página III, colección 1.ª). De aquí pasó á Francia, en el Concilio II de Arlés (año 445?), canon 2 (I. 346) y Africa, canon 2 del Concilio II de Cartago (año 390) (I, 202). El canon 1.° del Concilio de Neocesarea (año 313-319), antes que el de Nicea, imponía ya la pena de deposición al clérigo que contrajese nupcias, según «antigua disciplina». Faltaba, únicamente, la solemnidad de la prohibición

(1) Canon 5: «Si quis... contra veterum imperata in suis cellulis mulierum-que infamem suspicionem possunt generare consortium habuerint, mulieres vero ipsae ab episcopis venundatae pretium ipsum pauperibus erogentur » (Edición citada, II, 231).

(2) Canon 43: «Quidam clerici non habentes conjungium extraneanum mulierum vel ancillarum suarum interdicta sibi consortia appetunt, ideoque quaequmque clericis taliter abjuntae sunt, ab episcopo auferantur et venundentur.» (Edición citada, II, 299, 300).

(3) Canon 5: «Mulieres vero; seu liberae sint seu ancillae... ita omnismodis separentur, aut certe vendantur ut ulterius ad constius sui criminis revertendi omnem habeant aditum divagatum.» (II, 376).

(4) III, 4 18: «El sacerdote.. que se aiuntare con bibda, o con la virgen, o con otra mulier cualquiere, o *por casamiento,* o por adulterio... metal en un logar de penitentia e faganle quemo manda el decreto... E las muieres que este mal ficieren, reciban cada una cientos de azotes, e iamas non se mescan con ellos, y el obispo guarde la sentencia de los decretos así en los omnes como en las muieres por tal pecado.» (Edición Académica, página 58). Zeume, que hace notar el uso de palabras del Canon 5, Concilio VIII, entiende que esta ley le sanciona. (Edición crítica, página 158, números 1 y 2); por donde el Fuero Juzgo añade la pena de azotes á la de esclavitud.

(5) Concilio IV, cánon 43: «...illis pro tempore relegatis ad poenitentiam quos sua libidicie infecerunt.» (II, 300).

(6) Concilio VIII, cánon 5: «Illi vero, si omnimodo coeneri nequiverint, usque ad exitum vitae sue monasteriis deputate poenitentiae disciplinis maneant omnino subjecte.» (II, 376. Cf. cánon 7. (II, 378).

(7) Cánon 10: «Si quis vero propositum castitatis viduae vel virginis impedierit, a sancta communione et a liminibus ecclesiae

Se castiga la idolatría con la pena mayor, en fórmula de arbitrio judicial absoluto (1). Es el segundo momento de la represión. En el de Elvira (2) (año 306), pocos en número los católicos, débil la Iglegia, se aconseja prudencia y moderación.

Se prohiben (circunstancialmente) las pinturas en los templos (3) y los amos prohibirán que haya ídolos en sus casas; pero, si hay peligro de ataque por parte de los esclavos, cederán, conservándose puros (4) y no romperán los ídolos en presencia de los gentiles (5). Han transcurrido dos siglos y medio y vuelve á estar la Iglesia en el poder, como lo estuvo en tiempo de Constantino (6). Entonces se reprimió también el paganismo, pero sin derramar sangre (7). Ahora, los bárbaros cristianizados, exceden en crueldad á los latinos: «repriman como puedan». El Concilio XII de Toledo, un siglo después, confirma la sanción, señalando taxativamente las penas (8) y el XVI las agra-

---

habeatur extraneus.» (Edición citada, II, 233) Comp. Fuero Juzgo, III, 2, 8. (Edición citada página 51) y III. 5, 2 (páginas 60-65).

(1) Cánon 16: «. . homines vero qui ad talem errorem concurrunt, salvo discrimine animae, *qua potuerint,* animadversione coerceant.» II, 246).

(2) Edición citada, II, 48 109. Véase Mendoza, *De Concilio Illiberitano confirmando libri tres,* Matriti, 1593; González Téllez, *Concilium Illiberitanum,* Lyon, 1665; Date. *The Synod of Elvira and Cristian Life in the fourth Century,* Londres, 1882.

(3) Cánon 36: «Placuit picturas in Ecclesia esse non debere, ne quod colitiur et adoratur in parietibus depignatur» (II, 69); Tejada, nota, lugar citado. Vid. Menéndez y Pelayo, *Historia de los Heterodoxos,* 1.ª, I, 64

(4) Cánon 41: «Admoneri placuit fideles — ut in quantum possint prohibeant ne idola in domibus suis habeant; si vero vim metuunt servorum vel se ipsos puros conservent, etcétera.» (II, 74).

(5) Cánon 60: «Si quis idola fregerit et ibidem fuerit occisus, quatenus in evangelio scriptum non est neque invenitur sub apostolis nunquam factum, placuit in numero eum non recipi martyrum.» (II, 87).

(6) Constitución de Nicomedia, 13 Junio de 313 y siguientes.

(7) De Broglie, *L'Eglise et l'Empire romain au IV siécle,* II, 380.

(8) Cánon 11: «.. sed cultores idolorum, veneratores lapidum, accensores faculorum et excolentes sacra fontium vel arborum admonemus, ut agnoscant quod ipsi se spontaneae morti subjiciunt (recuérdese el «te huic poena subdidisti») qui diabolo sacrificare videntur... inventa haec sacrilegia eradantur et extermina-

va (1), según la categoría de las personas. En cambio, el Concilio II de Zaragoza, por entonces (año 592), autorizaba la prueba del fuego para descubrir la legitimidad de las reliquias halladas á los arrianos (2), como se hacía en Francia (3).

Abunda ya el *multhusianismo* en aquel tiempo, en ciertas regiones (4) hasta el punto de que el Concilio tras sublime lección — que eran los cánones mezcla de leyes y consejos—, castiga duramente el libericidio, infanticidio de los hijos legítimos, originado por la liviandad (5). Esta disposición, donde aparece la jurisdicción mixta eclesiástico-secular (6), revive en una ley de Chindasvinto, en el Fuero Juzgo (7), determinando y agravando las penas (8).

———

ta truncentur; eos vero qui ad talem horrorem concurrunt et verberibus coerceant et onustos ferro suis dominis tradant, etcétera.» (II, 479)

(1) Cánon 2: *De idolorum cultoribus:* «Si nobilis persona fuerit, auri libras tres sacratissimo fisco persolvat; si inferior, centenis verberibus flagellabitur ac turpiter decalvabitur, et medietas rerum suarum fisci viribus applicabitur.» (II, 567).

(2) Cánon 2: «...ut reliquiae in quibus cunque locis de Ariana hacrisi inventa fuerint prolates a sacerdotibus, in quorum cuesiis reperiuntur, pontificibus praesentatae igne probentur.» (Edición citada, II, 130) Cf. Baronio, *Ann. E c'es,* XXV (año 592): «ut tunc legitimae conscrentur si ab incendio illacsae remanerent.» Esta costumbre fué singular de la provincia de Zaragoza, según Tejada. (Lugar citado, nota II).

(3) Mabillon, *Praefationes actis sanctorum ordinis S. Benedicte In VI saeculum,* número 45.

(4) Desgraciadamente, el cánon omite el dato del lugar, en este caso importantísimo

(5) Canon 17: «In quibusdam Hispaniae partibus filios suos parentes interimant fornicationis avidi, nescii pietatis; quibus si taedium est filios numerosius augere prius seipsos debent castigare a fornicatione; nam dum causa propagandae prolis sortiantur conjungia, hi et parricidio et fornicationi tenentur obnoxii, qui foetus necando proprios docent se non pro filiis sed pro libidine saciari... ergo et sacerdotes locorum haec sancta synodus dolentius convenit, ut idem scelus cum judice curiosius quaerant et sine capitali vindicta acriori disciplina prohibeant» (II, 247). Obsérvese el arbitrio judicial ó *libre jurisprudencia,* con límite superior, en este canon.

(6) Véase Canon citado, *ad finem*

(7) Salvo la jurisdicción especial, por lo que, suprimidos los sacerdotes en el tribunal, pudo imponer pena de sangre.

(8) IV, 4, 7: «Establecemos que si alguna muier libre o sierua

Recaredo encarga al Concilio una Constitución para la reforma de las costumbres (1), base del futuro Código visigodo (2). Allí empieza á compartirse el poder legislativo entre la Nación y el Rey (3).

Al IV° Concilio de Toledo (año 633), de orden de Sisenando, presidido por San Isidoro de Sevilla, se atribuyó equivocadamente la formación del Fuero Juzgo (4). Deshecho el error (5), sigue siendo este Concilio el más importante (6), sino el más transcenden-

---

matar su fiio, pues que es nado, o ante que sea nado prender yerbas por abortar, o en alguna manera lo afoyare, el iuez de la tierra luego que lo sopiere, condemnela por muerte. E si la non quisier matar, ciéguela: e si el marido ie lo mandar fazer, e la sofrier, otra tal pena deve aver». (Edición académica Pág, 107). Véase Lardizábal, *Prólogo*, capítulo IV, página 18.

(1) No aparece en las actas esta Constitución, de que hablan los autores. Véase Sempere, *Historia*, páginas 56-87. En contra, Lardizábal, *Discurso*, capítulo III.

(2) Comp. con la Const. de Constantino, *De Episcopale judicis, Cod. Theod.*, libro I.

(3) Laborde, *Itineraire descriptif de l'Espagne*, III, 256. En contra, Sempere, *Historia*, páginas 57 y 58.

(4) D Diego Cobarruvias, *Leges Gothorum regum de 1573 á 1577*. (Manuscrito 12.909 Matritense), folio 9 r.: Quum Sinenandus rex Gothorum... quarta Synodus congregata... ut ad communem eurum institutionem, scelerumque cohertionem leges ederentur... Editus igitur est liber qui vulgo Forus Judiciorum dicitur. (Edición Ureña, *Una edición inédita*, etc., página 50); Villadiego, *Forus Antiquus Gothorum regum Hispaniae*, Madrid. Madrigal, 1600, páginas 35, 36; Fertur namque ut alia omittam in hoc Toletan. IV° collectas fuisse huius libri fori judicum leges... Primus autem rex qui collectionem ordinata fecit, fuit hic rex Sisnandus in hoc Toletan. IV° Cf. *Prológo*, página 9; Aguirre, II, número 157; extrema el error. creyendo que la colección del Fuero Juzgo empezó antes, recibiendo autoridad en el Concilio IV.

(5) Nacido del falso epígrafe. «Esti libro fo fecho de LXVI Obispos enno quarto Concello de Toledo ante la presencia del Rey Don Sisnando enno tercero anno que regnó». (Edición académica, parte I), que se refiere ni á todo el Código ni á todo el título preliminar: *De electione principum* (Cf. Ambrosio de Morales, *Crónica*, libro XII, capítulo 20), sino á la primera ley de aquel título. Los demás son de otros Concilios. Ambrosio de Morales, *Cronica*, libro XII, capítulo 20 Véase Burriel, *Cartas eruditas y criticas á Don Juan Ortiz de Amaya*. 30 Septiembre 1051, en *Semanario erudito*, de Valladares, II, Lardizábal, *Disc.*, páginas XX, XXI; Ureña, II, 431-433.

(6) Se le llamó «Gran Sínodo». «Universal y gran Concilio». (Concilio V, Canon 2.°, Edición citada, II, 319). «Fuit ergo cele-

tal (1), por la magnitud y la calidad de su considerable labor legislativa (75 cánones), modelo de disposiciones políticas y penales: «un curso casi completo de disciplina eclesiástica» (2). La primitiva constitución de España se hizo allí (3). Una nota de piedad, ante todo: los sacerdotes no podían ser jueces en causas criminales, como lo prohibían el Concilio de Tarragona (4) y el III de Toledo (5), sino bajo promesa de indulgencia para la pena capital (6), que en estos felices tiempos de la Iglesia se presentaban los obispos á los jueces, á pedir por los reos para librarlos del último suplicio; no con ánimo de que quedaran impunes sus delitos, sino por ganarlos para Jesucristo, mediante sus amonestaciones, y para que, en esta vida, purgasen sus culpas con trabajos de penitencia (7).

El XI, confirmándolo, irá más allá, prohibiendo á

---

bratissimum», dice Villadiego (*Chroonica Gothorum regum*, página 35).

(1) No puede negarse este mérito al III, donde se inserta la espada secular en el tronco del árbol de la Iglesia, como terrible espina de acero.

(2) La Fuente, II, 333.

(3) Véase La Fuente, Apéndice á su discurso de ingreso en la Real Academia de Ciencias Morales y Potíticas. *La separación de la Iglesia y del Estado*, en *Discursos de recepción*, I, 1875, 677-702, donde publica una supuesta Constitución formada en parte por él sobre la base del Título preliminar del Fuero Juzgo y leyes sacadas de diversos títulos y libros, concordando con cánones de Concilios posteriores. Aparte la impostura, en la obra del Concilio IV hay elementos políticos y jurídicos (esp. canon 75), si no en proporciones de Constitución verdadera, de carácter constitucional. Véase también La Fuente, *Historia*, II, 358, nota 2.

(4) Canon 4: «... excepto criminalia negotia». (Edición citada, II, 512).

(5) Canon 17: «... et sine capitali vindicta». (II, 247).

(6) Canon 31: «Saepe principes contra quoslibet majestatis obnoxios sacerdotibus negotia sua commitum; sed quia sacerdotes a Christo ad ministerium salutis electi sunt ibi consentiant, regibus fieri judices, ubi jurejurando supplicii indulgentia promititur, non ubi discriminis sententia praeparatur. Si quis ergo sacerdotum contra hot commune consultum discursos in alienis periculis extiterit, sit reus effusi sanguinis apud Christum, et apud eclesiam perdat proprium gradum». (Edición citada, II, 286, 287).

(7) Tejada, II, 287.

los sacerdotes amputar miembros (1), según el principio: *Ecclesia non sitit sanguinem* (2). Se afirma el fuero eclesiástico, con sanciones para los que acuden á otros jueces (3) ó al Rey (4), y se desarrolla la doctrina del Concilio III, sobre las facultades judiciales de instrucción é inspección (5), imitando á Constantino (6).

Los obispos aquí, como entre los francos (7), tenían misión de vigilar á los jueces y poderosos que oprimen á los pobres, con obligación de reprenderlos y denunciarlos (8). Así lo hicieron siempre (9) y así se preceptuaba en el Concilio IV de Arlés (año 314) (10). El Con-

---

(1) Canon 6: «His a quibus Domini sacramenta tractanda sunt judicium sanguinis agitare non licet, etc.» (II, 444). Compárese Concilio Emeritano (año 666), canon 15.

(2) Eck, *De natura poenarum*, Berolini, 1860, página 96.

(3) Tolet. III, canon 13: «sed si quis hoc praesumpserit facere et causam perdat et a communione efficiatur extraneus». (II, 245).

(4) Tolet. XIII, canon 12: «aut si inauditus... ad regios auditus negotia sua perlaturas accesserit...» (II, 510) Algunos entienden lo contrario Véase Trident., capítulo VI, ses. XXIII *De reform.*

(5) Canon 18: «Iudices vero locorum vel actores fiscalium patrimoniorum... simul cum sacerdotali concilio... in unum conveniant, ut discant quam pie et juste cum populis agere debeant... Sint etenim prospectatores episcopi secundum regiam admonitionem, qualiter judices cum populis agant» (II, 247, 248). Cf. Fuero Juzgo, II, 1, 30 y XII, 1, 2. Véase atrás, página 207, nota 2).

(6) *Codex Theodosiano*, libro I, *De episcopali juditio*. Véase Sempere, página 54, con la opinión de Godofredo sobre la dudosa autenticidad de esa ley.

(7) Tardif, *Histoire des institutions politiques de la France*, I, 162.

(8) Canon 32: «Episcopi in protegendis populis ac defendendis impositam a Deo sibi curam non ambigant, ideoque dum conspiciunt judices ac ponentes pauperum oppresores existere, prius eos sacerdotali admonitione redarguant, et si contempserint emendari, eorum insolentias regiis auribur intiment, ut quos sacerdotalis admonitio non flectit ad justitiam, regalis potestas ab improbitate coerceat. Si quis autem episcoparum id neglexerit, concilio reus est» (Edición citada, II, 287); Cf. Fuero Juzgo, XII, 1, 3; (Edición citada, página 175). Véase el juicio censorio de Pacheco. *Discurso preliminar*, folio 31 y la contestación de La Fuente, II. 348, 349.

(9) Sobre la actitud de los obispos frente á los magnates, Véanse las vidas de los Santos Nicolás de Mira, Atanasio Alejandrino, Basilio de Capadocia, San Agustín y San Ambrosio, y en España, frente á los conquistadores germánicos, Véase Marqués de Pidal, *Lecciones*, páginas 227-229 é Hinojosa *Influencia*, página 30.

(10) Canon 7: «De presidibus... ab episcopo ejusdem loci cura

cilio se erige en Tribunal Supremo de apelación, en causas civiles y eclesiásticas (1).

Terminada la persecución, empiezan á adquirir valor de estimación las reliquias de los mártires. Los robos de sepulturas vuelven á ser, como en Roma (2), el delito de la época, y los sacerdotes se ven mezclados frecuentemente en esta clase de negocios. Como el motivo del hurto fuese honesto, aunque la adquisición ilícita, el Concilio les conmuta la pena capital (3) por la de destitución y penitencia (4), prólogo de otras inmunidades (5).

Culmina en este punto la legislación penal especial contra los judíos, mezcla de aciertos y de errores, que abarca toda una época conciliar: del Concilio III al XVI.

Se les prohibía, desde el Concilio de Elvira (6), casarse con mujeres cristianas, y, después, aún tomarlas por concubinas (7); y, unidos á ellas, se les separaba, si no se convertían (8). Recaredo y Sisenando les prohi-

---

illis agatur, ut quum coeperint contra disciplinam publicam agere, tum decuum a comunicatione excludantur: similiter et de his qui rempublicam agere volunt». (Edición citada, I, 338).

(1) Canon 3: «Omnes autem qui causas adversus episcopos aut judices vel petentes aut contra quoslibet alios habere noscuntur ad idem concilium concurrant, etc.» (II 264, 265). Cf. Fuero Juzgo, VII, libro 1.

(2) Allí, por motivos de codicia, también, para robar los vasos y las joyas. Véase la penalidad en las Pandectas, libro XLVII, título XII.

(3) Así dice el canon, pero no sabemos á qué leyes se refiere, ya que en España siempre se castigó la violación de sepulturas con pena pecuniaria ó de azotes. Véase Fuero Juzgo, IV, 18, 3, y libro 12, título 9, Partida VII.

(4) Canon 46: «Si quis clericus in demoliendis sepulchris fuerit deprehensus, quia facinus hoc pro sacrilegio legibus publicis sanguine vindicatur, oportet canonibus in tali scelere proditum á clericatus ordine submoveri et poenitentiae triennio deputari». (Edición citada, II, 300).

(5) Véase Canon 47.

(6) Canon 16: «sed neque judaeis, etc.» (II, 53).

(7) Tolet. III, canon 13: *De judaeis* (II, 245).

(8) Tolet. IV, canon 63: *De christianorum judaeorunque conjungiis* (II, 307). No era así en tiempo de los apóstoles, según Tejada (loc. cit.). El Fuero Juzgo, XII, 2, 6; (Edición citada, página

ben ocupar cargos públicos, «para que con ocasión de ellos no causen daño ó injuria á los cristianos» (1). Eran de tacha para ser testigos los judíos relapsos «porque no puede ser fiel para con los hombres el que ha sido infiel para con Dios» (2); prohibición que el Fuero Juzgo extiende á todos y al derecho á acusar y atormentar á los cristianos, no entre ellos (3); y no se les permitía á los conversos reunirse con los infieles bajo pena de esclavitud ó azotes (4); así como en el de Elvira se les prohibía á los cristianos comer con ellos, bajo penitencia de excomunión (5). El Fuero Juzgo pena al que les preste auxilio ó defienda (6). Ni tener esclavos cristianos, por compra ó donación (7) se les permitía, y recobran la libertad aquellos á quienes circucidaron sus dueños (8), pena pecuniaria por corrupción espiritual que viene del Breviario (9), en la Constitución *Contra*

178), les prohibe que se casen con sus parientes, y según su ley, es decir, tampoco con las mujeres de su secta, lo que equivale á condena de celibato.

(1) Concilio III, canon 14: «nulla officia publica eos opus est agere per quae eis occasio tribuatur poenam cristianis» (II, 245). Cf. Concilio IV, canon 65: *Ne judaei officia publica agant* (II, 308).

(2) Concilio IV, canon 74; (II, 307). Cf. Fuero Juzgo, XII, 2, 9.

(3) XII, 2, 9 y 10. (Edición académica, página 119).

(4) Canon 62: *De judaeis baptizatis, qui infidelibus se sociant* (II, 306, 307).

(5) Canon 50: «Si vero quis clericus vel fidelis cum judaeis cibum sumpserit, placuit eum a communione abstineri ut debeat emendari». (II, 80). Y tolerarles la bendición de los frutos; canon 49: *De frugibus fidelium ne a judaeis benedicantur* (loc. cit.)

(6) XII. 2, 15 (Edición citada, páginas 182 y 183.

(7) Concilio III, canon 14: «neque mancipium christianum in usus proprios comparare». (II, 245). IV, canon 66: «... nec cujusdam consequi largitate» (II, 308). Cf. Fuero Juzgo, XII, 2, 12: «non compre siervo cristiano, nin lo reciba donado». (Edición citada, página 180).

(8) Concilio III, canon 14: «Si qui vero christiani ab eis judaico ritu sunt maculati, vel etiam circuncisi, non reddito pretio, ad libertatem et religionem redeant christianam.» (II. 246.) «Lo relativo á los siervos - dice Marichalar y Manrique - era un verdadero ataque á la propiedad.» (I, 365). Pero ¿es legítima propiedad la esclavitud? (lo fué entonces).

(9) *Novellarum Theodosii*, III, 1, § 8. (Edición Aenel, página 258); *Código Theodosiano*, III, 1, 5, (página 74); XVI, 4, 1: «Si quis Iudaeorum Christianum mancipium... mercatus circunciderit, nemine in servitute retineat circuncisum, sed libertatis privi-

iudaeorum perfidia, de Recaredo (1) y eleva á confiscación el Fuero Juzgo (2). Más allá, en previsión del mal, irán el Concilio X, que pena de excomunión al que les vendiere (3), y Sisebuto que, en un ley del Fuero Juzgo, revocando la de Recaredo, les concede «libertad de ciudadanos romanos» (4).

Mientras Sisebuto en España y Chilperico en Francia imponían penas (5) á los judíos que se resistían á bautizarse, el Concilio IV prohibe que se les haga fuerza alguna, cuando aún no habían sido bautizados (6), con-

legiis, etc., (página 250). Comp. Pauli Sent., V. 24, 3, 4, (página 434).

(1) Marichalar y Manrique, niegan que fuese legislador.

(2) XII, 2, 12: «... e si lo circuncidar, pierda el precio que dió por él: y el siervo cristiano sea fecho libre y el judío que circuncidar siervo cristiano pierda todo *cuanto que ha,* e sega? todo del rey.» (Edición académica, página 180).

(3) Canon 7: *Ut nullus ex sacerdotibus, levitis vel ex catholicarum coetu audeat mancipia christiana judaeis vel gentilibus venundare.* (Edición citada, II, 414 417).

(4) XII, 2, 13, (Edición citada, páginas 180, 181) Cf. XII, 3, 12 y 13, (páginas 193 194). Comp. XII, 2. 14, (páginas 181, 182). Ya estaba en el Concilio IV, canon 66: «Quod si deinceps servos christianos vel ancillas judaei habere praesumpserit, sublati ab eorum dominatu libertatem a principe consequantur.» (II, 308).

(5) De muerte, según Ambrosio de Morales, Villadiego, Ferreras y otros. V. Grätz, *Die westgothische Gesetzgebung in Betreff der Juden,* Breslau, 1858.

(6) Canon 57. «Nemini deinceps ad credendum vim inferre, *cui enim vult Deus miseretur et quem vult indurat;* non enim tales inviti salvandi sunt sed volentes, et integra sit forma justitiae: sicut enim homo proprii arbitrii voluntate serpenti obediens periit, sic vocante gratia Dei propriae mentis conversione homo quisque credendo salvatur. Ergo non vi sed liberi arbitrii facultate ut convertantur suadendi sunt non potius impellendi. Qui autem jam pridem ad christianitatem venire coacti sunt, sicut factum est temporibus religiosissimi principis Sisebuti, quia jam costat eos sacramentis divinis associatos et baptismi gratiam suscepisse et chrismate unctos esse et corporis Domini et sanguinis extitisse participes, oportet ut fidem etiam quam vi vel necesitate susceperunt tenere cogantur, ne nomen Domini blasphemetur, et fides quam susceperunt vilis ac contemptibilis habeatur.» (Edición citada, II. 304-305). «La segunda parte de este canon no concuerda con la primera - añade Tejada según varios historiadores.» (Efectivamente, está en contradicción también con la extravagante *de baptismo,* capítulo *majoris* de Inocencio III, que dice: «Aquel que nunca consiente, sino que totalmente lo repugna, no recibe el carácter del sacramento.» Un caso igual es el del Con-

ducta que censuró también San Isidoro (1). Y no fuerza, sino ayuda á liberación, cuando dispone que sus hijos é hijas sean separados de los padres é instruídos en el culto de la fe cristiana (2), que así, conociendo ambas doctrinas, puedan decidirse un día, cuando hombres, por culto y libre espíritu. En la penalidad contra los judíos relapsos, rechaza la transcendencia penal, según la frase de la Escritura: «No llevará el hijo la iniquidad del padre» (3). Hay, en fin, disposiciones para prevenirse contra la hipocresía y falsas conversiones, pero individualizando la pena (4).

Estas leyes recopiladas y confirmadas por Ervigio y Egica en los Concilios XII (5), XIII (6) y XVI (7), pa-

---

cilio VIII de Toledo, canon VII, prohibiendo la regresión al estado secular de los que aceptaron por necesidad ó por temor el sacramento del orden (V *Colección* II, 377-379) y á los niños ofrecidos por sus padres á los monasterios, en relativa contradicción con el canon X del Concilio de Ancira

(1) *Chron:* «Aemulationem quidem habuit Sisebutus, sed non secundum scientiam. Potestate enim cumpulsito, quos provocare fidei rationi oportuit.»

(2) Canon 60: Iudaeorum filios vel filias, ne parentum ultra in volvantur errore, ab eorum consortio separari decernimus deputatos aut monasteriis aut chistianis viris ac mulieribus. Deum timentibus, ut sub eorum conversatione cultum fidei discant atque in melius instituti tam in moribus quam in fide proficiant. Cf. Cánon 59 (Edición citada, II, 306). Véase en contra Marichalar y Manrique, I, 377, y Ureña, II, 433 Los hijos de judío y cristiana. y viceversa seguirán la fe y condición del padre ó de la madre fiel. Concilio IV, canon 63 (II, 307). No hace falta decir que en España los judíos eran tenidos como *esclavos,* para explicar por qué no podían disponer de la suerte y religión de sus hijos (Tejada, nota al canon 14 del Concilio IV, edición citada, III, 246), cuando hoy mismo se discute fundadamente este derecho.

(3) Canon 61: Iudaei baptizati si postea praevaricantes in Christum qualibet poena damnati extiterint, a rebus eorum fideles filios excludi non oportebit, quia ut scriptum est: *Filius non portabit iniquitatem patris* (Edición citada, II, 306).

(4) Concilio IX, cánon 17: *Baptizati judaei cum episcopis celebrent dies festos*. . «Hujus vero temerator edicti prout aetas permiserit aut flagris aut abstinentiae subjacebit » (II, 404).

(5) Canon 9: *De confirmatione legum, quae in judaeorum nequitiam promulgatae sunt*. (II, 476 478). Cf. *Tom. reg.* (II, 455).

(6) Canon 9: «..Item, de confirmatione legum quae in judaeorum nequitiam promulgatae sunt.» (II, 506).

(7) Canon 1: *De judaeorum perfidia* (II, 564-565)

san al Fuero Juzgo (1) sancionadas con las penas más crueles de la época (2).

El V (año 636), convocado por Chintila, presenta un síntoma de la codicia política de la época, «nueva enfermedad que exige nueva medicina», á través de una sanción espiritual (3). Ni la enfermedad ni la medicina eran nuevas. Liuva II, hijo de Recaredo, había sido asesinado el año 603 por Witerico, asesinado á su vez el 610. El Concilio V de Toledo renueva la excomunión contra el usurpador, del Concilio IV (4), convocado, con clamor de auxilio, por Sisenando, que destronó á Suintila..., doctrina que reproducirá y completará (5) el VI, declarando las tachas para llegar á la dignidad (6), entre ellas la decalvación (7), prohibición que

(1) XII, 2, 3-18 y 3, 3 23 (páginas 177-204).

(2) XII, 2, 11: «Ellos le deven matar con sus manos, ó apedrear, ó quemar en fuego .. E si el príncipe quier aver del piedat, ó quiere guardar su vida, delo por siervo á quien quisiere: e toda su buena seya dada á los otros judíos, e seya fecho en tal manera que la buena nunqua torne en su poder, ni el nunqua sala de servidumbre» (página 180).

(3) Canon 3: «Inexpertis et novis morbis novam decet invenire medellam: quapropter quoniam inconsiderate quorundam mentes et se minime capientes quos nec origo ornat nec virtus decorat, passim portant licenter ad regiae potestatis pervenire fastigia, hujus rei causa nostra omnium cum invocatione divina profertur sententia· Ut quisquis talia meditatus fuerit, quem nec electio omnium provehit nec Gothicae gentis Nobilitas ad hunc honoris apicem trahit sit a consortio catholicorum privatus et divino anathemate condemnatus. (Edición citada, II, 320).

(4) Canon 75, citado.

(5) Canon 18 *De custodia vitae principum et defensione praecedentium regum a sequentibus adhibenda* (II, 346), donde establece la reprobación y expulsión de los que se negasen á vengar la muerte del príncipe; y Canon 14: *De remuneratione collata fidelibus regum* (II, 344), que impone por primera vez pena de confiscación, limitada á lo recibido por liberalidad real, contra el infiel á su rey.

(6) Canon 17: Rege vero defuncto nullus tyrannica praesummpione regnum assumat nullus sub religionis habitu detonsus aut turpiter decalvatus, aut servilem originem trahens vel extraneae gentis homo, nisi genere Gothus et moribus dignus provehatur ad apicem regni: temerator autem hujus praeceptionis sanctissimae feriatur perpetuo anathemate (II, 346).

(7) Ley 10, tomo III, libro III: «Desfollale la fruente muy laydamientre» (Edición académica, página 54.) Consistía el castigo

hallamos en el título preliminar del Fuero Juzgo (1).

Prohibió ya el Concilio IV usurpar violentamente el reino; y al perjuro, reo de infidelidad al rey, y á sus cómplices castigaba solemnemente á pena de excomunión, tres veces seguidas (2). Este canon se encuentra reproducido en el Fuero Juzgo, casi exactamente (3).

Es la Liga ofensiva y defensiva entre el Rey y la Iglesia (4) que aparece; «federación de los reyes de la tierra y del cielo», como Sixto III decía (5). En adelante, la protección de la persona del príncipe se extiende á su viuda (6) y á la prole (7), con justicia

---

en desollar la frente y dejar caer el pellejo sobre los ojos (Marichalar, I, 383.)

(1) Ley 8, *De personis quae prohibentur ad regnum accedere.* Reproducida literalmente en los códices latinos.

(2) Canon 75: Hoc tertio acclamamus dicentes: Quicumque amodo ex nobis vel cunctis Hispaniae populis qualibet meditatione vel studio sacramentum fidei suae quod pro patriae salute gentisque Gothorum statu vel incolumitate regiae potestatis pollicitus est, violaverit aut regem nece attrectaverit aut potestate regni exuerit aut praesumptione tyrannica regni fastigium usurpaverit, anathema sit in conspectu spiritus sancti et martyrum Christi, atque ab Ecclesia Christi catholica quam perjurio profanaverit efficiatur extraneus et ab omni communicatione christianorum alienus, neque partem justorum habeat sed cum diabolo et angelis ejus aeternis supliciis condemnetur una cum eis qui eadem conjuratione nituntur, ut par? poena perditionis constringat quos in pernicie prava societas copulat. (Edición citada, II, 312 y 313.)

(3) Título preliminar, capítulos III y IX (Edición citada, páginas IV y IX.) La indicación final que atribuye esta Constitución á Chindasvinto, en el VII Concilio de Toledo, es equivocada.

(4) Flórez, VI, 42 4 ; Cf. Thomasino, Parte 2, libro III, capítulo 50, nota 2.

(5) *Epist. á Juan de Antioquía,* en *Conc. de Epheso,* Parte III, capítulo 42.

(6) Conc. XIII, Canon 5: *Ne defuncto principe relictam ejus conjugem aut in conjugio sibi quisque aut in adulterio audeat copulare* (II, 502). Cf Conc III de Zaragoza. canon 5 (II, 136.) Conc. XVII, canon 7: *De munitione conjugis atque prolis regiae* (II, 605-603.) Cf F. J. Título preliminar, capítulos XVII y XVIII (páginas XIII, XIV.)

(7) Conc. V Canon 2: *De custodia salutis regum et defensione prolis praesentium principum* (II, 319 320.) Cf. F. J. Título preliminar, capítulo XV (páginas XII, XIII.) Conc. VI, canon 16: *De incolumitate et adhibenda dilectione regiae prolis* (II, 345.) Cf. F. J. Título preliminar, capítulo XVI (página XIII.) Conc. XIII, canon 4: *De munitione prolis regis* (II, 501.) Cf. F. J Título preli-

que discutirá el Concilio XV (1), siempre meticuloso.

En el Concilio VI (año 638) del mismo rey (2), aparece la piadosa institución del asilo, que viene del Breviario (3) y de los Concilios franceses (4). A los traidores que se pasen al enemigo se impone excomunión y larga penitencia en un encierro; pero si, arrepentidos, se acogían á la Iglesia, por intervención de los sacerdotes, obtenían perdón (5). La pena para el infractor del asilo, que era la de muerte (6), se reduce á deposición temporal (7) ó indemnización (8).

El Derecho de asilo eclesiástico, estaba, pues, supeditado á la justicia, en su ejercicio (9). Primero alcanza-

---

minar, capítulo XVII (páginas XIII, XIV.) Conc. XV, *Epist.* de Egica. (II, 534).

(1) *Secunda post haec nostro coetui retractanda se collatio intulit* (II, 547 549).

(2) F. A. González, *Collectio canonum,* cols. 400, 412; Tejada, II, 32-349; F Fita, Suplementos al conc. tolet IV, Madrid, 1881; Dahn. *Die Verfasung,* edición citada, páginas 613-660.

(3) IX, 34, *De his qui ad ecclesiam confugiunt.* Const. Teodosio y Valentiniano. (Edición Aenel, página 208.) Cf. Cod. Theod. IX, 45, y C. Inst. III, 31, y 2, Const. de Honorio y Teodosio.

(4) Orange, canon 5: *De is qui ad ecclesiam confugiunt ne tradantur,* canon 6: *De mancipiis confugientibus ad ecclesiam* (I, 377.) Orleans, I (año 511), canon 1. *De homicidis, et adulteris et furibus si ad ecclesiam confugerint* (I, 429.) Cf Capit. Carlo Magno, V 90, y canon 2. *De reptoribus si ad ecclesiam confugerint* (I, 429, 430), canon 3. *De servis si ad eccl. conf* (I, 430.)

(5) Canon 12: «in potestate principis ac gentis reductus, excomunicatus et retrusus longinquioris poenitentiae legibus subdatur. Quod si ipse mali sui prius reminiscens ad ecclesiam fecerit confugium, intercessu sacerdotum et reverentia loci regia in eis pietas reservetur comitante justitia. (Edición citada, II, 343).

(6) *Código Theodosiano:* IX, 45; Cf. *L. rom. vis*, IX, 34, 3. (Edición citada, páginá 210).

(7) Concilio de Lérida (Teudis, año 531), cánon 8: «Nullus clericorum servum aut discipulum suum ad ecclesiam confugientem extrahere audeat vel flagellare praesumat; quod si fecerit, donec digne poeniteat loco cui honorem non dedit segregetur.» (II, 143.)

(8) Tolet. XII, canon 10: «... aut fuga talium si venerit sacerdoti querenda est aut damnorum sententia secundum electionem principis hujusmodi sacerdotibus irroganda» (II, 479).

(9) Canon citado, primera disposición española sobre inmunidad local de las iglesias, según Lardizábal. *Discurso,* página XIII. Sobre el Derecho de asilo eclesiástico Vid E. Loenig, *Geschichte des deutschen Kirchenrechts,* I, 577 y siguiente; Dahn, *Die Könige*

ba, nada más, á la Iglesia y su pórtico, según el Fuero Juzgo (1); el Concilio VII de Toledo le extendió á treinta pasos alrededor (2). Se acogían al asilo frecuentemente los homicidas. Chindasvinto limitó el abuso (3), procurando, de la manera más hábil, respetar el fuero eclesiástico, restituyéndole al primitivo y santo fin de evitar los excesos de la pasión en el primer momento, sin amparar la impunidad (4); siendo el asilo freno á la venganza privada en el tiempo, como en la cantidad y en la calidad lo fué el Talión.

Otra ley con nota, de *antigua,* conmutaba la muer-

---

der Germanen, VI, 374 y siguiente; Wilda, *Geschichte des deutschen Strafrechts,* Halle, 1842, I, 537 y siguiente

(1) IX, 3, 4: «Los que fuyen a la eglesia, ó al portal de la eglesia, nul omne non los tire ende por la fuerza.» (Edición académica, páginas 162 163.) Cf. VI, 5, 18 (antigua); «iglesia ó altares sagrados.» (Edición citada, página 118.)

(2) Canon 10: «...ut nullus audeat confugientes ad ecclesiam vel residentes inde abstrahere, aut quodcumque nocibilitatis damnis seu spolii residentibus in loco santo inferre sed esse potius hic ipsis qui eclesiam petunt per omnia licitum in triginta passibus ab ecclesiae januis progredi.» (II, 478). Cf. F I. VI, 5, 17, en el Códice Escurialense 1.° *Esta otra ley que fué fecha en el dezeno* (error que se repite en el texto) *Conceio de Toledo...* mandandolo e otorgandolo el muy noble rey d. Ervigio, era de DCC e XVIII annos. (Edición académica, página 317, nota 12.)

(3) VI, 5, 16: «Mas si fuyer al altar el omne quel quiere prender, no lo deve ende á tirar sin mandato de los sacerdotes. Mas después que fuere dicho al sacerdote, e jurar que aquel que fuyó á la iglesia, es condempnado de muerte por el pecado que fizo, el sacerdote tirel del altar, y echelo fuera de la eglesia; y estonze aquel que andaba en pos él, lo prenda, *e non le deue dar muerte, pues que lo echaron de la eglesia.* (Edición citada, página 117). También esta ley de Chindasvinto sustituyó á otra anterior, según Zeumer (página 381, nota 1)».

(4) VI, 5, 18: «E si por ventura el que mata fuyere á la iglesia y el Rey ol sennor lo quisieren librar de muerte por piedad, embienlo por siempre fuera de la tierra, e toda su buena daquel quel mato agan los erederos del muerto asi cuemo es departido en la otra ley de suso.» (Edición citada, página 118) La ley á que se refiere es la 17 del mismo título y libro, que es de Chindasvinto, y establece la pérdida de los bienes del parricida á favor de los hijos del muerto. (Edición citada, página citada); por donde no se explica la nota de «antigua» que lleva la 18, posterior visiblemente. Las palabras «iuxta superioris legis ordinem» parecen añadidas por Recesvinto, opina Zeumer. (Obra citada, página 283, nota 3).

te por el destierro y pérdida de los bienes para el parricida que se acogía al asilo (1).

En el VII (año 682, convocado por Chindasvinto) continúa la obra defensiva de la realeza, en el juramento de fidelidad y damnación (2), que suprimirá el Concilio VIII (3). Aun fué más severo el Fuero Juzgo (4). Mas parece que el pecado de traición había llegado hasta los clérigos (5).

Desde el Concilio VII hasta el XI, la disciplina de las costumbres eclesiásticas abraza toda la labor conciliar. El fruto de la fe, á costa de tantos artificios y violencias madurado, empezaba ya á podrirse, y el Concilio, como en época anterior (6), se ve precisado á arrojar de sus cenobios á los monjes (7), resumen de

(1) VI, 5, 18: «E si... fuyere á la Iglesia, y el rey ol sennor lo quisieren librar de muerte por piedad, embíenlo por siempre fuera de la tierra, e toda su buena daquel mató ayan los erederos del muerto.» (Edición citada, página 118).

(2) Canon 1: «Quia novimus omnes pene Hispaniae sacerdotes omnesque senitores vel judices ac ceteros homines officii palatini jurasse, atque ita dudum legibus decretum fuisse, ut nullus refuga vel perfidus qui contra gentem Gothorum vel patriam seu regem agere aut in alterius gentis societatem se transducere reperitur, integritati rerum suarum ullatenus reformetur, etc.» (II, 351, 352). Cf. Concilio IV, canon 75: «Quicunque... sacramentum, etc.» Véase atrás.

(3) Canon 2: *De incauto juramento* (II, 368,-374). Pero se restablece en el X canon 2: *De non violandis juramentis in salutem regiam datus* (II, 410), y en el XVI, canon 10: *De his qui juramenti sui profanatores extiterint* (II, 578 580). Cf. Fuero Juzgo, Título preliminar, capítulo XII: *De los que quebrantan los juramentos* (páginas XI, XII).

(4) II, 1., 6: «reciba muerte, e non sea lexado a bevir. E si por aventura el principe por piedad lo quisiere lexar bevir, non le dexe que nol saque los ojos por tal que non vea el mal que cobdició fazer; e que aya siempre amargosa vida, e penada» (Edición citada, página 11). Comp. II, 1, 7 (página 12).

(5) Concilio VII, canon 1 citado: «Ut quisque in ordine clericatus, etc.» (II, 351). Comp. Concilio XVI, canon 9: *De Gisberto episcopo* (II, 576, 577).

(6) Véase *Código Theodosiano*, Ley 26, C. *De decurionibus* y Nov. XII *ad Cal.*, Concilio de Tarragona (año 380), canon 6: *Ut clericus qui propter licentiam monachus vult esse excomunicetur* (II, 126). Véase Sempere, páginas 32, 33.

(7) Canon 5: «Illos vero quos in tale propositum ignavia impulit, non prudentiae cognitio deputavit, quosque nulla vitae digni-

toda vagancia y deshonestidad, según San Jerónimo (1).

Chindasvinto manda recopilar las leyes godas, prohibiendo el uso de todas las *romanas* y extranjeras (2)

El mal cunde, y el Concilio VIII (año 691), reinando Recesvinto, lanza anatemas y sanciones contra los que recibían el orden episcopal por dinero (3), como lo volverá á hacer el XI (4), que antes sólo se conoció la simonía entre los clérigos (5).

Recesvinto encarga al Concilio la revisión del nuevo Código gótico-romano (6), que promulga bajo pena de treinta libras de oro (7).

La represión llega á extremos de desvarío en el IX (Recesvinto, año 655), donde se establece la transcendencia penal, abolida ya por el Concilio IV para los judíos (8). Los hijos ilegítimos de los sacerdotes perdían

---

tas ornat, sed quod est deterius et ignorantia foedat et morum execratio turpat, decernimus ab his abjici cellulis... in monasterium omnimodo deputentur» (II, 356).

(1) *De vita Malchi:* «Todo en ellos es afectación; largas mangas calzado ancho, ropa más tosca, frecuentes suspiros, visitas de vírgenes, murmuración de clérigos, y el día festivo hartazgo hasta producirles vómito» (Cit. Tejada, II, 357) Véase Sempere, página 54. Comp. San Isidoro: *De ecclesiasticis officis,* libro II, capítulo 4.° *De tonsura,* donde describe lo que debe ser un clérigo, y el Concilio Narbonense, canon 1.°

(2) II, 1, 8: *De toller las leyes de los omnes* extrannos (Edición citada, página 12).

(3) Canon 3: «Ille qui hunc ordinem munerum fuerat acceptione lucratus et suscepti honoris gradu privetur, et in monasterio sub perenni poenitentia religetur» (II, 375).

(4) Aunque con más piedad y moderación. Canon 9: «. . ut vere simoniacos ab ecclesia separandos esse censemus, id est ut duorum annorum spatio exilio relegati et digna satisfaccionis vel excomunicationis sententia coerciti honoris gradum» (II, 446). Al final admite la remisión condicional de la pena. Véase canon 8: *Ne quidquam premii pro divinis sacramentis accipiatur* (II, 445).

(5) Concilio IV de Toledo, canon 6: *De damnatione clericorum per pecuniam ecclesiasticos gradus assequentium* (II, 336).

(6) Tom. reg.: «In legum sententiis quae depravata consistunt aut ex superfluo vel indebito conjecta videtur, nostrae serenitatis accomodato consensu haec sola quae ad sinceram justitiam et negotiorum sufficientiam conveniunt ordinetis.» (II, 365).

(7) F. J., II, 1, 9. (Edición citada, página 13).

(8) Canon 61: Véase atrás.

la herencia y la libertad...(1), para corregir á los padres.

En el X Recesvinto, año 656) se condena el favoritismo eclesiástico (2), la relajación de las viudas consagradas (3), el quebrantamiento de hábito (4) y los pecados del obispo Potamio (5), que se acusa humildemente y es absuelto (6).

El Concilio XI (año 675) revela extremos de relajación en los clérigos, cuya represión (7) ordena Wamba en una ley (23 Diciembre 675) del Fuero Juzgo (8), que recuerda otra de las Capitulares (9). Hacía diez y ocho años que no se celebraba Sínodo. «Apagada su luz—dicen los Padres—aumentan los vicios en las costumbres y en las mentes ociosas la ignorancia, madre de los yerros; la ramera del Apocalipsis, vestida de púrpura, engrosa su comitiva con halagos...» (10).

---

(1) Canon 10: «Quum multae super incontinentiam ordinis clericorum haetenus emanaverint sententiae patrum et nullatemus ipsorum formari quiverit correctio morum... non tantum ferretur ultio in actoribus scelorum verum et in progeniae, etc., (II, 402). La Iglesia universal, en doctrina constante, se limitó á impedirles recibir el orden sacro. Véase *Lateran.* II, canon 31; *Trid.*, canon 15, sesión 25; Cf. *Decret.* Urbano, II, Menéndez y Pelayo, *Historia,* I, 214, se limita á decir que «fué preciso declararlos *siervos...*», con la mayor naturalidad. Nada es de extrañar en quien, refiriéndose á las penas del Concilio de Elvira, dice: «La misma gravedad de las penas con que todo *lapsus* se castiga son prueba indudable, no de la corrupción... sino del vigor y recio temple de los hombres que tales cosa exigían.» (!)

(2) Canon 3: *Non permittendum laicis imperare religiosis.* (II, 410, 411). Cf. Concilio de Chalons. Véase Tomasini, *De vetera et nova eccles. discip* Parte 2.ª, libro III, capítulo 11.

(3) Canon 5: *De remotis excusationibus viduarum transgresionem religionis sequentum.* (II, 412). Véase también canon 4. (II, 411).

(4) Canon 6: *De is qui in parva aetate coram parentibus religionis habitum tenuerint.* (II, 412, 413).

(5) *Decretum pro Potamio episcopo.* (II, 418, 419).

(6) A los siete años «por evidente disposición divina.» (Tejada, II, 423).

(7) Canon 5: *De compescendis excessibus sacerdotum.* (II, 442, 443).

(8) IV, 5, 6. (Véase 1, 5 de otros códices): *De los obispos que quieren toller á los iglesias*, etc. (Edición citada, páginas 79-81).

(9) Libro VI, capítulo XCVIII y siguientes.

(10) *Exord.* «Annosa series temporum, substracta luce Conci-

En la sanción recíproca, la ley civil se refiere á la canónica (1) y la canónica á la civil (2). Como el fin individual de la pena canónica es la corrección—que es volver bien por mal, según doctrina de San Isidoro(3)—, la Iglesia española establece la remisión condicional de las penas al final de muchos de sus cánones (4).

En el Concilio XII (Ervigio, año 681), culmina la evolución del indulto. El primer vestigio legal del Derecho de gracia en nuestras leyes (5) aparece en las actas del Concilio V de Toledo (6). A él parece que hay que acumular la responsabilidad... El VII limita la inmoderada facultad (7) en cuanto á ciertas penas (8), obligando a

liorum, non tam vitia auxerat, quam matrem omnium errorum ignorantiam otiosis mentibus ingerebat... Purpuratae enim meretricis sequebantur invitamenta, quia ecclesiastici conventus non aderat disciplina.» (II, 431) Cf. *Tolet.* III. *Exord.* (II, 218) y IV (II, 262).

(1) Lección citada: «... debe aver la pena descomunión que fué puesta en el XI Concilio que fué fecho en Toledo», (página 81).

(2) Canon citado: «... juxta leges excellentissimi principis sartiant... Servos tamen ecclesiarum qui hujus modo excessu operasse noscuntur ad leges seculares audiendos remittimus... unde eos juxta leges secularium instituta aut talionem recipere aut traditionem de eis fieri vel prescriptionem oporteat.» (II, 443).

(3) *Lib. Sentent.*, III, 50: «Plerumque princeps iustus etiam malorum errores dissimulare novit: non quod inequitati eorum consentiat, sed quod aptum tempus correctionis expectet, quando eorum vitia vel emendare valeat, vel punire... Reddere malum pro malo, vicissitudo iustitiae est: sed qui clementiam addit justitiae, non malum pro malo culpatis reddit, sed bonum pro malo offensis impartit.» (Edición citada, página 359).

(4) Tolet. XI, canon 9, *ad finem:* «Unde si digna eos satisfactio poenitentiae commendaverit peracto indictae poenitentiae tempore non tantum communioni sed et loco et totius ordinis officiis, a quibus separati fuerant, restaurandi sunt.» (II, 446). Cf. III, Decr. ur. 11, 12. (Véase Tejada, II, 213 y siguiente).

(5) Marichalar y Manrique, I, 382.

(6) Canon 8: In his omnibus quae praemisimus potestatem indulgentiae in culpis delinquentium principi reservamus, ut juxta bonitatis et pietatis suae moderamen et emendationem perspexerit mentium, veniam tribuat culparum.» (Edición citada, II, 322).

(7) Marichalar y Manrique, lugar citado.

(8) Canon 1: «...nisi forsitan princeps humanitatis aliquid personis tatibus, impertiri voluerit, cui tamen nos amplius quam vicesiman partem rerum ei qui perfidus extitit de rebus unde rex elegerit tribuendi potestatem habebit.» (II, 352).

Rey á proceder á petición (1) ó de acuerdo (2) con el episcopado.

En el XII, como en los anteriores (3), se confiere al rey facultad para absolver excomulgados por delitos políticos (4), y el Concilio indulta de infamia á desertores (5). Tal era la hermandad. Pero el rey no absolvía por mandato (6), como se ha creído, sino de acuerdo. Somete Ervigio al Concilio la nueva revisión del Fuero Juzgo (7).

El primer *Habeas corpus* del pueblo español es obra del Concilio XIII, de Toledo (Ervigio, año 683), completando la tradición del IV, VI y VIII.

En el Concilio IV, los obispos, dirigiéndose reverentes al rey, le suplican justicia y benignidad, pidien-

(1) Canon citado. «Excepto si aliter communionis ejus remedium vel eorum quod supra taxavimus imploratione sacerdotum apud principem fuerit impetratum...» (II, 352).

(2) Canon citado. «Contestamur autem clementissimos principes... ne quando quidam absque justa ubi sucesse fuerit imploratione sacerdotali excomunicationis hujus sententiam... se trasferentibus vel consensum praebentibus quacunque temeritate suspendant.» (II, 353). Véase Hinojosa, *Influencia*, etcétera, página 38.

(3) Concilio VII, cánon 1: «Utrum tamen sit illi quandoque communicandum, pietati principis discernendam relinquimus, cujus proculdubio potestatis est subjectorum culpas» misericordiae judicii que sententia temporare.» (II, 352). Cf. cánones IV, V y VI. (Véase Tejada, II, 461)

(4) Canon 3: Et ideo quia remissio talium qui contra regem, gentem vel patriam agunt, per definitiones canonum antiquorum in potestate solum regia apponitur cui et peccasse noscuntur... et cétera. (II, 461).

(5) Canon 7: «...adeo annuente vobis glorioso et gloriosissimo Ervigio principe nostro necesarium hoc sanctum concilium difinivit, ut hi qui per supradictam legem (Wambae, *De progressione exercitu*), testificandi dignitatem perdiderunt, recepto testimonio pristinae dignitatis etcétera.» (II, 475). Cf. Concilio XIII, cánon 1. (II, 497, 498). Donde se indulta igual pena por quebrantamiento del juramento de fidelidad.

(6) Concilio VII, canon 1: «Quoniam potestati principis nullus sacerdotum in hoc praebere debet assensum etcétera.» (II, 351). Cf. *Fuero Juzgo*, II, 1, 6 y 7 y VI, 1 y 6.

(7) *Tom. reg.*: «Nam et hoc generaliter obsecro ut quidquid et nostrae gloriae legibus absurdum, quidquid justitiae videtur esse contrarium unanimitatis vestrae judicio corrigatur.» (II, 456). Cf. *Fuero Juzgo*, II, 1, 1 (página 7).

do el juicio por tribunal en vista pública (1), disposición que pasa al Fuero Juzgo (2).

En el VI, se manda que nadie sea condenado al último suplicio, sin la presencia del acusador y vistas las leyes y cánones; ni se admita la acusación que procediere de persona indigna (3), avance de psicología judicial, más tarde olvidada.

El Concilio VIII recuerda al rey —ungido por la Iglesia (4)—, que lo es por derecho y no por sí (5), si obra justicia y si no, no; sana y democrática doctrina política de San Isidoro (6), y definición constante de los

---

(1) Canon 75: «Nec quisquam vestrum solus in causis capitum aut rerum sententiam ferat, sed consensu publico cum rectoribus ex judicio manifesto delinquentium culpa patescat, servata vobis inoffensis mansuetudine» (Edición citada, II, 313).

(2) Título preliminar libro III: «... et nenguno de vos non iudgue seuero morte de omne nenguno, nen nengún iuicio de otras cosas; mas delante de sacerdotes de Dios, et con el concello del poblo, et de los principes de la tierra. El avet misericordia por lo mandado de los obispos, et dat el iuicio paladinamientre. .» (Edición citada, página IV). Adviértese el error del final: «Esta lei fo fecha enno octavo concello de Toledo», cuando dice al empezar: »otrosi rogamos a vos, muy piadoso rey Don Sisnando».

(3) Canon 11: «Dignum est ut vita innocentium non maculetur pernicie accusantum: Rideo quisquis a quolibet criminatur non antea accusatus supplicio dedicetur, quam accusator presentetur, atque legum et canonum sententiae, exquirantur, ut si indigna ad accusandum persona invenitur, ad ejus accusationem non ju dicetur nisi ubi pro capite regiae majestatis causa versatur» (Edición citada, II, 343).

(4) Concilio VI, *De gratiarum actionibus*: «regni principi nostro cujus... et ordinatio extitit religiosa». (II, 347). Cf. Concilio VII, «regnandi per sacrosanctam unctionem accepit potestatem». Tal vez antes, según San Isidoro, *De off. eccless.*, libro II, capítulo 25: «... postquam dominus noster, verus rex et sacerdos aeternus, a Deo Pater celesti mystice unguento est delibatus, iam non soli Pontifices et Reges, sed omnis Eccelsia unctione chrismatis consecratur etc.» (Citado Hinojosa, *Influencia*, etc., página 34, nota 2).

(5) *Decretum judicii universalis*. «Regem etenim jura faciunt non persona, quia nec constat sui mediocritate; sed sublimitatis honore» (II, 391).

(6) *Sententiarum libri III*. Edición Loaysa, Turín, Apud Bevilaqua, 1598, libro III, capítulo XIX, página 359: «Qui recte utitur regni potestate, ita se prestare omnibus debit, ut quando magis honoris claret, tanto semetipsum mente humilet». Cf. capítulo LII, página 361: «Principes legibus tenere suis, neque in se posse damnari jura, quae in subiectis constituunt». Hinojosa, *Influencia que tuvieron*, etc., *Memoria de la Real Academia de*

Concilios (1), primer albor de libertad, en España, que acoge el legislador (2). El Concilio XIII dispone que, en adelante, no se destituirá ni se pondrá preso ni en cadenas ni se aplicará la tortura, ni tormento alguno, ni se darán azotes, ni se atropellará por medios ilegales á ningún alto funcionario civil ni eclesiástico y demás personas libres, aunque no sean de oficios palatinos, por instigación maliciosa del rey ó del poder secular, ni directa ni indirectamente, para arrancarle á la fuer-

---

ciencias morales y políticas, Madrid, 1890, páginas 24 y siguiente, ha tomado para sí la empresa de rehabilitar á San Isidoro, de Sevilla, contra la opinión de Janet, *Histoire de la science politique dans ses rapports avec la morale*, 2.ª París, Alcan, 1872, páginas 346 347; Ebert, *Histoire générale de la litterature au moyen âge*, París, 1883, I, 630 y otros. Véase atrás, página 198, nota 2. Después de nueva lectura de las *Etimologías*, persistimos en nuestro juicio, pero las *Sentencias*, que desconocíamos, nos obligan á reconocer en San Isidoro una mayor originalidad y exactitud.

(1) Concilio IV, Canon 75, *an finem:* «... Sane de futuris regibus hanc sententiam promulgamus: Ut si quis ex eis contra reverentiam legum superba dominatione et facto regio in flagitiis et facinere sive supeditate crudelissimam potestatem in populis excrucerint? anathematis setentia a Christo domino condemnetur et habeat a Deo separationem atque judicium propter quod praesumpserit prava agere et in perniciem regum converteré (II, 313). Cf. Concilio XIII, canon 2: «Si quis regum deinceps aut temeranter custodire neglexerit, aut malitiose praeterire praelegerit... sit... perenni? anathemate ultus et divinis vel aeternis ad dicetur ardoribus concremandus» (II, 499). Cf. *Lex edita in eodem concilio a Recesvinto*... «Quam igitur praecedentiam serie temporum inmoderatior aviditas principum sere prona diffunderet in spoliis populorum, et augeret rei proprias censum flebilis subjectorum principum quoque excessirus retinaculum temperantiae poneremus» (II, 393) Cf. *Decretum judicii universalis:* «Sicque solo principali ventre suppleto cuncta totius gentis membra vacuata languescerent ex defectu» (II, 392).

(2) Título preliminar, Capítulo 4: «Ca pollos derechos fo fecho el rey, et non por sua persona» (Edición citada, parte V). Cf. II, 1, 5: «E por esto deve mas guardar la salud de tod el pueblo, que de un omne solamientre» (Edición citada, página 9). Cf. Título I, Ley 1.ª: «Ca los reys son dichos reys porque reynan. . Domas faciendo derecho, el rey debe haber nome de rey, et faciendo torto pierde nome de rey». Donde los antiguos dicen tal proverbio: *Rey serás si fecieres derecho, et si non fecieres derecho non serás Rey* (Edición citada, parte II). Cf. San Isidoro, *Etimologicarum*, libro IX.

za, por astucia ó traición, una confesión sin haberse puesto antes en claro su culpabilidad (1).

El rey que conculase estos preceptos, por incuria ó por malicia, incurría en la pena de excomunión.

Parece que estas prematuras garantías y franquicias dieron pronto el natural y lógico resultado (2); y una vez más, el poder civil pone un freno á la piedad ingenua de la Iglesia (3).

El Concilio XIV (Ervigio, año 684) es teológico, y prohibe discutir las cosas divinas (4).

El XV (Egica, año 688) es consultivo. No tiene cánones. Egica, en el *Tomo regio*, pone á la consideración del Concilio una cuestión de actualidad. Él prometió á su suegro Ervigio, bajo juramento, proteger á sus hijos; prometió, también bajo juramento, al aceptar el trono, gobernar con justicia. De las dos cosas, una: si cumple el juramento de familia, quebranta el de

(1) Canon 2: «... decrevimus, ut nullus deinceps ex palatini ordinis gradu vel religionis sanctae conventu, regiae subtilitatis astu vel profanae potestatis instinctu sive quorumlibet hominum maliciosae voluntatis obnixu citra manifestum et evidens culpae suae indicium ab honore sui ordinis vel servitio domus regiae arceatur, non antea vinculorum nexibus illigetur, non quaestioni subdatur, non quibuslibet tormentarum vel flageliorum generibus maceretur, non rebus privetur, non etiam carceralibus custodiis macipetur, neque adhibitis hinc inde injustis occasionibus abdicetur, per quod illi violenta, oculta vel fraudulenta professio extrahatur, ... Nam et ceterorum ingenuorum personis qui palatinis officiis non haeserunt et tamen ingenuae dignitatis titulum reportase, similis ordo servabitur, etc.» (II, 498, 499).

(2) Fuero Juzgo, II, 5, 19 (ley nueva, de Egica): «Ca algunos son que mientre que se miembran daquella ley, que fué dada en el conceio de Toledo, la qual dize quel principe non deue atoller a nenguno omne de su casa su ondra ni su servicio, si non por manifiesto malfecho e por derecho iuizio; ni lo deue facer ligar, ni meter en tormentos fasta que no sea provado del pecado paladinamientre: e por ende se iuran unos con otros en la muerte del principe cuemo lo echen del regno... que nos cuedaron matar e dar yerbas. .» (Edición citada, página 44).

(3) Véase Canon citado, *ad finem*.

(4) Canon 10: «Neque enim quae sunt divina discutienda sunt, sed credenda: non enim se Deus discutere jubet sed credere. Credamus ergo non sensibus nostris sed indubitatis concili rium, etc.» (II, 526).

monarca, y viceversa. Debiera inquietar á nuestros gobernantes y políticos este caso de conciencia (1).

Los padres del Concilio, á vuelta de sutilezas, resuelven que no hay contradicción; ya que, al jurar que protegería, lo hizo con tácito sentido de justicia, y si la hubiere, que debe prevalecer el juramento hecho á la patria, absolviéndole del otro (2). Es la doctrina democrática del bien general (3).

Del Concilio XVI (año 693) sale la Constitución de Egica contra los sodomitas (4), á que se refiere el Fuero Juzgo (5).

---

(1) *Tom. reg.*: «Non enim potero perjurii effugere notam si aut jam dicti principis contra justitiam defendendo prolem non reddiero populis veritatem, aut propter veritatem, populorun zelans negotia, ergo filios ejus promissionis meae non implevero vota» (II, 534).

(2) *Assertio:* «Jam ergo in promptu est quid ex his duobus salubri pietate praeponderet; et ideo intemerata plus erunt quae patriae sunt salubri pollicitatione jurata... Sic ergo ab illis vinculis juramenti quibus socero ante juravit principem nostrum Egicanem regem sancta synodus absolvendum elegit.» (II, 547).

(3) *Ibid.*: «Juratio illa offensis forsam plurimis mei tantum domini partavit efectum...» (II, 546).

(4) Canon 3: «Qui hujus nefariae actionis patratores extiterunt quique in his turpitudinibus sese implicari permiserint et contra naturam masculi in masculos hanc turpitudinem operaverint, siquidem episcopus, presbyter aut diaconus fuerit de proprii honoris gradu dejectus perpetui exilii manebit damnatione perculsus; si vero cujuslibet ordinis gradus sive personae, et alterius colluvionis noxiis reperti fuerint implicati, illius legis quae de talibus est edita nihilominus ferientur sententia atque ab omni christianorum sint alieni caterva, insuper centenis verberibus correpti ac turpiter decalvati exilio mancipentur perpetuo.» (II, 567, 568). Cf. Concilio Ancira, cánones 16, 17.

(5) III, 5, 6 (de Egica): «E por ende establecemos en esta ley que qual que quier omne lego, o de orden, o de linaje grande, o de pequenno que fuer provado que fiziere este pecado... el iuez los mande castrar luego, et aun sobre esto aya aquella pena, la qual dieron los sacerdotes en lo decreto del tercero anno de nuestro regno, por tal pecado. (Edición citada, páginas 62, 63). Está equivocado el texto de la edición académica en el nombre del rey, que no fué Recesvinto, sino Egica, y en el año de referencia, que no fué el tercero, sino el sexto. Véase Zeumer, *Gesch. der west. Gesetz.* en *Neues Arch.* XXIV 618 y siguientes y Edición crítica, 165, nota 5. Cf. Cobarrubias, *Observaciones al Fuero Juzgo,* folio 67 vuelto. (Véase Ureña, *Una edición inédita*, pagina 38, nota 1). Es complemento de la III, 5, 5 de Chindasvinto, *De los omnes que iazen con otros omnes* (Edición citada, pagina 62).

El Concilio de Elvira les castigaba á privación perpetua de comunión (1); ahora la sanción se torna más realista y más humana. Las penas son de degradación, si hay orden sacro, y de cien azotes, decalvación y destierro perpetuo, si son legos. Dando satisfacción de penitencia podían, al fin de su vida, comulgar (2).

El Fuero Juzgo, al añadir la castración, resulta inferior y bárbaro (3).

Reaparece, en fin, el suicidio (4), indicio de decadencia; y no el heroico de la época romana (5), ni el excéptico de hoy, sino el suicidio místico, por desesperar de la salvación (6).

El Concilio I de Braga (año 561) castiga nuevamente este delito (7).

El Fuero Juzgo, acrecido con dieciséis leyes nuevas (8), sufre en este Concilio su última revisión (9).

El XVII (Egica, año 694), en fin, castiga la hechicería de los clérigos, que celebraban misas de difuntos por los vivos para lograr su muerte (10); y, en general,

(1) Canon 71: «Stupratoribus puerorum nec in finem dandam esse comunionem.» (II, 94).

(2) Concilio XVI, Canon 3 ad finem. Cf. Concilio de Ancira, Canon 16 (I, 37, 38), donde distingue edades y condiciones, concediendo la comunión final á los casados de cincuenta años; á los demás, antes.

(3) Aparte de la imposibilidad de aplicar la pena al *succubo*.

(4) M. Pelayo. *Historia de los heteredoxos*, I, 216, se inclina á la opinión del P. Tailhan, creyendo que era desconocido entre nosotros, hasta que los bárbaros vinieron.

(5) Véase otras páginas.

(6) Canon 4: *De disperantibus*, (II, 568, 569).

(7) Canon 16: *De his qui se ipsos interficiunt* (II, 615).

(8) *Novellae leges* (de Egica: II, 1, 7; 2, 10; 4, 8; 5, 3, 18 y 19; III, 5, 6 y 7; V, 7, 19 y 20; VI, 1, 3; 5, 13 y 21; IX, 1, 21; X, 2, 5, y XII, 2, 18 (Véase Ureña, II, 507).

(9) *Tom. reg.* (25 de Abril de 693): «Cunta vero, quae in canonibus vel legum edictis depravata consistunt aut ex superfluo vel indebito conjecta fore petescunt, accomodante serenitatis nostrae consensu, in meridiem lucidae veritatis reducite, illis proculdubio legum sententiis reservatis quae ex tempore divae memoriae praecessoris nostri domini Chindasvinti, etc. (II, 557.) Lo niega Zeumer, *Neues Archiv.*, XXIII, 509; rectificado por Ureña, II, 517 y siguiente.

(10) Canon 5: *De his qui missam defunctorum pro vivis audent malevole celebrare* (II, 600 y 601).

á los que eran magos ó encantadores (1). De hechicería en esta época, sobran testimonios en España, por leyes canónicas (2) y civiles (3).

---

(1) Canon 21 (supl.). Conc. Agat., canon LXVIII (II, 591).

(2) Conc V, canon 4: «Superstitiosum futura illicite cogitare... ac sibi in posterum providere, etc» (II, 321.) Cf. F. J.

(3) F. J., VI, 2, 3 de Ervigio (Edición crítica, VI, 2, 2, páginas 257-259): *De los alcaldes é de los otros omnes que toman conseio con los adivinadores* (Edición citada, página 105); VI, 2, 4. *De los encantadores proviseros é de los que lo conseian* (páginas 105 y 106); VI, 2, 5; *De los omnes que fazen mal á los omnes, á las alimañas, ó á otras cosas* (pagina 106).

II.- La segunda mitad de la Edad Media.

Del siglo XIII al XVI

Bibliografía.—Kohler, *Die Italienische Statuten* (Los Estatutos italianos), en *Studien*, II (1895) á VI. Kohler y degli Azzi, *Das Florentiner Strafrecht des 14 Iahrhundert* (El Derecho penal de Florencia en el siglo XIV), 1909; en *Quellen zur Geschichte des Strafrechts ausserhalb des Karolina-Kreises* (Fuentes para la Historia del Derecho penal extracarolíneo) edición Kohler.—Zechbauer, *Das mittelalterliche Strafrecht Siziliens nach Friedrichs II. Constitutiones regni Siciliae und den Sizilischen Stadtrechten* (El Derecho penal medioeval de Sicilia según las Constituciones de Federico II y el Derecho municipal de Sicilia) 1908.—Kantorowicz, *Albertus Gandinus und das Strafrecht der Scholastik. Die Praxis* (Alberto de Gandino y el Derecho penal de la Escolástica. La práctica). I, 1907.—John, *Strafrecht in Norddeutschland zur Zeit der Rechtsbücher* (El Derecho penal de la Alemania del Norte en la época de los libros jurídicos), 1858.—Osenbrüggen, *Das alamannische Strafrecht im deutschen Mittelalter* (El Derecho penal alemán de la Edad Media germánica) 1860.—Hälschner, *Geschichte des brandenburgisch-preuss. Strafrechts* (História del Derecho penal prusiano de Brandenburgo), 1855.—Frauenstädt, *Blutrache und Todschlagsühne* (La venganza de la sangre y el rescate del homicidio), 1881.—El mismo, en Z. X, 1 (Breslau).—Knapp, Z, XII, 200, 473 (Nürenberg) - Caspar, *Darstellung des strafrechtlichen Inhalts des Schwabenspiegels und des Ausburger Stradtrechts* (Exposición del Contenido jurídico penal del «Espejo de Suabia» y del Derecho de la ciudad de Ausburgo.) Discurso en la Universidad de Berlín, 1892. —Friese, *Das Strafrecht des Sachsenspiegel* (El Derecho penal de el «Espejo de Sajonia»), 1898. Véase en Gierke, *Untersuchungen* (Investigaciones), cuaderno 55. Knapp, *Das alte nürnberger Kriminalrecht* (El antiguo Derecho criminal de Nüremberg), 1896. *Die Zenten des Hochstiftes Würzburg* (La jurisdicción criminal del arzobispado de Herbípolis), I (2.ª parte) y II, 1907.—El mismo, *Die Würzburger Zentgerichts reformation 1477* (La reforma en la justicia criminal de Herbípolis en 1477), 1907. - Zallinger, *Das Verfahren gegen die landschädlischen Leute in Süddeutschland*

(Los procedimientos contra los malhechores del país en la alemania del Sur), 1895.—Frauenstädt, *Gaunertum des deutschen Mittelalter* (La rufianería en la Edad Media alemana), Z, XVIII, 331.—Harster, *Das Strafrecht der frei Reichsstadt Speier* (El Derecho penal de la ciudad imperial libre de Spira), 1900.-Merz, *Das Stadtrecht von Brugg* (El Derecho municipal de Brujas, 1900.—Welti, *Stadtrecht von Baden* (El Derecho municipal de Baden), 1900.—Rickenbacher, *Das Strafrecht des alten Landes Schwyz* (El Derecho penal del antiguo país suizo), Discurso de la Universidad de Leipzig, 1902.-Banchon, *La justice criminelle du magistrat de Valenciennes au Moyen Age,* 1905.—Vid. informes en Z. II y siguiente. Falta un trabajo de conjunto.

El desarrollo del Derecho penal está en íntimo enlace con el decaimiento y el crecimiento del poder público. Con *la última perfección de la soberanía territorial* y el *florecimiento de las ciudades,* hizo también progresos el FORTALECIMIENTO DE LA INTERPRETACIÓN PÚBLICO-JURÍDICA DEL DELITO Y DE LA PENA, interrumpida durante la época anterior. En numerosas aboliciones del Derecho de difidación (1) *(Landfrieden,* lit. «treguas, paces territoriales») y otras leyes imperiales, en el Derecho regional, municipal y de corte (2), sentencias judiciales *(Weistümern)* y libros de Derecho, el *Derecho escrito* existente se *revela* y el Derecho consuetudinario queda en segundo término.

De fuentes cada vez más numerosas y en cursos cada vez más rápidos corre el *Derecho extranjero* por los dominios germánicos, primero del Sur, y después del Norte, y pone cerco á la Soberanía del Derecho con axiomas legales *(Rechtssätzen)* aclimatados. Los libros jurídicos dominantes y los Derechos municipales aparecen como focos cristalográficos, alrededor de los

---

(1) Guerra personal que se hacían los señores feudales de Alemania para solucionar cuestiones de honor, á consecuencia de agravios. (N. del T.)

(2) Privilegios de la corte *(Hofrecht)* ó Derecho de Corveas: Trabajo gratuito que estaban obligados á prestar los vasallos, durante la época feudal, en provecho de los señores. (N. del T.)

cuales se agrupan, como compensación, en cierto modo, por los perdidos Derechos de *Troncalia (Stammenrechte)*, nuevos dominios de *Derechos iguales*—salvo diferencias de detalle — en cuanto al *contenido*.

Así se crean las condiciones preliminares para la expansión y refuerzo de la *pena pública*.

El *Wergeld* y la *Busse* aparecen citados por los libros jurídicos como el Derecho de los tiempos pasados. El primero se limita, más y más, á los casos de homicidio involuntario; la otra es impuesta frecuentemente (1) sólo como simulacro de expiación *(Scheinbusse)* y para estimular al juez; se conmutan por la multa, propiamente dicha.

Pero, al mismo tiempo, las penas «de cuerpo y vida» (corporales y capitales) aumentan. El «Espejo de Sajonia» (II, 13) castiga el hurto de tres chelines en adelante y el hurto nocturno con la *horca* (*Strang*): el homicidio y el hurto con perturbación del orden, traición, incendio é infidelidad en los embajadores, con la *rueda* (*Rade*); á quien comete homicidio, secuestro, robo á mano armada, violación, ruptura de la paz ó adulterio grave, la *decapitación* (*Haup abschlagen*); la apostasía de la fe cristiana, hechicería y envenenamiento son castigados con la *hoguera* (*Scheiterhaufen*). Junto á las penas «de cuello y mano» (capitales y de libertad) por injusticias ó crímenes, se encuentran numerosas penas «de piel y cabello» (corporales), y multas por atentados leves ó faltas.

Pero la convivencia social es quien, especialmente, con las nuevas relaciones de la vida diaria, produce nuevos crímenes, haciendo necesario, á la vez que un nuevo orden de cosas, nuevas disposiciones penales.

---

(1) Así, en el «Espejo de Sajonia», *(Sachsenspiegel)*, III, 45. Véase Grimm, *Rechtsaltertümer* (Antigüedades jurídicas), 679: Osenbrüggen, *Alam. Strafrecht* (Derecho penal alemán), 72. Con mucha frecuencia, también, en las sentencias austriacas.

Los Estatutos de las ciudades, principalmente de la Alemania del Sur (ej. Nuremberg), se distinguen por severas y frecuentemente crueles sanciones.

Se une á eso una nueva circunstancia, cuyo influjo sobre el desarrollo del Derecho penal no debe desestimarse: *la lucha contra la delincuencia habitual ó profesional* (la «gente maleante»: pícaros y vagabundos). Esto exigía la *persecución de oficio*, señal de los tiempos, que toma diversas formas (especialmente la *persecución por mala fama)*, que gana cada vez más en precisión y en extensión y que se vale de la *tortura* (*Folter*), aplicada extralegal y extrajudicialmente, como medio poderoso para preparar la condena.

Pero cuanto más decisivamente domina la idea de fin en el Derecho penal y en los procedimientos penales, tanto menos se adaptan las viejas fórmulas y tanto más apremiante es la necesidad de un *reconocimiento legal* de la transformación de largo tiempo cumplida y de oponerse á los abusos territoriales por una REGLAMENTACIÓN LEGAL IMPERIAL de los procedimientos penales.

La realización de esta empresa había sido exigida ya con los mayores apremios, y antes que nadie, por el Tribunal Supremo del Imperio, recientemente creado, al *Reichstag* de Lindau en 1496; pero no se consiguió hasta el año 1532, tras dura lucha, por una supuesta *fusión legal de los Derechos extranjeros, aceptados en Alemania, con el Derecho patrio alemán.*

Numerosos trabajos preparatorios, de la más diversa índole, ilustraron la solución de la empresa, que se logró, ante todo, gracias á los buenos oficios de *un* hombre: *Hans von Schwarzenberg*.

§ 5. — *La ordenanza criminal de Carlos V.*

I. El Derecho extranjero que aceptó Alemania, especialmente el Derecho penal, con inclusión del procedimiento, no era el Derecho de las fuentes romanas, sino un Derecho esencialmente *transformado,* adaptado á las nuevas condiciones jurídicas. Desde el renacimiento de los estudios jurídicos, los JURISTAS ITALIANOS habían trabajado sin interrupción, si bien inconscientemente á menudo, en el progreso del Derecho romano.

Los glosadores y postglosadores, especialmente *Azon* († 1230), con su *Summa* al Código, *Bartolo* († 1357), *Baldo* († 1400); los canonistas, entre los cuales tuvieron importancia, especialmente para el procedimiento criminal, *Rodofredo* († 1250) y *Durando* († 1296); y los llamados «prácticos italianos», entre los que merecen citarse (1) *Rolandino de Romancio* († 1284), *Alberto de Gandino* († 1290), *Jacobo de Belvisio* († 1335), *Bonifacio de Vitalini* (hacia 1940), *Angel Aretino* († 1450); todos ellos exponen el Derecho penal romano según la *generalis consuetudo* de su época, tal como se había desarrollado bajo el influjo de los principios jurídicos alemanes, desprendidos de las fuentes longobardas, de las necesidades prácticas y generalización científicas, de la legislación del Papado y del Imperio, así como de los usos judiciales. No es ya Derecho romano

(1) Vid. Seeger, *Zur Lehre vom Versuch des Verbrechen in der Wissenschaft des Mittelalters.* (Para la teoría de la tentativa de los delitos en la ciencia de la Edad Media), 1896; Löffler (véase Bibl. en § 2), Engelmann, *Die Schuldlehre der Postglosatoren und ihre Fortentwicklung* (La teoría de la culpa en los postglosadores y su progreso), 1895; Heinemann, *Das crimen falsi in der altitalianischen Literatur* (El *crimen falsi* en la antigua literatura italiana), en *Berliner juristische Beiträge,* Cuad. 5, 1904; Kantorowicz, Vid. Bibl. § 4, II.

puro, sino *italiano* el que exponen en sus obras. Y no es necesario hacer notar que *este Derecho* debió hallar en Alemania entrada más fácil que el Derecho de los *Libri terribiles* ó del *Kodex*. De mayor importancia fué, sin embargo, que la jurisprudencia italiana de la Edad Media consagrase también su especial atención á las teorías generales del Derecho penal, poniendo así los primeros fundamentos para el dominio científico de la materia.

II. No es este el lugar de exponer cómo y por qué derroteros tuvo lugar la importación. Sólo debe tenerse en cuenta un factor. Los trabajos de los juristas italianos entraron en Alemania en forma de manuscritos y de impresos; pero más fuerte y más amplio fué el influjo que ejercieron, durante el transcurso de la Edad Media, *en su colaboración en la* LITERATURA JURÍDICO-POPULAR *de Alemania* (1). De los numerosos escritos pertenecientes á esta peculiar rama de la literatura alemana sobresale, por su valor intrínseco, así como por su importancia histórica, el *Espejo de las querellas* (*Klagspiegel*), que nace en el primer cuarto del siglo XV, impreso ya en el año 70 y editado en 1516 por *Sebastián Brant* († 1521).

Azon, *Rodofredo, Durante*, *Gandino*, son los profesionales de quienes se abastecía el autor del *Klagspiegel,* interpretando y reproduciendo sus opiniones de un modo más ó menos hábil.

III. La segunda mitad del siglo XV y la primera del XVI comprenden una suma de ORDENANZAS DE PROCEDIMIENTO CRIMINAL *(Halsgerichtsordnungen),* no sin importancia, que se apoyan, en lo esencial, en los viejos fundamentos del Derecho alemán, y aunque más ó

---

(1) Stintzing, *Geschichte der populären Literatur des Römisch-Kanonischen Rechts in Deutschland* (Historia de la Bibliografía popular de Derecho romano-canónico en Alemania), 1867. El mismo, *Geschichte der deutschen Recstwissenschaft* (Historia de la ciencia jurídica alemana), I, 1880; V. Schulte, *De criminalibus causis,* 1888.

menos influídas por el Derecho extranjero, regulan, en primer término, los procedimientos criminales. Al lado de estas disposiciones, contienen también otras puramente penales.

Entre éstas, son de notar preferentemente:

(Vid. principalmente: Stobbe, *Geschichte der deutschen Rechtsquellen* (Historia de las fuentes del Derecho alemán, II, 237): 1. Las ordenanzas criminales *de Nuremberg*, especialmente las de 1481 y 1526; 2. La llamada *Tirolesa*, Ordenanza de maleficios de 30 de Noviembre de 1499 (Refundida por Radolphrell, 1506, y Laibach, 1514); 3. La Ordenanza criminal *de la baja Austria* de 21 de Agosto de 1514 (1) (reformada en 1540).

Muy por encima de todos estos ensayos legislativos, en parte muy hábiles, destacándose por la claridad de la exposición y el dominio absoluto de la materia, tan compleja y árida, así como por la sencillez y orientación de sus ideas fundamentales—momento perdurable y loable de la vocación germánica para la legislación —aparece la ORDENANZA CRIMINAL BAMBERGIENSE *(mater Carolinae)*, de 1507, introducida con pequeñas modificaciones en los principados de Ausbach y Baireuth de Brandemburgo *(soror Carolinae)* (2).

Fué autor de la ordenanza criminal *Bambergense* Juán Barón *(Freiherr)* de Schwarzenberg y Hohenlandsberg (3). Nació el año 1463 y se distinguió por una fuerza corporal en límites fabulosos; disipó su juventud, según las costumbres de su casta en su época, en orgías y juegos de dados en las cortes señoriales del

1) Véase Chorinsky, *Die Erforschung der östereichischen Rechtsquellen des 16 und 17 Iahrhunderts* (Indagación de las fuentes del Derecho austriaco en los siglos XVI y XVII), 189., página 15, cita un proyecto anterior.

(2) Sobre las ediciones de la *Bambergense*. Vid. Leitschuh, en *Repertorium für Kunstwissenschaft* (Repertorio de ciencia de las artes), IX, 1886, así como en *Festchrift für den 25 deutsche Juristentag* (Disertación en el 25 Congreso jurídic. alemán), 1900.—Nueva edición de Koler y Scheel, 1902. Traducción en bajo alemán por Barkhusen, 1510 (editada por Kohler y Scheel. Frauenstädt, Z, X, 3, ha demostrado que la Justicia de Breslau se atuvo á ella en sus juicios. También se han hallado de un modo evidente aplicaciones judiciales en el electorado de Brandenburg. Vid. sobre eso Günther, Z, XII, 646, y XIV, 269.

(3) Scheel, *Johann Freiherr von Schwarzenberg*, 1905.

país del Rhín, hasta que le reclamó una seria misiva de su padre. Después de una excursión á Tierra Santa, se unió á Maximilianol y tomó parte gloriosa en sus expediciones militares (1485-1486). Poco después entró al servicio del vecino obispo de Bamberg y quedó, bajo el pontificado de cinco obispos, desde 1501 hasta 1524, siendo maestro de la Corte y presidente del Tribunal Supremo de Justicia, compuesto de sabios jurisconsultos. El año 1521 vino á la Dieta de Worms, donde representó un papel importante como miembro del Gobierno del rey (1522 á 1524), y, transitoriamente (1523), como representante del jefe del Estado imperial. Entretanto cambió la situación en Bamberg. Desde 1522 regía el obispo católico Weigand, von Kewizt; y Schwarzemberg, que pertenecía en cuerpo y alma al partido de la Reforma, se vió obligado á entrar al servicio de los margraves Casimiro y Jorge de Brandenburgo, como maestro de la Corte.

Murió en Nuremberg en 21 de Octubre de 1528, siendo muy lamentada su muerte, y ensalzado por Lutero, años más tarde. Schwarzenberg era también muy celebrado como escritor popular, y trató de informar la vida espiritual de su época con poesías sin relieve, pero de un hondo sentimiento moral; escritos de polémica contra la inmoralidad de su tiempo; traducciones de Cicerón y hojas volantes contra los católicos. No fué ni un jurista ni un sabio á quien debe Alemania su primera legislación orgánica, pero sí un hombre sano y fuerte, importante como guerrero y como hombre de Estado, como poeta y como campeón de la Reforma, un verdadero alemán.

Para llevar á cabo su empresa, utilizó *Schwarzemberg* estas fuentes (1): 1, la jurisprudencia sudgermánica, especialmente de Nuremberg; 2, la reforma de Worm de 1498, y acaso también algunas de las restantes legislaciones sudgermánicas; 3, la literatura jurídico-popular, y con ella *indirectamente* los escritos de los italianos; 4, algunas leyes imperiales especiales, como las aboliciones del Derecho de difidación *(Landfrieden)* de 1495.

(1) Brunnenmeister, *Die Quellen der Bambergensis* (Las fuentes de la Bambergense) 1879.—Gahn, *Beiträge zur Quellengeschichte der Bamberger Zivil-und Kriminalrechts* (Contribución á la Historia de las fuentes del Derecho civil y criminal de Bamberger), 1893.—Scheel (Vid. *Bibl.*, § 4, II).

IV. A consecuencia de las quejas del Tribunal Supremo de Justicia (1), la Dieta de Friburgo, en 1498, acordó «una REFORMA GENERAL Y ORDENACIÓN, EN EL IMPERIO, sobre cómo se debe proceder en asuntos criminales». Pero á los primeros pasos se empantanaron, hasta que el asunto fué tomado de nuevo en consideración en la dieta de Worms de 1521. Se encomendó á un Comité la redacción del proyecto; éste tomó por fundamento la ordenanza criminal bambergense, que había sido vulgarizada entretanto, especialmente por el «Espejo de los legos» *(Layenspiegel* de 1509), de *Ulr. Tengler* († 1510); pero, además, utilizó el llamado *Bamberger Korreketorium* una colección de ordenanzas adicionales á la Bambergense, desde 1507 á 1516.

Sin embargo, se ponen cada vez nuevos obstáculos en el camino. El proyecto de Worms (1521) fué refundido aún tres veces: en la dieta de Nuremberg (1524; II, Proyecto), en Speier (1520; III, Proyecto) y en Ausburgo (1530; IV, Proyecto) (2). Desde 1529, estaban las tendencias particularistas en abierta oposición con los deseos generales hacia una legislación orgánica. En 1530 especialmente, el electorado de Sajonia, el palatinado, el electorado de Brandenburgo, se pusieron en guardia contra la disminución de sus cartas de Derecho territorial. Y cuando, por fin, en 1532, el proyecto se elevó á ley en la dieta de Ratisbona, fué preciso incluir en el discurso preliminar la llamada cláusula salvatoria: «Queremos, sin embargo, no haber quitado, por este gracioso recuerdo, los viejos, justos

---

(1) Malblank, *Geschichte der peinlichen Gerichtsordnung Karls* V (Historia de la ordenanza criminal de Carlos V), 1783.— Güterbock, *Entstehungsgeschichte der Carolina* (Historia de los orígenes de la Carolina), 1876.—Steintzing, I, 607.

(2) Ya en 1527 y 1528 el proyecto del arzobispo Albrecht, de Maguncia, fué introducido como ley en las muchas ciudades sometidas á su dominio.

Vid Schröder, *Oberrheinische Stadtrechte* (El Derecho de las ciudades del alto Rhin), 1897, I, 202.

y razonables usos jurídicamente seguidos por los príncipes electores, príncipes y Estados» (1).

V. Como sus predecesores, cuyo influjo salta á los ojos, aun en la consideración más superficial, la Carolina (PGO ó CCC) pone también todo su empeño en la reglamentación de los procedimientos penales. Aquí asentó ella aquellos principios que han impreso al procedimiento penal común alemán su carácter inconfundible, á pesar de las aberraciones de los Derechos regionales, sobre muchos puntos.

El Derecho penal material, desarrollado en los artículos 104 al 180, pasa á ocupar un puesto secundario. Aquí, propiamente hablando, no hay más que un principio promulgado que contiene Derecho absolutamente obligatorio (artículo 104): «No puede ser castigada una acción con pena aflictiva (*peinliche Strafe*), como la muerte ó pena corporal mutilante, si esa acción (ú otra equivalente, artículo 105) no estaba castigada con pena aflictiva, también, en el Derecho romano. La forma de la pena puede ser, por el contrario, determinada según las costumbres del país.

Por lo demás, la ley no quiere ser más que una exposición del Derecho vigente para uso de los llamados á dictar sentencias, pero ignorantes del Derecho escrito. Y este fin le ha llenado cumplidamente la Carolina. Su lenguaje sencillo y claro, preciso y fácil de interpretar, hace de ella, para su tiempo, una obra maestra. Pero ni quiso ni debió traspasar su objeto. No quiso ser

---

(1) La más antigua que conocemos es la de 1533 (*editio princeps*). Edición sinóptica de Zöpft, 3.ª edición, 1883. Nueva edición (sobre el original de un manuscrito de Ratisbona de 1532) de Kohler y Scheel 1900. Edición escolar «para los estudiantes» de los mismos, 1900. Vid. contra esta edición Hering, *Die im historischen Archiv der Stadt Cöln aufgefundene Karolinen-Handschrift*. (El manuscrito de la Carolina hallado en el archivo histórico de la ciudad de Colonia), R. I, 1904. Sobre esto vid. Kohler, G, A, 41, 152, LIII, 121. Scheel, *Deutsche lit. Zeitung*, 1905, página 494.—Abbeg ha editado en 1837 las traducciones latinas de la PGO: la de Gobler, de 1543, y la de Remus, de 1594.

un obstáculo á la mejor inteligencia y aplicación del Derecho vigente.

Sin embargo, *Schwarzenberg* estaba congojosamente inquietado por la regla de que, en todos los casos dudosos, debía pedirse consejo á los jurisperitos, á fin de asegurar el influjo vivificador de la ciencia sobre los pronunciamientos judiciales.

Ahí debemos afianzarnos si queremos ensalzar la importancia del Código, y especialmente la situación de la legislación del país con respecto á la Carolina. Las pocas disposiciones que contienen Derecho obligatorio deben, por lo demás, separarse severamente del resto.

Pero si no debemos considerar á la CCC como un Código, en el sentido actual de la palabra, atendiendo á las disposiciones de este segundo grupo, sino solamente como un libro de Derecho, análogo á los «Espejos» del siglo XIII, sí es de notar su importancia en el desarrollo ulterior del Derecho penal. No sólo son determinados los delitos en particular de un modo más preciso y, las más de las veces, con mayor agudeza jurídica (1), sino que también los conceptos pertenecientes al hecho en general, como tentativa, legítima defensa, imprudencia temeraria y otros, en correspondencia con los autores italianos, se dilucidan en exposición más profunda ó más breve. Así, la Carolina ha venido á ser, *por su propio mérito,* el fundamento sobre el cual se apoya el Derecho penal alemán común durante tres centurias.

(1) Los delitos comprendidos en la CCC son: 106, blasfemia; 107, perjurio; 108, quebrantamiento de la promesa de no vengarse; 109, hechicería; 110, difamación por escrito; 111 á 114, falsificación de moneda, documentos, etc.; 115, infidelidad en los pactos; 116 á 123, delitos contra las costumbres (lascivia *contra Natura,* incesto, rapto, violación, adulterio, bigamia, proxenetismo); 124, traición; 125, incendio; 126, robo á mano armada; 127, sedición; 128, motín; 129, desafío; 130 á 156, homicidios (envenenamiento, infanticidio, exposición, aborto, suicidio, asesinato, etc.); 157 á 175, robo y abuso de confianza; 180, complicidad en la evasión de presos.

§ 4.—El Derecho penal español en la Edad Media.

(Continuación.)

II.—España cristiana.

En este punto de la Historia del Derecho penal español termina, por ahora, nuestra labor de expositores. Tal vez algún día, recogiendo y ordenando estas notas, en libro aparte, nos atrevamos á proseguirla hasta integrar la Historia del Derecho penal de España, como primer volumen de un *Tratado de Derecho penal español*.

Para las necesidades de la exposición, basta hoy con la *Historia del Derecho penal de España*, de Du Boys, que empieza, justamente, donde nosotros terminamos, y la sustanciosa reseña de Rosenfeld (1).

Problemas y fuentes.

Quedan, sin embargo, dos cuestiones que, á falta de exposición legal, no pueden excusarse:

a) Los problemas de la crítica histórica, relativos á los orígenes del Derecho penal español, en la segunda mitad de la Edad Media.

b) Las fuentes de investigación histórica, legal y doctrinal.

Los fueros municipales.

Sobre el origen del Derecho de los Fueros municipales hay tres teorías históricas.

a) La de Pérez Pujol y Costa, para quienes se trata de survivales consuetudinarios de instituciones ibero-

(1) Véase atrás, página 23, BIBLIOGRAFÍA.

celtas, ahogadas durante siglos bajo el peso de la doble civilización románico-germana, al reaparecer en libertad, como escritura primitiva del gran palimsesto de la raza (1).

En lo penal, reaparecen las ejecuciones típicas primitivas de la edad de piedra: *despeñamiento y lapidación* (2), que prohiben las Partidas (3), prueba de que se aplicaban de ordinario—contra el parecer de la glosa (4)—, ya que las Partidas estuvieron siempre contra la costumbre. Recuérdese la célebre ejecución de los Carvajales desde la peña de Martos (9 de Agosto de 1312), reinando Fernando IV (5).

Había formas análogas al despeñamiento como el *lanzamiento* desde un puente—*asfixia bajo el agua* (6)— ó desde lo alto de las torres y fortalezas (7).

---

(1) Véase atrás, páginas 66, 67.

(2) Véase atrás, páginas 58, 59. Se encuentran, entre otros, en los Fueros de Cuenca, Sepúlveda (art. 14), Palenzuela, Toledo, etc., Vid. Gutiérrez, páginas 134 y siguientes y Du Boys, páginas 59, 73.

(3) Ley 6.ª, título XXXI, Partida 7.ª. *Quales penas son vedadas a los Juzgadores que las non deven dar*. Edición Publicidad, III 470. Se conserva para el «moro que yoguiere con christiana virgen... o casada.» Ley 10, título XXV. Edición citada, III, 436. Véase Du Boys, página 224.

(4) G. López: Non potest judex infligere *insolitam* poenam mortis... etc. (Edición citada, II, 470)

(5) Sobre el valor histórico de este hecho de leyenda, Véase *Crónica de Fernando IV*, capítulo LXIV: «mandólos despeñar de la peña de Martos.» Cit. Lafuente, *Historia general de España*, edición Montaner y Simón, Barcelona. 1888, IV, 293; Cf. Gebhardt, *Historia general de España*, Madrid, Librería española, 1869, III, 638. Comp., *Crónica del Rey Don Fernando cuarto*, capítulo XX, etc *Autores españoles*, tomo I (Madrid Rivadeneyra, 1875), página 169. «mandó matar dos caballeros, etc.» sin hablar de despeñamiento. Cf. edición Benavides, en *Memorias del rey Don Fernando IV de Castilla*, Madrid, Rodríguez, 1881, I, 242. é *Ilustraciones*, I, 692, 693, donde se demuestra que fueron condenados á muerte por el rey en Riepto, pero nada se dice de la forma de la ejecución. La peña de Martos existe, y la tradición local abona la leyenda.

(6) *Fuero de Castrojeriz*: «et aduximos illos petreros ad illa ponte de Fitero, et fecimus illos saltum facere in aqua et interfecti sunt ibi» (*Colección general*, I, 40). Véase atrás, página 61.

(7) E. Rosenfeld, *Desarrollo histórico*, pág. 40.

Lo mismo ocurre con la *responsabilidad colectiva* ó solidaridad legal (1), que reaparece en el *fuero de Sayonia* para «las villas inmediatas al sitio donde se habían cometido los delitos», limitado luego á una sola «mediante juramento y agua caliente» (2) y transformándose, tal vez, en la institución de los *fiadores* (3). Tan general era, que algunas villas lograron, por especial favor, eximirse (4). Pero queda vigente en la familia (5).

El *desentrañamiento y la mutilación,* que fueron penas entre los iberos (6) y en la España romana (7), reaparecen en el terrible Fuero de León (8), intimidativamente acaso (9); á veces, en combinación con la *Faida* (10) ó con la multa (11), ó simplemente (12).

---

(1) Véase atrás, página 61.

(2) Florez, *España sagrada*, XXXVI, Apéndice 27. Sempere, *Historia,* Libro II, capítulo VIII, página 109. Du Boys, páginas 59, 60. Dorado, *El derecho penal en Iberia.*

(3) Fueros de Sepúlveda, art. 46. Nájera y Sahagún. Véase Du Boys, páginas 71, 75, 80.

(4) Fuero de León, canon 24: «Si quis homicidium fuerit... nihil sagioni.» Véase Sempere, página 169

(5) Fuero de Cuenca, Libro XI, capítulo 10: «Quia sicut illo (pater) pro excessibus eorum (filios) et sceleribus solent dolere. sic justum est, ut de lucris et acquisitionibus eorundem aliquid gaudeant habere» que subsiste en algún modo en nuestro vigente Código penal, art. 19, regla 1.ª «Esto es absolutamente contrario á la famosa regla: las culpas son personales.» dice Du Boys, *Historia,* página 30, sin reparar en que es precisamente la culpa ó negligencia de los padres en lo que se fundamenta.

(6) Véase atrás, página 60.

(7) Ibid. páginas 126, 127.

(8) «Fracta manu, pede et cervice et vulsis ocultis fussis intestinis... etc.» (Edición Muñoz y Romero, I, 72).

(9) Rossenfeld, obra ciada, I, 38. En contra Du Boys, página 107.

(10) *Fuero de Cuenca,* XIV, 41: «parentes mortui abscindant ei manum dexteram» *Fuero de Uclés:* «abscindat ei (inimico) manus» (Edición citada, XIII, 216). *Fuero de Madrid:* «abscindant suam manum» *(Documentos,* página 23)! Véase Hinojosa, *Das germanische Element,* página 318.

(11) *Fuero de Nájera:* «Si non potuerit judicum implere... tantum (suum) pedem malefactore... de cepo et ferire tribus vicibus in clavilla» *(Colección general,* I, 292).

(12) *Fuero de Plasencia:* «Todo onme qui otro con su mujere o con su fija le fallare et los castrare, non peche nada» (Du Boys, página 76). *Fuero de Cáceres:* «Todo home que mentira jurare o

El Fuero Juzgo, latino (1) y humano (2), había rechazado, en vano (3), todas estas penas.

En fin, las *pruebas vulgares* reaparecen (4), con más vigor aun, aplicándose á los hombres y á las cosas; como en el caso típico de los misales muzárabe y latino, arrojados al fuego por Alonso VI de Castilla (5).

La penalidad y el procedimiento se confunden nuevamente y vuelven las *ordalias* ó *juicios de Dios,* casi desaparecidos del Código visigodo (6). El procedimiento es ahora, como entre los iberos, una verdadera y anticipada penalidad. El mayor mal del delito no es haberle cometido—que Platon dijera—, es el ser acusado de él.

Se halla descrito minuciosamente el sistema de las pruebas vulgares en los rituales (7) en esta época. Se

---

afirmare, trasquílenle la mitad de la cabeza» (Du Boys, página 76, entiende que se refiere á mutilación; no lo suscribimos. En la traducción romanceada del Fuero Juzgo, para indicar mutilación de la cabeza, dice: «desfollenle laidamientre). *Fuero de Cuenca,* libro XXXII, capítulo 2.°: «obsidantur ei aures.» *Fuero de Fuentes,* libro IV, título 5.°, ley 6.ª. *Fuero de Plasencia:* «tayenla las narices.» *Ibid.* «e las orejas cortadas.» (Du Boys, páginas 76, 77.)

(1) Véase atrás, páginas 173 y 171.

(2) *Ibid,* página 174.

(3) Du Boys, página 71 «...el *Fuero Juzgo,* que había permanecido siendo la legislación nominal de España.» Cf. Rosenfeld, página 39.

(4) Véase atrás, páginas 64, 65 y 163.

(5) Rodericus Ximenez, *De Rebus Hispaniae,* Libro IV, capítulo 27.

(6) Efectivamente, habían desaparecido; pero quedó la prueba caldaria, sólo en un caso: Fuero Juzgo, Ley 3.ª, título I, Libro VI (Edición académica, página 102). Véase atrás, páginas 189, 190. Por excepción, dice Hinojosa, *Das germanische Element,* páginas 189 y 190.

(7) Villanueva, *Viaje literario (Ritual del Codice de Tortosa,* año 1055), V, 21. Tejada y Ramiro, *Colección de cánones,* III, 130. Berganza, *Antigüedades de España* (Libro gótico del Monasterio de Cerdeña), I, 269. Martínez Marina, *Ensayo histórico* (Libro de fueros de San Juan de la Peña y Fueros municipales de Cuenca, Oviedo y Avilés), edición 1808, Libro VII, página 280. Anónimo, *Leyenda sobre la vida de San Pedro de Mozonzo,* en *La Emancipación,* Santiago de Galicia, 1872, página 37. Marichalar y Manrique, *Historia,* II (1861), 329-334, nota. Villa-Amil y Castro, *Del uso de las pruebas judiciales llamadas vulgares,* extracto

ha discutido, atacando (1) y defendiendo (2), este sistema; y aun negando su carácter nacional, por el origen (3) y por el uso (4).

Hay también como entre los iberos (5) ordalias incruentas. Así la prueba de la cruz (6), que sobreviene, en el procedimiento civil, con nuestro juramento decisorio (7).

Las pruebas vulgares desaparecen, por exención, primero (8); por prohibición, después (9); últimamen-

de *Boletín histórico*, Madrid, Aribau, 1881. Tourtoulon, *La procédure symbolique en Aragón*, Montpellier, 1868.

(1) Pacheco, *Introd.*, página XXXVII: «la penalidad se convierte en una lotería; y el juicio en una batalla ó en una ridícula tentación al cielo». Cf Sempere y Villa-Amil y Castro, *Del usu*, etcétera, páginas 22 y 23.

(2) Bernaldo de Quirós, *Historia y fuentes*. 2.ª edición, página 112, nota 1: *Post scriptum*. Cf. *Teoría del Código penal*, I, 25 y 26.

(3) Barrio y Mier, cit. Valdés, *Derecho penal*, II, 133, texto y nota 2.

(4) Muñoz y Romero, *Colección* (1847). *Advertencia*, página 5, y *Refutación al opúsculo: Los fueros francos* (1857), página 38. «En todas partes eran considerados como *malos fueros*... estaban exentos de ellos por sus fueros gran parte de los pueblos de Castilla.» En efecto, los Fueros de Logroño, Arganzón y Sanabria, las reprueban. Véase Gutiérrez, página 143.

(5) Véase atrás, página 65.

(6) Du Boys, *Historia*, páginas 78, 79. Cf. Muñoz y Romero, *Colección general*, I, 461.

(7) Ley de Enjuiciamiento civil, art. 580: «hace prueba plena, no obstante, cualesquiera otra.» Pero no sobre hechos punibles (Código civil, art. 1237), ni aun en lo adverso. Véase Manresa, *Comentarios*, VIII, 503, 504, quien nada vió sobre la supervivencia de la ordalía.

(8) Alfonso VI, Const. año 1072 (*España sagrada*, XXXV, 109 y XXXI, 27); Fuero de Palenzuela (*Colección general*, I, 276)); de Astorga, año 1097 (*España sagrada*, XVI, 471); de Miranda de Ebro, año 1099 (*Colección general*, I, 347); de Logroño, año 1095 (*Ibid.* I, 336). Alfonso VIII, Fuero de Triviño, año 1191, capítulo 38 (*Colección Salvá*, Ms. Academia de la Historia, tomo XXXIX; González, *Colección de privilegios*, VIII, y Llorente, *Noticias históricas*, IV, 316), Alfonso IX á Puebla de Sanabria, año 1220 (*Colección Salvá*, tomo XXXIX). Confirmado por Alfonso X. Privilegio expedido en Sevilla á 19 de Mayo de 1263. Alfonso II, confirmación de los Fueros de Lérida, año 1228 (*Colección general*, I, 358)

(9) Jaime I, en las Cortes de Huesca de 1247: *Fueros*, Libro IX, título 1.°: folio 180: *De candentis ferri juditio abolendo* (Véase Tourtoulon, *Don Jaime I*, II, 167). Alfonso VI. Confirmación del Fuero de Nájera, año 1076 (*Colección general*, I, 290). Sancho Ra-

te, en el siglo XIII, con el progreso judicial por desuso (1).

Reaparecen también (2) — si es que habían desaparecido (3)—los *duelos judiciales,* en los Fueros de Sahagún (año 1084) (4), regulados minuciosamente por el Fuero Viejo (5), el Fuero Real (6), el Estilo (7) y los Fueros generales de Valencia (8) y Aragón (9); definidos y razonados por las Patidas (10), hasta su abolición por Alfonso VI, en Castilla (11), Pedro I (12) y Alfonso I en Aragón (13) y Jaime I en Mallorca (14).

Pero su minuciosa reglamentación contribuía á hacer muy raro su uso en Castilla (15) y en Valencia (16); y, en todo caso, los rituales de aquí revelan mayor hu-

---

mírez, Fuero de Arguedas, año 1092 (*Colección general,* I, 330). Don Pedro I, Fuero de Barbastro, año 1100 (*Colección general,* I, 355) Fueros de Caparroso y Santa Clara, año 1102 (*Colección general,* I, 391, 335). Alfonso I, Fuero de Asín, año 1132 (*Ibid,* I, 505). *Conc. leg.,* año 1288, *De purgatione vulgari,* (*Conc. valet.*), año 1322, causas 26 y 27.

(1) Lafuente, *Historia general de España,* Parte 2, Libro I, capítulo 26.

(2) Véase atrás, página 64.

(3) Idem, página 190.

(4) Véase *Colección* de Muñoz y Romero, T. 307 y siguientes; Du Boys, páginas 79, 80.

(5) Libro I, título V, Cf. títulos 3 y 4, parte VII.

(6) Libro IV, título 21, leyes 6.ª á 25.

(7) Ley 43, véase Du Boys, páginas 152-154.

(8) *Furs*, libro IX, rubr. 22, folio 8; véase las restricciones que alguno ha creído prohibición, en rubr. 22, folio 1.

(9) Véase *Colección de documentos inéditos del Archivo de Aragón,* VI, 199; colección de D. Jaime I, pergamino número 1760.

(10) Ley 1.ª, título 4, Partida VII: «Lid es una manera de prueba que usaron á facer antiguamente los omes... que mejor les era defender su derecho, e su lealttad por armas que meterlo á peligro de pesquisa, ó de falsos testigos.»

(11) *Confirmación del Fuero de Nájera* (año 1076), *Colección general,* I, 290.

(12) *Fueros de Caparroso y Santa Clara* (año 1102), *Colección general,* I, 391, 395.

(13) *Fuero de Asin* (año 1132), *Colección general,* I, 505.

(14) *Fuero general de Mallorca* (año 1230), edición citada.

(15) Lafuente, *Historia general de España,* parte 2.ª, libro I, capítulo 26.

(16) Tourtoulon, *Don Jaime I el conquistador,* traducción española, 2.ª, Valencia, Domenech, 1874, II, 204, nota 4.

manidad que las reglas del duelo judicial en el extranjero (1).

En vano se ha querido suponer exótica importación (2) este uso tradicional en España. En algunos lugares, se sobreponen la humanidad y la cultura incluyéndolo en el catálogo de los *malos fueros*, de que por privilegio estaban exentas ciertas villas; prueba de la generalidad. Tampoco ha faltado quien lo defienda (3)

Reaparece la *esclavitud por deudas* del antiguo Derecho ibero (4), á través del Fuero Juzgo (5), en los Fueros de Soria (6) y Cáceres (7); y en la *recomendatio*, ó servidumbre de la gleba—, pabellón legal que cubre toda mercancía de vicio y de crimen — continúa en la Edad Media la *devotio celtíbera* (8) y romana (9); sobre todo en Cataluña, en la llamada «pagesia de remensa» (10). Todo el feudalismo medioeval, es desarrollo

(1) J. de Ibelin, *Assises de Jerusalén;* P. de Toutaines, *Conseil a mon ami,* capítulo XXI; Baumanoir, *Coutumes de Beauvoisis,* capítulos XLI-XLIV; *Formulaire des combats a outrance,* redactado por orden de Felipe el Hermoso, en *Ordonnances des rois de France,* I, 437 y Montesquieu, *L'Esprit des lois,* libro XXVIII, capítulos XIV-XXIII.

(2) Se atribuye su introducción á Gunebaldo (véase atrás, página 158) rey de los Borgoñones, Cf. Muratori, *Dissert medii aevi,* dis. XXXIX; Canciani, *In legem burgundionum, monitum;* Sempere, *Historia,* página 142: «No fueron los españoles los inventores de aquella costumbre atroz y sanguinaria.» Du Boys, página 5:6, lo estima «herencia de los visigodos», suprimido del Fuero Juzgo por influencia del clero.

(3) Montequieu, *L'Esprit du lois,* libro XXVIII, capítulo 17; Tortoulon, *Don Jaime I,* II, 167, nota 4.

(4) Véase atrás, página 61.

(5) Ibid., página 183.

(6) Título 20: «Sea apoderado en el cuerpo», título 40; «gobiérnelo y sírvase dél quanto meior pudiere».

(7) Rub. «Qui dixerit: este es mío preco por mi aver».

(8) Véase atrás, página 55, Cf. Jiménez Soler, *La España primitiva*, página 112.

(9) Ibid., página 107.

(10) Cutehet, *Cataluña vindicada,* Barcelona, 1860; Coroleu, *El Feudalismo y la servidumbre de la leba en Cataluña,* Gerona. 1878; Pella y Torgas, *Historia del Ampurdam,* Barcelona, 1883, páginas 644-661: Brutails, *Histoire de la condition des classes rurales en Rossillon au mayenage,* París, 1891, página 184-196; Piskorski, *El problema de la significación y el origen de los malos usos en Cataluña* (en ruso), Kiew, 1899; Kovalewski, *Die ökono-*

del feudalismo ibero (1) y romano imperial (2), fruto de condiciones económicas iguales (3).

En Cataluña, la *pagesía de remensa* (4) autorizaba al señor para retener en prisión arbitrariamente al adscrito, según las Cortes de Cervera (1212) (5) y las costumbres (6).

b) La de Ficker (7) é Hinojosa (8) para quienes se trata, simplemente, de supervivencias de Derecho godo-hispano y aun de *derecho germano* puro, perfectamente análogo al de los estatutos de otras ciudades europeas de esta época, en países germánicos.

---

mische Entwickelung Europas bis zum Begim der kapitalistischen Wirtschaftsform, traducción alemana, Berlín, 1901; Dorig, Moscou, 1900, páginas 319-354 y 480-511; Hinojosa, *La pagesia de remensa en Cataluña*, (Discurso en la Real Academia de Buenas letras de Barcelona, 1901, *Estudios sobre la Historia del Derecho español,* Madrid, Huérfanos, 1903, páginas 115-142.

(1) Costa, *Estudios ibéricos,* páginas XLIX, LI y LII y en Dorado, *El Derecho penal en la España primitiva,* en *Revista de Legislación,* XCVIII (1901), 52, nota.

(2) Hinojosa, *Estudios,* páginas 116, 117.

(3) Fustel de Coulanges *L'alleu et le domaine rural pendant l'époque merovingienne,* París, 1889 y Kovaleswski, *Die ökonomische Entwickelung Europas,* I, 21-47 y 217-219

(4) Hinojosa, *La pagesía de remensa en Cataluña*, páginas 115-142.

(5) *Cortes de los antiguos Reinos de Aragón y Valencia y Principado de Cataluña: Cortes de Cervera,* capítulo II. (Edición Madrid, 1826, I, 86).

(6) *Consuetud. Gerund.*, capítulo I, Rubr. 35: «Item quilibet potut capere rusticum, sive hominem suum solidum, et tenere captum sub tina vel in tanega, vel in biga, quod est verum nisi sint homines de feudo regio vel locorum religiosorum». (Véase Marquilles, *Comentaria super Usaticos Barchiononae,* Barcelona, 1505, folio CLVIII y siguientes; Mieres, *Apparatus super constitutionibus cusiarum generalium Cathaloniai*. Barcelona, 1621, I, 90, 146; Hinojosa, obra citada, página 126).

(7) *Ueber nähere Verwadschaft zwischen spanisch-gotischen und norwegisch isländisches Recht,* Innsbruck, 1887, en *Mitteilungen des Instituts für österreichische Gechischts vorschung*, II (1888). Véase también *Untesnuchungen zur Erbenfolge der ostergermanischen Rechte,* Innsbruck, 1811-1903.

(8) Hinojosa, *Das germanische Element im spanischen Rechte*, en *Zeitschrift der Savigny Stiftung für Rechtsgeschichte*, XXXI (Weimar 1910) 282-359. 1.ª *L'élement germanique dans le droit espagnol,* Discurso en el *Internationalen Historikekongress* de Berlín en 12 de Agosto de 1908.

Con la caída de la Monarquía visigoda y con la formación de un gran número de pequeños reinos en la España septentrional, todas las manifestaciones, hasta entonces ocultas, del sentimiento de individualismo germánico, concluyen por abrirse paso en la época de las leyes particulares, de los Fueros locales... La Monarquía resulta aún esencialmente limitada, á semejanza del antiguo reino militar germánico (1).

El señor Hinojosa encuentra que muchas instituciones jurídicas de los Fueros — penales especialmente y procesales — son Derecho germano puro. Así el concepto germánico de la familia (*Sippe*) y su consecuencia: el deber de vengar el homicidio y las ofensas graves (2); el juramento complementario (*Eideshilfe*) (3) ó compurgatorio.

Veamos. La *Faida* del Derecho germánico (4) y de la *Lex Wisigothorum* (5), autorizada por el Fuero (6), hasta el punto de que, en ciertos delitos, el autor, sorprendido en acto flagrante, podía ser muerto, sin acusación ni previo juicio es Derecho romano (7).

---

(1) E. Rosenfeld, *Desarrollo histórico,* págs. 85, 86.

(2) Obra citada, página 291. Véase atrás, páginas 141 y 142. Cf. Du Boys, páginas 59, 64, 71 y 102.

(3) Véase atrás, página 143. Cf. *Fuero de León,* artículo 11: «per tres bonos homines ex progenie inquietati... confirmet iureiurando, etc.»; *Fuero de Usagre,* de 1242-1275, artículo 73: «iure con quatuor et ella quinque de sos parentes». En los de Caseda, Calatayud y otros muchos se exigían doce vecinos. (Véase Du Boys, *Historia,* página 78).

(4) Véase atrás, páginas 142 y 153.

(5) *Ibid.* página 183-189.

(6) Así entiende Hinojosa el sentido de la fórmula latina: «*Sit homiciero,* que se encuentra en todos los Fueros; oor ejemplo, de Calatayud, (*Colección general,* I, 459); Daroca (Ibid. página 536), Teruel, art. 363; Lara, (Edición citada, página 520: «et *fiat* homiciero»).

(7) *Fuero de Miranda.* (Adulterio): «ubicumque interficiat ambos aut unum si plus non potuerit... et maritus non sit inimicus, nec pectet homicidium, nec exeat de villa» (*Colección general,* I, 351). *Fuero de Estella,* de 1164: «Si... illum interficit, calumnia non est ibi» (Edición Yanguas, I, 445). Idem (allanamiento de morada) «... et in defensione illa fuerit mortuus, non debet iude homicidium pariare» (Edición citada, I, 436). *Fuero de Córdoba:*

La *proscripción*, en fórmula de persecución germánica *(Friedloslegung)*, de pérdida de la paz (1), se realiza; porque el derecho de venganza sobrevive, conviviendo con la indemnización para el ofendido (2) y con la multa (3), que se pagaba á los alcaldes, para el Concejo (4) y al merino para el rey (5); por iguales partes —rey, concejo y querellante—á veces (6).

La *inimicitia* hispana obliga al delincuente, declarado enemigo, á huir á otra villa (7). Tal vez la autoridad, en ciertos casos, no responde del orden, fuera del territorio nacional, hasta que lo consientan los parientes (8); que así el extrañamiento y la Faida conviven (9),

---

«aquel que lo matare non sea enemigo nin peche omecillo por ello» (Edición De Manuel, página 462). Véase atrás, página 71.

(1) Véase atrás, página 141 y 142.

(2) Fueros de Caseda y Escalona, en Llorente, *Noticias históricas*, IV, 46, 39 y 40.

(3) *Fuero de Medinaceli:* «Qui nafragare miembro dotro peche treinta et siete mencales et medio al rencuroso et setenta sueldos a los alcaldes et *excat* inimicus» (*Colección general,* I 437). Cf. Fuero de Madrid, en *Documentos,* página 50: «et exeat inimico» Fuero de Fresnillo, de 1104: «et *exeat homiciero*» *(Archivo Histórico Nacional)*. Fuero de Castroverde de Campos, de 1197 (Llorente, IV, 349). *Fuero viejo,* II, 2, 3. Fuero de Molina: «e *salga* por enemigo» (Edición Llorente, IV, 142). Fuero de Teruel, art. 42: «nec *exeat* inimici» y art 273: «et *exeat* inimicus» Cf. art. 279: «et *exeat* imperpetuum inimicus».

(4) *Fuero de Medinaceli (Colección general.* I, 437).

(5) *Fuero de Nájera (Colección general,* I, 461).

(6) *Fuero de Calatayud (Colección general,* I, 457).

(7) Fuero de Urros (Portugal), de 1132: «toto homine, qui in nostra villa venerit cum inimicitate» (Edición *Portugaliae Monumenta Historiae, Leges et Constitution,* página 425. Fuero de Rueda (Portugal), de 1193: «qui propter inimicitiam de terra vadit» (Edición citada, página 486). Fuero de Castell Rodrigo (León), de 1209: «Tod ome, qui por enemistad viniere de otra villa» (Edición citada, página 907). Fuero de Miranda: «non sit inimicus... nec *exeat* de villa» *(Colección general*, I, 351).

(8) *Calatayud* por Jaime I de Aragón, en 1250: «exeat de tota terra nostra et non intret numquam locum... aliquem terre mee..., nec etiam soluto homicidio, nisi cum voluntate parentum de functi» La Fuente, *Historia de Calatayud*, Calatayud, 1880, I, 379.

(9) Y sobreviven ..Código penal de 1870, art. 132, número 4: «El indultado no podrá habitar... en el lugar en que viva el ofendido, sin el consentimiento de éste» Groizard, *El Código penal de 1870 concordado y comentado,* Burgos, 1872, II, 588. 589, quiere explicar «por buen sentido» esta institución, cuyo origen ignora.

generalizándose la venganza privada, si se resiste á huir (1).

Si volvía, fuera de tregua, perdía cuanto llevara (2); más una fuerte multa á él (3) y á quien le hospedase (4).

Otras veces parece, más bien, que se trata de la responsabilidad penal del homicida ante el Concejo —aparte de la indemnización á la víctima y la multa (5)—, es decir, ante el foro (6). La prenda extrajudicial *(aussergerichtliche Pfandnahme)* y la composición aparecen (7). Frente á la doctrina clásica romana de la intención (8), consagrada escepcionalmente por la *Lex Wisigothorum* (9), á diferencia de las demás leyes godas (10), triunfa el bárbaro principio germánico del

(1) *Fuero de Uclés:* «et illos inimicos exeant de la villa et de suos terminos, et sit noluerint exire... et toto concilio adiuvent illum a segudar et a matar et sues gentes» (Edición *Boletín de la Academia de la Historia*, XIV, 315, 316). Pero véase atrás, pág. 70.

(2) *Fuero de Lourinham* (Portugal), s. XII: «Et si intraverit in nostram villam sine tregua, accipiant ei arma et quantum portaverit» *Portugaliae Monumenta Historiae*, L. et C., página 449).

(3) *Fuero de Teruel*, a. 21: «... capiant illum pro calumpnia centum aureorum.»

(4) *Ibid.*, a. 21: «et totidem pectet dominus domus, in qua fuerit testificatus» *Fuero de Molina:* «Si fuere testiguado en casa de alguno... peche cient marauedis.» (Edición Llorente, IV, 350). *Fuero de Usagre*, a 61: «que enemigo agicue cogier... pectet cient maravetis al querelloso et a los alcaldes quatro.» Si le negare la entrada en su casa al ofendido, en busca suya: «pectet calumpnia super scripta.» *Fuero de Daroca:* «... in domus suam receperit, antequm colligatur... pectet trecentos solidos» *(Colec. gen.*, I, 537).

(5) *Fuero de Evora*, de 1166: «Si aliquis homo filiam alienam rapere, donet eam ad suos parentes et pectet illis trecentos morabitinos et septima ad palacium et insuper *sedeat* homicida.» (*Portugaliae Monumenta Historiae*, L. y C., página 393) Cf. Fuero de Palencia (Edición citada, página 431) y Teruel, artículo 363; Hinojosa, obra citada, página 304, cree que se trata todavía de venganza.

(6) *Fuero de Teruel*, a. 317: «nullus... *respondeat* nisi soli parentes. Non tamea excant inimici, nisi ipsi de homicidio fuerint blasphemati. Quia si... convicit fuerint, *exire* tenentur utrique *iuxta foruum.*» Véase Hinojosa, obra citada, página 305, con diverso sentido.

(7) Véase atrás, páginas 142, 143 y 187, 188. Cf. Du Boys, página 55 Pero también es Derecho romano; véase atrás, pág. 71

(8) Véase atrás, página 177.

(9) *Ibid.*, páginas 176, 178.

(10) Du Boys, *Historia*, página 532: «Lo que caracteriza el sis-

daño *(Causalhaftung)*, de la responsabilidad sin culpa (1), desterrado de las leyes visigodas (2), en las *Fazañas* absurdas del Fuero Viejo (3), que ahora resucita (4). La cuantía de la cosa robada (5), la condición de la persona—forastero ó vecino (6)—, el lugar (7), todo se

---

tema de los visigodos y le distingue de los demás pueblos germánicos es la pretensión de apreciar la moralidad del acto y de castigar la sola voluntad, más bien que la acción material.»

(1) Véase L. Traeger, *Der Kausalbegriff im Straf-und Zivilrecht*, Marburgo, Elwert, 1904.

(2) Véase atrás, página 179.

(3) Libro XII, título 1, ley 4.ª: «Esta es fazaña de Castilla, que julgó D. Lope Diaz de Faro: que todo omne, que oviese nogales, o otros arboles en viella, o en misera e subir él, o alguno de suos fijos, o de suos paniaguados a coger fruta de cualquier arbol, o cortare otra cosa; e coger del moral, o de otro arbol cualquier e fuer livorado; el dueño del arbol debe pechar las caloñas. E se morier el omne, o fuer apreciado o testiguado, como es fuero, debe pechar el omecillo el dueño del arbol e non el conseio... etc.» Véase Sempere, Edición Moreno, páginas 141 y 142

(4) En la teoría civil del *riesgo profesional* consagrada por la *ley de Accidentes del trabajo* de 30 de Enero de 1900 (salvo el artículo 17), y antes, en cuanto á la responsabilidad, en la indemnización civil por causa de delito, en el Código penal, artículos 14 y 19, § 3.º; 20, § 2.º, y 21. Vease Castejón, *La teoría de la continuidad de los derechos penal y civil*, Madrid, *Revista de Legislación*, 1913, páginas 72 77, que se refiere únicamente á los artículos 147, 149, 151, 183 y 408.

(5) *Fuero de Caseda* (Navarra), de 1129: «Vicino ad suo vicino si habuerit suspecta de furto, de quinque solidos in iussoiuret; si habuerit suspecta probatamente, deliminet se per litem.» *(Colec. gen.*, I, 476) Cf. Hinojosa, página 297

(6) *Fuero de Marañón* (Navarra), de 1104-1134: «Et si homo de Maraione occiderit alium hominem foras de villa, non habeat nullum pectum; et si vicino ad vicino occiderit in villa, pectet triginta solidos, et si aliquis homo de foras villa qui non fuerit vicino, occiderit hominem de Maranione, pectect quingentos solidos.» (*Colec. gen.*, I, 495) Cf. Hinojosa, página 297, añade «casado» ó «soltero» sin documentar.

(7) *Fuero de Nájera*, de 1076; «Qui percusserit villanum et fecerit livoris in *loco discooperto*, pro unoquoque livore debent pectare quinque solidos; in *loco cooperto* II solidos et dimidium.» *(Colec. gen*, I, 289). Cf Fuero de Peralta (Navarra), de 1144: «maliaret et fuerit livorem in discoperto.» (Edición citada, I, 547). Hinojosa (obra citada página 296), entiende que esto se refiere á la nocturnidad, lo que nos parece incomprensible. En todo caso, la mayor penalidad de la lesión en «lugar descubierto» del cuerpo (cara y manos), fuera contrasentido, lo mismo que de día, que no lo es si se refiere al de la tierra (despoblado); aparte de la evidente significación del texto completo de Peralta: «maltratare

tiene en cuenta, llegando al simbolismo del talión moral *(spiegelnde Strafen)*, en el Fuero Viejo de Castilla (1); hasta el punto de que la inducción, generalmente, no se pena (2).

Se llega hasta encontrar penas germánicas peculiares, como el paseo con la soga al cuello y la procesión simbólica, con los pies descalzos (3). Pudiera añadirse á esto, que en algunos Fueros particulares (4), vuelven á hallarse las sanciones ultratemporales de las fórmulas visigóticas (5), única manifestación pura del Derecho germano en la primera mitad de la Edad Media.

c) Una tercera hipótesis puede darse, fundada en la evolución paralela de la lengua y del Derecho. Según ésta, el Derecho de los Fueros municipales, se formó tal vez, como su lengua, el romance, por derivación adaptada del romano, con la desviación inferior que imprime á la corriente expansiva, centrífuga, de la civilización romana—Derecho y lengua—la violenta irrupción de un espíritu y de una lengua nuevos: el germanismo.

«La lengua—dice Ihering—no es un simple traje, es el verdadero cuerpo del Derecho» (6). Lengua y Derecho evolucionan juntamente; así como coexisten hoy,

---

e hiriere al descubierto» —lo contrario de bajo cubierto, en poblado.

(1) V, I, 4: «De fillo que fiere a padre o a madre con manos o con piés deve perder la mano o el pie con qual miembro feriere.» Cf. Hinojosa, páginas 297 y 298.

(2) *Fuero de Teruel*, a 412: «Nemo pro consilio aliquo respondeat vel pectet calupniam nisi illi tantummodo qui consilium vendendi cristianum diderit.» Cf Bruner, *Deutsche Rechtsgechichte*, II, 567 é Hinojosa, obra citada, página 296.

(3) *Fuero de León*, art. 45; *Fuero de Oviedo*, Cf. Fernández Guerra, *El Fuero de Avilés*, página 119; Hinojosa, *Estudios*, página 62 y obra citada, página 298, y Grimm, *Deutsche Rechtsaltertüner*, 4.ª, Leipzig, 1899, II, 385 y siguientes.

(4) Véase *Fueros de los siglos* XI, XII y XIII, edición citada, páginas 120, 122, 125, 127, 129 y 132.

(5) Véase atrás, página 193.

(6) Véase atrás, página 4.

en el Alto Aragón, supervivencias lingüísticas, medioevales (1), al lado de supervivencias jurídicas (2).

En época anterior, vimos que con las voces germánicas que empañan la pompa grave del idioma latino—corrupción de que se quejaba ya Sidonio, y que se nota desde el siglo III en las inscripciones (3), y á partir de los siglos v y vi, en el latín de las crónicas—, entran la venganza de sangre y los desafíos, perturbando el ritmo solemne del *jus latii* (4).

Se corrompen juntamente las costumbres—que consagran un nuevo Derecho—y el Lenguaje (5).

El viejo latín fermenta, como las semillas, para germinar, brotando lenguas nuevas. El Derecho romano se corrompe, macerándose su dura corteza dogmática, para dejar paso á nuevos brotes de principios.

En España siempre fuimos independientes y plebeyos. Nuestras leyes, en la época romana, «no fueron nunca *generales, sino locales...*» (6), «únicas en su gé-

---

(1) J. Saroïhaudy, *Rapport*, en *Annuair de l'Ecole pratique des hautes études*, París, 1898, 1909.

(2) Costa, *Derecho consuetudinario del Alto Aragón*, Madrid, 1880.

(3) W. S. Teuffel, *Histoire de la literature romaine*, traducción francesa, París, Vieweg, 1883, III, 90: «S'est a partir de cette époque (segunda mitad del siglo III) que la langue se corrompe rapidement—metrique et latin vulgaires - , surlout dans les inscriptions.» Cf. H. Jordan, *Hermes*, VII, 367 y siguiente; E. Wölffin, *Philologus*, XXXIV. 137-165; Tiede, *Vergleichende Bemerkunde über lateinische und deusche Umgangssprache*, Sprotau, 1872; O. Rebling, *Versuch einer Charakteristik der römische Umgangs sprache*, Kiel, 1873; J. H. Otto, en *Jahrbuch* de Fleckeiseus, 1874, páginas 759 y siguientes, y 833 y siguientes.

(4) Véase atrás, página 152. Galindo y de la Vera, *Proceso y Vicisitudes*, página 263: «algunas voces estrañas. la pobreza de los jiros, la pérdida de las desinencias en la declinación, majestad y decoro de las lenguas sabias, atestiguan que han sentado su pie en España las hordas de la salvaje Scancia.»

(5) Galindo y de Vera, *Proceso y vicisitudes del idioma castellano en nuestros cuerpos legales*, Madrid, Imprenta Nacional, 1863, página 262: «Las sociedades degeneradas, conforme se van hundieddo en el lodo de la corrupción, van igualmente corrompiendo el lenguaje.»

(6) Véase atrás, página 82.

nero» (1). Nuestro idioma, en su origen, es el *sermo vulgaris* (2), traído aquí por las legiones romanas. No conocimos el verdadero latín hasta el culteranismo romanista de nuestras primeras Universidades, ni el verdadero Derecho romano hasta el siglo XIII, con las Partidas.

No es cierto que, en los escritores medioevales, se vea nacer el castellano; lo que se ve nacer en ellos es el latín. Las formas castellanas son las que aparecen antes, y, poco á poco se van acercando á las latinas.

Y es que los escritores iban sabiendo mejor el latín, conforme avanzaban los tiempos... no parece sino que el castellano va á convertirse otra vez en latín (3).

En la época de los Fueros municipales, nuestro Derecho y nuestra lengua son corrupción consuetudinaria de preceptos clásicos, jurídicos y lingüísticos (4); hijos espúreos de la unión morganática, poliándrica de Roma vencida con los germanos, en un suelo meridional.

Hay de germanismo en el Derecho y en la lengua de los Fueros municipales, casi todo lo que hay de barbarie antiromana, pero no todo lo que hay de originalidad. Se conservan del Derecho romano las penas más crueles.

Los colonos trajeron aquí un idioma mixto, lleno de

---

(1) *Ibid.*

(2) «El fondo primitivo del idioma español, su elemento esencial, es el latín vulgar», M. Pidal, *Gramática histórica*, 2.ª, Madrid; sobre la aceptación del Derecho romano en España, véase Hinojosa, *Historia del Derecho romano*, II, Madrid, 1885 y *Das germanische Element*, página 288. En cuanto á Cataluña, el mismo, en *Mélanges Fitting*, Montpellier, 1908. Para Portugal, Coelho da Rocha, *Ensaio sobre a H. da governo e da legislaçao de Portugal*, 4.ª, Coimbra, 1861, página 79.

(3) J. Cejador, *El latín y la evolución del castellano*, en *Cabos sueltos*, Madrid, Perlado, Paez y C.ª, 1907, páginas 495, 496.

(4) Menéndez Pidal *Gramática histórica*, página 5: «no se escribía más que el *bajo latín*, última degeneración del latín clásico..., hasta el siglo XII, en que aparecen los primeros monumentos escritos en habla vulgar».

italianismos (1); y el oficial, hablado por funcionarios y magistrados, enseñado en las escuelas de Huesca, fundada por Sertorio, Sevilla y Córdoba no pudo triunfar de los malos hábitos del latín vulgar (2).

En la lengua, «hay pocas voces tomadas por los españoles en su trato con los dominadoras germanos... el número de los invasoresera relativamente escaso, para influir mucho» (3). «Robar» es voz germana (4), pero hecho universal.

En las leyes, la venganza privada, el precio de la sangre, el *fredum,* las composiciones de los Fueros se encuentran ya en el Fuero Juzgo, que es un código latino, casi enteramente (5). El asilo de los Fueros de León, Sepúlveda, Villavicencio, Nájera, Caseda (6), etcétera, es latino en su origen y canónico en su desarrollo por España (7), pero corrompido por la venganza privada (8), de todos los antiguos tiempos é incultos países — estigma de barbarie (9) —, que no es peculiar del Derecho germano más que en la Edad Media, cuando civilizado el mundo por Roma, ellos, los bárbaros,

(1) Artemidoro de Efeso: γραμματικῆ δὲ χρῶνται τῃ τῶν Ιτ⁻λῶν, οἵ παρά θάλασσαν οἰκοῦντες τῶν IΒήρων (Edición Schuchardt, I, 95).

(2) Mohl, *Introdution á la chronologie du latin vulgaire,* 1899, páginas 174, 175, Véase Carnoy, *Le latin d'Espagne d'apres les inscripcions* 2.ª Bruselas, Misch et Thron, 1906, una sabia investigación sobre las variedades de nuestro latin vulgar.

(3) Menéndez Pidal, *Gramática,* página 16.

(4) *Ibid.* página 17.

(5) Véase atrás.

(6) Du Boys, página 78 «como en la Roma de Rómulo.»

(7) Véase atrás, páginas 212, 213

(8) *Fuero de León,* art. 24: «veniat securus ad domus suam et vigilet se de suis inimicis» Cf. *de Villavicencio,* fin del siglo XI: «nullam calupniam iam non timeat, sed vigilet se ab inimicis» *(Colección general,* I, 172); *de Santa Cristina,* de 1062: «sit gardet se de suos inimicos» (Edición citada, I, 222); *de Salamanca,* año 11: «se en el termino se atrevier a vevir, viva» *de Aragón,* Libro IX, 9: «et caveat sibi a consanguineis interfecti» y *Observancias,* Libro VI, 20: «sed caveat ad consanguineis interfecti et amicis» Comp., Hinojosa, *Das germanische,* página 231.

(9) Du Boys, *Historia,* página 55: «Nos hallamos trasladados al *Wergeld* de las antiguas leyes bárbaras».

muestran su Derecho excepcional entonces, universal un día.

A través de instituciones forales, como las multas graduadas y compensación, para las diversas mutilaciones, heridas, golpes (León, Sepúlveda y Fuero Viejo), la impunidad para el que se fuga (León, Escalona, Alcalá), las pruebas vulgares (Cuenca y Plasencia), el duelo judicial (Salamanca, Sahagún), se rastrea la influencia del *Forum Judicum,* pero en un grado «inferior» y con formas «más groseras» (1).

Basta dar crédito al autor del *Espéculo* y de *Las Partidas,* para ver cómo los Fueros municipales son retoños dispersos y raquíticos de un *Fuero* común anterior (2); torpe, varía y fragmentariamente restituído. «La diversidad y la variedad, características de la costumbre, no se manifestaron jamás en tal grado como en los Fueros de España» (3).

Basta leer la definición de Fuero en las Partidas (4) y su génesis (5). Por su *definición,* Fuero, = costumbre; por su *génesis,* Fuero = Derecho natural + autoridad + *Referendum.*

El polimorfismo jurídico-penal que sucede á la unidad legislativa de la última monarquía goda, y por

---

(1) Campos Pulido, *Notas para un ensayo histórico-crítico del Derecho penal del Fuero de Salamanca,* en *Asociación para el progreso de las ciencias. Congreso de Granada* (1911), VI, 134.

(2) *Espéculo,* ley 1.ª, título V, libro V: «Fuero Despanna antiguamente, en tiempo de los godos, fué todo uno. Mas quando moros ganaron la tierra, perdiéronse aquellos libros en que eran escritos los Fueros. E después que los Christianos lo fueron cobrando, así como la yvan conquiriendo, tomaron de aquellos Fueros algunas cosas segunt se acordavan *los unos una guisa e los otros de otra* .. según su entendimiento e su voluntad.» Esto contradice la teoría de la unidad legislativa posterior, por *juris continuatio* (véase Colmeiro, libro citado).

(3) Du Boys, *Historia,* página 73.

(4) Partida 1.ª, título I, ley 10: «Fuero.. es ley derechamientre *usada* por luengo tiempo por escriptura ó *sin ella*».

(5) Partida 1.ª, título II, ley 9: «Fecho debe ser el Fuero... por *consejo* de homes buenos et sesudos, et con *voluntad* del señor, et con *placenteria* de aquellos sobre que lo ponen».

juris continuatio, de las primeras monarquías cristianas (1), no es predominantemente latino ni germano, porque no hay la menor concordancia espiritual entre el criterio penal de los distintos Fueros municipales (2).

Es un período de amorfismo legal, de autonomía. «La mayor parte de los pueblos—dice, exagerando, Sempere—no sabían siquiera que existiese un Fuero juzgo, ni tenían más reglas para su gobierno que la imitación de lo que veían practicarse en otras partes; ni más leyes para administrar justicia que el buen sentido de algunos hombres, algo prácticos en negocios; los ejem-

---

(1) Véase Colmeiro, *Reyes cristianos*, en la Historia de la Academia, Madrid, 1893, páginas 325 y siguiente, Cf. Pedro Valiente, *Apparatus iuris publici hispaniae*, libro II, capítulo XIII. En contra, Sempere, *Historia*, libro II, capítulo III.

(2) «Graves disonancias entre los Fueros de la misma época y de ciudades muy próximas. De una parte, adviértese la crueldad más refinada, y de otra, se incurre en una indulgencia excesiva. En Escalona, se ahorca á los asesinos; en Toledo, se les lapida y en Cuenca, se les entierra vivos; mientras que en Logroño y en Sahagún, son condenados á pagar 500 sueldos; en Nájera, el asesino de un noble, abona 250 sueldos; por el asesinato de un pechero, la multa es de 100 sueldos; de un moro, 12 sueldos y medio; es decir, que en este último caso se paga lo mismo que por haber matado á un asno. Por otra parte, en Nájera, estas cantidades constituyen el fredum puesto que entonces este Fuero sólo regulaba relaciones del monarca con los habitantes de la ciudad, mientras que el precio de la sangre y la expiación, quedaban completamente á la composición ó ajuste de las partes. Las penas de mutilación son numerosas: en Cuenca, se corta las orejas al que roba en los baños; en Soria, se arranca los dientes al falsario; en Fuentes, se corta la mano al que golpea á su amo; y en Plasencia, se cortan las narices á la mujer sorprendida en flagrante delito de adulterio. Existían amenazas de un carácter casi salvaje contra el que se atreviese á violar la organización jurídica; pero este medio se empleaba más bien para causar miedo á los criminales, como lo prueban las siguientes palabras del Fuero Leonés: Evulsis oculis fracta manu, pede et cervice, fussis intestinis, percussus lepra, una cum gladio anatemathis, in æterna damnatione cum diabolo et angelis eius luat. Por último, causa verdadera pena, pensar en los castigos impuestos contra la insolvencia; á menudo se impone la muerte por hambre al que no satisface la multa á que ha sido condenado» (*).

(*) Ernest Rosenfeld, *Desarrollo histórico del Derecho penal español*, en *La legislación penal comparada* de Liszt, traducción española, tomo I, 1896, página 88; véase un cuadro numeroso de las variedades jurídico-penales de los Fueros, en Gutiérrez, *Examen histórico*, páginas 129-143 y Du Boys, páginas 73-80.

plos de sentencias pronunciadas arbitrariamente, en casos semejantes; ó, cuando más, algunos Fueros ó cartas pueblas cortísimas y contraídas á la localidad de cada uno» (1).

Por su *etimología*, *Fuero*=lugar (2); de aquí el concepto territorial predominante.

Es justo, además, que así sucediese en un país y en una época que se han calificado de societarios (3).

Por otra parte, «la legislación criminal de los Fueros municipales tiene muchos puntos de contacto con la *penalidad hebrea*» (4).

La pena de muerte con que se castiga en el Deuteronomio á la desposada, como á la mujer casada (5), pasa al Fuero de Soria, á través del Digesto (6), en esta ley: «Si mugier casada ó desposada derechamientre non á fuerza más de su grado ficiere fornicio con otro, si las pesquisas lo fallaren por verdad, muera por ello.»

Procedente del Derecho judáico, existía la responsabilidad de las cosas y los animales, cuya presecución prohibe el Fuero de Molina (7), dado por los

(1) *Historia*, libro II, capítulo III.

(2) Partida 1.ª, título II, ley 7: «E los antiguos pusieron en latín *forum* por el mercado donde se ayuntan los hombres... y deste lugar tomó este nombre *Fuero*». Véase una interesante disertación en Marichalar y Manrique, *Historia*, II, Madrid, imprenta Nacional (1861), 174-176.

(3) Véase Güell, *El Código de Peralada*, páginas 10 y 12. Cf. De la Grasserie, en *Revista internacional de Sociología*.

(4) Ureña, *La influencia semita en el Derecho medio eval de España*, Madrid, *Revista de Legislación*, 1898, página 13, y su *Historia jurídico-literaria de los judíos y mulsumanes españoles*, en *Historia*, I, 621 y siguiente. Cf. Fernández y González, *Instituciones jurídicas del pueblo de Israel en los diferentes Estados de la Península ibérica, desde su dispersión en tiempo del Emperador Adriano hasta los principios del siglo XV*, Madrid, Ramos, 1881; Amador de los Ríos, *Historia social, política y religiosa de los judíos en España y Portugal*, Madrid, Fortanet, 1875-76; J. Jacobs, *Historia de los judíos españoles;* M. de Manuel, *Discurso sobre el estado de los judíos en España*.

(5) *Deut*, XXI, 23 y siguiente.

(6) *Digesto* XLVIII, 5, 13, § 3.

(7) *Fuero de Molina*, capítulo XXIV: «Si alguna bestia matare home, o casa, o molino, o pozo, o agua, o paret, ninguna de estas cosas non haya homicidio, nin calonna. Ninguna bestia muda

Condes de Lara en 1152, como existía en Francia (1) é Italia (2).

Todo un capítulo del de Cuenca establece penas contra las bestias (3).

Pero el dueño de ellos eludía la responsabilidad entregándoles, según el de Nájera (4).

Se habla del juicio y del castigo contra los ratones y delfines de la costa cantábrica (5), aunque todo sin precisar fecha ni documento (6).

En toda la legislación penal y procesal de Aragón (7) y Castilla entra el *Derecho mutsuman* (8); así como su lengua en la nuestra (9), é inversamente, la

---

non hava homicidio, nin calonna, sacado can de can.» Véase edición Llorente, *Noticias de las tres provincias vascongadas*, VI, 1808, 140, y Du Boys, páginas 80 y 81, mal copiado.

(1) Lacassagne, *De la criminalité chez les animaux*, en *Revue Scientifique* 1892.

(2) D'Addosió *Le bestie delinquenti*, Nápoles, Pierro, 1892.

(3) Véase edición Aznar Navarro.

(4) *Fuero de Nájera:* «Et quecumque res occiderit hominem, si plebs de Nagara potuerit illam rem habere usque in septem dies, dando illam rem cum sua delinda, non debent alium homicidium (*Colección general*, I, 294) Véase Hinojosa, *Das germanische Element*, página 298. Nosotros no entendemos, sin demostración, que tenga esto algo de común con la legislación germánica.

(5) Aramburu, *Notas* á la traducción española de Pessina, 1.ª edición, página 200.

(6) Véase Bernardo de Quirós, *Los procesos contra las bestias* en *Alrededor del delito y de la pena*, Madrid, Viuda de Serra, 1904, página 84; Cf. *Teoría del Código penal*, Madrid, Suárez, 1911, I, 16. Tal vez se refieran estos autores á la plaga de ratones, propagadores de epidemias que afligió á la costa cantábrica en tiempo de la conquista por los romanos y de su persecución, para la que se establecían premios. Véase el relato de Estrabón, *Geographia*, Libro III, § 18.

(7) J. Ribera, *Orígenes de Justicia mayor de Aragón*, Zaragoza, 1897, y Ureña, H. I.

(8) A. Limdheim Lindeman, *El Derecho penal malekita y sus relaciones con la legislación de Castilla*, Madrid, 1891. Véase F. Gadón, *Droit musulman malekite*, Bar-sur-Aube-Monniot, 1870 y Dozy, *Histoire des musulmans d'Espagne*, Leyde, 1861, tradución española de J. Castro, Madrid, 1877.

(9) Engelmann, *Glo saire des mots espagnols et portugais derivés de l'arabe*, *Introducción*, páginas 1 y 2. Eguilar, *Glorario etimológico de las palabras españolas de origen oriental*, Granada, La Lealtad, 1886, *Introducción*, páginas VII y siguiente.

nuestra en la suya (1), por imitación (2). La pena de estaca fué importada por los moros (3).

Y es preciso no olvidar la *influencia francesa* en el Derecho de los Fueros municipales de España (4) y de Portugal (5), por los Fueros francos (6); tal vez exagerada (7), pero innegable, en cuanto á Navarra (8) y Vascongadas (9), Aragón (10) y en los Fueros particulares dados por los Abades de los Monasterios Cluniacenses «que con el favor de Alonso VI se derramaron por León y Castilla... arrancando de raiz las tradiciones de la Iglesia gótica» (11), como el de Sahagún, donde el rito mozárabe es sustituído por el romano y la letra

---

(1) Simonet, *Glosario de voces ibéricas y latinas usadas por los muzárabes y los árabes, Introducción*. Cf. *De la influencia del elemento indígena en la civilización arábigo-hispana*, en *Ciudad de Dios*, IV.

(2) Aben Jaldun, *Prolegómenos*, traducción Slane, I, 307. Cf. Aben Aljatib, en Gariré, *Biblioteca Arábigo-hispano Escurialense*, II, 257 y siguiente. Dozy, *Dictionnaire detaillé des noms des vêtements chez les arabes*, páginas 2 y 3.

(3) Du Boys, *Historia*, págs. 224, 225.

(4) Helfferich, *Eutstehung und Geschichte des Westgoten-Rechts*, Berlin, 1858, página 289. Dultzing, *Das deutsche Grunderbrecht in Vergangenheit, Gegenwart und Zukunft*, en *Untersuchungen zur Deutichen Staats und Rechtsgeschichte*, LVIII (Breslau, 1899), 59. En contra Hinojosa, *Das germanische Element*, página 285 nota. Cf 288.

(5) Herculano, *Historia de Portugal*, 3.ª, IV (Lisboa, 1874), 446 y siguiente

(6) Helfferich y Clermont, *Fueros francos. Les Communes françaises en Espagne et en Portugal pendant le Moyen Age*, Berlín, 1861.

(7) Muñoz y Romero, *Refutación del opúsculo Fueros francos*, etcétera, Madrid, *Revista de Legislación*, 1867.

(8) De Lagzére, *La navarre française*, II, *Histoire de Droit en Navarre et dans le Pays Basque*. París, 1881-82. Para documentación. Véase *Les fors et Costumas deu royaume de Navarra deça ports*, Pau, 1722

(9) Laferriére, *Histoire de Droit français*, París, 1858, V, 373-416.

(10) *Fuero de Sobrarbe*, al principio: «Escribieron lures *Fueros* con conseillo de los lombardos e de los francos quanto eillos meillor pudieron». P. De Marca, *Historia del Bearn*, página 171; Cf. Du Boys, *Historia*, página 341.

(11) Colmeiro, *Reyes cristianos*, en *Historia general de España* de la Academia. Madrid, El P. E., página 255.

llamada visigoda cede su lugar á la galicana (1). En la formación del idioma, «el francés fué el que más influyó por los siglos XIII y XIV» (2). Así Derecho, Religión, Lengua, evolucionan juntamente.

¿Cómo se formaron los fueros? ¿Qué son los fueros municipales?

Corrupción de la norma romana augusta, por elementos íbero-celtas y germanos, francos, musulmanes y judíos ó absolutamente nuevos á veces, que la costumbre, gran aglutinante de rutinas y novedades, tradiciones é imitaciones, conglomera en una masa cósmica, amorfa, que, al desprenderse, conforma, á través de las cartas de población, de reconocimiento ó de privilegio, en pequeños reglamentos ó códigos locales. A eso llamamos *Fueros* (3). Como el Derecho, el Lenguaje era entonces amalgama de dialectos nacionales y de restos no olvidados del latín, con diversos elementos de vida: el antiguo ibero (que algunos pretenden sea el actual vasco), el hebreo, el griego, el godo y el latín, que podía considerarse como lengua nacional, corrompido y modificado (4).

Así Lengua y Derecho, evolucionan juntamente.

2. *Fuentes*. El estudio del Derecho penal de los Fueros municipales espera la publicación de una *colección completa* (5) de Fueros y Cartas pueblas

(1) Vignau, *Indice de los documentos del Monasterio de Sahagún*, Madrid, Aribau, 1874, pág. V.

(2) M. Pidal, *Gram. hist.*, página 20.

(3) Véase Altamira, *Historia del Derecho español*, páginas 87, 88.

(4) Galindo y de Vera, obra citada, página 263

(5) La general de Muñoz y Romero, (*Colección de Fueros municipales y cartas pueblas de los reinos de Castilla y León, corona de Aragón, Navarra*, etc. I Madrid, Alfonso 1847), no lo es, ni aun parcialmente, porque en el único tomo que se publicó faltan muchos, descubiertos posteriormente, de la época á que alcanza (780 á 1144). Existen otras colecciones ó sumas particulares de fueros de las distintas regiones y lugares de España. Entre ellas: *Extracto de las leyes del Fuero viejo... con el de León, Asturias y Galicia... Sepúlveda y los de Córdoba y Sevilla*, edición Reguera Valdelomar, Madrid, 1798. Llorente, *Noticias históricas de las*

y de una (1) *edición crítica,* que apenas se ha iniciado (2).

---

tres provincias vascongadas, Madrid, 1806-1807, 3 volúmenes. González, *Colección de cédulas, cartas patentes, provisiones, etcétera, concernientes á las provincias vascongadas,* 1829, 1830, 5 volúmenes. González, *Constitución de privilegios, franquicias, exenciones y fueros concedidos á varios pueblos de la corona de Castilla,* 1830-1833. *Fueros inéditos de tres pueblos de la Rioja (San Martín de Barbarana, Cihuri y Pauleja) en el siglo XII,* edición N. Hergueta en *Boletín de la Real Academia de la Historia,* XXVI (1895) 55-58. *Fueros y Cartas pueblas de Santoña, Alesón, Torrecilla de Gameros, San Andrés de Ambrosero. Oriemo,* etc., edición N. Hergueta, en *Boletín de la Real Academia de la Historia,* XXXIII (1898) 122 140. *Fueros de los siglo XI, XII y XIII,* edición Bonilla y San Martín, en *Anales de la literatura española,* Madrid. Tello, 1904, páginas 114 136.

(1) Sobre la sinonimia y diferenciación entre *fueros* y *cartas pueblas.* V. Antequera, *Historia,* edición 1870, página 140. M Marina, *Ensayo,* § 101, edición 1788, página 80, Asso y De Manuel, *Introducción al Fuero Viejo,* § XXIV. Adame y Muñoz, *Curso,* página 32, edición 1874. Altamira, *Historia,* I. y J. Pujol, *Una puebla en el siglo XIII,* París, 1904, páginas 27-31.

(2) Como *ediciones separadas* ó «aisladas» de fueros no publicados en la general y que raramente merecen llamarse «críticas» – por el propósito ó por el resultado - citaremos las siguientes: *Teruel,* 1.ª edición en *Suma de fueros de las ciudades de Santa María de Albarracín y de Teruel, de las comunidades de las aldeas de dichas villas y de la villa de Marquezuela* (Constitución de Juan de Pastor) Valencia, por Jorge Castilla, 1531. 2.ª edición *(Fori Turoli)* de Micer Gil de Luna, Valencia, Jo. Mey, 1565 3.ª *(Forum Turolij* año MCLXXVI) *Trascripción y estudio preliminar de* Aznar Navarro, Zaragoza, Escar, 1905, *Colección de documentos para el estudio de la Historia de Aragón,* tomo II. *Cáceres* edición Ulloa y Golfín, en *Colección de privilegios de la ciudad de...* ¿Cáceres, 1679? *Cuenca,* 1.ª edición Cerdá y Rico. (Se imprimió para servir de apéndice á la *Memoria histórica de la vida y acciones del rey Don Alonso el Noble,* Madrid, Sancha, 1783). 2.ª *(Forum Conche Edited, with an Introduction and Critical Notes* by George H. Allen, Cincinati (ohio), University press, en *University Studies,* Serie 2.ª, tomo V. (Nov. Dec., 1909) y VI (Jan.-Feb., 1910). *Soria,* (19 de Julio de 1256) edición J. Loperraez, en *Descripción histórica del obispado de Osma,* III (Madrid, 1788), 86-182. *Estella,* edición Yanguas, en *Dic. de antig. de Navarra,* San Sebastián, 1828-29. *Madrid,* (1202) edición D. Palacio, en *Colección de Documentos de los archivos de la villa de Madrid,* I, Madrid, 1888. 1.ª edición, Cavanilles, *Apéndice* á la *Memoria sobre...* en *Memorias Academia Historia,* VIII (Madrid, 1852) 29-48. *Oviedo y Avilés,* edición Fernández Guerra, Discurso en la Real Academia Española, Madrid, Imprenta Nacional, 1865. *Salamanca,* 1.ª edición *con notas, apéndice y un discurso preliminar* por J. Sánchez Ruano, Salamanca, Cerezo, 1870; 2.ª edición, Diputación provincial, con Prólogo de Villar y Mazías, Madrid, 1877. *Córdoba,* edición Rivera Ro-

Se precisa una nueva *ordenación* de ellos, que, por ahora, no ha de hacerse sobre la base equívoca de la fecha (1).

Ni aún tenemos un *catálogo* completo de los conocidos (2).

Sobre esta doble base, la *selección* de las disposiciones penales y de procedimiento criminal es bien fácil de hacer, porque constituyen la mayor parte del con-

---

mero, Córdoba, 1881. *Brihuega,* edición Catalina y García, Madrid, G. Hernández, 1888. *Zamora*, edición Fernández Duro, Madrid, Tello, 1891. *Cirueña,* edición *Boletín de la Real Academia de la Historia,* XXIX (1894)354, sigs. *Plasencia,* edición Benavides Checa, Discurso preliminar de D. Berjano, Roma, tipografía Lobesi, 1896. Tarrasa, *(Libro de los privilegios),* Barcelona, 1899. *Agüero,* edición M. J. M. en *Revista de Archivos,* III (1899), 192 y siguientes. *Alhóndiga* (Corta población de 1170), edición Catalina García en *Boletín de la Real Academia de la Historia,* XXXV (1899), 470-476. *Viguera y Val de Funes,* N. Hergüeta, en *Boletín de la Real Academia de la Historia,* XXXVII (1900), 368-430. *Peralada,* (Código de Peralada, siglo XIII), edición J. A. Güell, Barcelona, «L'Avenç» 1901 *Monzón,* (h. 1086), edición Paus, en *Revista de Aragón,* II, (1901) 211-213. *Trujillo* (27 Julio 1256) con las variantes de los de Avila y Soria, edición G. Llabrés, en *Revista de Extremadura,* Noviembre de 1901, páginas 489 497 *El Espinar* (1297), edición Pujol; en *Revue Hispanique,* XI (París, 1904), 1-61. *Ribas del Sil,* (año 1225), edición Vignau en *Boletín de la Real Academia de la Historia,* XLVIII (1106) 53 55 *Usagre,* (siglo XIII) anotado con las variantes del de Cáceres, edición crítica de Ureña y Bonilla y San Martín, Madrid, Reus 1907 1.ª edición incompleta de Vignau, en *Revista de Archivos,* IX (1883), números 5-11. *Ribadavia,* edición Meruendano, Orense, Otero, 1 09 *Zorita de los Canes,* siglos XIII al XIV *y sus relaciones con el Fuero latino de Cuenca y el romanceado de Alcázar,* edición Ureña, Madrid, Fortanet, 1911. *Ayala* (año 1369), edición Uriarte, Madrid, Hernández, 1912, *Alcalá,* edición F. Fita, en *Boletín de la Real Academia de la Historia. Barco de Avila,* edición *Annales de l'Université de Toulouse. Allâriz,* edición Vázquez, en *Boletín de la Comisión des monumentos de Orense.*

(1) Como hizo Muñoz y Romero, ya que la de muchos es incierta y la de otros falsa. A veces, la fecha, que se cree de otorgamiento, es la de reconocimiento y no es raro hallar algunos *que* son ó se creen de tiempo inmemorial. Así el de Azún dice: «Item mes abem eu nostre for et costums de tots temps del mon.» La primera vez que se habla de un Fuero, distinto del gótico ó Fuero juzgo y del leonés, es en 811, en el Concilio de Coyanza, capítulo VIII (véase Tejada, *Colección de Cánones,* III, 98).

(2) Véase *Colección de Fueros y Cartas-Pueblas de España por la Real Academia de la Historia, Catálogo,* Madrid, Imprenta de la Academia, 1852. Aunque inmejorable, en su época, resulta hoy incompleto este Catálogo.

tenido de los Fueros. Más claramente: en los Fueros municipales hay, á veces, un contenido civil ó político, pero la forma casi siempre es penal. Una sanción encabeza la generalidad de sus disposiciones. Al leer un Fuero municipal de España, creemos hallarnos en presencia de un Código primitivo (1), donde la parte penal excede y envuelve á la civil, ahogándola á veces.

La forma legislativa de los Fueros es penal, porque el motivo era político-criminal, frecuentemente. Se daban Fueros á las poblaciones existentes, como se dan hoy leyes civiles y penales: para regular la vida social, proteger los derechos y mantener el orden. Pero, á veces, se expedían cartas de población; no para defender el territorio contra enemigos exteriores, sino sus bienes contra los propios, con el mismo sentido con que se ponen hoy guardas jurados en los campos: para prevenir socialmente delitos y faltas (2).

En el fondo de estas legislaciones locales — penal, casi siempre — late bravamente, toda entera, la cuestión social — económica, religiosa, profesional, criminal—que reclama fórmulas de acuerdo y de defensa (3).

No es imposible intentar la *sistematización*. Los Fueros y Cartas-pueblas, además de conceder privilegios á los moradores, modifican el Derecho público y privado, civil y criminal (4); pero le modifican, cada uno, en concordancia constante con un sentido de aumento ó disminución, ampliación ó restricción de derechos.

---

(1) Recuérdese la observación de Summer Maine *(Ancien Law*, Londres, 1872) sobre las antiguas leyes.

(2) *Carta-puebla de El Espinar* (Edición Puyol), páginas 8 y 9: «tenemos por bien de ffazer una puebla en el espinar... por rrason que es lugar hyermo e se fazen y furtos, e robos, e otros malos muchos... por razón que nos dizen que son omnes de malas rebueltas... e los que y poblaren pueden vedar los furtos, e los robos, e los otros males que se y fazien...»

(3) *Fuero de Madrid*, edición Cavanilles, página 29: «unde dives ac pauperes vivant in pace.» *Fuero de Cuenca*, edición Aznar, *Incipit prologus:* «pro tuicione pacis et iure equitatis inter clericorum et laicum, civem et agricolam, egeum et pauperum.»

(4) Colmeiro, *Reyes cristianos*, página 326.

La asombrosa variedad legislativa y procesal—una ley y una jurisdicción cada señorío—culmina en un ápice de suprema unidad. Realmente, «el rey era el único que tenía potestad legislativa (1): la ejercía... autorizando, aprobando ó confirmando los cuadernos legales que los señores le presentaban para regir los pueblos de su señorío; pero reservándose siempre el derecho de... conocer de las apelaciones que en todos los territorios de señorío se interpusiesen, de las sentencias de los señores» (2).

Se precisa ordenar el acervo de esas disposiciones en vista de un criterio, que puede ser el de analogía. Se expresan primero las *instituciones penales ó procesales típicas,* indicando luego su area de difusión.

Pueden expresarse gráficamente estas referencias en un mapa histórico-jurídico, señalando con variedad de signo ó de tinta, las *líneas isoforales*—que unen puntos donde rigen idénticas instituciones—semejante á un mapa de carreteras ó de ferrocarriles (3).

Todos los Fueros municipales son adaptación latina ó romanceada, imitación directa ó influencia visible de los *Fueros padres:* de León, Sepúlveda, Logroño, Benavente, Cuenca, Jaca, Zaragoza, Teruel, Tafalla, Viana y el *Fuero juzgo* ó el *Fuero real,* aceptados

---

(1) Partida 1.ª, título I, libro 8: «Emperador o rey puede facer léyes sobre las gentes de su señorio; y otro ninguno no ha poder temporal, fueras ende si lo ficiese con otorgamiento dellos, y las que de otra manera fuesen fechas, no han nombre ni fuerza de leyes.»

(2) Marichalar y Manrique, *Historia,* II, 194.

(3) La idea de un «mapa *foral,* donde se indiquen los municipios que tuvieron el mismo *Fuero* y los que tuvieron uno especial, ó cuyo uso no se comunicó á otros», se encuentra ya en Muñoz y Romero, *Discurso de la Real Academia de la Historia,* Madrid, 1860, página 55; Altamira, *Etat actuel,* página 177, y Ureña, *El Fuero de Zorita de los Canes, Introducción,* página XI. Como ejemplo, los mapas de algunas memorias de *Derecho consuetudinario,* de España, *La Carte de la France coutumière,* de Klimrath, y los de Stammler, *Ubungen im bürgurlicher Recht für Anfänger zum akademischen gebrauch und zum Sebststudium,* Leipzig, 1902-903; para el Derecho civil alemán anterior al Código y para la organización judicial.

cómo municipales, siguiendo, en el proceso de propagación, la ley del medio. Hay, pues, parentelas ó *dinastías forales,* susceptibles de expresarse en un árbol genealógico legal.

Se puede reconstruir, con absoluta seguridad, por la ordenación (aproximativa) de las fechas y el cotejo de los textos, el *iter* seguido por cada uno de esos Fueros, caminando en línea recta de lugares donde es recibido sin modificación, hacia otros donde se diversifica en formas divergentes, bifurcándose, ó análogas, paralelas; nuevamente diferenciadas, á su vez—como las horquillas de las plantas—hasta tocar con otras, derivadas de diferentes madres, ingertándose con ellas en curiosas combinaciones resultantes de productos nuevos, mixtos.

De la *Geografía jurídica* de España, que está por hacer, este sería el más original de sus capítulos.

El *iter* seguido por los Fueros padres, en su proceso de difusión, es, unas veces, la trayectoría de empresas militares (reconquista, defensa de territorios) ó de campañas políticas de los reyes (cultivo, repoblación humana y atracción á las clases agricultoras, como en el de Benavente, castigando á la nobleza); pero otras, resultado de selección jurídica libre (como en el de Cuenca), por adopción espontánea de la norma más conforme á las condiciones históricas de la vida social, con modificaciones determinadas por las variaciones locales.

La fisonomía de los *Fueros* dependía á veces de la posición topográfica y política—frontera ó país interior, número de habitantes—de las poblaciones á que se daban (1).

Como los Fueros mismos, van sus instituciones penales adaptándose, variando.

El Fuero de Cuenca, verdadera *forensium insti-*

---

(1) Du Boys, *Historia,* páginas 82, 83.

tutionum summa, es adoptado en Zurita de los Canes, país pobre, y las caloñas de aquél se rebajan generalmente en un 50 por 100, simplificando los procedimientos; es país agricultor y se prescinde de los *rieptos,* dejando sin traducir el «respondeat suo pari» y suprimiendo las numerosas reglas establecidas para los desafíos en el capítulo XIV del latino de Cuenca (1). En lengua más sencilla, preceptos más simples.

Fueros generales.

Nacen en esta época ó se confirman los primeros privilegios y reconocimiento de observancias base de los *Fueros generales* de Aragón (Jaime I, en las Cortes de Huesca de 1247) (2), Navarra (Teobaldo I, en 1237) (3), Cataluña (1068) (4), Vizcaya (1452) (5), Valencia (6), Guipzúcoa (1375) (7), Alava (1463) (8) y Mallorca (Jaime I, en 1230) (9). El de León (10), anterior á

(1) Ureña, *Fuero de Zorita, Introducción,* página XXXIII.

(2) *Repertorium forum et observantiorum Regni Aragonum,* edición M. del Molino. Zaragoza, 1585. Véase Ureña, *Las ediciones de los Fueros y Observancias del Reino de Aragón, anteriores á la compilación de 1549.* No hay edición crítica de ninguno de los fueros generales. El libro VIII, que trata de Derecho penal, fué compilado nuevamente en 1400 por Martin de Aux.

(3) *Fuero general de Navarra,* 1.ª edición, 1686, 2.ª, 1815. Harregui y Lapuerta, Pamplona, 1869

(4) *Usatici barcinonenses* (Comentarios de Mouljuch, Vallseca y Callicio), *Antiquiores Bareleinoneusium leges,* etc., edición Amorós, Barcelona, 1.ª, 1534, 2.ª, 1544 (Cf. edición Marichalar y Manrique, Historia, VII (1863), 232-281). Traducción española de Ncleno Vives, Barcelona, 1832.

(5) Reglamento de 1342 y Código de 1452, refundidos en la Compilación de Fueros de 1526. Véase Salazar y Castro, *Los Fueros de Vizcaya.*

(6) *Furs,* V. Villarroya, *Apuntamientos para la Historia del Derecho valenciano,* Valencia, 1804. Tourtoulon, *Etudes sur... Jacques I,* Montpellier, 1867

(7) *Fuero de San Sebastián* (1150), en Marichalar y Manrique, *Historia de la Legislación,* VIII (1865), 203-213. V. Soraluce, *Fueros de Guipúzcoa,* Madrid, 1866.

(8) *Compendio foral,* edición Ortiz de Zárate, Bilbao, 1858.

(9) *Privilegios y franquicias de Mallorca* (siglos XIII-XVII), edición J. M. Quadrado, Palma de Mallorca, 1895

(10) *Fuero de León* (1020), edición Muñoz y Romero, *Colección*

todos (1020), también lo era. A diferencia de los Fueros municipales, donde se contenía el *Derecho local,* los fueros generales encierran el *Derecho territorial* de la época.

Su Derecho penal, apenas indicado (1), espera un amplio estudio documental y orgánico, en unión con las aportaciones definitivas de la época siguiente.

Respecto á los Fueros aragoneses, el trabajo de recopilación, está ya admirablemente hecho por los señores Riba (2), Lamarque (3) y Vilaseco (4). Hemos de agradecer aquí, públicamente, la generosidad con que sus autores han puesto esos preciosos materiales á nuestra disposición.

JURISPRUDENCIA CRIMINAL (FAZAÑAS). — A consecuencia del *Fuero de Albedrío*, los jueces podían dictar sentencia según su «leal saber y entender», fuera de las leyes; pero no tenían fuerza de ley más que las pronunciadas por el rey ó el señor de Vizcaya. Son las célebres «fazañas», toda una fuente bárbara de Derecho civil y penal. De *Fazañas criminales* se conservan ejemplos horribles (5).

FUERO VIEJO (siglo XII).—Estos desatinos pasan, por mano de Don Pedro (año 1200), al Fuero de la nobleza, el *Fuero viejo* (6), que será el contrapié de las Partidas; privilegiado y absurdo aquél, como estas son un Códi-

---

de Fueros, I (1847), 60 y siguientes. *Concilium Legionense, Decreta Alphonsi regis.*

(1) Du Boys, *Historia del Derecho penal de España,* páginas 304 y siguiente, 412 y siguiente, 475 y siguiente.

(2) *Notas para el estudio de las penas en el Derecho peculiar de Aragón* (Tésis doctoral), Zaragoza, 1903 (inédito).

(3) Notas manuscritas. Este trabajo completa al anterior. Está ordenado por delitos, como aquél por penas. Uno y otro carecen de todo criterio histórico-crítico, por lo que no son utilizables más que como materiales.

(4) *El Derecho penal de los Fueros municipales aragoneses* (tésis doctoral), Madrid, 9 de Diciembre de 1908.

(5) Véase Marichalar y Manrique, *Historia,* 278-294. No incluídas en el Fuero viejo.

(6) 1.ª edición, J. Jordán de Asso y M. de Manuel, Madrid, Ibarra, 1771.

go igualitario y racional. Su sinrazón penal, más que derecho, primitiva mezcla de penalidad y procedimiento (Libro II, caps. II y III), no interesa sino como estigma de una clase y de una época (1). También se ha discutido, porque hubo quien le abonase (2).

En el Fuero Viejo—ápice de barbarie foral consagrada por la nobleza—se agravan todos los horrores prehistóricos renacidos: á la mutilación se añade la horca (3); la condición de la persona es medida de la represión (4); si el condenado á muerte huía, cualquier castellano podía matarle (5); las tarifas del Fuero Juzgo vuelven recargadas (6).

El sano principio del talión (7), limitado por el Fuero Juzgo (8) se corrompe en las fazañas del bárbaro Fuero Viejo de Castilla (9).

En la empresa de la unidad legislativa poco se consigue.

La unidad político-penal—*garantías penales*—nace antes que la legislativa. Entonces es garantía la voluntad libre del rey, como ahora las leyes, voluntad fija

(1) Véase exposición en Gutiérrez, páginas 205-218 y Du Boys, páginas 102 110.

(2) Asso y de Manuel, *Discurso preliminar*, 1.ª Madrid, Ibarra, 1771, páginas I-LVI; 2.ª, *Códigos españoles*, I, 234, en contra, Sempere, *Historia del Derecho*, véase también, P. J. Pidal, *Adiciones al Fuero viejo*, en *Códigos españoles*, I, 247 y siguientes.

(3) Libro II, título II; Ley 2.ª: «quel cortasen la mano, e después quel enforcasen».

(4) Libro II, título I, artículo 9.º: «si es fijodalgo, quinientos sueldos; e si es labrador, trescientos sueldos».

(5) Libro II, título I, artículo 5.º: «E sil matare o l'firier, non haya caloña alguna, nin deve ser enemigo de sus parientes».

(6) Libro II, título I, artículos 6 y 7: «ojo arrancado, cien sueldos; oreja cortada, cincuenta».

(7) Véase atrás, páginas 185, nota 4 y 188.

(8) *Ibid.* página 189, nota 6.

(9) Libro I, título 5, ley 14: «Rui Diaz de Rojas ovo ferido al sobrino de Garci Fernández, fijo de Ferran Tuerto, e ovol'a dar enmienda, como julgaron en casa del rey Don Alonso, E ovol'a facer enmienda por Rui Diaz de Rojas Lope Velazquez, ermano de Pero Velazquez, tres palos que facia la enmienda por Rui Diaz de Rojas... E cegó Lope Velazquez de los ojos, de los tres palos quel dió Garci-Fernandez; e non vió Lope-Velazquez, mas siempre aduvo ciego.»

del rey y del pueblo. Todos administran justicia, pero, en principio, nadie puede *aplicar penas* sino el rey (1)—el Derecho de apelación va implícito—y, de hecho, el rey se reserva la *custodia de los reos* (2).

FUERO REAL (Alfonso X, 1254) — Un paso hacia la perfección y hacia la unidad legislativas, un Fuero más dado por el rey, es el *Fuero real* (3), como los otros dados por los señores, y un poco mejor que ellos. Pacheco hace una frase brillante sobre el Fuero real (4) que le excusa el comentario. La exposición de su Derecho penal (Libro IV y último, todo él; lib. I, tít. II, leyes 1.ª y 2.ª; tít. IV, ley única, y tít. V, leyes 7 y 8) se ha hecho (5), pero su estudio comparativo con los primeros ensayos extranjeros de codificación, espera como Lázaro (6).

(1) *Fuero Viejo,* libro II, título I, Ley 1.ª: «Esto es Fuero de Castiella, que ningunt home por sanna que haya de otro non debe estemar a otro, nin enforcar, nin lisiar, nin tomar, nin matar cristiano o moro, ca todo es justicia del rey, e non cabe a otro nenguno, et si alguno lo fiziese, debe estar a mercet del rey», *Ordenamiento de Fijosdalgo,* título 93.

(2) *Fuero Viejo*, libro I, título VII, Ley 1.ª: «Et los labradores solariegos que son poblados de Castiella de Duero facta en Castiella Vieia, el sennor non los debe tomar lo que han, si non ficiesen por qué, salvo si le despoblase el solar, e quisiese meterse so otro sennorio, si le fallar en mouida, o yéndose por la carrera, puedel tomar cuanto le fallare de mueble, et entrar en su solar, mas non le debe prendre el cuerpo nin facerle otro mal, e si lo ficiese, puédase el labrador querellar, et el rey non le debe consentir que pase a mas desto.»

(3) 1.ª edición en Sevilla, por Reynardo Urgut y Lansalas Palomo, año de 1791 (con adiciones); edción. Academia de la Historia, 1836; edición Rivadeneyra, I (1847), 349-442.

(4) *Introducción,* página 41: «Es un Código, cuando aquellos no son más que informes aspiraciones: un libro de razón, cuando aquellas no son más que confusas páginas de desordenados instintos...» ¿Para qué estudiarle? En contra, Sempere, *Historia del Derecho español*, libro III, capítulo 2.º

(5) Gutiérrez, *Examen,* páginas 146-162; Du Boys, *Historia*, páginas 118-122 y 142-156.

(6) Sobre el Fuero real apenas se ha escrito más que el *Prólogo* de Montalvo, Salamanca, 1500 y los *Comentarios* de esta edición, que son del Obispo Arias, según Retes, edición Zaragoza, 1501 (cita Asso y de Manuel, *Discurso preliminar* al *Ordenamiento*, edición Rivadeneyra, I, 437, nota *a*). En contra, Ureña, *Discurso universitario,* página 23; las *Glosas al Fuero real,* del obis-

En el Fuero Real—pese a los elogios de Pacheco (1) —sigue el cortejo trágico de horrores y vergüenzas, en visión de barbarie: desigualdad penal (2), composición (3), mutilaciones (4), duelo judiciario (5).

Leyes del Estilo (Alfonso X, Sancho IV y Fernando IV, siglo xiii) (6). — Jurisprudencia aclaratoria y complementaria del Fuero Real, sancionada por la autoridad real, un día, 252 decisiones de los tribunales superiores, ejemplo de *Estilo* ó práctica judicial, toman nombre de leyes. El mismo nombre recibe más tarde (1400), en Francia, un cuaderno procesal (7). Con reglas de procedimiento, las hay penales (8), agravando el Fuero (9), en absurda prodigalidad penal, sin grados ni límites (10).

Las siete Partidas (1256-1265).—Nuestro primer código científico, las Partidas, es una pirámide en el desierto. No suscita problemas de crítica histórica (11)

---

po Arias de Balboa, están en la *Biblioteca Nacional*, Ms. 710. Hay otras de López de Palacios en un Ms. de la Universidad de Salamanca, Ureña, obra citada, páginas 22, nota 2 y 53-57, nota 1; á más de Rodrigo Xuarez, *Repetitiones sive Lecturae in quasdam Leges Fori Legum*, 1556, con *Additiones* de Diego de Valdés.

(1) Véase, obra citada, páginas 42 y 43.

(2) Libro IX, título 5.º, leyes 1.ª y 12.

(3) *Ibid.*, ley 3.ª

(4) Idem, ley 6.ª

(5) Libro IV, título XXI.

(6) *Que por otra manera se llaman declaración de las leyes del Fuero*, edición *Códigos españoles*, I, 305-344. Comentario de Cristóbal de Paz, *Scholia in Leges Regias Styli*, 1608.

(7) *Stylus antiquus parlamenti*, 1.ª en Aufrerio, *Ad stylum suprema Curia Parlamenti Parisiensis*, París, 1542, in 8.º; 2.ª en Desmoulin, *Opera*, II, *ad finem*.

(8) Ejemplos: Leyes LXXIV (pena del ladrón), XCIII (castigo igual, privado, de los adulteros) y CXXII (pena del violador).

(9) Compárese *Fuero Real*, libro IV, título V, ley 6.ª y *Estilo*, leyes 72 y 74.

(10) Ley 74: «Todo ome que foradare casa, muera por ello. Y eso mismo ha de morir si subiere por parede, o entrare por finiestra, o por tejado a la casa, debe morir, o si abriere la puerta con llave, o en otra manera, o si descerrajase arca, o si entrare en otra guisa por la puerta, seyendo abierta, o lo fallaren que esta ascondido en casa, debe morir por ello por justicia.»

(11) Hinojosa, *Sobre Historia del Derecho español*, en *Anales de la Facultad de Derecho de Buenos Aires*, II (1912) 537: «Me-

(hasta que no se demuestre que lo hizo Jacome Ruíz ó que salió de las Universidades), ni brota fuentes. Le publica Montalvo (1) y Gregorio López le glosa (2). Martínez Marina descubre su origen (3). Después, el olvido. Los sabios de hoy, como los nobles de su tiempo, le admiran, pero no le estudian (4). Otra cosa merecía la Partida 7.ª, nuestro primer Código penal.

---

epresento la parte de Alfonso el Sabio en la redacción de las Partidas, semejante á la que tuvo Napoleón en la del Código civil, y esto no por testimonios históricos, que no los tenemos, sino por razones de evidencia interna.»

(1) Véase *leyes*, 1.ª edición, Sevilla, 1491, siglo XIII, de próxima publicación en la *Biblioteca jurídica española anterior al siglo XIV*, 1.ª edición crítica de la Real Academia de la Historia, Madrid, 1807. Sobre ésta, Vid. Llamas y Molina, *Disertación histórico-crítica sobre la edición de las Partidas que publicó la Real Academia de la Historia*, Madrid, 1820.

(2) 1.ª edición Salamanca, 1555. Privilegio dado en Valladolid el 7 de Septiembre por Doña Juana, al frente del texto de las Partidas. Hay otra de López de Tovar, *Las siete Partidas nuevamente glosadas*, 1555; mas la glosa de la glosa, por Bartolomé de Humada Mudarra, *Scholium seu brevis interpretatio ad Glossam ... conditam per eximium Doctorem Gregorium López*, 1588, y Gaspar de Hermosilla, *Additiones, Notae, Resolutiones ad Glossae Gregorii Lopez*, 1634; y los apéndices de revisión (glosa de vigencia) por Juan Martínez de Olano, *Epilogus Legum VII Partitorum quae per alias leges posteriores et per desuetudinem aut contrarium usum in totum vel in partem correctae sunt atque abrogatae inveniuntur*, 1575; mas una historia: Puch y Portolés, *Breve historia de las siete partidas del Rey D. Alonso el Sabio, con algunos repasos á la glosa del licenciado Gregorio López*, Madrid, 1820. Las ediciones completas ó en extractos de las Siete Partidas, con la glosa de Gregorio López y sin ella son innumerables. La primera en el siglo XIX es la de la Academia de la Historia, «cotejadas con varios códices antiguos» Madrid, 1807, tres volúmenes, sobre ella véase Lamas y Molina, *Disertación histórico-crítica sobre la edición de las partidas... que publicó la Academia de la Historia en el año de 1807*, Madrid, 1820. Otras ediciones de este siglo en Torres Campos, *Bibliografía española contemporánea del Derecho y de la Política*, Madrid, Fe, 1883-1897. I, 39, 40 y II, 26, 27

(3) *Ensayo .. sobre el Código de Don Alfonso el sabio, conocido con el nombre de las Siete Partidas*, 1.ª, Madrid, 1808 (Escrito en 1807 para servir de *Introducción* á la edición de la Academia). Véase también la *Introducción histórica*, de Gómez de la Serna, al frente de la edición de la Publicidad. *Códigos españoles*, II, (1848) páginas I-XLVI.

(4) La materia penal en Gutiérrez, páginas 164-203 y juicio crítico desfavorable, páginas 104-205. Du Boys, *Historia*, páginas 211-307.

Su Derecho es como su lengua. Alfonso X la inspira y en su pluma adquiere el romance extraordinaria belleza, aumenta en voces, desecha las bajas, prefiere las más cultas, suple con el latín las que le faltan... (1).

Así son sus leyes. Las penales se encuentran desde la Partida I.ª, título IX (excomunión); XI (asilo); XVIII (sacrilegio); la II.ª, títulos XIII-XIX (protección al rey, familia real y altos funcionarios); XXVIII (Derecho penal militar); la III.ª, título XI (perjuicio); XXVII (ejecución de las penas); y la IV.ª, título III (clandestinidad), hasta la V.ª, título I (pena del prestatario insolvente) más casi toda la Partida VII.ª (treinta y cuatro títulos), en desorden y mezcla de leyes procesales, doctrinales y administrativas—todo el Derecho penal de entonces—especie de tratado legal ó código doctrinal, lleno de enseñanzas y de ejemplos, donde la composición sobrevive, á vuelta de sutilezas (2).

Estadística penitenciaria (1263).—Se dan las primeras órdenes para la formación de la Estadística penitenciaria (3), de acuerdo con el Derecho romano (4), aunque el motivo sea para evitar la injusta retención, según la glosa (5).

ORDENAMIENTO DE LAS TAFURERÍAS (Alfonso X, 1276). Como muestra de la *legislación penal especial* de la época, es interesante el *Ordenamiento de las tafure-*

(1) Galindo y de Vera, *Progreso y vicisitudes*. página 266.

(2) Ley 22, título I, Partida VII: Como aquel que es acusado, puede hacer avenencia con su contendor, sobre pleyto de la acusación (Ed. Rivadeneyra, IV. 276). Cf. Ley 4, título VII, Libro I y Leyes 9. tít. IV; y 14, tít XX, Libro IV del Fuero Real. Véase Villalpando, *Lectura solemnis et Repetitio Legis XXII, título I, Partitae VII*, «de pacto seu transactione super delictis celebranda; 1552.

(3) Ley 8.ª, título XIX, Partida VII: *Razón mensual de los presos y deberes de los carceleros*. Véase nuestro estudio sobre *La Estadística criminal en España*, en *Asociación para el progreso de las ciencias, Congreso de Madrid, Ciencias sociales*.

(4) *Código*, Ley 9, título IV, *De custodia reorum*, I, ad finem, *Corpus juris civilis*, edición Francof et Lipsiae, Stettin, 1747, II, 549.

(5) Gregorio López, *Nota*, edición Rivadeneyra, página 453.

rías (1), reglamentando el juego, ejemplo de legislación científica (2).

Obra del Maestro Roldán (3), esta primera legislación orgánica del juego, en España (4), tiene interés de actualidad en nuestros días. Consta de un prólogo y cuarenta y cuatro leyes y estuvo en vigor apenas cincuenta años (5).

Leyes nuevas (Alfonso X). — Nueva muestra de leyes especiales, son las 22 *leyes nuevas* (6); algunas contra la usura (7) y restitución de lo que se dice robado (8).

El Espéculo.—(¿Siglo xiv?) (9). A semejanza de Alemania (10), de Inglaterra (11) y de Italia (12), brota aquí un ejemplar de la literatura de los «Espejos». Atribuído á Alfonso X (13), este Código privado ó manual de leyes, para instrucción de tribunales y alcaldes, reproduce disposiciones de los Fueros y de las Partidas. Seguimos degenerando. Las Partidas prohiben la marca (14), el Es-

---

(1) 1.ª edición de la Real Academia de la Historia, Madrid. 2.ª, *Códigos españoles*, VI, 1849) 233 243.

(2) Valdés, II, (1910; Marichalar y Manrique, III, 24, 25.

(3) A. Bonilla y San Martín. *El maestro Roldán*, en *Jurisconsultos españoles*, Madrid, Academia de Jurisprudencia, II, (1911), 11-14. La compuso en 1276.

(4) Véase disposiciones fragmentarias en Ley 6.ª, título XIV, y 10, título XVI, Partida VII.

(5) Véase *Advertencia*, al frente de la edición Rivadeneyra.

(6) Edición *Códigos españoles*, VI 1849), 217-231.

(7) Leyes I, II.

(8) Ley III.

(9) 1.ª edición, Academia de la Historia, 1836; 2.ª, *Códigos españoles*, VI (1849), 7-206.

(10) Véase atrás, páginas 230, 233.

(11) *Myrror of justice*, 1285. Véase J. F. Stephen, *A History of the criminal law of england*, Londres, Macmillan y Compañía, 1883, I, 52, nota.

(12) Duranti, *Speculum judiciale*.

(13) *Prólogo*: «Este es el libro del Juero, que fizo el Rey, Don Alfonso». Pero las *Memorias históricas del Rey Don Alfonso, el Sabio*, Madrid, en casa de Ibarra, 1778, no hablan de este supuesto trabajo legislativo Du Boys, páginas 114 y 312, nota, Cf. González Llanos y el autor de la *Introducción* á la edición Ryvadeneyra, páginas 3 5

(14) Ley 6.ª, título 31, Partida VII: «porque la cara del ome fizo Dios a su semejanza.» (Edición, *Códigos españoles* , Cf. Constantino.

péculo la admite (1). Por motivos fútiles, se prodigan muerte (2) y confiscación (3), con pérdida del miembro ejecutor para el insolvente (4).

ORDENAMIENTO DE ALCALÁ (28 de Febrero de 1348).— Los intentos radicales de unificación legal fracasan; pero unificar no es excluir, es incluir ordenando. Así lo comprende Alfonso XI, más sabio en esto que su padre, al dictar un *ordenamiento de leyes,* en Alcalá (5), como Alfonso VII había dado otro en Nájera (6). Hay en él materia penal escasa, pero notable (7).

DERECHO CONSUETUDINARIO (8). — La debilidad del

(1) Pena del perjurio, libro V, título XII, Ley 30: «e demas devénle facer señal en la cara, en lugar que lo non pueda encobrir, con un fierro caliente. (Edición citada, VI, 184).

(2) Libro II, título XII, Ley 1.ª: «deve morir por ella.» (Edición citada, VI, 25).

(3) Libro II, título XII, Ley 2.ª «deve perder quanto del tiene». (Edición citada, VI, 25).

(4) Libro II, título XIII, Ley 5: «E si non oviere de que los peche, pierda la mano o el pie con que lo fizió.» Cf. Leyes 6.ª, 9.ª (Edición citada, VI, 29, 3).

(5) 1.ª edición Asso y de Manuel con *Discurso preliminar,* Madrid, *La Publicidad* 1847, *Códigos españoles,* I. 427-483. Comentarios de Arias de Balboa (inéditos) y de Miguel de Cifuentes, *Notas al ordenamiento real de Castilla,* 1555.

(6) Véase Gutiérrez, páginas 220 222.

(7) Cortes de 1128; reproducido en parte por el de Alcalá. Antes ya, en Noviembre de 1118 por el *Fuero de población,* intentando unificar á base del *Fuero Viejo.* Asso y de Manuel, *Discurso preliminar* al *Fuero viejo, Códigos españoles.* I, 226-228.

(8) P. Albert, *Costumas de Catalunya,* en *Pragmaticas y altres dretes,* I, Barcelona, 1704; Marquiles, *Comentaria super Usaticos Barquinonae,* Barcelona, 1505; Socarrats, *In tractatum Petri Alberti canonici Barcinonensis de consuetudinibus Cathaloniae inter dominos et vasallos,* Barcelona, 1551; Sempere y Miguel, *Las costumbres catalanas en tiempo de Juan I,* Gerona, 1877; *Usuantiae et consuetudines civitates et Dioc. Gerundae,* por T. Mieres (inedit.); *Código de las costumbres marítimas de Barcelona* (Consulado del Mar), edición Capmani, Madrid, 1791; *Consuetudines Ilerdenses* (1227); 1.ª, P. Villanueva, en *Viaje literario á las Iglesias de España.* Madrid, Imprenta de la Academia de la Historia, tomo XVI (1851), 160-196; 2.ª, Plegan de Porta, en *Apuntes de historia de Lérida,* Lérida, 1873. Vid. Valls y Taberner, *Las Consuetudines Ilerdenses y su autor Guillermo Botet,* Barcelona, 1913. Brutails, *Le droit andorran,* en *Actes de l'Accadémie des sciences de Bordeaux;* Díaz de Aux, *Observantias consuetudinarisque regni Aragornum in usus communiter habitas,* Zaragoza, 1624. Para las supervivencias, Costa, *Derecho*

poder central, en la Edad Media, consiente prácticas penales extralegales.

Se han estudiado algunas curiosísimas como la *privación de sepultura á los deudores* (1), en Cataluña, Aragón y Valencia, y aun Castilla y León; y la limitación de libertad personal llamada *pagesia de remensa* (2), en Cataluña, una especie de servidumbre de la gleba (3), equivalente al *Droit coutumier* (4), recogido en tiempo de Carlos VII (5).

En Cataluña existía un *asilo civil especcial*, para los pageses de remensa, en las villas y castillos, fundado en un principio de prescripción. Si los adscritos permanecían allí constantemente, durante un año, un mes y un día, sin ser reivindicados por el señor, recobraban la libertad (6).

Leyes del denuesto (7).—Es una colección de ocho

---

consuetudinario del alto Aragón, Madrid, 1880; *Libre de les Costums de la ciudat de Tortosa*, 1.ª edición, J. Amich, Tortosa, 1539; 2.ª de B. Oliver (en castellano), Madrid, 1881

(1) Hinojosa, *La privación de sepultura de los deudores*, 1.ª, Valencia, 1892; 2.ª, en *Estudios sobre la Historia del Derecho español*, Madrid, Imprenta Huérfanos, 1903, páginas 143-177.

(2) *La pagesia de remensa en Cataluña*, Discurso en la Academia de Buenas Letras de Barcelona, 1901, y en *Estudios*, páginas 115-142.

(3) Muñoz y Romero, *Observaciones sobre el estado de las personas en los reinos de Asturias y León en los primeros siglos posteriores á la invasión de los árabes*, 1.ª en *Revista española de Ambos Mundos*, II, Madrid, 1854 880-904, III, 1855, 49-75; 2.ª en *Revista de archivos*, IX, 1879; Coroleu, *El feudalismo y la servidumbre de la gleba en Cataluña*, Gerona, 1878; J. M. Quadrado, *Forenses y ciudadanos*, 2.ª, Palma de Mallorca, 1895; Hinojosa, *La servidumbre de la gleba en Aragón*, en *La España Moderna*, Octubre de 1904; *Mezquinos y exarcios*, en *Homenaje á Don F. Coderas*, Zaragoza, 1904; *El régimen señorial y la cuestión agraria en Cataluña, durante la Edad Media*, 1905; Aznar, Navarro, *Los solariegos en León y Castilla*, en *Cultura española*, I, 1906, 4-26, II, 299-326.

(4) Bourdot de Richebourg, *Coutumier général*, París, 1724.

(5) Viollet, *Precis d'Histoire de droit français*, París, 1886, páginas 121 y 124.

(6) Hinojosa, *La pagesia de remensa*, en *Estudios sobre la Historia del Derecho español*, página 133.

(7) Citado Muñoz y Romero, *Colección de Fueros*, I, 73, nota 1: De leyes análogas, en esta época, sólo conocemos las del *Fuero Viejo*, libro II, título I, artículo 9.º: «sil dixier traidor provado ó

leyes sin rúbrica, ni título, ni separación alguna, prohibitivas y punitivas de los denuestos: «podrido de la cabeza á la cerviz, tiñoso, gotoso, tisgo, toposo, deslaído, circuncidado, señalado, corcobado, sarracino», etc., halladas por el P. Juan de Sobreira en el monasterio de Benevivere.

DERECHO CANÓNICO.—Es inevitable referirse, siquiera sea someramente, al Derecho canónico de España, en la segunda mitad de la Edad Media, en vista del «constante afán de nuestros jurisconsultos medioevales de complementar la ley civil, acudiendo á las prescripciones de la Iglesia» (1); y más aun si es cierto que la doctrina de los concilios de Toledo, á través de los cánones, sancionados en León (1020) y en Coyanza (1050), pasa á los Fueros (2).

El Derecho penal de la Partida 7.ª, en lo referente á judíos, moros y herejes, procede de los Decretales (3); pero el elemento canónico significa en conjunto, como siempre, el respeto á la tradición. Las penas del Fuero Juzgo contra los testigos falsos (4) y los que quebrantan el asilo (5) se repiten en los cánones de Coyanza (6); como antes en el I de Oviedo (año 811), por Alonso II el casto, las penas contra los malversadores de los bienes de las iglesias (7).

En el de Coyanza (a. 1050), Reinando Fernando I de Castilla, aparece una forma de *condena condicional*,

---

carnudo, ó falso, ó fornesimo (bastardo), ó gafo, boca fedienda, ó... ó p... sabida» del *Fuero Real,* libro IV. título III, ley 1.ª: «dijere gafo, ó sodomético, ó cornudo, ó traidor, ó hereje, ó á la mujer de su marido p...» Como se ve, no coinciden estos denuestos y aquéllos, por lo que se trata de distinta ley desconocida.

(1) Ureña, *Historia,* II. 563.

(2) Martínez Marina, *Ensayo histórico-crítico sobre la antigua legislación y principales cuerpos legales,* etc. Madrid, 1.ª, 1808.

(3) La Serna, *Introducción histórica*, página XXXV.

(4) II, IV, (Edición académica, página 35).

(5) IX, III, 3 (Edición académica, página 163).

(6) Capítulos VII y XI (*Colección general,* III. 98. 99).

(7) *Actas,* (*Colección general*, III, 18), Cf. *Fuero Juzgo,* V, I, 5, (Edición académica, página 80).

llevando, como supletoria de la pena, la penitencia (1).

POEMAS, ROMANCES, LEYENDAS, FOCK-LOORE.—Como en época anterior (2), la vida del Derecho florece en la poesía popular, épica y lírica; tradición rimada de los pueblos, parlamento libre de los ideales de la raza. Los asuntos criminales y penales, que inspirarán un día la dramática nacional, prestan al interés literario un encanto de rareza y de misterio; tan ajeno á los civiles, prosa de la vida.

De los estudios hechos sobre el Derecho en nuestra Epopeya castellana (3), en las leyendas (4), y en el romancero (5), puede sacarse mucho aprovechable — en materiales, metodología y crítica—para la Historia del Derecho penal español en esta época (6).

(1) Capítulo IV: ... «vocent ad poenitenciam adulteros, incestuosos, sanguine mistos, fures, homicidas, maleficos, et qui cum animalibus se inquinant. Et si poenitere noluerint, separentur ab Ecclesia, et a communione» (Tejada, *Colección general*, III, 97).

(2) Véase atrás, páginas 118 y 119, y toda la obra de Costa, *Poesía popular y Mitología y literatura celto-hispanas*, 1881.

(3) Costa, *Representación política del Cid en la epopeya española*, en *Estudios jurídicos y políticos*, Madrid, *Revista de Legislación*. 1884, páginas 86 y siguiente; *El programa político del Cid campeador*, en *Boletín de la Institución libre de Enseñanza*, 1885; Hinojosa. *El Derecho en el poema del Cid*, 1.ª en *Homenaje á Menéndez y Pelayo*, 1899, 2.ª en *Estudios sobre la Historia del Derecho español*, Madrid, Huérfanos, 1903, páginas 73-112, y en general *El Derecho y la poesía*. en su *Discurso* de la Real Academia española, Madrid, 1874; P. Corominas, *Las ideas jurídicas en el poema del Cid*, en *Revista de Legislación*, XCVII, 1900, 61, 222, 389 y siguiente; L. Dollfus, *Les femmes du Romancero*, en *Etudes sur le Moyen Age espagnol*, París, Leroux, 1894, páginas 87-146.

(4) Mila y Fontanals, *De la poesía heroico-popular castellana*, en *Obras completas*, VIII, Barcelona, 1874, 240 y siguiente; Menéndez Pidal *La leyenda de los Infantes de Lara*, Madrid, 1896, (Sobre esto, véase Foulché-Delbosc, *Essai sur les origines du Romancero, Prélude*, París, 1912).

(5) Costa, *Concepto del Derecho en la poesía popular española*, en *Estudios jurídicos y políticos*, Madrid, *Revista de Legislación*, 1884, páginas 3-85. Materiales para un *Tratado de política sacado textualmente de los refranes, romances y gestas de la Península*, que no vió la luz.

(6) Ultimamente, nuestro querido amigo y compañero el señor García Oviedo, ha estudiado las *Ideas jurídico-penales contenidas en el Romancero español*. Extracto de la *Revista del Centro de estudios históricos de Granada y su Reino*, Granada, imprenta *El Defensor*, 1913, un folleto de 55 páginas.

La degeneración en las familias reinantes.—Ya que la Historia, «tocada de manía de grandezas» (Galdós), nos habla casi únicamente de reyes y de príncipes, á ellos va la investigación de la vida del Derecho, guiada por la Antropología, para descubrir, por su vida y por sus restos, la *criminalidad ejemplar é impune* de su época. Se ha estudiado (1) y expuesto gráficamente (2) la degeneración en la Casa de Austria (herencia neuropática), desde Juan II de Castilla hasta Carlos II, y la de algunos individuos, hombres representativos de su época, como Don Pedro *el cruel* (3).

Historia de las Comunidades.—La vida del Derecho, en esta época, se agrupa alrededor de centros lo-

---

(1) Déjerine, *L'heredité nerveuse,* París. 1880; Dr. V. Galippe, *L'Hérédité des stigmates de Dégénérescence et les familles souveraines,* París, 1905; Brachet, *Pathologie mentale des rois de France,* París, 1903; Renda, *El destino de las dinastías. La herencia morbosa en las casas reales,* traducción M. Novella, Valencia, Sempere. Sobre «la degeneración de los austrias», recordamos un artículo de la *Ruvue de Paris,* sin poder precisar el año. J. M. Escuder, *Herencia dinástica, Casa de Austria, los Borbones, Plus Ultra,* Madrid, 1890, páginas 293-355. L Comenge, *Clínica egregia,* Barcelona, Henrich. 1895, páginas 155 y siguientes; López Campello, *Los matrimonios consanguíneos,* Madrid, Velasco, 1907, páginas 28 32.

(2) W. W. Ireland, *Casa real española de Austria* (árbol genealógico de las degeneraciones), 1885, en Comenge, obra citada, páginas 156, 157; Dr Luis Agote, *Nuevo método gráfico para fijar la herencia,* Buenos Aires, Imprenta de la Penitenciaria, 1911, páginas, 13, 14 y *gráfico* aparte. Antes en *La semana médica,* Buenos Aires, 1902.

(3) F. Simón Nieto, *Una página del reinado de Fernando IV,* Valladolid, Imprenta C. de Santiago, páginas 69-88, nota; el autor prepara un libro extenso y antropológicamente documentado sobre Don Pedro. Sobre los crímenes y degeneraciones de este rey véase Pedro López de Ayala, *Crónicas de los reyes de Castilla, desde Don Pedro I hasta Don Enrique III;* Pedro de Aragón, *Memorias;* Juan Froissart, *Crónica de Beltrán du Guesclín;* Mateo Villani. Alvarez de Albornoz, Aben Jaldun, *Enciclopedia histórica;* Rodríguez de Cuenca, *Sumario de los reyes de España;* Berenguer de Puig. Pardinas, *Sumario de España,* Díaz de Guemes. *Crónica de Don Pedro Niño,* capítulo II; Rodrigo Sánchez, *Historia de España;* Mariana, *Historia;* Zurita, *Anales;* Florez, *España sagrada* y *Memorias de las reinas católicas;* Lista, *Adiciones al Segur;* Ferrer del Río, *Don Pedro de Castilla,* Madrid, Imprenta Nacional, 1851.

cales, políticos y administrativos. Es el brote de las comunidades señoriales, verdaderamente *feudales*, apenas historiadas. Estas tenían fuero propio, «único para todo el territorio, con jurisdicción civil y criminal en las aldeas» (1). Son pequeños estados (2), última realidad política (3) donde nacen otros tantos derechos penales particulares, caprichoso resultado de la ley, la costumbre y el arbitrio, en la defensa de los intereses *comunes* (4).

Rollos y Picotas.—La Historia del Derecho enriquece su documentación con el estudio de los monumentos arquitectónicos jurídicos. El de esta época, ha sido emprendido aquí, en lo penal, por el Sr. Bernaldo de Quirós, aportando preciosos materiales, pero con propósitos literarios (5). La imaginación ha entrado en la interpretación histórica, tal vez con exceso, viendo supuestas evoluciones morfológicas—de la horca el rollo—, y antinomias—, el rollo y la picota—donde no

---

(1) Véase de la Fuente, *Las Comunidades de Castilla y de Aragón*, Madrid, Fortanet, 1880. Desconocidas en su origen modesto, la Historia no da fe de su vida hasta el célebre levantamiento de la época posterior. Ferrer del Río, *Historia del levantamiento de las Comunidades de Castilla* (1520-1521), Madrid, Mellado, 1850. Véase Danvila, *Historia crítica y documentada de las Comunidades de Castilla*, Madrid, Memorial histórico-español, XXXV (1897), XXXIX (1899).

(2) Villanueva, *España sagrada*, tomo XV, Apéndice. «Todos los que están versados en la latinidad de los primeros siglos de la Edad Media saben que la palabra Patria se usaba frecuentemente como sinónima de Comunidad ó Municipio.»

(3) Tocqueville, *De la Démocratie en Amérique*, I, 70: Les Républiques, les empires, sont une création de la volonté humaine, tandis que les hommes créent les communes comme ils respirent d'instinct.»

(4) El municipio, en su origen, es una «reunión de propietarios» Brutals. *Histoire des populations rurales de Roussillon. La communanté*, página 243.

(5) B. de Quirós *La picota, crímenes y castigos en el país castellano, en los tiempos medios*, Madrid, Suárez, 1907. *Rollos jurisdiccionales de Castilla*, en *Figuras delincuentes*, Madrid, Góngora, (sin fecha), páginas 105-116. *La evolución de la pena, Picotas-Edad Antigua*, 1.ª en *El Socialista*, 1.° de Mayo de 1902, 2.ª en *Alrededor del delito y de la pena*, Madrid, Viuda de Sierra, 1904, página 161.

hay más que un doble proceso de fijación de funciones y creación de órganos primero, y de síntesis funcional después.

El rollo no sucede á la horca: la localiza y representa, perpetuando el lugar de la ejecución y el suceso de la función penal con la inmortalidad de la piedra.

La picota no es el «reverso» del rollo. Rollo y picota, en Castilla, son tronco y cabeza de un mismo cuerpo arquitectónico penal, símbolos de jurisdicción y de vergüenza, sitio é instrumento de ejecución y exposición en sus tres formas:

a) con argollas (horca, colgamiento),
b) con garfios (descuartizamiento),
c) solo (garrote, noble ó vil).

Otras fuentes.—Hay, además, monografías sobre temas especiales de responsabilidad concejil (1), jurados (2), policía balnearia (3).

Derecho penal mulsumán (4).—Vigente en territorio español el Derecho islamita, los modernos historiadores del Derecho penal español se han cuidado ya de recoger sus caracteres fundamentales y algunas de sus concordancias con los fueros y leyes españolas.

Las universidades.—En lo social, la función crea el órgano. La reflexión jurídica — antes esporádica y judicial—halla su expresión regular y especulativa en las nacientes Universidades: Palencia, 1209 (5); Salaman-

(1) Aznar Navarro, *Responsabilidad consiguiente al desempeño de cargos concejiles. Régimen municipal aragonés*, en *Revista de Aragón*, Zaragoza, Enar 1905.

(2) J. J. Villa-Amil y Castro, *El jurado en la Edad Media ó la intervención popular en los procedimientos judiciales*, en la anterior *Revista de Archivos*, IX, Abril de 1882.

(3) Villa Amil y Castro, *La policía balnearia, según nuestros fueros municipales*, Madrid, Aribau, 1882.

(4) Valdés, *Derecho penal de los mahometanos españoles*, en *Derecho penal*, II, 155-171. (Notas de Don Francisco Fernández y González.)

(5) Lucas de Tuy, *Crónica*, era de 1226: «Eo tempore Rex Alfonso (VIII) evocavit Magistros theologicos, et aliorum artiunn liberalium, et Palentias Scholas constítuit, etc.»

ca, 1222 (1); Alcalá de Henares, 1293 (2); Lérida, 1300 (3), y Valladolid, 1322 (4). En su Historia (5) puede verse como irrumpe en España el Derecho romano, civil y penal (6), sustancia de las primeras codificaciones (7) y del Derecho consuetudinario (8).

LAS HERMANDADES.—Frente al peligro común triple: militar, político y social—guerra, tiranía y crímenes—al finalizar el siglo XIII (9), las villas se asocian, en vista de la impotencia del Estado, para defender territorio y libertades, vidas y haciendas. Este curioso Derecho de *defensa social interlocal* con procedimientos criminales propios—mezcla de policía y ejército libres—que aparece con las hermandades de Castilla, ha sido bosquejado únicamente (10), cuando merecía un libro entero. La Historia, que ve todo á distancia y desde altura, recuerda sólo el punto donde culmina este movimiento, en un nombre: la «Santa hermandad».

DOCUMENTOS.—Aún restan por utilizar documentos

---

(1) Fundada por Alfonso IX de León y dotada por Alfonso X en decreto de 1254. Véase Gil González Dávila, *Historia de la ciudad de Salamanca,* libro II, capítulo 17.

(2) Privilegio de Sancho IV de 20 de Mayo de 1293 Cit. Asso y De Manuel, *Notas* al ordenamiento de Alcalá, edición *Códigos españoles,* I, 464, nota 1.ª

(3) Véase Lafuente, *Historia de las Universidades.*

(4) Concilio de Valladolid de 1322, canon 12.

(5) Lafuente, *Historia de las Universidades,* Madrid, 1871. Regniez, *La vie universitaire dans l'ancienne Espagne,* París, 1902 Vidal, *Memoria histórica de la Universidad de Salamanca.* Salamanca, 1869.

(6) Sempere, *Historia del Derecho,* página 276.

(7) Véase *Introducción histórica* de Gómez de la Serna, á la edición *Códigos españoles,* de *Las Partidas,* página XXXV.

(8) Ficker, *Ueber die Usatici Barchinonae und deren Zusammenhang mit dem Exceptiones Legum Romanorum,* Innsbruck, 1886.

(9) Los áutores de la *Historia Compostelana,* hacen arrancar la *germanites* de principios de este siglo. Vease libro I, capítulos 47 y 54: año 1109; *España sagrada,* tomo XX. Cf. Sempere, página 221.

(10) Secretan, en *Revue historique et étrangére de jurisprudence,* Diciembre de 1862; Du Boys, *Las Hermandades y la Santa hermandad,* en *Historia del Derecho penal,* 1871, capítulo XLVIII; A. Salvá, *Las Hermandades y la Santa hermandad,* en *Páginas histórico burgalesas,* Burgos, 1907, páginas 65-120.

para la Historia del Derecho penal en esta época en Castilla y León (1), Aragón (2), Navarra (3), Cataluña (4) y Portugal (5), publicados en las colecciones.

(1) Florez, *España sagrada,* Madrid, 1749.
(2) *Colección de documentos para el estudio de la Historia de Aragón,* Zaragoza, 1903, s.
(3) Yanguas, *Diccionario de antigüedades del reino de Navarra,* Pamplona, 1840.
(4) P. de Marca, *Marca hispanica,* Paris, 1688.
(5) *Diplomata et Chartae,* en *Portugaliae monumenta historica,* Lisboa, 1859, s.; los de Portugal, en *Leyes et consuetudines. Portugaliae monumenta historica,* Lisboa, 1863.

§ 6.—*El Derecho penal común alemán.*

Bibliografía.—Wächter, *Gemeines Recht Deutschlands, insbessondere gemeines deutsches Strafrechts* (Derecho alemán común, especialmente Derecho penal común alemán), 1844; Nypels, *Les ordonnances criminelles de Philippe II* (1570), 1856; Schletter, *Die Konstitutionen Augusts von Sachsen von 1572*. (La Constitución de Augusto de Sajonia de 1572), 1857; Seeger, *Die strafrechtliche Consilia Tubingensia*. (Los Consejos de Tubinga en materia penal), 1877; Hälschner (Vid. Bibliografía en § 4, II); Oppenhof, *Die Strafrechtspflege des Schöffenstuhls zu Aachen seit dem Jahre 1657*. (Las prácticas penales de la corregidería de Aquisgram desde el año 1651), 1884; von Maasburg, *Die Galeezenstrafe in den deutschen und böhmischen Erbländern österreichs*. (La pena de galeras en los Estados de la corona de Austria, bohemios y germánicos), 1885; Gessler, en *Zeitschrift für deuches Recht*, tomo XX (*Würtemberg Entw*. von 1609); Pfenninger, *Strafrecht der Schweiz* (Derecho penal suizo), 1890, página 93 (Vid. E. Hubner, *Schweizes Privatrecht*, IV, 124); Lobe, *Die allgemeinen strafrechtlichen Begrife nach Carpzov*. (Las ideas penales generales desde Carpzovio), 1894; Holtze, *Strafrechtspflege unter König Friedrich Wilhelm I*. (La práctica penal bajo el reinado de Federico Guillermo I), 1894; Nöldeke, *Die Kriminalrechtspflege in Celle insbesondere im 16 und 17 Jahrhundert*. (La práctica criminal en Zell, en los siglos xvi y xvii especialmente), 1896; Stintzung, *Geschichte der deutschen Rechtswissenschaft; fortgeführt von Landsberg 1880 ss* (Historia de la ciencia del Derecho en Alemania, continuada desde 1880 por Landsberg.) Tomo III, Parte 1.ª, 1898; Günther, *Wiedervergeltung*. (Retribución), tomos II y III, cuaderno 1.° con ricos apéndices; Heyler, *Die praktische Tätigkeit der Juristenfakultäten des 17 und 18 Jahrhundert... von Carpzov ab* (La actividad práctica de las facultades de Derecho desde Carpzovio durante los siglos xvii y xviii), 1899 (en la página 117 contiene una reseña de la bibliografía de los Consejos); Dargun, *Die Rezeption der Peinliche Gerichtsordunug in Polen*. (La aceptación de la ordenanza criminal de Carlos V en Polonia), en *Zeitschrift der Savigny-Stiftung*, tomo X; Kantorowitz, *Goblers Karolinenkommentar und seine Nachfolger*. (Los comentarios de Gobler á la Carolina y sus continuadores.) Trabajos del Seminario de Criminología de Berlín. Nueva serie, IV, 1904; Holz, en *Archiv für Strafrecht*, de Goltdammer, tomo LIV, página 268; *Anwendung der Peinliche Gerichtsordnung in Brandenburg*; Elwenspock, *Über die Quellen des im Landrecht für das Herzogtum Preussen von 1620 enthaltenen Strafrechts*. (Sobre las fuentes del Derecho penal contenido en el Derecho territorial del ducado de Prusia, etc.); en Berlín, cuaderno 89, 1908. Se espera aún la continuación de las fuentes generales.

I. — La legislación hasta mediar el siglo XVIII.

La actividad de la *legislación real,* en los dominios del Derecho penal, se limita á la sanción de unas pocas acciones, la mayor parte de policía (1). Tomando un vuelo más poderoso en las ordenanzas imperiales de policía de 1548 y 1577, abandona en poder de los Estados particulares la empresa del progreso autónomo del Derecho penal. Y de hecho, la legislación penal en los Estados desplegó una no común actividad, viva y fructífera, en la segunda mitad del siglo XVI y primera del XVII. Austria y Baviera, Wurtemberg y Sajonia, el palatinado y Prusia compitieron, entre ellas y con los Estados más pequeños, en la publicación de Códigos penales completos; en parte originales, en parte tomados del Derecho local (que aplicaron ya encadenados en la Carolina, por las palabras ó por el contenido, ya originalmente en el desarrollo de la materia penal) pero siempre teniendo en cuenta aquellas disposiciones de las leyes imperiales que, en realidad, contenían el Derecho necesario.

(1) Como maldiciones y juramentos, hábitos de bebida, adulterio y concubinato, — y también, de otro género: como perturbación de la paz pública, usura, escritos difamatorios, engaños y falsedades. — El acuerdo consultivo de 1668, contra el duelo, no tuvo fuerza de ley, pero dió ocasión á numerosas órdenes señoriales relativas á él. De las leyes extranjeras, merecen citarse las ordenanzas criminales de Francisco I, para Francia, de 1539, y de Felipe II, para Holanda, de 1570.

A mediados del siglo XVII se paraliza la actividad legislativa de los Estados. En lugar de Códigos penales completos y definitivos, aparece una serie de ordenanzas de cancillerías, extensas pero efímeras, que son únicamente negaciones excepcionales del espíritu de su ignorante absolutismo. Toda una serie de conceptos de delito, tienen que agradecer á la legislación del país su orígen ó su progreso; entre ellos, la alta traición, sedición y rebelión, resistencia á la autoridad, duelo, suicidio, bancarrota, caza furtiva, lesiones, etc.

Citemos los trabajos legislativos más importantes:

I. AUSTRIA.—1.° En el *Tirol*, fué aceptada la ordenanza criminal de 1499, por ordenanzas territoriales de 1526, 1532 (esta sirvió de base á la de Henneberg de 1539) y 1573. Influencia parcial de la Carolina, vid. *v. Sartori-Montecroce*, *Beiträge zur österreichische Reichs-und Rechts geschichte* (Contribución á la Historia política y jurídica de Austria), 1895.

2.° En la *baja Austria*, Fernando III, en 30 de Diciembre de 1656, autorizó, en lugar de la Ordenanza de 1514, una ámplia Ordenanza penal. Los proyectos posteriores (1666, 1721), no tuvieron éxito. Hay un valioso comentario de Bratsch de 1751.

3.° La Ordenanza de la *alta Austria*, de 1.° de Octubre de 1559, se apoya en la de la baja Austria de 1514. Nueva copia (no revisión, como equivocadamente dijo Stobbe II, 409), en 1627. Leopoldo I, autorizó, en 14 de Agosto de 1675, una nueva ordenanza (no simple revisión), que concuerda con la fernandina de la baja Austria de 1656. La Ordenanza *carniolense* (*Krain*) de 18 de Febrero de 1535, se basa en la bajo-austriaca de 1514 y la Carolina.

4.° La *carinciana* (*de Kärnten*), de 1577, contiene, por el contrario, muy pocas disposiciones penales.

5.° En *Estiria* (*Steiermarck*), Carlos II, introdujo la Ordenaza general y penal de 24 de Diciembre de 1574, que se basa frecuentemente en la Carolina. En el siglo XVII, la fernandina de 1656, estuvo vigente seguramente en Estiria y también en Carincia y Carniole. (Por eso, cuando la teresiana habla de la «Carolina», debe entenderse la Ordenanza penal de Carlos V y no la Ordenanza penal estiriense, como casi generalmente se ha entendido).

6.° En *Bohemia*, son de citar la Ordenanza de Fernando I, de 1542, la de Fernando II, de 1627, y la *deverneverk* de 1765.

7.° La Ordenanza *moraviense* (*Mähren*), de 1.° de Julio de 1628, se basa en la de Bohemia de 1627.

8.° En *Silesia* está vigente desde 1707 la Ordenanza de José I.

II. En SAJONIA el príncipe elector Augusto, promulgó en 21 de Abril de 1572, las Constituciones sajonas cuya influencia determinó el desarrollo del Derecho penal fuera de Sajonia.

Los trabajos preparatorios, muy importantes, para las Constituciones, están incluídos, en su mayor parte, en la edición impresa de las *Consultationes constitutionum Jaxonicarum* (edición de Friderus Mindanus, en 1616). Las *Decisiones electorales* de 1661 son desarrollo suyo.

III. PRUSIA. — 1.° Según el discurso preliminar á la edición (1516) de la Ordenanza de Brandemburgo, de 1582, esta se publicó también en el ducado de Prusia. No consta, sin embargo, su aplicación.

2.° En los territorios de las órdenes prusianas (Ordenslande), en la colección conocida con el nombre de *Ius cuhuense,* tuvo vigencia preferente el Derecho de Magdeburgo. En el siglo XVI tuvieron aplicación judicial, sin alcanzar vigencia como leyes, numerosos ensayos de reforma, especialmente, en 1594, el *Ius culmense revisum,* del «*Culm* de Danzig» (Influencia de la Carolina y de la Constitución de Sajonia).

3.° Por iniciativa de los Estados prusianos del Este logró éxito una nueva revisión, cuyo resultado fué el derecho local del ducado de Prusia (redactado por Levín y Bachius, de 1620, (el libro 6.° trata de Derecho penal. Influencia de Danouderio).

4.° Entre las posteriores refundiciones, están la costumbre brandenburguesa revisada del ducado de Prusia, de 1685, y la Costumbre reformada de Federico Guillermo para el reino de Prusia, en 1721, preparada por S. Cocejo (el libro 6.° de Derecho penal; influencia de Carpzovio). Un proyecto de Código penal (de Berger), terminado en 1721, tuvo tan poco éxito como una Orden real de 1736 (Hälschner, I, 173).

5.° En la *Marca* ó límite de Brandemburgo los proyectos de Ordenanza local de Diestelmeier (padre é hijo), de 1572 á 1594, no llegaron á leyes.

IV. En BAVIERA merecen citarse la reforma de la Costumbre francesa de 1518 y la costumbre para la alta y baja Baviera, que no pueden negar la influencia de la constitución sajona y resolvió muchas contiendas entabladas con motivo de la Carolina.

V. La Costumbre *del Palatinado* de 1582 (el 5.° libro de Derecho penal; se basa en la Carolina, pero en vista de la Constitución sajona) fué introducida también en el *alto palatinado* (Amberg), en 1606. Cuando esta provincia entró en Baviera, la sustituyó la Costumbre bávara de 1657, imitada de la Costumbre de 1616.

VI. En el *gran ducado* de BADEN se promulgaron las Costumbres de Baden-Baden de 1588 (imitación de las palatinas) y Baden-Durchlach de 1654 (impresas ya en 1622).

VII. En WÜRTTENBERG venían pidiendo los Estados, desde 1551, la redacción de un Código penal. El proyecto, terminado ya en 1609 (tomado de la Carolina y la Constitución sajona), no tuvo nunca fuerza de ley. Sin embargo, las Costumbres de 1610 y ordenanza local de 1620 contenían una serie de disposiciones penales.

VIII. En los *restantes dominios* fué preciso reimprimir simplemente la Carolina ó atenerse á ella la justicia. Pero no sucedía así donde no se dispuso de este modo; donde las nuevas ediciones de los Códigos sólo contenían el derecho viejo, como por ejemplo en la Reforma penal de Lübeck de 1586 y Hamburgo de 1603, no ofrece duda que sucumbió la vigencia real de la Carolina. Sobre la influencia de la Carolina en Suiza Vid. Pfeninger, 80.

II.—La ciencia.

La literatura penal alemana del siglo XVI ofrece, á primera vista, una imagen desconsoladora. Reposa en manos de copistas sin nervio y sin crítica, para quienes el Derecho romano es tan ajeno como el alemán. *Zasius* († 1535) y *Gobler* († 1567) constituyen una gloriosa excepción. *König* († 1526) con su *Práctica* de 1841 y *Perneder* († hacia 1540) con su *Ordenación de juicios criminales,* de 1544 y siguientes, dominan el mercado científico durante mucho tiempo; el primero especialmente en Sajonia, y el último en Baviera y el Tirol. Les siguen *Rauchdorn (Práctica,* 1564), *Dorneck (Práctica.* 1476) y *Sawz (Strafbuch*—libro de las penas—, 1577). Sus compilaciones insustanciales alcanzan una edición tras de otra (Véase Stintzing, I, 630).

Entre tanto, la ciencia penal, fuera de Alemania, tomaba un vuelo ruidoso y brillante. Mientras los italianos, hacia mediados del siglo, alcanzaban el punto culminante de su desenvolvimiento, después de *Hipólito de Marsilio* († 1523) y *Egidio Bosio* († 1546) con *Julio Claro* († 1575), decayendo sucesivamente en *Tiberio Deciano* († 1581) y *Jacobo Menoquio* († 1607) hasta *Próspero Farinacio* († 1618), el nuevo método de la síntesis, el *mos gallicus,* alcanza la victoria en Francia (*Tiraquelo,* † 1558) y España (*Covarrubias,* † 1577).

El más notable penalista, representante de esta dirección, *Antonio Matans* II, descendiente de la célebre familia de sabios de Hese, pero que vivió en Holanda, pertenecía realmente á una época posterior (murió en 1654; su obra maestra *De criminibus* apareció por primera vez en 1644 y por última vez en 1803) (1).

Por lo demás, es también innegable el progreso de Alemania en la segunda mitad del siglo XVI. Las decisiones en materia penal van cada vez con más frecuencia á las facultades de Derecho, especialmente á consecuencia del despacho de los autos, las cuales empezaron pronto (primero en Tubinga, Jena, Rostock é Ingolstadt) á consagrar lecciones especiales al Derecho penal, y una vez más, como en la Italia de la Edad Media, se reconoció la alianza entre la ciencia y la práctica jurídica, como feliz para ambas direcciones.

Numerosas colecciones de Informes y disquisiciones dan muestras de ello. Merecen citarse: *Bocer,* profesor en Tubinga, *Disputationes,* 1596, s. *(classis IV, de criminibus); Pedro Teodorico,* profesor en Jena († 1640, *Collegium criminale,* 1618, 1671; *Heumius,* profesor en Gisen († 1636), *Collegii criminalis disputationes,* 1621; *Teodoro Petreus,* Doctor por la Universidad de Marburgo, *Thesaurus controversiarum conclusionum criminalium,* 1623; *Ad. Volkmann, Tractatus criminalis,* 1629 (3.ª parte *Consilia criminalia*).

El primero que aplicó en Alemania el método sintético al Derecho penal fué *Nic. Vigelius,* profesor en Marburgo († 1600), en sus *Constitutiones Carolinae cum iure communi collatae,* 1583, en la que trató de demostrar la concordancia entre la Ordenanza criminal y el Derecho romano. En la misma dirección militan los profesores de Tubinga *Val. Voltz* († 1581): *Commentarius in tit. Dig, ad L. Corneliam de Sicariis,* 1596, y *Joh. Harpprecht* († 1639), *Tractatus criminalis,* 1603; así como el hesés *Gilhaisen* († después de 1642), *Arbor*

---

(1) Sobre el plagiario Jod. Danshouderio († 1581) vid van Hamel (Véase *Bibliografía,* en § 9, II), I, 51, nota 29, y también Kantorowicz (Gobler) 21.

judiciaria criminalis, 1606. La Carolina es, cada vez más, el eje al rededor del cual jira la labor de los criminalistas.

Los comentarios de la Carolina hechos por *Gobler,* 1543; *Reums,* 1594; *Musculus,* 1614; *Zieritz,* 1622; *Stefani,* 1626; *Bulläus,* 1631; *Manzius,* 1650; *Blunbacher,* 1670; *Clasen,* 1685; *Otto,* 1685 atienden á las necesidades de la práctica penal.

El florecimiento de la ciencia del Derecho penal alemán, que surte de la Carolina, se debe á los JURISCONSULTOS SAJONES del siglo XVII.

Mantenedores de una idea jurídica común, hondamente arraigada en extensas regiones de la Baja Alemania, no alterada por las extrañas leyes, recopilada en el «Espejo de Sajonia», amparada por una legislación local consciente de sus fines y grandemente estimada, fructificada por el firme y activo comercio eficaz de la ciencia y la vida del Derecho, ellos lograron representar un papel de directores en la legislación, la literatura y la práctica jurídicas.

Con *Mateo Berlich* († 1638) *Conclusiones practicabiles,* 1615 á 1666, se relaciona, con más importancia, *Benedicto Carpzovio* (1595 á 1666), que fué el fundador del método empírico con su *Practica nova Imperialis Saxoneia rerum criminalium,* 1635 y otros escritos, y con eso de la ciencia del Derecho en Alemania. Miembro de la Regiduría de Leipzig y Profesor numerario de la Facultad de Derecho de aquella Universidad, distinguido por su erudición, suficiencia científica y amplia experiencia práctica, imprimió durante un siglo de práctica penal en Alemania el sello de su espíritu (1).

En el siglo XVIII apareció *J. S. F. Bohemero* († 1772) *Observationes ad Carpzovii practicam,* 1759, logrando eclipsar y hacer olvidar, poco á poco, la autoridad

(1) Puede verse una acertada semblanza de Carzpovio, en *Stintzing,* II, 55; sobre esto, vid. también *Löning,* Z, V, 579.

de Carpzovio, quien había sido atacado inútilmente por sus enemigos del siglo XVII, especialmente por *Odekopp* († 1667), *Observationes criminales practicae*, 1633, 1639 y 1654, Brunnermann († 1672), *Tractatus de inquisitionis processu*, 1648; *Commentare zum Kodex und zu den Pandekten*, 1663 y 1670.

El surco abierto por los jurisconsultos sajones en la ciencia del Derecho penal avanza claramente en el siglo XVII con los comentarios á la Carolina. Junto á *Ludovico*, 1707; *Beyer*, 1714; *Meckbach*, 1756; *Scopp*, 1758; *Gerstlacher*, 1793-94, sobresalen por sus excelentes aportaciones *Kress* (*Commentatio succinta*, 1721), y *J. S. F. Bohemero* (*Meditationes*, 1770).

Como complemento del florecer de los estudios académicos aparecen, en rápida sucesión, un conjunto de exposiciones sistemáticas del Derecho penal sobre los fundamentos de la Carolina; *Kirchgessner*, 1706; *Frölich* v. *Frölischburg*, 1709 (no es comentario, á pesar del título); *Beyer*, 1714; *Gärtner*, 1729; *Kemmerich*, 1731; *J. S. F. Bohemero*, 1732 (el primer tratado de valor científico); *Eugan*, 1738, *Meister* (el viejo), 1755; *Koch*, 1758; *Richter*, 11763; *Quistorp*, 1770 ss.; *Püttmann*, 1779; *Müller*, 1786; *Meister* (el joven), 1789, y otros hicieron tratados más ó menos extensos, al paso que otros, como especialmente *Struve* († 1692) *Dissertationes criminales*, 1671; *Leyser* († 1752) en sus *Meditationes ad Pandectas*, 1717 ss.; *Schiller*, *Exercitationes ad Digestum*, libros 47 y 48, 1675 ss., trataron cuestiones particulares de Derecho penal, en relación con los *Libri terribilis*, en investigaciones más ó menos amplias.

III.—La práctica jurídica.

Si la legislación del Imperio y de los Estados particulares, tanto como la ciencia—hasta mediados del siglo XVIII—se mueven en general sobre el terreno de la Ordenanza criminal de Carlos V, sin embargo, el cambio inevitable en las necesidades y en las ideas de la época condujo á una *reorganización del Derecho penal alemán común*, más honda cada día. Si prescindimos de la ya indicada determinación de los nuevos y ampliación de los viejos conceptos del delito, esta transformación alcanzaría especialmente al *sistema penal de la Carolina*. Desde luego se limitará esencialmente, de una parte, el dominio de aplicación de la *poena ordinaria*, sancionada por la Carolina, por reducción artificioso de los conceptos de delito (así se exigirá el *inmissio seminis* en los delitos de carnalidad, la muerte consumada en el envenenamiento, viabilidad del niño en el infanticidio, etc.); de otra, se hace uso y de un modo casi ilimitado, cuando hay defectos en el hecho, de la *poena extraordinaria*.

Y sin embargo (y eso es aún de mayor importancia) los mismos procedimientos penales de la Carolina son sustituídos por otros, en parte. Así, ciertas formas crueles de la pena de muerte y mutilantes, de las corporales, son aplicadas más raramente cada vez: las suceden (juntamente con la exposición en la picota, la marca de fuego, los azotes) la condenación á trabajos forzados, tomada al parecer del Derecho romano, á la construcción de calles y fortalezas, al servicio militar, á las galeras; pero, especialmente, bajo el influjo de la idea correccional, la reclusión en presidios y casas de trabajo, si bien al principio aplicada sólo para la mendicidad y delitos relacionados. Pero faltaba la medida fija para determinar las relaciones de estas nuevas formas penales con las antiguas, así como para los mismos delitos. Por eso la medida penal vino á ser, cada vez más, un acto del *arbitrio judicial*. Y precisamente en este punto se presenta la necesidad de una reglamentación fundamental, de la manera más clara y más única.

La aparición de los PROCESOS DE HECHICERÍA (1) cons-

(1) Schmidt, *Der Hexenhammer*, etc., (El martillo de las bru-

tituye, en este período, una triste señal de los tiempos.

Si bien las disposiciones penales contra la magia no eran extrañas ni al Derecho romano ni al de la Edad Media, sin embargo, los delitos específicos de *hechicería*, mezclados á la *hæretica pravitas*, sólo se forman desde el siglo XIII, caracterizados por el trato con el demonio y amores diabólicos. De delito contra la personas y la vida, viene á ser un delito contra la religión; y, por lo tanto, bajo la competencia de la Iglesia. Ya el «Espejo de Sajonia» (II, 13, 7) puso en un mismo grupo á la hechicería con la incredulidad y el envenamiento, castigándoles con la hoguera. Sin embargo, los procesos de hechicería se desarrollan lentamente en Alemania. A pesar de la Bula «*Summis desiderantes*» de Inocencio VIII, del año 1484, y del *Malleus maleficarum* de Justitor y Sprenger, aparecido por primera vez en 1489, la Carolina, en el art. 109, se afirmó en la *concepción* humana del Derecho y sancionó con la hoguera solamente la hechicería dañosa y con pena arbitraria en otros casos. Pero pronto avanza la jurisprudencia, que protegida por la teoría fatídica de los *de lictis exceptis*, traspasa los límites de la legislación. El «martillo de brujería» (*Hexenhammer*) es su guía y la aplicación desmedida del tormento hizo posible la larga serie de cremaciones de hechiceras, cuya sangre cae sobre el siglo XVIII. En vano elevaron su voz hombres pacíficos como *Molitoris*, en 1489; *Agrippa von Net-*

---

jas) traducción alemana con Introducción, 3.ª parte 1906. — Vid. Wächer, *Beiträge zur deutschen Geschichte* (Contribución á la historia de Alemania), 1845.—Hansen, *Zauberwahn, Inquisition und Hexenprocesse im Mittelalter.* (Encantamiento, Inquisición y procesos de hechicería en la Edad Media). 1906. —El mismo, *Quellen und Untersuchungen zur Geschichte des Hexenwahns und der Hexenverfolgung* (Fuentes é investigaciones para la historia de los falsos hechizos y los procesos de hechicería), 1901. Byloff, *Das Verbrechen der Zauberei* (El delito de hechicería), 1902. Una bibliografía más extensa puede hallarse en las reseñas de Löning, Günther, Knapp, en Z. V. ss. y Stintzing, I 641. Sobre la opinión del tribunal de justicia del Imperio vid. Z. XII 909.

tesheim († 1535); *Weyer,* en 1563; el jesuita *Fr. van Spee,* en 1631 y otros. Sus enemigos, *Bodin* en 1579 y *del Río* en 1599, quedaron dueños del campo. Las constituciones sajonas de 1572, difiriendo de la Carolina, impusieron pena de muerte para todos los casos de hechicería, sin distinción; las siguió la fernandina en Austria, de 1656, así como la costumbre prusiana de 1685. La poderosa autoridad de *Benedicto Carpzovio* pesó mucho en la creencia en la hechicería; hasta que, poco á poco al principio, se llegó á los escritores de la época de las luces, cuyo precursor, en esto, fué *Thomasius* (1) († 1728; *De crimine magiae* 1701; *De origine ac progressu processus inquisitorii contra sagas* 1712), que expulsaron de la administración de justicia los procesos de hechicería. La legislación siguió su camino lentamente. Mientras que la costumbre prusiana de 1721 (libro 6, título 5, artículo 4), yendo más allá que el edicto de 13 de Diciembre de 1714, incluye á la hechicería en los dominios de la locura, el *Codex crim. bavaricus* de 1751 y la Ordenanza austriaca de 13 de Noviembre de 1766 (sobre quien se basa el artículo 58 de la Teresiana de 1768) afirmaron el concepto criminal de la hechicería, indudablemente con prudencia excéptica. Las últimas ejecuciones de hechiceros en país alemán tuvieron lugar en 1749, en Wursbuzgo, en 1751 en Endingen (Brésgovia) (2) y en 1575 en Kempten (3). En Glarus (Suiza), la hechicera *Ana Göldi* fué atormentada y decapitada en 1782.

---

(1) Sobre esto vid. Landsberg (Bibl. en § 7), 71.

(2) Jensen, *Der Schwarzwald.* (La selva negra), 3.ª, 1901, página 351 (vid. una comunicación atenta de Fritz Koch, en *Meiningen* .

(3) Según el conde Hoensbroech (atenta comunicación de Fritz Schmidt, de Dresde).

IV.—La legislación desde 1750.

De acuerdo con el Derecho común, á pesar de ciertas peculiaridades, puramente exteriores, las legislaciones de Baviera y Austria caminan á la decadencia, hacia mediados del siglo XVIII. Como signos del gran pasado del Derecho común, sobresalen, en el alborear de la nueva época, las notables creaciones de la ciencia de aquellos días, alterada ya en sus fundamentos:

1. El *Codex juris criminalis bavarici* de 7 de Octubre de 1751, preparado y comentado por *Treittmayr* († 1700) (1).

2. La *Constitutio criminalis Theresiana,* para los países patrimoniales de Austria, de 31 de Diciembre de 1768, fundada esencialmente en las opiniones de *J. S. F. Bohemero* (2).

---

(1) Vid. sobre él Bechmann, 1896 y el Discurso de Matheis en la Universidad de Friburgo, en 1901.

(2) Vid. Wahlberg, *Kleine Schiften* (Escritos menores) II, 115. Von. Maesburg, *Zur Entstehungsgeschichte der Theres. Hals G. O.* (Para la historia primitiva de la Ordenanza criminal Teresiana) 1880.—J. L. Bauniza, *Delineatio juris criminalis secundum constitutionem Carolinam ac Theresianam,* 2 ts. 1773.—Berner, *Die Strafgesetzgebung von 1751 bis zur Gegenwart.* (La legislación penal desde 1751 hasta nuestros días) 1861.—v. Kwialkowski, *Die C. C. Theresiana* (La constitución criminal Teresiana) 1904.

ADICIONES

§ 6. — *El Derecho penal español.*

Edad moderna. Primera época: Las recopilaciones (siglos XV al XVIII)

I.—Las leyes penales españolas.

El Ordenamiento de Alcalá, con sus reglas de prelación (1), — testamento de nuestro viejo Derecho —, cierra un período (2). Sigue una época de gran actividad política y social. En la confusión fermenta el espíritu de una nueva vida amplia y una—es la época de las grandes nacionalidades — que precisa una ley común, extensa en el detalle, única en el texto.

Las Cortes de Madrid habían pedido á Juan II, en 1483, y á Enrique IV, en 1458, que se publicara una recopilación de las leyes vigentes, suprimiendo las supérfluas y separando las provisionales.

Con el Derecho, evoluciona la Lengua, su eterna consorte.

Sufre el lenguaje una revolución completa—italianismo, neo-latinismo, vocablos árabes—como las costumbres y la legislación... (3) para cristalizar definitivamente en el habla de Cervantes: un ordenamiento de palabras.

Era preciso en las leyes, como en la lengua, reunir lo disperso, seleccionar; «reducir todas á un cuerpo

---

(1) Título XXVIII, Ley 1.ª *Por qué ley se pueden librar los pleytos.* Reproducida con ampliaciones en la ley 1.ª de Toro.

(2) Ernesto Rossenfeld, que coloca este Ordenamiento al frente de *El Derecho penal español* (§ 3.º), no ha comprendido el sentido de evolución de nuestro Derecho, en este punto. (Vid. edición citada, página 50).

(3) Galindo y de Vera, *Proceso y Vicisitudes,* páginas 266, 267. Cf. página 158.

donde estuviesen más breve y compendiosamente compiladas... y ordenadas, declarando las dudosas, quitando las supérfluas» (1), como encarecía en su codicilo (2) la Reina Doña Isabel (3), una mujer, madre espiritual de nuestro Derecho.

Hemos retrocedido en la cultura jurídica ocho siglos—toda la Reconquista—y ahora no es posible, de pronto, unificar á través de un Código, como el Fuero Juzgo; recuérdese el fracaso de las Partidas. Hay que empezar ordenando lo vario, recopilando lo disperso. Es la labor de este primer período: *las recopilaciones.*

Nuestras leyes penales, se polarizan, como en el Fuero Real y las Partidas, agrupándose hacia la terminación de esos cuerpos legales — *Ordenamientos* ó *Recopilaciones*—, hasta rebasar los estrechos límites de un libro.

ORDENANZAS REALES DE CASTILLA (Don Fernando y Doña Isabel, 1485).—Compiladas por *Montalvo* (4) las hay de asunto criminal y penal frecuentemente, entre otras que contienen disposiciones civiles, administrativas y económicas, en esa pintoresca mescolanza de la vida española de aquel tiempo. Falta un propósito pre-

---

(1) El Arcediano Dormer en sus *Discursos varios de la Historia,* página 373, lo publicó por primera vez.

(2) Otorgado en Medina del Campo á 23 de Noviembre de 1504. Véase M. Marina, *Ensayo Crítico,* páginas 393 394. Asso y de Manuel, *Discurso preliminar* al *Ordenamiento de Alcalá,* en *Códigos españoles,* I, 434.

(3) Véase Diego Clemencín, *Elogio de la Reina Doña Isabel,* Madrid, 1821, página 213, Ilustración IX.

(4) 1.ª edición, sin título, lugar ni fecha; 2.ª, Zamora, 1485; 3.ª, Huete, 1485; 4.ª, Salamanca, 1486; 5.ª, Burgos, 1488; 6.ª, Zaragoza, 1490; 7.ª, Sevilla, 1492; 8.ª, Id., 1495; 9.ª, Id., 1496; 10, Sevilla ó Granada, 1498; 11, Sevilla, 1499; 12, Salamanca, 1500; 13, Sevilla, 1508; 14, Salamanca, 1508; 15, Salamanca, 1513; 16, Burgos, 1518; 17, Salamanca, 1523; 18, Burgos, 1528; 19, Id., 1536; 20, Salamanca, 1541; 21, Medina del Campo, 1542; 22, Salamanca, 1549; 23, Toledo, 1549; 24, Id., 1551; 25, Salamanca, 1554; 26, Salamanca, 1559; 27, Alcalá de Henares, 1565; 28, Alcalá, 1567; 29, Salamanca, 1574-75; 30, en 1608, 1609 (incierta); 31, Madrid, 1779; 32, Madrid, *Códigos españoles,* VI (1849) 254 y siguientes. (Véase Fermín Caballero, *Noticias de la vida, cargos y escritos del Doctor Don Alonso Díaz de Montalvo,* Madrid, 1873).

visor y ordenatriz constante de la defensa social; y frente á la creciente actividad antisocial — paralela al progreso—las pobres ordenanzas penales, ocasionales, aparecen como parches á una cuba que se hiende y que rebosa...

Las disposiciones penales—difundidas por todo el Ordenamiento—aparecen con mayor concentración en el libro VIII, que consta de diez y nueve títulos, donde se hallan muchas leyes del libro IV del Fuero Real (1).

LEYES DE TORO (Doña Juana, 1505) (2).—El Ordenamiento resultaba insuficiente «á causa de la gran diferencia y variedad que había en el entendimiento de algunas leyes». Para remediarlo, á petición de las Cortes de Toledo, de 1502, se dictan unas leyes aclaratorias de los Fueros, Partidas y Ordenamientos. Excepción en las corrientes de la época, las *Leyes de Toro* no envuelven intento recopilador, ni de codificación; simples interpretaciones en desorden, que precisan á su vez aclaración é interpretación (3), en esta curiosa época de tanteos legislativos.

Más interesantes que por el contenido, por los comentarios (4) á que dan lugar, la parte penal es escasí-

(1) Especiales, título 17, relativas al homicidio preterintencional, asesinato, riñas. Véase Diego Pérez de Salamanca, *Commentaria in libros VIII, ordinationum regni Castellæ*, 1574.

(2) 1.ª edición, Alcalá de Henares, 1503; otra en Salamanca, 1567.

(3) Véase Sempere, *Historia*, II, 244.

(4) Diego de Castillo, *Utilis et aurea glossa... super leges Tauri*, 1527; Miguel de Cifuentes, *Nova lectura sive declaratio Legum Taurinarum*, 1536; El mismo, *Glosa al quaderno de las leyes nuevas de Toro*, 1546; *Comentarios*, edición Medina del Campo, 1555; López de Palacios Rubios, *Glossemata ad «Leges Tauri»*, 1542; Fernan Gómez Arias, *Subtilissima et valde utilis glossa ad famossisimas, subtiles et necessarias ac quotidianas Leges Tauri*, 1546; *Antonii Gomezi ad Leges Tauri Commentarium absolitissimum*, Salamanca, 1555; Solón de Paz, *Ad Leges Taurinas insignes comentarii, I*, 1568; Velázquez de Avendaño, *Glossa Legum Taurinarum*, 1588; Guillen de Cervantes, *Prima pars Commentariorum in Leges Tauri*, 1594; Fernández Messia, *In primas XXXVIII Leges Tauri*, 1595; Nolasco de Llano, *Compendio de los comentarios del maestro Antonio Gómez... adicionados*, 1.ª edición, Madrid, 1777; 2.ª, 1785; 3.ª, 1807; Alvarez Posa-

sima sanción del adulterio y falso testimonio (1), dos infidelidades.

Pero el plano de igualdad en que colocan hoy las leyes á los culpables de adulterio, á los efectos de la querella, viene de allí (2); como evolución de la facultad de vida ó muerte del Fuero Juzgo (3), Fuero Real (4) y Estilo (5), condicionada de igualdad.

Leyes de Indias (6) (1525-1563, 1571, 1596, 1628,

---

dilla, *Comentarios á las .. según su espíritu y el de la legislación de España,* 1.ª edición, Madrid, 1796; 2.ª, 1804; 3.ª, 1826; 4.ª, 1833. Llamas y Molina, *Comentario crítico-jurídico-literal á las 83 leyes de Toro,* 1.ª edición, Madrid, 1827; 2.ª, 1852; 3.ª, 1853; 5.ª, 1876, *con comentarios y notas de Vicente y Caravantes.* Pacheco, *Comentarios histórico crítico-jurídicos á las...* continuados por González Serrano, Madrid, Tello, 1862-1876, 2 volúmenes; Alcalde Prieto, *Las Leyes de Toro, con notas é indicaciones,* etc., Valladolid, 1880

(1) Leyes LXXX-LXXXIII.

(2) Ley LXXX: «El marido no pueda acusar de adulterio á uno de los adúlteros seyendo vivos; más que ambos adúltero y adúltera los haya de acusar, ó á ninguno». Cf. Ley LXXXI «... así á la mujer (desposada) como al adúltero» V (Edición Pacheco, II, 456, 463). Comp. *Código penal,* art. 449, párrafo 2.º

(3) Libro III, título IV, Ley 1.ª: «la muier e el adulterador sean sometidos en manos del marido, e faga dellos lo que quisiere». Cf. Leyes, 3.ª, 4.ª, 5.ª 12.ª (Edición *Códigos españoles,* I, 127) Vid., atrás, página 184. Cf. Simancas; *De catholicis institutionibus,* Dedicatoria á Felipe II; Mariana, *De rege,* libro III, capítulo XV; Marquez, *El gobernador cristiano;* libro II, capítulo XXXIV, § 11. Rivadeneyra, *Tratado de la religión y virtudes que debe tener el principio cristiano para gobernar y conservar sus Estados, contra lo que Nicolás Maquiavelo y los políticos de este tiempo enseñan,* libro I, edicción *Autores españoles,* tomo LX y todos los teólogos y jurisconsultos de la época.

(4) Libro IV, título VII, Ley 1.ª: «... así que no pueda matar al uno, e dexar al otro». (Edición citada, I, 408) Cf. Ley 4.ª la mujer podía excepcionar contra el marido adúltero; abolida por Ley 1.ª, título XXI Ordenamiento de Alcalá y 2.ª, título 28, Libro XII Novísima Recopilación.

(5) Ley XCIII: «Sobre estas palabras, si acaesce que se vaya el uno, e prenden al otro, ... no le debe matar fasta que haya el otro... porque los mate ambos si quisiere». (Edición citada, I, 320).

(6) 1.ª Recopilación Velasco, 1563; 2.ª (*Consejo de Indias* y *Ordenanzas)* 1571; 3.ª 1596, 4 volúmenes; 4.ª *Sumario de la Recopilación general de leyes,* Madrid, 1628; 5.ª *Recopilación de leyes de Indias,* 1.ª edición, Madrid 1660, 2.ª 1680, 5.ª Boix, con nota de Don Miguel Moreno, Madrid, 1841; 6.ª y última edición, La Guardia, *Biblioteca judicial,* 13 volúmenes, Madrid, Núñez, 1889-1896, más la del Febrero, *Recopilación compendiada de las leyes de In-*

1680).—Preciosos ejemplares de legislación paternal, previsora y solícita, las *Leyes de Indias* son el directo precedente de la moderna Política social.

Se formaron por acervo de Ordenanzas, Provisiones, Cédulas é Instrucciones reales (1) y por acuerdos del Consejo (2).

De su sentido y sobre el contenido legal de ellas nace una *Política indiana,* un *Derecho* (3), una *Administración* (4), y un *Arte militar de Indias* (5), en las reglas y deberes del Protector de indios (6) y del Virrey (7).

El libro VII—ocho títulos—trata de los delitos y las penas; pero, además, con sentido antropológico, de los seres en «estado peligroso», como hoy se dice: jugadores, vagabundos, casados separados de sus mujeres,

---

dias, Madrid, Aguirre y Montalbán, 1846. Véase Antonio de León Pinelo, *Discurso sobre la importancia, forma y disposición de la Recopilación de las Leyes de Indias,* 1623.

Conforme al art. 80 de la Constitución de 1837, reformada, se encargó á una junta, por Decreto de 3 de Julio de 1841, la revisión de estas leyes, proponiendo las que debían quedar vigentes y las que habían de separarse ú omitirse por haber caído en desuso ó derogadas (Véase Moreno, *Apéndice* al Sempere, páginas 596, 597). Pueden verse también en el *Teatro de la Legislación universal de España é Indias,* de Pérez López, Madrid, 1791, 28 volúmenes.

(1) Antonio Maldonado y Dr. Vasco de Puga, *Provisiones, Cédulas, Instrucciones de su Majestad, Ordenanzas de difuntos y Audiencias, para la buena expedición de los negocios y administracion de justicia y gobernación d'esta nueva España y para el buen tratamiento y conservación de los indios desde el año 1525 hasta el presente de 63.*

(2) León Pinelo, *Acuerdos del Consejo de Indias,* 1658.

(3) Juan de Solórzano y Pereira, *De Indiarum jure disputationes,* 1629-1639; *Política indiana... Derecho y gobierno municipal de las Indias Occidentales,* 1648.

(4) Gutierrez Velázquez Altamirano, *De officio et potestate Vicarii Principis, ac de universali Indiarum administratione.*

(5) Vargas Machuca, *Milicia y descripción de las Indias,* 1599. Juan Ginés de Sepúlveda, *De justis belli causis contra Indios suscepti, sive Democrates,* diálogo. Vitoria, *Relectio secunda de Indis.*

(6) Juan de Larrinaga Salazar, *Tratado sobre el oficio de Protector general de los indios,* 1626.

(7) Gaspar de Escalona y Agüero, *Del oficio de Virrey.*

gitanos, negros, mulatos, hijos de judíos, carceleros, etc.

Las leyes de Castilla rigen como derecho supletorio, en lo penal (1). ¿Qué importa si en ellas hay algún defecto, como la esclavitud, propio de la época? La enorme sinceridad de una ferviente aspiración al bien cubrirá piadosamente sus vergüenzas (2).

Pragmáticas (1503).—Castizo blasón de nuestra lengua eran las pragmáticas—como su nombre expresa—mandato terminante (de πρᾶγμα, hecho) (3), de asunto criminal y penal, á veces.

Hay escasas colecciones particulares. Una de los Reyes Católicos (4); otras dos de las publicadas en los reinados de Carlos III (5) y Carlos IV (6). Alguna de las referentes á poblaciones (7) y reinos (8).

El punto de partida de la reforma del Derecho penal español está en el conglomerado legal de las pragmáticas.

En un edicto de Felipe II (9), referido por Van-

---

(1) Ley 66, título 15, libro II, con referencia á la 2.ª, título 1.º

(2) Véase La Guardia, *Leyes de Indias,* Madrid. 1890, página 29.

(3) Se distinguen por la fórmula ordenatriz terminante: «Mandamos», ú «ordenamos y mandamos» ó «permitimos», con que se encabezan. *Pragmática sanción* es la que procede de los reyes, como la célebre de Carlos II., Ley de 2 de Abril de 1767, expulsando á los jesuitas.

(4) La colección oficial de éstas está autorizada por real cédula de los Reyes católicos, expedida en Segovia á 10 de Noviembre de 1503, 1.ª edición, *Libro en que están compiladas algunas bullas de nuestro muy santo padre, concedidas en favor de la jurisdicción real de Altezas, é todas las pragmáticas que están fechas para la nueva gobernación del regno,* imprimido á costa de Juan Ramírez, en Alcalá de Henares, año de 1503. Otra edición Alcalá, en casa de Miguel de Eguya, 1528. Véase Clemencín, *Ilustración IX* al *Elogio de la reina Doña Isabel,* Memorias de la Academia de la Historia, tomo VI.

(5) Santos Sánchez, *Colección de pragmáticas, cédulas,* etc., Madrid, 1791.

(6) El mismo, *Colección de pragmáticas,*etc., Madrid, 1794-1801.

(7) Luis Lauya. *Aureum opus regalium privilegiorum civitatis et regui Valentiae,* Valencia, 1515.

(8) *Pragmáticas y altres decrets de Catalunya.*

(9) 9 de Julio de 1570.

Espen, se prohibía la aplicación de la tortura en los Países Bajos, cuando el delito estaba probado plenamente (1)—tortura preparatoria—que era el primer paso de la abolición.

Lo más interesante de ellas es el sentido de individualización penal que revelan muchas de sus leyes (2).

Las penas corporales: azotes, marca, mutilación, son abolidas por Carlos I en 1530 (3) y Felipe II en 1566 (4), siendo sustituídas por las de exposición á la vergüenza pública y galeras.

Elemento nuevo es la abolición de penas perpetuas (5), para evitar mutilaciones y evasiones. En esta última está la famosa *cláusula de retención* (6), glorio-

---

(1) «Quum probatio certa et indubitata fuerit inhibemus ne inflicta in reos tormentis questio adhibeantur, abrogantis etiam in hoc casu quamlibet consuetudinem statutum aut usum contrarium, quae potius tamquam abusus reputande sunt.» (Véase *Commentaria in jus ecclessiasticum universum*, edición Lovaina, tomo II, parte 3.ª, título VIII, capítulo III (Cf. Fuero Juzgo, Ley 2, título I, Libro VI. (Véase Lardizabal, *Discurso sobre las penas*, edición 1782, página 249.)

(2) *Pragmáticas* de Felipe II, 1566: «por el tiempo que pareciere, según la cualidad del caso y delito» (Novísima Recopilación, XII, 40, 3.)

Ley 6.ª, título XXIV, libro VIII: «i el nombre, i qualidad de la persona condenada.» (Edición citada, XI, 260.)

(3) Prágmáticas de 31 de Enero de 1530, 16 de Mayo de 1534 y 23 de Febrero de 1535: «seyendo condenados en penas corporales, ó en cortar piel ó mano, ó destierro perpetuo, ú otras penas semejantes... los conmutéis las dichas penas en mandarles ir á servir en las galeras por el tiempo que os paresciere, con tanto que si lo sufriese la qualidad del delito, no sea menos de por dos años.» Ley 1.ª, libro XII, título XL, *Novísima Recopilación*. Cf. Leyes 2.ª y 4.ª (Edición citada, X, 147).

(4) Pragmática de 3 de Mayo de 1566: «Ordenamos y mandamos que en todos los casos y delitos donde ha de haber pena arbitraria, en que conforme á la cualidad del caso y de las personas las había de ser puesta pena corporal, aquélla se conmute en vergüenza pública y servicio de galeras, por el tiempo que pareciere, según la cualidad del delito.» Ley VI, título 24, Libro VIII, *Novísima Recopilación*, Ley III, título 40, Libro XII de la *Novísima*. (Edición citada, X, 147.)

(5) Ley 7, título 40, libro XII, Pragmática de Carlos III, en 1771.

(6) Pragmática citada: «Para evitar el total aburrimiento y desesperación de los condenados á trabajos interminables, los tribunales no pueden destinar á reclusión perpetua, ni por más de diez años á presidio, *aunque á los reos más agravados y de cuya*

so precedente español de la sentencia indeterminada... (1), hasta cierto punto, porque la indeterminación penal que obraba en los protocolos de la costumbre y en la ley (2), queda allí prohibida, y terminantemente (3).

ACTAS DE CORTES (1563-1611).—Los poderes legislativos, ejecutivo y judicial se rozan todavía, se involucran; á veces, se confunden. De cuestiones penales alguna vez ocúpanse las Cortes. Fuentes hay para estudiarlo (4).

NUEVA RECOPILACIÓN (5) (Felipe II, 1567).—Siendo muchas las Leyes, Pragmáticas, Ordenamientos, Capítulos de Cortes y Cartas acordadas, y grande la mudanza y variedad introducida en ellas, corrigiendo, mudando, añadiendo, alterando, según la diferencia de los

---

salida, al tiempo de la sentencia se revele algún grave inconveniente, se les puede añadir la cláusula de «retención» ó la calidad de que no salgan sin licencia».

(1) Aunque no lo cita el Sr. Jiménez Asúa, en su precioso estudio *La Sentencia indeterminada,* Madrid, Reus, 1913.

(2) Pragmática de Felipe II, de 1566 (*Novísima recopilación,* Ley 4.ª, título 40, libro XII): «por el tiempo *que paresciere,* según la cualidad del caso y delito»

(3) Real orden y Cédula del Consejo de 11 y 28 de Marzo de 1776 (*Novísima recopilación,* Ley 15, título XL, libro XII): «...enterado ahora de que por algunos Tribunales y Juzgados se aplican indistintamente á personas de ambos sexos por ociosos ó mal entretenidos, ó por otras causas, á lugares de corrección, hospicios y otros destinos por tiempo ilimitado..., lo que influye, en gran parte, á que los mismos destinados, por el hecho de no prefijárseles tiempo determinado se exasperen, no cumplan sus condenas y hagan fuga, ó la intenten..., he resuelto, sin excepción, se fije tiempo determinado á toda especie de destinos ó condenas.» Comunicada á los Gobernadores de Puerto Rico, Habana y Cartagena de Indias por Real orden de 24 de Agosto de 1772, ordenando que cuando no lleven las cadenas tiempo señalado... asignar el de seis años á cada uno de los que no cometen deserción», la rebaja de las penas en una tercera parte á los que observen buena conducta y cláusula de retención «cumplido su término» para los perversos. Véase Jiménez Asúa, obra citada, página 45.

(4) *Actas de las Cortes de Castilla* (comprende desde las de Madrid de 1563), publicadas por el Congreso de los diputados, Madrid, 1861-1893. 5 volúmenes. *Ibid.,* publicada por la Real Academia de la Historia (comprende hasta las Cortes de Madrid de 1607-1611, volúmenes XIX al XXVI, Madrid, 1899 1906.

(5) Primera edición, *Recopilación de las leyes de estos reinos.* Alcalá de Henares, en casa de Andrés Angulo, año de 1567 al 69,

tiempos y ocurrencia de los casos, así como muchas de ellas—por haberse sacado mal de los originales, ó por vicio y error de impresiones—contenían faltas ó estaban disminuidas y corrompida su letra ó mal enmendada, en el entendimiento de algunas leyes habían nacido dudas y dificultades... por parecer que se contradecían; á más que la esperiencia mostraba ya que algunas, que al tiempo de publicarse parecieron justas y convenientes, no podían ni debían ser ejecutadas; y que, además de esto, estaban divididas y repartidas en diversos libros, y aún no impresas ni incorporadas á las otras... no teniendo la autoridad y el orden que conviniera...(1).

Habíase pedido por los procuradores de las Cortes de Valladolid, en 1523 (petición XLI), en 1544 (petición XLIII) y últimamente en 1555, que todas las leyes se compilasen en un volumen, «porque todos supiesen y entendiesen las leyes de nuestros reinos, así los jueces que han de determinar los pleitos, como los abogadosque las han de defender, como las partes que litigan» (2). Las de Madrid lo habían pedido, á su vez, en 1534.

Todas estas poderosas razones, movieron al gran señor Don Felipe II á ordenar una *Recopilación... nueva,* después del Ordenamiento de Montalvo (3). Si la recta intención y enérgica voluntad bastasen á una empresa de esta índole, la *Recopilación* sería el primer código de la tierra, en vez de ser disparatado amasijo de confusas leyes.

Al Derecho penal y procedimiento criminal está consagrado el Libro VIII—como en el Ordenamiento—que contiene 26 títulos. Este es, sea como quiera, el antecedente inmediato de nuestros códigos penales. El

---

(1) *Ley y Pragmática que declara la autoridad que han de tener las leyes de este libro,* (casi á la letra).

(2) Petición IV; Vid. M. Marina, *Juicio crítico,* página 35.

(3) La formaron Alcocer, Guevara, Escudero, Arrieta y Atienza.

desorden de materias—aparte las de procedimiento criminal, mezcladas — es el siguiente: Religión (títulos II al V), Usura (VI), Juegos (VII), Desafíos (VIII, IX), Injurias (X), Robos (XI al XIII), Levantamientos (XV), Remisión de la pena (XVI), Falsedad (XVII), Traición (XVIII), Honestidad (XIX al XXI), Homicidio (XXII, XIII), Sufrimiento y galeras (XXIV), Indulto (XXV) y Confiscación (XXVI).

Aquí se repiten con frecuencia disposiciones del Libro IV del Fuero Real y del Libro VIII del Ordenamiento de Montalvo.

A su brote legal florece toda una literatura de comentarios (1).

Martínez Marina la destroza bajo la pesadumbre vigorosa de su crítica (2).

Pero las dudas y vacilaciones que la motivaron, naturalmente, siguen y cada día los tribunales inferiores acuden en consulta al rey, que se asesora en las luces y prudencia del Consejo real, dando lugar á otros tantos:

---

(1) Matienzo, *In librum V Collectionis legum Hispaniae (vulgo Nueva Recopilación) commentaria*, Madrid, 1580; A. de Angulo, *Commetaria ad leges regias meliorationibus*, Madrid, 1.ª, 1585, 2.ª, 1592; J. Gutiérrez. *Practicarum Quaestionum civilium Libri IV super nova collectione Hispaniae Leges*, 1589. *Commentaria juris civilis Hispaniae regias constitutiones (Nueva recopilación dictas)*, Madrid, 1593-15-98, 6 volúmenes; F. de Carrasco del Saz, *In aliquas leges Recopilationis regni Castillae*, 1.ª, Sevilla, 1620. 2.ª, Madrid. 1648; A. de Narbona, *Commentarii in tertiam partem Novae Recopilationis*, 1624. T. de Carlevad, *Disputatiouum Juris Variorum ad interpretationem Regiarum legum*, 1634. González de Salcedo, *Analecta juris, sive ad Hispanas leges in illarum novissima compilatione novissime auctas... Collectanea et Commentaria*, 1643.

(2) *Juicio Crítico de la Novísima Recopilación*, Madrid, Villalpando, 1820: «Se desconoció el mérito que acrisola las Partidas. En vez de reproducir lo que en ellas es digno de admiración, esto es, su buen sistema y su método cuidadosamente seguido, los legisladores han adoptado el estilo de las antiguas compilaciones que habían sido formadas sucesivamente y por agregación: Querer encontrar un plan, un orden, un método en semejante aglomeración, en tal caos de leyes antiguas y nuevas, tan diferentes y sin conexión, sería lo mismo que buscar un sistema de arquitectura en las casas pobres y miserables de una aldea».

AUTOS ACORDADOS (1) (... 1745).—Las resoluciones dictadas por virtud de consulta de los Consejos locales («las Justicias y Regimientos de las Ciudades y Villas de estos Reinos» Consejo de Madrid); nacionales (Consejo de Castilla, Consejo real) y coloniales (Consejo de Indias) contienen disposiciones administrativas y judiciales de asunto criminal y penal.

El Consejo real había llegado entonces á tener atribuciones y poder casi legislativos y soberanos (2) y sus resoluciones son una fuente directa del Derecho. Pero llegaron á ser tantas, que se sintió la necesidad de reunirlas «para que no vagasen fuera del Derecho» (3).

MOVIMIENTO DE REFORMA.—El Colegio de Abogados de Valladolid informa, sobre las conclusiones de Ochoa, pidiendo la reforma de la legislación (4).

Ante la incertidumbre de los intérpretes de la ley, se echa de menos un «nuevo y metódico cuerpo de Derecho» (5).

Los defectos de la Nueva recopilación—sin método, sin orden ni división de títulos, en cada libro, trabucadas las leyes, en confusa mezcla de difícil entendimiento, llena de errores y atribuciones falsas — (6) movieron á superarla ... en defectos (7) publicando otra.

(1) Llamados así por su procedencia «en acuerdo» de tribunal ó «en consulta» á los reyes. Figuran incorporados á los títulos de la *Nueva Recopilación*, de quien son interpretación auténtica y jurisprudencia aclaratoria, con fuerza legal, formando desde 1745 un tomo aparte, cuerpo legal de 110 títulos y 1.134 leyes. 1.ª edición, 1723; 2.ª, 1745; 3.ª, 1773; 4.ª, 1775; 5.ª, 1777; última, *Códigos españoles;* XII (1851) 1-450

(2) Salazar, *Colección de Memorias y noticias del Consejo*. Morató, *Historia de los Códigos*, página 267.

(3) Véase Gutiérrez, *Examen histórico*, página 223.

(4) Pablo de Mora y Jaraba, *Los errores del Derecho civil y abusos de los Jurisperitos*, 1748.

(5) Juan Francisco de Castro, *Discursos críticos sobre las leyes y sus intérpretes*, Madrid, 1765.

(6) Véase Real cédula de Carlos IV, en 15 de Julio de 1805, promulgando la Novísima.

(7) Véase edición Rosenfeld, *Desarrollo histórico*, páginas 52, 53. «No fué más que la misma «nueva» aumentada, y, si, es posible, hasta empeorada».

NOVÍSIMA RECOPILACIÓN (Carlos IV, 1805) (1).—«Obra indigesta y llena de errores desde su principio; fárrago de documentos de legislación y de historia» (2), «vasta mole levantada de escombros y ruinas..., hacinamiento de leyes antiguas y modernas, publicadas en diferentes tiempos y por causas y motivos particulares, truncadas de sus originales» (3)—por más que su autor haya intentado la defensa—(4), la *Novísima recopilación*, es la manifestación última de la decadencia legal en nuestra patria.

El Derecho penal de la *Nueva recopilación*, se reproduce en el libro XII de la *Novísima*, junto á disposiciones de procedimiento criminal, «reglas para la formación de causas».

Estatutos criminales.—En algunas regiones, donde subsiste el fuero, rigen los estatutos criminales de las ciudades. Los fueros concedían á los concejos de esta facultad para «hacer y conceder estatutos y desafueros, para con ellos prender, perseguir y acusar y castigar con brevedad los tales delincuentes, sin guardar en las capturas y procesos qne se les hacen forma ni tiempos jurídicos ni forales en el rito ni en el recto.» De esto se encargaba el *Justicia* (5).

Modelo de estos pequeños códigos procesales inórganicos son los estatutos criminales de Huesca de los

---

(1) Edición oficial, *Novísima recopilación de las leyes de España*, Madrid, 1805.

(2) Anónimo, *Cartas sobre el modo de establecer el Consejo de Regencia;* cit. M. Marina, *Juicio crítico, Introducción*, página 9.

(3) Martínez Marina, *Ensayo histórico-crítico sobre la antigua legislación*, etc., Madrid, Ibarra, 1808, páginas 399, 400; Cf. *Juicio crítico de la Novísima recopilación*, Madrid, Villalpaldo, 1820. Por la dureza de estos juicios, el autor fué citado ante la Inquisición. Es interesante su defensa. *Defensa contra las censuras dadas por el Tribunal de la Inquisición á sus obras*, en *Revista de España*, tomo IV, año 1868

(4) Juan de la Reguera Valdelomar, *Extracto de la Novísima recopilación*, Madrid, 1815.

(5) Véase Ribera, *Orígenes del Justicia de Aragón*, Zaragoza, Comas, 1897, página 65.

años 1445 (1), 1600 (2) y 1702 (3), donde se llegaba á conceder la facultad de prender sobre ganados y personas á todo ciudanano (4), como en el de Zaragoza (5).

El *Suplemento á la Novísima recopilación*, impreso en 1808, no ofrece interés.

ORDENANZAS GENERALES DE LA ARMADA (1748) (6).—De importancia innegable es el tratado V de estas Ordenanzas, que regula el procedimiento criminal para los consejos de guerra y la materia penal (7). La abundancia de sus defectos, se explica en una época en que pena y servicios públicos, andan confundidos; son lugar de espiación las galeras, —aún se llama al penado *galeote*— y en que, provechosamente, el trabajo era forzado compañero del tratamiento penal.

ORDENANZAS GENERALES DEL EJÉRCITO (1768) (8).—De ámplio sentido moral, más que jurídico, hablando siempre al alma del honor—vida espiritual de nuestro Ejército—, el Tratado II, título XVII (9) de estas Ordenanzas, encierra sabias enseñanzas y consejos, inspiradas en criterio de ámplio arbitrio penal.

(1) En *Revista de Huesca*, tomo I.

(2) Cit. Ayusa, *Fundación, grandezas, excelencias y cosas memorables de la antiquísima ciudad de Huesca*, Huesca, Pedro Cabarte, 1619.

(3) Arco, *La Justicia criminal en Huesca durante el siglo XVIII*, en *Revue hispanique*, XXIV, 1911, 300-309.

(4 *Estatuto de Huesca*, de 1702: «Y tambien estatuimos y ordenamos que qualesquiera personas privadas vecinos o habitantes de la dicha ciudad puedan prender en fragancia o yendo en seguimiento de los que hubieren cometido etc.» (Edición citada, página 304).

(5) *Estatutos y ordinaciones* (de 1593) *acerca de las lites y diferencias que se pueden ofrecer en las cosas tocantes y pertenecientes á los montes y huertas de la ciudad de Zaragoza*, capítulos 203 y 204, Zaragoza, 1625, páginas 114 y 120.

(6) Edición 1783, Madrid; Joaquín Ibarra, 2 volúmenes.

(7) J. Vidal y F. Ramírez, *Policía de puertos. Anotaciones al Título VII, Tratado V de las Ordenanzas generales de la Armada de 1793*, Madrid. 1907; Valdés, *Derecho penal*, II 1910, 201, 202.

(8) Edición Socías, Madrid, 1882, última edición, Salinas y Benitez, *armonizadas con la legislación vigente*, Valladolid, Colegio de Santiago, 1909. *Exposición didáctica* de Amorós y Vázquez Figueroa, Madrid, 18'9.

(9) Edición Valdés, *Derecho penal*, II, 1910, 203-207.

Las Reales Ordenanzas han estado vigentes en absoluto hasta 1884 y 1886 (1), y con ellas, siquiera conminatoriamente, las penas de mordaza, atar al poste, atravesar la lengua con un hierro candente, fuego y descuartizamiento, mutilación de la mano derecha, baquetas (2).... La orden de 31 de Agosto de 1772, castigaba por igual el hurto y el robo (3).

Al finalizar el siglo XVII, en los nuevos esplendores del reinado de Carlos III, († 1788) y á principios del XVIII, se siente aún más vivamente «la falta de un buen Código criminal» que había lamentado en su tiempo Antonio Pérez (4).

II.—La ciencia penal española.

Ha nacido ya la ciencia del Derecho penal en esta época y, por suerte nuestra, ha nacido en nuestra patria. Viene, como el Derecho mismo, como la Ética, como toda la Filosofía especulativa, de la primitiva nebulosa teológica y surte en el país donde la Teología florece más y mejor en los siglos XVI y XVII, en España, por obra de los teólogos y filósofos españoles (5).

Alfonso de Castro (Zamora, 1495--Salamanca, 1558), monje zamorano y profesor de Teología en Salamanca, desarrolla las ideas jurídicas de Santo Tomás de Aquino en una obra maestra (6), primera exposición siste-

(1) Ley de organización y atribuciones de los Tribunales de Guerra, de 14 de Marzo de 1884 y ley de Enjuiciamiento militar de 22 de Septiembre de 1886.

(2) Ugarte, *Código de Justicia militar, Prólogo,* 2.ª edición, Madrid, *Biblioteca judicial,* 1891, página III.

(3) *Ibidem,* página IV.

(4) *Apuntes para la historia de la legislación,* en *Biblioteca española de economía política,* página CXXXI.

(5) Hinojosa, *Influencia que tuvieron los teólogos y filósofos españoles anteriores á nuestro siglo en el Derecho público de su patria y singularmente en el Derecho penal,* Memoria de la Academia de Ciencias morales y políticas, Madrid, Huérfanos, 1890; especialmente, capítulo VI, páginas 151-177.

(6) *Alfonsi a Castro Zamorensis, de potestate legis poenalis,* 1.ª, Salamanca, 1550.

mática del Derecho penal. En esto es precursor de Beccaria (1), más que en las doctrinas, no exentas de un espíritu de humanidad (2). Él resuelve la antinomia entre expiación y corrección (3), tres siglos antes que Concepción Arenal (4), y pone un fundamento filosófico al arbitrio judicial—base de la sentencia indeterminada (5)—de acuerdo con *Suárez* (6) (Granada, 1548—Lisboa, 1617), el eximio, nuestro único filósofo presentable, de moda en Flandes, cuya influencia se acusa en Espinosa (7).

De los demás teólogos, merecen citarse, *Domingo*

---

(1) Valdés, *Derecho penal, II,* (edición 1910) 186.

(2) Ha intentado un paralelo doctrinal E. Bullón, *Alfonso de Castro y la Ciencia penal,* Madrid, 1900: Efectivamente, dicen todo lo contrario: Beccaria, que la pena ha de exceder á la culpa (*Dei delitti e delle pene,* § XV: «Perché una pena ottenga il suo effetto, fasta che il male della pena ecceda il bene que nasce del delitto; é in questo eccesso di male dev'essere calcolata, etc.» Edición Villari, Florencia, 1854. página 34; (Cf. Feuerbach, *Lehrbuch des peinlichen Rechts* § 13). Castro, que sea menor que la culpa la pena. (*De potest.*, I, 6: «ne poena per legem imponenda sit nimium atrox et crudelis, et quae culpa gravitatem trascendat; sed poena sit semper minor culpa»). Hinojosa, *Influencia,* páginas 175, 176, rectifica á Cantú (*Beccaria et le droit penal,* París, 1887, página 283), recabando justamente para todos los teólogos y filósofos de la época el honor de haber expuesto ideas sólidas sobre Derecho penal y para Alfonso de Castro el título de «fundador de la ciencia penal», sin entrar en comparaciones con Beccaria.

(3) *De potestate legis poenalis,* libro II: «quando auten poena ultra mensuram dilicti augetur, tunc poena... ad medicinam ipsius delinquenti...»

(4) *Congreso penitenciario de Sanpetersburgo.*

(5) *De potestate legis poenalis,* libro I, capítulo 7: «Et quia saepe poena ex arbitrio, potius quam ex ratione pendet... Quia licet ratio naturalis quae eadem est apud omnes, ostendant: crimina esse punienda, qua tamen poena puniende sint, non perinde declarat... et ideo voluntatis arbitrium accedere oportet, quo una potius quam altera poena eligatur... quia humanum arbitrium non est idem apud omnes, poena etiam per legem decreta non sit eadem apud omnes». Cf. libro II.

(6) *De legibus et Deo legislatore,* 1.ª, 1613; 2.ª, Lyon, 1619; libro III, capítulo 8: «Non tollitur quominus si delictum habuerit extraordinarias circunstantias, quae illud atrox vel gravíssimum reddant, possit iudex prudenti arbitrio illas specialiter punire... ad bonum commune». Sobre Juarez escribieron Deschamps, en 1671 y Werner, en 1861.

(7) Freudenthal, *Spinosa, und die Scholastik,* en *Philosophische Aufsätze im Festgabe zu Zeller,* 1887.

Soto, (Segovia, 1494—Salamanca, 1560), para quien «el premio y la pena son dos astros divinos que gobiernan el universo» (1)—idea que repetirán Raoul de la Grasserie (2) y todos los partidarios del derecho laudativo (3); *Fox Morcillo* (Sevilla, h. 1523— † 1560), con quien entra en España la doctrina de la defensa social (4) de Santo Tomás (5) y *Molina* (Cuenca, 1535— Madrid, 1601), en quien la doctrina se continúa (6).

La teoría de la eliminación, aprendida en Séneca (7), reaparece con *Orozco* (Oropesa, h. 1500— Madrid, 1591), en la misma fórmula biológica del miembro podrido (8), ese viejo tópico.

Martín de Azpilcueta Navarro (1493-1586), el primer canonista del siglo XVI, fundamenta directamente en la filosofía las doctrinas penales (9). *Francisco de*

---

(1) *De iustitia et iure,* Salamanca, 1556, I, quaest. 2, a. 2, atribuído á Solon y Demócrates: «Duo divina lumina cunta gubernant; praemium scilicet et poena.» Cf. San Isidoro, *Etymol.* capítulo XIX. Véase Hinojosa, *Influencia,* páginas 38, 153.

(2) En *La Scuola positiva,* X (1900) 385 y siguientes.

(3) F. Holbach, *Justice Laudative. Recherche des Élemens d' un Droit social complémentaire de la Justice Pénale,* Bruselas, Viuda de Larcier, París, Pedone, 1904, página 6.

(4) *De regni regisque institutione,* 1.ª Antuerpiae, 1556, 2.ª, París, 1557 *(De Regno et Regis institutions),* libro I: «quam sit Reipublicae utile, hominum laxum legibus coercere... ne corruptis civibus, una pereat quoque Respublica.»

(5) *Summa theologica,* II, 1.ª, quest. 17, a. 3 y 4.

(6) *De iustitia et iure.* 1.ª 1592, 2.ª Maguncia, 1659, *Tract.,* III, *Disp.,* V, número 6: «potestas publica in puniendo, non tan respicit bonum ejus qui punitur, quam commune Reipublicae bonum.» Véase todo el *Tratado* III *De delictis et quasi delictis.* Cf. Soto, *De iustitia et iure,* libro VI, q. 5, a 2: «punitio publica non refertur in emendam, neque in bonum ipsius qui punitur, sed in bonum publicum.»

(7) Véase atrás, página 133.

(8) *Regalis institutio ortodoxis omnibus, potissime Regibus et Principibus perutilis,* Alcalá, 1565, *Tract.,* III página 51, 52: «Sane ut membrum putridum merito a corpore separatur, ne omnia membra contaminare possit, ita eos regno, civitat recte jura disponat ut flaglitiori occidantur, etc. Cf. Molina, *De iustitia, Tract.,* III, disp. 1, 8. Vitoria, *Relectio de homicidio,* número 18. Castro, *De potestate,* libro I, capítulo 6. Soto, *De iustitia,* libro VI, *quaest.* 5, a. 2.

(9) *De Finibus humanarum actium,* Lugduni, 1573, 2.ª Roma, 1587. *De lege poenali,* opusc., en *Commentarium de datis,* etc., Venecia, Guerilli, 1602, volumen III, ad finem.

Fradilla (1) lo intenta. Hablan de ellas todos los tratados de *Justitia et Jure* (2), fórmula feliz de la literatura jurídica de la época, y *De re criminali*, nuestro primer derecho penal (3).

Hay especialistas de una forma específica de delincuencia: la magia, que pasa, como ave negra, por el cielo del renacimiento, sembrando inquietudes y terrores. El jesuita *Martín del Río* (Anversa, 1551-Lovaina, 1608) (4) de fama en Alemania (5), pasa á la posteridad como maestro de una literatura interesante (6).

---

(1) *De las leyes penales*, 1644. Vid. F. Barreda, *Adiciones á las leyes penales del Dr. Francisco de la Pradilla*, Madrid, Delgado, 1624.

(2) García de Hercilla, *Ad titulum Justitia el Jure*, 1517; López de Palacios Rubio, *De Justitia el Jure obtentionis*, etc., 1514; Domingo Bañez, *De Justitia et Jure*, 1594; F. Pedro de Aragón, *Ibid*, 1595; P. Luis de Torres, *De Justitia*, 1621; Gaspar Hurtado, *Tractatus de Justitia el Jure*, 1637; Juan de Dicastillo, *De Justitia et Jure*, 1641; C. Juan de Lugo, *Ibid*, 1642; F. de Castro-Pelao, *Ibid.*, 1652; P. Antonio Pérez, *Ibid.*, 1658, Vid. Menéndez y Pelayo, *La Ciencia española*, volumen III, ó mejor Nicolás Antonio, *Bibliotheca hispana nova*, Madrid, Ibarra, 1783, 2 vols., de donde lo tomaba él *todo*, en aquella época en que nadie sabía *nada*.

(3) Lorenzo Matheu y Sanz, *Tractatus de Re criminali*, 1.ª edición Lyon, Burgeat, 1676.

(4) *Disquisitionum magicarum*, 1.ª Maguncia, 1593.

(5) V. Wächter, *Beiträge zur deutschen Geschichte*, Zubinga, 1845, páginas 816, 282-292.

(6) Lope Barrientos, *Tratado de la divinanza e sus especies*, siglo xv, Ms. Biblioteca de El Escorial; Alfonso Martínez de Toledo, *Recopilación del amor mundano. . y de los hados, ventura y fortuna, Ibid.*, Ms. de El Escorial; Rodrigo de Mallorca, *De Quiromantia, Ibid.*, Bernardo Basin; *De artibus magicis ac magorum maleficiis*, 1506; Martín de Castañega, *Tratado de las supersticiones, hechicerias y varios conjuros y abusiones y de la possibilidad y remedios dellos*, Logroño, 1529. Pedro Ciruelo, *Reprobación de supersticiones*, 1539; Francisco Vitoria, *De arte mágico*, 1557; y *Relectiones Theologicae*, Salamanca, 1565. Manuel Medina, *De recta in Deum fide*, 1564; A. de Castro, *De impia sortilegiorum, maleficarum et lamiarum haeresi, eorumque pernitione;* Santiago Simancas, *De lamiis;* Benito Pereira, *De magia de observatione somniorum et de divinatione astrologica, Adversus falaces et superstitiosas artes*, 1561; Gaspar Navarro, *Contra supersticiones*, 1581; P. Benito Pérez, *Adversus fallaces et superstitiosas artes, id est, de Magia, de observatione somniozum et de divinatione astrologica*, Lugduni, Ap. Cardon, 1603; Francisco Torreblanca Villalpando, *Demonologia, sive magia naturalis*, Maguncia, 1623; Hernando de Castillo, *Magia natural*, 1643; Francisco Torreblanca Villalpando; *Epitome Delicto-*

Un jesuita, el *P. Mariana* (1536-1623), defiende el tiranicidio (1), por lo que es quemado su libro en París, de orden de Enrique IV, y ataca el juego y la prostitución (2). Con limitaciones, ésta era también la doctrina de Molina (3), de Suárez (4), de Márquez (5). Vitoria admite, condicionalmente, el derecho de insurrección (6).

En España, el país de la inquisición, el jardín de los suplicios, que diría Mirbeau, se encuentran los mejores ejemplos entre los precursores de la reforma penal, piadosa y democrática.

Un estado de opinión contrario al tormento y del que dan noticias Simancas (7), D. Lorenzo Matheu y Sanz (8) y otros, se revela en la protesta elocuente

---

rum, sive de Magia in qua aperta vel oculta invocatio daemoniis intervenit, Lugduni, 1671.

(1) *De rege et regis instintitutione,* libro I, capítulos VI y VII, 1.ª edición, Toledo, Ap Pedro Rodríguez, 1599, 2.ª, Francfort, 1611. Sobre él véase el P. Garzón, *El Padre Juan de Mariana y las escuelas liberales,* Madrid, 1889 y P. Janet, *Histoire de la science politique,* París, Alcan, 1887, II, 89-94.

(2) *De spectaculis,* (*Contra las representaciones, al Rey Nuestro Señor, memorial*) *Tractatus.* De la prostitución tratan los capítulos 17 al 19.

(3) Obra citada, Tract. III, disp. 6, n. 2: «... et si ita excessus illius, comunnenque bonum efflagitarent, atque illum depositum punire». Cf. II, 23, 8-10 y V, 3, 2.

(4) *De legibus,* libro III, capítulo 4.º Cf *Defencio catholicae et apostolicae fidei,* libro III, capítulos 3.º y 6.º

(5) Obra citada, libro V, capítulo 3. Véase Hinojosa, *Influencia,* páginas 128 131; Cánovas del Castillo, *De las ideas políticas de los españoles durante la Casa de Austria,* en *Revista de España,* IV, 1868, 560. Sánchez Toca, *Del gobierno en el régimen antiguo y el parlamentario,* I, Madrid, 1890, 49-53.

(6) *Relectiones theologicae,* libro III, número 15.

(7) Tot enim ac *tacita contra quaestionem dicta et scripta sunt,* ut non desiut qui putent iniqueum esse torquere hominum, quem nondum constat esse nocentem» (Simancas, *De catholicis institutionibus,* título LXV).

(8) «Quaestionem aggredimur meo quidem judicio prorsus arbitrariam, qum arbitrio boni ac prudentis judicis relicta sit tota materia torturae á quo dimanet *quod tam varie á Doctoribus criminalis doctrina passim traditur* ita ut plures sibimetipsis *contrarii reperiantur* et non semel, sed saepius qui affirmativan sententiam tuentur, pro negativa aducantur, et é contra, quod quicumque quaestionem nostrae controversiae speculanti clarissime constabit» (*Tractatus de re criminali,* quaest 26).

de *Juan Luis Vives* (Valencia, 1492—Brujas, 1540) (1).

Alfonso de Castro sostenía, por una parte, que los jueces no podían imponerle más que cuando Dios mismo le hubiese autorizado (2) y afirmaba, por otra, que el supremo poder público no le puede imponer por delitos leves y las autoridades inferiores nunca (3).

¡Hasta Cervantes denuncia su ineficacia en la escena de los galeotes! (4) En el siglo XVIII arguye *Feijoo* (Orense, 1676—Oviedo, 1764) contra su indiscutida falibilidad (5); *Acevedo* (n. Plasencia, 1550), publica su célebre disertación contra la tortura (6) contestándole Castro (7), y *Lardizabal* († 1820), en fin, la da

---

(1) «Me admira que los cristianos retengan con tenacidad como cosas religiosas tantas gentilicias, y no sólo contrarias á la piedad y mansedumbre cristianas, sino aun á toda humanidad. Dice San Agustín que se cumplían los tormentos por obligar á ello la sociedad humana; pero ¿quién no advierte que habla con los gentiles? Pues *¿qué necesidad tan intolerable es ésta de una cosa que no es útil y puede abolirse sin daño de la República?* ¿Cómo viven sino tantas naciones, aun las bárbaras, según las califican los griegos y latinos, los cuales juzgan cosa fiera y cruel atormentar á un hombre de cuyo delito de duda? Nosotros, hombres dotados de humanidad, atormentamos á los hombres para que no mueran inocentes, de suerte que nos causen más compasión que si se les quitase la vida, pues á veces los tormentos son aún más pesados que la muerte. ¿No estamos viendo á diario que muchos prefieren morir á sufrir los tormentos, y seguros de ser ajusticiados confiesan los tormentos á trueque de no ser atormentados? Tenemos á la verdad almas de verdugos, pues podemos sufrir los lamentos y llantos arrancados con tanto dolor á un hombre que ignoramos sea culpable» (*Escolio* al capítulo 6.°, libro XIX de *La Ciudad de Dios* de San Agustín).

(2) *De potestate legis poenalis,* libro I, capítulo 6.°

(3) *De iusta haereticorum punitione,* libro II, capítulo 12.

(4) *El Quijote,* Part. I, capítulo 22. Véase Carreras y Artau, *La Filosofía del Derecho en el Quijote,* páginas 163, 164.

(5) *La tortura es medio sumamente falible en la inquisición de los delitos, Teatro crítico universal,* tomo VI (1734), Discurso I, Paradoxa 10ª, páginas 43-48.

(6) *Ensayo acerca de la tortura ó cuestión del tormento,* 1.ª edición (en latín), Madrid, 1770, 2.ª (trad. esp. por C. G. O.) Madrid, Collado, 1877.

(7) *Defensa de la tortura y leyes patrias que la establecieron é impugnación del tratado que escribió contra ella el Doctor Don Alfonso María de Acevedo,* en Madrid, por Manuel Escribano, año 1778. El Colegio de Abogados de Madrid dictó informe en 6 de Julio de 1778, aprobando la obra.

el golpe de gracia en su *Discurso sobre las penas* (1).

Fray Martín Sarmiento (Villafranca del Bierzo—1695, Madrid, 1772) negaba, en el siglo XVIII, la ejemplaridad de la pena de muerte (2), y por ello se le ha considerado como uno de los precursores de Beccaria (3).

¡Lástima que aquellos claros ingenios, ciegos por el espíritu de partido, se obstinasen en precipitar á los reyes por un camino fatal, en la persecución de la herejía (4), haciendo del pensamiento religioso un objeto de monopolio y utilidad pública, expropiable y punible (5); y de la magia, primera inquietud científica que siente la humanidad (6), un delito!

Verdaderos filósofos del Derecho, no hubo en esta época (7).

En las posibilidades de nuestra cultura nacional, no había término medio para llegar á la Filosofía del Derecho y al Derecho penal, sino como filósofos ó como

---

(1) § VI. *Del tormento,* 1.ª edición, Madrid, Ibarra, 1782, páginas 243-293.

(2) «Por malvado que sea un hombre, será más útil vivo que muerto á la sociedad, si se le separa de ella á un sitio donde se le haga trabajar. Eso otro de que un castigo de muerte sirve para escarmiento á otros está bien pensado, *pero no corresponde en la práctica.* Lo que se logra no es el escarmiento, pues cada día se multiplican las maldades de todo género» (*Impugnación del escrito de los abogados de la Coruña contra los fueros benedictinos,* 1762).

(3) López Peláez, *Un precursor de Beccaria,* en *Revista Contemporánea,* 1898.

(4) Véase sobre todo, Alfonso de Castro, *De iusta haereticorum punitione,* 1.ª edición, Salamanca, 1550; *Opera omnia,* Madrid, 1773, *Epístola:* «ut Principes christianos, de haereticorum punitione bene persuasi, nullam illarum poenarum, quas iura contra hareticos decernent praetermitti patiantur, etc.»

(5) Eso significan la obligación á abjurar (et sic tandem a suis erroribus recipiscant) y la intimidación (ut poenarum metu illi coerceantur; loc. cit.), que niegan libertad y mérito á la creencia. Cf. libro II, capítulos 5, 8, 9, 12.

(6) Véase nuestro libro: *Los orígenes de la Criminología,* Madrid, Suárez, 1914, I, *Mitología criminal,* donde se exponen las conexiones de la Magia y la Ciencia.

(7) Torres Aguilar, *El concepto del Derecho según los escritores españoles de los siglos* XVI *y* XVII, Madrid, 1891, página 23.

comentaristas, bajo las determinantes de la Teología ó del Derecho romano. Los jurisconsultos, con alguna excepción (1), siguieron este último camino.

Nuestros jurisconsultos — precursores del positivismo jurídico —, definían el Derecho como Ulpiano y Justiniano: «el que la naturaleza enseñó á todos los animales» (2). Así *Vázquez de Menchaca* (Valladolid, 1502-Sevilla, 1559) (3), enviado por Felipe II á Trento, el jesuita *Luis de Molina* (1535-1600), para quien el Derecho natural es el derivado del instinto natural (4); *García de Saavedra* (5) y el consejero de Castilla *Gómez de Salcedo*, que le toma conforme á la naturaleza de las cosas inanimadas ó á los naturales movimientos del alma sensitiva (6), de acuerdo con Baldo. Esta misma doctrina siguieron aquí filósofos como *Luis Vives* (7) y teólogos como *Vázquez*, que pone en las acciones intrínsecamente malas por naturaleza (8)—delto natural—los cimientos de un derecho penal natural y de una criminología positivista, al modo de Garófalo. También Marquez (9) y otros.

En los moralistas españoles—místicos, filósofos, literatos, médicos—, de esta época, se hallan preciosos atis-

(1) Vázquez de Menchaca, *De vero iure et naturale* (inédito); Cristóbal de Anguiano, *De legibus et constitutionibus principum*, Granada, 1620.

(2) *Instit.*, título II: «Jus naturale est, quod natura omnia animalia docuit.» Vid. Ortolan, *Instituciones*, Madrid, López, 1873, I, 29. Darwin, menos absoluto, espera que la idea del Derecho se estienda á los animales domésticos. Véase Stricker, *Fisiología del Derecho*, traducción Dorado, Madrid, Suárez, 1896, página 178.

(3) *De succesionum creatione, progresu, effectuque, et resolutione tractatus*, Salamanca, 1559.

(4) *De primogenitorum hispaniorum origine ac natura*, libro II, capítulo 1.° Le refutó el dominico Bannes.

(5) *De expendis et meliorationibus*, capítulo III.

(6) *De lege política*, libro I, capítulo VII.

(7) *De causis corruptorum artium*, Antuerpiae, Ap. Michaelem Hillenium, 1531, libro VII.

(8) *Comentariorum ac disputatiorum in primam secundae S. Thomae*, Lyon, 1620, tomo III, disp. CL, capítulo III.

(9) *El Gobernador cristiano, deducido de la vida de Moisen, príncipe del pueblo de Dios, nueva sexta impresión*, Madrid, Manuel Martín, 1773, libro I, capítulo II.

bos de Psicología criminal, de Sociología, de Antropología, de Política social, que un sabio monje Agustino —benedictino por la paciencia—ha recogido en nutridas páginas, vitrinas de un museo de ideas (1), rico florilegio de ciencias penales.

Entre ellos, los médicos *Juan Huarte* (San Juan de Pié de Puerto, h. 1530 a. de 1592) (2), *Jerónimo Merola* (1537-?) (3), *Rodrigo de Castro* (15...-1637) (4) y tantos otros (5), precursores de la Antropología jurídica, de la Medicina legal y de la Psicofisiologia, sobre todo el primero (6), verdadero precursor de Gall (7), que le cita (8) en sus doctrinas del innatismo, del deter-

---

(1) J. Montes, *Los principios del Derecho penal, según los escritores españoles del siglo* XVI, Madrid, 1903. *Estudios de Antiguos escritores españoles sobre los agentes del delito*, Madrid, imprenta Helénica, 1907. *Precursores de Ciencia penal en España, Estudios sobre el delincuente y las causas y remedios del delito*, un volumen de 750 páginas, Madrid, Suárez, 1911.

(2) *Examen de ingenios para las ciencias, donde se muestra la diferencia de habilidades que hay en los hombres, y el género de letras que á cada uno responde en particular. Es obra donde el que leyere con atención hallará la manera de su ingenio y sabrá escoger la ciencia que más ha de aprovechar; y si por ventura la hubiese ya profesado, entenderá si atinó á la que pedía su habilidad natural*... 1.ª edición, Baeza, 1578, en 8.°, otras ediciones, Madrid, 1668; edición Martínez Fernández, Madrid, 1846, edición Rivadeneyra, *Autores españoles*, tomo LXV, Madrid, 1873. Traducción latina de T. Arilogonius y Joaquín César, italiana de Camilli; francesa de Chappuys, Dalibray y Alquié; alemana de Lessing; etc.

(3) *República original sacada del cuerpo humano*, Barcelona, 1587.

(4) *Medicus politicus: sive de Oficiis Medico Politicis*, Hamburgo, 1596, española, libro I, capítulo XII, *Juris Prudentiae et Medicinae Comparatio*.

(5) Véase Valentí y Vivó, *Tratado de Antropología médica y jurídica, Parte primera*, Barcelona, imprenta Roviralta, 1889, páginas 5-72.

(6) Sobre Huarte, véase Hernández Morejón, *Historia biográfica de la Medicina española*, tomo III; Chinchilla, *Anales históricos de la Medicina española*, tomo I, y sobre todo, J. M. Guardia, *Essai sur l'oeuvre de J. Huarte*, París, 1855.

(7) En opinión fundada de Martínez Fernández, en *Ilustraciones* de la ed. del *Examen de Ingenios* (Madrid, 1846). Antes: *Del influjo de lo físico en lo moral y viceversa*, Conferencia en el Ateneo médico de Madrid, 18 de Abril de 1842.

(8) *Sur les fonctions du cerveau et sur celles de chacune de*

minismo fisiológico (1) y de la pluralidad de órganos cerebrales (sin localizar).

Desvaría la alboreante etiología criminal en los brotes pujantes de la *Astrología judiciaria* (2).

La *Fisiognomía*, se anticipa á la moderna Psicofisiología, adivinando la influencia de lo psíquico en lo físico, con *Jerónimo Cortés* (siglos XVI-XVII) (3), por el paralelismo zoológico (4), estudiando la embriología en la pasión, como Lombroso en el delito.

En fin, toda una *Estigmatología criminal física*,

---

ses parties, avec des observations sur la possibilité de recomaitre les instinctes, lés penchants, les talents et les dispositions morales et intellectuelles des hommes et des animaux par la configuration de cerveau, 1.ª ed. 1822-1825, 6 volúmenes.

(1) *Examen de ingenios:* «Que el hombre, si tiene bien organizado el cerebro, obra bien y con mucha prudencia; y si el cerebro está mal organizado, yerra y hace muchos disparates.» Cf. Maestre, *Psicología positiva*, Madrid, Bally-Baillière, 1905, página 7, sin correspondencia con el original, que en el capítulo VII, no dice tal cosa, sino otra muy distinta. En cambio, en otro lugar, dice: «mayormente que como el alma sea el agente y movedor, y el cuerpo el que ha de ser movido, más á propósito caen las virtudes en el que hace que en el que padece, y si las virtudes y vicios fuesen hábitos que dependieran del temperamento, sigue.. con el apetito bueno ó malo que le señalase el temperamento, las buenas obras ó merecerían ser premiadas ni las malas castigadas...» (Edición Rivadeneyra, página 421). Más toda una refutación al libro de Galeno *Quod animi mores corporis temperamenta sequantur*, en la página siguiente.

(2) Maestro Serrano, *Tractatus de Astrologia judiciaria*, siglo XVI, Museo de El Escorial. Pérez de Mesa, *In librum aphorismorum astrologorum*. Baltasar de Mendoza, *De nati comple xione*. Maestro Barrientos, *Astrologiae judiciariae*, siglo XVI, Códice de El Escorial. García Venegas de Alarcón, *De astrología*. Gonzalo de Toledo, *Carta en defensa de la Astrología*, 1508. Pedro Ciruelo, *Astrología cristiana*, 1521. Simón R. Ramos, *Mystica apologia adversus astrologos*, 1610.

(3) *Phisonomía natural y varios secretos de naturaleza*, 1.ª edición, Córdoba, 1601; 2.ª, Alcalá de Henares, 1612. También Silvestre Velasco, *Libro de fisiognomía*. Antonio de Castro, *Fisonomía de la virtud y del vicio*. Pedro de Montes, *De dignoscendes hominibus*. Esteban Pujasol, *El sol sólo y para todos sol, de la filosofía sagaz y Anatomía de ingenios*, Barcelona, Lacavallería, 1637.

(4) Véase José Lainez, *Daniel Cortesano*, capítulo IV. Siempre comentando á Aristóteles. Gallego de la Serna, *De Ethica puerorum*, capítulo I; Vid. Montes, *Precursores*, páginas 55, 51.

brota de la pluma de un fraile español (1), precursor directo de Lombroso.

La *Psicología criminal* nace de la Psicología racional y de la Etica, con *Miguel de la Fuete* (Toledo, 1574-1626) (2) en las disquisiciones sobre el libre albedrío y la responsabilidad moral, y de la Teología en las célebres discusiones entre tomistas y molinistas (domi nicos y jesuitas) sobre los conflictos entre la libertad y la Providencia, en el sistema de la «gracia» (3).

Apunta la *Política social* — prevención social del crimen — era la desbordante buena intención de hombres como *Tomás Cerdán de Tablada* (4), el abate *Hervás y Panduro* (Horcajo, 1735—† 1809) (5) y sobre todo el gran D. *Manuel de Lardizabal y Uribe* († 25 de Di-

---

(1) P. Francesch Eximenis, *El Christia,* 1389: «La septa raíz de la maldad se llama oculta, porque el hombre no sabe cuál es en sí misma, sino que las señales de fuera la enseñan al hombre... Los que tienen la cabeza muy puntiaguda (oxicefalia), tienen con maldad poca firmeza y estabilidad y poco seso; ojos torcidos (estrabismo), son agudos en maldad puntillosos y altaneros; orejas grandes, gran grosería y maldad brutal; naríz aplastada (platirrinia) ó torcida (asimetría nasal), poco valor, estabilidad y cortesía con maldad; boca grande, desvergonzados y groseros en el hablar, glotones y por maldad que tienen no pueden ocultar nada; dientes separados, maliciosos y poca fidelidad; lampiños, maldad especial, femenil y casi inapreciable; la voz agria, desvergonzados y con maldad; los jorobados, son agudos y osados, y lujuriosos y con malos pensamientos; los brazos cortos, el uno ó el otro, hombres terribles; los que tienen seis ó siete dedos en manos ó en pies, tienen muy desapoderada maldad y son hombres muy peligrosos...» (Cit. Valentí y Vivó. obra citada, I).

(2) *Las tres vidas del hombre: corporal, racional y espiritual,* Toledo, Juan Ruiz, 1623.

(3) Bañez Obra citada; Alfonso de la Torre, *Visión deleitable de la Filosofía y artes liberales, Metafísica y Filosofía moral,* Parte 1.ª, capítulos XIII, XIV, edición Rivadeneyra, XXXVI, 357 361. Véase Menéndez y Pelayo, *Heterodoxos,* libro V, Epílogo II, 688.

(4) *Verdadero gobierno desta monarquia, tomando por su propio subiecto la conservación de la paz,* Valencia, 1581. Véase Dorado Montero, *Ideas de algunos antiguos escritores españoles sobre la prevención de los delitos,* en *Estudios de Derecho penal preventivo,* Madrid, Suárez, 1901, pág nas 244-250

(5) *Historia de la vida del hombre,* I, 1789, 372: «... impedir los delitos por el único medio de la buena educación moral y civil de los hombres en su infancia, niñez y juventud.»

ciembre de 1820) (1) el Beccaria español, cuyo programa —de originalidad discutible— puede encerrarse en este lema: «corregir y prevenir, mejor que castigar», ideas que reproduce, en las fronteras del nuevo siglo, D. *José Marcos Gutiérrez* (2).

La *novela picaresca*—archivo de desaprensiones y espejo de licencias—aparece en esta época, como estadística espiritual de la miseria y del delito (3). *Mateo Alemán* (Sevilla, 1547—México, 1615), su primera figura (4), descubrió la insensibilidad de los delincuentes (5), anticipándose á Lombroso (6).

En el *Quijote* hay también ideas de Derecho penal y de Antropologia criminal, que recogió el investigador de la Filosofía del Derecho (7).

Espejo de la vida criminal y penal de esta época es nuestro *Teatro* clásico, en los dramas de *Calderón de la Barca* (Madrid, 1600—Madrid, 1681) (8) y *Lope de Vega* (9) (Madrid, 1562-1635).

---

(1) *Discurso sobre las penas, contraído á las leyes criminales de España para facilitar su reforma*, 1.ª edición, 1782, 2.ª, 1828, páginas 206 109. Cf. *Prólogo*, páginas VII, VIII, y capítulo III, páginas 83, 85.

(2) *Práctica crimiminal de España*, 3.ª edición, Madrid, 1824, tomo I, capítulo IX, § 3.°, páginas 308-310; tomo III, capítulos I, VIII, IX, X, páginas 23, 49, 83, 161-168, 212, 213. Cf. *Discurso sobre los delitos y las penas*, Apéndice á la *Prática criminal*, capítulo III, §§ 2.°, 5.° y 6.°, páginas 33, 34, 49, 55 Cf. capítulo V, § 2.°, páginas 120 y siguientes, cita Dorado, páginas 258-269.

(3) Véase Salillas, *El delincuente español*. I *El lenguaje*, Madrid, Suárez, 1896; II, *Hampa. (Antropología picaresca)*, Madrid, Suárez, 1898.

(4) *Aventuras y vida de Guzmán de Alfarache*, 1.ª parte, 1.ª edición, 1599, 2.ª, Lisboa, 1604, *Biblioteca de Autores españoles*, tomo III. *Novelistas anteriores á Cervantes*, Madrid, 1848.

(5) Salillas, *La Antropología y el Derecho penal*, en *Revista de Legislación*, LXXII 1880, páginas 604 y siguientes.

(6) *L'homo delinquente*, 5.ª edición, Turín, Bocca, 1896, *Prefazione*, página X, n. 2.

(7) T Carreras y Artau, *La Filosofía del Derecho en el Quijote (ensayo de psicología colectiva), Contribución á la historia de las ideas jurídicas, reflesivas y populares en la España del siglo* XVI, Gerona, Carreras, 1904, páginas 201-250. Capítulo VI.

(8) Rojas de la Vega, *Juicio crítico de las obras de Calderón bajo el punto de vista jurídico*, Valladolid, 1883.

(9) Véase Valdés, *Derecho penal*, II (1910) 195, 196; Izquierdo.

Nuestra *Estadística criminal* (1) — la primera del mundo—nace entonces, con Real cédula (2) de Felipe II (7 Agosto 1578) antes que la *Estadística de la administración de justicia en lo Criminal* de Felipe V (1729) (3) y Carlos IV (1792) (4).

Nace la *ciencia penitenciaria* con *Bernardino de Sandoval* (5) y *Cerdan de Tallada* (siglo XVI) (6), y la caridad privada se eleva á *sistema de asistencia*—de virtud á ciencia—en la organización de sociedades de patronato, de que nos habla el Licenciado *Cristóbal de Chaves* (7). Patronatos de jóvenes moralmente abandonados, de pobres y vagabundos había; como los toribios de Sevilla y las Hermandades del Refugio de Madrid (siglo XVII) (8).

El Derecho n el teatro español, la Introducción en *La Lectura,* de Octubre de 1913, páginas 117-134.

(1) Véase nuestro estudio *La Estadística criminal en España y en las principales naciones de Europa,* en Asociación *para el progreso de las ciencias, Congreso de Madrid, Sección de ciencias sociales,* Madrid, 1912, *Introducción.*

(2) Véase *Instrucción y Memoria de las relaciones que se han de hacer y enviar á S. M para la descripción y historia de los pueblos de España, que manda se haga para la honra y ennoblecimiento de estos reinos,* N. 32, en *Descripción de los pueblos de España (Censo español* de Felipe II), Ms. de El Escorial.

(3) Auto 90, título IV, Libro II, Nueva Recopilación; Cf. Novísima Ley II, título II, Libro IV. (Edición Rivadeneyra, páginas 208, 209).

(4) Real orden 18 Abril de 1792, *Novísima Recopilación,* Ley II, título II, Libro IV *nota* (Edición citada, página 206).

(5) *Tratado del cuidado que se debe tener con los presos pobres,* 1.ª Toledo, Miguel Ferrer, 1564, 2.ª, Barcelona, Asociación de Católicos, 1883.

Vid. Salillas, *Doña Concepción Arenal en la Ciencia penitenciaria,* Madrid, Suárez, 1894, páginas 5 y siguientes.

(6) *Visita de la cárcel y de los presos,* 1.ª edición 1574; 2.ª Valencia, Garriz, 1604.

(7) *Relación de la cárcel de Sevilla,* 1.ª Sevilla, 1558, 2.ª en la *Bliblioteca de libros raros y curiosos,* de Gallardo, Madrid, I, 1342-1343.

Véase Salillas, *Las asociaciones de patronato de presos en España,* en *Revista de Legislación,* LXXVII (1890) 378-391.

(8) Véase Fr. G. Baca, de la Fuente, *Toribios de Sevilla, Memoria de la Academia de Ciencias Morales y Políticas.* 2.ª en *Revista penitenciaria,* III, *Los toribios de Sevilla,* 1766; (1906) 529-546; *Madrid caritativo y benéfico, Guía indispensable de pobres y bienhechores,* Madrid, 1875.

III.—La práctica criminal española.

a) *La doctrina.*—Por opuesto camino, sale al encuentro de la ciencia penal la práctica. Primero importamos, exportamos luego. *Julio Claro* (Alejandría de Paglia, 1525—Zaragoza, 1575) viene de Italia al servicio de Felipe II. *Diego Covarrubias* (Toledo, 1512,—Madrid, 1577) (1) influye poderosamente en Carpzovio (2). Entre ellos aparece *Antonio Gómez* (siglo XVI) (3) el príncipe de los jurisconsultos.

Pero nuestra literatura jurídica, á más de inorgánica—práctica, casuística legal, resoluciones—es tímidamente derivativa y parasitaria: comentarios. Va del caso á la ley, de la ley á la doctrina. Nunca osó extender el índice del Derecho para dictar al legislador, misión augusta de la ciencia.

En los libros de *Práctica criminal* (4) apunta tími-

(1) Diego de Covarrubias Leyva, *De sententia excomunicationis,* 1.ª edición, 1554; 2.ª, 1560, *De restitutione,* 1554; *In clementis. Const. Si furiosus, De Homicidio* (sin fecha); *De Poenis,* 1690, Ms. (cit. N. Antonio, *B. H. Nova,* I, 279, II, 603); *Opera,* edición Autuerpiale, 1638 2 volúmenes

(2) Franz, von Liszt, *Legislación penal comparada,* traducción española Madrid, *Revista de Medicina,* 1876, *Introducción,* página XXII.

(3) *Variorum Resolutionum Juris Civilis, Communis et Regii,* 1.ª, Salamanca, 1552, 2.ª edición, Suárez de Ribera. Salamanca, 1579; 3.ª, Venecia, 1572; 4.ª y 5.ª, Francfort, 1573, 1574; 6.ª Venecia, 1582; 7.ª Francfort. 1597; 8.ª Lyon, 1602; 9.ª y 10, Ginebra, 1622, 1631, y 11, Venecia, 1682. *In Leges Tauri Commentarius absolutissimum,* 1.ª, 1555; 2.ª, con ediciones de Gómez Cornejo, Lyon, 1602; 3.ª Amberes, 1624; 4.ª, Venecia, 1691; 5.ª, Madrid, 1794. Traducción española *Compendio de los comentarios extendidos á las ochenta y tres leyes de Toro,* con advertencias de P. Nolasco de Llanos. 3.ª, Madrid, 1795 Esp. Parte III, *De delictis.*

(4) J. Claro, *Sententiarum receptarum libri V, seu Practica criminalis,* Gabriel de Monterroso y Alvarado, *Práctica civil y criminal,* 1563.—Diego de Cantera, *Quaestionum Criminalium Practicarum,* 1589; L. de Miranda, *Liber Ordiniis Judiciarii et de modo procedendi in causis criminalibus,* 1601-1623. Alonso de Villadiego, *Instrucción pública y práctica judicial conforme al estilo de los Consejos y Audiencias,* 1626. Diego Mexia de Cabrera, *Prática judicial,* 1655. Gonzalo Bayo, *Práctica Civil y Eclesiástica,* 1671.

damente la idea, entre la maraña de los casos. Un solo nombre vence la indiferencia de la época posterior sobreviviendo: *Juan Gutiérrez* (Plasencia, 1530,-Madrid, 1618) cuya obra (1) traspasa los umbrales del siglo XIX, para caer al fin (2).

No faltan ejemplares de esa literatura universal de las *Sumas legales;* sobre todos está, en esto, el nombre de *Pradilla Barnuevo* (3).

Laboriosos, aunque poco geniales, fueron los jurisconsultos catalanes que, antes del siglo XVIII, se ocuparon de Derecho penal y procedimiento criminal. Glosadores de los *Usatges* (4), unos, como *Jaime de Montjuich*, *Jaime de Vallseca* (siglo XIV), *Jaime Callis* (5) y *Guillermo de Vallseca*—uno de los jueces que profirieron la sentencia de caspe (6)—y *Jaime de Marquiles* (7); otros, expositores y teóricos sobre las Constituciones de Cataluña—preceptos de Cortes, Monarcas y Curias—como *Tomas Mieres* (8), quien opina que la ignorancia del Derecho, en lo penal, excnsa su cumplimiento, si se trata de extranjeros; ó sobre las costumbres generales y feudales, en lo que se refiere á las características y diferenciaciones del delito en el feudalismo penal, como el comentarista *Juan de Socarrats*

---

(1) *Praxim Criminalem, Civilem et Canonicam,* 1.ª edición (póstuma) de Castillo, Salamanca, Cussío. 1634

(2) Véase Moreno Calderón, *Juan Gutiérrez*, en *Jurisconsultos españoles*, Madrid, Academia de Jurisprudencia, 1911, I, 82.

(3) *Suma de las leyes penales,* 1.ª edición 1613; 2.ª adicionada por D. Francisco de la Barreda, 1621; 3.ª Idem por D. Juan Calderón, 1639.

(4) *Antiquiores barchinonensium leges, quas vulgas usaticus apellat* 1.ª, 1534, 2.ª, Barcelona, Carlos Amorós, 1544.

(5) *Margarita Fisci,* edición Guardiola, Barcelona, 1556.

(6) G. M. Brocá, *Autores catalanes que se ocupan del Derecho penal y del procedimiento criminal,* Discurso en la Academia de Jurisprudencia de Barcelona, 1.ª en *Revista jurídica de Cataluña,* VII (1901) 138.

(7) *Commentaria Jacobi Marquiles super Usaticis Barchinonae*, 1448, 1.ª edición, Barcelona, Juan Luchner, 1505.

(8) *Apparatus super constitutionibus curiarum generalium Cathaloniae,* 1.ª, Barcelona, Amorós y Montpesat, 1533; 2.ª, Cordelles, 1610, 3.ª, Id. 1621.

(siglo XV) (1); otros, en fin, prácticos criminalistas, puramente, como *Antonio Oliba,* profesor de leyes en Lérida (2), que insiste en la prohibición terminante de las penas perpetuas; y, sobre todo, *Luis de Peguera*, que asigna á la justicia penal un fundamento absoluto, en Dios (3), siguiendo á Plutarco y á la pena un fin preventivo (4); y su discípulo *Antonio de Ripoll* (5), el Doctor *Juan Pablo Xaufner,* profesor de leyes (6), *Rafael Vilosa* (7), oidor de la Audiencia de Cataluña, *Miguel de Calderó* (8), *Miguel Ferrer* (9), *Cancer* (10) y otros.

Se obscurecían y embrollaban las leyes con la multitud de glosas y comentarios. Para evitarlo—«por estorbar la prolixidad y muchedumbre de las opiniones de los Doctores»—publican los Reyes Católicos en 1499

---

(1) *In tractatum Petri Alberti canonici barchinonensis de consuetudinibus Cathaloniae inter Dominos et Vasallos*, etc., Barcelona, J. Guardiola, 1551; Lyon, Vicentium, 1551.

(2) *De actionibus*, Barcelona Graells y Dot, 1606.

(3) *Practica criminalem et civilem,* ed. 1.ª, Ripoll Barcelona, Hacevolleria, 1649; Vid. también, *Decisiones aureae in acta practico frecuentes, ex variis S. R. Concilii cathaloniae conclusionibus collecta*, I 1.ª, Barcelona, Cendrit 1605, 2.ª Venecia, Somasco, 1608. II *Decisionum aureum* adicionado por Despujol, Barcelona, Mathevat, 1611. 2.ª Venecia *Quaectiones criminales in acta practico frequentiores*, etc., Barcelona, 1585; Venecia, 1590; Francfort, 1599.

(4) Vid. A. de Ripoll, *Additiones ad capitulo 17, Pract. crim. D. Ludovico A Pequera,* números 5 y 6

(5) *Additiones*, cit; *Ordo judiciarius causarum usu frequentium in curia vicarii Barcinonae,* Ap. a la *Praxis de Peguera,* Barcelona, Lacavalleria, 1649; *Regaliarum tractatus,* Barcelona Nogués, 1644.

(6) *De officio judicis et advocati,* Barcelona, Romen, 1639; *Rerum judicatorum in Regio Senatu Cathaloniae,* Barcelona, Casas, 1659.

(7) *Tractatus de fugitivis*, Milán, Gariboldi, 1651; *Disertación jurídica y política sobre si el que mata al Lugarteniente de Su Majestad... comete crimen de lesa majestad en primer grado,* Madrid, Bedmar, 1607.

(8) *Sacri Regii criminalis Concilii Cathaloniae Decisiones,* 1.ª, Barcelona, Figuero, 1685, 2.ª, Idem, 1687, 3.ª, Idem, 1701, 4.ª, Martí, 1726.

(9) *Observantiarum Sacri Regii Cathaloniae Senatus, editio exornata per Segismundum Despujol,* Barcelona, Simón, 1608.

(10) *Variarum resolutionum*, Pars. 2.ª, capítulo II

una Ordenanza, especie de *ley de citas,* sobre la autoridad que habían de gozar en los tribunales las opiniones de Bártolo, Baldo, Juan Andrés y el Abad (1). Pero hubo de rebocarse en la primera ley de Toro (2).

La práctica forense, á principios del siglo XVII, constituye un grado superior en la *Enseñanza del Derecho,* que comprendía cuatro años de pasantía, después los seis de la carrera (3).

En una Pragmática de Toro (año 1427), recogida en el Ordenamiento, se mandaba ya que se leyesen los antiguos libros de Derecho en las aulas (4). Había cátedras de Derecho en las Universidades, pero faltaban libros modernos.

«La Jurisprudencia se estudiaba en las Pandectas y Decretales, glosadas é interpretadas por profesores que se hacían un mérito particular de conciliar entre sí las leyes más contradictorias á fuerza de sutilezas y sofisterías; que se complacían en largas y farraginosas citas de toda clase de autores, sin tino ni discernimiento» (5). Miguel de Cifuentes se mostró tan copioso en sus comentarios á las leyes de Toro, que dejó el texto obscurecido y como perdido—*sicut cymba in Occeano,* dice un escritor (6).

La Práctica decae, á fines de esta época, debido á que se hace de un modo inverso el estudio del Derecho y á que, hasta ahora, «no tenemos unos elementos exactos del derecho español» (7).

(1) Véase Sempere, *Historia,* página 440.
(2) Edición *Códigos españoles,* VI 558.
(3) F. Bermúdez de la Pedraja, *Arte legal para el estudio de la Jurisprudencia,* Salamanca, 1612.
(4) Título XXVIII, Ley 1.ª: «que los libros de los Derechos, que los sabios antiguos ficieron, que se lean en estudios generales de nuestro Sennorío, porque ha en ellos mucha sabiduría e queremos dar logar, que nuestros naturales sean sabidores e sean por ende más onrrados» (Edición Publicidad, I, 464).
(5) Sempere, *Historia,* edición citada, página 375.
(6) Véase *Introducción* á la edición de *Códigos españoles,* VI, 556.
(7) Juan Pérez Villamil, *Disertación sobre la libre multitud de abogados,* número CXV.

En 1733 se funda la *Academia jurídico-práctica aragonesa;* después la de Santa Bárbara (1). Medina y Flores, diez años después, se dirige al rey interesándole por la enseñanza del Derecho (2); hasta que Floridablanca (3) y Campomanes (4) se interesan por el método en los estudios jurídicos, y Jovellanos demuestra la necesidad de unir el estudio de la Historia al de la Legislación (5).

b) Los hechos.—El arbitrio judicial.—Si para la incriminación—garantía de la libertad individual—había trabas (tasa de la prueba), todo era libertad para el castigo, realizándose una verdadera individualización penal (6). Los jueces, en España como en Francia (7) «teniendo en cuenta la edad de la persona y las circunstancias del delito (8), habían de imponer, ya la pena ordinaria, ya otra menor».

La razón es obvia. En España, en esta época, coexisten vigentes muchas leyes. El Fuero Juzgo sobrevive á la Nueva Recopilación (1567) y á su edición última (1775) (9). Sólo aquí falla el principio: *lex posterior derogat priori,* y en consecuencia, «á propósito

---

(1) Vid. Menéndez Pelayo *La ciencia española,* Madrid, *Escritores castellanos,* III, 1888, 247 y 249.

(2) *Representación á Felipe V para promover el estudio del Derecho español y facilitar su observancia,* Madrid, 1744.

(3) Don Josef Moñino, Conde de Floridablanca, *Respuesta fiscal sobre el método de estudios en la Universidad de Granada,* 1772.

(4) Véase Menéndez Pelayo, obra citada, III, 249.

(5) *Sobre la necesidad de unir al estudio de la Legislación el de la Historia y Antigüedades, Discurso en la Academia de la Historia* y *Carta al Doctor Prado sobre el método de estudiar el Derecho*

(6) Walberg, *Das Princip der Individualisirung in der Strafrechtspflege.* Viena, 1869: Saleilles, *L'Individualisation de la peine,* París, Alcán, 1898. Esp. páginas 45 y siguientes.

(7) Imbert, *Pratique judiciaire,* libro III, capítulo XX; Jousse, *Traité de la justice criminelle,* edición París, 1771, páginas 36 y siguientes.

(8) Pérez de Lara, *Compendium vitae hominis,* cap. XXVIII.

(9) Una Real Cédula de Carlos III, de 1778, á la Chancillería de Granada, mandaba aplicarle con preferencia á las Partidas, en vista de que nunca había sido derogado.

de idénticas materias, están vigentes, á elección del juez, las leyes más diversas y antagónicas» (1).

«No tenían más sanción que el arbitrio, pero sin daño, gracias á la rectitud y buen juicio de los magistrados, en cuyo honor debe hacerse la justicia de consignar que, en general, no abusaron de su poder omnímodo» (2). Y así, «ante la inmovilidad cruel de las leyes y el hacinamiento informe de ellas, surge, respondiendo á una necesidad de la vida, el arbitrio de los juzgadores... como mal menor ó relativo bien» (3).

Hasta el punto de proponer que se derogasen cuantas leyes existían y no se diesen otras posteriores, llegó un caballero catalán del brazo militar, en las Cortes de Barcelona de 1632; á fin de que los jueces fallasen según les dictasen la sana razón natural y el buen sentido (4).

En el siglo xv, la justicia ha llegado al estado de corrupción que describe pintorescamente el monje Juan Martínez de Burgos (5).

Florecen las *justicias extraordinarias* en la persona de los nuevos «alcaldes veedores» (6) ó «corregi-

---

(1) E Rosenfeld, *Desarrollo histórico*, página 39.

(2) Ortiz de Zúñiga, *Práctica forense*. 1.ª ed. Granada, 1841.

(3) Aramburu, *Notas* á la obra de Pessina, 1.ª edición, página 109. Vid. también Cos-Gayón *Discurso de apertura de Tribunales*, en 15 de Septiembre de 1892, página 9.

(4) Lo refiere Xammar, *De officio judicis*, Quaest. 16, números 1 y 2. Cit. Brocá, obra citada, página 142, que se excede en la refutación de la doctrina de la defensa social (página 143), sin distinguir entre los peligros políticos del arbitrio judicial—incriminación—y penal tratamiento , invertidos en la historia.

(5) Véase Crónica de Don Alonso VIII. Ap. *Dezir que fizo Juan de Mena sobre la justicia e pleytos e de la grant banidad deste mundo* página 135:

«Como por Dios la alta justicia
Al rey de la tierra es encomendada,
En la su Corte es ya tanta malicia,
Que non podría por mí ser contada.
Cualquier oveja que vienarriada,
Aquí la acometen por diversas partes
Cient mil engaños, malicias, e artes,
Fasta que la fazen ir bien trasquilada. etc.»

(6) Cortes de Alcalá, de 1345, petición 2.ª F. de Avilés, *Nova*

dores» (1), que juzgaban en causas civiles y criminales (2); creados por Alfonso XI á consecuencias de los reñidos bandos de hijosdalgo regidores y ciudadanos, que aparecen en 1352 (3) «Una costumbre establecida con todas las circunstancias indispensables para establecer derecho, y autorizada por los altos poderes del Estado, hace casi siempre *arbitrarias* las penas que se imponen por los delitos comunes, dejando su graduación á la equidad y á la jurisprudencia del juez» (4).

---

diligens ac perutilis Expositio Legum Praetorum 1571, Castillo de Bobadilla. *Política para corregidores,* 1597.

(1) Idem de 1348, petición 47. Vid. Juan de Aegunedo y Villavicencio, *El corregidor, advertencias políticas*, 1619.

(2) Quintana, *Grandezas de Madrid,* capítulos LIX, LX.

(3) Sempere, *Historia,* página 396.

(4) La Serna (P. G.) y Montalbán (J. M.), *Elementos de Derecho penal de España,* Madrid, 1842, tomo I.

IV.—*La Inquisición española* (1478-1808).

BIBLIOGRAFÍA. — San Raimundo de Peñafort, *Directorio para uso de los Inquisidores aragoneses* (manuscrito en latín, sin título), 1242, edición Douais, *Ap á L'Inquisition,* páginas 275-288; Torquemada, *Instrucciones para Inquisidores,* 1.ª edición, Avila, 1498; otra en *Apéndice* á los *Anales* de Llorente, I, 365-411; A. de Castro, *De justa haereticorum punitione,* Lugduni, Apud Sebastiarum Barptolomari Honorati, MDLVI; *Adversus haereses,* libro III; González de Lumbreras (D. Francisco), *Compilación de las Bulas y breves pontificios de la Inquisición,* año de 1566; Valdés, *Código de la Inquisición de España;* González Montes, *Sanctae Inquisitionis hispanicae Artes aliquot detectae ac palam traductae,* Heidelberg, 1567, 1.ª traducción española de Luis Usoz, 1851 (sin lugar de impresión); *Directorium inquisitorum, F. Nicolai Eymerici, ordinis praed., cum commentariis Francisci Pegñae...* etc., *Romae, ab aedibus populi r. mani,* Apud Gregorium Terrarium, MDLXXXVII, *Repertorium inquisitorum, pravitatis haereticae, in quo omnia, quae ad haeresum cognitionem, ac S. Inquisitionis forum pertinent, continetur Correctionibus, et Annotationibus praestantissimorum Jurisconsultorum Quintilliani Mandosii, ac Petri Vendrameni decoratum et auctum,* etcétera, *Venetis,* MDLXXXVIII, *Apud Damiaum Zenarum.* Luis de Páramo, *De origine et progressu offici sanctae Inquisitionis,* Matriti, 1598; Argüello, *Compilación de las instrucciones de la Inquisición,* 1.ª edición, 1630; 2.ª, 1667; Gómez de Mora, *Auto de fe celebrado en Madrid este año de 1632;* Carena, *Tractatus de officio sanctisimae Inquisitionis,* in fol., Lugduni, MDCXLIX; Anónimos: *Origen de la Inquisición,* 1652, Ms. de la Biblioteca de la Academia de la Historia (en papel); *Apuntamiento de noticias de la Inquisición, sacados de los libros de gobierno del Consejo de la Suprema; Compilación de las instrucciones del Santo oficio,* en Madrid, año de 1667; Cantolla (D. Domingo), *Continuación de Lumbreras, en la compilación de copias de los breves de la Inquisición* (desde 1566 hasta 1709), año de 1709, 2 volúmunes; el mismo, *Resumen de todos los breves que hay en el Archivo del Consejo de la Inquisición,* año de 1709; Anónimos: *Apuntamientos de noticias de la Inquisición, sacadas de los libros de gobierno del Consejo de la Suprema,* biblioteca particular de Echay; *Rela-*

ción de el auto particular de fe..., que el Santo oficio de la Inquisición de esta Corte celebró... el 20 de Febrero de 1724, Madrid 1724, en casa de Joseph Serrete; *Idem... el 25 de Junio de este año de 1724,* Madrid, igual fecha y edición; M. de Macanaz, *Defensa crítica de la Inquisición,* obra póstuma, Madrid, edición Valladares, 1788, 2 volúmenes; Llorente (J. A.), *Sobre el orden de proceder del Santo Oficio,* Madrid, 1797; P. de Olavide, *El evangelio en triunfo ó historia de un filosófo desengañado,* 1.ª edición, Valencia, 1797; 10.ª, 1808; traducción francesa de Buynaud des Echelles, 1.ª, Lyon 1805, 2.ª 1812; italiana, 1.ª edición, Venecia, 2.ª Roma. Anónimo: (Riesco de Llerena?), *Discurso histórico sobre el origen, progresos y utilidad del Santo Oficio,* etc., Madrid, 1803; J. A. Pellicer, *Noticia histórica de la prohibición de libros en España para bien de la Iglesia y del Estado,* Ms. (siglo XVIII); Ginés de Posadilla (Leandro F. de Moratín), *Relación de las personas que salieron al auto de fe.. celebrado en la ciudad de Logroño el 7 y 8 de Noviembre de 1610 años.* 1.ª edición, Logroño, 1810; 2.ª, Madrid, A. González, 1811; 3.ª en *Biblioteca de Autores españoles,* tomo XI; Anónimos: *Apología de la Inquisición respuesta á las reflexiones que hacen contra ella el «Semanario patriótico» y «El Español»,* Cádiz, Requena, 1811; *¿Para qué la Inquisición?,* Valencia, Salvador Faulí, 1811, *Triunfo de la Filosofía sobre el Tribunal de la Inquisición,* etc., Cádiz, Nicolás Gómez, 1811; *Montante para los espadachines que se peleaban por la Inquisición,* Cádiz, Quintana, 1811; Nataniel Jomtob (A. Puigblanch), *La Inquisición sin máscara,* Cádiz, 1811, traducción inglesa con *Introducción* de W. Walton, Londres, 1816; *Representación de los Ilmos. Sres. Arzobispo de Tarragona y Obispos de Lérida, Tortosa, Barcelona, Urgel, Teruel, Pamplona y Cartagena, dirigida á las Cortes generales y extraordinarias en que piden el establecimiento del Santo Tribunal de la Inquisición,* Cádiz, viuda de Cames, 1812; Idem del Obispo de Segovia (dála á luz un español amante de la religión), Cádiz, imprenta tormentaria, 1812; *Informe sobre el Tribunal de la Inquisición con el proyecto de decreto acerca de los tribunales protectores de la religión, presentado á las Cortes generales y extraordinarias por la Comisión de Constitución,* Cádiz, Domigo Villegas, 1812; *Vindicación de la Inquisición y relación exacta de su modo de enjuiciar y proceder,* Cádiz, viuda de Cames, 1812; *Copia de la representación del M. R. Obispo de Barbastro... dando gracias por la abolición de la Inquisición,* Cádiz, Campoy, 1813; Gerónimo de Zurita, *Establecimiento del Tribunal de la Santa Inquisición en España* (sacado del capítulo 49, libro XX de los *Anales de Aragón),* Cádiz, imprenta de Provincia, 1813; Llorente (D. Juan Antonio), *Memoria* *histórica sobre cuál ha sido la opinión nacional de España, acerca del Tribunal de la Inquisición,* en Madrid en la imprenta de Sancha, año 1812; F. Gutiérrez, *Cornelia Bororquia,* 2.ª edición, Madrid, 1812; J. L. Villanueva, *Discusión del proyecto sobre el Tribunal de la Inquisición,* Cádiz, 1813; *Dictamen del Doctor Antonio José Ruiz de Padrón sobre la Inquisición,* Coruña, 1813; *Anales de la Inquisición de España,* Madrid, Ibarra, 1812-13, 2 volúmenes; José Clemente Carnicero, *Impugnación á los Anales de la Inquisición de España, de Llorente,* Madrid, 1816; *La Inquisición justamente restablecida,* Madrid, 1816; J. A. Llorente, *Historia crítica de la Inquisición de España...,* 1.ª, Barcelona, Oliva, 1818-1835; 2.ª, *ordenada y corregida por D. Juan Landa,* Barcelona, Pons, 1870, 2 volúmenes; Lavallée, *Histoire des Inquisitions religieuses de l'Italie, de l'Espagne et de Portugale,* París, 1819, libros VI, V y X; Anónimo: *Auto general de fe celebrado en Madrid en 30 de Junio del año 1680,* Madrid, Collado, 1820; *España venturosa por la vida de la Constitución y la muerte de la Inquisición,* Madrid, 1820; *Auto de fe de Logroño,* Madrid, 1820 (1.ª edición, Logroño 1811); J. del Olmo, *Relación histórica del auto general de fe que se celebró en Madrid en el año 1680,* Madrid, Matute, librero, 1820; De Maistre, *Lettres a un Gentilhomme russe sur l'Inquisition d'Espagne,* París, 1822; P. F. Alvarado (El Filósofo rancio), *Carta apologética sobre la Inquisición, Duelo de la Inquisición,* en *Cartas,* edición Madrid, 1824-25; *Records of the Spqnisch Inquisition, traslated from the origiual Manuscripts,* Boston, 1828; J. del Castillo y Magone, *El Tribunal de la Inquisición, llamado de la fe ó del Santo Oficio, su origen, prosperidad y justa abolición,* Barcelona, Martín Judar, 1835; Genaro del Valle, *Anales de la Inquisición, desde que fué instituido aquel tribunal hasta su total extinción en el año 1834,* Madrid, González, 1841; Ch. J. Hefelé, *Der Kardinal Ximenes und die spanische Kirche im XV Jahrhundert,* Tubinga, 1851, 2 volúmenes; Luque y Vicens, *La Inquisición, su pro y su contra,* 2.ª, Madrid, 1859; Hermida, *Diario de Sesiones de las Cortes generales y extraordinarias,* Madrid, García, 1870, VI, 4242; Rodrigo, *Historia verdadera de la Inquisición,* Madrid, Fuentenebro, 1876, 3 volúmenes; Ortí y Lara, *La Inquisición,* Madrid, 1877; J. Valera, *Del influjo de la Inquisición,* en *Disertaciones y Juicios,* Madrid, 1878; Menéndez y Pelayo, *Historia de los heterodoxos españoles,* Madrid, Maroto, 1880, tomo II, *Epílogo,* § III; Cánovas del Castillo, *Noticia y documentos inéditos acerca del proceso inquisitoriaal formado al poeta Villegas,* Julio de 1882; J. Melgares Marín *Procedimientos de la Inquisición,* Madrid, Villaverde, 1886, 2 volúmenes; Cappa, *La Inquisición española,* Madrid, G. del Amo, 1888;

H. Ch. Lea, *A History of the Inquisition of the midle ages* (1.ª edición, 1888), New York, *Macmillan*, comp. 1906-1908, I, II, capítulo 3.º y III; *Capters from the religions history of Spain conneteed with the Inquisition*, Filadelfia, 1890; P. Fresca y M Gómez del Campillo, *Catálogo de las causas contra la fe seguidas ante el Tribunal del Santo Oficio de Toledo*, Madrid 1903; Lea, *History of the Inquisition of Spain*, New York y Londres, 1906-1907; Saavedra, *La Inquisición*; Gaspar Matute y Luquín (pseudónimo de D. Luis María de las Casas Deza), *Colección de autos generales y particulares de fe, celebrados por la Inquisición de Córdoba*. Falta mucho de la precisa documentación para su estudio. Llorente siendo secretario del Tribunal de la Inquisición en la Corte por los años de 1789, 1790 y 1791, y gracias al encargo recibido en 1793 del «despreocupado» (Cf. *Memoria histórica, Exordio*, páginas 10, 11), Inquisidor general Sr. D. Manuel Abad y la Sierra, Arzobispo de Selimbria, para escribir «sobre la reforma en el modo de proceder de la Inquisición», se apoderó de todos los documentos impresos y manuscritos existentes (1) en el archivo, haciéndoles luego desaparecer. Aunque Llorente culpa á los franceses (2), sincerándose con delatante espontaneidad, el hecho es que los manuscritos y libros se perdieron entonces, sin que haya sido posible reconstruir la verdad por este medio.

I. La historia de la Inquisición española se divide en dos épocas. La primera es la antigua ó *regional*—catalana y aragonesa—que comprende desde el siglo XIII (año 1232) hasta el XV. Fundada por Inocencio III en Francia, en 1204, había sido adoptada en Italia, Alemania é Inglaterra en 1218, cuando llegó á España, catorce años más tarde, siendo fundada primero en Barcelona por el Obispo Berenger de Palou (1211-1241). En 1242 escribía ya San Raimundo de Peñafort, peniten-

(1) *Historia crítica, Prólogo*, página VII: «... pues repito que sólo yo tengo los materiales para ello.»

(2) «Restituido á Francia el Emperador, y reconocido por segunda vez rey de las Españas, su hermano Josef Napoleón I, mandó este monarca — obsérvese el respeto y consideración con que habla del intruso—en principios de Marzo de 1809, que dicho general Lanverdiere me diera las llaves como á colector general de conventos y establecimientos suprimidos. Lo hizo el general después de haber permitido á varias personas, según resulta por diligencias exactas — que no cita ni comprueba — sacar muchos papeles y libros por espacio de dos meses.» (página 9).

ciario del Papa, su *Directorio para uso de los inquisidores aragoneses* (1).

La segunda es la llamada *nacional;* fué fundada por los Reyes Católicos en 27 de Septiembre de 1480, en virtud de bula pontificia de 1.º de Noviembre de 1478 y suprimida por Napoleón en decreto dado en su cuartel general de Chamartín en 4 de Diciembre de 1808. La primera, severa al principio, decayó en su rigor durante los siglos XIV y XV. La segunda no fué más rigurosa que la primera.

Era un tribunal de fuero privilegiado y jurisdicción delegada, como tantos otros, que funcionaban á la sazón: el de guerra, el de marina, de cruzada, de la rota, de universidades, de pósitos, de montes, de aguas, de correos, de contrabando—con limitación ó inhibición de la ordinaria.

En cuanto al modo de proceder, se conformaba el suyo á las reglas del derecho común, que eran las del procedimiento secreto, entonces general y propio de la época (2).

a) *El procedimiento.*—La inquisición no era una institución penal con derecho sustantivo propio. Tomó en cada país el derecho penal nacional, relativo á los delitos contra la fe (3) y costumbres, y aplicó el *sistema* de procedimiento que le dió el nombre—sistema inquisitivo ó inquisitorial ó secreto, lo opuesto al acusatorio

---

(1) Manuscrito recientemente publicado por Mgr. Douais, Obispo de Beauvais, en Apéndice á su obra *L'Inquisition,* París, Plon, 1906 (páginas 275-294).

(2) «Si la Inquisición—escribe Llorente—se hubiere establecido en la forma regular de otro cualquier tribunal privilegiado sujeto á las reglas de derecho común en el modo de formar sus procesos y seguir las causas los extranjeros y los nacionales hubiesen estado conformes», etc. Sabido es cómo el procedimiento secreto llamado inquisitorial pasó en todas partes de las jurisdicciones eclesiásticas á las civiles, y era general en el siglo XV á que se refiere el autor. (Véase *Memoria,* página 89).

(3) La bula de Urbano IV, dada en Viterbo en Marzo de 1261, mandó á los Inquisidores observar las leyes imperiales en el juicio y castigo de los herejes. Vid. Eymeric, *Directorium,* pág. 27 post. ind.

y público—tomado á su vez de las Decretales, á la persecución de aquellos delitos, cuando se daban en individuos de su fuero. Lo único original y propio de ella era, pues, el procedimiento. Este modo de proceder, á donde se vuelven hoy los ojos, encerraba verdaderas maravillas de delicadeza y de fineza en el problema del descubrimiento y revelación de los delitos, la cuestión de las *cautelas,* que era toda una psicología del juez; pero, sobre todo, asombra por el gran espíritu de caridad que le inspiraba y que dulcificó en la práctica todo aquel férreo mecanismo de la justicia histórica.

Si algún inquisidor fué cruel—hombre al cabo—el Papa se apresuró á condenarle, como en el caso de Torquemada y León X (1).

Ante todo, hay que rectificar un error que no se concibe más que en la ignorancia de una falsa cultura de museo. En los *autos de fe* (actos de fe) no había hogueras...; era el acto en que se daba lectura solemne de las Sentencias y se reconciliaban los arrepentidos. Esto lo saben todos los que leyeron á Llorente (2), al alemán Héfele (3), á los historiadores Rodrigo (4),

(1) G. Romain, *L'Inquisition, son rôle religieux, politique et social,* 2.ª edición, París, 1900, páginas 10, 11; Cf. Ch. Lea, *Inquisition of Spain,* IV, 249.

(2) «*Auto de fe* es la lectura pública y solemne, concurriendo todas las autoridades y particularmente el juez real ordinario, á quien se entregan allí mismo las personas y estatuas condenadas á la relajación». *(Historia crítica,* II, 569.)

(3) «¿En qué consistían los autos de fe, cuyas descripciones novelescas han sido el espantajo de tantas pobres almas? De una parte se ha imaginado un brasero inmenso, una caldera colosal; de otra á los españoles reunidos en inmensa muchedumbre, como una tropa de caníbales, en cuyos ojos brillaba la expresión de una alegría feroz, prontos á devorar los miembros de centenares de víctimas. Auto de fe era el acto solemne en que se leían las sentencias que declaraban la inocencia de los reos, falsamente acusados, y en que se reconciliaba con la Iglesia á los culpables arrepentidos». (*El Cardenal Jiménez,* trad. esp., Madrid).

(4) «En este principio se fundó el uso de celebrar solemnemente los autos de fe, *para la abjuración de los reos conversos* y *formal entrega de otros á las autoridades seculares* y cesaba con aquella ceremonia la jurisdicción del Santo Tribunal sobre los relajados». (*Historia verdadera de la Inquisición,* tomo III, página 125).

Cappa (1), Lea (2) y las colecciones de Autos de la Inquisición (3).

La *ejecución* era un asunto puramente de derecho seglar (4).

La hoguera no se encendía en el «acto de fe», sino más tarde y por distinta mano, en el «acto de ejecución», por más que la dramática haya unido arbitrariamente estos dos actos (5).

Los «autos de fe» eran *en distinto tiempo* y *en distinto lugar* que las «ejecuciones civiles», como se prueba por la lectura de las colecciones (6).

---

(1) Véase *La Inquisición española*, § XIV *El auto de fe* donde se hallará todo el ceremonial muy bien descrito.

(2) *Inquisition of Spain*, III, 209-299: *The Auto de Fe*, cap. V.

(3) Gaspar Matute y Luguin (pseudónimo de Don Luis María Ramírez de las Casas Deza), *Colección de autos generales y particulares de fe, celebrados por la Inquisición de Córdoba*. El error se debe principalmente á los libros de Alvarez de Colmenar, *Délices de l'Espagne et de Portugal*, Leyden, 1715, tomo 6.º y de Banier, *Histoire générale des ceremonies moeurs et coutumes religieuses de tous les preceptes du monde*, ed. París, 1741, con ilustraciones de Picard, tomo 2.º, que publicaron láminas con falsos cuadros de autos de fe. También en la *Historia crítica* de Llorente, adicionada por Landa (Barcelona, 1870), hay uno de estos. Los pintores se han dejado seducir por la sugestión del asunto, sin comprobar la exactitud histórica que no les interesa. Entre los más célebres están los cuadros de Robert Fleury, *Escena de la Inquisición* y *Auto de fe*, presentados en el salón de París en 1841 y 1845, sin olvidar el tan conocido de Berruguete: «Representación *contraria* de un Auto de fe» (Madrazo, *Catálogo del Museo del Prado*, 1910, página 111), número 618 de nuestro antiguo Museo. Más verdadero es el de Rizi (Madrid, 1608—El Escorial, 1685) que representa el célebre auto de fe celebrado en Madrid en 30 de Junio de 1680 (Museo del Prado, número 1.126), aunque el pintor representó como simultáneos los principales actos y ceremonias del auto, acaecidos – desde las ocho de la mañana hasta las nueve y media de la noche – en diferentes tiempos y lugares.

(4) Ch. Lea, *Inquisition of Spain*, III, 183: «The execution of heretics was a matter purely of secular law and burning them alive is not prescribed in canon or decretal».

(5) Véase la tragedia *Auto de Fe ó Adelina e Roberto*, de Pindemonte (*Opera*, Milán, 1804) y, por alusión, *Don Carlos*, de Schiller, acto V, escena 10.ª (*Sammtliche Werke*, Leipzig, 1890, II), y *El haz de leña*, de Núñez de Arce (*Obras dramáticas*, Madrid-París, sin fecha, página 522).

(6) «A las cuatro de la tarde *se acabó el auto;* la monja volvió á su convento; Don Pedro Sarmiento, el Marqués de Posa y Don Juan Ulloa Pereira fueron llevados á la cárcel de corte y los de-

La Inquisición religiosa no encendió las célebres hogueras (1). Establecida por la legislación civil la pena de fuego á los herejes, ella se limitó á declarar incursos en herejía, como hace hoy y como hará siempre, á los que sustentaban de palabra ó por escrito doctrinas heréticas. Cuando la herejía era ante las leyes civiles un delito, era *deber* de la Iglesia entregar al poder civil al reo (2). *Et tandem brachio seculari traditur*—decía la acusación fiscal—según Llorente (3). Esto era la *relajación* y aquí terminaba la función penal de la Inquisi-

más reconciliados á la del Santo Oficio. Los relajados al brazo seglar *caminaron hacia la Puerta del Campo* para ser quemados» (*Auto celebrado en Valladolid el 21 de Mayo de 1559, bajo el reinado de Felipe II;* hay varias relaciones) «Manuel Lopel portugués, estando siempre en su dureza y obstinación fué *sentenciado á relajar en persona,* entregado al brazo de la justicia real para quemarle vivo. Serían ya las nueve de la noche cuando *la justicia real* tenía prevenido verdugo, alguaciles, ministros, pregoneros y cabalgaduras en que subieron á los relajados y *los llevaron fuera de la ciudad* á un sitio diputado para quemadero, que llaman el Marrubial». (JUAN PÁEZ DE VALENZUELA *Reseña del auto general de fe celebrado en la ciudad de Córdoba* en 1625. Véase también *Colección de Gaspar Matute* y *Luquin,* ya citada) «Fué relajado el brazo seglar y condenado á ser quemado vivo y cabalgando en un asno *fué conducido fuera de la puerta de Baeza». Auto 2.° celebrado en Córdoba contra el tesorero Pedro Fernández de Alcaudete, diácono el año 1484).* «Absolviendo el Inquisidor más antiguo con estola y sobrepelliz á los reconciliados *se acabó el auto.* Los relajados *fueron llevados á ajusticiar* por el alguacil mayor de la ciudad». (*Auto celebrado en Lima* (Perú) *el año 1625, siendo virrey el señor Marqués de Guadalcazar.*— Véase *Archivo del Cabildo catedral de Lima).*

(1) «En 12 de Febrero de 1486 se celebró en Toledo un *auto de fe,* al que salieron nada menos que setecientos cincuenta reos. Se quemaron... las achas verdes que llevaron los reconciliados, y nada más. Abril, 2 del mismo año: auto de fe también en Toledo; salieron novecientos penitenciados, destinados á las llamas casi todos, pero no á las voraces, sino á las pintadas en los Sambenitos. Y en 1486, *seruebat opus*». (R. Cappa. *La Inquisición española,* página 133)

(2) «Débenlos juzgar (los jueces eclesiásticos) por herejes y darlos después á los jueces seglares. A ellos deben darles pena y débenlos quemar en el fuego». (Ley 2.ª título XVI *Partida* 7.ª).

(3) «*Relajar* es entregar los inquisidores al juez real ordinario la persona de un reo condenado á relajación, para que, mirándole ya el juez ordinario *como á súbdito suyo,* le condene á la pena que las leyes civiles designen. *Relajación* es la entrega efectiva del reo por parte de los inquisidores al juez real ordinario». (*Historia crítica,* II, 577).

ción, porque su jurisdicción no llegaba á ejecutar (1), sino á *inquirir* y á juzgar según las leyes (2). De lo que ocurría después no era ya culpable (3).

Si un estado católico volviese á incluir en el catálogo de los delitos la herejía y la castigase con la muerte, ¿dejaría la Congregación del Indice, en Roma, de prohibir los libros heréticos? ¿Podría la Iglesia consentir que el error dogmático cundiere con la lectura del libro herético—en la duda de la prohibición—sólo por no dar ocasión á que se aplicasen penas? ¿Dejaría nadie arruinar su crédito ó perder su honra por no ver sufrir al calumniador? La herejía es una difamación religiosa, una calumnia doctrinal. Si un banco ó una sociedad de crédito tienen derecho á que no se altere en público la cifra de sus saldos, una sociedad religiosa le tiene también á que no se le atribuya un credo falso, y debe ser amparado este derecho.

Cosa bien distinta, civilmente, es el caso de quien practica una religión positiva como el judaismo, y aun de quien pretende haber fundado una nueva religión y

(1) «En fin, si tercera vez vuelven á la misma apostasía, *les deja la Inquisición* como incorregibles y *la jurisdicción real les impone y ejecuta* en ellos la pena de muerte» (Macanaz *Defensa crítica de la Inquisición*). «El Inquisidor de Aragón en 1301 celebró auto de fe *reconciliando* varios herejes y *entregando otros á la justicia seglar*, y en 1366 hizo en Valencia auto de fe Fr. Bernardo Emergol; seis reos *furon reconciliados* con penitencia cumplidera en el mismo pueblo, muchos desterrados del reino y bastantes *entregados á la justicia real*.(Fontana, *Documentos dominicanos*, capítulo II).

(2) «No nos señalarán un solo ejemplar de que la Inquisición de España haya jamás executado pena alguna temporal que no se halle autorizada en las leyes del Código Teodosiano, y aun esto lo ejecutan los ministros reales y no la Inquisición». (Macanaz, op. cit).

(3) «Aunque la Inquisición veía que declarando ella al acusado reo de tal delito, se le había de seguir la pérdida de la vida, ella, no obstante, no era causa de tal pérdida; éranlo el delito (que la Inquisición no había cometido) y la ley civil (que ella no había hecho)». (R. Cappa, *La Inquisición española*, página 128). Sans Deute, la c'est bien le juge seculier qui prenait toute la responsabilité du dernier supplice; sentence y envoyant et execution (Douais, *L'Inquisition*, página 269).

un culto nuevos, en régimen de libertad ó de tolerancia; y, sobre todo, el de quien abandona libremente una religión que libremente aceptó.

La herejía podría volver á ser un delito civil, en nuestro régimen; la apostasía, no.

Pero la Inquisición, al entregar al hereje al brazo secular—y sólo entregaba al contumaz, impenitente é incorregible—lo hacía rogando la piedad y aun prohibiendo el daño (1), á condición de que conservase intactos la vida y los miembros —*quatenus vitam et membra sibi illibata conservet* (2)—según la fórmula sacramental de entrega, usada por el inquisidor. Esta era también la práctica en España (3).

La Inquisición entregaba al hereje al brazo secular, no para que le ejecutase, sino para que le *juzgase* (4); ella no condenaba ni podía condenar más que en su fuero y la muerte aquí, como en Francia (5), no figu-

(1) Eundem N. tanquam haereticum relinquimus brachio et juditio curie secularis, eadem affectuose rogantes prout suadent canonice sanctiones, quatenus citra mortem et membrorum ejus mutilationem circa ipsum suum judicium et suam sententiam moderetur.

(2) Variante añadida por Bernado Guidon, en su *Práctica*, página 127.

(3) «Debemos de relajar y relajamos la persona de dicho N... á la justicia y brazo seglar, especialmente á N..., corregidor de esta ciudad y á su lugarteniente en dicho oficio. A los que *rogamos y encargamos muy afectuosamente como de derecho mejor podemos que se hagan benigna y piadosamente con él.*» (*Libro sobre el orden de procesar en la Inquisición*, folio 31.) Schiappolí afirma, sin una sola prueba, sin un solo texto demostrativo, que cuando entregaba la Iglesia al hereje al brazo secular, el juez civil no podía usar de gracia sin incurrir en las penas conminadas por el Derecho canónico. (*Diritto penale canonico*, en la *Enciclopedia di diritto penale italiano*, de Pessina, Milán, Società editrice libraria, § 187, tomo I, página 826, *sin notas.*)

(4) Dampnati vero per Ecclesiam seculari judicio relinquantur, animadversione debita puniendi (Decretales de Gregorio IX, Libro V, *De Haereticus*, título VII, capítulo XV) Relinqui debeant judicio seculari. (Bernardo Guidon, *Practica*.) Heretici perseverantes in errore relinquantur judicio seculari (San Raimundo de Peñafort, *Directorio para uso de los inquisidores aragoneses*, año 1242. Edición Douais, Ap. *L'Inquisition*, página 286.)

(5) En tel cas doit aider la laie justice á la Sainte-Eglise, car quant aucum est condamné comme hongre (hereje) pas l'exami-

raba en el catálogo de sus penas (1). En el fuero común, el hereje era condenado, ó absuelto.

Había, por lo tanto, una completa *solución de continuidad* entre la obra de la Inquisición y la del poder civil, en orden á la punición de la herejía.

El poder civil castigaba la herejía con la muerte: en España, desde Pedro II de Aragón (Concilio de Gerona, año 1197) y Alfonso el Sabio (Fuero Real, Libro IV, título I, ley 1.ª, año 1255); en Sicilia, desde las tres célebres constituciones de Federico II (1224, 1231 y 1238), en virtud de su sola autoridad (2). Eran las doctrinas de la época (3).

---

nation d Sainte-Eglise, le doit abandonner á la laie justice et la justice l · le doit ardoir, parce que la justice espirituel ne doit nului m e á mort. (Beaumanoir, cap. XI, número 2.º)

(1) H quí el catálogo de las penas impuestas por la Inquisición d edo, desde 1575 á 1727:

Relaja en persona.	Suspensión para id.
» en efigie.	» para confesar.
Confis ón.	» para predicar.
Multa (ectiva y de la mitad del c al.	Último lugar en el coro y en el refectorio.
Recon ción en persona.	Disciplina.
» en efigie.	Penitencia espiritual.
Samb	Oir misa de penitentes en la iglesia.
Prisió perpetua é irremisibl	Idem en la cámara de la audiencia.
Reclu en hospital ó convent	Abjuración *de vehementi*.
Galer esidios y Arsenales.	» *de levi*.
Azot	Reprensión ó amonestación.
Vergü	Prohibición de escribir libros.
Desti	Suspensión temporal de funciones eclesiásticas.
Prohib n de salir de España.	
Morda	Retractación pública.
Privaci de la confesión.	Deposición de empleo.
Inhabil ión para recibir órdenes.	Suspensión.

(Gón z del Campillo, *Catálogo de las causas*, volumen I; Conf. L a *Inquisition of Spain*, III, 551-554.)

(2) A toritate nostra ignis juditio concremandus (1.ª Constitución de Federico II, año 1224). Haeretici... ubicumque per imperium dampneti ad Ecclesia fuerint it seculari juditio assignati, animadversione debita puniantur. (3.ª Constitución, año 1232). Praesentis nostrae legis edicto damnatos mortem pati decernimus. (Constitución de 1231.—Véase *Mon. Germ.* - LEGES, Sect IV, tomo II, página 196.

(3) Vid L. Derôme, *Frederic II et les idées religiusses au XIII° siècle*, en *Revue contemporaine*, 28 Feb. 1865.

Al entregar al hereje á la potestad civil, la Iglesia pide para él misericordia, como las reglas canónicas aconsejan—*prout suadent canonice sanctiones*—según fórmula al uso.

La Inquisición fué «el primer tribunal que abolió el tormento» (1). Los tribunales civiles siguieron aplicándole (2). Recuérdese el tormento aplicado á Don Carlos de Padilla, Don Pedro de Silva y el Duque de Hijar, por traidores á S. M. en (1648) (3).

Era la suya «la jurisprudencia más adelantada de su tiempo» como dijo Malesherbes (4), después de leer el *Directorium* de Eymeric.

Los reyes hicieron *instrumento político* de esta sagrada institución; y esto sucedía de ordinario. Era más

(1) «Es cierto que los Inquisidores hace mucho tiempo se han abstenido de decretarla, de forma que casi se puede reputar abolida por el no uso» (Llorente, *Hist. crit.*, capítulo X, artículo 7.º) «Así es que apenas hallaron reos en sus cárceles los franceses que entraban en España; y fué extraña su sorpresa á vista de las preocupaciones de hogueras y tormentos, que todavía afectan nuestros llamados sabios; siendo incalculable la moderación que observa en sus castigos. *Ella fué el primer tribunal que desterró el tormento* (Hermida, *Diario de las Cortes Constituyentes de 1812, sesión el día 8 de Enero*). «El general francés Belliard, que fué gobernador de Madrid en tiempo de la francesada, tuvo, como era natural, vehementísimos deseos de conocer las cárceles del Santo Oficio, y mayores aun de inspeccionar por sí mismo el cuarto del tormento; tal se les habían pintado los libros que de la inquisición había leído. Corrido de no hallar ni rastro de aquellos monstruos de crueldad, decía mohino á los que le acompañaban ¡«Nous ont trompé»! ¡«Nous ont trompé»! (Cappa, *La Inq. esp.*, páginas 121 y 122).—Véase la inversión del relato, con la curiosa descripción del «tormento del péndulo», en uno de los más bellos cuentos de Edgar Poe (*Historias extraordinarias*, traducción española. Madrid, *Biblioteca Universal*, un tomo en 18.º) Es triste que haya formado su «cultura histórica» nuestra juventud leyendo en estos «clásicos» No merecen juicio más serio los relatos fantásticos de Eugenio Pelletan ó de Jaurieu.

(2) Rodrigo, tomo III, páginas 130 á 146.

(3) *Relación de las sentencias ejecutadas en Don Carlos de Padilla*, etc. Manuscrito perteneciente al archivo del Sr. D. Francisco Otiu Duaso, núm. 6, folio 80 (publicado por Rodrigo, tomo III, página 130 y siguiente, nota 2).—Véase para la ejecución del Duque de Hijar un manuscrito existente en la Biblioteca nacional—*Papeles varios:* 50—(publicado por Cappa, obra citada, Apéndice X, páginas 233 y siguientes).

(4) Citado por Cantú, *Les haerétiques d'Italie*, dis. 1.º

cómodo gobernar los estados con tremendos resortes de ultratumba; las sanciones temporales redoblaban su fuerza cuando se asociaba á ellas la espiritual. Si algún pecado cometió la Inquisición, no fué de crueldad ni de injusticia; fué de imprudencia, prestándose á proceder justa y humanamente, pero á excitación de los Reyes. A ellos debe acumularse principalmente la culpa.

Todos los historiadores de la Iglesia: los católicos como De Maistre (1), Hefele (2), Gams (3), Hergenrother (4), y los protestantes como Ranke (5), Maurenbrecher (6) lo reconocen noblemente: la Inquisición, religiosa en su origen, había llegado á ser, en su ejercicio, una institución política.

Con todos los *defectos* del sistema inquisitorial (7), el tribunal de la Inquisición fué temido, pero á la vez respetado y amado siempre en España (8).

---

(1) *Lettres à un Gentilhomme Russe sur l'Inquisition d'Espagne, Lettre* 1.ª: «L'Inquisition est un instrument purament royal; il est tout entier en la main du roi.»

(2) *Der Kardinal Ximenez*, capítulo XVIII.

(3) *Die Kirchengeschichte von Spanien,* Libro XIII, capítulo I, § 3: «Sie ist kein kirchliches, sondern ein Staates Institut, theilweise mit kirchlichen Formen.»

(4) *Handbuch der kirchengeschichte,* II, (Friburgo, 1885): 765: Gestaltete die Inquisition zu einem wichtigen Staatsinstitut.»

(5) *Die Osmanen und die spanische Monarchie,* Leipzig, 1871, páginas 195-198.

(6) *Geschichte der katholischen Reformation*, Nordlingen, 1880, I, 45.

(7) Llorente, *Memoria,* páginas 3 y 4: «Un establecimiento que por su primer aspecto presentaba el carácter odioso de mandar las delaciones bajo pena de excomunión mayor lata; reducir los acusados en cárcel solitaria sin el consuelo de la comunicación con esposos, padres, hijos, hermanos, parientes y amigos; negar al reo el proceso original para su defensa, y no manifestar jamás los nombres de los testigos para tachar los que debieran serlo...» Cf. *Historia crítica,* I, Prólogo, páginas VI, VII.

(8) Llorente. *Memoria histórica,* p. I: «No puede dudarse que la nación española amó tanto como temió al de la Inquisición contra los herejes, llamada unas veces *Tribunal de la fe,* otras *Tribunal de la Santa Inquisición;* y más comunmente *Santo oficio de la Inquisición.* Apenas se hallará un libro impreso en España desde Carlos I hasta nuestros días en que se cite sin elogio la Inquisición, directamente ó por incidencia; y por lo respectivo á los escritores de asuntos religiosos ó sus adherentes, parece que les han faltado siempre dignas expresiones para su encomio.»

Parece ser que el procedimiento inquisitorial, en cuanto al detalle, era objeto de peligrosas *variaciones* por parte de cada tribunal, como indica respecto á España el testimonio de Peña (1), confirmado en esto por Villarroel (2).

Pero, en cambio, tuvo verdaderos *aciertos*. Así una delación cualquiera no bastaba para proceder. Se exigía la buena fe y buena conducta anterior del denunciante (3).

b) *Las penas*.—Aplica la infamia penitencial (4) con la *decalvación* y el *afeitado* (5) —sustituye la crueldad por la humillación—, como Licurgo á los cobardes (6); la *soga* (7) y la *coroza* (8), signo de la infamia civil que vemos en las aguas fuertes de Goya; la *mordaza* á los

---

(1) Ac primun hoc statumdum est in hac lite dirimenda, non esse privatas Inquisitionum quarumlibet sanctiones inspiciendas, quibus saepe ex causa id cavetur, quod iure communi et communibus doctorum dictis videtur adversum. (*Comment ad Eymeric*, 3.ª parte, Comentario 97.)

(2) «De estas materias que tocan al modo de proceder en la Inquisición, no se puede assentar cosa fixa; porque las Inquisiciones tienen sus órdenes particulares; y en algunas serán las disposiciones diferentes. Y como los Institutos no salen de su secreto, es andar los autores adivinando» (Gaspar de Villarroel, *Govierno eclesiástico pacífico y union de los dos cuchillos pontificio y regio.* Madrid. Morra imp., 1656, tomo I, página 508, parte I, Quest. V, art. II.)

(3) «El delator más maligno es admitido en todos los tribunales, y una fianza, cuando más, autoriza á sus fiscales; pero en la Inquisición, ni testigo ni delator es admitido sin que primero conste la buena fe con que proceden y se haga una pesquisa de la conducta del acusado.» (Hermida, *Discurso en las Cortes de Cádiz*, tomo VI, pág. 4241.)

(4) Concilio III de Toledo, can. «Id antea Episcopus et Presbyter, ut si vir est. sive sanus sive infirmus, prius eum tondeat, aut in cinere et cilicio habitum mutare faciat, et sic poenitentiam ei tradad. Si vero mulier fuerit, non accipiat poenitentiam nisi prius velata fuerit, aut mutaverit habitum.»

(5) R. Cappa, *La Inquisición española*, § VII, página 103.

(6) Rodrigo, obra citada, páginas 165, 172.

(7) Cappa, página 104; Rodrigo, III, 172, 173. Cf. Sal. CXVIII, 61: Funes penatorum circumplexi sunt me; et legum tuam non oblitus». Sal. X, 7: Pluit super peccatores lapuas; ignis et sulphur et spiritus procellarum pars calicis eorum.»

(8) Rodrigo, III, 173; Cappa, 104.

blasfemos (1) y el *Sambenito*, ó saco bendito (2), para inspirar la detestación (3) — aspecto medicinal de la infamia—con el propio desprecio (4). Los *vestidos penitenciales* para cubrir á los relapsos (5), respondían, como todas las infamantes, á la idea de preservación y (6) de prevención. Así la infamia penitencial tiene tres sentidos: dulcificación de la pena, corrección y prevención social.

Los penitentes, condenados á peregrinar, llevaban además el *escapulario* y el *báculo*. Así á la publicidad del pecado correspondía, en justa proporción, la publicidad de la penitencia (7).

---

(1) Rodrigo, III, 172, Cappa, 104.

(2) Cappa, 104; Rodrigo, III, 173, 174; Torrejoncillo, *Centinela contra judios*. Cf. Melgares, *Procedimientos*, I, 117, n.

(3) Luis de Páramo *Responsum... pro defensione jurisdiccione Sancti Officii adversus oppositiones et capitula judicum secularium ejusdem Regni*, Matriti, Ludovicus Sánchez, Anno MCXCIV, Cap. I, número 31, folio 25 v.°: «Quae quidem date fuerunt in signum poenitentiae et mortificationis peccati, ac detestatione veteris erroris.» Cf. San Agustín, *Super Psalm*. 103; *Opera*, tomo XIII.

(4) Esta pena de origen bíblico: «Fecit eis túnicas pellices, non humano more, sed condendo: non enim jugulatis animalibus et consutis corum pelliceis túnicas fecit, sed ipsas túnicas pelliceas condidit.» Páramo, capítulo I, § 30, folio 25 v.° Cf. *Biblioteca sancta*, libro V, not. 53. Cf. Perier, *Glos super. Cap. III del Genesis*. Cf. libro III de los Reyes cap. 21. Sacro inducti, nudis pedibus, multibus in terram demissis si reos esse ipso etiam habitu et cultu protestantes ante foras episcopi. (Mombach, *Statuta synodalia Diocessana;* Nicolás de Bolonia, *De sacra poenit.)*

(5) Hodie Sanctum Officium utitur hujusmodi vestibus poenitentialibus, quibus iudicuntur qui revertuntur ab haeresi. (Páramo, capítulo I § 33, folio 26). Cf. Santo Tomás, 2.ª, 2.ª quaest 164, artículo 2 ad 8.°; Zaquino, *Tract. de haeret* cap. 2.°; Peña, *Comment in* III pars. *Direct de Eymer*. Com. XLII, página 535.

(6) «Los sambenitos se nos presentan como objetos ridículos; pero advirtamos dos cosas: primera, la idea que se encarnaba en ellos, la cual es la de denotar á un ciudadano perjudicial, que con esa nota infamante va dando pública satisfacción á la sociedad, ó por haberse constituído en el confesonario como depositario de las conciencias ajenas sin ser sacerdote, ó por haber burlado la confianza de las familias tomando en ellas esposa siendo hombre casado, ó por haber explotado con artes mágicas ó sortilegios ó patrañas á muchos simples ó incautos.» (Cappa, *La Inquisición española*, página 105).

(7) Peregrinatio per mundum cum baculo cubitati et cum scapularii et cum hujus modo. Et fit publice ideo: et publicum pecca-

La Inquisición española fué la primera en abolir estas insignias, ya poco en armonía con los tiempos. Años más tarde, lo conservaban aún los puritanos de América, en la suya, y el poder civil aun viste el sambenito (capuchón) á los presidarios (1).

Nuestras ideas acerca de esta penalidad se han formado sobre una visión de *calabozos* obscuros, hediondos, verdaderas mazmorras europeas, que debe documentarse en el mismo Llorente (2), en Alvarado (3), en Alcaina (4), en Macanaz (5) y en todos los contemporáneos que les conocieron.

Del *trato* pueden hablar los que sufrieron sus rigores, como D. Melchor de Macanaz (6) y D. Pedro de Ola-

---

tum habeat publicam poenitentiam. (N. DE BOLONIA, *De sacra poenit.*)

(1) R. Cappa, *La Inquisición española,* páginas 104, 105.

(2) «Estas son las más formidables que se pueden imaginar, no porque sean calabozos profundos, húmedos, inmundos y malsanos, como *sin verdad* escriben algunos, engañados por relaciones inciertas y exageradas de los que padecían en ellas, pues por lo común, son buenas piezas, altas, sobre bóvedas, con luz, secas, y capaces de andar algo.» *(Historia crítica,* cap. IX art. 4.°, tomo I, página 175).

(3) «Muchísimos pobres inocentes quisieran para habitar de continuo las estancias que sirven á la seguridad de estos culpados.»

(4) «Esto de calabozos obscuros en la Inquisición, es una falsa invectiva.» *(Discursos en las Cortes Constituyentes de 1812).*

(5) «Lo de ser las cárceles de la Inquisición y sus prisiones tan horrorosas es sin fundamento. El médico é Isaac Martín lo sabían por experiencia, y nos dicen que son claras, bien blancas, y que de día están abiertas para que pase el aire.» *(Defen. crit.* capítulo IV, § 37). Y en otro lugar: «Los encierros son unos cuartos cuadrados con bóvedas blancas propios y claros por medio de una ventana con su reja; todas las mañanas abrían las puertas desde las seis hasta las once á fin de que entre el aire y se purifique.» *(obra citada).*

(6) Al salir escribió la obra que lleva por título el siguiente *Defensa crítica de la Inquisición contra los principales enemigos que la han perseguido injustamente, en la cual se confunde con sus propias razones á los herejes, calvinistas, luteranos y otros, y no pocos católicos engañados por ellos, que con tanto horror y con tan desenfadada furia han combatido á la Inquisición, siendo la más justa y la más conforme á la caridad cristiana,* Madrid. En ella dice: ... «y los prisioneros, que tengan bienes ó no, son tratados muy bien, pues les dan tres comidas y con gran prolijidad explican las horas y lo que en cada comida se les da, todas

vide (1), que salieron convertidos en apologistas y los cronistas de ella (2).

Las *falsedades* cometidas para someterse á una jurisdicción tenida hoy por odiosa y tiránica (3), recuerdan las escenas de Francia relatadas por Beaumanoir. Esto sucedía también, al otro lado de los mares, en la Inquisición del Perú (4).

Tan cerrada era la ley civil, tan dura su práctica,

---

las demás providencias que están dadas para que estén asistidos con la mayor puntualidad y propiedad.» (Capítulo IV, part. 37)

(1) *El evangelio en triunfo*, Carta II: Creyéndolo conveniente para su salud, se le concedió permiso para ir a baños «sin otra precaución para la seguridad de su persona que su sola palabra; de cuya confianza abusó fugándose á Francia». Lafuente, *Historia general de España*, parte III, libro VII, capítulo 1.° Vid. A. Lavalle, *Don Pablo de Olavide (apuntes sobre su vida y sus obras)*, Lima, Imprenta Teatro, 1885, §§ XVI-XX, páginas 70-98.

(2) «Se les da cama, ropa limpia, silla, mesa, algunos libros devotos y un alimento más que decente y bien condimentado.» (*Vindicación de la Inquisición*, p. 17). «Los reos eran visitados continuamente por los jueces, una vez al mes de oficio, y otras por mera benevolencia, velando siempre sobre su asistencia y comodidad; ántes de partir el reo á su destino se le obligaba á *declarar bajo juramento acerca de los defectos que hubiera notado en el trato, para remediarlo*. (Cappa, *La Inquisición española*, páginas 115, 116).

(3) «Han sido demasiado frecuentes los atentados de algunos reos que *por redimirse de las vejaciones de la cárcel ó del presidio* en que los tenían, han tomado el abominable arbitrio de *hacerse reos de inquisición, prorrumpiendo en blasfemias heréticas, escupiendo la sagrada forma*, ó cometiendo otras tales atrocidades. Por ellas han sido llamados al Tribunal, donde, averiguada la cosa de raíz, se ha visto que el nuevo atentado ha sido solamente hijo de la aprehensión (esto es, del encarcelamiento) por donde el reo ha esperado encontrar en el nuevo Tribunal la humanidad y compasión que echa de menos en el que le juzga ó castiga» (Alvarado, *Carta apologetica*).

(4) «Que los comisarios del Santo Oficio deben de estar advertidos de que algunas personas que se hallan presas en las cárceles reales, por orden de los jueces seculares, y por delitos graves, suelen fingir y suponer que tienen que hacer denunciaciones ó declaraciones de sí mismos, de delitos que han cometido contra nuestra santa fe, ó contra otras personas, cuyo conocimiento toque al Santo Oficio, y con este pretexto pretenden ser llevados y sueltos de la cárcel á casa de los comisarios para por este medio poder hacer fuga ó ser reos del Santo Oficio (en perjuicio del castigo que justamente merecen por sus delitos) lo cual no han de permitir los comisarios.» (*Instrucción á los señores Comisarios y Notarios del Santo Oficio de Inquisición del Perú:* recopilada en 1750).

y tan amarga su pena que los reos se fingían autores de delitos religiosos, para ser trasladados á las cárceles de la Inquisición (1).

Cuando no había espacio acomodado en las cárceles, para evitar la aglomeración, se les permitía cumplir la *detención en sus casas* (2). La *prisión perpetua* se cumplía, generalmente, *en los monasterios*, y el cambio de uno á otro era cosa fácil (3).

Es vergonzoso tener que recordar á la incultura europea que la leyenda de los *grillos, cepos*, etc., ha sido desmentida por el mismo Llorente... (4) y por el cronista madrileño (5), cuando en la torre de Londres

---

(1) «¿Cuál es la suerte de un pobre que no puede ni tiene cómo acreditar su inocencia? Hemos llorado en el ejercicio de nuestra carrera la imposibilidad de hacerle justicia; ¿cuántas veces hemos empleado el rigor contra el descuido y negligencia de los abogados que lo defienden? ¡Qué trabajos le vemos sufrir en las prisiones, sin alimento y sin cama muchas veces en que descansar de los grillos y cadenas que le afligen! Pero estos infelices dejan de serlo si son presos por la Inquisición; bien asistidos y alimentados, no sufren la miseria ni el dolor de las prisiones, ni carecen de consuelo en sus trabajos. ¡Ah! *¡Cuántas veces hemos visto*, para evitar la calamidad que sufrían muchos reos, *fingirse con delitos propios de la Inquisición*, para ser trasladados á sus cárceles!» (Hermida. *Diario de las Cortes Constituyentes de 1812, Sesión del día 8 de Enero*).

(2) «Por no haber cárceles bastantes para los penitenciados á cárcel perpetua, se puede permitir á cada uno su propia casa bajo la conminación de castigarle conforme á derecho, si saliere.» *Instrucción de Torquemada*, de 1488, artículo 15).

(3) «Con cualquier representación que haga por él el prelado del convento alegando que está enmendado ó que le va mal de salud, se muda al reo á donde él quiere, y así se le va restituyendo la libertad... ello es que ninguno cae en las manos de los inquisidores que no diga de ellos mil bienes.» (Alvarado, *Carta apologética;* Cf. Olavide, obra citada, Carta II y Lafuente, *Historia general*, Parte III, Libro VII).

(4) «Suponen asimismo algunos escritores que á los presos se oprimía con grillos, esposas, cepos, cadenas y otros géneros de mortificación; pero tampoco es cierto, fuera de algún caso raro en que hubiese causa particular Yo vi poner esposas en las manos y grillos en los pies, el año 1790, á un francés, natural de Marsella; pero fué para evitar que se quitase por sí mismo la vida, como lo había procurado, y aun después de todas aquellas precauciones y otras varias lo consiguió.» *(Historia crítica*, capítulo IX, artículo 4.° Edición citada, tomo I, página 176.)

(5) «En aquellos memorables días de 7, 8 y 9 de Marzo del año 20 fueron forzadas estas puertas por el pueblo, ávido de en-

se aplicaban á los reclusos siete clases de tormentos(1).

La pena de *azotes*, aplicada por los tribunales civiles á los delitos de escalamiento, robos, lesiones, etc., fué abolida por la Inquisición en cuanto á las mujeres (2), y limitada á los bígamos y á los que se fugaban de las cárceles; pero declarado por el Supremo Consejo que la evasión era un acto de derecho natural (3), la pena de azotes quedó completamente abolida, cuando seguía por mucho tiempo usándose entre los laícos.

Recomendó la absolución y el sobreseimiento, en los *procesos contra la memoria de los difuntos* (4). Limitó (5) y abolió las penas pecuniarias, incluso la *confis-*

---

contrar en ella las horrendas señales de los tormentos y las víctimas desdichadas de aquel Tribunal; pero en honor de la verdad debemos decir que sólo se hallaron en las habitaciones altas que daban al patio dos ó tres presos ó detenidos políticos... Nada absolutamente se halló (en los encierros) que indicase señales de suplicios, ni aun de haber permanecido en ellos persona alguna de mucho tiempo atrás.» (Mesonero Romanos, *El Antiguo Madrid*, número 31. *La Calle de la Inquisición*, página 300)

(1) Florimund, *Histoire de la naissance de l'hérésie*, Lib. VI, capítulos XVIII, XIX y XX.

(2) «Siempre exceptuó á las mujeres, por motivos de pública honestidad» (Rodrigo, tomo III, página 126. Cf. página 145).

(3) Simancas, *De catholicae instit.*, n. 25; Rojas, *Tractatus de hereticis*, Pars. 2.ª, disert. 15; Rodrigo, *Historia verdadera de la Inquisición*, tomo III, capítulo LXIII, páginas 126, 127; Cappa, *La Inquisición española*, § X, página 107.

(4) «En los procesos contra los difuntos *se absuelva* pronto, cuando no hay entera probanza del crimen..., pues los hijos y las hijas reciben gran daño, no encontrando casamientos por el peligro de la litis-pendencia.» (Torquemada, *Instrucción 4.ª*). «*Sobreseianse* además los procesos en lo relativo á los herejes difuntos, si algún testigo declaraba que antes de morir había dado señales de penitencia, indicando su deseo de recibir los Sacramentos, prueba muy fácil de hacer.» (Rodrigo, tomo III, página 119).

(5) Exceptuando los bienes dotales y parafernales de las esposas (Inocencio IV, Bonifacio VIII, *Sexto de las decretales*, 5.°, título II, capítulo III), y lo necesario para alimento y vestido del reo y familia. (Llorente, capítulo VII, artículo 1.°) y «busquen personas honestas que reciban á dichos hijos, los sustenten y los enseñen la doctrina cristiana» (*Constitución de 1484* Torquemada *Instrucción 22*), y los bienes enfitéuticos y de fideicomiso (Saavedra, *La Inquisición*, página 136), volviendo los bienes á él ó á los herederos á los cuarenta años aunque fuesen herejes (*Rodrigo*, tomo III, página 148), y recobrándoles los abjurantes juntamente con la libertad (Páramo, *De origine*, página 140).

cación (1) impuestas por la ley civil (2) á los herejes, mucho tiempo antes de establecerse la Inquisición en Castilla.

Los inquisidores podían reducir el tiempo de la penitencia, conmutarla por otra más leve y por último, á los tres años, perdonarla (3).

En la española, eran motivos de *conmutación* la juventud y la vejez (4), el haber delinquido sin dolo (5), el ser novicio en la fe (6), el haber confesado espontáneamente el delito, cuando la pena no se imponía *ipso jure* (7) y otras muchas (8).

---

(1) «No conmuten la penitencia de cárcel ni otra personal en pecuniaria sino en ayunos, limosnas y peregrinaciones». *Instrucciones de Torquemada,* artículo 6 º). «Había muchos años que no estaba en práctica el imponer multas y penas pecuniarias á los reos de hoguera, porque los émulos del Santo Oficio, no atribuyan á codicia de los bienes lo que sería proporcionado castigo del delito.» (*Acuerdos del Consejo de la Suprema* de 15 de Junio de 1729).

(2) Véase *Ordenanzas reales,* libro VIII, título 4.º *Novísima recopilación,* ley 1.ª, título III, libro 12. *Código de Indias,* ley 9.ª, título XIX, libro I. Reproducida por Felipe III en 1610.

(3) «Quaesitum scio post quantum tempus soleat in carcere perpetuo dispensari: sed neque in hoc velut in pluribus aliis, quidquam est nominatim universis inquisitoribus jure praescriptum: quanobrem eorum arbitrio haec relinquitur, qui spectatu poenitentium humilitate et poenitentia inter minus tempus potuerunt hanc poenam remittere aut in aliam leviorem conmutare, el post lapsum trienii remitti solere scripsit Simancas, número 21 Quod si poena carceris irremisibilis fuerit imposita, elapso octavo anno solet relaxari in. ídem Simancas, testatur, número 22.» (Peña, *In tres partes, Directorium Inquisitorium, adnottatum,* Roma, 1568, página 224)

(4) Potest enim minuere poena ratione senectutis, vel juventuti (ut l. *auxilium* § *in delictis* ff *de minoribus).*

(5) Vel quia sine dolo dilinquit (ut ff. de *poenis,* l. *siquis aliquid,* § *instrumenta* et l *absentem* § fin. et l. *respiciendum* § delinquunt, eodem título).

(6) Item nota quod noves in fide minor debet poenitentia imponi (ut extra de poena et remisione in l. *Deus qui,* et 12, de novit, et 35 q. 3) et Hostiense in dicto cap. *Deus qui,* dicit quod propter novitatem detrahendum est severitati (it etiam idem Host. in alio c. *Deus qui, de divertiis,* tractat de hac novitate *Repert,* página 600, col. I).

(7) Nota quod ubi poena imponitur ipso jure, non potest per negationem augeri, ne per negationem mineri (ita nota Bartolus, ff. *de peculio, ligat,* l. *idquod servo,* et pro hoc est casus en l. palam, § pentemus, ff. de ritu nuptiali, Repert. página 600, col. II).

(8) Quae autem sint justae causae minuendi poenas dilictorum?

La pena pecuniaria, cuando el reo no podía satisfacerla, se le conmutaba por corporal — lo que para muchos significaba agravación y para otros beneficio —, en una fórmula parecida á nuestra reponsabilidad personal subsidiaria (1).

La inquisición española entendió que la regla general de *arbitrio judicial,* para aumentar y disminuir la pena enlos delitos, debía aplicarse también al de herejía, por no hallarse exceptuada expresamente (2).

La soledad, el abandono y la dureza de la distinción, en las prisiones inquisitoriales, se han exajerado no poco (3).

Era la justicia de su tiempo, dura y severa, pero de

---

ad hoc respondet glosa (in dicto § *poena gravior),* dicens multas fore causas. (*Repert*, página 600, col. I)

(1) Unde si condenatus in pecunia propter crimen non potest solvere, judex ex intervallo poterit in poenam corporalem permutare et hoc obtinet inquocumque crimine (pro hoc ff. *de in jus vocant,* l. finale, et de jurisdictio omniam jud, l. *si quis id quod* § *servos)* cautius tamen faciet judex si formet sententiam bimembrem hoc modo videlicet: condemno te in pecunia, et nisi solveris intra talem terminun, mando quod patiaris talem poenam corporalem (*Quintiliano Mandosio, Addit. ad Repert,* página 604, col. II).

(2) Et ad praedicta diundum quod inquisitores possum poenam inflictam á jure contra haereticos minnere, vel etiam ex causa augere, et mutare, nam hoc est generale in omnibus criminibus (ut in l. *quid ergo* § *poena gravior,* ff. *de his qui* notam infamia, et l. *et si severior,* et l. *si post sidonem* l ex quibus causis infa(mia) irroga(nda) nude eum haec regula nom inveniatur violata in crimine haeresis, debet idem quod in aliis criminibus inducere *(Repert.,* página 600, col. I

(3) «Ves este hombre, que, si rico, se permite que le asistan sus criados; si casado, su mujer tiene siempre entrada libre; si tiene negocios, sus interesados le visitan (*a*); si está enfermo, no le faltan médicos, ni medicamentos; si sólo, instruídos sacerdotes acuden á ofrecerle su amistad y compañía; y hasta si su salud lo reclama, se le autoriza para que vaya á tomar aguas minerales... (*b*). Pues mirado bien es una *victima de la Inquisición, sola,*

(*a*) «La Constitución pontificia de 1681, concedió amplia libertad á la mujer é hijos del procesado, para visitarle todos los días y mayor fué la condescendencia que hubo en el siglo XVIII, permitiendo á muchos su residencia en las habitaciones del Alcaide, tertulias diarias alguna noche, y salir á baños medicinales cuando lo exigía la salud.» (*Ibid.,* loc. cit.).

(*b*) «Entre otros casos, se recuerda el de D. Ramón Salas, á quien se permitió ir á los baños de Trillo y permanecer en este pueblo todo el tiempo que quiso.» (*Rodrigo,* tomo III, página 80, nota).

una dureza y de una severidad indulgentes (1), porque era una justicia suavizada por la caridad.

Era un tribunal todo gentileza para con los arrepentidos; resumen de toda misericordia, pero también de toda justicia (2).

Sobre todo, la Inquisición es una institución símbolo de una época; síntoma evolutivo de la vida social española, á tono con sus ideas y sentimientos (3). La Inquisición española es toda la España de los siglos XV al XVII.

c) *El perdón.*—La práctica del perdón para los primeros delincuentes no es nueva. La Iglesia la practicaba en los procedimientos del tribunal del Santo Oficio, bajo el título de lo que se llamaba el *período ó tiempo de gracia.*

Basta leer algunos de los antiguos *directorios de inquisidores* para evocar este pasado piadoso y desconocido.

La inquisición era de tres clases: *general*, *especial y mixta* (4). General, era la investigación que hacía el juez-delegado, especialmente para descubrir, no un delito ó delincuente, sino el estado de la herejía en un distrito, lugar ó monasterio; como el médico enviado para estudiar una epidemia local ó regional. En esta In-

---

abandonada y pudriéndose entre miseria y enfermedades». (La Inquisición fotografiada).

(1) Dass die Inquisition bei aller Strenge und Härte doch, *gelinder* war, die als die übrigen Gerichte jener zeit in katolischen und protestantischen Ländern. (Hefele, *Der Kardinal Ximenes,* páginas 325 y siguientes y 344 y siguientes).

(2) Ch. Lea, *Inquisition of spain,* IV, 398: «it assures us that experience showed that penitents were most gratelul for the benevolence shown to them, and that it was a tribunal full of gentlenesss the centre of benignity, compasion and mercy, but also of justice»

(3) F. Larra, *Prisiones de Europa,* I, 329: «En tiempo de Fernando VI y de los monarcas sucesores mejoraron considerablemente las ideas, y los Inquisidores fueron piadosos, benignos y prudentes..., en todas las causas procuraban evitar la infamia y confiscaciones de bienes, sabiendo la repugnancia que á todos inspiraban tan depresivas providencias.»

(4) Véase Schmalzgrueber, *Ius ecclesiasticum universum,* Nápoles, un tomo in fol. V. 22 y 23.

quisición general se practicaba el *tempus gratiae* (1).

Era éste un plazo concedido á los herejes y á los apóstatas para que se acogiesen á la benignidad suprema del perdón, por el arrepentimiento, antes de proceder contra ellos en justicia (2).

La institución de la gracia, en la historia del derecho eclesiástico, tuvo su *origen* más que en la ley en la costumbre (3). Como el perdón inglés, la hallamos en

---

(1) Gratia fit haereticis per inquisitores de bonis suis et de vita, quando veniunt tempore gratiae. (Repert. verb. *Gratia*, página 385, col. I.) De sponte venientibus in tempore gratiae, et crimen suum Inquisitori prodentibus.—Quod si infra termium assignatum haereticis credentibus, fautoribus, etc., quod tempus gratiae a doctoribus nominatur aliqui ad dictum Inquissitorem accesserint; qui dicant et recognoscant se in aliquam haeresin incidisse illi credidisse, vel haereticis fautorem praestitisse, ne ad manus pervenirent Inquissitorum, et similia; circa istos qui non sunt accusati, nec denuntiati, nec citati, sed voluntarie advenerunt et errorem suum detexereunt infra terminum eis assignatum debet. Inquisitor mitius se habere (Eymeric., obra citada páginas 409 y 410.) Neque in hoc tali est considerandum ex tempore suae cognicionis, et confessionis aliquod discrimen ut puta, si ante tempus gratiae ad inquisitoribus conessum venit vel post. Solent enim inquisitores haereticorum cum primum oppidum aliquod vivificat est de haeriticis inquirant, edicta proponere, et populum per predicatores monere, ut si quis in illo fuerit in aeresin aliquam diabolo suadente lapsus, infra talem, aut talem terminum, puta habdomadam, vel mensem, errores suos recognoscat, et se errase humiliter coram illis falcantur: alioqui si hoc illis praesignato termino jam transacto deprehendi fuerint, velut haeretici puniéntur. (A. Castro, obra citada, página 208.) Istud quod dicitur de tempore gratiae, innuitur ex quada consuetudine quam solent dare, inquisitores haereticae pravitatis, quia ut praediximus, ipsi inquisitores in principio sui officii praemittunt sermones ad populos ubi habent inquirire de fide cathólica differentis, atque admonentes omnes haereticos, ut recognoscentes errorem suum ad fidem catholicam convertantur, quae tamquam benigna mater nulli claudet gremium redeunti, quos benigne recipiet et solent praefigere certum terminum infra quem isti qui culpabiles se invenerint possiut redire inmunes á poena corporali cum retentione bonorum et istum talem appellatur tempus gratiae. (*Repert verb. Rediens*, página 671.)

(2) Véase Llorente, *Historia crítica*, Capítulo VII, art. II. Rohrbacher, *Historia universal de la Iglesia*, § 1447-1517.—Mariana, *Historia de España*, Libro XXIV.- Rodrigo, *Historia verdadera de la Inquisición*, tomo III, capítulo LVI.—Saavedra, *La Inquisitión*, páginas 129 y siguientes; Lea, *Inquisiiion of Spain*, I, 165; II, 457-463.

(3) Tempus gratiae magis est introductum *de consuetudine*, quam á jure... (Repert. Mandosii et Vendrameni, página 185,

el acervo copiosísimo del derecho consuetudinario, planta expontánea nacida en el terreno fértil del arbitrio.

En fin, el *fundamento filosófico y moral* de la institución de la gracia se halla en toda la doctrina cristiana de la misericordia, del perdón y de la reconciliación, viviente en el simbolismo de las más hermosas parábolas del Evangelio.

La del buen pastor y la del hijo pródigo sobre todo, encierran una alusión que San Pablo quiere, más bien que limitar á los pecadores, extender á los herejes y á los delincuentes. Es la doctrina de los Santos padres San Ambrosio y San Jerónimo interpretando textos del Antiguo Testamento, (en el Levitico y en el Eclesiástico), y la proposición contraria, defendida por Nonato, fué condenada por la Iglesia (1).

Anunciar el *tiempo de gracia* era uno de los deberes del inquisidor al llegar á su diócesis; pero una condición para merecer la gracia era la *presentación espontánea* al inquisidor (2). A los que esperaban á que se les denunciase ó se presentaban por sí mismos, pero después de transcurrido el plazo, no se les concedía la gracia en el mismo grado que á los otros (3).

---

col. II.) Istud quod dicitur de tempore gratiae, innuitur *de quada consuetudine*, quam solent dare inquisitores haereticae pravitatis, etc. (Ibid, página 671, col. I.)

(1) Haereticum hominem si recipuerit, solet pia mater Ecclesia, quae sponsi sui dulcissimi vestigia sequitur extensis (ut aiunt) uluis recipere. Imitatur siquidem sposum suum (ut ait Paulus) I, Tim. 2).

(2) Tertium quod habet facere tunc Inquisitor est, tempus assignare gratiae dicendo sic: Et ego auctoritate Apostólica de gratia speciali assigno omnibus haereticis, credentibus, fautoribus, receptatoribus, et defensoribus haereticorum, ac de haeresi diffamatis vel suspectis, si qui sunt in tota ista diocesi, totum mensem inmediate secuentem, seu tantum tempus, infra quod libere veniant ad me, nec sponte se denuntiari, accusari vel capí: infra quod tempus gratiae si libere et spontanea voluntate ad me venerint et reatum suum revelaverint, et veniam petiverint. magnam veniam † et misericordiam consequentur. (Eymeric, página 409, col. II.)

(3) Si autem spectaverint quod accusentur, denuntientur, citen-

El plazo era de un mes, que se prorrogaba por otro en el edicto (1). Sin embargo, la rigidez del *plazo* fijado no era lo más esencial para el perdón, y aparece una curiosa discrepancia de juicio, casi en proporciones de polémica, entre los doctores del procedimiento inquisitorial del siglo XVI: el Arcediano (2), Dominico (3), el Hostiense (4), Alfonso de Castro (5), Peña (6) y otros.

Lo esencial para merecer la gracia era el *arrepentimiento,* del que son indicios la *presentación espontánea*—dentro ó fuera ya del tiempo de gracia—y la *confesión,* acompañadas de la detestación sincera del delito; ó ya sola la confesión sin la presentación espontánea, después de la acusación ó citación, pero antes de la convicción, según la opinión más favorable del Hostiense y de A. de Castro «siempre que el juez conozca que hay dolor del delito cometido y espere fundadamente en la enmienda».

Esta gracia se refería á las *penas más graves:* como la muerte, la incineración ó emparedamiento, el destierro y la confiscación, según se enseña en el Concilio Biterrense (7).

---

tur, vel capientur: vel tempus gratiae transire permiserint, et post, venerint, tantae gratiae non erunt digni i quare veniant, infra tempus gratiae assignatum. (Ibid, página 409, col. II, l. C. ad fin.)

(1) « ... para que todas las personas desta dicha Ciudad e su tierra que en la dicha eregia de seguir la ley de Moyses hubiesen caido o incurrido, que dentro de treynta dias primeros siguientes veniesen ante nos confesando sus herrores, o abjurando o renunciando e partiendo de si la dicha eregia .. e que le recibiriamos usando con ellos de toda piedad e misericordia que pudieremos, e non solamente en el dicho termino... mas por otros treynta despues los esperamos, etc. (*Edisto de gracia, de Ciudad Real,* 1483; Arch. hist. nac. Inq. de Toledo, Leg. 139, n.º 145).

(2) *De haeret.*, libro VI c., *ut commissi,* § *necnon.*

(3) Eod. loc.

(4) *Sum De Haeret.* Cont. § *Qualiter deprehendatur,* etc.

(5) *De iust. Haeret.,* libro I, capítulo XII. *Quod haeretici,* etc.

(6) *Comment ad Eymericus:* «Quodcumque; igitur tempore quis veniat, sive intra tempus gratiae, sive postea, modo sponte sua, et sine aliqua accusatione, aut citatione ille veniat, semper est eum misericordia recipiendus» (Castro, obra citada, página 208).

(7) Ac deinde mandetis, ut ommes qui se vel alios sciverint in

Pero en el ejercicio de la gracia ó perdón, la Iglesia—aplicando siempre el sano principio de la *individualización del delito*—concede una ámplio arbitrio á los Inquisitores para que éstos apliquen el perdón, no en la totalidad sino parcialmente, á todos, aun sin presentación espontánea, según la *calidad de las personas* y la *calidad de los crímenes* (1), precepto más amplio que el inglés (2).

La denominación «tiempo de gracia» venía precisamente del carácter atributivo ó permisivo, no obligatorio, de esta facultad en los inquisidores (3); de donde no sería gracia—*gratis data*—si no se diese de grado y sí por fuerza (4).

Pero á semejanza de la remisión condicional de la pena y del perdón, la gracia no se podía conceder por segunda vez al que una ya la recibiera; era, pues, para

---

crimine labis haereticae delinquisse, compareant coram vobis veritatem dicturi: Assignato eis termino competenti, quod tempus gratiae vocare solitis; quibus tamen alias hujusmodi gratia non est facta; infra quem terminum venient., poenitentes et dicentes plenam de se ac de aliis veritatem, habiant impunitatem mortis, immurationis, exilii et confiscationes bonorum. (Capítulo II. Véase Simancas, *De cathol, Instit.*, título XLIV, número 3.º Cf. Hispalense, *Pars prima*, capítulo III, § 7). Cf. Peña, *Comment ad Eymericus*, Com. XII, n. 56, D.

(1) «Atenta la qualidad de la persona y de los delitos confesados y la diuturnidad y gravedad de ellos.» (Torquemada, *Instrucción 1.ª*, § 7, edición Llorente, *Anales*, I, 373). Non tamen sponte venientes evitabunt omnes poenam, sed pro qualitate personarum et criminum, arbitrio Inquisiorum benigne tractabuntur, aut poenam aliquam pecuniariam solven ts, aut elemosinas erogantes, aut alia hujusmodi charitatis opera praestantes. (Peña, *Comment*, XII, n. 56, E.)

(2) Artículo 1.º: «Siempre que un individuo sea reconocido culpable por cualquiera tribunal, de robo, estafa ó cualquier otro delito que merezca pena *que no exceda de dos años* de prisión..., y cuando no haya sufrido condena anterior el tribunal podrá...» etcétera; (*Probation of offenders Act*. 1907, 1, 2).

(3) Hic illis praefixus et comessus términus, solet vocare tempus gratiae: quia ex gratia et non ex necessitate illis concessum est tempus veniae, vel misericordiae, quia si illo tempore venierint, venia illis dabitur et misericordia. (A de Castro, *De Iust. Haeret. punit.*, libro I, capítulo XXII, página 208.)

(4) Gratia si non gratis datur vel accipitur gratia non est. (Repert., página 385, capítulo I. Cf. *Sum. Theol.* 1, q. 1, gratia.)

los *primeros delincuentes*, aunque la caridad creyó que también debía de haber alguna benignidad con los segundos (1).

Lo mismo se hacía en Portugal (2) y en las Indias (3).

He aquí los precedentes históricos de una institución moderna, modernísima por su espíritu y sentido, y que aun más que de hoy pudiera llamarse de mañana.

El perdón para los primeros delincuentes es el reconocimiento tácito hecho por el legislador del absurdo que encierra aquella presunción *juris et de jure*, según la cual la ignorancia del derecho no escusa su cumplimiento, elevado á principio con una seriedad que raya en el sarcasmo. La primera infracción supone ignorancia, y el mismo crimen, como pena, no significa otra cosa que aleccionamiento (4).

El nuevo espíritu de piedad—nuevo para las socie-

---

(1) Id quoque diligenter est animadvertendum, hujus promissere gratiae beneficium collatum sponte venientibus, *non tribui illis quibus alias hujusmodi gratia jam facta fuit*, ut pravitatem concilium docet, nihilominus tamen iis etiam, quibus alias hoc beneficium est tributum, *aliquid est condonandum*. (Peña, loc. cit.)

(2) Sobre la Inquisición de Portugal, véanse: F. de Castro, *Regimento do Santo Officio da Inquisiçào dos Reynos de Portugal*, Lisboa, 1640. Vieiza, *Noticias recónditas y pósthumas del procedimiento de las Inquisiciones de España y Portugal*. Villafranca, 1722, 2.ª ed., Venecia, 1750. Hernández, *Verdadero origen de la Inquisición de Portugal*, Madrid, 1789; A. de Sousa, *Aphorismi inquisitoribus; De origine inquisitione*. A. Herculano, *Da origen e establecimento da Inquisiçào em Portugal*, Lisboa, 1854, *Historia dos principaes Actos é Procedimentos da Inquisiçào de Portugal*, Lisboa, 1845. López de Mendoza, *Damiào de Goes e a Inquisiçào de Portugal*, Lisboa, 1853. P. Monteiro, *Historia da Inquisiçào de Portugal, etc.*

(3) Sobre la Inquisición de las colonias, véanse: Medina, *Santo Oficio de la Inquisición de las provincias del Plata*. J. T. Medina, *Historia del Tribunal del Santo Oficio de la Inquisición de Lima* (1569 1820), Santiago, Gutemberg, 1887. Millares, *Historia de la Inquisición en las Islas Canarias*, Birch, *Catalogue of MMss of the Inquisition of the Canary Islands*. Ch. Lea, *Inquisition in the spanish dependences*, New York, Macmillan, 1908.

(4) La jurisprudencia familiar que aconseja el perdón da la primera infracción para con los domésticos, reflejase en adagios de nuestra sabiduría popular patria y exótica. *La prima si perdona é la secunda si bastona* - dice un conocido adagio italiano y otro de Castilla muy expresivo, tomado de la penalidad de un juego infantil: «la primera primillas, la segunda en las costillas.»

dades civiles, viejo en la Iglesia—impone un nuevo concepto de la reincidencia, considerada, no como agravante, sino como *calificativa genérica* del delito y del delincuente. Y esta característica lo es, porque sólo entonces, á la segunda infracción, es cuando la escusa de ignorancia y la atenuante de torpeza ó de imprevisión no pueden alegarse, en la medida necesària para destruir el dolo.

Esta es «la *inicua penalidad religiosa, oprobio de la historia,* que asumió la Inquisición» (1).

En el Diccionario de la lengua castellana hay palabras para calificar estos *procederes científicos;* pero el refinamiento de la cultura las rechaza. Ocurre lo que con esa penalidad inadaptada que, por excesiva, repugna á la sensibilidad y viene á ser impunidad en la práctica.

---

(1) Bernaldo de Quirós, *Historia y fuentes del Derecho penal en España,* en *Alrededor del delito y de la pena,* página 119.

§ 7.—*La época de las luces.*

Bibliografía. Cantú *Beccaria e il diritto penale,* Florencia 1862 (trads. alem. de Glaser, 2.ª 1876 y franc. de Lacómte y Delpech, París, 1885). Löning. Z. III 219. Frank, *Die Wolffische Strafrechts philosophie* (La filosofía de! Derecho penal de Wolff), 1887.—Hertz, *Voltaire und die französische Strafrechtspflege in 18 Jahrhundert* (Voltaire y la Administración de justicia penal en Francia en el siglo xviii), 1887.—Stötzel, *Brandenburger-Preussens Rechtsverwaltung und Verfassung* (La Administración de Justicia y el procedimiento prusiano de Brandemburgo) 2 ts. 1888.- Günther II, 161 —El mismo, G. A., XLVIII, 1, G S. LXI, 161, 321 en Gross XXVIII, 112. Stinzing-Landsberg, *Geschichte der deutschen Rechtswissenschaft* (Historia del Derecho alemán) III, 1.ª parte, 1898 (esp. p. 386).—Marmonteil, *La législation criminelle dans l'oeuvre de Voltaire,* 1901. Overbeck, *Das Strafrecht der französische Enciclopädie* (El Derecho penal de la Enciclopedia francesa) 1902. Willenbücher, *Die strafrechts philosophischen Anschaungen Friedrichs der Grossen* (Las ideas penales de Federico el Grande), 1904, (Beling, Cuaderno 56) Esselborn, *Über Verbrechen und Strafe von César Beccaria* (Sobre «los delitos y las penas», de César Beccaria), 1905, (con una Introducción biográfica). Kade, *Umschwung im Strafe und Strafwollzug in 18 Jahrhundert* (La revolución penal del siglo xviii), 1908.

I. Desde que la autoridad de *Carpzovio* había sido pospuesta, ante los ataques cada vez más poderosos de los enemigos, la práctica penal alemana había perdido su último apoyo. La legislación imperial enmudecía; la territorial, se reproducía en un sinnúmero de pequeñas ordenanzas. Sabios y jueces desdeñaban la Carolina, con igual menosprecio. El estado de la misma práctica penal había llegado á ser insostenible, y ulteriores circunstancias aparecen ahora, más que nunca, acelerando la decadencia del Derecho penal común alemán. A favor de los grandes descubrimientos conseguidos por la investigación en las ciencias (*Kopernico* † 1543, *Kepler* † 1630, *Galileo* † 1642), una nueva visión del mundo había hecho su entrada triunfal en el reino del espíritu, precisamente en el siglo de *Carpzovio*. Desde que la ciencia dejó de ser la sierva de la Teología, el Estado y el Derecho comparecieron ante el estrado de la razón humana, crítica y examinadora. Luego que *Hugo Grocio* († 1645) elevó el Derecho natural al rango de ciencia autónoma, se enardeció la lucha por los fundamentos del Derecho penal público. *Hobbes* († 1679), *Spinosa* († 1677), *Locke* († 1704) hicieron retroceder á la pena, como retribución jurídica por mandato divino, mostrando su fin en la corrección ó exterminio del criminal y la intimidación de los otros y para la propia conservación, contra *S. v. Cocejo*, el gran Canciller de Prusia († 1755) (1).

Pronto la demostración filosófica pone la mano directamente en la vida práctica. Los ilustradores (*Aufklärer* alemanes siguen á *Puffendorf* († 1694), que desechó expresamente la idea de la retribución; su portavoz es el batallador *Cristian Thomasio*, Maestro de Halle. En la lucha contra los relegados Derechos romano y canónico, se defiende cada vez más el racionalismo del Estado-policía, que será elevado por *Cristian Volff* († 1754) á un sistema comprensivo y adquiere una influencia determinante sobre la legislación prusiana (2).

---

(1) Grocio, *De jure belli ac pacis*, 1625. Sobre él vid.: Pfeninger, *Der Begriff der Strafe untersucht an der Theorie der Hugo Grotius*. (El concepto de la pena investigado en las teorías de Hugo Grocio); 2.ª, 1897; Hobbes, *De cive*, 1640; *Leviathan*, 1551; Spinosa, *Tractatus teologo politicus*, 1670; Locke, *Ou government*, 1689; S. v. Coceji, *Elementa justitiae naturalis et Romanae*, 1740; *Introductio ad Grotium illustratum*, 1751.

(2) Pufendorf, *De jure naturae et gentium* 1672.—Thomasius (véase arriba § 6, número 5) en numerosos escritos —D. Fischer, *De poenarum humanarum abusu* 1712.—Chr. Hoffmaun, *De insignioribus defectibus jurisprudentiae criminalis Germanicae eorumque emendandorum ratione ac mediis* 1731.—Engelhard, *Versuch eines allgemeines peinlichen Rechts aus den Griind-*

Del otro lado del Rhin suena, en tonos más agudos, la campaña, *Montesquieu* († 1755), con fina ironía, atacaba el Derecho penal en sus fundamentos; y pronto desalojó del espíritu inquieto de Federico el Grande los últimos restos de la influencia de Volff. *Voltaire* († 1778) y *JJ. Rousseau* († 1078) continuaron la obra comenzada por el político *Montesquieu;* aquél con su destreza de hombre de mundo, éste con las penetrantes palabras del pensador espiritual (1).

El edificio del viejo Derecho penal ardía lentamente, cuando un motivo externo sopló sobre él levantando llamas. El año 1762 era condenado injustamente á la rueda, en Tolosa, el comerciante protestante *Juan Calas*, por muerte de su hijo. Voltaire, ya viejo, en uno de sus más ardientes escritos, acusó á los tribunales franceses de homicidio judicial, poniendo de un golpe á la opinión pública de su parte. Así sucedió que el libro de *Beccaria* († 1794), «Dei delitti e delle pene», 1764, que atacaba sin piedad los abusos de la práctica criminal dominante y exigía con altas voces una reforma radical, tuvo en todos los países un éxito repetido y resonante.

Aparte de él, pero al mismo tiempo, propagaban las nuevas teorías *Sonnenfels* († 1817) (2) en Austria, desde 1765 y *K. F. Hommel* († 1781), profesor de Leipzig, en Alemania, desde 1765. Hallaron un aliado influyente en el teólogo de Gotinga *J. D. Michaelis* († 1791).

---

satzen der Weltweisheit und besonders des Rechts der Natur hergeleitet (Ensayo de un Derecho penal común sacado de los principios de la filosofía y especialmente del Derecho natural) 1756, (en íntima unión con *Wolff*).

(1) Montesquieu, *Lettres persannes* 1721; *Esprit des lois* 1748. Le sigue Federico el Grande, *Sur les raisons d'etablir ou d'abroger les lois* (escrito ya en 1748). - Voltaire, en numerosos escritos; Rousseau, *Contrat social* 1762; sobre esto véase Liepmann, *Die Rechtsphilosophie des JJ. Rousseau* (La filosofía del Derecho de Rousseau) 1898.

(2) *Über die Abschafung der Tortur* (Sobre la abolición de la tortura), 1775.

Hubo proyectos completos de códigos penales preparados, sobre éstas bases, por los profesores *Claproth* (1774) de Gotinga y *Quistosp* (1777 y 1782) de Rostok. Entre tanto, el concurso al premio ofrecido por la Sociedad de Economía de Berna, en 1777, había hecho brotar una ola de escritos, entre los que fué premiado el «Tratado de la Legislación criminal», por *Globig* y *Husters,* aparecido en 1783 (1).

En la misma época, próximamente, *John Howard* empieza su victoriosa campaña en pro del mejoramiento de las prisiones y de los presos (Vid. abajo, § 61). *Globig* va más lejos aun; en 1809 aparece su «Sistema completo de Legislación criminal, etc.», escrito por encargo de Rusia.

II. Muy pronto hallaron consecuente aplicación, en la LEGISLACIÓN PENAL DE LOS PRINCIPALES PAÍSES, las ideas fundamentales de la época de las luces (protección de la libertad individual, contra el arbitrio judicial, abolición de la tortura, supresión ó al menos limitación de la pena de muerte, predominio del fin político de la pena, rechazando toda exigencia religiosa ó simplemente moral). En Rusia, *Catalina II,* en su notable «Instrucción para la comisión encargada de ultimar un proyecto de nuevo Código», de 1767, había ensayado ya una traducción del «Espíritu de las leyes», de *Montesquieu,* al lenguaje legislativo. El Código penal de *Leopoldo II* para Toscana, de 1786, estaba lleno del espíritu de *Beccaria*. En Austria, *Sonnenfels* triunfa,

(1) Son dignos de citarse: Wieland, *Geist der penlichen Gesetze* (El espíritu de las leyes penales), tomo I, 1783; tomo II, 1784. Gmelin, Profesor de Tubinga, *Grundsätze der Gesetzgebung über Verbrechen und Strafen* (Los principios de la Legislación sobre los delitos y las penas), 1785; véase Soden, *Geist der peinlichen Gesetzgebung Dentschlands* (El espíritu de la Legislación penal alemana), 2.ª edición, 1792; véase Reder, *Das peinliche Recht nach der neuester Grundsätzen vollständig abgehandelt* (El Derecho penal tratado integralmente según los últimos principios), 4.ª parte, 1783-84; Filangieri († 1788), *Scienza della legislazione,* traducción alemana de Link, 1784 y siguientes.

tras larga lucha y en Persia *Federico el Grande,* desde su advenimiento entra por la vía de las innovaciones (1).

1. En Austria, promulga José II, en 2 de Abril de 1787, la ley sobre el castigo de los delitos, de 13 de Enero de 1787, que significa, en ese respecto, el más agudo contraste con la Teresiana. Los caracteres de este Código son: brevedad y concisión en las palabras, despotismo ilustrado en el sentido, sustitución de la pena de muerte por penas de la libertad crudelísimas, hasta de cien años, con el mantenimiento de los azotes públicos y de la marca por el fuego, exclusión del sistema de analogía y definiciones defectuosas.

Restablecida la pena de muerte para el delito de alta traición en 1795, este Código fué aplicado primero, en 17 de Junio de 1796(en vigor desde 1.° de Enero de 1797), con numerosas modificaciones, en el Oeste de Galicia, recientemente unida á Austria; luego, en 3 de Septiembre de 1803 (en vigor desde 1.° de Enero de 1804) y luego nuevamente promulgado para toda la monarquía, con numerosas y esenciales mejoras, en la edición revisada de 1852, base del vigente Derecho penal austriaco (2).

2. En *Prusia*, el Gobierno de *Federico el Grande* despliega una viva actividad en la Legislación penal (Vid. *Stölzel*, II, 229). Esta actividad culmina, después de numerosas correcciones, en la *costumbre general (Allgemeinen Landrecht)* de 1794, (promulgada el 20

---

(1) Sobre el proyecto de Pflaum para Bamberg (en vigor desde 1795 á 1805). Vid Günther, III, 1, Hälfte, 84, nota 182. Heimberger, 182 (Vid. *Bibliografía,* § 49).

(2) Vid. Wahlberg, *Kleinere Sehriften* (Escritos menores), III, 1, v. Maasburg, *Die Strafe des Schiffsziechens in Osterreich.* (La pena de galeras en Austria) de 1783 á 1790 —, 1890. El Código penal de 1803, mereció una cuidadosa reelaboración de Jenull, *Das österreichische kriminal-Recht nach seinen Gründen und seinem Geiste Dargestell.* (El Derecho criminal austriaco, expuesto según sus fundamentos y su espíritu), 4 volúmenes, 1808 15. Del Código penal Josefino se ocuparon Sonnleithver, *Anmerkungen* (Notas), 1787 y De Luza, *Leitfaden* (Guía), 1789.

de Marzo de 1791; suspendida el 18 de Abril de 1792; nuevamente promulgada el 5 de Febrero de 1794; en vigor desde 1.° de Junio de 1794), que dedica al Derecho penal 1577 artículos, título XX de la 2.ª parte. *Klein* (1) tuvo una parte importante en la preparación; la memoria de *Globig* y *Huster* había influído en ella. Por su agradable amplitud de criterio, su íntimo deseo del bien, su solicitud cuidadosa hasta el ridículo, por hallar disposiciones preventivas, sus disposiciones penales tan indulgentes y sus definiciones útiles, la legislación de la *costumbre general* (A. L. R.) es una expresión característica del sentido dominante del Estado policía ilustrado.

Si bien corresponde poco al modelo actual de un Código, la costumbre general era, sin embargo, una ejecución vigorosa y hábil susceptible de posterior desenvolvimiento.

3. En *Francia,* el gran movimiento de la Revolución determinó inmediatamente el Código de 1791 y el Código de los delitos y de las penas de 3 Brumario del año IV (1795), preparado por *Merlin*, que regula principalmente los procedimientos criminales. Después, el *Código de los delitos y de las penas* de Napoleón, de 1810 (Proyecto de 1804; nueva prosecución de los trabajos en 1808; en vigor desde 1.° de Enero de 1811), que, por su redacción clara y su técnica precisa, alcanzó un influjo—no siempre favorable—sobre la legislación extranjera, especialmente de los países latinos.

Aunque atenuada repetidamente desde 1832 la dureza de sus sanciones penales, inspiradas en el principio de intimidación, este Código ha mantenido indestructible, hasta el día, la firme armadura de sus preceptos filosóficos.

---

(1) Vid. abajo, § 8, I, página 38.

ADICIONES

§ 7.—*El Derecho penal de la Revolución.*

BIBLIOGRAFÍA.—Alfonso de Azevedo, *De reorum absolutione objecta crimina negantium apud equuleum, ac huyus usu eliminando, praesertim ab ecclesiasticis tribunalibus, Exercitatio*, Matriti, 1770, Ap. Joaquinum Ibarram; *Ensayo acerca de la tortura ó cuestión del tormento, de la absolución de los reos que niegan en el potro los delitos que se les imputan, y de la abolición del uso de la tortura, principalmente en los tribunales eclesiásticos*, traducción española de C. G. O., Madrid, Collado, 1817; Pedro de Castro, *Defensa de la tortura y leyes patrias que la establecieron é impugnación del trabajo que escribió contra ella el Doctor D. Alfonso María de Azevedo*, Madrid, Escribano, 1778; M. de Lardizábal y Uribe, *Discurso sobre las penas, contraído á las leyes criminales de España para facilitar su reforma*, 1.ª edición, Madrid, J. Ibarra, 1782, 2.ª Madrid, Repullés, 1828; J. Marcos Gutiérrez, *Discurso sobre los delitos y las penas*, en Ap. á la *Práctica criminal de España*, 1.ª edición, Madrid, 1804; 3.ª, Madrid, Villalpando, 1824, t. III, págs. 1-111; *Comentarios del ciudadano Ramón Salas al «Tratado de los delitos y de las penas», escrito por el Marqués de Beccaria, y por continuación el tratado de las virtudes y de los premios, escrito en italiano por Jacinto Dragonetti, traducido al español por el mismo Salas*, Madrid, Villamil, 1831; Sempere y Guarinos *Ensayo de una Biblioteca española de los mejores escritores del reynado de Cárlos III*, Madrid, Imprenta Real, 1785-89.

A) *Las ideas.*—Aquí, donde decididamente no hubo Renacimiento—en cultura, Humanismo; en política, Laicismo; en arte, Neo-paganismo; en religión, Reforma—, el fuerte batallar de la discusión doctrinaria, más libre de lo que se piensa, había abierto en el horizonte de los espíritus los caminos de muchas posibilidades. En los siglos XVI y XVII—lo hemos visto—se defendían tesis exajeradas, absurdas (1); pero esporádicamente, individualmente. Faltaba el radicalismo como corriente y como sentido. La tradición y la autoridad conservan su enorme valor social por mucho tiempo en España.

Pero las nuevas ideas, tan diferentes de las nuestras, hallaron, en el alma española, puntos de analogía y de contacto.

Un pueblo á la vez idealista, sentimental, por el exceso de sensibilidad, y empírico, práctico, por la falta de cultura, había de ser cultivo apropiado á dos tendencias opuestas, que sobreviven en el carácter español después de un siglo. Cada una de esas tendencias encarna en un grupo.

Unos son los *dogmáticos*—románticos, revolucionarios, absolutistas—, otros, los *escépticos*—realistas, ordenancistas, constitucionales. Como aquí, existen en toda Europa; les describe Esteban Dumont:

«Los dogmáticos forman un gran número de sectas; pero todos ellos son en política una especie de inspirados, que creen, mandan creer y no razonan; tienen ciertas profesiones de fe, ciertas palabras mágicas, como igualdad, libertad, obediencia pasiva, derecho divino, derechos del hombre, justicia política, ley natural y contrato social; tienen máximas ilimitadas, medios universales de gobierno que aplican sin mirar á lo pasado y á lo presente, porque desde lo alto de su genio consideran la especie y no los individuos, y un sistema sublime no debe ponerse en balanza con la felicidad de una generación. Su impaciencia por obrar es proporcionada á su impotencia de dudar, y su intrépida vanidad los dispone á ser tan violentos en sus medidas, como despóticos en sus opiniones» (2).

---

(1) Véase atrás, páginas 310.
(2) *Discurso preliminar á los Tratados de legislación civil y penal*, de Bentham, edición París, Lecointe et Lasserre, 1832, I, páginas XXXVIII y XXXIX

De esos dos grupos hizo Pacheco, á mitad del siglo XIX, magistralmente la semblanza.

«Uno representa la exajeración de las antiguas virtudes, la proclamación constantemente declamatoria de una severa moralidad, la exaltación, el sentimentalismo, todas las grandes palabras y todas las acaloradas ideas, que podían conmover á corazones ardientes y apasionados...; de otro, el excepticismo es su bandera, sus armas, la duda, la sátira, el análisis» (1).

La piedad.—El catolicismo—que es toda nuestra educación nacional—había dado un tono sentimental á los espíritus, en el ejercicio de dos virtudes hermanas: piedad y caridad, que son *corrección* y *asistencia*, en el orden penitenciario. Al llegar la nueva corriente de ideas, con su doble carácter: protesta violenta contra los privilegios y promesa de ayuda al débil, por este último, más que por el primero, halló en la opinión punto de apoyo.

Se llegó basta comparar la Revolución con Cristo ... (*Sancte Marat, Sancte Jesus*—gritaban en París). De las declamaciones de los revolucionarios, los españoles comprendieron mejor lo que recordaba al Evangelio.

La utilidad.—No olvidemos lo más sustantivo del sentido, en este rápido inventario de ideas. La escuela utilitaria inglesa, más tarde, hace prosélitos en España, la eterna romántica—rara afinidad electiva—y la *defensa social* es base de nuestro derecho de castigar, afirmado sobre la doctrina de Bentham, que corría en manos de los eruditos en la traducción de Esteban Dumont (2), y luego se vulgarizaba traducido por Salas (3),

(1) *Introducción á los Comentarios del Código penal de 1848.*
(2) *O'Euvres*, 3.ª edición, Bruselas, Societé belge de librairie, 1840.
(3) *Tratados de legislación civil y penal*, 1.ª, Madrid, 1821-22; 2.ª, París, 1823-1829; 3.ª, 1838.

Aduaga, Espinosa (1) y otros (2); extractado por Escriche (3) y Ferrer Walls (4); expuesto por Villanueva y Jordán (5) y Toribio Núñez (6).

Había llegado un ejemplar á España con las tropas francesas, que iban de paso á Portugal en 1807—el utilitarismo entra con las armas—y, en Salamanca, ese ejemplar, cae en manos del bibliotecario de la Universidad, *D. Toribio Núñez* (Coca, 16 Abril 1776-Sevilla, 1834). Impresionado por la lectura, Núnez, «más penetrado que Dumont del espíritu de Bentham, logró, á fuerza de estudio y de fatiga, realizar el proyecto de éste, refundiendo totalmente los tratados de Dumont, formando de todos ellos un cuerpo de doctrina. Acabado el trabajo, lo comunicó con el mismo Bentham, quien, en cartas originales, le contestó que había adivinado su verdadero espíritu» (7). Núñez, publica en 1820 su libro y es diputado en las Cortes de 1822. Así entró el utilitarismo en España.

Aunque puede negarse la influencia de Bentham y del utilitarismo (8), en tesis redonda, lo cierto es que

---

(1) *Obras completas*, Madrid, 1841-1843.

(2) Traducciones anónimas de *Tratados sobre la organización judicial y la Codificación*, París 1828, Madrid y París 1845; *Teoría de las penas y de las recompensas*, París 1826 y Barcelona 1838; Bravo y Dectonet, *Tratado de las pruebas judiciales*, Madrid, 1847; *Tratado teórico práctico de las pruebas en Derecho civil y penal*, traducción Vicente y Caravantes, Madrid, Revista de Legislación. 1869, 2 volúmenes, *Defensa de la usura*, París, 1828.

(3) *Tratados de legislación civil y penal* (en compendio), Madrid, 1839.

(4) *Los principios de legislación y codificación*, Madrid, 1835.

(5) *Aplicación de la Panóptica de Jeremías Bentham á las Cárceles y Casas de corrección de España*, Madrid, 1834.

(6) *Ciencia social, según los principios de Bentham*, 1.ª, Salamanca, Imprenta nueva á cargo de B. Martín, 1820; 2.ª, Madrid, Imprenta Real, 1835, única autorizada.

(7) *Dictamen de la comisión encargada de la formación del Código civil* (la formaban, entre otros, Tapia y Pacheco), al frente de *La ciencia social*, de Núñez.

(8) «Aunque un español según el mismo Bentham lo declara fué el mejor intérprete de su manera de pensar, el utilitarismo con toda la formalidad de su procedimiento y toda la frialdad de su análisis, no es tendencia que reanime ó que apasione

ningún autor extranjero lo ha ejercido mayor en España desde 1820 hasta 1845 (1).

Él mismo escribió ocupándose de nuestra reforma constitucional (2) y de nuestro primer Código (3).

De estas dos tendencias, genuinamente españolas, son hombres representativos, en el Derecho penal, dos jurisconsultos: Lardizábal y Salas, discípulos, respectivamente, de *Beccaria* (Milán, 15 Marzo 1738-28 Noviembre 1794) y *Bentham* (Londres, 1747-1832).

El libro de Beccaria (4) circuló profusamente por España. Había sido traducido al español en 1774 (5) y 1820 (6) por anónimos; lo tradujo de nuevo Juan Rive-

---

á un pueblo que convalece ó que renace. Ni en el orden de nuestro renacimiento político, ni en el de nuestro renacimiento literario – los dos que se prestan fácilmente á observaciones colectivas—descúbrese otra cosa que una exaltación sentimental muy conforme con los arrebatos, á veces infantiles y á veces juveniles de esa segunda infancia y juventud de los pueblos que fueron y prometen volver á ser. En tal caso se vive de dos cosas: de los recuerdos que constituyen los restos de una organización dormida y del nuevo ambiente que estimula y revive esos recuerdos. Y nada menos dormido y más estimulado que esa propensión idealista que constituye un modo del carácter peninsular y esa educación metafísica que durante tres siglos, más ó menos inquisitoriales, es nuestra ciencia. (Salillas, *Doña Concepción Arenal en la Ciencia penitenciaria,* Madrid, Suárez, 1894, páginas 13 y 14.)

(1) Silvela (L.), *Bentham: sus trabajos sobre asuntos españoles y expositor de su sistema en España,* Discurso de Recepción en la Academia de Ciencias morales y políticas (3 Abril 1894), Madrid, Ratés, 1908, página 48.

(2) Bentham, *Trois essais sur la politique de l'Espagne: 1er, Lettre a la nation espagnole; 2en, Procédures qui ont suivi le massacre de Cadiz; 3en, Lettre adressée a la nation portugaise, Œuvres,* III, 187-209. Publica como apéndice la Constitución de 1812; *Carta que el célebre jurisconsulto y hábil publicista Jeremías Bentham dirigió á los españoles en 1822,* etc., traducción anónima, Cádiz, 1837; traducción Mora anterior.

(3) *Essais sur la situation politique de l'Espagne Lettres au compte de Toreno sur le Code pénal; Œuvres,* III, 140-183.

(4) *Dei delitti e delle pene,* 1.ª edición (anónima), Livorno, 1764; 2.ª Milán, 1764, *Opere,* Florencia, Le Monnier, 1854.

(5) Citada por Torres Campos, *Bibliografía española contemporánea del Derecho y de la Política,* I, 150.

(6) Madrid, Imprenta de Rosa Sanz; no citada por los bibliógrafos.

ra, en 1821 (1); al año siguiente, aparece una nueva traducción, en París, con los *Comentarios* de Voltaire (2); otra al mediar el siglo, sin nombre (3); y, por último, la de Pascual Vicent, la más completa (4).

Las palabras de Beccaria, por ese fenómeno de «imitación entre los juristas», que dijo Tarde (5), fueron repetidas, como eco políglota, en Francia por Brissot de Warbille (6), Pastoret (7), Marat (8), Lacretelle (9), Servan (10), Bexón (11), Philphin de Piépape (12); en América, por Liwingston (13); en Italia, por Filangieri (14); en Alemania, por Feuerbach (15); en España, por Lardizábal.

---

(1) *Tratado de los delitos y las penas*, escrito en italiano y traducido al castellano por ..., Madrid, Villalpando, 1821.

(2) 1.ª edición, ... *con la respuesta de Beccaria á las notas y observaciones de Facchinei, las observaciones de Hautefort,* etc., París, 1822; 2.ª, 1828.

(3) *Tratado,* etc., Madrid, 1851

(4) ... *según el texto publicado en Florencia en 1862 por César Cantú, siguiendo la gran edición en folio de la Imprenta real de Milán, con las adiciones de la primera reimpresión y posteriores, y confrontada con los manuscritos originales del autor,* Sevilla, 1879.

(5) *Les transformations du Droit*, capítulo VII, § II ad. finem, París, Alcan., 1893, página 187.

(6) *Théorie des lois criminelles,* París, 1780.

(7) *Des lois pénales,* París, 1790.

(8) *Plan de Législation criminelle* (1779), 1.ª edición. Neuchatel, 1780, otra en París, 1790; traducción española de A. E. L. (*Principios de legislación penal*), Madrid, Sánchez, 1891.

(9) *Discours sur le préjugé des peines infamantes,* 1784, (premio de Metz).

(10) *Observations adresées aux répresentants de la nation sur le rapport du comité de constitution concernant l'organisation, judiciaire,* París, 1799; *Essai sur la conciliation de l'intérêt et de la justice* 1795; *Discours sus l'administration de la justice criminelle,* Géneve, 1767.

(11) *Parallele du Code pénal d'Angleterre avec les lois pénales françaises el Considerations sur les moyens de rendre cellesci plus utiles,* 1er part., París, Frauvelle, Nivôse au VIII.

(12) *Observations sur les lois criminelles en France,* París, 1789; *Suite*, París. 1790.

(13) *Introductory report to the penal code of Louisiana,* Filadelfia, 1833; traducción francesa de Onvezac (*Systéme des lois pénales pour l'État de Lonisiana*).

(14) *Scienza della legislazione,* Venecia, 1782.

(15) *Lehrbuch des peinlichen Rechts,* 1801.

Don Manuel de Lardizábal y Uribe († 25 de Diciembre de 1820), Consejero de S. M., su alcalde del crimen, hijosdalgo de la Real Chancillería de Granada, Secretario de la Real Academia Española, uno de los jurisconsultos que brillaron más en el reinado de Carlos III, es la figura penal de la época. Lardizábal—el Beccaria español—es autor del célebre *Discurso sobre las penas, contraído á las leyes penales de España para facilitar su reforma,* aparecido en 1782, y del *Discurso preliminar* que va al frente de la edición del Fuero Juzgo, publicada por la Academia (1).

De la comparación de su obra capital con la del maestro, resulta que Lardizábal no es precisamente un rapsoda de Beccaria (2); más ordenado que él, en el plan (3); menos variado, en el contenido; más sincero,

---

(1) Véase § 4, *Bibliografía,* página 149.

(2) J Vida, *Los criminalistas españoles en el extranjero,* en *La nueva ciencia jurídica,* II, 1892, 4: «Ninguno se limitó á copiar y reproducir lo que leyeron en libros extranjeros, sino que lo ampliaron ó rectificaron con puntos de vista propios y originales, aunque dentro de la tendencia general de la escuela.»

(3) Compárense los dos índices:

Caps.	LARDIZÁBAL	Prgs.	BECCARIA
	Introducción....	I	—Introducción
I.	—De la naturaleza de las penas, de su origen y de la facilidad de establecerlas y regularlas.	II.	—Origen de las penas y del derecho de castigar.
II.	De las cualidades y circunstancias que deben concurrir en las penas para ser útiles y convenientes..	XIX.	—De la publicidad y prontitud de las penas
		XX.	—Que el castigo debe ser inevitable.
III.	—Del objeto y fines de la pena.	XV.	—De la moderacfón de las penas
IV.	—De la verdadera medida y cuantidad de las penas y los delitos... ...	XXIII.	—Que las penas deben ser proporcionadas á los delitos.
§ I.	—De la medida y cuantidad de los delitos.....	XXIV.	—De la medida de los delitos.
§ II.	—De la medida y cuantidad de las penas.....	XXV.	—División de los delitos.
V.	—De los diversos generos		

pero más vulgar en el estilo; más sólido, pero menos profundo en los conceptos.

De los cuatro grandes ángulos visuales de Beccaria· Política penal, Procedimiento criminal, Criminología y Penología, Lardizábal sólo abarca el último.

A la misma escuela de Beccaria pertenece también *D. José Marcos Gutiérrez* el autor de la conocida *Práctica criminal de España* (1), que hace otro *Discurso sobre los delitos y las penas* (2), parodiando y completando á Lardizábal (3).

Don Ramón Salas catedrático de Salamanca, el traductor y comentarista de Bentham (4), pub ica unos supuestos *Comentarios* al libro de Beccaria, que no son sino la traducción libre de esta obra (5), con alguna alteración en el orden y división de los capítulos.

Caps.	LARDIZÁBAL	Prgs.	BECCARIA
	que hay de penas y de cuáles pueden usarse ó no con utilidad y conveniencia de la república.		
§ I.	De la pena del talión.		
§ II.	De la pena capital	XVI.	De la pena de muerte.
§ III.	De las penas corporales:		
	Mutilaciones de miembros........ .. .... Azotes	XV	De la moderación de las penas.
	Presidios y arsenales.. Cárcel...............	VI.	De la prisión.
	Destierro..	XVII.	Del destierro.
	Extrañamiento del reino		
§ IV.	De las penas de infamia.	XVIII.	De la infamia.
§ V.	De las penas pecuniarias	XVII.	.. y de la confiscación
§ VI	Del tormento.	XII.	De la questión ó tortura.

(1) 1.ª edición, Madrid, (Complemento del Febrero reformado), 1804; 2.ª, 1818; 3.ª, 1824; 4.ª, 1826.

(2) Apéndice á la misma obra, Vid. *Bibliografía.*

(3) Véase *Prólogo*, página 4.

(4) *Tratados de legislación civil y penal de Jeremías Bentham, traducidos al castellano, con comentarios por Ramón Salas*, 1.ª edición, Madrid, 1820; 2.ª, 1821; otra en París, Laconte et Lasserre, 1838.

(5) Véase *Bibliografía.*

Pero los *Comentarios* á su maestro, Bentham, son jugosos y útiles; encierran doctrina y experiencia.

Da la medida del entusiasmo—á veces ingenuo, cómico—por las nuevas ideas *Marcial Antonio López*, Director de la Academia de la Historia, en sus «Comentarios» á la obra de Constant (1), cuando trata asuntos procesales y penales.

El tormento.—En la evolución de las prácticas para descubrir el delito, cuando la verdad criminal se ignora, primero se le pregunta al Cielo, esperando un milagro; son las *ordalias* ó juicios de Dios.

Más tarde, debilitada la fe, se le pregunta al reo mismo. Naturalmente, el reo, ante el peligro de la pena, por instinto de conservación niega y entonces se acude á ese mismo instinto de conservación para arrancar, por la coacción del más agudo dolor, la verdad oculta. Es la *tortura* ó tormento.

Por último, no se pregunta á Dios, obligándole al milagro—por duda ó por respeto, porque sería reconocerle ó porque sería tentarle—ni se pregunta coactivamente al reo (2), obligándole á mentir (ya que si nos dice la verdad de su inocencia no hemos de creerle y si la mentira de su maldad ha de engañarnos); se pregunta á la realidad misma que no puede mentir, como el reo, ni callar, como Dios. Se examinan las huellas del crimen, los monumentos del delito: víctima, instrumentos, cuerpo del delito, supuesto autor. Se estudia y se investiga la verdad en los documentos humanos.

---

(1) *Curso de política constitucional,* traducción libre. 1.ª edición, Madrid, 1820; 2.ª, Burdeos, 1823. Sólo conocemos de M. A. López un *Discurso* sobre la organización y estado de la Academia en 27 de Noviembre de 1846, Madrid, Aguado, 1847. y la *Descripción*, que se citará luego.

(2) Con el tiempo, no se le interrogará; declarará, si quiere. A la protesta contra el tormento siguió la protesta contra las preguntas sugestivas Un día se pedirá la supresión del interrogatorio, que al fin para nada sirve si no es para perder el tiempo y despistar. Y la confesión será algo así como la carta retrasada del huésped, que llegó, anunciándonos la visita.

Nada más fácil y más seguro que el gran libro diario de la vida, para quien le sabe leer. La confesión del reo, aun expontánea, pierde casi todo su valor al lado de la confesión de los hechos. La química, la topometría, la fisiología, la psicología esperimental, la antropometría criminal, la radioscopia y, entre las artes, la fotografía, el hipnotismo, todo tiene aplicación al descubrimiento de los delitos. De la organización de estos elementos ha nacido la *Criminalística* (Gross) y la *Policía científica* (Ottholenghï, Alongi, Nicéforo).

La abolición del tormento no se debe al movimiento liberal del siglo XVIII. Voltaire defiende la tortura, pidiendo que, al menos, se conserve la previa *(préalable)* para el malvado convicto, á fin de hacerle declarar á sus cómplices (1) y la aplaude (2). Diderot la declara «necesaria» (3). Lingnet refiere que Beccaria instó á los jueces para someter al tormento al salteador Sartorello, que había despojado en el camino real á sus amigos (4).

No es obra de la Revolución, ni en la doctrina ni en los hechos. Antes que Beccaria San Agustín (5), San Ambrosio (6), San Nicolás I (7), Agustín Nicolás (8), Luis Vives (9) habían formulado la más enérgica protesta contra el tormento (10). Antes que Francia hiciera

---

(1) Véase *Prix de la justice, et de l'humanité,* 1777, capítulo XX.

(2) «Le bruit court que le révéreud père Malagrida a été roue: que Dieu en soit benil» *(Lettres a la comtesse de Lutzburg.)*

(3) Véase A. Rivier, *Rev. Penit.,* 1891, página 666 n.

(4) *Annales politiques et litteraires.*

(5) *De civitate Dei,* Libro XIX, capítulo 6.°

(6) *Epist.* XXVI. Cf. en los sacerdotes, Tertuliano, *De idolatría,* capítulo XVII.

(7) *Ad Bulgarios, epist.* (Cf. Cantú obra citada, página 35.)

(8) *Si la torture est un moyen sûr a verifier les crimes sécrets; dissertation morale et juridique par laquelle il est amplement traité des abus qui se commetten partout en l'Instruction des proces criminels et particuliérèment en la recheche du sortilege, Amsterdam, 1681.*

(9) Véase atrás, página 311.

(10) «Sépendant, il en est quelques-unes qui, longtemps avant

su famosa declaración de los derechos, el tormento había sido abolido en Suecia, Inglaterra, Prusia, Rusia, Ginebra, (1), y se preparaba en otros países la reforma, que no había de ser violenta para ser durable.

La Revolución no hizo más que precipitarla, suprimiendo esa fase de adaptación negativa que tan necesaria es, al suprimirse una institución, como la positiva al crearse otra, dando lugar á que, faltando la prueba —en la prohibición de atormentar—, se condenase por el principio de convicción, sin prueba alguna; ó bien, que, suprimida la tortura legal, que era en realidad la *tasa legal de la tortura*, el límite y garantía contra la ferocidad de los jueces—límite de tiempo, de intensidad y de naturaleza, en cuanto al instrumento y al delito—se siguiese practicando el tormento extraoficialmente—sin límites legales—como se hace hoy y se seguirá haciendo, mientras la policía científica no progrese y se aprenda.

En España nace el movimiento científico contra la tortura. Desde la protesta elocuente de Luis Vives (2), Matheu y Sánz (3), Feijoo (4), la tortura era ya uno de los temas que habían huído de la jaula del dogma para volar en el aire libre de la polémica. Entonces aparece el célebre *Ensayo*, de *Alfonso M.ª de Azevedo* (5).

Beccaria, s'étaient hautement élevés contre ce moyen epouvantable d'instruction» (F. Helie, op. et loc. cits.)

(1) El mismo Beccaria, capítulo XII ad fin). Lardizábal *Discurso sobre las penas,* página 284 de la 2.ª edición, Madrid 1828). En Francia, donde no se usaba ya para los soldados, y en las leyes de Córcega había sido prohibido, según Lestrone, *Vues sur la justice criminelle,* página 81, nota (a), se abolió por Luis XVI «convencido por las reflexiones y esperiencia de los magistrados», en virtud de declaración de 24 de Agosto de 1780, registrada por el Parlamento en 5 de Diciembre del mismo año.

(2) Véase atrás, página 310.

(3) Ibid., página 311.

(4) Ibid., página 311.

(5) Véase *Bibliografía*. Se ignora todo acerca de su vida y poco menos de la vida de otros dos Alfonsos de Azevedo, de Plasencia; uno jurisconsulto, autor de unos *Comentarios á la Nueva Recopilación* (en latín), Salamanca, 1583-98; otro poeta, canónigo de aquella catedral (Noviembre, 1550), tal vez hijo del

El libro de Azevedo, que inicia en España la literatura de la revolución penal, es absolutamente original y castizo. Posterior en seis años al de Beccaria — que habla del tormento—pudiera creérsele influído por él. Nada de eso. Unicamente en un lugar, por incidencia, le cita (1), refiriéndose tal vez á la primera edición anónima de Livorno.

En el resto del libro se invocan opiniones y testimonios de autores españoles—Quintiliano, Vives, Gauzin —muchos teólogos españoles—Simancas, Peña, Martene, Díaz de Lugo—y extranjeros—San Agustín, Ennodio, San Gregorio Magno, Van Spen, Augustin Nicolas, Hildeberto—, y aun inquisidores, como Torquemada.

Azevedo defiende cuatro tesis:

«1.ª No debe sujetarse á pena alguna á los reos que nieguen en el potro los delitos de que son acusados, aunque sean los más atroces.

»2.ª Los reos que atormentados no confiesan los delitos, recobrarán muchas veces sus antiguos honores y su buen crédito.

»3.ª Cualquiera especie de tortura se opone á los principales derechos de la naturaleza y á los solemnes pactos de las sociedades.

»4.ª No son de aprobar los tormentos que se usan en los tribunales eclesiásticos para la averiguación de los delitos, aun de los atroces y contra la religión» (2).

Algún efecto debió producir el alegato, cuando en

---

anterior, autor del poema á la *Creación del mundo*, 1.ª edición, Roma, Apud. J. P. Prosilieum, 1615 (*Autores españoles*, XXIX, 245-287). Azevedo, el penalista, es también autor de las siguientes obras: *Idea de un nuevo cuerpo legal, Reflexiones históricas sobre algunas leyes y Discurso sobre la importante necesidad de abreviar los pleitos*. De la primera publica un extracto Sempere en su *Biblioteca*, tomo I, páginas 80 84.

(1) *Ensayo*, § X, páginas 88 y 89: «Cierto escritor Anónymo, sugeto ciertamente muy esclarecido, etc.»

(2) Obra citada, *Indice*.

1786, manda el rey al Consejo que «reflexione sobre el uso de la question del tormento» (1).

Contéstale *Don Pedro de Castro*, Canónigo de Sevilla (2), en una violenta y pasional *Defensa de la tortura* (3), de dudosa originalidad (4).

La Academia de la Historia, á la que pertenecían ambos, dijo que la obra de Castro no se hallaba en estado de poderse imprimir, como opuesta á las leyes y contraria á todas las reglas de la razón (5).

En cambio, el Colegio de Abogados de Madrid la aprueba (6) y recomienda expresamente.

Menos erudita que la de Acevedo y más exegética, se compone esta Memoria de tres partes, donde se exa-

---

(1) *Oficio real al Sr. D. Manuel Ventura Figueroa, Gobernador del Consejo:* «Así mismo quiere S. M. se trate y reflexione sobre el uso de la questión del tormento, que no se ha admitido en muchas naciones bien gobernadas, y ha sido modernamente disputado por muchos sabios AA., por ser prueba muy falible, dudarse de su justificación, y manifestar la experiencia con frecuentes ejemplares pasarlo sin confesar sus delitos los reos más atroces, y no haberlo podido sufrir muchos inocentes, declarando los delitos que no habían cometido». (Véase Sempere, *Biblioteca*, III, 173).

(2) También se ignora todo de su vida; y no ha de confundirse con otros Pedros de Castro: uno, Conde de Lemos, autor de una *Relación de la Gobernación de los Quixos de Indias*, 1608 (cit. A. de León, *Bibliotheca Jndi a Occidentali*, tomo VIII); otro poeta, autor de *Auroras de Diana*, 1640; otro Arzobispo de Sevilla, de quien habla Sempere y Guarinos, *Biblioteca española económico-política*, Madrid, Sancha, 1804, tomo II, página CCLXXI, con motivo de una carta suya (fecha 29 de Agosto de 1623), dirigida al Licenciado Pedro Fernández Navarrete, sobre sus *Discursos políticos*, Barcelona, 1621; 2.ª en *Conservación de Monarquías*, etc., Madrid, Imprenta Real, 1626.

(3) Vid *Bibliografía*. Su primer título fué: *Lo que va de Alfonso á Alfonso; Cotejo de los motivos*, etc. El Colegio de Abogados estimó que debía sustituirse este título por el que lleva.

(4) Brissot de Warbille, *Bibliothéque philosophique des Jurisconsultes*, tomo I, discurso *Du legislateur, du politique*, etc., *Prelim*, dice que coincide con un libro de Tourreil, académico francés del siglo XVIII.

(5) Dictamen dado en 26 de Mayo de 1774.

(6) *Censura del Ilustre Colegio de Abogados de Madrid* (7 de Julio de 1778) al frente del libro de Castro, páginas XXI-XXII: «Con estas precauciones se discurre que podrá ser más bien aceptado el trabajo de D. Pedro de Castro (que sin duda es útil) y producir el fruto que se desea.»

minan concienzudamente los motivos, los fundamentos y las autoridades (1).

A Castro contesta valiente y razonadamente Lardizábal, en el último capítulo de su *Discurso sobre las penas* (2); sin citar ni una sola vez á Beccaria, como si no existiera el libro. Castro se defiende en carta inédita (3).

A esta corriente viene á unirse la autorizada opinión del gran Martínez Marina, en su *Ensayo* (4). Y fueron inútiles los argumentos de Bobadilla (5), y la defensa acalorada de D. Pedro de Castro (6), apoyado por el Colegio de Abogados de Madrid, contra un movimiento que tenía en la opinión hondas raíces. La protesta contra el tormento nace de un español—Quintiliano (7)—y es española.

La pena de muerte.—Contra la tradición teológico-

(1) Parte primera: Cotejo de los motivos de las leyes de la tortura con los motivos de la impugnación; segunda: Cotejo de los fundamentos de aquellas leyes con los fundamentos de la impugnación; tercera: Cotejo de la autoridad de los secuaces de aquellas leyes con las de los patronos de la Impugnación.» (Edición citada, página XXIV).

(2) § VI: «Por eso extrañará tal vez al lector que se trate de él en este discurso, cuyo objeto son las penas y no las pruebas de los delitos. Pero como yo estoy íntimamente persuadido de que el tormento es una verdadera y gravísima pena...» (2.ª edición, página 244).

(3) *Carta satisfactoria*, citada en la hoja *Al censor*, Sevilla, 12 de Abril de 1786, impresa y repartida furtivamente. (Véase Sempere, *Biblioteca*, III, 178.)

(4) *Ensayo histórico-crítico sobre la antigua legislación*, (edición 1808), número 410: «Exigir como necesaria la tortura del reo, mientras se forma el proceso, y declarar que la confesión hecha en virtud de los tormentos no es válida si no la ratifica y confirma después el reo sin premia ni amenaza, como prescriben las leyes de Partida, parece que es una contradicción.»

(5) «Dándose el tormento jurídicamente, aunque el reo muera ó salga lisiado de él, no puede ni debe el juez ser calumniado por ello.» *(Política*, tomo II, libro V, apéndice 25).

(6) «No es necesario quitar al tormento el nombre de pena para salvar lo justo de él, porque la sospecha justa es punible.» *(Defensa de la tortura*, parte 2.ª, página 128).

(7) *Instit. orat.*, V. 4: «Mentietur in tormentis qui dolorem pati potest: mentietur qui non potest.»

política española (1) la voz de un fraile español, *Martín Sarmiento*—Villafranca del Bierzo, 1695-Madrid, 1772—se levanta aquí para potestar contra la pena de muerte (2), dos años antes que Beccaria. Pero la campaña abolicionista europea del siglo XVIII no alcanza á España.

Sarmiento protesta, en nombre de la utilidad social, negando la ejemplaridad de la pena de muerte. «Por malvado que sea un hombre—dice—, será más útil vivo que muerto á la sociedad, si se le separa de ella á un sitio donde se le haga trabajar. Esto otro de que un castigo de muerte sirve para escarmiento á otros, está bien pensado; pero no corresponde en la práctica» (3). Con menos desaliño en el estilo (4), esto mismo viene á decir Beccaria: «La experiencia de la pena de muerte, durante muchos siglos, no ha apartado jamás á los hombres decididos á ofender á la sociedad» (5).

Beccaria, contra la opinión vulgar, no era un abolicionista absoluto. Admitió la pena de muerte, si no como justa, como «necesaria» (6), cuando era «el único freno para impedir nuevos crímenes» (7). Pero demostrada la necesidad, en un lugar ó en una época, como

---

(1) Véase atrás, página 308.

(2) *Impugnación del escrito de los abogados de Coruña contra los foros benedictinos, Obras,* (Colección Dávila), XV, 225-226.

(3) Obra citada.

(4) Crispa los nervios el descuido y decidido mal gusto con que escriben de ordinario nuestros compatriotas: «esto otro de que... sirve... sirve... no corresponde (en lugar de «no responde»), etcétera; Vid. A. López Peláez, *Un predecesor de Beccaria,* en *Revista contemporánea,* Madrid, CXII, 1898, 413-418.

(5) § XVI: «Quando la sperienza di tutti secoli, nei quali l'ultimo supplizio non ha mai distolti gli uomini determinatti dall' offendere la società ...» (Edición citada, página 36).

(6) § XVI: «La morte di un cittadino non pró credersi necessaria che per due motivi. Il primo...» (*Opere,* página 36).

(7) § XVI: «... io non veggo necessita alcuna di destruggere un cittadino, se non quando la di lui morte fosse il vero ad unico freno per distogliere gli altri del commettere delitti» (Edición citada, página 36).

para Beccaria la justicia es «la necesidad social» (1), si la lógica no miente, la pena de muerte, admitida como necesaria, es reconocida como justa. Beccaria, siendo Consejero de José II, votó la pena de muerte para los delitos de conspiración (2).

A Beccaria contesta atinadamente nuestro Lardizábal. No recordamos haber leído una crítica tan serena, tan justa. Lardizábal es ecléctico y quiere «usar de mucha circunspección y prudencia en imponer la pena capital, reservándola para aquellos casos en que sea útil y absolutamente necesaria» (3). En el fondo, es el mismo pensamiento de Beccaria, pero sin declamaciones. Triunfa el principio de la defensa social en una fórmula de eliminación (4), donde resurge todo nuestro pasado penal, desde Séneca (5) hasta los teólogos (6).

En el mismo pensamiento, con fórmulas de moderado abolicionismo, abundan las obras de *Melchor de Macanaz* (7), de *Josef del Campillo* (8) y de *Jovellanos,* en su célebre comedia (9).

En el primer tercio del nuevo siglo nace ya la terri-

---

(1) § XXIV: «La sola necesità ha fatto nascere... l'idea della *utilita comune,* che è la base della giustizia humana.» (Edición citada, página 53.)

(2) «Dans le seance du dimanche 22 Janvier 1792, on posa la question de la peine de mort; après une longue discussion, Beccaria vota pour que'elle ne pût être appliquée qu'au coupable di conspiration contra l'Etat » (C. Cantu, *Beccaria et le droit pénal,* página 197.)

(3) Edición citada, página 166.

(4) § II, 4: «La pena de muerte es como un remedio de la sociedad enferma, y hay casos en que es necesario cortar un miembro para conservar el cuerpo» (edición citada, páginas 166 y 167).

(5) Véase atrás, página 133.

(6) Vid. atrás, páginas 308 y siguientes.

(7) *Auxilios para bien gobernar una Monarquia Católica,* Madrid, 1722, dedicados á Felipe V.

(8) *Lo que hav de más y de menos en España; España despierta,* Madrid 1741.

(9) *El delincuente honrado* (1773), 1.ª edición, Barcelona, sin nota de año ni nombre del autor. Traducción francesa de el Abate d'Eymar, París, 1777. Comp. *L'Honnet criminel* y *Le déserteur,* de Mercier.

ble literatura de la pena de muerte (1), que aún sigue.

Penas corporales.—La filantropía liberal del siglo XVIII, en su manía de dignificar al individuo, no quiso dejar en peligro de rebajamiento ni aun la parte menos noble de él. De aquí su protesta contra las penas corporales, en general, y en especial contra la de azotes.

Lo insinuó Montesquieu (2) y Beccaria lo declara: hay que elegir las penas que causen menos daño «sobre el cuerpo del culpable» (3).

En España, á pesar de los excelentes resultados obtenidos mediante el empleo de la pena de azotes —tanto más lamentable cuanto más arguye de barbarie en la raza—testificado por Matheu (4) por Gutié-

(1) Silvela (F), *Du maintien de la peine de mort,* París, 1832; traducción española del autor, Madrid, 1835; Anónimo, *Examen del derecho de vida y muerte, ejercido por los Gobierno* , Barcelona, 1838; Balmes, *Un reo en capilla ó últimos momentos de un ajusticiado,* Barcelona, 1839; Pérez Molina, *La Sociedad y el patíbulo, ó la pena de muerte histórica y filosóficamente considerada,* Madrid, 1854; García de Gregorio, *Memoria sobre la cuestión de si es aplicable la pena de muerte en los delitos políticos,* Madrid, 1845; Il madrilegno. *El siglo XIX en el patíbulo, ó sea reflexiones teológico-jurídico filosófico-morales acerca de la pena de muerte, escritas para quien la defienda,* Madrid, 1853; Calderón Collantes, *Del derecho del Estado para castigar y de la legitimidad de la pena de muerte,* Madrid; Arenal, *El reo, el pueblo y el verdugo, ó la ejecución pública de la pena de muerte,* Madrid, 1867; Alvarez (C), *Discurso sobre el derecho de castigar y la pena de muerte,* Madrid, 1873; Carril y Campero, *Dos palabras sobre la pena de muerte,* Orense, 1876; Córdova y López y Blasco y Recio, *Cuatro palabras acerca de la muerte y de la cadena perpetua, dedicadas á Doña Vicenta Sobrino,* etc., Madrid, 1879; Macías y Ortiz de Zúñiga, *Estudios jurídicos, históricos y filosófico-jurídicos sobre la pena de muerte,* Madrid, 1871; Torres Campos, *La pena de muerte y su aplicación en España,* Madrid, 1879.

(2) «Les Romains accoutumés á se jouer de la nature humaine, dans la personne de leurs enfants et de leurs esclaves, ne pouvaient guère connaitre cette vertu que nous appelons humanité.» *Grandesse et decandence des Romains,* capítulo XV).

(3) § XV: «e la meno tormentosa sul corpo del reo» (edición citada, página 33).

(4) «La experiencia de más de veinticinco años me ha hecho conocer que esta pena—la de azotes—es más temida en España que la misma pena capital por cuyo motivo la Sala de Corte la usaba con más frecuencia, y aun en delitos leves conminaba con

rrez (1) y por la Audiencia de Mallorca (2), el noble ensueño pudo más que la realidad y el buen sentido, y nuestro Lardizábal copiando al declamador italiano, no quiso ser menos que éste parodiando al francés. Se dió la voz de indignación contra la pena de azotes (3).

La infamia.—De las dos formas de infamia legal—inmanente y trascendente—, la tradición constante del Derecho español rechazó la última. Desde la *Lex antiqua* (4) y la *Lex legum* (5) hasta el *Fuero Juzgo* (6) y las *Partidas* (7)—si se exceptúa en alguna ocasión á los Concilios (8)—la infamia familiar es rechazada noblemente en España con la trascendencia penal.

La crítica de la infamia penal—nunca absoluta—empieza con Beccaria (9). Es acaso ésta su única nota de originalidad. Le repiten Pastoret, Rossi Filangieri...; le siguen todos.

---

ella, con lo cual se evitaban otros mayores y rara vez tenía que imponerse la pena capital». (D. Lorenzo Matheu, Magistrado español, *Tractatus de re criminali, contr. 42, número 30*).

(1) *Discurso*, página 119: «Este castigo, al contrario de la marca y mutilación, debe conservarse como útil; y aún quizá convendría extenderlo á los impúberos por ciertos delitos, siempre que se les impusiese en la prisión y no por mano del verdugo,» (es decir, como tratamiento correccional, igual que en Elmira, Ohio, etcétera.

(2) «La Real Audiencia de Mallorca, en representación que hizo al Señor Felipe V ...., dice que por privilegio especial de aquel reino no se podía imponer la pena de azotes por ningún delito, de donde se seguía multiplicarse éstos, y creía la Audiencia que el medio oportuno para contenerlos sería establecer allí el uso de dicha pena de azotes, á la cual tenían aquellos naturales más horror que á las de galeras, presidio y otras». (Véase Lardizábal, *Discurso citado,* página 194).

(3) «La pena de azotes es ignominiosa y causa infamia... y lejos de ser útil, puede ser muy perniciosa y perder á los que son castigados con ella en lugar de corregirlos». (Lardizábal, *Discurso sobre las penas*, página 195).

(4) Véase atrás, página 157.

(5) Ibid, página 164.

(6) Idem, página 180.

(7) Ley 9, título XXXI, parte 7.ª, Comp., título VI, *De los enfamados.*

(8) Idem, páginas 215, 216; no así en otros: página 209.

(9) Obra citada, § XVIII: «L'infamia é un segno della publica disprovazione... Ella non é in arbitrio della legge» (Edición citada, página 43).

Pero Montesquieu había dicho antes: «que la mayor parte de la pena sea la infamia de sufrirla» (1). Era distinguir entre la infamia de hecho y de derecho; lo que suponía ya proclamar la eficacia de aquella contra ésta. «Todas las penas son pues infamantes», que dirán C. Compte (2) y Helie (3). La ley no debe declarar infame una pena.

Lardizábal copia también á Beccaria y cita á Montesquieu (4). Es la parte menos interesante de su libro.

Pero quedaba sin protesta la *infamia civil* inherente á ciertos «exercicios infames»—taberneros, buhoneros, etc.—y contra ella se levanta la voz de *Pérez López* (5), académico de Sevilla, siguiendo á Montesquieu. Se opone á él Sempere (6). Pero una Real Cédula (7) vino á suprimir la infamia legal.

Las prisiones.—Beccaria protesta de que «la prisión sea más bien un suplicio y un lugar de infamia que un lugar de custodia» (8); Brissot de Warville pinta con sombríos tonos los horrores de las cárceles y casas de corrección, francesas (9); nuestro Lardizábal—siguiendo á Beccaria—llama á las cárceles «escuelas de iniquidad, y seminario de hombres malos y perniciosos á la república» (10).

---

(1) *L'esprit des lois,* Libro I, capítulo 78.
(2) *Considerations sur le pouvoir judicial*, página 93.
(3) *Commentaire* á Beccaria, edición citada, página 116.
(4) § IV (Edición citada, páginas 220-227).
(5) *Discurso sobre la honra y deshonra legal, en que se manifiesta el verdadero mérito de la nobleza de sangre, y se prueba que todos los oficios necesarios y útiles al reino, son honrados por las leyes del reino, según las cuales solamente el delito propio difama,* 2.ª edición, Madrid, Imprenta Real, 1786. Vid. esp., páginas 136, 218 y 219.
(6) *Biblioteca,* III 204: Esta opinión, sobre limitar las facultades de los soberanos... etc.»
(7) 18 de Marzo de 1783. V. ap. á la misma obra, 2.ª edición: «Que no sólo el oficio de curtidor, sino también las demás artes, y oficios de herrero, sastre, zapatero y otros á este modo, son honestos y honrados... etc.»
(8) § VI (Edición citada, páginas 14, 15).
(9) Obra citada, I, 1o2.
(10) *Discurso,* 2.ª edición, página 213.

Lo que significa, en el derecho penal de la Revolución, último capítulo —la reforma de las prisiones—ha de ser en España el primero, desarrollo de la más fecunda iniciativa.

De la piedad cristiana brota la ciencia penitenciaria española—Cristóbal de Chaves, Bernardino de Sandóval, Cerdan de Tallada—, como una preocupación nacional (1). Nada tiene que ver con nuestra gloriosa tradición penitenciaria Juan Howard, conocido aquí mucho más tarde (2); ni Roeder (3) con su teoría correccionalista unilateral, propagada aquí, un siglo después, por una filosofía esotérica.

El cuidado de los presos (4) y la idea correccional (5) son genuinamente españoles.

En 1779 se funda la *Real Asociación de Caridad* (6), presidida por el *Conde de Miranda;* y en 1787 otra similar, de señoras (7) para la visita de cárceles.

Floridablanca, defiende la idea de la deportación (8).

Al empezar el nuevo siglo se expone el sistema arquitectónico de Bentham (9)—la utilidad en la ciencia

---

(1) Véase atrás, página 318.

(2) J. Galvete, *Juan Howard, apuntes biográficos*, Madrid, Librería nacional y extranjera, 1876. El Autor nada dice de influencia de Howard en España. Sus obras *The state of the prisons in England and Wales*, Londres, 1777; é *Histoire des principaux lazarets de l'Europe*, traducción francesa de P. Berlín, París, 1801; no fueron traducidas al español. Lastres, *La Réforme pénitentiaire en Espagne*, Madrid, G. Hernández, 1885, página 7, proclama (en un mal francés) que el gran mérito de los penitenciaristas españoles - Sandóval, Tallada y Velasco—es anterior á Jonh Howard.

(3) Giner de los Ríos *Carlos Röder*, en *Revista de Legislación y Jurisprudencia*, 1880.

(4) Salillas, *Doña Concepción Arenal en la Ciencia penitenciaria*, Madrid, 1894.

(5) Dorado Montero *Ideas de algunos antiguos escritores españoles sobre la prevención en los delitos*, en *Estudios de Derecho penal preventivo*, Madrid, 1901.

(6) Aprobada por Real orden de 23 de Julio de 1779.

(7) Véase Arquellada, *Apéndice*, á la traducción de Larrochefoucauld y Gutiérrez, *Práctica criminal*, 3.ª edición, III, 231-236.

(8) J. Moñino, *Respuesta fiscal sobre los presidios*, 1769, Ms. (Véase Sempere, *Biblioteca*, IV, 97, 98).

(9) J. Villanova y Jordán, *Aplicación de la panóptica de Jere-*

penitenciaria—y el rey pide informe á la *Sociedad económica matritense*. (1).

Arquellada traduce y adiciona el libro de La Rochefoucauld, sobre las cárceles de Filadelfia (2), que alguien se le atribuyó como autor, precipitadamente (3) *Marcial Antonio López*, publica una excelente *Descripción de los más célebres establecimientos penales de Europa y los Estados Unidos* (4), tomada de autores célebres—Howard, Buxton—, pero sin salir de España (5); se trata, en fin, de reducir lo innovado y lo propio á suprema síntesis, en fórmulas de *Principios* (6).

Por los años de 1830 se desarrolla en Europa un fecundo movimiento filantrópico en favor de la reforma de las prisiones. El ejemplar que se imita está en el Norte-América y las naciones más activas del continente, envían allá misiones de investigación (7), como si

---

mías Bentham á las cárceles y casas de corrección de España, Madrid, 1819; 2.ª, 1834, é *Informe de la Sociedad económica matritense sobre el libro: «Aplicación*, etc.» Madrid, 1820.

(1) Vid. Ordenanza real de 16 de Mayo de 1819.

(2) *Noticia del estado de las cárceles de Filadelfia, escrita en francés por la Rochefoucauld-Liancourt, traducida por D. Ventura de Arquellada, con su permiso*, Madrid, imprenta Real, 1801. Su producto es para beneficio de los presos de las cárceles de esta corte. Lleva un *Apéndice* de Arquellada.

(3) Bernaldo de Quirós, *Alrededor del delito y de la pena*, página 136, y *Las nuevas teorías de la criminalidad*, 1.ª edición, página 332, nota 2.

(4) Valencia, imprenta de Benito Monforte, Marzo de 1832, 2 volúmenes.

(5) Véase obra citada, *Prólogo*, página XII. El Sr. Bernaldo de Quirós, *Las nuevas teorías de la criminalidad*, página 332, y *Alrededor del delito y de la pena*, página 136, supone, arbitrariamente, que esta obra es resultado de un viaje de estudio.

(6) Hernández, *Principios acerca de prisiones conforme á nuestra Constitución y las leyes escritos para instrucción del pueblo y gobierno de jueces y alcaides constitucionales*, 2.ª edición, con notas, Madrid, 1820.

(7) «La France, la Prusse, l'Angleterre, l'Espagne, envoyent tour à tour des hommes éminents en Amérique á la récherche scientifique des faits et des exemples pénitentiaires, tandis que, sur le continent, les essais se produisent, la controverse s'eclaire, les uns y apportant le tribut pratique de l'esperience, les autres

se tratase de una gran guerra—y lo era en verdad—ó de un descubrimiento arqueológico; y de arqueología penitenciaria se trataba, pues el aislamiento y el sistema celular lo había practicado ya la Iglesia.

Francia envía en 1834 á Beaumont y Tocqueville (1), y en 1837 una segunda misión compuesta de un consejero y un arquitecto: M. M. Demetz y B. Pouet; España á D. *Ramón de la Sagra*, primero, en 1835, á los Estados Unidos (2), y después á visitar las prisiones de Europa, especialmente Francia, Suiza y Bélgica; por Inglaterra, va, en 1833, W. Crawford, y por el gobierno de Prusia, en 1835, el Dr. Julius, de Berlín.

No se recuerda un movimiento semejante.

De vuelta de sus viajes, La Sagra, funda una *Sociedad para la mejora del sistema carcelario* (3); pronuncia discursos (4); publica un *Atlas* para la enseñanza realista de estos sistemas (5); y España produce un tipo de sistema penitenciario progresivo en la cárcel de Valencia (6), más conocido y aplaudido en el Extran-

---

celui de la theorie et de l'esprit d'innovation.» (Ortolán, *Cours de législación pénal comparée*, página 54).

(1) *Systéme pénitentiaire aux États-Unis*, París, 1836.

(2) En francés: *Cinq mois aux États-Unis de l'Amérique du Nord en 1835.*

(3) R. de la Sagra, *Discurso leído al terminar la sesión pública de instalación de la Sociedad para la mejora del sistema carcelario correccional y penal de España*, Madrid, 1840; L. M. Pastor, *Memoria leída en la Junta de la sociedad filantrópica para...* Madrid, 1840.

(4) *Discurso sobre la cooperación que pueden prestar las señoras á las tareas de la Sociedad para la mejora de las cárceles*, Madrid, 1840.

(5) La Sagra, *Atlas carcelario, ó colección de láminas de las principales cárceles de Europa y de América. Primera y segunda serie. Cárceles modelos para Francia y las construídas en Inglaterra, Escocia, Suiza y Bélgica*, Madrid, 1843.

(6) J. de B. y J. A., *Reflexiones sobre el sistema penitenciario español*, Valencia, imprenta del presidio, 1847; Lasala, *Memoria filosófico-histórica sobre el presidio de Valencia*, 1847; Boix, *El sistema penitenciario en el presidio correccional de Valencia bajo el mando del Coronel Montesinos*, Valencia, 1850. *Montesinos y El sistema de Montesinos*, en *Revista penitenciaria*, de 1905, páginas 549-568 y 677-694; Calvo Acacio, *Discurso en honor de*

jero (1): la obra del Coronel *D. Manuel Montesinos* (2).

Los vagos.—Beccaria protesta contra lo que él llama «ozio político» (3) el parasitismo social—coincidiendo con la tradición social y política española sobre *mendicidad, abandono infantil, vagancia;* tristes especialidades determinadas por la más urgente necesidad nacional.

a) La mendicidad es el pabellón que cubre toda mercancía de vicio y de crimen.

Luis Vives escribe su famoso tratado *De subventione pauperum* (4)—la nstituta de la beneficencia—al mismo tiempo que las Cortes de Toledo, en 1525, se preocupan de reprimir la mendicidad. Pero la doctrina del *laissez faire* —ya entonces— se atraviesa, defendida por *Domingo de Soto* (5), al que contradice *Juan de Medina* (6), sosteniendo el «recogimiento de los mendigos» *Miguel Giginto* propone también, hacia 1581, á vuelta de eclecticismos, fundar casas de miseri-

---

Don Manuel Montesinos y Molina, en *Actas del Congreso penitenciario de Valencia,* 1910.

(1) Hoskins, *Account of the Public Prison ef Valencia,* (dice que es «really a miracle»); Hill, E. D. Jorges, *Les reformes et la vie des prisons en Inglaterre et en Irlande,* en *Revue des deux Mondes,* LXIII (Junio de 1886) 893, 894. Spencer, *Prisons-Ethics,* 1.ª en *British Quaterly Review,* Julio de 1860, 2.ª en *Essays scientific, political and speculative,* Londres, Wilian & Morgote, 1901, III, 177, 178 Hay traducción española de la *España Moderna.*

(2) *Reflexiones sobre la organización del presidio de Valencia, informe de la comisión general del ramo y sistema económico del mismo,* Valencia, 1846; *Exposiciones dirigidas al Excelentísimo Sr. Ministro de la Gobernación de la Península y al señor Director de Corrección por dicho Sr. Comandante del presidio de Valencia y visitador general de los del Reino,* Valencia, 1847.

(3) Obra citada, § XXXIV: I saggi governi non soffrono nel seno del travaglio e dell'industria l'ozio politico ...quello che non contribuisce alla societá né con travaglio nè colla richezza; che acquista senza giammai perdere» Edición citada, página 65).

(4) 1.ª edición Brujas, 1526 Carlos V se inspiró en él para muchas de sus pragmáticas.

(5) *Deliberación en la causa de los pobres.*

(6) *La caridad discreta practicada con los mendigos y utilidades que logra la república con su recogimiento,* 1.ª edición Salamanca, 1545, 2.ª Valladolid, 1757.

cordia y de trabajo para desamparados y pobres (1).

La reacción sentimental sigue con *Pérez de Herrera,* que se limita á discernir los pobres legítimos de los otros (2) y culmina en el *Memorial* de los pobres de la Corte (3), para caer al fin, ante las razones de *Campillo*, contra los que «cometen maldades en los campos... viven del hurto y de la estafa, puesto que rehusan entrar en la vida del trabajo (4); lo mismo piensan *Gutiérrez de los Ríos* (5), y *Guzmán* (6).

b) La infancia abandonada —miseria, impudor, ignorancia— es el plantel de la futura criminalidad.

Luis Vives lo advierte y dice que se debían fundar asilos para la educación de los niños pobres (7); *Toribio de Velasco* funda una casa de corrección para jóvenes moralmente abandonados, en Sevilla (8), en 1724.

Diez años después se funda el Hospital de huérfa-

---

(1) *Exortación á la compasión de los pobres*, folios 38, 52, etcétera. V. Colmeiro, *Historia de la Economía política*, Madrid, López, 1863, II. 36, 37.

(2) *Discurso del amparo de los legítimos pobres,* Discurso I.

(3) *Representación de los pobres de esta corte*, 1746. Manuscritos.

(4) *Lo que hay de más y de menos en España, Hospicios*, edición citada.

(5) *Exortación á la honra del trabajo,* § I

(6) *Bienes del honesto trabajo.* Discurso II.

(7) *De subventione pauperum sive de humanis necessitatibus*, libro II, capítulo V, *cura puerorum:* Iluic schola praesint viri, quantum fieri poterit, urbane ac ingenuae educati, qui mores suos in sudem scholam transfundant, nam pauperum filiis á nulla re ut mejus periculum, quam a vili, et sordida, et incivili educatione (*Opera omnia*, Valentiae Aldetanorum, anno MDCCLXXXIII, tomo IV, página 476).

(8) Fr. Gabriel Baca, *Los Toribios de Sevilla, breve noticia de la fundación de su hospicio, su admirable principio, sus gloriosos progresos y el infeliz estado en que al presente se halla,* 1.ª edición, Madrid, F. Xavier García, 1766; 2.ª, *(Noticia del establecimiento de aquella casa correccional de jóvenes indóciles y vagos),* Asociación de Católicos, 1880; Vicente de la Fuente, *Memoria.. acerca de los Toribios de Sevilla*, 1.ª en Memoria de la Academia de Ciencias Morales y políticas; 2.ª, Madrid, Imprenta y librería, 1880.

nos de Zaragoza, en 1543 (1); y más tarde, *Anzano* estudia un sistema de gobierno para hospicio general (2).

Por no tener asegurada la infancia de sus hijos no se casan las gentes—dice *Ward* (3). Cada hospicio es un seminario de artes y oficios y de buenas costumbres—piensa *Arriquivia* (4).

c) La vagancia, —ociosidad, indomicilio, improfesión—, es el cultivo del crimen. D. *Juan I* en las Cortes de Burgos, (1379) y Briviesca, (1387); D. *Juan II* en las de Madrid, (1419); los *Reyes Católicos* en las de Madrigal, (1476) y Valladolid, (1523); legislaron severamente contra los «vagamundos» persiguiéndoles como á criminales. *Campomanes* representa la iniciativa de la simbiosis aplicada á gitanos (5) y vagabundos (6).

En su tiempo, una Sociedad económica llega á pedir para ellos las penas del fuego y del agua, ya que «jamás se consigue su extinción» (7).

B) *Los hechos.*—Al empezar el siglo XVIII alborea ya la era nueva de la dulficación de las penas, contra lo que afirma en declamación elocuente Pacheco (8),

---

(1) Tamatit y Eguia, *Estudio sobre la vagancia y la mendicidad voluntaria*, Memoria de la Academia de ciencia moral y política, Madrid. Huérfanos, 1890, página 22.

(2) *Elementos preliminares para poder formar un sistema de gobierno de Hospicio general*, Madrid, 1778; dedicado al Conde de Floridablanca.

(3) *Proyecto económico*, parte 1.ª, capítulo XIX.

(4) *Recreación política*, carta II, número 13.

(5) *Resumen del expediente que trata de la policía relativa á los gitanos, para ocuparles en los ejercicios de la vida civil del resto de la nación*, Madrid, 1763.

(6) *Explicación de las dos instrucciones publicadas, la primera en 25 de Julio de 1751, y la segunda en 17 de Noviembre de 1759, para el recogimiento y útil aplicación al Ejército, Marina ú Obras públicas de todos los vagantes y mal entretenidos*, etc , Madrid, 1764.

(7) *Informe de la Sociedad económica de Tarazona, sobre la agricultura*, (Ms. colección Sempere, tomo VII.

(8) *Código penal concordado y comentado, Introducción*, tercera edición, 1867, tomo I, página XLV: «Todos los absurdos, todas las crueldades que distinguían nuestra legislación criminal de hace seis siglos, todos ellos han llegado en su completa crudeza hasta el siglo presente. El tormento sólo se ha abolido

sorprendiendo la precipitación de los historiadores de nuestro derecho penal (1). Una crítica severa y concienzuda ha echado abajo esa negra página (2).

Abolida la *mutilación* y los *azotes* por Carlos I y Felipe II (3)—nunca se aplicaron en Mallorca (4)—es limitado primero y desterrado luego el *tormento* por la Inquisición, antes que por los Tribunales civiles (5), como declarara Hermida, en plenas Cortes de Cádiz (6), ante el unánime asentimiento; Felipe II había abolido la tortura preparatoria en los Países Bajos en 1570, (7) mientras seguía aplicándose todavía en Antuerpia en 1792 (8). Desusado más tarde en los civi-

---

por las Cortes en 1812, y por el Rey Fernando en 1817. La confiscación también se ha abolido únicamente por los mismos. Los azotes, la maza, la mutilación, estaban aún vigentes, y todos hemos visto aplicar la primera de estas penas; si no se usaban (que lo ignoramos) las otras dos, efecto era de la arbitrariedad judicial, ese otro singular dogma de nuestras modernas leyes criminales. La pena de muerte seguía aplicada á los que robasen en cualquier parte del reino cinco ovejas ó valor de una peseta en Madrid; y en este punto no sólo estaba la aplicación de las leyes, sino que pocos años ha se ejecutaban éstas con una severidad draconiana. La sodomia y la heregía eran también crímenes mortales; y las hogueras de la Inquisición se han encendido más de una vez para los judaizantes y los hechiceros».

(1) Gutiérrez, *Examen histórico* (1866), páginas 240 y 241. Vicente y Caravantes, *Apéndice* á la traducción española de la *Historia*, de Du Boys (1872), página 520, E. Rosenfeld, obra citada (1896), página 53, B. de Quirós, *El Derecho penal español, historia y fuentes*, 1.ª *Apéndice*, al Brusa (1894), 2.ª en *Alrededor del delito y de la pena* (1904), páginas 119 y 120. Dorado, *Balance*, páginas 135, 132.

(2) Se debe la iniciativa de ésta á D. Constante Amor Neveiro, en su *Bibliografía de los Estudios penales*, Madrid, Reus, 1909, páginas 8-14, en quien nos documentamos en parte.

(3) Véase atrás, página 299.

(4) Véase Lardizábal, *Discurso*, página 194.

(5) Inocencio IV, *Decret. Ad abolendum*: «citra membri dismitutionem et mortis periculum» *Decreto de Graciano*, II, 5 y VI, 1: «Confesio non debet estorqueri sed sponte profiteri».

(6) *Diario de sesiones de las Cortes generales y extraordinarias*, Madrid, García, 1870, tomo VI, página 4241: «Ella fué el primer tribunal que desterró el tormento, y jamás impuso pena de muerte á persona alguna».

(7) Véase atrás, páginas 298 y 299.

(8) E. Hubert, *La torture dans les Pays-Bas Autrichieus*, Bruselas, 1897, página 124.

les (1)—, desuso confirmado por sentencia real de Carlos III (2), en 1797 (3)—la práctica de los Tribunales, que la introdujo, la había limitado ya á las causas atroces, como de lesa majestad, etc.

Porque nunca estuvo en las leyes españolas el tormento: ni en el Fuero Real, ni en el Fuero Viejo, ni en el Ordenamiento de Alcalá. Sólo se encuentra en Las Partidas—tomado del Derecho romano y canónico—que no son derecho vigente hasta 1348, en Alcalá, como supletorio para los casos que no tuviesen decisión por otras leyes. Y como las pruebas tuvieron siempre régimen y gobierno legal, síguese que la aprobación real de Las Partidas no alcanza al tormento (4). Entre-

---

(1) Alvarez Posadilla, *Práctica criminal por principios ó modo y forma de instruir procesos criminales de las causas del oficio de justicia contra los abusos introducidos*. Madrid, Ibarra, 1796, II, 375.

(2) Diálogo XXXVII; Posadilla, *Práctica criminal*, ...«pero que no se opina, como en otro tiempo, de que el Juez sea obligado á dar el tormento aunque haya indicios para él, antes bien, que se juzgó ya la ley del tormento, sin efecto, por las razones que el Abogado del preso expone en su escrito; pues las leyes pierden su fuerza por el uso en contrario, y más cuando está lícitamente aprobado por el Príncipe, no hay duda... pues S. M., no obstante tantos indicios y no haberse conformado con la sentencia de la Sala en lo principal de la causa, aprobó el que no se hubiese puesto al reo en tormento, y pasó á sentenciar la causa, condenándole en diez años de presidio de Africa... y ya sabes que las sentencias de los Príncipes que no reconocen superior, tienen fuerza de ley, que llamaban decretos: *Quod Princeps cognoscens derevit*. (Edición citada, II, 374 y siguientes.)

(3) Real Resolución de 30 de Noviembre, á consulta del Consejo de Guerra. «Que el uso de él ha caducado en cierto modo... además de las poderosas razones que hay para dudar de su legítima introducción... por las reflexiones y experiencias de sus magistrados de que en la tortura más hay rigor que proporción para descubrir la verdad, porque al cabo siempre es un medio tan incierto como terrible y doloroso, que por su vivísima impresión priva al hombre de la libertad y advertencia que necesita, arrancándole con violencia y por medio de agudísimos dolores una confesión que no puede tener toda la certeza que para completar la prueba se necesita...» (Véase Gutiérrez, *Práctica criminal,* III, 283, 284).

(4) Véase resolución citada; Cf. Gutiérrez, *Práctica,* III, 283, nota y Lardizábal, *Discurso,* capítulo V, § 6.

tanto, la tortura era ley y se aplicaba en toda Francia (1).

En Aragón, había abolido Pedro III en las Cortes de Zaragoza, de 1283, y no se aplicaba desde 1325 (2).

La tortura estaba, pues, abolida de hecho y de derecho antes de que las Cortes de Cádiz en 1811 (3) y el rey Fernando VII, primero en 1814 (4) y luego en 1817 (5), mandando quemar el potro (6), diesen solemnidad á una abolición ya consumada.

La *confiscación* estaba abolida en Vizcaya, antes de 1452 (7) y en Aragón desde 1283 (Cortes de Zaragoza).

La *marca*—abolida por Felipe II (8)—se aplicaba nada más á los gitanos delincuentes (9), en la espalda, como medio de identificación (10).

---

(1) En Francia no se abolió la preparatoria hasta 1782. (Declaración de 24 de Agosto) y la previa, para declarar á los cómplices, hasta 1789 (ley de 2 de Octubre), intentado un año antes. (Declaración de 1.° de Mayo de 1788). Véase E. Lavisse, *Histoire de France*, París, Hachette, 1911, IX. 192.

(2) Zurita, *Anales de Aragón*, Libro VI, capítulo 6.°: «que en ningún caso hubiese question de tormento, sino en crimen de moneda falsa y en este delito tan solamente contra personas extrañas al Reino de Aragón y vagabundos. Antes por privilegio general, llamado «Magna Carta aragonesa» por Hallam, *Wiew of the State of Europa during the Midle Ages*.

(3) Decreto de 22 de Abril.

(4) Real Cédula de 25 de Julio.

(5) *Gaceta* del 25 de Enero. «Muchos años há que la prudencia é ilustración de estos respetables jueces, tiene abolida su práctica en los Tribunales (Nota del traductor C. G. O. del *Ensayo acerca de la tortura*, de Azevedo, Madrid, 1817, página 172).

(6) ... «para que no quede en lo sucesivo ni aun idea de semejante infernal máquina» ¡Lástima de ejemplar perdido para la enseñanza realista y cultura popular en un Museo!

(7) *Fuero g neral de Vizcaya*, título IX, ley XXV: «que por ningún delito público, ni privado, grande ni pequeño, que vizcaino alguno cometiere..., bienes algunos suyos que sean rayzes... no puedan ser confiscados» (Véase Marichalar y Manrique, *Historia*, VIII, 131, nota).

(8) Véase atrás, página 299.

(9) Pragmática de «gitanos», de 19 de Septiembre de 1783, con mutando la pena de muerte y la de cortar las orejas por la marca. (Véase Marcos Gutiérrez, *Discurso*, página 118).

(10) Alvarez Posadilla, *Práctica criminal*, III, 47 y 48:

Escribano: «¿Y que en nuestras leyes no hay penas de mutilación de miembros, como cortar la mano, sacar los dientes, la lengua ó sellar con yerro?

Se habían apagado las *hogeras* de la Inquisición; antes para los vivos, pues sólo se quemaba á los cadáveres—el símbolo había sustituído á la cosa—; después para todos (1), mientras el Marqués de Pombal, en Portugal, quemaba vivo á Abeiro, en 1759 (2), y á tres jesuítas, con aplauso de Voltaire (3).

Pero las encendieron de nuevo los liberales de Es-

ABOGADO: De todas hay en nuestras leyes; pero están las primeras conmutadas por una ley de la Recopilación como verás cuando tratemos de ellas; la última está sólo impuesta á los que con el nombre de gitanos infestaban el Reyno, siempre se les coja contraviniendo á lo que en la Pragmática se les prohibe; y este sello no es en el rostro ni en parte que les afee ni infame, y sí en las espaldas para que sirva de prueba del primer delito, caso de reincidencia, para ser castigados con la mayor pena que en ella se les impone.....; por lo mismo se han desterrado de nuestros tribunales (las penas de mutilación), no por el arbitrio de los Jueces, sino que, como verás, están unas y otras expresamente conmutadas por las leyes de la Recopilación.»

(1) Tapia, *Febrero novísimo. Tratado del juicio criminal*, Valencia, 1837, página 75: «La pena de quemar vivo dejó luego de usarse; pues se ahorcaba ó daba garrote al hereje antes de entregarle á las llamas; pero ya hace mucho tiempo que no se les quema vivos ni muertos» Cf. Rodrigo, *Historia de la Inquisición*, páginas 142 y 143: «De este modo se fueron dificultando las penas de hoguera hasta que desapareció esta ejecución y vino el tiempo en que los apóstatas y herejes contumaces sólo eran detenidos en las cárceles del Santo Oficio, esperando su arrepentimiento después de leídos públicamente sus procesos y fundamentos de la sentencia: diligencia que después se suprimió dando cuenta de la causa, no en público, sino ante algunos testigos, y desterrando al reo pertinaz de las poblaciones en que su influencia pudiera favorecer la propaganda herética.»

(2) «El reo José Macareñas (duque de Abeiro) sea asegurado con cuerdas y con el pregonero delante, sea conducido á la plaza llamada de Caes, en el barrio de Belén, donde en un cadalso elevado, de modo que su castigo pueda ser visto de todo el pueblo escandalizado de su horrible delito; después de romperle las piernas y los brazos, sea expuesto sobre una rueda para satisfacción de los vasallos presentes y futuros de este reino, y en seguida de esta ejecución *se le queme vivo* con el cadalso en que fuere ajusticiado hasta que se reduzca todo á cenizas y polvo, que deberán arrojarse después al mar, á fin de que no quede noticia de él ni de su memoria.» *Dictamen fiscal del señor Gutiérrez de la Huerta*. (Véase J. Butiña, *Vida del P. Gabriel Malagrida, quemado como hereje por Pombal*, capítulo VII.)

(3) «On m'escrit que trois jesuites ont été brûlés vifs á Lisbonne; voialá des nouvelles qui consolent. *(Lettres à Vernés.)*

paña para quemar el cadáver del regicida Merino, en 1852 (1).

Felipe II había abolido ya, en 1552 y 1566 (2), la célebre sanción de la Partida VII (3), á que se refiere Pacheco, que castigaba con pena de muerte al que robase diez ovejas (4); y Felipe V se apresura á abolir en Noviembre de 1745 (5) la célebre *pena de muerte* para el hurto leve (6), establecida por él mismo, ante el apremio de la inseguridad, en 1734 (7).

En cambio el piadoso y liberal Carlos III, á principios de su reinado, la restaura (8) y gracias si el Consejo, en larga y razonada consulta (9), le hizo volver sobre su acuerdo.

---

(1) «En la villa de Madrid y su cementerio extramuros de la Puerta de Bilbao, siendo las cinco menos cuarto de la tarde de hoy 7 de Febrero de 1852, hallándose reunidos el Excmo. Sr. Gobernador de la provincia..... y el infrascrito escribano de ella, se procedió á quemar el cadáver de Martín Merino, según lo dispuesto en Real orden de esta fecha, comunicada por el Excmo. Sr. Ministro de Gracia y Justicia al Excmo. Sr. Gobernador. Al efecto se hallaba preparada la leña y útiles necesarios en el patio de la izquierda, entrando de dicho campo santo, inmediato á la sepultura común. Se procedió á la operación colocando sobre las llamas el cadáver del referido Martín Merino, sacándolo al efecto de la caja en que se hallaba, y quedando reducido á cenizas, que fueron esparcidas dentro de la indicada sepultura, y quedando finalizada esta diligencia á las siete y veinte minutos; etc. —Ante mí, José Pérez Martínez. (F. Morales Sánchez. *Proceso del regicida don Martín Merino*. Madrid, 1871; Establecimiento Tipográfico de Tomás Rey, calle de Don Martín, núm. 4).

(2) Novísima Recopilación, leyes 1.ª y 2.ª, título XIV, libro XII.

(3) Ley 19, título XIV.

(4) Tampoco cinco, como dice siempre equivocado Pacheco; aunque es lo mismo.

(5) Novísima Recopilación, ley 6.ª, título XV, libro XII, á consultas del Consejo real de 9 de Abril y 23 de Noviembre.

(6) No dice la cuantía. «Una peseta, en Madrid» dijo Pacheco, lugar citado.

(7) Cf. Decretos no recopilados de 18 de Abril de 1746, 13 de Abril de 1764 y 22 de Febrero de 1765. Véase Pérez López, *Teatro de la legislación universal de España é Indias*, Madrid, 1798, XVI, 190-192.

(8) Decreto de 13 de Abril de 1764.

(9) Sempere, *Biblioteca*, III 168, 169: «El Consejo hizo con este motivo una excelente y razonada consulta á S. M. en la cual proponía muy serias y eficaces razones para persuadir á su Real

Pero ¿qué exactitud ha de exigirse á quien habla de la *arbitrariedad judicial* como de «singular dogma de nuestras modernas leyes criminales»? (1) ¿Quién ignora que el arbitrio judicial—para la pena—fué ley antiguamente (2) y quedó en costumbre? (3).

En 1848, la indeterminación y el arbitrio judicial habían sido ya abolidos en 1776 y por la Constitución de 1812 (4)—las «modernas leyes criminales:»—el Código penal de 1822 (5), la Constitución de 1837 (6), la de 1855 (7) y el Código penal de 1848 (8).

El grito legal de «cerrar la puerta á la arbitrariedad para afianzar el orden público y garantir eficazmente la seguridad individual» (9), donde culmina el movimiento legislativo revolucionario de España, rompía con toda nuestra gloriosa tradición arbitrista, precedente de las modernas instituciones inglesas y americanas.

¿Y qué conciencia científica tiene quien dice que la «doctrina de Savigny» ha dominado aquí seis siglos, para lamentarse de que en siglo XIX se estuviesen aplicando el Fuero Juzgo, el Fuero Real y Las Partidas? (10).

Esa es la historia de la penalidad en España escrita por el penalista español del siglo XIX y repetida por todos: «todos los absurdos»... todos los errores...

ánimo que la severidad de la pena de la Pragmática de 1734 no había correspondido al santo celo que movió al Sr. Felipe V para su formación, cual era extinguir enteramente los robos...; que las penas deben ser proporcionadas á los delitos».

(1) Locución citada.

(2) Por ejemplo: Ley VII, título XXXI, Partida 7.ª «...e porque razones las pueden crescer (las penas), o menguar, ó toller.»

(3) Véase atrás, páginas 123, 124.

(4) Artículo 287. Véase atrás, página 300.

(5) Artículo 3.°

(6) Artículo 9.°

(7) Artículo 9.°

(8) Artículo 19.

(9) Véase Real decreto de 2 de Diciembre de 1819 *Colección legislativa*, tomo VI, Madrid, Imprenta Nacional, 1820, páginas 502, 503.

(10) El texto dice así, exactamente: «En el año de gracia de 1800, el Fuero Juzgo, el Fuero Real y las Partidas compendiaban aún

La revolución legal—justa renovación de ideas y de hechos, de sentido y de procedimientos—se iba, pues, operando en España, en materia penal, sin necesidad de que la revolución filosófica y política viniera á poner levadura de violencia en los espíritus.

Fuimos precursores en todo—triste sino de una raza despierta y perezosa, intuidora é inconstante—y nuestro afán, el de adelantarnos á Europa, viviendo tan cerca de Africa.....

Fuimos los primeros descubridores de tierras, y somos los últimos colonistas; tuvimos el primer submarino, y tenemos la última escuadra; iniciamos la filosofía moderna (Gómez Pereira, Juan Huarte), y quedamos sin filosofía; creamos la mística—F. Luis de León, San Juan de la Cruz, Santa Teresa, Malon de Chaide—y desconocemos en absoluto la teología; impulsamos el latinismo, y no estudiamos el latín; descubrimos la circulación de la sangre, y apenas sabemos analizarla; inicia Montesinos la reforma penitenciaria, y estamos sin cárceles..... Castro escribe el primer libro de Derecho penal en el mundo, y hoy, al terminar éste, nos preocupa el dar nombres de penalistas españoles contemporáneos.....

---

nuestros Códigos criminales... La doctrina de Savigni, la doctrina histórica ha dominado, pues, por seis siglos nuestra sociedad.» (*Comentarios, Introducción*, 3.ª edición, tomo I, página XLIV).

§ 8.—*La ciencia y la legislación hasta el año 1870.*

BIBLIOGRAFÍA. I: von Liszt, ***Rechtsforchung und Rechtsunterricht auf den deutschen Universitäten.*** (La investigación y la enseñanza del Derecho en las Universidades alemanas), en ***Die deutschen Universitäten*** (Las Universidades alemanas, obra editada para la Exposición universal de Chicago), 1893, página 72; von Lilienthal, ***Heidelberg Lehrer des Strafrechts im 19 Jahrhundert*** (Los maestros de Derecho penal de Heidelberg en el siglo XIX), 1903 —II: Berner, ***Die Strafgesetzgebung von 1751 bis zur Gegenwart*** (La legislación penal desde 1751 hasta el presente), 1867. Hay materiales abundantes en los comentarios á los diferentes Códigos penales; y datos abreviados en Stengleins, ***Sammlung der deutschen Strafgesetzbüchern*** (Colección de Códigos penales alemanes), 1857; Binding, ***Die gemeinen deutschen Strafgesetzbücher*** (Los códigos penales generales de Alemania), I Introducción (no han aparecido más volúmenes), 2.ª edición, 1877.

Pasado el período tempestuoso y angustioso de la «época de las luces», empieza otro de trabajo tranquilo y fructífero para la legislación penal y para la ciencia del Derecho penal.

I —*La ciencia del Derecho penal.*

1.° A los comienzos de este nuevo período aparece *P. J. A. Feuerbach* (1775-1833) (1).

---

(1) Brener, ***Die politische Gesinnung und Wirksamkeit des kriminalisten A. v. F. Strassburges Diss.*** 1905; Heischmann, ***A. v. F. der Jurist, als Philosoph,*** 1976; Döring, ***Feuerbachs Straftheorie und ihr Verhältnis zur Kantischen Philosophie (Kantstudien, Ergansungsheft, 3),*** 1907. Vid. esp. Bacungarten, ***Das Recht der Persönlichkeit***, etc., ***Ein Beitrag zum geschicht lichen Verständnis der Strafrechtsheorie Anselm von Feuerbachs. Tübinger Diss.*** 1907; El ***Lehrbuch*** de Feuerbach fué edi-

Formado en el espíritu de la filosofía de *Kant*, con el que somete á prueba crítica las opiniones racionalistas de sus predecesores, oponiendo á las impetuosas exigencias de reforma su formación especialista y su experiencia práctica, llegó á ser, por su *Lehrbuch* (1801), el fundador de la ciencia penal alemana y por su colaboración en el Código penal bávaro de 1813, el iniciador de la Legislación penal alemana.

Con la formación de su consecuente teoría del *impulso psíquico (psychische Zwang)* (1), ya expresada por *Platón* y *Aristóteles* y continuada por *Grocio, Hobbes, Puffendorf, Beccaria*, y otros, dió los fundamentos armónicos, pero unilaterales, de la teoría moderna de la prevención general, en la política criminal.

A la vez que *Feuerbach*, cooperaron, no sólo sus amigos von *Grolman* († 1829; *Grundsätze*, 1798, 4.ª edición, 1825) y *von Almendigen* († 1827), sino también sus enemigos: *Klein* (Prof. de Halle, † 1810; *Grundsätze*, 1796, 2.ª edición, 1799; sobre él Vid. *Liszt*, *Aufsätze*, II, 133) y v. *Kleinschrod* (Prof. en Wurzburgo, † 1824, *Systematische Entwicklung*, 1794-96, 3.ª edición 1799), en el renacimiento de nuestra ciencia. Junto á estos, contribuyeron á su levantamiento: *Steltzer*, como autor del primer Tratado de Derecho penal *(Lehrbuch des Strafrechts*, 1793), escrito en lengua alemana y *Stubel (Lehrbuch*, 1795).

Otros muchos les siguieron. Son de recordar, como autores de Tratados ó Manuales: *Tittmam* († 1834), *Handbuch*, 1806-10, 2.ª edición, 1822-24; *Rosshirt* († 1873),

---

tado en la 14 edición por Mittermaier, en 1847; con comentario crítico por Morstad en 1852 y por Ossenbruggen, en 1855. De los demás escritos son de citar especialmente: *Antiobbes*, 1798; *Revision der Grundsätze und Grundbegriffe des positiven peinlichen Rechts*, 1799 180); *Uber die Strafe als Sicherungsmittel*, 1880.

(1) Una variedad suya es la teoría de la advertencia de Bauer, Die *Warnungstheorie*, 1.ª edición en *Archiv*, IX (1827), 429; 2.ª, 1830; 3.ª, en *Abhandlungen*, I (1840). Según ella la pena se dirige, no sólo á la naturaleza sensitiva, sino también á la natuleza moral del hombre.

Profesor en Heidelberg, *Lehrbuch,* 1821, *Geschichte und System*, 1838-39; *Wirth, Handbuch*, 1822; *Martín* († 1857); *Lehrbuch,* 1820-25, 2.ª edición, 1829; *Wächter* († 1880), sobre él Vid. Windscheid, *KG. y Wächter* (1880); *Lehrb*, 1825-26 (Compendio con valiosos datos históricos); *Baer* († 1843), *Lehrb.*, 1827, 2.ª edición, 1833; *Henke* († 1869), *Handb.*, 1823-38; *Jarke* († 1852), *Hnadb.*, 1827-30; *Heffter* († 1880), Profesor de Bonn, Halle y Berlín, *Lehrb.*, 1833, 6.ª edición, 1857; *Kleuze* († 1838), *Lehrb.*, 1833 (Compendio); *Abegg* († 1868), Profesor en Königsberg y Breslau, *System,* 1826, *Lehrb.*, 1836; *Marezoll* († 1873), Profesor en Giessen y Leipzig, *Kriminalrecht,* 1841, 3.ª edición, 1856; *Luden* († 1880), Profesor en Jena, *Handbuch,* I, 1847; *Kostlin* († 1856), Profesor en Tubinga, hegeliano, *Neue Revision,* 1845 y *System*, 1856; *Haberlin* († 1898), *Grundsätze,* 1845 y siguientes; *E. J. Bekker,* Profesor en Derecho romano en Heidelberg, *Theorie*, 1859; *Geib* († 1864), *Lehrb.*, 1861-62 (Compendio excelente); *Berner*, *Lehrb.*, 1.ª edición, 1857; *Temme* († 1881), *Lehrb.,* 1876 (es un triste anacronismo).

Entre los otros numerosos escritores, que elaboraron capítulos sueltos de Derecho penal, debe colocarse en primer término, especialmente, á *K. J. A. Mittermaier* († 1867), menos por profundidad y agudeza jurídica, como por sus esfuerzos infatigables por hacer fecundos para la ciencia alemana los trabajos extranjeros y por dar unidad con él á las llamadas ciencias auxiliares del Derecho penal (1).

Entre las *Revistas* de la época, ocupan lugar preferente, junto á la *Bibliothek für peinliche Rechtswissenschaft* (Biblioteca de ciencia jurídico-penal), de 1798 á 1804, de Feuerbach y Grolman, el *Archiv des Kriminal-Rechts* (Archivo de Derecho criminal), de

---

(1) Vid. K. y F. Mittermaier, *Bilder aus dem Leben K. J. A. Mittermaier,* 1886.

1799 á 1807, fundado por Klein y v. Kleinschrod, después *Neues Archiv* (Nuevo Archivo), de 1816 á 1833, y, por fin, *Archiv Neue Folge* (Nueva serie del Archivo), de 1834 á 1857, editado por Kleinschrod, Mittermaier, Abegg, Heffter, v. Wächter, Zachariä y otros.

2. En *tres* direcciones se extienden los problemas planteados por la ciencia del Derecho penal.

En la *investigación filosófica del Derecho* se trató de continuar las especulaciones del siglo XVIII sobre la naturaleza y fin de la pena. El ensayo de *Kant* para formar la pena jurídica, completamente insoluble, en la retribución, cuya medida es el talión, fundada sobre el imperativo categórico, queda sin influencia decisiva en la evolución del Derecho penal. *Henke* y *Zacharia*, siguiendo á *Kant*, se obstinaron en construir el Derecho penal sobre la idea del talión, pero fracasaron, sin hallar secuaces (1)

Mucho más importante es la Filosofía de *Hegel* (2) en la ciencia del Derecho penal.

Köstlin († 1856), Profesor en Tubinga, *Hälschner* † 1889), Profesor en Bonn, y *Berner* († 1907), Profesor en Berlín, siguen á *Hegel*.

Los tres defienden—aparte de variaciones indivi-

---

(1) Kant († 1804), *Kritik der praktischen Vernunft* (crítica de la razón práctica), 1788; *Metaphysische Aufangsgründe der Rechtslehre* (Principios metafísicos del Derecho), 1797; Henke, *Lehrbuch* (Tratado), 1815; K. S. Zachariä († 1843), *Anfangsgründe des philosophischen Kriminalrechts* (Elementos de Derecho criminal filosófico), 1805; Vid. Seeger, *Die Strafrechtstheorien Kants und seine Nachfolger im Verhältnis zu den allgemeinen Grundsätzen der kritische Philosophie* (Las teorías penales de Kant y de sus continuadores en relación con los principios generales de la filosofía crítica), 1892.

(2) Hegel († 1931), *Grundlinien der Philosophie der Rechts* (Las líneas fundamentales de la Filosofía del Derecho), 1821, edición Gans, tomo VIII, §§ 82, 97. Vid. sobre esto: Wassermann (*Dentsche Strafrechtsphilosophie anf den Grundlage des Neuhegelianismus* (La Filosofía penal alemana sobre las bases del hegelianismo), 1908; Sulz, *Hegels philosophische Begründung des Stafrechts und deren Ausbau in der deutsche Strafrechtswissenschaft* (El fundamento filosófico del Derecho penal según Hegel y su término en la ciencia penal alemana), 1910.

duales—su concepción básica de la pena, como desarrollo dialéctico del concepto del Derecho; para ellos la pena es la negación de la sinrazón ó injusticia *(Unrecht)*, y, por lo tanto, la negación de la negación del Derecho; esto es, la reposición, la restauración del Derecho.

Aparece, en fin, predominando su justificación, como fin de la pena, en la protección del orden.

La mayoría de los escritores, partiendo de *Hegel* ó de otros fundamentos, pudieran catalogarse como defensores de una *teoría armónica ó mixta,* en la fórmula de la prevención especial; esto es, de la eficacia de la ejecución de la pena sobre el delincuente por la influencia transcendente de la forma penal (1).

Sólo aisladamente fué defendida, principalmente por los partidarios del sistema celular, una teoría unilateral de la corrección (2).

Al mismo tiempo, el florecimiento de la escuela *histórica* del Derecho toma estímulos numerosos del Derecho penal (*Wächter, Geib* y otros), y da sazonado

(1) Comp. Abegg, *Die verschiedenen Strafrechtstheorien in ihrem Verhältnis zu einander* (Las diversas teorías penales en sus mutuas relaciones), 1835, con aplicación del método dialéctico hegeliano á la evolución histórica de la pena; Grolman († 1829), *Uber die Begründung des Strafrechts und der Strafgesetzgebung* (Sobre el fundamento del Derecho penal y de la legislación penal), 1799; Henke († 1869), *Uber der Streit der Stafrechtstheorien* (Sobre la lucha de las escuelas penales), 1911; Trendelenburg († 1872), *Naturrcht auf dem Grunde der Ethik* (Derecho natural fundado en la Etica), 2.ª edición, 1868. Los tres hallan la raíz de la injusticia en el carácter del autor, y en su corrección la anulación de la culpa. A esta tendencia pertenece toda la escuela de Herbart. Vid. esp. Geyer († 1885), *Geschichte und System der Rechtsphilosophie* (Historia y sistema de Filosofía del Derecho ; 1869; Wahlberg († 1900), *Grundzüge der strafrechtslichen Zurechnungslehre* (Caracteres fundamentales de la teoría de la corrección penal), 1857, y también *Geschichtliche Kleinere Schriften* (Obras históricas menores), tomo I, número 1.º

(2) En primera línea: Röder († 1879), *Zur Rechtsbegründung der Besserudgsstrafe* (Para la fundamentación jurídica de la teoría correccional), 1846; *Besserungsstrafe und Besserungsstrafanstalten* (Penas correccionales y establecimientos penales correccionales), 1864.

fruto. Los defensores de esta dirección se apoyan en cuidadosas investigaciones aisladas, realmente sin fuerza creadora de mutua unión, para entroncar el Derecho vigente con su pasado histórico.

Pero la empresa de más importancia y más difícil, estriba en la *recopilación única* de la legislación de los estados con la inagotable multitud de su materia, infatigablemente productora, desparramada por los diversos países, pero dominando en ella una idea fundamental común del Derecho.

3. Sigue una pausa, en este desenvolvimiento poderoso, con la *recepción del Derecho penal francés* por medio de la legislación de 1851. Con eso se escinde Prusia de la unión de las tradiciones generales alemanas. La práctica prusiana se enseñó pronto, erigida sobre propias bases, y se posesionó al punto de la dirección. *Goltdammer* († 1872), Consejero supremo de Berlín, y *Oppenhoff* († 1875), Procurador general de Berlín, ejercieron un influjo mucho más grande sobre la jurisprudencia, que todos sus contemporáneos sobre cátedras de Derecho penal: el culto prejudicial oscureció el brillo de la ciencia.

Un práctico fué el fundador del *Archiv des preussischen Strafrecht* (Archivo de Derecho penal prusiano), en 1852, que dirigió poderoso su rumbo en lo porvenir; en cambio, el antiguo *Archiv des Kriminalrechts* (Archivo de Derecho criminal), fundado y dirigido por Profesores, muere en 1857.

Y, sin embargo, el Código penal prusiano estaba llamado á poner los fundamentos de la unidad legislativa alemana y, con ella, de un nuevo florecimiento de la ciencia penal alemana.

II. *La historia de la legislación penal alemana* del siglo XIX, hasta 1870, se escinde en dos grandes partes, separadas por la aparición del Código penal prusiano de 1851.

Una viva emulación, que se encuentra en otros dominios menores de la legislación, en esta época, se apoderó de los estados particulares de la confederación germánica, que trataban de fundir en un mismo molde las tradiciones inolvidables del Derecho común, probadas durante siglos, y las exigencias de la época de las luces con las necesidades resultantes de la vida jurídica del nuevo siglo, con los postulados de la filosofía especulativa y con las investigaciones de la historia del Derecho.

Primera parte: Los Códigos penales alemanes anteriores á 1851.

1.° Al frente está Baviera. Su Código, el primero entre los Códigos penales alemanes de esta época, por su fecha, lo es también, con mucho, el más importante por el contenido. A pesar de sus muchos defectos, ha mantenido muy alto el nombre de la ciencia de la legislación alemana más allá de las fronteras y ha sufrido ventajosamente la comparación con el código penal francés.

Feuerbach publica en 1804 su crítica del proyecto *Kleinchschrod* de 1802 y, á causa de esto, es encargado de la preparación de un nuevo proyecto. Terminado su trabajo en 1807, tras deliberaciones de la comisión de legislación, es impreso en 1810 y promulgado, después de nuevo acuerdo, como Código penal, en 16 de Mayo de 1813. Sólo existe un comentario oficial, el de *Gönner, Anmerkungen* (notas), 1813-14, 3 volúmenes. En 1814 fué introducido en Oldenburg. Ha influído en la legislación posterior de Sajonia, Württemberg, Hannover y Brunswich y en una serie de estados extranjeros, entre ellos sudamericanos.

2.° Sajonia.—En 1810. *Tittmann* y *Erhard* fueron encargados de elaborar un Código penal. Sus proyectos—Proyecto Tittmann, de 1811; proyecto Erhard, de 1811—sirvieron de base para unos acuerdos de exclusión, cuyo resultado fué el proyecto elaborado por *Stübel* en 1824. La muerte de *Stübel* y de *Tittmann* interrumpió los trabajos. En cambio, el Proyecto *Gross* de 1834 y 1835 llegó á ser el Código criminal de 30 de Marzo de 1838. Hay comentarios de *Gross,* 1838, de *Weiss,* 1841 y siguientes y de *Held* y *Siebraht,* 1848.

3.° Con el Código penal sajón de 1838 se relacionan los cuatro de los *estados de Turena*, especialmente los de Weimar de 1839—Proyecto de 1822—, Attenburg, de 1841, Meiningen, de 1844 y Schwarzburgo-Sonderhausen, de 1845. El Código penal de Sajonia se relaciona, también, con el llamado Código penal turingio, Proyecto de 1849, introducido en 1850 en Weimar, Sonderhausen, Rudolstadt, Anhalt, Meiningen, Koburgo-Gota, en 1852 en el principado de Reuss (segunda rama) con atenuaciones aisladas y después en 1864 en Anhat-Bernburg, donde había sido ya aceptado el Código penal prusiano de 1851, desde 1852; por fin, en la primera rama del principado de Reuss desde 1868. Attemburg, por el contrario, mantuvo en vigor su Código penal de 1841.

4.° WÜRTTEMBERG.—Los primeros trabajos, desde 1808 á 1813—cuatro proyectos—no tuvieron éxito. Lo mismo ocurrió con el proyecto *Weber* de 1823. Por el momento, se satisfizo la necesidad con el edicto de 17 de Julio de 1824 sobre clases de pena y establecimientos penales. El Código penal de 1.° de Marzo de 1839 se basa en los proyectos de 1832 (impresos como Manucritos) de 1835 (edición impresa de 1835; informe de la comisión de la Cámara, impreso en 1837) y el de 1838, éste con acuerdo de ambas Cámaras). Se hicieron modificaciones en 1849, 1853 y 1855.

Vid. Knapp, *Das württembergische Kriminalrecht,* (El Derecho criminal de Württemberg), Adiciones al *Lehrbuch* de Feuerbach, 1828-29; Wächter, *Die Strafarten und Strafaustalten des Königsreichs Württember* (Las clases de penas y los establecimientos penales del reino de...), 1832. Hepp, *Kommentare,* 1839-42, 3 volúmenes; Hufnagel († 1848), 1840-44, 2 volúmenes y compendio de 1845.

5.° HANNOVER.—Los trabajos comenzados en 1823 dieron por resultado el Proyecto publicado en 1825 (elaborado principalmente por *A Bauer,* que le editó en 1826, con notas y publicó luego, con nuevas notas, en 1828 y 1831). La reforma de 1825 á 1830 fué presentada, este último año, á la asamblea de los Estados. Esta terminó sus trabajos en 1838 y el Código penal fué promulgado el 8 de Agosto de 1840. Existen numerosas leyes complementarias y comentarios de *Leonhard,* de 1846-51, 2 volúmenes, en compendio en 1860.

6.° BRUNSWICK.—El proyecto oficial presentado á los Estados por el Gobierno en 1839, elaborado principalmente por *v. Schleinitz* y *Breymann,* llegó á ser el Código penal de 10 de Julio de 1840. Este estuvo vigente, también, en Lippe-Detmeld desde 1843 á 1870.

7. HESSE-DARMSTADT.—Proyecto *Knapp,* de 1824, sobre informe dado por *Mittermaier* y reformado en 1831. Proyecto de *v. Lindelof,* de 1837 (impreso como Ms.). En 1839, proposición del Proyecto, nuevamente modificado (como informantes, *v. Linde* y *Breidenbach*). Promulgación del Código penal en 18 de Octubre de 1841; modificado en 1849. Comentarios de *Breidenbach,* parte general, 1842-44. El Código penal de Hesse estuvo vigente también hasta el año 1867; en *Nasau,* desde 1849; en *Frankfort* (a. M.) desde 1857, y en *Hessen-Hamburgo,* desde 1859.

8. BADEN. — Edicto penal de 1803. Desde 1836, una comisión especial trabajó para la formación de un proproyecto (el primero fué impreso en 1836), que pasó á la segunda Cámara en 1839. Modificado en 1840, por la comisión de ésta y en 1844 por la de la primera, se promulgó el Código penal el 6 de Marzo de 1845. Entra en vigor en 1.° de Marzo de 1841. Vid. Schweickert, *Das badische Strafedikt von 1803 und das Strafgesetz-*

buch von 1845. (El Código penal de Baden, de 1803 y el Código penal de 1845). Disc. de la Universidad de Friburgo, en 1903. Comentarios de *Thilo*, de 1845 y *Puchelt*, de 1866-68, dos partes.

Segunda parte: El Código penal prusiano de 1851.

La consciente y vigorosa Política criminal seguida en Prusia, desde el advenimiento de Federico el grande, tiene su término en la importante ordenanza-circular de 26 de Febrero de 1799, sobre la represión del hurto y delitos análogos. A partir de los comienzos del siglo XIX, no se dan más que tímidas é inseguras reformas (1).

Una vez acometida, en primer término, la reforma completa del Título 20, Parte II del *Landrecht* prusiano (Proyecto I, de 1800), la labor se limitó pronto á la nueva redacción de capítulos aislados (Proyecto II, de 1881; III, de 1804; IV, de 1805).

Con esto se cierra el primer período de los trabajos preparatorios. El segundo empieza con el año 1826.

Por orden del Gabinete, de 21 de Julio de 1826, se encargó á la gran Comisión de reforma legislativa—, bajo la presidencia del ministro de Justicia, *Conde de Dankelmann* — la revisión general de la legislación prusiana. El título primero, con la exposición de motivos, fué modificado en 1827 (Proyecto I). Las deliberaciones ulteriores condujeron á la integración del Proyecto II (Noviembre de 1828 á Febrero de 1829). Para él se hicieron cuatro tomos de exposición de motivos.

El Proyecto es puesto á discusión en la gran comisión de reforma legislativa y en el Ministerio de Estado, dando como resultado el III Proyecto (1.ª Parte, Legislación criminal de 1830).

(1) Los datos siguientes se deben á las investigaciones auténticas de Banke, aun inéditas.

Posesionado *v. Kamptz* del Ministerio de Justicia (1830), tuvo lugar una nueva discusión. De ella salió el IV Proyecto (revisado), cuya 1.ª Parte, Legislación criminal y exposición de motivos, es de 1833 y la 2.ª, el Código penal de policía con su correspondiente exposición de motivos — vol. V de la exposición de motivos ya citada—, también del año 1833. En el año siguiente de 1834 aparecen disposiciones complementarias, especialmente en materia de contravenciones.

Después de esto, se repite la discusión. En el año 1836, aparece el V Proyectó (revisado). Además, la exposición general de las leyes penales extranjeras, de *Weil*, en cinco partes, de 1838 á 1841.

Por orden del Gabinete, de 4 de Febrero de 1838, se encargó á una Comisión especial formada por miembros del Consejo de Estado, al examen ulterior de la cuestión. Duraron sus deliberaciones desde Marzo de 1838 á Diciembre de 1842. Al mismo tiempo empezaba la discusión de la totalidad, en el pleno del Consejo de Estado, en Diciembre de 1831, durando hasta Enero de 1843. El resultado de todo esto fué el IV Proyecto de 1843.

Sobre esto, véase la colección de actas de las discusiones, en tres partes, 1839-1842 y la colección de los tres Proyectos (1.º, de el de 1836; 2.º, de el de la Comisión especial, entonces inédito; 3.º, de el Consejo de Estado de 1843 , publicada por el ministro de Estado, *v. Kamptz* en 1844.

El Proyecto fué presentado, en la primavera de 1843, á los ocho *Landtags*, acompañado de una Memoria que comprendía sesenta y cuatro cuestiones, al mismo tiempo que se enviaba á una serie de Autoridades y de sabios.

Sobre la base estrecha de estas consultas (especialmente de los *Landtags* provinciales, en 1844) y críticas (el *Landtag* renano había propuesto un nuevo Proyecto, con exposición de motivos). *Bischoff* preparó en 1845, siendo ministro de Justicia, *v. Savigny*, la revisión del Proyecto de 1843, en tres tomos, y sobre estos fundamentos, el VII Proyecto (reformado) de 1845.

La Comisión especial prosiguió el examen sucesivo de Octubre de 1845 á Julio de 1846. En Diciembre de 1846 presentó la Comisión al Consejo de Estado el VIII Proyecto. Sobre esto, véanse los trabajos de la Comisión de 1846.

Entre tanto, los países renanos contendían, entre sí, con esfuerzos aislados. Una memoria de *Ruppenthal*, en 1846, da idea de ellos. Renovadas discusiones condujeron al IX Proyecto, con exposición de motivos, de 1847. Sobre esto, véanse los trabajos ulteriores de la Comisión, de 1847.

Este Proyecto fué presentado, con 19 cuestiones adicionales, á la Comisión de los Estados confederados, convocada el 3 de Diciembre de 1847, y discutido por ésta, tanto en la sección de trabajos preparatorios como en el pleno, hasta el 6 de Marzo de 1848.

Vid. Bleich, *Verhandlungen des ... Ausschusses* (Trabajos ... de la Comisión), 1848, 4 vols.

Los trabajos sucesivos se interrumpieron por los acontecimientos de Marzo. El X Proyecto de Octubre de 1848, preparado como Anteproyecto de Código penal común alemán, sirvió de base para los trabajos sucesivos en Prusia. El ministro de Justicia *Simons* presentó á la segunda Cámara el XI Proyecto, con exposición de motivos (publicado en 1851) el 3 de Enero de 1851. Al fin lograban éxito los esfuerzos de tantos años. Tras profundos debates, en ambas Cámaras, el 14 de Abril de 1851, alcanzó la sanción real el nuevo Código penal, que entra en vigor el 1.° de Julio del mismo año (1).

La influencia de los juristas renanos era, indiscutiblemente, manifiesta; el Código penal prusiano lleva la

---

(1) El Derecho común estaba entonces en vigor en la Pomeránia anterior y en la parte oriental del Rhin, del distrito de Coblenza.

marca del Código penal francés en las prescripciones sobre tentativa y complicidad, sobre sistema penal y Derecho internacional, la división tripartita, las circunstancias atenuantes, etc.

Vid. Comentarios de Goltdammer, *Materialien*, 2 partes, 1851-52; Beseler, 1851; Oppenhof, 1856 y siguientes; Temme, *Lehrbuch*, 1853; Hälschner, *Ibid.*, 1855-68; Berner, *Id.*, 1857 y siguientes.

El Código penal prusiano fué importado—con ó sin modificaciones—en Hohenzollern; en Anhalt-Bernburg (hasta 1864); en Waldeck y Pyrmont, en 1855; en Oldenburg, en 1858 (donde el Código penal de 1814 había sido enriquecido con muchas adiciones y rehecho de nuevo) y en Lübeck, en 1863.

Una ordenanza de 12 de Diciembre de 1866 promulgó las dos primeras partes de Código penal en Francfort (a. M.). La Ordenanza de 12 de Diciembre, 25 de Junio de 1867 dispuso que el Código penal prusiano estuviere vigente en los *territorios nuevamente* adquiridos para Prusia (en Franfort la III parte), á partir del 1.° de Septiembre de 1867 al tenor de la 3.ª edición oficial (de 1859). En su virtud, desaparecieron: 1.°, en Hesse-Nassan, Hesse-Hombourg y Francfort a M., el Código penal de Hesse, de 1941; 2.°, en Hannover, el Código penal de 1840; 3.°, en Hesse-Cassel y Schleswing-Holstein, el derecho común.—Para el *Electorado de Hesse,* donde no había llegado á ser propuesto un proyecto elaborado en 1849, Vid. Kersting, *Das Strafrecht in Kurhessen* (El Derecho penal del electorado de Hesse), 1853-54, 2 vols. separados. Para *Schleswing-Holstein* (Proyecto de Egger, 1808; proyectos de 1840, 1849 y 1866), Vid. Kramer, *Versuch einer systematischen Darstellung des peinlichen Rechts* (Ensayo de una exposición sistemática del Derecho penal), 1798; von Schirach, *Handbuch des schlewig-holsteinischen Kriminalrechts* (Manual de Derecho criminal de Schlewing-Holstein), 1828-29, 2 vols.

Tercera parte: La legislación penal de los Estados, desde 1851.

1. Sajonia. — Los acontecimientos de 1848 habían hecho indispensable la reforma total del Código de 1838. El primer proyecto, presentado por la comisión (ponente Krug), convocada en Junio de 1848 y presentado en Julio de 1850, no tuvo éxito. El segundo fué sometido á las diputaciones de los Estados en Abril de 1853. De aquí salió el Código penal de 13 de Agosto de 1855, en vigor desde 1.° de Octubre de 1856. El Código penal de *Reus, línea mayor,* de 27 de Noviembre de 1861, en vigor desde 1.° de Mayo de 1862, es copia de éste. El Código penal sajón sufrió una reforma parcial en 1868, especialmente en el sistema penal.

Vid. Comentarios de Krug, 2.ª edición, 1861-62; Siebdrat, 1862; von Schwarze, 1868. Exposición sistemática de Wächter, 1857-58 (incompleta).

2. Baviera. — Al cabo de pocos años se impuso una reforma total del Código penal de 1813; pero los proyectos de Gönner (1822), de Schmidtslein (la mayor parte), de 1827, de Stürzer, en 1831, fueron mal acogidos ó no tuvieron éxito. Hasta 1848, no fueron comenzados de nuevo los trabajos. El ministro de justicia, von Kleinschrod, sometió á las cámaras, en 1851, la 1.ª parte (general) de un 4.° proyecto; después, en 1853, de un 5.° proyecto completo y con exposición de motivos (edición, 1854). Este último, no modificado, fué propuesto de nuevo en 1855 por von Ringelmann, sucesor de Kleinszod. En Marzo de 1858, se interrumpieron bruscamente los debates, por el desacuerdo completo que existía entre el Gobierno y la representación popular.

Hasta Junio de 1860, no presentó el nuevo ministro á las cámaras el 6.° proyecto refundido. Entonces avanzaron los trabajos rápidamente. El Código penal de 10 de Noviembre de 1861, con el mismo espíritu del prusiano de 1851, entró en vigor en 1.° de Julio de 1862.

Vid. Comentarios de Hocheder (1862); Weiss, 1863-65; Dallamann († 1867) y Risch, 1862-68; Stenglein, 1861-62.

3. Hamburgo. — En 1869, se juzgó tiempo oportuno para introducir un nuevo Código penal que estuvo vigente de 1.° de Septiembre de este año á 1.° de Enero de 1871. (Los proyectos anteriores son de 1848, de Trummer, para las tres ciudades hanseáticas, reformado en 1849 y 1851; nuevo proyecto de 1862, publicado en 1863).

4. Estado de la legislación penal alemana en 1870.—El *Derecho común* estaba aún vigente sólo en: 1, los dos Estados de Mecklenburgo (donde no había logrado aprobación un proyecto de 1850); 2, en Lauenburg (aquí estaba vigente el Código penal prusiano desde 1.° de Abril de 1870, por ley de 4 de Diciembre de 1869); 3, en Schaumburg-Lippe; 4, en los dominios comunes Brunswick y Hannover, sobre la región del bajo Harz; y 5, en Bremen (donde los proyectos de 1861 y 1868 no tuvieron éxito).

Al mismo tiempo, estaban en vigor *diez* distintos *Códigos penales territoriales*: 1, el de Brunswick, de 1840 (también en Lippe-Detmold); 2, el sajón de 1838, en Saxe Altemburg, desde 1841; 3, el de Hese, de 1841; 4, el turingio, de 1850 y sigs; 5, el prusiano, de 1851; 6, el sajón, de 1868; 7, el hamburgués, de 1869; y aparte de ellos, en la Alemania del Sur; 8, el de Wurtemberg, de 1839; el de Baden, de 1845, y 10, el bávaro, de 1861.

El atomismo era grande, aunque no tanto como parecía á primera vista. A pesar de todas las divergencias de detalle, dominaba, sin embargo, una cierta homogeneidad de principios. Pero, ante todo, la expansión directa ó indirecta del Código penal prusiano había contribuído á preparar la creación de un Código penal común alemán. También en este campo, Prusia debía de recoger los frutos de su política.

ADICIONES

§ 8.—*La ciencia y la legislación penales españolas, anteriores al Código penal.*

Segunda época: Las codificaciones (siglo XIX).

I. — *La ciencia penal española.*

(*Eclecticismo y correccionalismo*)

BIBLIOGRAFÍA.—Pacheco (J. F.), *Estudios del Derecho penal, Lecciones pronunciadas en el Ateneo de Madrid en 1839 y 1840.* 1.ª edición completa, Madrid, Boix, 1842-43, 2 volúmenes; 2.ª, Compagni, 1854; 4.ª, Tello, 1877; 5.ª, Tello, 1887; *Estudios de legislación y jurisprudencia,* Madrid, Viuda de Jordán, 1843; (1.ª, en «Boletín de Jurisprudencia y Legislación» y en la «Crónica jurídica», en 1836, 1839 y 1840); Silvela (L.), *El Derecho penal estudiado en principios,* etcétera, 1.ª, Madrid, Fortanet, 1873; 2.ª edición, E. Silvela, Madrid, Fe, 1903, 2 volúmenes; II, Hernández, 1879; otra, I, Hernández, 1884; Romero Girón, *Estado presente de los estudios sobre penalidad y sistemas penitenciarios en España,* en *Introducción* á la traducción española de los *Estudios,* de Roeder, Madrid, Fortanet, 1875, páginas 27-61; Dorado Montero, *Balance penal de España en el siglo XIX,* en *De Criminología y Penología,* Madrid, Viuda de Serra, 1906, páginas 131-140.

1. *El Derecho penal.* *a*) *Tratados.* — Pasada la tormenta revolucionaria, el espíritu filosófico entra serenamente en el Derecho penal. En cada nación, tiene su momento y sus hombres. En Francia es, bajo la Res-

tauración, con Cousin (1), Guizot (2), Carlos Lucas (3), De Broglie (4) y Rossi.

A estos siguen, en Francia, Rauter (5), Bertauld (6), Trebutien (7), Ortolan (8), Hélie... (9). En Inglaterra, Lieber (10).

En 1849 llega á España—un poco tarde—«la hermosa causa de la ciencia desenvolviendo la civilización, de la justicia asegurando los Estados y de la libertad perfeccionando las leyes», como decía ingénuamente Mignet (11), el historiador hispanófilo (12).

El *Tratado* de Rossi (13), había sido traducido al español por Cortés (14).

---

(1) *Gorgias*, traducción francesa, *Argument philosophique, OEuvres de Platón*, París, Bossange, 1826, III, 129-180.

(2) *De la peine de mort en matière politique*, París, 1822, páginas 99-100 (Bruselas, 1838).

(3) *Du système pénal et du système repressil en général*, París, 1827; *Du droit de légitime défense dans la pénalité et dans la guerre*, París, 1873.

(4) *Le livre de Mr. Charles Lucas*, en *Revue française*, número 5, Septiembre 1828.

(5) *Traité théorique et pratique du Droit criminel*, París, 1863.

(6) *Cours du Code pénal et leçons de législation criminelle*, París, 1854, 4.ª edición, 1873.

(7) *Cours élémentaire du droit criminel*, París, 1754.

(8) *Eléments du Droit pénal, Penalité-jurisdictions-procedure*, 4.ª edición, París, 1875, páginas 85-87.

(9) *Introducción* á la 3.ª edición del *Traité de Rossi*, París, Guillaumin, 1863, I, páginas I-CVII; *Introduction et Commentaires* á la traducción francesa de Beccaria, París, Guillaumin, 1856, especial, páginas LII-LIV; *Théorie du Code pénal*, 6.ª edición, con notas de Villey, París, 1887, 6 volúmenes; *Théorie du Code d'Instruction criminelle*, París, 1845; *Notes* á las *Leçons*, de Boitard, edición 1863.

(10) *Popular Essay on subjets of penal Law*.

(11) *Notice sur la vie et les travaux de M. Rossi*.

(12) *Négotiations relatives à la succession d'Espagne sous Louis XIV: correspondences, mémoires et notes diplomatiques concernant les prétentions et l'avenement de la maison de Borbon au trône d'Espagne*, París, 1836-42, 4 volúmenes; *Antonio Pérez et Philippe II* (drama), 1.ª edición, París, 1845; 2.ª, 1846; *Charles-Quint, son abdication, son sejour au monastère de Yuste et sa mort*, 1.ª edición, París, 1854; 2.ª, 1857.

(13) *Traite du Droit pénal*, 1.ª edición, París, 1829; 3.ª edición, F. Helie, *Œluvres complètes*, París, Guillaumin, 1863, 2 volúmenes.

(14) *Tratado de Derecho penal, escrito en francés por Mr. Ros-*

Por la misma época habían salido los de Ortolán (1), Tissot (2)—el celéctico de los celécticos—Franck, con inducción y notas de un ex juez (3).

Los estudios penales tienen, por un momento, interés de actualidad, porque se habla de promulgar un nuevo Código, y todo el mundo quiere saber qué se piensa en Europa. Los pensadores españoles, en Derecho penal, no se pasan de originales; se les estima, como informadores, en razón inversa de la personalidad.

Este movimiento culmina en *D. Joaquín Francisco Pacheco*, (Ecija, 22 de Febrero de 1808—Madrid, 9 de Octubre de 1865), Fiscal del Tribunal Supremo, de la Real Academia Española, que sube á la Cátedra del Ateneo de Madrid, en los años de 1839 y 1840, á pronunciar unas *Lecciones de Derecho penal*, sobradas de retórica y faltas de enjundia; «entre los aplausos de una reunión numerosa, avida de iniciarse en los problemas de esta ciencia» (4), público demasiado ignorante ó demasiado benévolo (5). Digno paralelo de otras lec-

---

si, traducido al idioma español, por D. Cayetano Cortés, 1.ª edición, Madrid 1839, 2 volúmenes; 2.ª, López, 1872, 2 volúmenes; 3.ª, 1883.

(1) *Curso de legislación penal comparada. Lecciones pronunciadas en la Facultad de Derecho de París*, Madrid, Biblioteca de Jurisprudencia y Legislación, 1843; *Tratado de Derecho penal*, etcétera, traducción Pérez Rivas, Madrid, 1878, 2 volúmenes; *La penalidad en el infierno del Dante*, traducción Vicente y Caravantes, Madrid, *Revista de Legislación*, 1873.

(2) *El Derecho penal estudiado en sus principios*, etcétera, traducción de Ortega García, aumentada por A. García Moreno, Madrid, Biblioteca Jurídica, 1880, 2 volúmenes.

(3) *Filosofía del Derecho penal*, traducción, discurso preliminar y notas de Gil Maestre, Salamanca, 1876.

(4) Gutiérrez, *Historia del Derecho penal*, página 451.

(5) Dorado, *Balance penal de España*, en *Criminología y Penalogía*, Madrid, Viuda de Serra, 1904, página 136: «Aquellas lecciones tan decantadas por quienes á causa de ignorancia, no estaban en disposición de apreciar su escasísimo mérito. Con todo género de miramientos á su autor, hay que decir, por ser verdad, que estas lecciones dichas y escritas en tono muy retórico y campanudo, no solamente guardaban poca sustancia, sino que la que tenían era casi enteramente prestada: la fuente era Rossi.» El mismo Gutiérrez reconoce que sería inimitable su estilo si no pecase á veces por exceso de amplificación» (página 461). En el

ciones (1) pronunciadas por él, desde la misma Cátedra, cinco años más tarde.

No son ni más documentados ni más profundos sus *Estudios* (2), apenas citados, sobre asuntos penales y de procedimiento criminal (3).

La doctrina de Pacheco es escolásticamente, aunque no sustancialmente, ni menos como simple «traductor» (4), la de Rossi: el *eclecticismo*. «La esfera moral — dice — es el límite de donde no puede pasar, más á donde puede no llegar el legislador. Dentro de este límite, en el terreno de este fundamento, el interés social ha de guiarle y la conveniencia pública le debe señalar más ó menos extensos términos» (5).

Los dos—Pacheco y Rossi—compensan el principio

---

año 80 ya el nivel de cultura crítica se había elevado hasta la censura, cuando dice el recensor de Silvela, Eduardo Soler: «Si hoy una crítica severa, no halla en sus «Lecciones» aquel rigor en el pensamiento, aquella reflexión circunspecta y profunda y también el conocimiento de todos los sistemas, etc » (*Un libro de Derecho penal*, en *Revista de Legislación*, LVII, 61).

(1) *Lecciones de Derecho político constitucional, pronunciadas en el Ateneo de Madrid en 1844 y 1845*, Madrid, Boix, 1845. De más valor es su *Historia de la Regencia de la Reina Cristina*, I, Madrid, Suárez, 1841.

(2) Vid. *Bibliografía.*

(3) Pertenecen á estas materias: I. *El interés social y el interés individual*, II. *Códigos: su formación y discusión;* III. *De la interpretación de las leyes;* IV. *Desafíos, injurias, ley de imprenta;* V. *De la prisión por deudas;* VII. *Cuestiones de responsabilidad:* 1.ª *De la responsabilidad ministerial;* 2.ª *De la responsabilidad administrativa;* IX. *Estudios sobre las pruebas jurídicas:* 1.° *Juicios de Dios;* 2.° *Tormento;* 3.° *Confesión;* 4.° *Testigos;* 5.° *Continuación;* X. *Del jurado y de su establecimiento en España;* XI. *Organización judicial,* XII. *Inamovilidad judicial;* XIII. *Organización de los tribunales del crimen: sustanciación criminal;* XIV. *Escribanos;* XV. *De los escritos é informes forenses;* XVI. *Jurisprudencia criminal.—De la defensa de los acusados.*

(4) B. de Quirós, *Las nuevas teorías de la criminalidad*, 1.ª edición, página 160.

(5) *Lecciones*, V (2.ª edición, página 64). Cf. IV (edición citada, página 45). «No: el derecho de penar no se funda en la conveniencia, aunque la conveniencia limite ó regule este derecho; el derecho de penar exige un principio que lo moralice y lo sancione, y la utilidad no moraliza nada, porque sólo lleva en sí la idea del éxito y no la de la justicia.»

fundamental, científico, que les sirve de base, con el práctico de la conveniencia social; pero en el principio fundamental varían: para Rossi es la *justicia absoluta;* para Pacheco, la *expiación* (1). Sólo la obcecación de una crítica inconsciente ó indocumentada pudo incluirle entre los partidarios de la escuela absoluta (2), que no los tuvo en España.

En esta dirección le siguen, «por una especie de transacción de término medio entre la escuela utilitaria y la espiritualista», *Alvarez* (3) y casi todos los comentaristas del primer Código (4) y del segundo (5).

Esta escuela que funda la ciencia penal, de una parte (6), en la ley moral (7)—de acuerdo con toda nuestra cultura teológica (8)—hace prosélitos en España (9) y subsiste frente á las modernas (10).

---

(1) Véase Romero Girón, *Pacheco y el movimiento de la legislación penal,* páginas 181 182.

(2) Véase Carrara, *Programa del curso de Derecho criminal,* Part. gen. trad. Béeche y Gallegos San José (Costa Rica), Tipografía nocional, 1889, II, 17.

(3) *Nociones fundamentales del Derecho,* 1885.

(4) Goyena, *Código criminal español según las leyes prácticas vigentes,* Madrid, 1843; Vizmanos y Alvarez, *Comentarios al Código penal,* 1.ª, Madrid, 1848; 2.ª, 1848; Castro y Orozco y Ortíz de Zúñiga, *Código penal aplicado,* Granada, Sanz, 1848, 2 volúmenes; id. reformado, Madrid, 1850; La Serna y Montalban, *Elementos de Derecho penal de España,* Madrid, 1849; Laso, *Elementos de Derecho penal de España,* Madrid, 1849; Aramburu, *Instituciones de Derecho penal español,* Oviedo, 1860.

(5) Groizard, *El Código penal de 1870, concordado y comentado,* I, Burgos, 1870; II, 1872; III-VIII, Salamanca, 1881-99.

(6) De otra, en la sociabilidad humana. Por aquella, Rossi se enlaza con Jouffroy, *Traité du droit naturel,* y todos los eclécticos.

(7) Rossi, *Traité de Droit pénal,* edición Hélie, I, 247; «Pour nous, l'élément essentiel du delit est la violation de un devoir. Cf., Pacheco, *Lecciones.*

(8) Había sido traducida también por Gebhardt, la *Filosofía de las leyes, desde el punto de vista cristiano,* de Bautain, (Barcelona, 1865), que coincide con Rossi en el concepto mixto del delito, ético y jurídico, seguido por Pacheco.

(9) González Lafuente, *Estudio filosófico sobre la Moral y la Ciencia penal,* Madrid, Martínez, 1878 (libro insignificante); Laso y Medina, *Relación necesaria que existe entre los elementos religioso-moral y civil en el campo del Derecho criminal,* Discurso de la Universidad de Salamanca, 1875.

(10) Bru y del Hierro, *Estudio sobre la proporción entre la gra-*

Un poco más tarde, llega aquí una doctrina simpática, pero unilateral, desechada de Europa y admitida aquí como la última palabra de la moda penal: el *correccionalismo.*

El autor de ella es *Carlos David Augusto Roeder* († Heidelberg, 20 Diciembre 1879), discípulo de *Krause,* que corre en Alemania la suerte del maestro (1).

En Alemania no hay correccionalistas (2). En Francia no hay correccionalistas, si se exceptúa á Market Wasselot (3); hasta el punto de que se estudia el corolario principal del correccionalismo, «la individualización de la pena», se hace correccionalismo, sin citar á Roeder (4). Se hace el estudio de la *filosofía penal* y no se le menciona (5). Parece ser que *Sanz del Río* (Torre Arévalo, 1817—Madrid 12 Octubre 1861), pensionado por el Gobierno español para hacer estudios de filosofía en Alemania, en 1843, vino á Bruselas—porque no le provaba el clima germánico—y allí trabó amistad, base de enseñanza, con *Ahrens* (1808-1874), ardoroso propagandista del krausismo, dedicado á hacer inteligible á Krause, en Europa, como Esteban Dumont á Bentham. Por eso los krausistas españoles lo son «al modo de Ahrens» (6). Después estudió en Hidelberg con Roeder, haciéndose correccionalista. De vuelta á

---

vedad de los delitos y la de las penas, Madrid, Huérfanos, 1885; F. Vida, *La ciencia penal y la escuela positiva italiana,* Discurso en la Academia de Ciencias morales y políticas, Madrid, 1890; Amado, Salas *Consideraciones histórico-filosóficas acerca de las ideas principales de Röder, relativas á la parte filosófica del Derecho penal,* Discurso doctrinal, Valladolid, Santarén, 1901.

(1) Véase atrás, páginas 6, 7

(2) Véase atrás, página 396.

(3) *École des condemnés,* París, 1838; *Philosophie du systéme pénitentiaire,* París, 1838.

(4) Véase Saleilles, *L'individualisation de le peine,* París, Alcan, 1898; L. Rivier, *De l'individualisation des peines* (*Rev. Penit.,* 1897, páginas 105-197).

(5) Véase Tarde, *La Philosophie pénale.* Quirós se lamenta de ello en *Las nuevas teorías,* 1.ª edición, página 161.

(6) F Giner, *Carlos Roeder,* en *Revista de Legislación,* 1880, página 130.

España, formó á una pléyade—Castelar, Salmerón, Canalejas (F. de P.), Federico de Castro, Giner de los Ríos—, la «generación de los krausistas». El correccionalismo era su doctrina penal. De este modo casual entró el correccionalismo en España. Con razón habla el Sr. Dorado Montero — discípulo de un discípulo de Sanz—de «la sabia labor de la inconsciente» (1) en la ciencia. en Europa—si se exceptua á algún desequilibrado, como Pinheiro Ferreira (2) y Mazzoleni (3)—no hay correccionalistas (4); no hubo escuela correccional; en España todos son correccionalistas.

Se había traducido rápidamente á Ahrens (5), cuyas ediciones se repiten en España (6). Allí estaba la doctrina (7). *Don Francisco Giner* traduce (8), estudia (9) y expone (10) á Roeder; le traduce y expone *Romero Gi-*

---

(1) *Problemas de Derecho penal,* I, Madrid, *Revista de Legislación,* 1895, *Prólogo.*

(2) *Cours de Droit publique interne et externe,* París, 1830 35. 2 volúmenes.

(3) *Novi principi di diritto criminale,* 1851.

(4) Estamos muy lejos de suscribir la crítica arbitraria é indocumentada de Garófalo, *La Criminología,* traducción española, página 162, bien rectificada (Véase nota de la misma página) por Dorado.

(5) *Curso de Derecho natural ó de filosofía del Derecho, completado en las principales materias con ojeadas históricas y políticas,* traducción Navarro Zamorano, Madrid, 1841; *Enciclopedia jurídica ó exposición orgánica de la ciencia, del Derecho y del Estado,* traducción Giner, Azcárate y Linares, Madrid, Suárez, 1878. La primera edición del *Droit naturel* es de Bruselas, 1839; á los dos años estaba ya traducida.

(6) *Derecho natural,* 1.ª edición, traducciónNavarro Zamorano, Madrid, 1841; 2.ª, traducción Flamant, Madrid, 1864; 3.ª, traducción Hortelano y Asensi, Madrid, Bailly-Baillière, 1873; 5.ª, Braine-le-Compte, Bélgica, 1880.

(7) *Derecho natural,* § XXXVI.

(8) Roeder, *Las doctrinas fundamentales reinantes sobre el delito y la pena en sus interiores contradicciones. Ensayo crítico preparatorio para la renovación del Derecho penal,* 1.ª edición, Madrid, 1871; 2.ª, 1872; 3.ª, 1877; *Principios de Derecho natural,* entrega 1.ª, Madrid, 1875.

(9) *Carlos Roeder,* en *Revista de Legislación,* LVI, 1880, 129 y 153.

(10) Véase *Tutela penal,* en *Resumen de Filosofía del Derecho,* Parte orgánica 1.ª, sección III, Madrid, Suárez, 1898, páginas 382 y siguientes. Sería un error el de creer ó hácer creer—Bernaldo

rón (1). El mismo Roeder, á petición de *Salmerón* — á la sazón ministro de Justicia (1873)— se digna escribir sobre la reforma del sistema penal español (2), sin haber visto nuestras cárceles. La doctrina del «derecho á la pena» pasa bruscamente de paradoja científica —acaso humorística—á proyectada realidad constitucional (3). Las antiguas leyes españolas preceptuaban ya la pena procurando conseguir á la vez todos sus fines: expiación, ejemplaridad, enmienda, «mucho antes de que un exacto conocimiento de tales fines hubiese producido el conjunto de medios indispensables para cumplir el derecho» (4).

Y de este movimiento brota un libro modelo de taxonomía, en el plan; de precisión, en el método; de moderación, en las ideas—como una buena y quieta república de hombres mediocres—: el tratado de *Don Luis Silvela* († 2, Mayo, 1903), catedrático de Derecho penal en la Universidad de Madrid, que alambica el correc-

---

de Quirós, *Las nuevas teorías,* 1.ª edición, página 278—que su afirmación: la pena «no debe ser determinada *a priori*» —, por más que sea anterior á Kraepelin y Willert sea original. Vid. *Las doctrinas fundamentales reinantes,* § 29: «Según la teoría correccional, ... el carácter todo de la pena y por tanto su duración tampoco (¡que sintáxis!), *jamás* puede fijarse con rígida *invariabilidad,* sino de modo que pueda modificarse ulteriormente, aumentándose ó abreviándose.» (3.ª edición, páginas 247, 248). Cf. el mismo señor Giner, *Carlos Roeder,* página 147.

(1) Roeder, *Comentatio an poenam malum esse debeat,* traducción española en *La Escuela del Derecho,* 1862; *Estudios sobre Derecho penal y sistemas penitenciarios, anotados y precedidos de una Introducción,* Madrid, 1875: antes el trad. esp. en *La Escuela del Derecho,* 1864.

(2) Roeder, *Reforma del sistema penal español, mediante el régimen celular,* traducción Francisco Giner y G. de Linares, 1.ª edición, Madrid, 1873, 1 foll.; 2.ª, en Apéndice á la 3.ª edición de *Las doctrinas,* 1876, páginas 321 363

(3) *Proyecto de Constitución federal,* 1873: «Toda persona encuentra asegurado el derecho, en caso de caer en culpa ó delito, á la corrección y á la purificación, por medio de la pena.» (Cit. Torreanaz, *Contestación al discurso de D. Luis Silvela,* página 98).

(4) C. de Torreanaz, *Los Consejos del rey durante la Edad Media,* § XXXVI; Cf. *Contestacin* á Silvela (L.), en las Academia de Ciencias Morales y políticas, VII, 97.

cionalismo, quedándose con el principio, como aspiración vaga, y dejando la lógica (1).

Silvela no puede representar el correccionalismo en España; pero inicia, desde la cátedra, la corriente doctrinal de un *correccionalismo académico*—tímido, ilógico — en que le siguen *Santamaría de Paredes* (2), actual catedrático de Derecho político en la Universidad central, el mismo *Romero Girón* (3), *Aramburu* (4) y *Rueda* (5).

La tradición penal española — Séneca (6), Alfonso de Castro (7) — en una fórmula compleja del concepto de la pena como «expiación medio para la corrección», se continua en *Doña Concepción Arenal* (El Ferrol, 30 Enero, 1820—Vigo, 4 Febrero, 1894) (8), á quien siguen, en nuestros días, el *Sr. Valdés*, Catedrático de Derecho penal en la Central (9); en cierto modo, *Amor Neveiro* (10), que acepta, cortesmente, á más de la es-

---

(1) Dorado, *Balance*, página 137: «Silvela, que pretendía ser correccionalista, aunque no lo es sino á medias». Cf. *Del Derecho penal represivo al preventivo*, en *Estudios de Derecho penal preventivo*, Madrid, Suárez, 1904, página 58: «al tratar de desenvolver las teorías particulares se ha dejado á un lado el sentido y las exigencias correccionalistas, echando mano de las ideas corrientes de la pena mal y castigo.» Cf. página 62.

(2) *Principios del Derecho penal con aplicación al Código español*, 2.ª, Madrid, Núñez, 1872.

(3) *Introducción* á los *Estudios* de Roeder, 1875, páginas 9-135.

(4) *Notas* á la traducción española de los *Elementos* de Pessina, Madrid, *Revista de Legislación*, 1892.

(5) *Elementos de Derecho penal, con arreglo al programa de esta asignatura en la Universidad de Santiago*, 1.ª edición, Santiago, 1886; 3.ª, Santiago, 1891; 4.ª, Santiago, Paredes, 1898.

(6) Véase atrás, páginas 135, 136.

(7) Véase atrás, páginas 306, 307.

(8) *Informe presentado al Congreso internacional penitenciario de Estocolmo* (1873), en *Obras completas*, XIV (1896), 49: «*es necesario rectificar la voluntad*, sin escrúpulo de imponer las mortificaciones que merece y necesita el que la tiene torcida», Cf. página 52.

(9) *Programa razonado de un curso de Derecho penal, según los principios y la legislación*, 1.ª edición, Madrid, Fuentenebro, 1889; 2.ª, 1892; 5.ª, I. 1813.

(10) *Examen crítico de las nuevas escuelas de Derecho penal*, Madrid, 1899, *Introducción*, páginas 14-29; *del Derecho de Castigar: su naturaleza, su origen, su fundamento y opiniones acerca*

piación, la corrección con la ejemplaridad, entre los fines múltiples de la pena; y los *Sres. Bravo* y *Arredondo;* en su fórmula de «corregir *castigando* y castigar *corrigiendo* (1).

b) *Monografías.*—Como en época anterior, florece la monografía. Los nuevos temas son menos terroríficos; ya no se habla del tormento y muy poco de la pena de muerte. Nace la *literatura del duelo*—tormento del honor —, original (2) y traducida (3), y junto á ella, la literatura del *suicidio* (4) — pena de muerte voluntaria — dos sustitutivos.

Hay otros temas favoritos como el *juego* (5), los *delitos políticos* (6), la *reincidencia* (7), la *infidelidad á la patria* (8), y alguno inusitado en Europa, como la *puericultura penal* (9).

---

de estos puntos, Santiago, Tipografía Gal., 1901, páginas 133 146.

(1) *Examen crítico de las nuevas escuelas de Derecho penal,* Madrid, 1899; en contra Amado Salas, *Consideraciones histórico-críticas,* páginas 7, 8.

(2) Pastor, *Los desafíos, su origen, historia, legislación y bases de su reforma,* Madrid, 1840; Alvarez Martínez, *Ensayo histórico-filosófico-legal sobre el duelo,* Madrid, 1847; Jove y Hevia, *Estudios sobre el duelo con aplicación á las disposiciones que acerca de él contiene el proyecto de Código penal,* etcétera, Madrid, 1848; Alvarez Arenas, *Cuestiones filosófico político-legales sobre los delitos de suicidio y del duelo,* Madrid, 1859; Sierra Valenzuela, *Duelos, rieptos y desafíos, Ensayo filosófico-jurídico sobre el duelo,* Madrid, 1898.

(3) Lapanouse, *El duelo juzgado en el tribunal de la razón y del honor,* traducción de Zapata y Merino, 1807; Cartagho, *El duelo ó desafío y sus reglas,* Madrid, 1873.

(4) Alvarez Arenas, obra citada; Delbreyne (P. y C.), *Del suicidio considerado desde los puntos de vista filosófico, religioso, moral y médico, seguido de algunas reflexiones sobre el duelo,* Barcelona, 1857; Prax, *El suicidio: consideraciones filosóficas,* Madrid, 1875.

(5) Anónimo, *A los padres é hijos de familia y al Gobierno. Memorias sobre la necesidad de reprimir el juego,* Madrid, 1841; Ramírez *El juego y la policía,* Madrid, 1861; M. V., *Del mal el menos* (Folleto acerca del juego y de la hoy necesaria derogación del art. 358 del Código penal), Madrid, 1879.

(6) Rivera Delgado, *El criterio legal en los delitos políticos,* Madrid, 1873.

(7) Armengol y Cornet, *La reincidencia,* Barcelona, 1873.

(8) Anónimo, *Examen de los delitos de infidelidad á la patria,* edición española, I, Madrid, 1842.

(9) Anónimo, *El ciudadano perfecto, formado desde la niñez.*

c) Historia.—Los primeros ensayos de *Historia del Derecho penal* y de *Historia del Derecho penal de España* datan de esta época.

Son bien modestos unos y otros. El primero, en orden de importancia—muy relativa—, es la obra de *Benito Gutiérrez* (1), extensa y desenfadada exposición de hechos y doctrinas. (Libro I: Progresión histórica; Libro II: Progresión científica) en éstas sin asomo de cita ni documento. ¡Dichosa edad y tiempos dichosos...! «Observa cierto escritor» (2) «en cierta revista jurídica» (3). Así se hacía un libro. Anterior á ella es la *Introducción* histórica de Pacheco (4), puesta al frente de sus comentarios al Código penal. Tiene aciertos de síntesis y elocuentes distales; la manía oratoria le eleva en sus alas y le precipita (5).

De la obra de *Melchor y Lamanette* (6) es mejor callar por piedad; porque la crítica no hallaría, á pesar suyo, cualidades para compensar los defectos. En cambio *Vicente* y *Caravantes*—un jurista insigne—traduce y adiciona la única historia penal española existente, escrita por un francés (7).

Obra en que se trata de dar á conocer á los niños la fealdad de los delitos que la sociedad reprueba y las penas que marcan nuestras leyes para cada uno de ellos, Madrid, 1840; Ramírez de Arellano (continuación), *Nociones del Código penal de España, para uso de los niños*, Valencia, 1863; Martínez Alcubilla, *Guía moral de la juventud en materia penal*, etcétera, 1.ª edición, Madrid, 1875, 2.ª, 1876; Sevillano, *El Código penal al alcance de los niños*, Madrid, 1880.

(1) *Examen histórico del Derecho penal*, Madrid, Sánchez, 1866.

(2) Obra citada, página 143.

(3) Obra citada, página 144.

(4) 3.ª edición, Madrid, Tello, 1867; tomo I, páginas VII-LXIII.

(5) Véase atrás, págs. 384 s., nuestra rectificación á la famosa página: «Todos los absurdos, todas las crueldades... etc.»

(6) No para que se lea, citamos su título: *Estudio histórico sobre la penalidad en los pueblos antiguos y modernos*, Madrid, Biblioteca jurídica, 1877.

(7) Du Boys, *Historia del Derecho penal de España, para servir de continuación á la Historia del Derecho penal de los pueblos modernos*, etc., Madrid, Pérez, 1872: Véase *Epílogo* y *Apéndice*.

Un miniaturista de la historia penal, *Villa-Amil y Castro* (1) encierra, en preciosos estuches de monografías, los más interesantes rincones penales de España.

Maranges († 18 Junio 1872), escribe unos jugosos «Fragmentos» (2).

El procedimiento criminal. — Sigue esta familia científica — como el pueblo hebreo — condenada á la dispersión. A los viejos temas aislados—Inquisición, tormento—, siguen otros—jurado, prueba—pero sin integrarse en puntos de vista generales, base de Tratados doctrinales, científicos, de que carecemos.

Si se exceptuan los modelos de elocuencia forense: *Campomanes* (3), *Meléndez Valdés* (4), *Aparisi Guijarro* (5), *Hernández de la Rua* (6), todo es utilitaria literatura de *Diccionarios* (7), *Códigos* (8) ó *Manuales* (9) y aun *Tratados* (10)—nuevos nombres de la vieja

---

(1) *Del uso de las pruebas judiciales llamadas vulgares. Estudio histórico-jurídico,* Madrid, Aribau, 1881. *El Jurado en la Edad Media ó la intervención popular en los procedimientos judiciales,* en *Revista de Archivos,* 1.ª serie, IX, Abril, de 1882; *La policía balnearia, según nuestros fueros municipales,* Madrid, Aribau, 1882.

(2) *Fragmentos sobre la Historia del Derecho penal,* en *Estudios jurídicos,* Madrid, Aribau, 1878, páginas 157-241.

(3) *Alegaciones fiscales,* edición Alonso, Madrid, Repullés, 1841, 4 volúmenes.

(4) *Discursos forenses,* Madrid 1821.

(5) *Escritos y discursos forenses, Obras,* tomo V, Madrid, 1877.

(6) *Colección de alegatos, dictámenes fiscales y providencias de los Tribunales,* Madrid, 1854.

(7) Malo, *Diccionario de la legislación y del procedimiento,* Parte 1.ª, Madrid, Cuesta, 1765; Beson, *Ensayo de un Diccionario jurídico,* etc., Burgos, 1873; *Novísima compilación, Diccionario formado para servir de índice al texto oficial,* Burgos 1879.

(8) Vizcaíno y Pérez, *Código y práctica criminal arreglado á las leyes de España,* etc., 1.ª edición Madrid, 17 7; 2.ª, adicionado y arreglado á la Novísima por Alvarado, Madrid, 1833; Fernández de la Hoz, *Código de procedimientos criminales, con arreglo á la legislación vigente,* Madrid, 1843.

(9) *Manual de Enjuiciamiento criminal,* por la redacción del «Consultor de Ayuntamientos», Madrid, 1880; Blas, *Manual de Enjuiciamiento criminal vigente,* Madrid, 1880.

(10) Villanova y Mañer, *Materia criminal forense, ó tratado universal teórico y práctico de los delitos y delincuentes, en género y especie,* 1.ª edición, Madrid, 1827; 2.ª 1807; Tapia, *Tratado*

«Práctica criminal» en la moderna técnica bibliográfica.

Si se exceptua el libro de *Seijas Lozano* (1), la ciencia del procedimiento anduvo aquí siempre á la zaga de la legislación.

A la ley de 18 de Junio de 1870 (artículo 12) sigue la obra de *López Moreno* (2). A la *Compilación general articulada y metódica* (ley de 30 de Diciembre de 1878), los libros de *Bravo y Tudela* (3) y *Mora* (4); pobres y simples comentarios á la ley ó á la Compilación, con disfraz de *Tratados* por el título (5).

La *literatura del jurado*, importada al principio (6), toma un enorme desenvolvimiento, desde la promesa vaga de 1812 (7)—proyecto en 1821—reiterada en 1837 (8);

---

criminal, en *Febrero novissimo*, Valencia, 1837; Verlanga Huerta, *Procedimiento en materia criminal, Tratado que comprende*, etc., Madrid, 1842-44.

(1) *Teoría de las instituciones judiciarias, con proyectos formulados de Códigos aplicables á España*, Madrid, 1841.

(2) *La prueba de indicios*, 1.ª edición Madrid, Alaria, 1879. 2.ª anotada por Aquiles López Monedero, Madrid, 1891.

(3) *Organización judicial y procedimiento vigente en materia penal: notas, motivos, aclaraciones, comentarios*, Madrid, Villaverde, 1879: *Apéndice novísimo*, Madrid, Villaverde, 1880.

(4) *Procedimiento criminal*, etc, Valencia, 1880.

(5) Alvarez Ossorio y Pizarro, *Práctica forense penal, ó Tratado teórico práctico de Enjuiciamiento criminal*, Zamora, 1877. Leal, *Tratado de los procedimientos criminales*, Astorga, 1874; Ruiz y Rodríguez, *Tratado general de procedimientos criminales ó exposición de las reglas*, etc., Madrid, 1878-79; *Tratado de los procedimientos criminales: Compilación general*, etc., por un Abogado del Ilustre Colegio de Madrid, Madrid, 1879.

(6) Anónimo, *Sobre el establecimiento de Jurados ó de la administración de la justicia criminal en Inglaterra*, etc., traducción de B. F. C., Madrid, 1820; R. Philips, *De las facultades y obligaciones de los Jurados*, traducción Ortiz de Zárate y Herrera, Madrid, Sancha, 1821; Aignan, *Historia del Jurado*, traducción I. L., Madrid, 1826; Anónimo, *Derechos y deberes de los Jurados*, traduccción Pers, Barcelona, 1838.

(7) Constitución, artículo 307. De esta época véase Ionama, *De la prueba por jurados ó consejo de hombres buenos*, Madrid, 1820.

(8) Constitución, artículo 1.º adicional. Véase Escriche, *Examen histórico-crítico de la Institución del Jurado*. Madrid, 1844; González Nandín, *El Jury ó Jurado en materia criminal*, Barcelona, 1863; Gómez de Sálazar, *Defensa del juicio por Jurados*, Madrid, 1868.

pero, sobre todo, á partir de la experiencia de 1872 (1); y en desbordamiento, con la ley de 1888 (2).

Todas las ideas nuevas son venidas de afuera, en traducciones: Rissi (3), Cottu (4), Glassford (5), Mitter-

---

(1) Constitución de 6 de Junio de 1869, artículo 93; ley de 1872, libro II, títulos 4.° y 5.° Véase Rodríguez Pinilla, *El Jurado y su planteamiento en España*, 1.ª edición, Madrid, 1872; 2.ª 1882; Gómez Rodríguez, *El Jurado*, Madrid *Revista de Legislación*, 1873; Aguado, *Las listas del Jurado*, Madrid, 1873; Besson, *Memorandum para el ciudano español que haya de desempeñar el cargo de Jurado*, Burgos, 1873; Fernández, *El libro del Jurado*, Madrid, 1874; Adame y Muñoz, *Contestación al interrogatorio sobre el Jurado*, Madrid, 1874; Montaut y Dutriz, *Contestación al folleto anterior*, Madrid, 1874; Gil Sánz, *El Jurado: su historia, importancia y situación actual*, Madrid, 1876; González Nandin, *Reflexiones sobre... el Jurado y las costumbres judiciales de Inglaterra*, Madrid, 1877; Melendreras, *El Jurado en materia criminal*, Oviedo, 1880; Becerra y Alfonso, *El Jurado: su historia y su legislación*, Habana, 1882; *El juicio por Jurados... en Inglaterra, Estados Unidos, Francia, Italia*, etc., Mayagüez, 1884; Sánchez Tembleque, *Un problema jurídico: Dos palabras sobre el Jurado en España*, Madrid, 1882; Silvela (M.), *Le Jury criminel en Espagne*, Montpellier, 1884; Martínez Peyret, *El Jurado*, Madrid, 1887; Vieites Fereiro, *El Jurado: su origen, vicisitudes é importancia*, Huesca, 1887.

(2) Ley de 24 de Abril de 1888 estableciendo el Jurado para determinados delitos y Real decreto de la misma fecha. Véase: Pacheco (F. de A.), *La ley del Jurado comentada*, Prólogo de Alonso Martínez, Madrid, *Revista de Legislación*, 1888; Amat y Furió, *El Jurado*, Valencia, 1888; Pozo Mazzetti y Lago y Freire, *Ley estableciendo el juicio por Jurados*, etc., Valencia, 1888; Romero Girón, *Prólogo* á la edición de la *Revista de Tribunales*, Madrid, 1888; Moya y Jiménez, *Ley del Jurado* Madrid, 1888; Sánchez de Ocaña, *Código manual del Jurado*, Madrid, 1888; Freixa y Rabaxó, *Ley del Juicio por jurado*, Madrid, 1888; Un Abogado del Ilustre Colegio de Madrid, *Ley del Jurado*, Madrid, 1888; Gil Domínguez *El Jurado*, Madrid, 1889; Vieites Pereiro, *Observaciones á la ley de...*, Huesca, 1889; Cánovas del Castillo, *Prólogo* á *El juicio por Jurados y el partido conservador*, Madrid 1889; Gago de la Torre, *¿Hay Jurado en España?*, Burgos, 1890; *De la culpabilidad . con relación al Jurado*, Burgos, 1890; Escober y Berberán, *Guía del Jurado*, Barcelona, 1896.

(3) *Reflexiones filosóficas sobre las pruebas... criminales, la proporción entre los delitos y las penas y la competencia*, traducción de L. J. A., 1.ª edición, Madrid, 1787; 2.ª con Comentarios de Latorre y Peña, 1834.

(4) *De la administración de la justicia criminal en Inglaterra*, traducción de Blanco (Londrés), 1.ª edición, Madrid, Biblioteca de Jurisprudencia y Legislación, 1826; 2.ª, Madrid, 1849.

(5) *Los principios de la prueba y su aplicación á las pesquisas judiciales*, traducción de Tenorio y Herrera, Madrid, 1842.

maier (1), Bonnier (2), Bentham (3), Ricci (4), Ellero (5), Mortara (6), Framarino dei Malatesta (7), circulan profusamente.

Antropología y sociología jurídicas.—La vieja ciencia hipocrátita viene á dar razón de las leyes y se escribe *De los aires, de las aguas y de los lugares...*, con vistas á la legislación. *Montesquieu* (8) explica la legislación de Inglaterra y de Alemania por el clima, como una flora.

En España se leía por todas partes á Montesquieu, traducido por López de Peñalver (9), Selva (10), Pérez de Acevedo (11) con un análisis de la obra por d'Alembert, Fernández Elías (12), con los Comentarios de Des-

---

(1) *Tratado de la prueba en materia criminal, ó exposición comparada de los principios en materia criminal y de sus diversas aplicaciones en Alemania, Francia, Inglaterra*, etc., traducción española anónima, 1.ª edición, Madrid, *Revista de Legislación*, 1851; 2.ª, 1857; 3.ª, 1877; 4.ª con Apéndice de González del Alba, 1893.

(2) *Tratado teórico-práctico de las pruebas en Derecho civil y penal*, traducción de Vicente y Caravantes, 1.ª edición, Madrid, *Revista de Legislación*, 1869, 2 volúmenes, 2.ª anotada, Madrid, 1891.

(3) *Tratado de las pruebas judiciales*, extractado por E. Dumont, traducido por Bravo y Destonet, Madrid, Rodríguez de Rivera, 1847.

(4) *Tratado de las pruebas*, traducción y adición de A. Posada y A. Buylla, Madrid, Biblioteca de Jurisprudencia, 1894.

(5) *De la certidumbre en los juicios criminales*, traducción de Posada, Madrid, *Revista de Legislación*, 1896.

(6) *La cosa juzgada penal y la acción civil*, traducción anónima, Madrid, *Revista de Legislación*, 1895.

(7) *Lógica de las pruebas en materia criminal*, Madrid, Biblioteca de Jurisprudencia, 1896.

(8) *L'esprit des lois*. Livre XIV, Chap. XIII, *Œuvres Compl.*, París, Didot, 1838, página 306 y todo el Libro XV.

(9) *El espíritu de las leyes de Montesquieu*, Madrid, 1820, 4 volúmenes; hay una traducción libre anónima, en Madrid 1.ª edición, 1821; 2.ª, 1822.

(10) *Con las notas del autor y observaciones escogidas de Dupin, Crevier, Voltaire, Mably, La Harpe, Servan y otros varios*, Madrid, 1845.

(11) *Con un análisis de la obra por M d'Alembert, la biografía del autor y un estudio sobre sus obras por...*, Madrid, 1852.

(12) *Anotado, comentado y con un prólogo por...*, Madrid, Biblioteca manual de Derecho, 1879-80, 2 volúmenes.

tut de Tracy (1) y las observaciones inéditas de Condorcet.

Se conocían las modernas ideas sobre *Derecho natural*, por la Historia de Marín (2), el expositor y expurgador de Heinecio (3), y el *Contrato social* corría por las manos de todos (4).

El orden de la naturaleza servía ya de orientación á una filosofía (5), de honda tradición en España (6).

La *Ciencia de la legislación*, de *Filangieri*, era traducida (7), repetidamente (8), con los comentarios de Benjamín Constant (9), compendiada y anotada (10); lo mismo que el *Tratado* de legislación de Carlos Compte (11).

---

(1) 1.ª edición, Madrid, 1821; 2.ª, *con las observaciones inéditas de Condorcet*, traducción de R. Salas, Madrid, 1822; 3.ª, ídem, Barcelona, 1835; 4.ª, traducción de Tresobares, Córdoba, 1878; 5.ª, traducción de Fernández Elías, Madrid, Biblioteca manual de Derecho, 1878, 2 volúmenes.

(2) *Historia del Derecho natural y de gentes,* Madrid, 1776. En ella se exponían las doctrinas de Grocio, Selden, Hobbes, Puffendorf, Thomasio, Heinecio, Wolff, Watel, Burlamaqui, Felice, Montesquieu, Linquet y Rousseau.

(3) *Joan Gottlieb Heinecii Elementa Juris Naturae et Gentium, castigatiouibus ex Catholicorum doctrina, et Juris Historia aucta, ab...*, Matriti, ex officina Enmanuel Martini, anno 1776.

(4) Traducciones y ediciones españolas: 1.ª, Londres, 1799; 2.ª, Valencia, 1812; 3.ª, Valencia, 1821; 4.ª, París, 1827; 5.ª, Londres, 1832; 6.ª, Barcelona, 1868; 7.ª (J. M.), Madrid, 1880; 8.ª (Zozaya); Madrid, Biblioteca económica filosófica, 1883, 9.ª (Redondo), Biblioteca universal, 1884; 10.ª (Zozaya), 1887. También se tradujo el *Discurso sobre el origen y los fundamentos de la desigualdad de condición entre los hombres,* por M. Madrid, 1822 y el *Suplemento al Contrato social,* de Gudín, Madrid, sin fecha.

(5) *Principios del orden esencial de la Naturaleza establecidos por fundamentos de la Moral y Política, y por prueba de la Religión. Nuevo sistema filosófico. Su autor D. Antonio Xavier Pérez López.* En Madrid, Imprenta Real, 1785.

(6) Oliva Sabuco de Nantes, *Nueva filosofía de la naturaleza del hombre,* Madrid, 1587.

(7) Traducción Rubio, 1.ª edición, Madrid, 1787-89; 2.ª, 1813; 3.ª, añadida con discursos analíticos, Madrid, 1822.

(8) Traducción Ribera, 1.ª edición, Madrid, 1821-22; 2.ª, Burdeos, 1823.

(9) 1.ª edición, aparte, 1825; 3.ª, con la obra, París, 1836, 10 volúmenes.

(10) *Compendio de la obra que escribió el caballero Filangieri,* etcétera, con notas redactadas por D. B. Latorre, en 1834, Madrid, 1839.

(11) *Tratado de legislación, ó exposición de las leyes generales*

A esta corriente se suman los precursores de la Antropología y la Sociología jurídicas en España: *López Mateos*, autor de los «Pensamientos sobre la razón de las leyes, derivadas de las ciencias físicas, ó sea Filosofía de la legislación» (1); *Fabra Soldevilla*, con su «Filosofía de la legislación natural fundada en la Antropología ó en el conocimiento de la naturaleza del hombre y de sus relaciones con los demás seres (2); *Foz* y su «Derecho natural... fundado en las necesidades del hombre» (3), siguiendo á Cicerón; *Adám* y su «Antropología ético-político-religiosa» (4); *Varela de Montes* y su «Ensayo de Antropología, ó sea historia fisiológica del hombre, en sus relaciones con las ciencias sociales» (5); *Alonso y Rubio*, con su «Estudio filosófico del hombre» (6); acortaban la distancia mental entre dos puntos, entonces tan inseguros como distantes—estrellas de luz móvil en cielos antípodas —: la Antropología y el Derecho.

Sociología criminal. — Los estudios económicos y sociales españoles, mejor intencionados que orientados, las doctrinas de Quetelet, traducido en 1847 (7), preparan el espíritu de los precursores españoles de la Sociología criminal: *Monlau* (Barcelona, 30 Junio, 1808-Madrid, 18 Febrero, 1871) (8) y *Doña Concepción Are-*

---

según las cuales los pueblos progresan, decaen ó quedan estancados, 1.ª, traducción española de M. V. M., Madrid, 1827; 2.ª traducción de A. Bacardi, Barcelona, 1836-37, 5 volúmenes.

(1) Madrid, 1810.

(2) Madrid, 1838.

(3) Zaragoza, 1842; antes, *El verdadero Derecho natural. Obra necesaria á toda clase de personas*, Valencia, Gimeno, 1832, 2 volúmenes.

(4) Madrid. 1838.

(5) Madrid, 1844-45, 4 volúmenes.

(6) Madrid, 1870.

(7) *Teoría de la ciencia estadística. Cartas dirigidas á S. A. R. el Duque reinante de Sajonia, Coburgo y Gotha*, traducción Trúpita, Madrid, 1847.

(8) *Patología social. Breve estudio sobre la criminalidad*, discurso de recepción en la Academia de Ciencias morales y políticas, Madrid, Rivadeneyra, 1870.

nal (1); Monlau es un higienista (2), que estudia el crímen como enfermedad de las sociedades (3); la Señora Arenal es una filántropa (4), que estudia á las sociedades como cómplices del crímen (5).

Los dos tienen—como los modernos sociólogos criminalistas—la visión económica del problema (6). Para los dos — social ó jurídicamente — el delito es un producto social.

«La atmósfera material y moral—dice Monlau — la crea el Poder social; él la infesta ó la purifica, según el uso que de sus facultades hace; en la criminalidad de un país se ve el espectro de las faltas cometidas, de las negligencias y omisiones del Poder social, cual en un idiota de nacimiento ve el fisiólogo el espectro de la rudeza, de la embriaguez habitual, de la estupidez de sus padres ó abuelos» (7).

De la múltiple etiología criminal difusa—miseria, va-

---

(1) *Complicidad social*, en *Informe presentado al Congreso penitenciario de San Petersburgo, Obras*, tomo XIV, págs. 135-172.

(2) *Elementos de higiene privada*, 1.ª edición, Barcelona, 1846; 2.ª, 1857; 3.ª, 1864; *Elementos de higiene pública*, Barcelona, 1847; *Higiene del matrimonio, ó el libro de los casados*, 2.ª edición, Madrid, 1858; *Higiene del alma*, traducción de Feuchsterleben, 2.ª edición.

(3) *Patología social*, edición citada, página 489: «La Humanidad, las sociedades humanas tienen igualmente su Patología..... Los libros de Medicina llaman *vicio escrofuloso, raquitismo, tisis, reuma, gota, hemorragia ó apoplegia, tifus ó erisipela, convulsiones ó baile de San Vito*, á lo que en Patología social toma los nombres de *pauperismo, mendicidad, vagancia, prostitución, lujo, guerra, criminalidad, antagonismo* entre el capital y el trabajo, *crisis industriales, rebeliones, revoluciones ó motines....*»

(4) *El visitador del pobre*, 1.ª, Madrid, 1860; *La beneficencia, la filantropía y la caridad*, 1861. «*La Voz de la Caridad*», Madrid, 1870 y sigs. *El pauperismo*, caps. en el *Boletín de la Institución*, XIV (1890) 110-112 y 122-124; XV (1891) 22, 23, etc. *Obras*, XV, XVI.

(5) *Complicidad social*.—«La sociedad es cómplice de la reincidencia, en mayor ó menor grado, por lo que deja de hacer y, lo que aun más grave, por lo que hace.» (*Obras*, XVI, 136).

(6) Monlau, *Remedios del pauperismo*, Memoria premiada por la Sociedad Económica Matritense, Valencia, 1846; *Supresión de la mendicidad y organización de las juntas de caridad*, Id. Madrid, 1851.

(7) Obra citada, página 10.

gancia, juego, alcoholismo, libertinaje—de la futura política social, brota sólo un problema sintético: la *mendicidad,* que desarrolla una literatura abundantísima (1).

Antropología criminal.—Los sensualistas—Locke, Condillac, Voltaire, D'Alembert, Helvetius, Destut de Tracy — habían dicho: «no hay otra realidad en el espítu que la sensación». «Estudiemos el alma como realidad y localicemos las sensaciones»—añade Gall.

Así la *Frenología* es la última forma apreciable de la escuela llamada sensualista (2).

La frenología entra en España con las obras de *Gall* (3), *Bessieres* (4) y *Spurzheim* (5), expuestos ó traducidos simplemente en copiosas ediciones:

Pero el *leader* de los estudios frenológicos en España es *D. Mariano Cubi y Soler* (Malgrat, 15 Diciembre, 1801—Barcelona, Diciembre, 1875), fundador y presidente de varias sociedades científicas, que publica primero un *Manual* (6) y luego un *sistema completo de Frenología, con aplicación al adelanto y mejoramiento del hombre, individual y socialmente considerado* (7).

Cubí es el último aventurero español, que va á las Indias en busca de saber, á falta de oro.

---

(1) Véase atrás, página 383.

(2) Vid. L. Peisse, *Préface* á la traducción francesa de los *Fragmentes de Philosophie,* de Hamilton, París, Ladrange, 1840, páginas VI, VII.

(3) *Exposición de la doctrina del Dr. Gall,* Madrid, 1806; *Exposición del sistema del Dr. Gall,* coordinado por Ernesto Kook, Barcelona, 1822; *Resumen analítico del sistema del Dr Gall,* traducido y recopilado por una sociedad de naturalistas y literatos de esta corte, Madrid, 1835.

(4) *Nueva clasificación de las facultades cerebrales,* traducción de Cerber de Robles, Valencia, 1857.

(5) *Compendio de la Frenología de Spurzheim* (cit. Cubí, página 9).

(6) *Manual de Frenología, ó sea Filosofía del entendimiento humano, fundado sobre la Fisiología del cerebro,* Barcelona, 1843.

(7) 1.ª edición, Barcelona, 1844; 2.ª íd., Tauló, 1845; 3.ª íd., Oliveres, 1846 (en ortografía llamada racional).

Embarca en una fragata americana (1821); llega á los Estados Unidos (Marilandia) y enseña lengua y literatura españolas; publica una gramática castellana, en inglés; en la Habana, funda la primera revista (1829); en Méjico (Tampico), funda un colegio (1833); en Luisiana es aclamado catedrático (1837).

Pero en 1828 había caído en sus manos el «Manual» de Combe; cree hallar en él «más verdad que en Aristóteles» y se dedica á estudiar con ardor la ciencia nueva (1). Examina más de dos mil cabezas norteamericanas...; deja la Universidad; regresa á Barcelona (1842); abre una cátedra de Frenología (1843); publica su «Manual» (1844); le contradicen Balmes (2) y Cuadrado (3); funda sociedades frenológicas; publica su «Sistema» (1846); le procesa un tribunal eclesiástico, en Galicia (1847); él se defiende (4); publica un semanario de ciencias y artes («La Antorcha»); publica un apología frenológica (5); muere. Así entró la Frenología en España.

Gall, estudiando el cráneo de un parricida, creyó descubrir, sencillamente, el «instinto de matar» (6). Su discípulo Cubí y Soler, es un precursor directo de Lombroso, en su teoría del «criminal nato» (7), y una nueva

---

(1) *Lecture delivered before the Woodville Lyceum Association*, Boston, 1840.

(2) *Estudios ferenológicos*, en *La Sociedad*, revista religiosa, filosófica política y literaria, tomo I, 1843.

(3) *La Fe, revista religiosa, política y literaria*, Mallorca, número 3.°

(4) *Polémica religioso-frenológico-magnética sostenida ante el Tribunal eclesiástico de Santiago*, Barcelena, 1847.

(5) *La Frenología y su historia; pan y bocas ó la Economía política al alcance de todos*, Barcelona, 1852.

(6) «Instinct du meurtre» (V. *Fonctions du cerveau*, IV, 50, 51).

(7) *Sistema* (2.ª edición), páginas 416-418: «La Frenología acaba de revelarnos que, sea cual fuere la naturaleza del alma, sus manifestaciones en este mundo, al menos, dependen de la organización cerebral y que si esta no se mejora en algunos séres, ó se les permite reproducirse, el alma manifestará en ellos aquellas aberraciones que llamamos verdadero crímen..., cuando el hombre es demente ó *criminal nato*, si queremos aun servirnos de este último impropio término..., etc.»

orientación de la ciencia social hacia el problema de las causas del delito. «Estamos—dice—como en tiempos de Caín».

La etiología criminal de Cubí es un poco simplicista y arbitraria. Todo se reduce á mala conformación de las cabezas y consiguiente irritabilidad cerebral...—¿se sabe hoy mucho más sobre esto?—incultura eugenésica, descuido premial, ignorancia científica de legisladores y jueces (1).

(1) Obra citada, II, 151, 152: «*Causas del crimen.* Primera: La falta de educación moral, intelectual y animal en la muchedumbre, por lo cual no tiene inteligencia ni imperio sobre sí para evitar la multiplicación de criaturas humanas que han de salir necesariamente mal conformadas, miserables, pobres, infelices; es decir, *criminales natas.*»

II. — *La legislación penal española.*

BIBLIOGRAFÍA. — *Diario de Sesiones de las Cortes generales y extraordinarias,* Madrid, García, 1870; tomos I-IV, *Colección de Decretos y Ordenes de Cortes,* 1810-1841 y 1820-1823, diez tomos, Madrid, Imprenta Nacional, 1810-1823. *Proyecto de Constitución política de la Monarquía española, presentado á las Cortes generales por la Comisión de Constitución,* Cádiz, 1851. *Constitución política de la Monarquía española, promulgada en Cádiz á 19 de Marzo de 1812,* 1.ª edición, Cádiz, Imprenta Real, 1812; reimpresa de orden superior, Madrid, Imprenta Real, 1812; ídem, Imprenta Nacional, 1820; ídem de orden de S. M. la Reina Gobernadora, Madrid, Imprenta Nacional, 1836; otra edición, Barcelona, 1863. Hay un *Diccionario,* Madrid, 1820 y un *Indice analítico ó Compendio* de García de La Madrid, Madrid, 1822. *Discurso preliminar leído á las Cortes al presentar la comisión de Constitución el Proyecto de ella,* en Apéndice á la edición de Cádiz, 1812; aparte, 1.ª, Madrid, 1820; 2.ª, Barcelona, 1836. *Discusión del Proyecto en las Cortes en 1821. Variaciones que propone la Comisión,* Madrid, 1822; 4 volúmenes. *Código penal español decretado por las Cortes en 8 de Junio sancionado por el Rey y mandado promulgar en 9 de Julio de 1822,* 1.ª edición oficial: Madrid, en la imprenta Nacional, 1822. 2.ª, Madrid, 1882. *Estatuto real para la convocación de las Cortes generales del Reino,* Madrid, en la Imprenta Real, 1834. *Proyecto de Código criminal presentado por una Comisión nombrada por el Gobierno de S. M.,* Madrid, 1834. *Constitución de la Monarquía española, promulgada en Madrid á 18 de Junio de 1837,* Madrid, Imprenta Nacional, 1837. P. Orozco, *Proyecto de ley penal,* Madrid, 1838, Galilea, *Legislación penal de España. Compilación alfabética y cronológica de todas las leyes penales antiguas y modernas,* Madrid, 1841; *Examen filosófico-legal de los delitos,* Madrid, 1846, 2 volúmenes. García Goyena, *Código criminal español, según las leyes y práctica vigentes comentado y comparado con el penal de 1822, el francés y el inglés,* Madrid, 1843. Fernández de la Hoz, *Código criminal, redactado con arreglo á la Legislación vigente,* Madrid, 1843. *Constitución de la Monarquía española,* Madrid, Imprenta Nacional, 1845. Romero Girón, *Pacheco y el movimiento de la legislación penal en España en el presente siglo.* En *La España del siglo XIX,* Madrid, San Martín, 1887, III, 173-195. González Miranda, *Historia de la codificación penal en España* (tésis de 1902), Madrid, Hernández, 1907.

La necesidad sentida de un *Código penal,* en la varia multitud de cuestiones sociales y penales, no basta á satisfacerse con Providencias de policía y Pragmáticas aparecidas esporádicamente en los últimos años del siglo XVIII y primeros del XIX, incluídas ó no incluídas en la Novísima Recopilación.

Pongamos alguna como ejemplo:

Servicio militar obligatorio (1).—A los buhoneros, *saludadores,* á «los que traen máquinas obscuras», marmotas ú otros animales con habilidades y otras especies de vagos se les aplicaba á las armas y á la marina, y obras públicas, no como pena, sino como «destino precaucional» y «determinaciones paternas» para impedir que cayesen en delitos y obligarles á que fuesen útiles á la patria; precedente de las modernas *medidas de seguridad.*

Educación forzosa de niños moralmente abandonados.—A los niños y jóvenes de ambos sexos, que no excedieren de diez y seis años, aunque fueren hijos de familia, se les apartaba de la compañía de sus padres, si éstos eran vagos y sin oficio, destinándoles á aprender alguno ó colocándoles en hospicios ó casas de enseñanza, de lo que cuidaban las juntas ó diputaciones de caridad, donde las había (2).

Cláusula de retención.—En lo penitenciario, una Pragmática de 12 de Marzo de 1771, sobre la pena de arsenales y presidios, disponía que se distinguiese entre

---

(1) Instrucciones de 25 de Julio de 1751 y 17 de Noviembre de 1759; *Real Providencia* y Circular de 6 de Febrero de 1781. Vid. Aguirre, *Prontuario,* páginas 29 y 109; C. Herrera y Ortiz de Zúñiga, *Apéndice,* página 26.

(2) *Pragmática de 19 de Septiembre de 1783,* Novísima Recopilación, Ley 11, título 16, Libro XII. Mandado guardar por Real orden de 1.º de Marzo de 1787 y 8 de Agosto de 181. Vid. Herrera y Ortiz de Zúñiga, *Deberes y atribuciones de Corregidores,* Madrid, Abril de 1832, I, 64.

reos de delitos calificados y no calificados; que no se impusiesen á perpetuidad ni por más de diez años, con cláusula de retención para los peligrosos (1).

Se empieza por la práctica—procedimiento, penas—y se llega á la teoría; de la variedad á la unidad. Carlos III encarga al Consejo, en 1770, que discurra y consulte sobre los medios de hacer una reforma de la *Jurisprudencia criminal* (2).

Ante el caos de disposiciones útiles, pero fragmentarias, atómicas, torpemente recopiladas una vez y otra, con nuevos defectos, literatos y jurisconsultos llegaron á convencerse «de que sería obra más fácil y asequible formar de nuevo un cuerpo legislativo que corregir los vicios de los que todavía están en uso y gozan de autoridad» (3).

Ante-proyecto Lardizábal (1777).—El mismo año en que Voltaire, en Londres, publicaba su célebre discurso (4), el Consejo Real de España, por efecto de un real oficio (1776), encarga á D. Manuel de Lardizal un extracto de las leyes penales de la Recopilación. Es la primera vez que se habla de Código penal en España (5) y en el mundo (6). Se sabe que Lardizabal concluyó y presentó su trabajo; que el Consejo «mandó que pasara á la Sala de Alcaldes, para que, examinándolo con reflexión, corrigiese, emendase ó adicionase las leyes que lo necesitaran, suavizando las penas ó agravándolas, en caso que lo mereciesen los delitos» (7).

---

(1) Véase Gutiérrez, *Discurso*, páginas 121-123.

(2) Real resolución de consulta del Consejo de 25 de Septiembre de 1770.

(3) Martínez Marina, *Ensayo histórico-crítico*, página 399.

(4) *Prix de la justice et de l'humanité*, Londres, 1777.

(5) Sempere, *Biblioteca*, III, 175.

(6) Francia no tendrá su primer código hasta 1791.

(7) El Proyecto del Marqués de la Ensenada (Fernando VI, 17:2), era simple propuesta escrita de hacer una recopilacion general de la Recopilación; y la idea de Clavijo, *sobre la necesidad de formar un cuerpo de leyes completo en idioma patrio y corriente*, *Pensamiento* XVI (primeros años del reinado de Car-

Se encarga á D. Tomás Joven de Salas, de la revisión; inutilizado éste, se encarga de ello á otros dos alcaldes; luego á una junta de tres consejeros de Castilla (en ella Lardizabal); Floridablanca insta el pronto despacho de la comisión; Lignet publica la noticia en Europa... (1), burlesca y equivocada, como siempre; y todo desparece después. Era nuestra misión de eternos precursores.

Legislación penitenciaria (1804-1805).—Entre cambios políticos y preceptos penales se inserta un eslabón de legislación penitenciaria, á veces desarrollo, á veces precedente de legislación penal.

La penitenciaria española—teatro de la desesperación y de la vergüenza—está donde nuestra esperanza y donde nuestras glorias: en el mar. Primero se cumplen penas en galeras, luego en arsenales.

La real ordenanza para el gobierno de los presidios de los arsenales — 20 de Marzo de 1804 — mantiene la clasificación y establece un régimen de recompensas y castigos, que es como esbozo del progresivo (2).

En esta época se inicia la evolución del arsenal al presidio, de la organización de marina á la organización militar, que subsistirá hasta nuestros días (1903).

Aparece el Reglamento (13 de Diciembre de 1805) de la nueva formación y constitución del presidio de corrección de Madrid, que ha de ser la norma y ejem-

los IV), se refería á un cuerpo general - civil, penal, canónico, etcétera - así como Castro, *Discursos críticos sobre las leyes y sus intérpretes,* 1765, y el tema de la academia de Santa Bárbara «sobre la necesidad de un nuevo código legal, y las reglas que podían adoptarse para su formación»

(1) *Annales politiques:* «On assure que le Roy à donné des ordres pour la confection d'un Code, Mr. de Campomanes est, dit on, chargé de dreser les loix, un avocat americain à les details de la redaction. Il faudra voir tout cela; ce seroit un grand bien, qu'une législation claire, courte, et uniforme; il seroit plaisant que ce fut le Manzanares qui en donat le premier exemple a l'Europe, et même au monde».

(2) Véase Castejón, *La legislación penitenciaria española,* Madrid, Reus, 1914, página 5.

plo de los del reino, que se van á establecer en virtud del paternal desvelo de S. M.

La Real orden de 26 de Abril de 1816 manda—todavía—que en lo sucesivo no se destinen ni reciban en los presidios nuevos presidiarios, por el atraso que sufre la marina en el percibo de sus sueldos.

Constituciones y Códigos.—En el subsuelo histórico, el estrato penal sigue, paralelamente, las variaciones del extracto político. El concepto del Estado y el concepto del delito consonantan y el ritmo de aquél arrastra á éste, con la exigencia de una rima fatal. En el siglo XIX, en España, á cada cambio político sigue un cambio legislativo penal; á cada Constitución, un Código ó proyecto de Código.

La influencia de la Enciclopedia y la acción del pensamiento de Beccaria, coinciden, en los comienzos del siglo, con nuestra Restauración política nacional, cuya primera manifestación es la Constitución de 1812 (1).

Cortes de Cádiz (1810-1813). — La corriente penal reformista y la necesidad de una codificación penal y procesal hallan eco en las Cortes de Cádiz—fermentación tumultuosa y burbujeante de la conciencia política española—, que se apresuran á abolir solemnemente el desusado tormento (2), la pena de horca (3), la de confiscación (4), la de azotes (5), la trascendencia penal (6), las justicias extraordinarias ó juicios por comisiones (7), los fueros privilegiados (8)—excepto el eclesiástico y el

(1) Romero Girón, *Pacheco y el movimiento de la legislación penal*, página 176.

(2) Decreto de 22 de Abril de 1811. Const. art. 303.

(3) Decreto de 24 de Enero de 1812.

(4) Limitando: Dec. 17 Junio 1812; cesando, en Cataluña, Orden, 6 Enero 1813; Const., art. 304.

(5) En las escuelas y colegios. Dec 17, Agosto, 1813; en los Tribunales de la Monarquía y parroquias de Indias, Dec. 8, Septiembre, 1813.

(6) Const., art. 305.

(7) Id. art. 278, relativamente; 247, en absoluto.

(8) Id. art. 248 (V. 249 y 250).

militar—estableciendo la inviolabilidad de domicilio (1), la publicidad de los procesos (2)—antes condicional— y principalmente, en cuanto á la codificación, dos cosas:

1.° Que el Código civil, el criminal y el de comercio sean unos mismos para toda la Monarquía (proposición Espiga) (3).

2.° Que se proceda á la formación de un *Código criminal.*

El Sr. Figuera de Vargas presenta, en 1811, un anteproyecto (4), que se pierde; las Cortes nombran una comisión (5); la comisión duerme; en 1813, José Martínez presenta á las Cortes una exposición y proposiciones instando la urgencia del empeño (6); en las Cortes generales y extraordinarias no se vuelve á hablar de «Código criminal».

Se ordena á las Audiencias llevar cuenta de las causas (7), tal vez sin verdadero propósito de Estadística criminal (8).

Establécese la libertad de imprenta y consiguiente abolición de la previa censura (9).

---

(1) Const., art. 306.
(2) Id., art. 302.
(3) Presentada el 9 de Diciembre de 1810; aprobada en sesión del 5 de Febrero de 1811. Conf. Const., art. 258.
(4) Sesión del día 26 de Marzo de 1811; *Diario,* I, 753.
(5) Sesión del día 23 de Septiembre de 1811; la componían los señores Sierra, Ranz Romanilles, Pelegrín, Antillón, Vita, Castillo Larroy, Saenz Vizmanos, Dolarea, Gutiérrez Bustillos Marqués de la Calzada, Redondo y Lastiri. *(Diario,* III 1901).
(6) Sesión del día 14 de Abril de 1813 *Diario,* VII 5055-5056) Vid. Sempere, *Historia,* capítulo XX, páginas 528-529
(7) Artículos 267, 277. Orden 9, Marzo, 1812, edición citada, página 75 El señor Pazos, *Reseña de la Estadística oficial en España,* pág. 84, lo atribuye al artículo 11.
(8) Negrete, *Exposición* que va al frente de la *Estadística criminal de 1859,* página V.
(9) Artículo 371, capítulo único título 9, que dice así: «todos los españoles tienen libertad de escribir, imprimir y publicar sus ideas políticas sin necesidad de licencia, revisión ó aprobación alguna anterior á la publicación, bajo las restricciones y responsabilidad que establezcan las leyes.»

Esta es la obra penal de nuestra primera Constitución, objeto de numerosas y acaloradas críticas (1).

Después, la Constitución dice: *nolli me tangere*..... durante ocho años (2). Los historiadores se han burlado de esta «inviolabilidad sacrosanta» (3); la Historia también.

Decreto fernandino (1819).—Una ola de reflujo—la reacción de 1814—pasa sobre la arena legislativa, borrando toda huella.

La labor de las Cortes generales de 1810-1813, la Constitución del año 12, todo queda abolido (4). Se suspenden los trabajos de Estadística criminal (5).

Pero la preocupación penal estaba en el ambiente, y así que éste se calma, con la presencia del fetiche Fernando VII, entonces en su papel de Rey absoluto (6), la acción desciende en condiciones aparentes de fecundidad.

---

(1) Cerezo y Matres, *El ateismo bajo el nombre de pacto social, propuesto como idea para la Constitución española*, 1.ª Valencia, 1811; 2.ª, 1814; Anónimo, *Examen crítico de la Constitución política publicada en Cádiz en 18 de Marzo de 1812* Madrid, 1813; *Carta de un religioso español sobre la constitución del reino y abuso del poder*, Madrid 1811; Sotelo de Novoa, *¿Qué era la Constitución?* Madrid, 1814 (1.ª edición, 1812); Haller, *Análisis de la Constitución española*, traducción anónima, Madrid, 1823; García Morante, *La Constitución convencida de impiedad por la Santa Escritura*, etc. Madrid, 1825; Argüelles, *Examen histórico de la reforma constitucional que hicieron las Cortes generales y extraordinarias desde que se instalaron en la isla de León el día 24 de Septiembre de 1810, hasta que cesaron en Cádiz sus sesiones en 14 del propio mes de 1813*, 1.ª, Londres, 1835, 2 volúmenes; 2.ª, I, 1865.

(2) Artículo 375: «Hasta pasados ocho años, después de puesta en práctica la Constitución en todas sus partes, no se podrá proponer alteración, adición ni reforma en ninguno de sus artículos.»

(3) M. de Miraflores, *Apuntes histórico-críticos sobre la revolución de España*. Cf. Moreno, *Apéndice* á Sampere, páginas 563 y 564. Véase también Salillas, *En las Cortes de Cádiz*, Madrid, Hernando, 1910, esp. el capítulo VI.

(4) Manifiesto real de Valencia del día 4 y Decretos de Aranjuez de 10 y 11 de Mayo de 1814

(5) Negrete, *Exposición* citada, página V.

(6) El Decreto de las Cortes de 2 de Febrero de aquel año le sometía á una verdadera tutela. Contra él un grupo de diputados absolutistas *(representación de los Persas)* firmó otro, en 12 de Abril, iniciando la reacción.

Fernando VII aquí, como Luis XVI en Francia, comprendió la necesidad de ella, y aunque incapaz de sentir ardores filantrópicos, supo simularlos, mandando formar al Consejo de Castilla un Código penal, en que se evitasen todos los defectos históricos de las antiguas leyes: *confusión de crímenes*, *arbitrio penal*, *confiscación, infamia, prueba privilegiada, prueba de indicios*, etc. (1). Pero nada de eso tuvo realidad (2).

Cortes de Madrid (1820).—Se restablece la Constitución del 12. (Sesión del 7 de Marzo.) Las Cortes de 1813 y 1814 habían nombrado comisiones para redactar un Código penal. Todo inútil, porque la marea política creciente—nuevo gobierno representativo—destruye todo....., y gracias si las Cortes de 1820 acogen la idea penal, más firme que la política. Se nombra otra comisión (22 de Agosto de 1820) (3); se elabora un proyecto; el Ministro Calatrava le presenta (21 de Abril de 1821); le precede una altisonante exposición de motivos; llegan informes de corporaciones y particulares (31 de Octubre de 1821); el proyecto se discute (23 de Noviembre de 1821 á 15 de Febrero de 1822); el proyecto se sanciona (27 de Junio), hechas algunas correcciones (9 de Julio); tenemos ya el primer *Código penal*.

---

(1) «La falta de clasificación discreta en algunos crímenes y la deferencia al prudente arbitrio de los tribunales para imponer penas en muchos casos en que la ley no las determina, son defectos tales, que, abriendo la puerta á la arbitrariedad, son origen de males incalculables La confiscación absoluta de bienes, la trascendencia de la infamia de los hijos por los delitos de sus padres, sin otro fruto que hacer perpetuamente desgraciada una familia, la voz mal definida de «prueba privilegiada», la calificación de indicios sumida en un insondable piélago de opiniones en que vacila el juez más práctico y conducen al error al que tiene menos esperiencia de juzgar, son lunares de legislación que debe borrar mi paternal desvelo.» (Dec. 2 de Diciembre de 1819.)

(2) Romero Girón, *Pacheco y el movimiento de la legislación penal*, página 176.

(3) *Diario de las Cortes*, *Legislatura de 1820* tomo III. La formaban J. M. Calatrava, F. Martínez Marina, J. M. Vadillo, I. Rey, F. de Paul, Crespo, Cantolla, Vitórica, F. Caro, L. Rivera, A. Freses Estrada.

Ley de sospechosos (1820).—Pero, entre tanto, las necesidades de la defensa social, en la lucha contra el delito, determinan medidas, que las Cortes votan leyes. Así, el decreto de 11 de Septiembre de 1820, derogando el art. 287 de la Constitución, donde se autoriza al Juez para proceder á la prisión «por cualquier motivo....., sin ser necesario esperar á que la sumaria produzca una prueba plena ni semiplena del delito ni de quién sea el verdadero delincuente», así como por urgencia «detener y custodiar, en calidad de detenido, al que parezca sospechoso» por término de veinticuatro horas.

Afortunadamente, los Jueces—más prudentes que el legislador—no hicieron uso del inmoderado arbitrio que se les concedía, «pensando tal vez que las Cortes dijeron más de lo que quisieron»—dice Escriche (1).

Libertad de imprenta (1820).—En contraste con las medidas de rigor, reaparece la libertad de imprenta, que las Cortes restauran por decreto de 3 de Noviembre del mismo año. La previa censura desaparece, salvo para lo que atañe al dogma y á la religión; y se crean Fiscales letrados para la persecución de los delitos de imprenta, que brotan de las plumas de una prensa licenciosa y procaz; pero inútilmente, porque todo va á conocimiento del jurado..... (2).

Primera estadística criminal y penitenciaria (1820-1821).—Resultado de una visita de cárceles (23 de Diciembre de 1820), aparecen unos cuadros estadísticos (3), rudimento mixto de nuestras futuras estadísticas criminal y penitenciaria. Como el deber no se cumple, se une al precepto la sanción (4).

Ley marcial (1821).—Se conspira por todas partes

(1) *Diccionario razonado de Jurisprudencia y Legislación.*
(2) Véase Moreno, *Apéndice* á Sempere, página 573
(3) *Suplemento á la Gaceta del Gobierno*, Jueves 8, Sábado 10, Miércoles 14 y Viernes 16 de Febrero de 1821; números 39, página 181; 41, páginas 193-196; 45, páginas 213-214, y 47, páginas 223-224.
(4) Decreto de Cortes de 17 de Abril de 1821, artículos 30 y 32.

y contra todo: contra la Constitución, contra la seguridad interior y exterior del Estado, contra el Rey.

La actividad legislativa está totalmente suspendida cuatro meses (1).

Por todas partes se roba: en despoblado, en cuadrilla..... La sustanciación de las causas es pesada y larga, porque es pausado el procedimiento. Para abreviar éste y acelerar aquéllas, en los delitos expresados—restablecida la función legislativa—, se da un decreto en 17 de Abril de 1821, aún vigente (2), seguido de una aclaración (3). Le determina un estado de guerra, y se la ha llamado á ésta *ley marcial*. Los reos son juzgados militarmente (artículo 8.°); los cómplices como autores (artículo 34).

Código de 1822.—Consta de un título preliminar—como el Fuero Juzgo—con la teoría penal general (definición de los *delitos* y su clasificación, de las *penas* y sus efectos y ejecución) y de dos partes: la primera, de los *delitos públicos*, su clasificación y enumeración—con las renovaciones consiguientes—, sus penas y procedimiento; la segunda, de los *delitos privados* (contra los particulares) en sus variedades: contra las personas, el honor, la propiedad ..., títulos I, II, III.

En él se nota la influencia de tres corrientes: 1.ª, la más sustancial, que se deriva del movimiento de la Enciclopedia y de Beccaria; 2.ª, la del movimiento codificador francés, á que dió nombre Napoleón; 3.ª, muy vaga, de la nebulosa de ideas y sistemas de Bentham, maestro y educador de nuestros primeros liberales (4); 4.ª y mínima: la tradición, con «algo del Fuero Juzgo y las Partidas» (5).

---

(1) Desde 1.° de Noviembre de 1820 á 25 de Febrero de 1821.
(2) Acuerdo de las Cortes de 2 de Mayo de 1822.
(3) En cuanto al artículo 8.° (Real orden de 12 de Marzo de 1875).
(4) Romero Girón, *Pacheco y el movimiento de la legislación penal*, página 176.
(5) Pacheco, *Introducción*, página LIII.

En España, el Derecho penal de la Revolución está contenido, sustancialmente, en la Constitución de 1812 y en el Código de 1822.

Hecho éste á consecuencia del *Discurso sobre las penas,* de Lardizábal—1.ª edición, 1872—, tiene todo el sabor metafísico, reflejo de la obra de Beccaria, aunque calcado, en la estructura, sobre el modelo del reciente Código francés de 1810.

Se ocupó de él Bentham, calificándole duramente en cartas dirigidas al Conde de Toreno (1). Silvela (L.), duda que llegase á aplicarse efectivamente, «dadas las dificultades prácticas que desde luego se presentaron» (2).

En este Código hállase realizado el sentido correccional de la pena, por obra del brazo derecho piadoso del arbitrio judicial, á través de cuatro instituciones, en perfecto desarrollo orgánico:

a) La conmutación de las penas (3).

b) La obtención de derechos civiles y cargos públicos (4).

c) La rebaja penal (5).

d) La rehabilitación (6).

---

(1) *Essais sur la situation politique de l'Espagne, Lettres au compte de Toreno sur le Code pénal, Œuvres*, Bruselas, Société belge de librairie, 1840, III, 140-183.

(2) *Bentham, en España*, página 41.

(3) Artículo 144. «Por medio del arrepentimiento y la enmienda, el condenado á trabajos perpetuos podrá, después de estar en ellos diez años, pasar á la deportación.»

(4) Artículo 144. «Por el mismo medio, el deportado podrá obtener en su deportación, después de estar en ella diez años, algunos ó todos los derechos civiles y los empleos ó cargos públicos que el Gobierno quiera conferirle.»

(5) Artículo 144. «Por el propio medio, el condenado á otra pena corporal ó no corporal de un número determinado de años, que pase de dos, podrá, después que sufra la mitad del de su condena, obtener una rebaja de la cuarta ó la tercera parte de todo el tiempo que se le hubiere impuesto.»

(6) Artículo 145. «El condenado á pena de infamia, sin otra de un número determinado de años que pase de dos, podrá igualmente, después de sufrir por espacio de cinco su condena, obtener la rehabilitación, si se arrepintiere y enmendare. Si la infa-

Esto, mediante el arrepentimiento y la enmienda (1), transcurrido un plazo (2), ó por pura gracia del Juez ó Tribunal (3). Un expediente penal administrativo es reflejo y garantía del proceso correccional (4).

Este *derecho premial* remata en una institución justa, que debiera restaurarse: la indemnización á los procesados inocentes (5).

El arbitrio judicial se mueve dentro del marco estrecho de una *métrica penal,* que se puede expresar matemáticamente en fórmulas.

Para la tentativa:

$$\frac{1}{4} < \frac{1}{2}$$

Para la complicidad:

$$\frac{1}{4} < \frac{1}{3}$$

Para la provocación:

$$\frac{1}{2} < \frac{1}{3}$$

Para el encubrimiento:

$$\frac{1}{4} < \frac{1}{2}$$

Para los menores con discernimientos:

$$\frac{1}{4} < \frac{1}{2}$$

---

mia se le hubiere impuesto por otra pena temporal de más de dos años, deberá también sufrir ésta antes de pedir la rehabilitación.»

(1) Artículos 144, 145 y «buena conducta, después de la sentencia», artículo 150.

(2) De diez años para trabajos perpetuos (artículo 144), ó la mitad, si pasa de dos (*idem,* párrafo 2.°), de cinco, más el de la pena, en la infamia (artículo 145).

(3) Artículos 147 y 150.

(4) Artículos 148 y 150.

(5) Capítulo XII. *De la indemnización á los inocentes.*

Para la fuerza irresistible incompleta:

$$\frac{1}{3} < \frac{2}{3} \text{ (1)}$$

Recientemente, se ha hecho justicia á este Código, como precedente de la sentencia indeterminada (2).

Proyecto fernandino (1829-1834).—Nuevo cambio político: nuevo cambio penal. La reacción de 1823, deroga nuestro primer Código, después de un año y tres meses de vigencia. La cuestión penal sigue siendo el eje de la actividad política (3). El movimiento nuevo intenta afirmar su criterio penal, á través de un nuevo Código.

La criminalidad aumenta en proporciones alarmantes, según los datos de una estadística extraoficial (4), que reproducen con horror las publicaciones de aquella época en Europa (5); ¡hasta un caso de antropofagia, en Cataluña! (6).

Fernando VII, en 1829, vuelve á sentir inquietudes legislativas, como en 1819, con iguales razones (7), y nombra una Comisión, que prepara un proyecto de sentido absolutista—terminado en 1830, revisado y presentado en 1834—que no llega á discutirse, por muerte del «deseado».

Es desconocido en su tiempo. Romero Girón, que

(1) Comp. Rosenfeld, *Desarrollo histórico*. pág. 55.

(2) F. Aramburu y Zuloaga, *La actual orientación del Derecho penal y de la lucha contra el delito*, Discurso en la Academia de ciencias morales y políticas, Madrid 1910, página 60; Jiménez Asúa, *La sentencia indeterminada*, páginas 46-48.

(3) Laserna y Montalbán, *Reseña histórica*, página 230: «cuán unánime sería la opinión en favor de la reforma cuando un poder tan enemigo de innovaciones reconoce lo defectuoso de la antigua legislación criminal y la necesidad de reformarla.»

(4) *One year in Spain*, en *The foreing quaterly Review*, V, 106, siguiente.

(5) , V. Hawkin. *Medical statistique*, en *Journal de Toulouse*, dècember, 1828. Cf. Moreau de Jonnes, *Statistique de L'Espagne*, París, Imprimerie de Casson, 1834, páginas 244-252.

(6) Lugar citado.

(7) Decreto de 26 de Abril de 1829.

por azar le vió, forma de él un juicio inseguro pero indulgente (1). Debe creerse que adoleció de graves defectos—dice Antequera—cuando ocupado el Gobierno, á la sazón, en leyes orgánicas, de importancia secundaria, no utilizó para cosa alguna este proyecto (2).

Pero el proyecto existe (3). Es un proyecto mixto: penal y procesal. Consta de cuatro libros, de los cuales el cuarto trata de la «Administración de justicia en lo criminal.» Era el criterio de la comisión (4), que, en el primer momento (5), pensó dividirle en dos partes. Los tres primeros libros tratan respectivamente de los delitos y las penas, delitos públicos y delitos privados, siguiendo al Código de 1822.

Es brevísimo—443 artículos de materia penal—y defectuosísimo, aparte la mezcla de asuntos procesales y penales.

Proyecto Sáinz de Andino (31 de Mayo de 1831).— El Secretario de la Comisión de 1829, *D. Pedro Sáinz de Andino*, presenta un proyecto (6), del que nunca se hizo mención, descubierto recientemente (7). Como el Código actual tiene tres libros: el primero, «de los delitos y de las penas» (Derecho penal sintético); el segundo, «de los delitos en particular y de sus penas respectivas» (Derecho penal analítico); el tercero, «de la rebaja, remisión y prescripción de las penas» (Derecho premial).

---

(1) *Pacheco y el movimiento de la legislación*, páginas 177, 178. Dice que llegó á publicarse, pero no á estar en vigor.

(2) *Historia de la legislación*, edición de 1849, página 261.

(3) *Proyecto del Código criminal presentado por una Comisión nombrada por el Gobierno de S. M.*, Madrid. 1834.

(4) La componían, en 1829: Asta (Presidente); López Pelegrín, Hernández Company y Sáinz de Andino (Secretario); en 1834: López Pelegrín, Hevia y Noriega, Sistemes, Fernández Company y Conde de Vallehermoso

(5) Sesión de 27 de Abril de 1830.

(6) Ms. de la Biblioteca del Ministerio de Gracia y Justicia.

(7) Por el Sr. González Miranda (Véase Tesis citada, página 14), más activo que nuestros historiadores del Derecho. En él nos documentamos.

Este libro comprende tres instituciones premiales, en tres títulos:

Modificación y rebaja por buena conducta (título I).

Remisión, por indulto (título II).

Prescripción, por plazo (título III).

Constaba de 1.402 artículos. Se prescindió de él.

Entretanto, campea la barbarie penal.

En 1831 (1), se acuerda y reitera la observancia de una ley bárbara de la Nueva Recopilación (2), donde se manda que los delincuentes y salteadores, que anduviesen en cuadrillas robando, por los caminos y poblados, y habiendo sido llamados por edictos de tres en tres días, no se presenten ante los jueces, que procedan contra ellos, sustanciando el proceso en rebeldía, sean tenidos y reputados por rebeldes, contumaces y bandidos públicos y *cualquiera persona,* sea cual fuere su estado y condición, pueda libremente prenderlos, ofenderlos y maltratarlos, sin incurrir en pena alguna, llevándolos vivos ó muertos ante el juez...; y si vivos, deben ser sentenciados á ser arrastrados, muertos, descuartizados y puestos por los caminos y lugares donde hubieren delinquido, confiscándoles sus bienes para la Real Cámara. Finalmente, dicha ley concede indulto á los bandidos ó delincuentes que prendieren, mataren ó entregaren á otro de sus compañeros que merezca pena de muerte... y si no fuera delincuente, tiene derecho, en recompensa de la entrega ó muerte, á indultar á dos criminales que nombre.

Estatuto real (de 10 de Abril de 1834).—Las opuestas tendencias políticas determinan una resultante

---

(1) Real orden de 31 de Marzo de 1831, circulada por el Consejo en 15 de Abril siguiente. Vid. C. de Herrera y Ortiz de Zúñiga, *Apéndice á la obra titulada Deberes y atribuciones de los corregidores, justicias y Ayuntamientos de España.* Madrid, Jordán, Agosto de 1833, páginas 48, 49.

(2) Ley 1.ª, título XVII, libro XII.

ecléctica, en fórmula legal de transacción (1): el *Estatuto real*.

La sublevación de 1836 (San Ildefonso, 13 al 14 de Agosto), restaura la Constitución el año 12 (2), con los Decretos de Cortes de 1820 y 1821, donde se dictaban reglas para la prisión y detención y sustanciación de causas (3).

Epoca de honda indisciplina administrativa, la actividad gubernativa se afana en vano por organizar la estadística criminal en toda una serie de órdenes (4).

Un solo documento legislativo pasa en vigor á la posteridad: el Reglamento de caza y pesca (5).

Reforma penitenciaria (1834-35).—A este rápido momento político se debe lo más glorioso de nuestra legislación penitenciaria. La Ordenanza de 1804 (6) precisaba corrección y ampliación. Los presidios estaban en tan lamentable estado moral, como en época pasada (7). Entonces Fernando VII nombra una comisión (30 de Septiembre de 1831) de personas peritas, encargadas de formar un Reglamento, sobre cumplimiento de penas de privación de libertad, que aprueba María Cristina. Tal es la *Ordenanza general de los presidios del Reino* de 14 de Abril de 1834 (8), seguida de una *Real orden* de 14 de Diciembre del mismo año (9), donde, como en el Código de 1822, se establece la *cláusula de retención* (10).

---

(1) M. de Miraflores, *Discurso en la sesión del Senado de 20 de Diciembre de 1844.*

(2) Decreto de 15 de Agosto de 1836.

(3) Decretos de 30 de Agosto del mismo año, restableciendo el de 17 de Abril de 1821.

(4) Reales órdenes de 2 de Febrero de 1834; Abril de 1835.

(5) De 3 de Mayo de 1834, vigente en cuanto á la pena (títulos V-VIII).

(6) Véase atrás, página 431.

(7) Véase atrás, página 378.

(8) Véase *Colección legislativa de España,* XV, 260 y siguientes, y XIX, Ap. 112, 113.

(9) *Colección legislativa de presidios,* I, 82, 83.

(10) Loc. cit.: «La cláusula de retención no condena necesa-

Al año siguiente, el coronel Montesinos establece, en el presidio de Valencia, el régimen correccional (1) que recibía la sanción legal diez años más tarde (2), copiando las máximas y aun el lenguaje del reformador (3).

Constitución de 1837.—«Con inusitada solemnidad» se abren las Cortes; presta juramento la reina gobernadora; en brillantes debates se discute una nueva ley fundamental; se vota la Constitución (4); llueven las críticas (5). No afectan las reformas á la materia penal y procesal, quedando vigente el título V de la Constitución de 1812 (6), pero su sentido influirá en las futuras leyes penales.

Primera estadística criminal (1838).—Mandado muchas veces (7), se cumple al fin el propósito de una verdadera *Estadística criminal*, obra de Arrazola, en 1838 (8); pero queda inédita—arde el oro en la guerra civil—por falta de quietud y de recursos.

---

riamente al penado á la continuación en el presidio por dos años más á lo menos, sino que importa sólo una prorrogación indeterminada del tiempo de la pena, para que, cumplido el cierto de los dos años, continúe el reo uno, dos ó los más que, según las circunstancias de su delito y de su conducta, estime S. M. convenientes» (Véase Jiménez Asúa, *La sentencia indeterminada*, página 49).

(1) Manuel Montesinos, *Reflexiones sobre la organización del presidio de Valencia, reforma de la Dirección general del Ramo y sistema económico del mismo*, Valencia, 1846. *Exposiciones dirigidas al Excmo Sr. Ministro de la Gobernación de la Península y al Sr. Director de corrección*, Valencia, 1847.

(2) Real orden de 5 de Septiembre de 1844 (*Colección legislativa de presidios*, I, 281 y siguientes).

(3) Boix, obra citada, página 109. Véase Jiménez Asúa, página 50.

(4) El 18 de Junio de 1837.

(5) Donoso Cortés, *Principios constitucionales aplicados al proyecto de ley fundamental*, etcétera, Madrid, 1837; San Miguel, *Constitución y estatuto*, Madrid, 1847; Duverine. *Cuadro histórico de los abusos y espíritu de reforma política en España*, traducción Jener, Madrid, 1840.

(6) Decreto de Cortes de 7 de Septiembre: «en cuanto no esté derogado por ésta» Véase los decretos de 4 de Noviembre de 1848, sobre sustanciación de juicios criminales.

(7) Ultimamente en 2 de Febrero de 1837 y Febrero de 1838.

(8) *Estadística criminal correspondiente al año 1838*, Ms. de la Biblioteca del Ministerio de Gracia y Justicia.

Proyecto nuevo (1839, 1840).—Está en el trono de España una mujer: Doña Isabel II (1). Nada acusa el cambio. Siguen las vacilaciones, las alternativas. Entretanto, la nación arde en guerras. Se nombra en 1836 (2) una comisión, que prepara un nuevo proyecto de Código. Informado desfavorablemente por Gallardo, dictaminado en contra por el Supremo (1841), no pudo afirmar su viabilidad en el ambiente de unas Cortes, pero Pacheco dice que era mejor que los anteriores (3).

Se dan decretos importantes de *organización penitenciaria* reformando la ordenza del 34 (4). El Ministro Mayans publica, por primera vez, la *Estadística criminal* (5) y dicta órdenes para proseguirla (6).

Delitos de imprenta (1844-1846).—Establecida el año 12, suprimida seis años y restaurada en 1820, la libertad de imprenta da sus frutos. Veamos: «Esta institución había degenerado en licencia; los más respetables objetos fueron blanco de sus imprudentes ataques; pusiéronse en cuestión las creencias, las tradiciones, las instituciones del país; predicóse descaradamente la sedición en los periódicos; invadió la calumnia el sagrado hogar doméstico, y como consecuencia de tamaños abusos, el derecho de escribir acompañó la desconfianza y el descrédito de la sociedad escandalizada» (7).

El pánico se refleja en la curva esfismográfica de las

---

(1) Declarada mayor de edad el 10 de Noviembre de 1843.

(2) 1.° de Octubre; para que reformase el Código de 1822.

(3) *Introducción*, página LIV.

(4) Parte adicional, de 2 de Marzo de 1843, sobre confinados destinados á obras públicas. Real decreto de 20 de Diciembre de 1843 (*Colección legislativa*, IX 415-417). Real orden de 5 de Septiembre de 1844, aprobando Reglamentos y Formularios.

(5) *Estadística criminal de España del año 1843*, Madrid, Imprenta Real, 1.° de Enero de 1845.

(6) Circular de 23 de Diciembre de 1844 y Real orden aclaratoria de 1845.

(7) Preámbulo al Proyecto de ley de 10 de Abril de 1844, véase Sempere, página 599.

leyes. Primero una *ley de imprenta* (1) que á los trece meses resulta «perniciosa»; luego un decreto (2), suprimiendo el jurado para esta clase de delitos; después otro (3), de represión feroz, donde se llega hasta la supresión del periódico; decreto que es preciso abolir (4), por supuesto, á los dos meses...

Reforma constitucional de 1845 (5).—La constitución de 1837 resulta vieja... á los siete años. El Gobierno presenta á las Cortes un Proyecto (6) de reforma de la ley fundamental, contra la opinión (7). Se suprime el jurado para los delitos de imprenta (8). Lo demás es de índole exclusivamente política.

Ley de vagos (9 de Mayo de 1845).—Caídas en desuso las antiguas pragmáticas, una ley (9) califica (título I) y clasifica á los vagos (título II), disponiendo el destino que se los ha de dar y establece el orden de los procedimientos judiciales para la imposición de penas correccionales (título III) y una Real orden dicta reglas al Ministerio fiscal para su averiguación y castigo.

De esta época es el *Reglamento para las casas de corrección de mujeres del Reino* (2 de Junio de 1847), donde se establece también la «cláusula de retención» (artículo 11).

---

(1) De 10 de Abril de 1844.
(2) De 6 de Junio de 1845.
(3) De 18 de Marzo de 1846.
(4) De 2 de Mayo del mismo año.
(5) De 8 de Octubre de 1844.
(6) Lo había sido ya por Real decreto de 6 de Junio de 1845. Véase atrás.
(7) Anónimo *Juicio imparcial y breve acerca de la... reforma de la Constitución de 1837*, por un Senador, Madrid, 1844; Aribau, *Reflexiones sobre la inoportunidad de la proyectada reforma de la Constitución*, Madrid 1844; F. C., *La Constitución de 1837 y su reforma*, Madrid, 1844; La Sagra, *La Reforma de la Constitución de 1837, innecesaria, inoportuna y peligrosa*, Madrid, 1844; Tejada, *Discurso sobre la reforma de la Constitución*, Madrid, 1844.
(8) Véase Ortiz de Zúñiga, *Biblioteca judicial*, Madrid, Samaque, 1849, II, 107-111.
(9) 20 de Junio de 1845.

Todo esto se hizo y se deshizo en España en treinta años de proliferación legislativa—actividad productora y destructora de cáncer—en materia de reforma penal.

§ 9.—***Origen y desenvolvimiento del Código penal imperial.***

I. Los afanes por un *Código penal alemán único* se remontan bastante en el pasado. Pero todos los asaltos fracasaron ante la preponderancia de la situación política. Los proyectos preparados por particulares (*K. S. Zachariä*, 1826; *v. Strombeck*, 1829; *Krug*, 1857; *v. Kräwels*, 1862), tuvieron poca estima.

La trascendental iniciativa de Württemberg, en 1847, fué estorbada por los acontecimientos de 1848. El parágrafo 64 de la Constitución imperial de 28 de Marzo de 1849 encargaba al Ministerio de Justicia prusiano de la formación de un Proyecto (1849), que, sacrificado por fatalidad de las circunstancias, volvió á ser detenido, sin llegar á publicarse, salvo en pequeña parte.

La proposición presentada por Baviera de acuerdo con los Estados en la dieta de la Unión de 1859, sobre la posibilidad y utilidad de una legislación común, civil y penal, no tuvo otro resultado que el informe de la Comisión de 12 de Agosto de 1861, según el cual la discusión sobre un Convenio para un Código penal general alemán, era de «necesidad muy urgente.» Próximamente al mismo tiempo, en el primer Congreso de juristas alemanes (1860), era bien acogida la proposición *Kräwels* para declarar la urgencia de una legislación penal uniforme, aunque halló pocos prosélitos.

II. Parece que el mismo criterio dominaba en otros centros de opinión, todavía, cuando se estableció el proyecto de Constitución federal para la Alemania del Norte.

El art. 4, n.° 13, que somete á la legislación común el derecho de obligaciones, de comercio y de cambios,

dente, el Dr. *Feriedberg*, como ponente, el procurador general Dr. *v. Schwarz*, de Dresde, como vicepresidente, el senador Dr. *Donaudt*, de Bremen, el abogado consejero de Justicia Dr. *Doru*, de Berlín, el consejero del Tribunal de apelación *Bürgers*, de Colonia, y el consejero supremo del Tribunal de apelación Dr. *Budde*, de Rostock. El Dr. *Rubo* y *Rüdorff* fueron encargados de la Secretaría.

Los «teóricos», de los que ninguno había sido agregado á la Comisión, reclamaron para sí la parte en esta obra nacional en informes escritos y opiniones impresas. Así lo hicieron: *Auschütz, Beseler* (comunicaciones manuscritas), *Berner, Binding, Geyer, Häberling, Hälschner, Heinze, H. Meyer* (informes impresos), *Gessler, Merkel* y *Seeger* (trabajos del 9.º Congreso jurídico alemán). *John* había ya antes significado su vivo interés con su Proyecto para la Federación del Norte de Alemania de 1868, con exposición de motivos.

Después de cuarenta y tres sesiones, la comisión dió por terminado su encargo en 31 de Diciembre de 1869 y entregó el mismo día el Proyecto impreso (PROYECTO II) al Canciller de la Federación, sin exposición de motivos. El Proyecto no se publicó, pero fué enviado á particulares peritos. *Heinze*, *Vollert, v. Wächter*, escribieron disertaciones sobre el Proyecto.

3. El Proyecto presentado por la comisión fué aun sometido á una corta deliberación del Consejo federal del 4 al 11 de Febrero de 1870, de la cual resultó el PROYECTO III, á pesar de las objeciones de Sajonia y Meclenburgo, con pocas variaciones (así recibió su actual forma el § 2 de la ley de introducción).

El 14 de Febrero fué presentado el Proyecto al Reichstag. Le acompañaban los cuatro anexos del Proyecto I y la exposición de motivos de *Friedberg* y *v. Schwarze,* algo modificada. *Leonhardt y Friedberg* fueron encargados por los gobiernos de los Estados de la defensa del Proyecto.

La *primera lectura* tuvo lugar el 22 de Febrero. Se rechazó la proposición *v. Schwarze,* para pasar el proyecto á una comisión de veintiún miembros, y se decidió, á propuesta del diputado *Albrecht* dividir el trabajo: elaborar en sesión pública la primera parte (general) y los capítulos 1 al 7 de la segunda (principalmente los delitos políticos) y someter sólo los capítulos 8 al 29 de la segunda á la deliberación previa de la comisión.

El 28 de Febrero empezó la *segunda lectura,* que se prosiguió hasta su fin, el 8 de Abril de 1870.

Fué de notar la gran disparidad en la discusión sobre la pena de muerte, cuya abolición se decretó en 1.° de Marzo de 1870, por 118 votos contra 81.

Se fijó el día 21 de Mayo, del mismo año, para la *tercera lectura.* El ministro de Justicia *Leonhardt* declaró entonces, por encargo de los gobiernos confederados, que éstos supeditaban el éxito de la ley á la retirada de muchos acuerdos tomados durante el curso de la segunda lectura. En primer término se trató del restablecimiento de la pena de muerte.

La proposición adicional *Planck* —«en los Estados en que se abolió ya legalmente la pena de muerte se quedará así»— aplazó por una temporada las sucesivas discusiones, hasta que una resolución del Consejo federal (22 de Mayo), declaró inaceptable la proposición *Planck,* por perturbadora de la unidad legislativa, en uno de los puntos más fundamentales.

El 23 de Mayo se reanudaron las discusiones. *Planck* retira su proposición; tras un gran discurso del Canciller de la unión se restablece la pena de muerte (proposición *v. Lesck*), por 127 votos contra 119. La misma ley fué aceptada, con las modificaciones deseadas por el Consejo federal, el 25 de Mayo; el mismo día era ratificada por el Consejo y el 31 sancionada por la soberanía federal, con la ley de introducción, y promulgada el 8 de Junio de 1870 como Código penal — número 16 del Código civil—para la Federación alemana del Norte. Entró en vigor en 1.° de Enero de 1871 (V. Ley de Introducción, § 1.°).

III.—La fundación del imperio alemán hizo necesaria la *trasformación del Código penal de Alemania del Norte en Código penal imperial.*

1. Por virtud del art. 80 de la Constitución de la Confederación alemana, que comprendía entonces á Baden y Hesse, el Código penal de 31 de Mayo de 1870, con la ley de introducción, entra en vigor; *a*) en *Baden*, desde 1.° de Enero de 1872; *b*) en *Hesse*, (en donde no se pertenecía ya á la Confederación del Norte), en 1.° de Enero de 1871.

2. Según el tratado con *Würtemberg* de 25 de Noviembre de 1870, el Código penal entró allí en vigor desde 1.° de Enero de 1872. (Art. 2, n.° 6).

3. En *Baviera*, coincidió con el tratado de 23 de Noviembre de 1870, la introducción del Código penal, coneficacia desde 1.° de Enero de 1872, por ley federal de 22 de Abril de 1871, relativa á la introducción de leyes de la Confederación del Norte en Baviera.

Entretanto, el § 2 de la ley de 16 de Abril de 1871, relativa á la Constitución del imperio alemán, declaraba el Código penal *ley del imperio.*

La ley de 15 de Mayo de 1871, sobre redacción del Código penal para la Confederación del Norte, como Código penal para el imperio alemán, aceptó modificacaciones políticas necesarias en el texto del Código (no en el de la ley de introducción).

4. En *Alsacia-Lorena*, entró el Código penal (no la ley de introducción de 31 de Mayo de 1870) por ley de 30 de Agosto de 1871 (después modificada muchas veces), con vigor desde 1.° de Octubre de 1871.

Así, pues, el Código penal imperial alemán entra en vigor:

a) Desde 1.° de Enero de 1871, en los dominios de la

primitiva Federación alemana del Norte y en el gran ducado de Hesse, al Sur de Main.

b) Desde 1.° de Octubre de 1871, en Alsacia-Lorena.

c) Desde 1.° de Enero de 1872, en Würtemberg, Baden y Baviera.

5. En 1.° de Abril de 1891, el Código penal imperial entra en vigor en *Helgiland* (ordenanza de 22 de Marzo de 1891).

IV.—Por ley de 10 de Diciembre de 1871 se adicionó al Código penal imperial el § 130 a, ses. I, llamado «párrafo sagrado» *(Kanzelparagraph)*. Siguieron las leyes de 30 de Noviembre de 1874 y 6 de Febrero de 1875 por las cuales fueron separados del Código penal imperial los §§ 287 y 337.

Mucho más hondas, aunque no por mucho tiempo, fueron las modificaciones introducidas por la ley de 26 de Febrero de 1876 en el Código, que, apenas nacido á la vida, ya reclamaba numerosas reformas.

Las disposiciones principales de la ley de 25 de Noviembre de 1875, aprobada tras largas discusiones (primera lectura en 3 de Diciembre de 1875; 2.ª del 14 de Diciembre 1875 al 29 de Enero de 1876) y con modificaciones esenciales en la proposición, comprendía los siguientes puntos: 1.° Varias faltas de redacción fueron corregidas. 2.° En una serie de casos (§§ 176, 177, 240, 241, 286, 370, n.° 4) fué suprimida la proposición obligatoria; en otros (§§ 263, 292) limitada y sentada como regla (§ 64) la imposibilidad de retirarla; 3.° el mínimum penal fué elevado en los §§ 113, 114, 115; el alcance de la responsabilidad se extendió en el § 4, n.° 1; 4.° fueron introducidos de nuevo los § 49 a (p.° Duquesne), § 103 a, § 223 a, § 296 a, § 353 a (p.° Arim), § 366 a, 361, n.° 3, § 130 a, Part. 2.ª—De esta serie de reformas resultó una forma nueva de todo el Código penal, que fué de nuevo promulgado por ley de 26 de Febrero de 1876 (en vigor desde 20 de Marzo de 1876), convertido en Código penal imperial.

V.—Modificaciones posteriores por virtud de la ley:

1.ª Sustitución de los §§ 281 á 283 del Código penal por el libro 3.° de la ordenanza de quiebras de 10 de Febrero de 1877 (nueva redacción de 20 de Mayo de 1898).

2.ª Adición de los §§ 302 a á 302 d, por la ley de usura de 24 de Mayo de 1880.

3.ª Acrecimiento del § 184, en un segundo apartado, por el art. IV de la ley relativa á los debates secretos de la justicia, de 5 de Abril de 1880.

4.ª Transformación y complemento de los §§ 276, 317, 318 (318 a), 360 núm. 4, 364, 367 núm. 5, por ley de 13 de Mayo de 1891.

5.ª Modificación del § 62, por ley de 26 de Marzo de 1893.

6.ª Modificación y complemento de las disposiciones sobre usura (§§ 302 á siguientes, 367 cifra 16), por ley de 12 de Junio de 1893.

7.ª Modificación de los §§ 89 y 90 del Código penal, por ley de 3 de Julio de 1893.

8.ª Idem del § 361, por ley de 12 de Marzo de 1894.

9.ª Numerosas modificaciones operadas por el artículo 34 de la ley de Introducción del Código civil de 18 de Agosto de 1896.

10.ª Modificación del § 316 del Código penal, por ley de 27 de Diciembre de 1899.

11.ª Modificación de los §§ 180, 181, 184, 362 é inserción de los §§ 181 a, 194 a, 184 b, por ley de 25 de Junio de 1900.

12.ª Derogación parcial del § 360 cifra 9 por § 108, apartado 3.° de la ley de 12 de Mayo de 1901 sobre empresas de seguro privado.

13.ª Modificación de los §§ 95, 97, 99, 101, por ley de 17 de Febrero de 1908 (Injurias al rey).

14.ª Modificación del § 369 p.° 1, n.° 2, p. 2 por la Ordenanza de pesas y medidas de 30 de Mayo de 1908.

VI.—*El Proyecto de ley de modificación del Códi-*

go penal, presentado al Reichstag el 12 de Marzo de 1909 (V. *Zeitschrift* de Liszt, tomo XXIX, pág. 637), presentado de nuevo el 23 de Noviembre de 1909, comprende la supresión de diversos defectos desagradablemente percibidos en el Código. Las proposiciones de reformas, presentadas por el Gobierno, se encaminaban principalmente en las siguientes direcciones:

1.ª Rebaja de los términos penales, en los §§ 123, 136, 137, 288 p. 1.°

2.ª Conversión en delito del maltrato de animales, con modificación del hecho definido en el § 145 b.

3.ª Prohibición de constatación en la difamación de resultados ofensivos ó lesivos de las relaciones privadas, (§ 186); elevación del grado máximo de la multa, en la calumnia (§ 187), y de la reparación (§ 188).

4.ª Cualificación, por un segundo adicional del párrafo 223 a, de las lesiones corporales contra personas, que revelen el cuidado ó vigilancia del autor.

5.ª Ampliación del concepto de robo de comestibles (§ 370 n.° 5) y separación del hecho correspondiente, en el § 248 a, del robo y sustracción.

6.ª Afirmación del perjuicio material en el concepto de exacción (§ 253).

Véase para todo esto Franck von Lilienthal, Heinc, Fischer, en *Zeitschrift*, XXIX, 637 sigs; Finger, en *Gerichtssaal*, LXXIV, 296; Oborniker en Aschaffenburg, VI, 197; Klee, Träger en *Deutsche Juristen Zeitung*, XIV, 397, 453. El texto del proyecto y las deliberaciones de la comisión están en la edición Rudorff. El informe de la Comisión de 19 de Abril de 1910 está en el n.° 392 de los impresos del Reichstag, sesión de 1909-1910.

prácticas, 1.ª edición, Burgos, 1850; 2.ª, 1853; 3.ª, 1860; 4.ª, 1862; 5.ª, Madrid, 1867; Vicente y Caravantes, *Código penal reformado, comentado novísimamente,* Madrid, 1851; *Informe dirigido al Gobierno de S. M. por el Ilustre Colegio de Abogados de Madrid sobre la reforma del Código penal, con arreglo á las 46 preguntas contenidas en la Circular del Ministerio de Gracia y Justicia de 16 de Abril de 1851,* Madrid, Pérez Dubrull, 1852; Montero Hidalgo, *Informe-contestación á las 46 preguntas que comprende el interrogatorio sobre el Código penal, circulado por la Real orden de 20 de Abril, de 1855,* Sevilla, Moyano, 1852; Hernández de la Rua, *Código penal reformado con notas y observaciones,* 1.ª edición, Madrid, 1859; 2.ª, 1861; 3.ª, 1863; Laget-Valdeson y Laget, *Théorie du Code pénal espagnol comparée avec la législation française,* 1.ª edición, París, Corse et Marcial, 1860; 2.ª, 1881; Castillo Valero, *Observaciones críticas sobre el Código penal de España,* Madrid, 1860; Aramburu y Arregui, *Instituciones de Derecho penal español, arregladas al Código reformado en 30 de Junio de 1850,* Oviedo, 1860; C. Arenal, *Cartas á los delincuentes,* 1.ª ed., Madrid, 1865; ult *Obras completas,* III, Madrid, Suárez, 1894; *Código penal comentado y anotado,* por un abogado del I. C. de Madrid, Madrid, 1867; Rada y Delgado, *Código penal con formularios y un Diccionario del Código,* Madrid, 1867; *Código penal reformado, mandado publicar provisionalmente en virtud de autorización concedida al Gobierno por ley de 17 de Junio de 1870,* 1.ª edición oficial, Madrid, Imprenta Nacional, 1870; la última y mejor es la de Oyuelos, en *Cuerpo del Derecho español, Código penal,* Madrid, Biblioteca Scaevola, 1907, con I. *Diccionario de Legislación,* II. *Tablas para la aplicación de las penas,* III. *Repertorio de Jurisprudencia,* IV, *Indices;* la más usada es la de Medina y Marañón, en *Biblioteca manual de Derecho español, Leyes penales de España, Constitución, Código penal,* etc., última edición, Madrid, Tello, 1194; Mas y Abad, *Código penal reformado... comparado con el de 30 de Junio de 1850 y comentado en algunos puntos,* Madrid, 1870; Groizard y Gómez de la Serna, *El Código penal de 1870 concordado y comentado,* Burgos-Salamanca, 1870-1890, 5 volúmenes; Selva, *Comentarios al Código penal reformado,* Madrid, Imprenta Española, 1871; Sidro y Surga, *Código penal reformado... con las correcciones y adiciones prevenidas en el decreto de 1.º de Enero de 1871, y notas aclaratorias,* 1.ª edición, Madrid, 1872; última *con las reformas de 1876,* Madrid, 1876; Santamaría de Paredes, *Principios de Derecho penal, con aplicación al Código español,* Madrid, 1872; Alonso y Eguilaz, *Bosquejo detallado de Código penal filosófico-práctico,* Madrid, 1873; Viada y Vilaseca, *Código penal reforma-*

do de 1870, con las variaciones introducidas en el mismo por la ley de 17 de Julio de 1876, concordado y comentado para su mejor inteligencia y fácil aplicación, con una multitud de ejemplos y cuestiones prácticas extractadas de la Jurisprudencia establecida por el Tribunal Supremo en más de cinco mil sentencias dictadas en materia de casación criminal, 1.ª edición, Barcelona-Granada, 1874-76, 4 volúmenes; 2.ª, Madrid, 1877; 4.ª, Madrid, 1890-91; *Suplementos* 1.° y 2.° á la 4.ª edición, Madrid, 1894; Azcutia, *La ley penal. Estudios prácticos sobre la interpretación, inteligencia y aplicación del Código de 1870 en su relación con los de 1848 y 1850, con nuestras antiguas leyes patrias y con las principales leyes extranjeras,* Madrid, San Martín, 1876; Crespo, *Exposición del Derecho penal español... y los proyectos presentados á las Cortes para su reforma,* 1.ª, Madrid, 1876; 2.ª, 1886; Rueda, *El Código penal explicado,* en *Elementos de Derecho penal,* etc., 1.ª edición, Santiago, 1877; 4.ª, 1898. *Parte artística del Código penal vigente, Estudio teórico y práctico de las reglas de aplicación de penas,* Santiago, 1890; Martí, *Código penal novísimo... anotado con algunos artículos,* 1.ª edición, Valencia, 1877; 2.ª, 1879; nueva edición, 1889; Tapia, *Código penal,* Madrid, 1877; Varela, *Derecho penal español,* Madrid, 1878; Silvela, Exposición sistemática: *Elementos de Derecho penal español,* en *El Derecho penal estudiado en... la legislación vigente en España,* 2.ª Part., 1.ª edición, 1879; 2.ª, 1903; Crítica: (Elías Visllú, pseud.) *El Código penal y el sentido común,* Madrid, 1886; Dominguez Pascual, *Idea y juicio de las penas señaladas en el Código penal vigente,* Madrid, 1882; Carril y Campero, *Elementos de Derecho penal,* Madrid, 1882; An.° *El Código penal explicado al pueblo,* Madrid, 1883; Aguilera y Vera, *Estudios sobre la nueva reforma del Código penal español,* Guadix, 1890; Zapatero González, *La reforma del Código penal,* Valladolid, Zapatero, 1907; Rodríguez Martín, *Código penal reformado de 1907,* Jaén, La Unión, 1907; Barroso y Arrieta, *Código penal vigente: texto, orígenes y doctrina legal,* etc., Barcelona, 1907; Alvarez Cid y Alvarez Cid, *El Código penal,* Córdoba, 1908; Hidalgo García, *El Código penal, Prólogo* de Azcárate, *Introducción* de Quirós, Madrid, 1908 1909, 2 vols.; Selma Cordero, *Novísimo Código penal,* Barcelona, 1909; Vila Serra, *Código penal,* Valencia, 1910; B. de Quirós y Navarro de Palencia, *Teoría del Código penal,* Madrid, Suárez, 1910.

Nuestro Código penal español, en la serie de sucesivas encarnaciones—Proyectos, Códigos, Reformas—

surte de la nebulosa política y jira—eterno satélite—, alrededor de la Constitución.

A todo movimiento político preludia ó sigue un movimiento penal. Un cuadro comparativo de Constituciones y Códigos penales puede expresar el paralelo:

Constituciones.		Códigos penales.	
Constitución.........	1812	Proyecto de Código criminal..	1811
Restauración constitucional..............	1820	Código penal...... ...	1822
Estatuto real.........	1834	Proyectos (Sáinz de Andino y Comisión).	1831-34
Constitución..........	1837	Proyecto nuevo	1839-40
Constitución..... ...	1845	Código penal.........	1848
Reformas de la Constitución..............	1852-57	Reforma del Código..	1850
Constitución..........	1869	Código penal.	1870
Constitución..........	1876		

Prescindiendo de anteriores ensayos (1822, 1831-34, 1839-40), el Código penal español nace al mediar el siglo XIX Veamos.

Comisión legislativa (1843).—El Gobierno provisional, por Decreto de 19 de Agosto, nombra una comisión para «dotar á la nación de Códigos claros, precisos, completos y acomodados á los modernos procedimientos». A ella pertenecen—entre otros— (1) penalistas como Vizmanos, García Goyena, Castro, Orozco, Alvarez, Ortiz de Zúñiga y Pacheco.

El lamentable estado en que nuestra legislación penal se hallaba, movió sin duda á la comisión á dar preferencia á los trabajos preparatorios del Código penal (2), elaborando un proyecto.

Terminada la discusión—23 de Diciembre de 1845—, la comisión (3) le envió al Gobierno y éste á las Cortes,

(1) Los demás eran: Cortina, Bravo Murillo, Luzurriaga, Seijas Lozano, Pérez Hernández, Madoz, García Gallardo, Ruiz de la Vega, Pena, Vila, Clarós.

(2) Sempere, *Historia, Apéndice*, página 603.

(3) Disuelta por Real decreto de 31 de Julio de 1846; sustituída por otra, nombrada en 11 de Septiembre del mismo año, que se componía de dos secciones, una de ellas encargada del Código criminal.

para su aprobación, á principios del año 1847. Un año más tarde se promulgó, «con escasas y pocos felices modificaciones» (1), por ley de 19 de Marzo de 1848 (2).

Código penal de 1848.—El último esfuerzo del ingenio penal español es imitación de un viejo código americano—el del Brasil, de 1830 (3),—como el de 1822 lo era del francés. Se compone de tres libros y veintitrés títulos. El libro primero trata de «Disposiciones generales sobre delitos y faltas, las personas responsables y las penas».

Después de afirmar que la ley no reconoce penas infamantes, (4) crea la de *argolla* (5); establece la multa, en proporciones de *confiscación* (6); la pena del acusado *(talión)* para el acusador, testigos y peritos falsos (7), como en la *lex Antiqua* (8); la de *muerte,* para delitos políticos, en grado de tentativa (9).

En la aplicación de la pena—cerrada al arbitrio—subsiste la conocida *métrica penal,* que justifica una literatura económico-jurídica de «tablas de logaritmos» penales, con el nombre de *Cuadros ó tablas sinópticas* (10), claves (11), manuales de *aplicación*

---

(1) Silvela, *Derecho penal*, II, 44.
(2) Empezó á regir el 1.º de Julio del mismo año. Según Silvela (lugar citado), desde el mismo día 19 de Marzo.
(3) Pacheco, *Introducción*, pág. LXII: «cuyo método ha servido de norma para el que acaba de publicarse.» Hay una edición hecha en Madrid, 1848: *Código imperial del Brasil, aprobado por las Cámaras de 1830.*
(4) Artículo 23.
(5) Artículo 24: «*Penas accesorias*: Argolla». Cf. artículo 52. No existía en el Código de 1822, ni en las partidas.
(6) Artículo 151: «de 500 á 5.000 duros...»
(7) Artículos 234, 238; y para los que les presenten, 242.
(8) Véase atrás, página 159.
(9) Artículo 139.
(10) *Cuadro... de las penas, su dirección, grados y aplicación á los reos de delito consumado, del frustrado y cómplices, y de tentativa y encubrimiento,* etc. Valencia, 1884; Saavedra (D.) y Alonso Colmenares (J. y S.), *Gran cuadro sinóptico del Derecho penal de España*, Madrid, 1848; La Sota, *Tablas sinópticas del texto y aplicación del Código penal*, Madrid, 1848.
(11) Villoslada y Ruiz. *Clave del Código penal... ó sea designación de penas á todos y cada uno de los delitos,* Granada, 1849.

práctica según los grados y las circunstancias (1). Comentaristas romos le apuntan en su haber de progresivas innovaciones (2) la prohibición de la transcendencia penal (3), que aparece ya en el Código de Eurico (4), en la *lex legum* (5), en los Concilios (6), en el Fuero Juzgo (7), en las Partidas (8)... toda la tradicción jurídica española. Es tan obscuro que en el mismo año precisa una aclaración (9).

Pacheco es su inspirador, el alma del Código de 1848. Sus *Comentarios* son la exposición de motivos de cada uno de los artículos del Código. En ellos no se hallan cuestiones prácticas: se ve el alcance de la disposición legal, el motivo de ella, su espíritu (10). No habla el abogado, no habla el juez: habla el legislador.

Legislación penitenciaria.—Inspirada por Montesinos, la Ordenanza de 25 de Julio de 1842, plantea el sistema de clasificación, según dos criterios: la naturaleza de la condena y la edad (11) é inicia el propósito correccional por dos medios: el trabajo en los talleres y

---

(1) Elias, *Aplicación práctica del Código penal de España, acompañada de tablas sinópticas*, 1.ª Barcelona, 1848; 2.ª (invertido el título) Madrid, 1850; Encina, *Aplicación práctica.. según las diferentes circunstancais que median en la perpetración de los delitos ó que concurren en las personas responsables,* etcétera, Granada, 1848; Corzo, *Aplicación práctica... en cuadros sinópticos*, Madrid, 1848.

(2) Véase Goyena, Montalbán y Aguirre, *Febrero reformado,* tomo, V. *Introducción* (al final): «Muchas de las máximas erróneas de nuestra legislación antigua, han sido reformadas y abolidas por el nuevo Código», etcétera.

(3) Artículo V. Vicente y Caravantes, *Apéndice* á la *Historia* de Du Boys, página 555.

(4) Véase atrás, página 157.

(5) Véase atrás, página 164.

(6) Véase atrás, página 209.

(7) Véase atrás, página 180.

(8) Partida 7.ª, título XXXI, Ley XI, véase atrás, pág. 377.

(9) Real decreto de 22 de Septiembre de 1848, (vigente, lo que prueba que las dudas y obscuridades persisten en el actual.)

(10) Romero Girón *Pacheco y la legislación penal*, edición citada, páginas 182, 183.

(11) Artículo 25, Véase Castejón, *Legislación penitenciaria,* página 6.

el silencio (1). Restablecida por ley de 23 de Julio de 1878 (2), esta ordenanza está vigente.

Reforma de 1850.—No se ofrecerá más alto ejemplo de modestia. A diferencia de la Constitución de 1812 (3), la misma ley de promulgación—19 de Marzo de 1848—previno que el Gobierno propusiera á las Cortes, dentro de tres años ó antes, si lo consideraba conveniente, y hasta hiciere por sí, las reformas necesarias en el Código... tan imperfecto se estimaba (4). Y así se hizo en una serie de Decretos (5), especialmente por el de 30 de Junio de 1850 (6).

El Código conserva su estructura—tres libros, veintitrés títulos—y proporciones, salvo un pequeño aumento en el articulado.

Su sistema penal es variado hasta la confusión: tiene treinta penas principales y ocho accesorias. Por virtud de un Decreto son punibles, en general y en toda clase de delitos, la *conspiración* y la *proposición* (7).

En 1850, eran ya veintin los comentaristas del nuevo Código (8).

En el panorama accidentado de esta atolondrada obra legislativa, se creían defectos imperdonables (9)

---

(1) Artículo 26.
(2) Ley de 23 de Julio, artículo 4.º
(3) Artículo 375.
(4) Ley citada, artículos 2 y 3.
(5) De 1.º de Julio, 21 y 22 Septiembre y 30 Octubre de 1848; 30 de Mayo, 2 y 5 de Julio y 28 de Noviembre de 1849; 7 y 8 de Julio de 1850.
(6) Antes Real orden de 9 de Junio. Se ofreció dar cuenta de él á las Cortes, en las primeras legislaturas, por considerarlo una extralimitación.
(7) Decreto de 7 de Julio de 1850.
(8) *Código penal español, criticado, comentado y aclarado para facilitar su aplicación y preparar su reforma, en vista de cuanto se ha escrito por sus veintiún comentadores*, Madrid, 1850.
(9) Vicente y Caravantes. *Apéndice* á la traducción española de la *Historia* de Du Boys, página 556, considera grave defecto de la reforma de 1850, el decreto de 7 de Junio del mismo año, declarando punible en toda clase de delitos la conspiración y la proposición (Código penal de 1850, artículo 4), verdaderos grados generales en la ejecución—proyecto—y en la participación—inducción, complicidad difusa—no menos temibles que los otros.

o que estimamos hoy soberanos aciertos político-criminales de defensa social y policía de costumbres y es curioso el ver cómo, confundidos, por huir de unos defectos, caían en otros.

Informes de los Colegios de Abogados (1851).— Por un nuevo decreto—16 de Abril de 1851—, á raíz de la publicación de la edición reformada, solicita nuevamente el auxilio técnico el legislador. Es un cuestionario dirigido por el Ministerio de Gracia y Justicia á los Tribunales y Colegios de Abogados sobre temas legales y de práctica criminal (1). No se imaginaría nada mejor en nuestros tiempos, menos autoritarios. Los Colegios enviaron sus informes y hasta una parte del Código penal (2). Pero nada se utiliza, porque no se piensa en reformas legales en veinte años.

Se organiza el cuerpo de la *Guardia civil,* (3) nueva Hermandad benemérita.

Nuevas reformas constitucionales (1852-1864).— Inquietudes nuevas turban la estabilidad constitucional y el Ministerio Bravo Murillo cierra las Cortes y publica en la *Gaceta* (1852), sucesivamente, *nueve proyectos* de reforma (4) de otras tantas leyes; entre ellas, de la Constitución (5).

Las Cortes de 1856 hacen otra—no llega á promulgarse—que cede el paso á la del 45, remozada en sentido liberal con un *Acta adicional* (15 de Septiembre de 1856), obra de Ríos Rosas. Un mes de nueva vida tiene; Narváez deja sin efecto el *Acta* (14 de Octubre) y retrocedemos.

---

(1) Véase *Bibliografía.*

(2) Fernández Miranda, *Historia de la Codificación penal,* página 24.

(3) Reglamento de 2 de Agosto de 1852 (vigente).

(4) Rua Figueroa, *Observaciones sobre los nueve proyectos de reforma constitucional pubicadas por el Ministerio Bravo Murillo,* Madrid, 1852; Miraflores, *La reforma en 1852,* Madrid, 1852.

(5) *Proyecto de Constitución española,* por M. A. A, Madrid, 1854.

Al fin el proyecto de reforma (1) triunfa con la ley de 17 de Julio de 1857 (2), que no se cumple (3), y es derogada más tarde (20 de Abril de 1864), por Mon (4).

Trabajos de la Comisión (1856-1869).—La reforma de 1850 no había satisfecho; de todas partes—tribunales, colegios de abogados, publicistas—llegaban informes con observaciones que significaban censuras, protestas. Al reorganizarse la comisión de codificación (5), suprimida en 1854, acordó desde luego la formación de un extracto minucioso de todas las observaciones, á fin de tenerlas presentes en la discusión de cada artículo. A *Don Pedro Gómez de la Serna* se encargó de la dirección de este trabajo (6). A este procedimiento reflexivo, en la confección de leyes penales, responde, en parte, el sentido de la Política criminal.

Un movimiento científico que nace en 1848, precisamente á raiz de la publicación de un código ecléctico —, la doctrina de la defensa social —, brota, en 1860 (7), á la flora legislativa.

Un Real decreto de 18 de Enero de 1860 (8) establece de nuevo la forma de aplicar la *cláusula de retención* (9).

La Estadística criminal española (1859-1862).

---

(1) *Reforma de la Constitución de 1845.*

(2) *Constitución de la Monarquía española*, Madrid, 1857.

(3) Santamaría de Paredes, *Derecho político*, 7.ª edición, página 607.

(4) Pérez de Molina, *Observaciones acerca del Proyecto de ley sobre derogación de la reforma constitucional de 1857*, Madrid, 1864.

(5) Real decreto de 1.° de Octubre de 1856 La formaban: Cortina (presidente), Gómez de la Serna, Bayari, González Acevedo, Ibarra, García Gallardo y Cárdenas.

(6) Cárdenas, *Memoria histórica de los trabajos de la Comisión de codificación*, Madrid, *Revista de Legislación*, 1871, página 177. La Comisión puso fin á sus tareas en 1869, por dimisión en pleno, aceptada por Real decreto de 1.° de Octubre del mismo año.

(7) Romero Girón, *Pacheco*, etcétera, página 189.

(8) *Colección legislativa*, LXXXIII, 42 y siguientes.

(9) Véase atrás, págs. 299, 300 y 429, 430.

Asegurada ya la paz interior, se continúan los trabajos de la Estadística criminal, suspendida desde 1843, con motivo de la guerra. Es la edad de oro de la Estadística criminal, que dura cuatro años. Se crea una sección en el Ministerio (1); había allí materiales reunidos (2); se elabora la estadística de 1859, bajo la dirección de Romero Ortiz (3); se publica (4); sobre el modelo de ella se hace la de 1860; después se ha visto todo: no hay otra mejor en Europa, «ni por la exactitud y riqueza de sus datos, ni por la extensión» (5). En veinticinco meses, Fernández Negrete ha dado á luz dos volúmenes monumentos; Calderón Collantes continúa esta obra gloriosa, publicando las de 1861 y 1862 (6); en la Exposición universal de Londres, de este último año, causaban asombro los veintidós libros de nuestra Estadística nacional (7). Las cifras de la criminal iban en descenso (8).

Se mandan publicar *colecciones legislativas de presidios* (9) *y cárceles* (10), de orden de la Dirección general.

Aparece un *Proyecto Montero Ríos* (1868), si no

---

(1) Real decreto de 8 de Julio de 1859, *(Colección legislativa*, de 1859, LXXXI, 86 y siguientes).
(2) Por Real decreto de 5 de Diciembre de 1885.
(3) Marqués de Reinosa, *La criminalidad en España*, en Memorias *de la Real Academia de ciencias morales y políticas*, VII, 436.
(4) *Estadística de la Administración de Justicia en lo criminal... durante el año 1859*, Madrid, Imprenta Nacional, 1860.
(5) *Estadística de... 1860*, Madrid, Imprenta Nacional, 1861, *Preámbulo*, páginas V, VI.
(6) En 10 de Agosto de 1865 y 12 de Febrero de 1866.
(7) Castro y Serrano, *España en Londres. Correspondencia de la Exposición universal de 1862*, Madrid, Fortanet, 1863, página 145. Véase A. Pascual, *Rapport sur l'etat de l'organisation et le progrés de l'Estatistique en Espagne*, Madrid, Fortanet, 1872, página 28.
(8) Obra citada, página 190.
(9) *Colección legislativa de presidios, casas de corrección de mujeres*, etcétera, formada de orden de la Dirección general de Establecimientos penales, Madrid, tomo I, 1861; II, 1862.
(10) *Colección legislativa de cárceles*, formada de orden de la misma Dirección, Madrid, 1860.

mienten las noticias, porque nadie le conoce... Es la fecha de la Revolución y se piensa en cosas más urgentes; una de ellas, la *unificación de fueros* (1), que marca una época.

Los *delitos de imprenta* — cuando fuera, cuando dentro—vuelven á la casa solariega de la ley común (2). La Comisión de codificación se niega á incluirlos en el Código y presenta la dimisión (3).

Sistema penitenciario (1869).—Desde la época gloriosa de Montesinos—que pasa apenas llegada—el régimen de los presidios es el de confusión ó aglomera-

(1) «Desde la publicación del presente decreto la jurisdicción ordinaria será la única competente para conocer: 1.° De los negocios civiles y causas criminales por delitos comunes de los eclesiásticos, sin perjuicio de que el Gobierno español concierde en su día con la Santa Sede, lo que ambas potestades crean conveniente sóbre el particular. 2.° De los negocios comunes, civiles y criminales de los aforados de Guerra y Marina, de todas clases, retirados del servicio y de los de sus mujeres, hijos y criados, aunque estén en el activo. 3.° De los delitos comunes cometidos en tierra por la gente de mar y por los operarios de los arsenales, astilleros, fundiciones, fábricas y parques de marina, artillería é ingenieros fuera de sus respectivos establecimientos. 4.° De los delitos contra la seguridad interior del Estado y del orden público, cuando la rebelión y la sedición no tengan carácter militar; de los de atentado y desacato contra la autoridad, tumultos y desordenes públicos y sociedades secretas; de los de falsificación de sellos, marcas, monedas y documentos públicos; de los delitos de robo en cuadrilla, adulterio y estupro; de los de injuria y calumnia á personas que no sean militares; de los de defraudación de derechos de aduanas y contrabando de géneros estancados ó de ilícito comercio cometido en tierra y de los perpetrados por los militares antes de pertenecer á la milicia ó estando dados de baja en ella durante el desempeño de algún destino ó cargo público. 5.° De las faltas castigadas en el libro III del Código penal, excepto aquellos á que las ordenanzas, reglamentos y bandos militares del Ejército y la Armada señalan una mayor pena cuando fuesen cometidos por militares que serán de la competencia de la jurisdicción de Guerra y de Marina. 6.° De los negocios civiles y causas criminales de los extranjeros domiciliados ó transeuntes. 7.° De los negocios de Hacienda y de los delitos de contrabando, defraudación y sus conexos excepto el de resistencia armada á los resguardos de costas. 8.° De los negocios mercantiles... (*Decreto-ley* de 6 de Diciembre de 1868 sobre *Unificación de fueros,* Título primero: *De la refundición de los fueros especiales en el ordinario,* artículo 1.°)

(2) Decreto del Gobierno provisional de 23 de Octubre de 1868.

(3) Cárdenas, *Memoria histórica,* páginas 182, 184.

ción. La ley de bases de 11 y 12 de Octubre de 1869 declara que «el mejor sistema penitenciario para nuestro país es el sistema mixto, ó sea el de separación y aislamiento de los penados durante las horas de la noche, con el trabajo en común durante el día, por grupos y clases» (1).

Constitución de 1869.—Una simirevolución—la de 1868—establece una Constitución nueva, la de 1869. Se proclama la libertad de cultos, ampliación de los derechos individuales é inclusión de la imprenta en la legislación común. El Código penal de 1850 resulta inadaptado y las Cortes nombran una comisión (2) para la reforma del Código penal que, como *ley provisional*, votan las Cortes en 3 de Junio de 1870 (3).

Código penal de 1870.—Nuestro vigente Código penal ostenta una paternidad gloriosa: es obra de las Cortes constituyentes. Quede aparte la cuestión de si una asamblea deliberadora puede ó no puede entretenerse en discutir ampliamente Códigos y leyes (4).

Se había dirigido una pregunta—22 Mayo 1869—al Gobierno, por el diputado Morales Díaz, sobre la reforma del Código penal (5). El Ministro contesta—como siempre—que no se ha descuidado la reforma y que ésta no ha de verificarse hasta que se vote la Constitución (6). Un año después—30 de Mayo de 1870—el Ministro de Gracia y Justicia Montero Ríos da una sorpresa á las Cortes, leyendo un *Proyecto de Código penal* (7). «En dos días y pocas horas y por corto número

---

(1) *Base* 5.ª, Véase Castejón, *Legislación penitenciaria*, página 6.

(2) Presidida por el Ministro de Gracia y Justicia y dividida en dos secciones: la penal presidida por D. Nicolás María Rivero.

(3) Siendo Regente Serrano y Ministro de Gracia y Justicia Montero Ríos. En vigor por Real decreto de 30 de Agosto de 1870.

(4) González Serrano, *Prólogo*, cit. pág. V.

(5) *Diario*, IV, 2202.

(6) *Diario*, IV, 2203.

(7) *Diario de sesiones de las Cortes Constituyentes*, núm. 293, tomo XIII, pág. 8441 y Apéndice 3.º págs. 1-48.

de diputados se aprobó el proyecto»—dice González Serrano (1).—Sin embargo el proyecto pasa á las secciones y toman parte en la discusión Romero Girón, Figueras, D. Venancio González, Alvareda, Silvela (F), Sánchez Ruano, Montejo y otros.

Dos años de «constante calentura» llevaba España y no era estado oportuno el suyo, para examinar el estado de sus negocios, según el dictamen del más agudo de sus médicos: Silvela (2).

Romero Girón pide un estado de los delitos cometidos en toda España, desde 1866, á los que se había de aplicar la pena de muerte, según el Código, con expresión del número de aplicaciones y de indultos (3). Todo se promete y nada se cumple.

Nuestro Código penal es hijo de la habilidad política. Se le presenta como «provisional», con promesa formal de discutirle en el otoño... y lleva rigiendo casi medio siglo. Por eso Silvela le calificó de «Código de verano» (4).

El Código penal vigente (5) es la última reforma general — serie de reformas políticas y científicas — del Código de 1848. No puede negar la procedencia. En él se mantienen todas las antiguas instituciones penales: desde el *talión*, para el que pena arbitrariamente y para el juez prevaricador (6), hasta la *infamia*, en la degradación (7), y la *transcendencia penal* de las pecuniarias (8).

---

(1) *Apéndice* á los *Comentarios* de Pacheco, *Prólogo*, pág. V: «Había empezado á imprimirse la cuarta edición de la obra inmortal de Pacheco...», empieza el *Prólogo* del Apéndice escrito á instancia de «su viuda y heredera, nuestra hija política...»: una contrariedad editorial...

(2) *Diario*, IV. 8883.

(3) *Diario* XIII, 8446.

(4) *Diario*, XIV, 8883.

(5) Ley de 17 de Junio, autorizando al Ministro de Justicia para aplicarle como ley provisional, firmada por Serrano (promulgación) en 30 de Agosto de 1870.

(6) Artículos 205 y 361.

(7) Artículos 26, 54 y 120.

(8) Artículo 132, n.° 1.° La responsabilidad penal en cuanto á

Diríase que nuestro Código es enemigo del progreso; tal es el horror que siente por la pólvora, la imprenta, el grabado... La absurda gravedad del *disparo* (1)—ese delito español—que es simple amenaza de hecho (2), cuando no es tentativa de homicido; la agravante de *publicidad gráfica* (3) y la *proposición inculpable* (4), que se transforma en provocación punible gracias al medio (5), lo atestiguan.

Hay penas sin delito (6) y delitos sin pena (7); un modo general de delinquir—la culpa—aparece como delito específico; y así una misma pena se impone á los más extraños crímenes (8). El azar—árbitro de resultados contingentes—es criterio penal; así en la ejecución del delito (9), en la provocación (10). Imposibilita todo intento de tratamiento correccional (11).

Subsiste la métrica—eje de nuestro pobre y rígido

---

las penas pecuniarias no se extingue por la muerte «cuando á su fallecimiento hubiere recaído sentencia firme» por donde ha de satisfacerlas el heredero, si no aceptó la herencia á beneficio de inventario.

(1) Artículo 423: «El acto de disparar un arma de fuego contra cualquiera persona...»

(2) El Código (artículos 507-508) no prevé ni define la amenaza *de hecho*, simplemente; sabido es que la contingencia del disparo á distancia, que precisa técnica y práctica, á más de vista y serenidad en el sujeto y condiciones en el arma, le hace casi equivalente al acto de apuntar – preparar y señalar – con arma blanca de cerca.

(3) Artículo 10, circular 5.ª

(4) Artículo 4: «Sólo en los casos en que la ley la pena especialmente» (Artículos 139, 188, 163, 249 y 254).

(5) Artículo 582: «Los que provocaren directamente por medio de la imprenta, el grabado ú otro medio mecánico de publicación.» Estos preceptos son propios de la época en que tenía valor dogmático y religiosa significación en España la «letra de molde.»

(6) Artículos 129, 130. Agravación de pena y corrección por quebrantamiento de condena, no definidas en el libro II como delito.

(7) Const. art. 11, p. 3.º Cf. Cód. pen., 1850, art. 128.

(8) Artículo 581.

(9) Artículo 3, p. 2.º

(10) Artículo 583.

(11) Artículo 213, núms. 5, 6. Por eso han sido inaplicables los admirables decretos de *tutela penal* de 3 de Mayo de 1904, preparados por Salillas.

sistema penal—con su cortejo literario de sinopsis (1). Las mismas ediciones oficiales llevan *tablas*.

Los grandes profesionales de la delincuencia múltiple, compleja—como en todas las profesiones—salen beneficiados por un *descuento penal*, especie de «bula de composición», que establece el célebre artículo 90 (2), tantas veces rehecho.

Leyes modificativas.—Como en 1848, en el Preámbulo del Real decreto de 1.° de Enero de 1871, el legislador se anticipa á reconocer los defectos de su obra y declara tener preparadas correcciones. De esta fecha es la primera. No es una simple *fe de erratas*; alcanza á disposiciones penales, como la penalidad de las faltas frustradas.

Las demás van por este orden:

1. Ley de 17 de Julio de 1876, pasan á ser delitos (3) hechos que antes constituían faltas (4).

2. Ley de 7 de Agosto de 1899, sobre indemnización civil (5).

3. Ley de 1.° de Enero de 1900, artículo 3.°, contra los ataques á la integridad é independencia de la patria (6).

---

(1) Viada y Vilaseca, *Cuadros sinópticos que comprenden las graduaciones completas de las distintas combinaciones de penas*, etc, 3.ª edición, Madrid, 1881; Gorostola Prado, *Escalas graduales de penas*, Madrid, 1894.

(2) Sucedía que, por defecto de redacción, lo que en el ánimo del legislador quiso ser beneficio para el reo, redundaba en perjuicio; y en este daño se fundaron algunos casos de indulto. (Véanse *Gacetas* de 1.° de Marzo de 1892 y 13 de Marzo de 1900). Esto motivó el Proyecto de ley fecha 22 y 25 de Octubre de 1906, proponiendo una fórmula, (Véase edición Oyuelos, página 22, nota) que no fué aceptada. La redacción actual es de 3 de Enero de 1908. Bien se echa de ver que raramente el grado máximo de una pena puede equivaler á la suma de las dos que pudieran imponérsele, penando separadamente ambos delitos. Ahora, para evitar un perjuicio, se concede un beneficio, y grande. Además, el Tribunal Supremo—Sentencias de 8 Febrero y 26 de Junio de 1908—declaró que tiene efecto retroactivo.

(3) Artículos 531, § 5.° y 532

(4) Artículos 606, § 1.° (derogado), 608, § 3.°, 531, § 5.° y 532 (variados).

(5) Artículo 21 (adición debida).

(6) Artículo 248 p.° 5 (añadido).

4. Ley de 9 de Abril de 1900, ejecución secreta de la pena de muerte (1).

5. Ley de 21 de Julio de 1904, delitos de corrupción y proxenetismo *(trata de blancas)* (2).

6. Ley de Presupuestos de 1907, traslado á la Península de los reos de Melilla y Ceuta (3).

7. Ley de 3 de Enero de 1907 (4): se precisa el arresto menor (5) y pasan muchos delitos (6) á ser faltas (7).

8. Ley de 3 de Enero de 1908: nuevo criterio de benignidad, en la acumulación de delitos (8).

9. Ley de 27 de Abril de 1909—*Ley de huelgas*—deja de ser delito la coligación para alterar el precio del trabajo (9).

Constitución de 1876.—Triunfa el partido moderado y las nuevas Cortes votan una Constitución (10), obra del gran Alonso Martínez, cuyas variantes de trascendencia penal son el art. 11, suprimiendo la libertad de cultos (creación consiguiente del delito constitucional de ataque á la religión del Estado) y el 14, según el cual deben dictarse leyes para asegurar el respeto á los derechos individuales.

---

(1) Artículos 102 al 104 (nueva redacción).

(2) Artículos 456, 459, 466. Por acuerdos internacionales de los Congresos de París y Londres

(3) Artículo 106 (reforma debida). En cumplimiento del Acta de Algeciras.

(4) Reproducida con corrección de erratas en la *Gaceta* de 10 Febrero del mismo año. Es derogación de la ley de 17 de Julio de 1876. Véase Circular de la Fiscalía de 15 de Enero de 1907. Rodríguez Martín, *Código penal reformado de 1907*, Jaén, La Unión, 1907, *Prólogo;* L. Zapatero, *La reforma del Código penal*, Valladolid, 1907.

(5) Art. 119 (nueva redacción).

(6) Artículos 119, 435, 531 y 535.

(7) Artículos 591, 602, 606, 608, 611, 613 y 615-618.

(8) Artículo 90. Véase la nota á ese artículo en todas las ediciones. Hay Proyecto de ley de 25 de Octubre de 1906.

(9) Artículo 556 derogado expresamente por el art. 11 de la ley. En cuanto al concepto de «abuso» (p.° 1.°) y al empleo de «violencias ó amenazas» con ocasión de huelgas; aparte de que «merezcan mayor pena», sustituído por el 2 de la ley.

(10) Promulgada el 30 de Junio; publicada el 2 de Julio siguiente.

Desde este punto, el Código penal y la Constitución están en desacuerdo. Hay un delito constitucional—tentativa para abolir ó cambiar en España la religión del Estado—sin sanción penal (1). Hay nueva forma de los derechos individuales—trabajo, asociación—sin acomodada garantía. Se precisan pues *reformas políticas* en el Código penal, después de 1876. Estas no se han hecho. Reformas científicas no necesita realmente; de no sustituirle enteramente por otro, vale más dejarle así, en su pureza.

---

(1) El Código penal de 1850—último precedente—, lo castigaba con reclusión temporal, extrañamiento perpetuo ó prisión mayor, según los casos (art. 128).

§ 10.—*Las restantes leyes penales del Imperio.*

BIBLIOGRAFÍA.—Berner, *Sammlung kleinerer strafrechtlichen Rechsgesetze* (Colección de leyes penales menores del Imperio), 2.ª edición, 1903; Olshausen, *Die Strafgesetzgebung des Deutschen Reichs* (La legislación penal del Imperio alemán), 2 volúmenes, 1900-1903; Stenglein, *Die strafrechtlichen Nebengesetze des Deutschen Reichs Kommentar* (Las leyes penales accesorias del Imperio alemán, con comentario), 4.ª edición, 1909 y siguientes (editadas por Ebermeyer, Galli, Lindenberg); Allfeld, *Die Strafgesetzgebung des Deutschen Reichs* (La legislación penal del Imperio alemán), 1900; Apéndice de 1903; Edición académica por Kriegsmann (Colección Guttentag), en preparación. Es importante la recensión crítica anual de H. Seuffert, en *Zeitschrift*, XIV-532, XV-807 y XVI-547.

Las disposiciones penales, cuyo contenido forma el Derecho penal imperial, no están comprendidas todas en el Código penal imperial. Otras muchas leyes imperiales contienen importantes disposiciones penales, que no pueden ser preteridas en un sistema penal. Estas leyes, en orden cronológico, son las siguientes:

1867.—1. Ley de impuesto sobre la sal de 12 de Octubre de 1867.
2. Ley de matrícula comercial naviera de 25 de Octubre de 1867, sustituída por la de 22 de Junio de 1899.

1868.—1 Ley de alcoholes de 8 de Julio de 1868, sustituída por la de 15 de Julio de 1909.

1869.—1. Ley del timbre de franquicia telegráfica de 14 de Mayo de 1869.
2. Ley del timbre de comercio de 10 de Junio de 1869, modificada por la de 4 de Junio de 1879 y 4 de Marzo, de 1909. Nueva redacción actual.
3. Reglamento industrial de 21 de Junio de 1869 con numerosas leyes modificativas. Últimamente ley de 30 de Junio de 1900, redacción de 26 de Julio de 1900; ley de 28 de Diciembre de 1908.
4. Ley federal aduanera de 1.º de Julio de 1869.

1869.—5. Ley aduanera de límites entre la aduana federal y el territorio aduanero de Hamburgo de 1.° de Julio de 1869. (Otra para Bremen de 28 de Junio de 1879).

1870.—1. Ley de propiedad intelectual de 11 de Junio de 1870 (aún vigente, en cuanto no esté en relación con la de 1876).

2. Ley de acciones de 11 de Junio de 1870, modificada por ley de 18 de Julio de 1884; hoy Código de comercio de 10 de Mayo de 1897.

1871.—1. Constitución imperial de 16 de Abril de 1871.

2. Ley sobre valores nominativos con prima de 8 de Junio de 1871.

3. Ley de correos de 28 de Octubre de 1871.

4. Ley de restricción de la propiedad inmueble en la proximidad de las fronteras de 21 de Diciembre de 1871.

1872.—1. Ley de impuesto sobre cervecerías de 31 de Mayo de 1872 (sólo en vigor en parte de la confederación), sustituída por ley de 15 de Julio de 1909.

2. Código penal militar de 20 de Junio de 1872.

1873.—1. Ley de servicio militar de 13 de Junio de 1873.

2. Ley de la moneda de 2 de Julio de 1879, sustituída por ley de 1.° de Junio de 1909.

1874.—1. Ley de vacuna de 8 de Abril de 1874.

2. Ley militar imperial de 2 de Mayo de 1874.

3. Ley de imprenta de 7 de Mayo de 1874.

4. Reglamento de costas de 17 de Mayo de 1874, introducido en Heligoland en 20 de Julio de 1895, sustituído por ley de 30 de Diciembre de 1901.

1875.—1. Ley de registro civil (estado civil y matrimonio) de 6 de Febrero de 1875.

2. Ley de banca de 14 de Marzo de 1875, modificada en 7 de Junio de 1899.

1876.—1. Ley de propiedad artística de pinturas de 9 de Enero de 1876.

2. Ley de protección á la fotografía contra la copia desautorizada de 10 de Enero de 1876.

3. Ley de propiedad artística de medallas y moldes de 11 de Enero de 1876.

4. Ley de desinfección del material de transporte ferroviario para ganados de 25 de Febrero de 1876.

5. Ley de inscripción de las cajas de socorro de 7 de Abril de 1876, modificada por ley de 1.° de Junio de 1884.

1876.—6. Ordenanza sobre los deberes del Capitán de navío en caso de abordaje en el mar de 15 de Agosto de 1876.

7. Ley de veda para las focas de 4 de Diciembre de 1876.

1877.—Reglamento imperial de quiebras de 10 de Febrero de 1877, modificado por ley de 18 de Mayo de 1898; redacción de 20 de Mayo de 1898.

1878.—1. Ley de prohibición de importación de ganados, para evitar la propagación de la epizootia, de 21 de Mayo de 1878.

2. Ley del timbre de naipes de 13 de Julio de 1878.

1879.—1. Ley de consumos (tráfico de alimentos y objetos de consumo) de 14 de Mayo de 1879.

2 Ley de impuesto de tabacos de 16 de Julio de 1879, modificada por ley de 15 de Julio de 1899.

3. Ley de exención del impuesto del alcohol para usos industriales del9 de Julio de 1879.

4. Ley de estadística de circulación aduanera entre Alemania y el extranjero de 2 de Julio de 1879, modificada por ley de 7 de Febrero de 1906; nueva redacción del mismo día.

1880.—1. Ley de constataciones navieras en consulados alemanes de 25 de Marzo de 1880; Ordenanza de 28 de Julio de 1880.

2. Ley de usura de 24 de Mayo de 1880, modificada por ley de 19 de Junio de 1893.

3. Ley de prevención de epizootias de 23 de Junio de 1880, modificada en 1.° de Mayo de 1894; sustituída por ley de 26 de Junio de 1909.

1881.—1. Ley de cabotaje de 22 de Mayo de 1881.

2. Ley del timbre de 1.° de Julio de 1881, modificada por ley de 15 de Julio de 1909.

3. Ley de marcas de bebidas de 20 de Julio de 1881; modificada por ley de 24 de Julio de 1909.

1882.—Ley de tarifas aduaneras de 23 de Junio de 1882, modificando la de 15 de Julio de 1879. Ulteriores modificaciones por leyes de 22 de Mayo de 1885, 14 de Abril de 1894 y 25 de Diciembre de 1902.

1883.—1. Ley de seguros obreros contra enfermedades de 15 de Junio de 1883, modificada por ley de 10 de Abril de 1892. Ulteriores modificaciones por leyes de 30 de Junio de 1900 y 25 de Mayo de 1903; redacción del mismo día.

2. Ley de puertos militares de 19 de Junio de 1883.

1883.—3. Ley de la filoxera de 3 de Julio de 1883, modificada por ley de 6 Julio de 1904.

1884.—1. Ley electoral de 12 de Marzo de 1884.

2. Tratado internacional sobre policía de pesca en el mar del Norte, fuera de aguas costeras de 6 de Mayo de 1880, ratificado en 15 de Marzo de 1884.

3. Ley para la aplicación del convenio internacional de 6 de Mayo de 1882, sobre policía de pesca en el mar del Norte, de 30 de Abril de 1884.

4. Ley de cerillas de 30 de Mayo de 1884.

5. Ley de explosivos de 9 de Junio de 1884.

6. Ley de quilates de oro y plata de 16 de Julio de 1884.

1885.—1. Ley protectora del papel destinado á vales de la caja imperial, contra imitaciones no autorizadas, de 26 de Mayó de 1885.

2. Tratado con Bélgica sobre represión de delitos forestales, rurales, de pesca y caza, en ambos territorios, de 29 de Abril de 1885.

3. Ordenanza sobre transferencia de poderes territoriales al Gobernador de Alsacia-Lorena de 28 de Septiembre de 1885, renovada en 5 de Noviembre de 1894.

1886.—Ley de colonias de 17 de Abril de 1886, modificada por leyes de 15 de Marzo de 1888 y 25 de Julio de 1900. Redacción nueva de 10 de Septiembre de 1900 con Ordenanza de 9 de Noviembre de 1900.

1887.—1. Ley de impuesto de alcoholes de 24 de Junio de 1887, sustituída por ley de 15 de Julio de 1909.

2. Ley de manipulación de objetos de plomo y zink de 25 de Junio de 1887.

3. Ley sobre el empleo de colores dañosos á la salud en los alimentos y objetos de consumo y uso de 9 de Julio de 1887.

4. Ley para la aplicación del tratado internacional sobre protección de cables submarinos (14 de Marzo de 1884) de 21 de Noviembre de 1887.

1888.—1. Ley de pájaros de 22 de Marzo de 1888, modificada por ley de 30 de Mayo de 1908; nueva redacción «Ley de protección de pájaros» de 30 de Mayo de 1908.

2. Ley interpretando el art. 2.° de la ley (30 de Agosto de 1871), de introducción del Código penal alemán en Alsacia-Lorena de 29 de Marzo de 1888.

3. Ley sobre vistas judiciales á puerta cerrada de 5 de Abril de 1888.

1888.—4. Instrucción sobre la Ordenanza de aforo de navíos de 20 de Junio de 1888, modificada en 1.° de Marzo de 1895.

1889.—1. Ley de sindicatos de compra y economatos de 1.° de Mayo de 1889, modificada por ley de 12 de Agosto de 1896; redacción de 20 de Mayo de 1898.

2. Ley de seguros contra la invalidez y la vejez de 22 de Julio de 1889, modificada por ley de 13 de Julio de 1879; redacción de 19 de Julio de 1899.

3. Ordenanza de minas para el Sudoeste africano de 15 de Agosto de 1889.

1891.—1. Ordenanza de introducción de las leyes del Imperio en Heligoland de 22 de Marzo de 1891.

2. Ley de patentes de 7 de Abril de 1891 (sustituyendo á la ley de 25 de Mayo de 1877).

3 Ley modificadora del Código penal de 31 de Mayo de 1891.

4. Ley sobre prueba de baterías y obturadores de armas de fuego de 12 de Mayo de 1891.

5. Ley de impuesto del azúcar de 31 de Mayo de 1891, modificado por ley de 27 de Mayo de 1896, redacción de 28 de Mayo, modificación posterior por ley de 6 de Enero de 1903.

6. Ley de protección de modelos utilizados de 1.° de Junio de 1891.

1892.—1. Ley de telégrafos de 6 de Abril de 1892, modificada por ley de 7 de Marzo de 1908.

2. Ley de sociedades de responsabilidad limitada de 20 de Abril de 1892; nueva redacción de 20 de Mayo de 1898.

3. Ordenanza de explotación de ferrocarriles principales y secundarios alemanes de 5 de Julio de 1892, sustituída por la ordenanza de construcción y explotación de ferrocarriles de 4 de Noviembre de 1904.

1893.—1. Ley modificativa del § 69 del Código penal alemán de 26 de Marzo de 1893.

2. Ley complementaria á la de usura de 19 de Junio de 1893.

3. Ley sobre violación de secretos militares de 3 de Julio de 1893.

1894.—1. Ley de aplicación del tratado internacional de 16 de Noviembre de 1887 y 14 de Febrero de 1893 para combatir el comercio de bebidas espirituosas entre los pescadores del mar del Norte, en alta mar, de 4 de Marzo de 1894.

1894.—2. Ley modificativa de la ley de domicilio de seguros y complemento del Código penal de 12 de Marzo de 1894.

3. Ley de protección de nombres de mercancías de 12 de Mayo de 1894.

4. Ley sobre comercio á cuenta de 16 de Mayo de 1894.

5. Ley de protección de palomas mensajeras y su circulación en la guerra de 28 de Mayo de 1894.

1895.—1. Ley de aplicación de la tarifa aduanera concertada con Austria Ungría de 9 de Junio de 1895.

2. Ley sobre condiciones civiles de la navegación interior de 15 de Abril de 1895, redacción de 20 de Mayo de 1898.

3. Ley de marina mercante de 15 de Junio de 1895.

4. Ley de represión del robo y comercio de esclavos de 28 de Julio de 1895.

1896.—1. Ley de represión de concursos ilícitos de 27 de Mayo de 1896.

2. Ley de bolsa de 22 de Junio de 1896, modificada por ley de 8 de Mayo de 1908; nueva redacción de 27 de Mayo.

3. Ley sobre deberes de los comerciantes sobre la custodia de valores ajenos de 5 de Julio de 1896.

4. Ordenanza sobre introducción de las leyes penales militares alemanas en las colonias de África de 26 de Julio de 1896.

5. Ley modificativa de la ley de sociedades productoras y de comercio (1.° de Mayo de 1881) y de los establecimientos de consumo de 12 de Agosto de 1896; redacción nueva de 20 de Mayo de 1898.

1897.—1. Ordenanza de prevención del abordaje en el mar de 9 de Mayo de 1897, modificada por ordenanza de 5 de Febrero de 1906 (ordenanza de vías marítimas de 10 de Febrero).

2. Código de comercio de 10 de Mayo de 1897.

3. Ley de emigración de 9 de Junio de 1897.

4. Ley de transportes de queso, manteca, sebo y sus sucedáneos de 15 de Junio de 1897.

1898.—1. Ley de unidades eléctricas de 1.° de Junio de 1898.

2. Ley sobre circulación de dulcificantes artificiales de 6 de Julio de 1898.

3. Ley de introducción de la ordenanza penal militar de 1.° de Diciembre de 1898.

1899.—1. Ley de impuesto por el paso del Canal de Kiel de 20 de Junio de 1899.
2. Ley de matrícula de buques mercantes de 22 de Junio de 1899.
3. Ley de bancos hipotecarios de 13 de Julio de 1899.
4. Ordenanza sobre circulación de ferrocarriles de 26 de Octubre de 1898, sustituída por la de 23 de Diciembre de 1908.
5 Ley de derechos comunes de los portadores y suscriptores de obligaciones de 4 de Diciembre de 1899.
6. Ley modificativa de correos de 20 de Diciembre de 1899.

1900.—1. Ley de administración de justicia consular de 7 de Abril de 1900.
2. Ley de captación de energía eléctrica de 9 de Abril de 1900.
3. Ley de ingenieros-consejeros de 21 de Mayo de 1900.
4. Ley de inspección sanitaria de ganados y carnes de 3 de Junio de 1900.
5. Ley modificativa de la ley del timbre (27 de Abril de 1894) de 14 de Junio de 1900, reforma y nueva redacción del mismo día; modificada por ley de 3 de Junio de 1906, reforma y nueva redacción de 7 de Julio de 19 6.
6. Ley de prevención de enfermedades infecciosas de 30 de Junio de 1900.
7. Ley modificativa de la ley de seguros contra accidentes de 30 de Junio de 1900.

1901.—1. Ley de empresas de seguros de 12 de Mayo de 1901.
2. Ley de propiedad editorial de 19 de Junio de 1901.
3. Ley de propiedad literaria y musical de 19 de Junio de 1901.

1902.—1. Ley de protección de la señal de neutralidad de Ginebra de 22 de Marzo de 1902.
2. Ley de mostos de 9 de Mayo de 1902, modificada por ley de 15 de Julio de 1909.
3. Ordenanzas de hombres de mar de 2 de Junio de 1902.
4. Ley sobre los deberes de repatriación de la marina mercante de 2 de Junio de 1902.
5. Ley de oficinas de colocación para marinos de 2 de Junio de 1903.
6. Ley de azúcares de 7 de Julio de 1902.
7. Ley de tarifas aduaneras de 25 de Diciembre de 1902.

1903.—1. Ley de trabajo de niños en la industria de 30 de Marzo de 1903.
2. Ley de sustancias inflamables de 10 de Mayo de 1903 (en vigor desde 1.° de Enero de 1907 al 1908).

1904.—1. Ley contra la filoxera de 6 de Julio de 1904.
2. Ordenanza sobre construcción y explotación de vías férreas de 4 de Noviembre de 1904.

1905.—1. Ley de apuestas en carreras públicas de caballos de 4 de Julio de 1905.
2. Ordenanza imperial de minas para el Sudoeste de Africa de 8 de Agosto de 1905.

1906.—1. Ordenanza imperial de minas para las colonias de Africa y del mar del Sur, excepto los del sudoeste africano de 27 de Febrero de 1906.
2. Ley de impuesto de cervezas, de 1.° de Junio de 1906, sustituída por la de 15 de Julio de 1909.
3. Ley de impuesto de cigarros, de 3 de Junio de 1906.
4. Ley de impuesto de harinas, de 3 de Junio de 1906.

1907.—1. Ley de propiedad artística y fotográfica, de 9 de Enero de 1907.
2. Ordenanza de semáforos, de 7 de Febrero de 1907.

1908.—1. Ley contra los delitos de alta traición, de 17 de Febrero de 1908.
2. Ley de asociaciones, de 19 de Abril de 1908.
3. Ley modificativa de ley de bolsa, de 8 de Mayo de 1908; reformada en 27 de Mayo de 1908.
4. Ley modificativa de la de pájaros, de 30 de Mayo de 1908; reformada en 30 de Mayo de 1908.
5. Ordenanza de pesos y medidas de 30 de Mayo de 1908.
6. Ordenanza de circulación de trenes, de 23 de Diciembre de 1908.

1909.—1. Ley del timbre de Comercio de 4 de Marzo de 1909; modificada por ley de 15 de Julio de 1909, redacción de 21 de Julio.
2. Ley de vinos, de 7 de Abril de 1909.
3. Ley de transportes, de 3 de Mayo de 1909.
4. Ley de moneda, de 1.° de Junio de 1909.
5. Ley contra apuestas ilícitas, de 7 de Junio de 1909.
6. Ley de epizootias, de 26 de Junio de 1909.
7. Ley de impuesto de alcoholes, de 15 de Julio de 1909.
8. Ley modificativa de la ley de impuesto de cervezas, de 15 de Julio de 1909; redacción de 21 de Julio.
9. Ley modificativa de la ley de impuesto de tabacos, de 15 de Julio de 1909; redacción de 21 de Julio.

1909.—10. Ley modificativa de la ley del timbre, de 15 de Julio de 1909; redacción de 22 de Julio.

11. Ley modificativa de la ley de hacienda, de 15 de Julio de 1909 (ley de explosivos en la redacción de 21 de Julio de 1909; ley de impuesto de alumbrado, en la redacción de 22 de Julio de 1909).

12. Ley sobre empleo defraudatorio de la cebada, de 3 de Agosto de 1909.

1910.— Ley sobre despachó de sales de potasa, de 25 de Mayo de 1910. Además contienen importantes disposiciones penales los tratados internacionales alemanes (sobre cooperación judicial, extradición, etc.) Es de notar, en fin, que el Código civil de 18 de Agosto de 1896 entra en los dominios del Derecho penal, directamente por el art. 34 de la ley de introducción, y por otros muchos indirectamente.

ADICIONES

§ 10.—*Leyes penales especiales de España.*

Bibliografía.—*Compilación de disposiciones penales no comprendidas en el Código penal*, por la redacción de *El Consultor de Ayuntamientos*, Madrid, 1884; E. Bravo, *Legislación penal especial*, en *Biblioteca judicial*, 3 vols. Madrid, Núñez, 1884; *Apéndice*, Madrid, Núñez, 1889; Cadalso, *Diccionario de legislación penal, procesal y de prisiones*, Madrid, 1889-1908, 3 vols. y un suplemento; R. Oyuelos, *Diccionario de legislación* (penal), en *Código penal* de la *Biblioteca Scaevola*, Madrid, 1907, págs. 115-217; Medina (L.) y Marañón (M), *Leyes penales de España, Apéndice: Leyes, Reales decretos, Reales órdenes, Reglamentos* y *Circulares de más frecuente aplicación en los tribunales ordinarios*, última edición, Madrid, Tello, 1914, páginas 1-331.

1. El mundo de la criminalidad tiene su naturaleza y su arte. Hay delitos *per se*, que lo fueron en todos los tiempos, que lo son en todos los lugares; delitos naturales, se llaman estos. El legislador se limita á reconocerlos y definirlos. Otros hay que lo son *hinc et nunc*, aquí y ahora, por voluntad del legislador: *delitos artificiales*. Aquellos significan el *prohibita quia mala*, estos el *mala quia prohibita*. Allí se invoca la utilidad de la justicia; aquí la justicia de la utilidad. En un caso se infringe el imperativo de la necesidad moral; en otro el capricho de la conveniencia política. El delito natural ofende á los sentimientos primitivos fundamentales de piedad (delitos contra las personas: vida, salud, honor, libertad, seguridad), de probidad (delitos contra la propiedad) ó de honestidad (delitos contra las costumbres); el delito artificial ataca á los sentimientos adquiridos, accidentales, eflorescencia de intereses comunes

(delitos políticos: contra la constitución, contra el orden público; y delilos sociales: contra la fe pública, contra la salud pública, por los empleados públicos).

«Tres grados de latitud hacia el polo (menos aún: la línea matemática de una frontera territorial) cambian toda jurisprudencia»—dijo Pascal (1). Delito del lado de acá—traición, espionaje—, virtud y heroismo del lado de allá. Fabricar medallas, ejercicio honroso; fabricar monedas, horrible delito. Producir maíz ó trigo, noble oficio; producir tabaco, grave falta. Importar mercancías, fomentando el comercio, es digna profesión, menos á juicio de los carabineros... En este sentido, «la ley hace el delito», que decía Bentham. La aduana hace á los contrabandistas; la casa de la moneda, á los monederos falsos; la Tabacalera, á los defraudadores; atrevidos competidores con ese poderoso industrial, el Estado, que declara sencillamente criminales á los rivales de profesión, porque él hace las leyes...

2. En el mundo de la ley penal hay, también, reglas y excepciones: hay dos clases de delitos, según la forma de la sanción.

Porque en unos se da para siempre y para todos la sanción, se llaman delitos comunes; porque en otros se da diferencialmente, ocasionalmente, expresamente, para algunos—personas, lugares, hechos, jurisdicción—se llaman *delitos especiales*.

Los delitos especiales lo son por el objeto, por el lugar ó por la persona (2). Hay sanciones que recaen sobre materia variable: elemento móvil de nuevos intereses, que piden garantía (nuevos delitos); nuevo estado de los

---

(1) *Pensées*, edición *Bibliothéque national*, París, Bureaux de la Publications, 1865, página 94.

(2) La agrupación de la legislación penal especial á partir de sus relaciones modificativas con el Código, no es segura. (Véase en contra E. Bravo, *Legislación penal especial*, *Prólogo*, página 9); porque la misma ley penal común—el Código penal—tiene un contenido movedizo, aluvioso que accede ó se separa de él á impulso de las corrientes políticas, como los delitos de imprenta.

intereses que pide nueva garantía en nueva forma (nueva figura de delito). Al contrario: cesaron los intereses, afuera las garantías (reforma legal, constitucional ú orgánica); basta de sanciones (abolición de delitos).

Los delitos especiales son, pues, *transitorios*. Están condicionados por la política, como los comunes por la moral. Representan la interfunción de lo accidental, en la vida. Son la materia circulante, frente á la forma que permanece; son como la historia y la filosofía.

Hay sanciones que sólo afectan á ciertas profesiones ó ministerios y recaen, nada más, sobre personas de ciertas clases. Así el Ejército, la Marina, antes el clero (1). Son los *delitos profesionales*. De estos, unos corresponden á la jurisdicción ordinaria; otros á la extraordinaria. Se unificaron los fueros, pero nacen los tribunales de honor (2).

3. Los delitos comunes están previstos y penados en las leyes penales generales, hoy en el libro segundo del Código penal, nuestra ley penal común (3); los otros lo están en *leyes penales especiales*. Son, concretamente (4) ó genéricamente (5), la extranjería del Código. El Código las respeta (6).

---

(1) Y aun hoy las penas canónicas—de libre aceptación y cumplimiento—trascienden al mundo jurídico de la coacción penal en el Ejército. Véase Código Militar, Tratado 2.º título 2.º, capítulo VII. Por el contrario, véase Código penal, artículo 40.

(2) Véase adelante: 4. *Leyes judiciales con sanción penal*.

(3) Cada nuevo Código penal deroga las «leyes penales generales anteriores». Véase Código penal, disposición final, art. 626.

(4) Código penal de 1850, artículo 7.º: «No están sujetos á las disposiciones de este Código los delitos militares, los de imprenta, los de contrabando, los que se cometen en contravención á las leyes sanitarias, ni los demás que estuvieren penados por leyes especiales.»

(5) Código penal de 1870, artículo 7.º: «No quedan sujetos á las disposiciones de este Código los delitos que se hallen penados por leyes especiales.» Groizard, obra citada, I, 142, 143, piensa arbitrariamente que se trata de leyes: a) que definan materias no tratadas en el Código; b) existentes con anterioridad á su publicación. En ese caso las leyes de imprenta, de jurisdicciones, etc., por la materia, y todas las posteriores á 1870, por el tiempo, no tendrían vigor penal. Así opina también Viada, I, 88, 89.

(6) Artículo 626: «Quedan derogadas todas las leyes penales...

La legislación penal especial—sanción de los delitos especiales—comprende dos órdenes:

a) Leyes penales especiales (sanciones especiales de las leyes penales).

b) Leyes comunes con sanción penal (sanciones especiales de las leyes comunes: civiles, políticas, administrativas, etc.).

4. Las leyes penales especiales — generalmente — contienen sanciones propias; imponen penas por sí y ante sí. Las leyes comunes con sanción penal, ó toman prestada ésta directamente al Código, refiriéndose á él constantemente (1)—caso de relajación á la ley penal común — ó imponen por su cuenta únicamente correcciones morales y penas civiles y políticas, sacadas de la propia naturaleza de los derechos y relaciones que definen ó regulan ó las mismas penas comunes (Código penal, artículo 26), ejecutadas de una manera especial: *penas especiales* (militares, canónicas, administrativas, académicas, etc.) (2).

5. A veces contienen formas de *sanción penal indirecta,* atribuyendo el carácter de empleados públicos, en ciertos casos, á personas que no le tienen; de donde se sigue la resultante penal, en la responsabilidad.

Así, las leyes penales especiales se refieren á la ley penal común, en invocación de estirpe, cada vez que tocan las alambradas del delito natural; y el Código penal delega en ellas, en cuanto llega á la bifurcación de las variedades artificiales: los casos (personas, circunstancias, lugares).

---

salvo las relativas á los delitos no sujetos á las disposiciones del mismo, con arreglo á lo prescrito en el artículo 7.°»

(1) También las penales. Véase ley (imprenta) de 26 de Julio de 1883, artículo 19: «Las infracciones á lo prevenido en esta ley, que no constituyan delito con arreglo al Código penal, serán corregidas gubernativamente *con las mismas penas* que éste señala para las faltas cometidas por medio de la imprenta.»

(2) Código de justicia militar, artículos 177, 181, 188; Marina, artículos 34, 36, 41, 44.

6. Generalmente, la ley penal común significa la benignidad normal; las leyes penales especiales, la dureza extrema—freno de seguridad—á que se acude en momentos críticos.

En España, los delitos de imprenta entran en la ley común ó salen á compás con los escesos de la prensa; la ley de secuestros recuerda la epopeya del bandolerismo; el terrorismo progresivo determina las dos leyes de represión feroz, resistiéndose el legislador á incluir en el Código penal un delito absurdo, que no existió, y que, al fin, pasa; la ley de jurisdicciones prefiere crear un delito análogo al del Código penal, antes que modificar éste, agravando la pena, requerida por las circunstancias.

Pero, á vecès, la ley penal especial significa la benignidad suma, puesta á prueba de éxito, antes de modificar definitivamente las líneas del ferreo marco penal del Código: así la ley de condena condicional.

Las leyes comunes con sanción penal siempre quedan condicionadas penalmente por el Código. «Cuando el Código no señale mayor pena», es su fórmula. No pueden ni absolver ni desagravar. Aplican la sanción del Código, á veces, acrecida por una *pena complementaria.*

Entonces, lo accesorio penal sigue á lo principal—en las competencias de jurisdicción—, dando la medida de la relatividad (1) la gravedad de la sanción misma.

7. Una constitución política precisa desenvolver su espíritu en leyes sustantivas, declarativas (civiles, políticas, administrativas, penales) y leyes adjetivas, orgánicas (jerárquicas, procesales). Un Código penal es

(1) Ley orgánica (15 de Septiembre de 1870), artículo 349: «No están comprendidos en (la jurisdicción militar)... número 14. Los que incurrieren en faltas castigadas en el libro III del Código penal, excepto aquellas á que las ordenanzas, reglamentos y bandos militares del Ejército y la Armada, señalen pena mayor, cuando fueren cometidas por militares, las cuales serán de la competencia de la jurisdicción de Guerra y Marina.

una Constitución criminal, conjunto de disposiciones penales principales, que necesitan una serie de *disposiciones penales accesorias*: ejecutivas (la ocasión), aclaratorias (el texto), ó de aplicación (el modo), dictando órdenes, sentido ó reglas. Para dar vitalidad legal á un Código penal se promulgan leyes; para aplicar una ley, se publican reglamentos, reales órdenes, instrucciones, circulares (de la Fiscalía del Tribunal Supremo ó de los Ministerios), eslabones precisos entre la abstracción legal y la realidad práctica, entre la fórmula y la vida (1). El Código se refiere á ellas—si son anteriores—sometiéndose (2).

8. En fin, la sanción, como sombra que sigue á todo precepto proyectado en la realidad por la luz de la vida, tiene tantas formas como esos cuerpos opacos del mundo moral que se llaman leyes. Las sanciones y penas de las leyes comunes son como ellas: *políticas, civiles, administrativas, gubernativas, judiciales.*

9. La lucha contra el delito—fenómeno social transcendente—se da en dos formas: prevención y represión; prevención represiva (sobre la persona) y represión preventiva (sobre el hecho), policía y penalidad.

Leyes penales especiales son también las *leyes de policía,* en la variedad de sus ramos: gubernativa, judicial, urbana, rural, privada—por el organismo—y de espectáculos, de cementerios, de mercados, de aguas, de minas, de ferrocarriles, de carreteras, de puertos, de montes—por el objeto.

10. Infracciones hay que no son delitos: Hay, aparte de las penas, *medidas de seguridad* —de algunas habla el Código (3)—confiadas unas á la misma policía

---

(1) Real decreto (marcas) 20 de Noviembre de 1850, *Preámbulo*: «El Código penal determina, con sabia previsión, las penas en que incurren; mas su aplicación sería imposible si de una manera legal, no se estableciesen antes los medios de legitimar el uso y la propiedad.» (Bravo, *legislación penal especial,* II, 261).

(2) Artículos 43, 47, 48 y, como paralelo, artículo 135.

(3) Artículo 25: «No se reputarán penas: 1.° La detención y la

de seguridad, y á la judicial, como la detención y vigilancia, la prisión preventiva y suspensión preventiva de empleo; otras á los mismos organismos políticos, administrativos, familiares, profesionales, académicos, en el régimen interno de su vida jurídica: ese derecho penal de las sociedades particulares que se llama *disciplina* y cuya sanción penal, más humana que la otra, es siempre *corección.*

En éstas, la gravedad penal está condicionada por el Código, cuando se trate de *sanciones que no son leyes*—Ordenanzas municipales, Reglamentos de la Administración, bandos de policía y buen gobierno (1)—; no en otro caso (2). Entonces, la pena del código—sanción legal de la sanción reglamental (3)—es complementaria de la corrección (4).

Algunas de esas medidas de seguridad—por ejem-

---

prisión preventiva de los procesados. 2.° La suspensión de empleo ó cargo público acordada durante el proceso ó para instruirlo. 3.° Las multas y demás correcciones que, en uso de sus atribuciones gubernativas ó disciplinarias, impongan los superiores á sus subordinados ó administrados. 4.° Las privaciones de derechos y las reparaciones que, en forma penal, establezcan las leyes civiles.»

(1) Código penal, artículo 625, p.° 1.°: «En las ordenanzas municipales y demás reglamentos generales ó particulares de la Administración que se publicaren en lo sucesivo, y en los bandos de policía y buen gobierno que dictaren las Autoridades, no se establecerán penas mayores que las señaladas en este este libro, aun cuando hayan de imponerse en virtud de atribuciones gubernativas, á no ser que se determinare otra cosa por leyes especiales.»

(2) Artículo 625, p.° 2.°: Conforme á este principio, las disposiciones de este Código no excluyen ni limitan las atribuciones que por las leyes municipales ó cualesquiera otras especiales competan á los funcionarios de la Administración para dictar bandos de policía y buen gobierno y para corregir gubernativamente las faltas en los casos en que su represión les esté encomendada por las mismas leyes.»

(3) Artículo 615, p.° 1.°: «Los que infringieren los reglamentos ó bando de buen gobierno sobre quema de rastrojos ú otros productos forestales, serán castigados con la multa de 5 á 25 pesetas.» Cf. artículos 589, § 5.°; 591, § 2°; 593, § 2.°; 595, § 2.°; 596-601. Véase artículos 581, p.° 2.° y 605, número 3.°

(4) Artículo 615, p.° 2°: «Si hubieren sido corregidos antes gubernativa ó judicialmente, por falta semejante ó por infracciones de igual especie, incurrirán además en la pena de arresto menor.»

plo: vigilancia de la policía—que debieron ser siempre extrañas al Código—subsisten en el Derecho colonial (1), con el nombre de *penas accesorias*.

11. En fin, las leyes penales especiales significan, frente á la renovación de las instituciones penales, el plantel fecundo, necesario á toda institución nueva en la *fase de adaptación*, el peligroso experimento (2); pero, al mismo tiempo, el ápice de vitalidad. El Código penal es la academia de consagración de las instituciones penales; y, también, el panteón. En las leyes especiales las instituciones vienen y luchan; en el Código, culminan y mueren.

---

(1) Código penal de Cuba y Puerto Rico, artículo 42; Código de Filipinas, artículo 43.

(2) El Sr. Groizard, *El Código penal de 1870*, I, 142 y 151, que empieza diciendo «No somos partidarios en las leyes especiales. En la ley común deben ser comprendidas todas las acciones elevadas por la ley á la condición de delito...» sigue, en otro lugar: «nueva y sin practicar todavía la ley electoral, legislar en el Código sobre aquella clase de hechos hubiera sido legislar sin experiencia».

I.—*Leyes penales especiales.*

Las leyes dadas en España en el siglo XIX con propósito exclusivamente penal—ni político, ni civil, ni gubernativo, ni administrativo, ni judicial—sobre materias penales, no incluídas en el Código, son para todos ó para algunos.

1.—*Derecho penal especial común.*

Las leyes penales especiales comunes, son, por orden cronológico, las siguientes:

1812.—*Pena de horca* (1), aboliéndola.
Pena de confiscación, limitándola primero (2), aboliéndola más tarde (3).
Trascendencia penal (4), aboliéndola.

1813.—*Pena de azotes,* prohibiéndola en las escuelas (5), aboliéndola en los tribunales de la Península y parroquias de Indias (6).

1819.—*Pena legal,* aboliendo el arbitrio judicial (7).

1820.—1.° *Indulto gravoso* (8).
2.° *Ley de sospechosos* (9), autorizando para prender por cualquier motivo á cualquiera persona sospechosa (moderno «estado peligroso»).
3.° *Libertad de imprenta* (10), aboliendo la previa censura.

1821.—*Robo en despoblado y en cuadrilla* (11).

---

(1) Decreto de las Cortes de 24 de Enero. Véase atrás, página 432.
(2) Decreto de 17 de Junio.
(3) Constitución, artículo 304; en cuanto á Cataluña, Orden de 6 de Enero de 1913.
(4) Constitución, artículo 305.
(5) Decreto de 17 de Agosto (*Decretos de Cortes,* IV, 171).
(6) Decreto de 8 de Septiembre (*Decretos de Cortes,* IV, 22, 221).
(7) Real decreto de 2 de Diciembre (*Colección legislativa,* VI, 502, 503). Véase atrás, página 390.
(8) Circular (Consejo Real) de 22 de Abril.
(9) Decreto de 11 de Septiembre, derogando el artículo 287 de la Constitución del año 12, véase atrás, página 436.
(10) Decreto de las Cortes de 8 de Noviembre, véase atrás, página 436.
(11) Decreto de las Cortes de 17 de Abril, artículo 8 (delincuencia específica), que está vigente; Acuerdo de las Cortes de 2 de Mayo de 1822 (interpretando el artículo 8); Real orden de 12 de Marzo de 1875; véase atrás, páginas 436, 437.

Detención arbitraria (1).

Conspiración (2), estableciendo penas.

1831.—*Represión privada* (3), autorizando á cualquiera persona para prender, y maltratar y aún matar á los «bandidos públicos», contumaces.

1836.—*Detención arbitraria de sospechosos* (4).

1844.—*Delitos de imprenta* (5), creando sanciones.

1845.—1.° *Ley de vagos* (6), calificando (título I), clasificando, disponiendo su destino y el orden de procedimientos (título II), para la imposición de penas correccionales.

2.° *Delitos de imprenta* (7), creando nuevos delitos.

1846.—1.° *Delitos de imprenta* (8), pena de suspensión á los periódicos.

1850.—*Punibilidad general de la conspiración y proposición* (9).

1852.—*Contrabando y defraudación* (10).

1853.—*Abono del tiempo de prisión preventiva* (11).

1868.—*Delitos de imprenta* (12).

1870.—1.° *Orden público* (13).

2.° *Ejercicio de la gracia de indulto* (14), estableciendo: los que pueden ser indultados (capítulo I), las clases y efectos del indulto (capítulo II) y el procedimiento para solicitarle y concederle (capítulo III); reglas para la «no aplicación» de las penas, por contraste con el capítulo IV, título III, libro I del Código.

3.° *Efectos civiles de la pena de interdicción,* reglas complementarias provisionales al artículo 41 del Código penal de 1860, y *abolición de la pena de argolla* (15).

---

(1) Decreto de 17 de Abril, artículos 27-34; restablecida en 30 Agosto de 1836.

(2) Decreto VI de 17 de Abril (*Colección de Decretos,* VII, 37-45).

(3) Real orden de 31 de Marzo, restaurando la Ley 1.ª, título XVII, libro XII, Novísima Recopilación, véase atrás, página 441.

(4) Decreto de 18 de Diciembre, véase atras; 1820, «ley de sospechosos».

(5) Decreto de 10 de Abril (*Colección legislativa,* XII, 190-202), véase atrás, página 445.

(6) Ley de 9 de Mayo y Real orden de 20 Junio, véase atrás, página 446.

(7) Real decreto de 6 de Junio (*Colección legislativa,* XIII, 346-338).

(8) Real decreto de 18 de Marzo (*Colección legislativa,* XXXVI, 488-489 derogado; Real orden de 3 de Mayo. Por Decreto de 23 de Octubre de 1868, incluso los delitos de imprenta al Código penal.

(9) Decreto de 7 de Julio.

(10) Real Decreto de 20 de Junio.

(11) Real decreto de 9 de Octubre y Real decreto confirmatorio de 2 de Noviembre de 1879 (niega recurso), véase adelante, 1901.

(12) Decreto (gobierno provisional) de 23 de Octubre.

(13) Ley de 23 de Abril; Circular de 19 de Julio; Real orden de 17 de Enero de 1878. Real decreto de 21 de Enero de 1874, y Reales órdenes de 26 de Abril de 1892 y 9 de Mayo de 1903 (declarando subsistentes las anteriores); Circular de 10 de Agosto de 1885.

(14) Ley provisional de 18 de Junio (*Colección legislativa,* CIII, 901-905, abolida por ley de 9 de Agosto de 1878 y restablecida por Decreto de 12 de Enero de 1874. Vid. orden de 17 de Febrero de 1874 y Reglamentos de Gracia y Justicia de 17 de Abril de 1890, capítulo III y de 1901.

(15) Ley de 18 de Junio (*Colección legislativa,* CIII, 846-847), derogados los artículos 51, 52 número 1 y 118 del Código penal de 1848.

4.° *Rebajas de condena* (1), dictando reglas para la inmediata aplicación del artículo 23 del nuevo Código penal.

1873.—1.° *Delitos políticos* (2).

2.° *Trabajos de niños* (3), prohibiéndole á los menores de trece años en fábricas ó talleres.

1874.—*Ejecución de la pena de muerte* (4).

1876.—*Uso de armas* (5).

1877.—*Secuestros* (6)

1878.—*Ejercicios peligrosos para los niños* (7).

1879.—*Juegos prohibidos* (8).

1883.—*Delitos de imprenta* (9).

1888.—*Cumplimiento de condena* (10), disponiendo el orden de prelación, en los casos de imposición simultánea ó sucesiva.

1894.—*Represión de atentados cometidos por medio de explosivos* (11).

Ejecución secreta de la pena de muerte (12).

1896.—1.° *Represión del anarquismo* (13), en los delitos cometidos por medio de explosivos.

2.° *Protección de pájaros* (14).

---

(1) Decreto de 17 de Septiembre (*Colección legislativa*, CIV, 1169-1173.

(2) Ley de 15 de Febrero.

(3) Ley de 24 de Julio (*Colección legislativa*, CXI, 108-110).

(4) Circular de 9 de Febrero; véase adelante, 1894.

(5) Reales decretos de 23 de Junio y 10 de Agosto y Reales órdenes de 20 de Agosto de 1876, 24 de Noviembre de 1877, 10 de Enero de 1893, 21 de Septiembre de 1894 y Ley de 16 de Mayo de 1902 (caza), artículos 44 y siguientes y Ley de 1.° de Enero de 1906 (timbre), artículo 13; Reales órdenes de 14 de Septiembre de 1906, 28 de Septiembre y 9 de Noviembre de 1907 (armas prohibidas).

(6) Ley de 8 de Enero, Real decreto-circular de 27 de Agosto de 1883 (asimila el delito frustrado al consumado) y Real orden de 4 de Septiembre de 1891 (extensiva á Zaragoza, Lérida y Teruel).

(7) Ley de 26 de Julio y Circular de la Fiscalía del Tribunal Supremo de 21 de Febrero de 1893, sobre descubrimiento y persecución de delitos penados en esta ley. (Véase adelante, 1900, *Trabajo de mujeres y niños*).

(8) Real orden de 7 de Agosto, Circular del Ministerio de la Gobernación de 8 de Agosto y Reales órdenes de 3 de Diciembre de 1880 y 2 de Marzo de 1881 (recordando la primera) y Circulares (F.) de 17 de Abril de 1888 y 14 de Octubre de 1889.

(9) Ley de 26 de Julio (artículos 14-16 (rectificación y multa), 18 (publicaciones clandestinas), 19 (prescripción); Circulares (F.) de 30 de Julio y 2 de Octubre; 27 de Julio de 1884; 14 de Julio de 1885; 8 de Enero y 2 de Octubre de 1886; 28 de Enero y 4 de Marzo de 1893; 1 de Enero de 1899; 27 de Agosto de 1903 y 7 de Enero de 1906. En relación con los artículos 246 y 247 del Código penal

(10) Real decreto de 9 de Abril.

(11) Ley de 10 de Julio (vigente), aplicada á las colonías por ley de 17 de Octubre de 1958, con pocas modificaciones; Circulares (F.) de 20 de Junio de 1881; 4 de Marzo de 1889; 30 de Mayo de 1892 y 4 de Marzo de 1893 (petardos), y 1.° de Marzo de 1892; 17 de Noviembre de 1893 (anarquismo).

(12) Real orden de 25 de Noviembre; Reglamento de la Cárcel modelo de 23 de Febrero, artículo 402; Real orden de 10 de Febrero de 1900.

(13) Ley de 2 de Septiembre; limitada su aplicación á las provincias de Madrid y Barcelona por Real decreto de 16 de Septiembre; extensiva á toda España por Real decreto de 12 de Agosto de 1897; prorrogada por un año por Real decreto de 6 de Septiembre de 1899, y abolida por efecto del artículo 7.° de la misma ley. (Véase, 1894, *Represión de atentados cometidos por medio de explosivos* y Circulares de la Fiscalía del Tribunal Supremo de 13 de Febrero de 1896, 13 de Agosto de 1897 y 23 de de Noviembre de 1912).

(14) Ley de 19 de Septiembre (la cuarta reincidencia en la falta constituye delito de daño, artículo 7.°); hay Convenio internacional de 12 de Marzo de 1902.

1899.—*Indemnización á inculpables* (1).
1900.—*Trabajo de mujeres y niños* (2).
1901.—*Abono del tiempo de prisión preventiva* (3).
1902.—*Trata de blancas* (4), organizando un Patronato de represión.
1903.—*Mendicidad y vagancia* (5).
1904.—*Descanso dominical* (6).
Contrabando y defraudación (7).
Protección á la infancia (8).
1906.—1.° *Delitos contra la Patria, el Ejército y la Armada* (9).
2.° *Duración de las penas perpetuas* (10), indulto legal á los treinta años.
1907.—*Contrabando de explosivos* (11).
1908.—1.° *Condena condicional* (12), suspendiendo, para ciertos delincuentes, la ejecución de ciertas penas.
2.° *Contrabando de cerillas* (13).

---

(1) Ley «de recurso de revisión», de 7 de Agosto, artículo 8. Cf. Código penal de 1822, capítulo XII. (Se incluyó indebidamente entre las modificativas del Código. —Véase atrás—; pero, en realidad, no modifica, acrece á la materia contenido del artículo 21.

(2) Ley de 13 de Marzo, artículo 6.°; Reglamento de 13 de Noviembre, artículo 10. (Véase atrás, 1878, *Ejercicios peligrosos para niños);* Circular de 20 y Real orden de 28 de Noviembre; Real decreto de 26 de Junio de 1902 (jornada máxima); reformada por ley de 8 de Enero de 190 ; Real decreto de 25 de Enero de 1908 (industrias prohibidas).

(3) Ley de 17 de Enero y Real orden-circular de 29 del mismo mes, 5 y 14 de Marzo (Guerra y Marina). Vid. legislación anterior: Reales decretos de 9 de Octubre de 1858 y 2 de Noviembre de 1879. Cf. ley de Justicia militar, artículo 683 Marina, 836, y ley de Enjuiciamiento criminal, 960.

(4) Real decreto de 11 de Julio y Real decreto de 31 de Enero de 1903.

(5) Ley de 23 de Julio, artículos 1-8; Real orden de 14 de Septiembre de 1906, artículo 1.°, en relación con la circunstancia 23, artículo 10 del Código penal.

(6) Ley de 3 de Marzo y Reales órdenes de 17 y 18 de Septiembre, 6 de Octubre de 1904; Reglamento de 19 de Mayo y Reales órdenes de 18 de Octubre y 9 y 19 de Diciembre de 1905; ídem de 17 de Abril y 12 de Mayo de 1906; ídem de 24 de Mayo, de 24 y 26 de Junio, 14 y 22 de Agosto. 13 y 29 de Septiembre, 31 de Octubre, 14 y 23 de Noviembre de 1907; Real decreto de 24 de Enero y Reales órdenes de 8, 10, 11, 14, 24 y 80 de Enero, 22 de Febrero, 2 de Marzo, 5 de Junio, 5 de Julio, 6 de Agosto, 7 y 31 de Octubre, 12 de Diciembre de 1908; ídem de 2 de Enero, 80 de Mayo, 25 Junio de 1909.

(7) Ley de bases de 19 de Julio, reformando el Real decreto de 20 de Julio de 1852 y ley definitiva de 3 de Septiembre, que es un pequeño Código—penal, administrativo y procesal—especialista, adaptado, modelo de legislación de esta clase. La parte penal comprende los títulos I al VI.

(8) Ley de 1 de Agosto, artículos 6, 13 (Véase atrás, *Ejercicios peligrosos para niños,* 1878, y *Trabajo de mujeres y niños.* 1900) y Circular F. de 22 de Febrero de 1893; Reglamento de 24 de Enero; Real decreto de 24 de Febrero de 1908, y Reglamento de 1: Abril de 1910.

(9) Ley «de Jurisdicciones» de 23 de Marzo; Real orden (aplicación) de 23 de Abril.

(10) Real decreto de 22 de Octubre; Real orden de 12 de Noviembre.

(11) Real orden de 14 de Enero, en relación con el artículo 4.° de la ley de 3 de Septiembre de 1904 (véase atrás).

(12) Ley de 17 de Marzo. Afecta á la vez á muchos artículos del Código penal, pero especialmente al artículo 99 que debiera redactarse así: «No podrá ejecutarse pena alguna sino en virtud de sentencia firme *no suspendida.*» Véase Real decreto de 23 de Marzo y Circular de la Fiscalía de 2 de Abril de 1908 en González de Alba, *La condena condicional,* Madrid, Reus, 1908, y Reales órdenes de 8 de Marzo y 3 de Diciembre de 1909.

(13) Real orden de 28 de Septiembre, en relación con el art. 11 de la ley de 3 de Septiembre de 1904. (Véase atrás).

3.° *Prisión preventiva de los menores* (1), prohibiéndola para los menores primarios.

1909.—*Huelgas* (2): deja de ser delito la coligación para alterar el precio del trabajo.

1910.—*Represión de la pornografía* (3).

Represión de la trata de blancas (4).

1912.—*Trabajo de mujeres en el comercio* (5).

2.—*Derecho penal militar*.

A) Derecho penal del Ejército (6).

Ordenanzas generales del Ejército de 1768 (7).

Real orden de 31 de Agosto de 1772 (8).

Real orden de 16 de Junio de 1870 (comportamiento).

Real orden de 1.° de Mayo de 1872 (comportamiento).

Decreto de 7 de Agosto de 1873 (negación á aceptar el mando).

Real orden de 2 de Junio de 1875 (desobediencia).

Ley (de bases) de 15 de Julio de 1882 (autorizando al Gobierno para preparar un Código conforme á ellas).

Ley de organización y atribuciones de los tribunales de Guerra, de 14 de Marzo de 1884.

Real orden de 13 de Mayo de 1884 (presentación ante las Audiencias).

Código penal militar, de 17 de Noviembre de 1884; 1.° de Enero de 1885.

Ley de Enjuiciamiento militar, de 22 de Septiembre de 1886.

---

(1) Ley de 31 de Diciembre. Véase Real decreto de 28 de Marzo de 1912.

(2) Ley de 27 de Abril, art. 11. Deroga el artículo 556 del Código penal. Real orden de 5 de Junio (instrucciones). Véase ya Silvela, *Diario de las Cortes Constituyentes*, 15 de Junio de 1870, XIV, 1887: «acto completamente libre á mi entender y dentro de los principios de la Constitución de 1869, perfectamente legítimo de reunirse los obreros para procurar subir ó bajar los salarios, etc.»

(3) Arreglo internacional de 4 de Mayo de 1910, publicado en la *Gaceta* de 3 de Septiembre de 1912.

(4) Convenio internacional de 4 de Mayo de 1910, publicado en la *Gaceta* del 18 de Septiembre de 1912.

(5) Ley de 27 de Febrero, art. 3.

(6) Bibliografía.—Bacardí, *Diccionario de legislación militar*, Barcelona, 1887, 4 volúmenes; Sánchez Ocaña, *Código de justicia militar, anotado y concordado con la legislación anterior*, Madrid, 1890; Benito é Infante, *Código de justicia militar*, Madrid, 1891; J. Ugarte, *Código de justicia militar*, 2.ª edición Madrid. Biblioteca judicial, 1891; *Cartilla de leyes penales del Ejército, arreglada al Código*, Madrid, 7.ª edición, 1895; Conejo d'Ocón, *Comentarios al Código de justicia militar*, Madrid; Peña Cuellar, *Introducción al estudio del Derecho militar*, Madrid; Medina y Marañón, *Legislación penal de Guerra y Marina*, Madrid, 1891; Gracia y Hernández, *Justicia militar*, 13 edición, Madrid, 1904-1905; Manzaneque Montes, *Derecho procesal militar*, Málaga, 1902; García Puch, *Justicia militar, Manual práctico*, etc., Valencia, 1906; Nido y Torres, *Código de justicia militar, comentado y concordado*, *Prólogo* de Madariaga, Madrid, *La Correspondencia Militar*, 1911.

(7) Véase atrás, página 505.

(8) Ibid., página 506.

Real orden de 7 de Diciembre de 1887 (penados de Guerra).

Circular de 20 de Abril de 1888 (testigos militares).

Código de justicia militar (25 de Junio de 1890).— El Derecho penal militar evoluciona paralelamente al penal común, en el sentido de hacerse definidor —delitos y penas— y taxativo —sanción fija, circunstancias, escalas y grados—. Pierde en espíritu ético y fecundidad de iniciativas individuales todo lo que gana en valor político: fijeza y garantías. Nuestras gloriosas ordenanzas quedan relegadas á la condición de Código moral, consiliario; pero el arbitrio judicial no queda ahogado enteramente, como en el común, por los prejuicios del siglo.

Se proyecta un Código de justicia militar; se nombra la comisión; se discute; se promulga (1).

El Código de Justicia militar es un Código mixto, orgánico-penal-procesal—germen de tres futuros Códigos - dividido en tres tratados: 1.º *Organización y atribuciones de los tribunales militares*, 2.º *Leyes penales* y 3.º *Procedimientos militares*. El segundo es un pequeño Código penal, por el orden del penal común, pero sin división de libros, y refiriéndose á él de ordinario para aplicar sus reglas (arts. 172, 174, 216, 219, 220) y sanciones (arts. 175, 188, 201-203, 210, 335).

Circular de 31 de Julio de 1890 (testigos militares).

Real orden de 11 de Abril de 1892, (relaciones entre militares y empleados civiles en caso de perturbacion del orden público).

Reglamento de 7 de Diciembre de 1892 (revista de comisario), artículos 17, 23, 30, 32, 97, 113, 127-146 (abono de haberes á procesados y penados).

Real orden de 16 de Junio de 1893 (invalidación de notas).

Real orden circular de 11 de Junio y 15 de Septiembre de 1894 (cumplimiento del Reglamento de 1892).

Real orden circular de 1.º de Julio de 1896. tít. I, arts. 7, 90, 365, 534, 549-553, 624-643; título II, arts. 64, 97, 106-110, 142, 149, 232, 633, 704-711; título III, arts. 37-39.

Real orden de 14 de Agosto de 1897 (*Aplicación de la pena de muerte*).

Real decreto de 9 de Abril de 1900 (círculos militares), artículos 1, 2 (disolución).

Ley de 17 de Enero y Real orden de 5 de Marzo de 1901 (abono prisión preventiva), en relación artículo 210, Código militar.

Real decreto de 27 de Diciembre de 1901 (matrimonios), artículo 5 (infracción). Real orden de 21 de Enero y Ley de 15 de Mayo de 1902 (ídem), artículos 1-6 (penalidad).

(1) Aprobado por Real decreto de 27 de Septiembre, de 1890, con correcciones.

Reglamento de 1.° de Enero de 1902 (estadística).

Reglamento de 26 de Marzo de 1902 (aplicación, ley de 1900, trabajo de mujeres y niños).

Real orden circular de 23 de Abril de 1902 (ídem).

Real orden de 1.° de Julio de 1904 (aclarando el Reglamento de 1822).

Real decreto de 25 de Agosto de 1904 (reforma del Código militar).

Reglamento de 12 de Enero de 1905 (Consejo supremo de Guerra y Marina), artículo 44, número 2, en relación con el Código penal común.

Reglamento de 15 de Mayo de 1907 (sueldos de procesados dementes), artículos 17, 36-39.

Real orden de 7 de Diciembre 1907 (aclaración abono prisión preventiva).

Ley 29 de Julio de 1908 (descuentos de sueldos) y pensiones, artículo 3 (indemnización por delito). Sobre deudas militares, véase Código, artículo 329, párrafo 5.° y 307, 339.

Ley de 31 de Julio de 1910 (condena condicional).

Reclutamiento y reemplazo del Ejército (1).

Ley de 1856.

Ley de 1877.

Ley de 28 de Agosto de 1878 (vigente en cuanto no se opone á las posteriores).

Ley de 8 de Enero de 1882, capítulos XIV y XVIII.

Ley de 11 de Julio de 1885, capítulo XI (prófugos), capítulo XVIII (penalidad), artículos 29, 31, 45, 84, 112, 116, 148, 188, 189, 194-200.

Ley de 21 de Octubre de 1896 (nueva publicación de la anterior).

Ley de 21 de Agosto de 1896 (reformas de la de 1885).

Reglamento para su ejecución de 23 de Diciembre de 1896, artículos 3, 11, 12, 18, 25, 195, siguientes, 248 y otros.

Reales órdenes de 30 de Noviembre de 1896 y 14 de Julio de 1897.

Real orden de 20 de Febrero de 1900 (reforma el Reglamento de 1896).

Reglamento de 22 de Marzo de 1902 (aplicando la ley de trabajo de mujeres y niños).

Ley de bases de 22 de Junio de 1911.

Ley de 27 de Febrero de 1912, artículos 157 (prófugos), 202 (desertores), 301 (jurisdicción), 302 (cómplices), 303 y siguientes (penalidad).

---

(1) *Legislación del servicio militar obligatorio*, Madrid, Góngora (s. a.); Llorente de Urraza y Saborido y Soler, *Código de Reclutamiento y Reemplazo del Ejército.*

Instrucciones de 2 de Marzo.

Reglamento de exenciones de 27 de Febrero.

B) ***Derecho penal de la Marina de Guerra*** (1).

Ordenanzas generales de la Armada de 1748 (2).

Proyecto de Código, de la comisión nombrada en 25 de Abril de 1864 (armoniza el espíritu de las Ordenanzas con los principios del Código penal de 1850).

Real decreto de 30 de Noviembre de 1872.

Instrucción de 4 de Julio de 1873.

Real orden de 24 de Agosto de 1875 (consultando la reimpresión de las Ordenanzas).

Ley de bases de 15 de Julio de 1882 (autorizando al Gobierno para preparar un Código).

Real decreto de 22 de Diciembre de 1884 (nombrando la comisión).

Real orden de 25 de Octubre de 1887 (suplemento adicional á las Ordenanzas, poniéndolas al día).

Real decreto de 19 de Agosto de 1888.

Código penal de la Marina de Guerra de 24 de Agosto de 1888 (3).

Es la ley penal más antropológica—y por lo tanto más científica—vigente en España. La ignorancia de la ley escusa su cumplimiento (artículo 12); los tribunales tendrán en cuenta «el grado de perversidad del delincuente» y el daño «que pudo producir» el delito (artículo 17, § 2.º); las circunstancias ó «cualidades inherentes á un delincuente» pueden ser permanentes ó accidentales» (artículo 21).

La triple reincidencia (habitualidad), en ciertos delitos de disciplina—juegos prohibidos, contraer deudas sin necesidad—, se castigan con la separación (artículo 240): eliminación profesional. El sistema gradual de las penas de privación de la libertad está tomado del proyecto Silvela (4).

Real orden de 14 de Marzo de 1901 (abono de prisión preventiva, en relación con el artículo 72, Código de Marina).

(1) Bibliografía. — *Código penal de la Marina de Guerra, con algunas notas y concordancias con los Códigos penal, común y para el Ejército*, Madrid, *Revista de Tribunales*, 1888; Romero y Villanueva, *Código penal de la Marina de Guerra con comentarios y citas del Tribunal Supremo*, Madrid, 1888.

Moreno Lorenzo, *La jurisdicción de Marina*, Madrid, 1895; Vidal (J.) y Llorente (C.), *Justicia de Marina*, Madrid, 1896; Madariaga, *Código de Justicia militar de la Marina de Guerra y mercante*, Madrid, 1899; Maroto y Tapia, *Manual de los tribunales de Marina*, Madrid, 1904; Cabrerizo, *El Defensor ante los tribunales de Guerra y Marina*, Madrid, 1905.

(2) Véase, atrás, página 305.

(3) En vigor desde 1.º de Enero de 1889.

(4) Rosenfeld, *Desarrollo histórico*, página 99. Véase adelante, § 18, *adiciones*.

Procedimiento criminal de Marina (1).

Real decreto de 30 de Noviembre de 1872.

Instrucción de 4 de Junio de 1873 (naufragios, salvamentos, abordajes, averías).

Real orden de 18 de Marzo de 1890 (testigos de la Armada).

Ley de 10 de Noviembre de 1894 (organización y atribuciones de los tribunales de Marina), título VII (jurisdicción disciplinaria).

Ley de 10 de Noviembre de 1894 (enjuiciamiento militar de Marina).

Reemplazo de la Armada.

(Decreto de unificación de fueros de 6 de Diciembre de 1868, artículo 1.°)

Decreto de 20 de Mayo de 1876.

Ley de bases de 7 de Enero de 1877.

Decreto de 7 de Enero de 1879 (haciendo extensiva á la Marina de Guerra la ley de Reemplazo del Ejército de 10 de Septiembre de 1878).

Ley de 17 de Agosto de 1885, artículo 25 (no prestación y penas), 71 (encubridores de prófugos), 81-89 (competencia y relación con el Código penal).

8.—*Derecho penal colonial.*

Cuba (2) y *Puerto Rico.*

Ley de 22 de Marzo de 1873 (abolición de la esclavitud en Puerto Rico).

Ley de 4 de Julio de 1870 (reglamentación de la esclavitud), artículo 21.

Código penal de 21 de Mayo de 1879.

Real decreto de 30 de Mayo de 1879 (aplicando la ley de protección á la infancia).

Ley de 13 de Febrero de 1880 (abolición de la esclavitud en Cuba), artículos 14 y 16.

Real decreto de 7 de Abril de 1881 (constitución y aplicación de la ley de imprenta de 1879).

Fernando Póo.

Real orden de 19 de Septiembre de 1901 (Justicia).

Real orden de 23 de Julio de 1902 (procedimiento).

---

(1) Nava Méndez y Campomanes, *Recopilación teórico práctica de los procedimientos judiciales de Marina*, Madrid, 1881.

(2) Valdés, *Diccionario de la legislación y jurisprudencia criminal, que comprende todas las disposiciones que rigen en la isla de Cuba*, Habana, Imprenta Militar, 1859.

Filipinas (Islas).

Reglamento de 5 de Noviembre de 1800 (reglamentación del opio).

Real cédula é Instrucción de 11 de Mayo de 1801 (censura literaria).

Real orden de 6 de Septiembre de 1814 (Imprenta).

Reales órdenes de 4 de Enero y 1.º de Junio de 1834 (Imprenta).

Reales órdenes de 25 de Abril y 27 de Octubre de 1837 (Imprenta).

Bando de 13 de Diciembre de 1843 (estanco del opio).

Real orden de 24 Julio de 1844 (Imprenta).

Real decreto de 28 de Enero de 1845 (Imprenta).

Real orden de 18 de Septiembre de 1847 (estanco del opio).

Real orden de 15 de Diciembre de 1851.

Real decreto del 20 é Instrucción del 25 de Junio de 1852 (contrabando, defraudación y anexos. Decreto de 28 de Abril de 1885 (Instrucción de Aduanas), artículos 146-175.

Decretos de 16 de Febrero y 8 de Julio de 1857 (Reglamento de Imprenta).

Decreto de 3 de Diciembre de 1859 (reforma de 3).

Decreto de 8 de Agosto de 1861 (ídem).

Reglamento de 21 de Marzo de 1861 (galleras); capítulos III (policia) y VI (penas reglamentarias).

Reglamento de 3 de Mayo de 1863 (juegos prohibidos), en relación con el artículo 343, Código penal.

Reglamento de 16 de Julio de 1864 (Mercados), capítulo V (disposiciones penales).

Reglamento de 3 de Febrero de 1865 (Matadero). capítulo V (parte penal).

Real orden de 6 de Diciembre de 1865.

Reglamento de 23 de Abril de 1866 (servicio militar), capítulo IX (prófugos) y X (penas).

Real orden de 10 de Agosto de 1869 (estanco del tabaco, vinos, pólvora, papel sellado, etcétera).

Ley de 4 de Julio de 1870.

Código penal de 17 de Diciembre de 1886. Es notable su artículo 11, como avance hacia la individualización de la pena.

4. — *Derecho penal internacional* (1).

Convenios de extradición.

Andorra, 17 de Junio de 1841.

---

(1) Bibliografía — García y Santiesteban, *Manual práctico de extradición*, Madrid, 1879; García Parejo, *Estudio sobre la extradición en derecho constituyente y*

Santo Domingo, 18 de Febrero de 1855 y 14 de Octubre de 1871.
Mónaco, 5 de Febrero de 1860, 20 de Julio de 1869 y 3 de Abril de 1882.
Marruecos, 20 de Noviembre de 1861.
Austria, 17 de Abril de 1861.
Oldenburgo, 3 de Julio de 1864.
Portugal, 25 de Junio de 1867 y 7 de Febero de 1873.
Italia, 3 de Junio de 1868.
Bélgica, 17 de Junio de 1870.
Brasil, 16 de Marzo de 1872.
Rusia, 21 de Marzo de 1877 y 12-20 de Abril de 1888.
Estados Unidos 5 de Enero de 1877.
Francia, 14 de Diciembre de 1877 y 7 de Junio de 1904.
Alemania, 2 de Mayo de 1878.
Gran Bretaña, 4 de Junio de 1878.
Países Bajos, 6 de Marzo de 1879.
Méjico, 17 de Noviembre de 1881.
Argentina, 7 de Mayo de 1881 y 21 de Octubre de 1882.
Suiza, 31 de Agosto de 1883.
San Salvador, 22 de Noviembre de 1884.
Suecia y Noruega, 15 de Mayo de 1885.
Urugay, 23 de Noviembre de 1885.
Dinamarca, 11 de Octubre de 1889.
Colombia, 23 de Julio de 1892.
Venezuela, 22 de Enero de 1894.
Holanda, 22 de Octubre de 1894.
Siberia, 12 de Diciembre de 1894.
Congo, 30 de Julio de 1895.
Guatemala, 7 de Noviembre de 1895.
Chile, 30 de Diciembre de 1895.
Costa Rica, 16 de Noviembre de 1896.
Perú, 23 de Julio de 1898.
Cuba, 25 de Octubre de 1905.
Grecia, 7-20 de Mayo de 1910.

Expulsión de mendigos y vagabundos.

Tratado consular con Francia, 7 de Enero de 1862, artículo 17.

Tratado consular con Portugal, 21 de Febrero de 1870, artículo 16.

---

positivo, con particular aplicación á España, Madrid, 1884; Mena y Zorrilla, *Estudios sobre la extradición y los delitos políticos*, en *Revista general*, LXXI (1887) y LXXII (1888); Cárdenas, *De la extradición según el Derecho internacional moderno*, en *Revista*, LXXIV (1880); Redacción de la *Revista de Legislación*, *Apéndices* á la traducción española del *Tratado* de Fiore, Madrid, 1881, páginas 449-545; Torres Campos, *Elementos de Derecho internacional privado*, 1.ª edición, 1887; 3.ª, 1906, capítulo XXXIX, páginas 454-468; Bravo, *Legislación penal especial (Apéndice)*, Madrid, Núñez, 1889, capítulo IV, páginas 77-82; Torres Campos, *L'extradition en Espagne*, en *Journal*, 1908, página 683.

Inmunidad personal de los cónsules.

Tratado consular con Francia, 7 de Enero de 1862, artículo 12.

Tratado consular con Italia, 21 de Julio de 1867, artículo 10.

Tratado consular con Alemania, 12 de Febrero de 1870, artículo 4.°

Tratado consular con Bélgica, 19 de Marzo de 1870, artículo 3.°

Tratado consular con Portugal, 21 de Febrero de 1870, artículo 15.

Tratado personal con los Países Bajos, 18 de Noviembre de 1871, artículo 3.°

Tratado consular con los Estados Unidos, 3 de Julio de 1902, artículo 28.

Procedimiento criminal internacional.

Real decreto de 29 de Septiembre de 1848 (jurisdiccion consular), artículos 12-18 (procedimiento).

Ley (orgánica) de 15 de Septiembre de 1870, artículos 333-346 (competencia).

Real decreto (Reglamento de la carrera consular) de 23 de Julio de 1883, artículos 30, 31 (atribuciones judiciales).

Real orden de 14 de Mayo de 1913 (detención preventiva).

Jurisdicción criminal internacional.

Convenio (con Francia) de 18 de Febrero de 1886, sobre faltas y delitos de pesca:

Reglamento (con Portugal) de 17 de Julio de 1893 (pesca costera).

Convenio de 27 de Marzo de 1901 (jurisdicción en la isla de los Faisanes).

Convenio (con Francia) de 27 de Noviembre de 1912, artículo 24 (jurisdicción en la zona de Marruecos).

Expulsión de extranjeros.

Decreto de 17 de Noviembre de 1852 (extranjería), artículos 13-16.

Real orden de 28 de Abril de 1852.

Real orden de 14 de Enero de 1853.

Real orden de 12 de Junio de 1858, artículos 3, 4, 9, 11.

Ley de 4 de Julio de 1870 (extranjería en Ultramar), artículo 28.

II.—*Leyes comunes con sanción penal.*

1.—*Leyes administrativas con sanción penal* (1).

Aduanas (2).

Real decreto de 20 de Junio de 1852, artículos 17-35 (contrabando y fraude).

Ordenanzas de 12 de Noviembre de 1884, artículos 246-265 (delincuencia y penalidad).

Real decreto de 16 de Marzo de 1886.

Real decreto de 5 de Mayo de 1886, artículo 59.

Ordenanzas de 15 de Octubre de 1894, capítulo I (hechos penables), II (fraude), III (faltas), IV (delitos), V (procedimiento) y Reales órdenes de 26 de Diciembre de 1894 y 12 de Abril de 1895.

Real decreto de 9 de Junio de 1896 (adicionando).

Circular de 10 de Septiembre de 1896 y Reales órdenes de 1.° de Mayo de 1897 y 14 de Enero de 1899 (participación en las resultas).

Real decreto de 22 de Agosto de 1903 (adicionando).

Real orden de 24 de Febrero de 1904.

Real decreto de 26 de Agosto de 1907 (modificando las ordenanzas).

Amillaramientos.

Reglamento de 30 de Septiembre de 1885, sección 2.ª, capítulo VIII. (De la corrección judicial).

Bolsa.

Reglamento de 31 de Diciembre de 1885.

Grandezas, títulos, honores y condecoraciones (imprenta).

Ley de 25 de Junio de 1870, artículos 14 (estafa) y 21 (responsabilidad ministerial), en relación con los artículos 405, 410 del Código penal.

Reglamento de 8 de Noviembre de 1871.

Reglamento de 24 de Mayo de 1891 (ordenación de pagos), artículos 116, 117.

---

(1) Bibliografía.—Medina y Marañón. *Leyes administrativas*, última edición, Madrid, Tello, 1912; Caballero y Montes, *Las leyes administrativas*, I *Prólogo* de Gimeno Rodrigo, Zaragoza, 1910; II *Prólogo* de A. Royo Villanova, Zaragoza, 19:3; III *Prólogo* de Gascón y Marín, Zaragoza, 1918.

(2) *Ordenanzas generales de Aduanas*, edición, *Biblioteca judicial*, volumen IX, Madrid, Núñez.

Reglamento de 3 de Octubre de 1911 (Tribunal de Cuentas), artículo 96 (delitos).

Ley de 5 de Diciembre de 1899, artículo 5.°. Instrucción de la misma fecha, artículo 30, en relación con el Código penal, artículos 345, 348.

Consumos.

Reglamento de 29 de Septiembre de 1855 (resguardo).

Ley (presupuestos) de 30 de Junio de 1892, artículo 20 (defraudación).

Ley de 5 de Agosto de 1893, artículo 56.

Reglamento de 11 de Octubre de 1898, capítulos III, (reconocimiento), XVIII (procedimiento para imponer penalidad).

Ley de 12 de Junio de 1911 (sustitución).

Reglamento de 22 de Junio.

Contabilidad.

Real orden de 21 de Agosto de 1855.

Contribuciones.

Orden de 17 de Octubre de 1870 (agentes) en relación con el artículo 277 del Código penal.

Reglamento de 4 de Octubre de 1895 (inspección é investigación).

Reglamento de 28 de Mayo de 1896 (contribución industrial y mobiliaria), artículos 180 al 185.

Circular (F.) de 17 de Noviembre de 1899 (sentencia colectiva);

Ley de 28 de Noviembre de 1899 (achicoria).

Reglamento de 7 de Diciembre de 1899, artículos 12-15.

Instrucción de 26 de Abril de 1900 (embargo, artículo 71).

Instrucción de 26 de Abril de 1902 (apremios), artículo 79 (responsabilidad criminal).

Reglamento de 13 de Octubre de 1903 (inspección).

Reglamento de 9 de Julio de 1903 (azúcar), capítulo VIII (sanción penal y procedimientos).

Reglamento de 13 de Julio de 1906.

Real orden de 13 de Julio de 1906 (mandando publicar el Reglamento).

Reglamento de 17 de Septiembre de 1906, artículo 73.

Reglamento de 10 de Diciembre de 1908 (renta del alcohol), capítulo XVI (disposiciones penales y procedimiento).

Ley de 28 de Diciembre de 1908 (presupuestos), artículo 12 (denuncia de ocultación: depósito del 10 por 100).

Electricidad.

Ley de 23 de Marzo de 1900, artículo 7.° (daños).

Reglamento de 30 de Enero de 1903, artículos 79-82 (instalaciones en industria: malicia y descuido).

Reglamento de 7 de Octubre de 1904, artículos 59-63 (sanciones administrativas).

Instrucciones de 8 de Octubre de 1904, título IX, artículos 133-148, en relación con el 135 del Código penal.

Circular (F.) de 16 de Enero de 1905 (sustracción de cables).

Impuestos indirectos.

Ley (presupuestos) de 5 de Agosto de 1893, artículo 36, § 1.° (defraudación).

Instrucción obligatoria.

Ley de 24 de Julio de 1873, artículo 5.° (escuelas de fábricas).

Ley de 9 de Septiembre de 1887, artículos 7, 8.

Real decreto de 25 de Mayo de 1900 (descanso de instrucción y escuela obligatoria).

Real decreto de 1901.

Ley de 23 de Junio de 1909 (reformas de la ley de 1857, artículos 7 y 8), artículo 8.°, parte 5.ª y 7.ª (sanción, en relación con el artículo 603 del Código penal).

Real orden de 10 de Julio de 1909 (advertencia á ayuntamientos y gobernadores).

Licencias.

Ley de presupuestos (1876-1879) de 21 de Julio de 1878 (á empleados).

Reales órdenes de 24 y 27 de Julio de 1872.

Real orden de 5 de Agosto de 1878.

Reales órdenes de 11 de Febrero de 1889 y 12 de Marzo de 1891.

Reglamento de 24 de Mayo de 1891 (ordenación de pagos).

Real orden de 15 de Marzo de 1895, artículos 3, 5.

Real decreto de 22 de Noviembre de 1909 (carrera judicial), artículos 13 (quebrantamiento) y 14 (negligencia) en relación artículo 919. Ley orgánica de 15 de Septiembre de 1870.

Pesos y medidas.

Ley de 8 de Julio de 1892, artículo 12; Real orden de 5 de Septiembre de 1895, títulos VI, VII, artículos 86-103.

Reglamento de 4 de Enero de 1907, título VII (penas).

Prisiones (1).

Real ordenanza de 20 de Marzo de 1804 (2) (presidios de los arsenales).

Reglamento de Diciembre de 1805 (Prisión de Madrid) (3).

---

(1) BIBLIOGRAFÍA.—*Colección legislativa de cárceles*, Madrid, Imprenta Nacional, 1860, 1 volumen; *Colección legislativa de presidios y casas de corrección de mujeres*, Madrid, Imprenta Nacional, 1861-62, 2 volúmenes; Redacción de la *Revista de Tribunales, Codificación penitenciaria*, *Prólogo* de Lastres, Madrid, Góngora, 1918. Castejón *Legislación penitenciaria*, Madrd, *Manuales Reus*, 1914.

(2) Véase atrás, página 431.

(3) Idem, páginas 131, 132.

Real orden de 26 de Abril de 1816 (1).

Ordenanza general de 14 de Abril de 1834 (2).

Real orden de 14 de Diciembre de 1834.

Ordenanza de 25 de Julio de 1842 (sistema de clasificación) (3).

Reales decretos de 2 de Marzo y 20 de Diciembre de 1843 (confinados destinados á obras públicas) (4).

Circular de 3 de Octubre de 1843.

Reglamento de 5 de Septiembre de 1844 (sistema correccional, Montesinos) (5).

Decreto de 15 de Abril de 1844 (modificando el reglamento para el régimen de los presidios).

Reglamento de 2 de Junio de 1847 (casas de corrección de mujeres).

Reglamento de 25 de Agosto de 1847 (prisiones provinciales).

Ordenanza de 25 de Julio de 1849 (sistema de clasificación).

Real decreto de 18 de Enero de 1860 (cláusula de retención).

Ley de bases de 11 y 12 de Octubre de 1869 (6) (estableciendo sistema mixto, base 5.ª)

Decreto de 5 de Diciembre de 1870 (cumplimiento penas de libertad).

Decreto de 16 de Julio de 1873 (clasificación de establecimientos penales).

Ordenanza de 23 de Julio de 1878, restableciendo la de 1842 (7).

Reglamento de 31 de Enero de 1882 (Penitenciaría de mujeres de Alcalá).

Ley de 4 de Enero de 1883 (asilo de corrección y escuela de reforma).

Reglamento provisional de 8 de Octubre de 1883 (Cárcel modelo).

Real decreto de 11 de Marzo de 1886 (cárceles y depósitos municipales).

Real decreto de 15 de Abril de 1886 (lugar de cumplimiento de condenas).

Real decreto de 13 de Septiembre de 1886 (ahorros de penados) y 13 de Diciembre (exconvento de la Victoria).

Instrucción de 25 de Octubre de 1886 (cárceles provisionales, régimen).

Real decreto de 3 de Diciembre de 1886 (proyecto de manicomio penal), 9 de Agosto de 1888 (cartillas histórico-penales).

---

(1) Idem, página 182.
(2) Idem, página 443.
(3) Idem, página 46 .
(4) Idem, página 445.
(5) Idem, página 444.
(6) Véase atrás páginas 466-467.
(7) Idem, página 462.

Real decreto de 11 de Agosto de 1888.

Real decreto de 1.° de Abril de 1889 (penados de Guadalajara).

Real decreto de 23 de Diciembre de 1889 (clasificación de penados: Ceuta).

Real decreto de 11 de Febrero de 1890 (penados de Madrid).

Real decreto de 12 de Diciembre de 1890.

Real orden de 10 de Abril de 1891 (penitenciaría militar de Mahón).

Real Decreto de 16 de Mayo de 1891 (expedientes contra empleados) artículo 49.

Real orden de 27 de Noviembre de 1893 (comunicaciones).

Reglamento de 23 de Febrero de 1894 (Prisión celular de Madrid.

Real orden de 24 de Enero de 1895 (traslado).

Real orden de 20 de Agosto de 1896 (trabajo en las prisiones).

Real decreto de 1.° de Septiembre de 1897 (clasificación de los locos penales).

Reales de 4 de Abril de 1898 (penas militares locales).

Real decreto de 22 de Mayo de 1899 (juntas de prisiones), artículo 3, números 5, 6.

Reglamento de 6 de Abril de 1899 (asilo de Santa Rita).

Real Decreto de 3 de Junio de 1901 (sistema progresivo irlandés).

Real decreto de 17 de Junio de 1901 (Escuela central de reforma).

Real decreto de 10 de Marzo de 1902 (clasificación de establecimientos penales; Reales decretos de 12 de Enero (Estadística), 12 de Enero (Inspección), 12 de Marzo Escuela de Criminología), 22 de Abril (Peculio de presos), 22 de Abril (organización, tutelas), 14 de Mayo (comunicaciones), 18 de Mayo (régimen correccional), 8 de Agosto (Reformatorio jóvenes delincuentes), Reales órdenes de 14 de Marzo (conducción) de 1902, de 17 de Febrero (datos á los jefes).

Real decreto de 22 de Febrero de 1903 (Consejo penitenciario).

Real decreto de 19 de Junio de 1903 (traslado de presos de Mallorca á Valencia).

Real decreto de 9 de Noviembre de 1903 (economatos: establecimiento)

Real decreto de 5 de Abril de 1904 (Consejo penitenciario).

Real decreto de 20 de Marzo de 1905 (Inspección de prisiones).

Reglamento de 17 de Mayo de 1905 (Cuerpo de prisiones).

Real decreto de 26 de Octubre de 1906 (concesión de residencia).

Real decreto de 4 de Febrero de 1907 (modificando nombres).

Real decreto de 23 de Marzo de 1907 (reformatorio de jóvenes de Alcalá).

Real decreto de 6 de Mayo de 1907 (traslado de presos de Africa á la península y creación de la colonia de El Dueso).

Instrucción de 8 de Julio de 1907 (Melilla: concesión de residencia).

Real decreto de 12 de Diciembre de 1907 (Estadística).

Real decreto de 31 de Diciembre de 1907 (conservando la galera de Alcalá).

Real decreto de 20 y Real orden de 25 de Enero de 1908 (Juntas de patronato).

Real orden de 24 de Enero de 1908 (Inspección).

Real orden de 1.º de Mayo de 1908 (hermanas de la caridad en las prisiones).

Real decreto de 30 de Junio de 1908 (Cuerpo de Prisiones).

Real decreto de 22 de Octubre de 1908 (concesión de residencia).

Real decreto de 27 de Enero de 1909 (cuerpo de prisiones: exámenes).

Real orden de 2 de Diciembre de 1909 (traslado de presos para declarar).

Real decreto de 27 de Enero de 1910 (Cuerpo de Prisiones; oposiciones).

Real decreto de 22 de Abril de 1910 (sueldos de prisiones)

Real decreto de 24 de Mayo de 1910 (modificando el artículo 20 del Real decreto de 3 de Junio de 1908).

Real orden de 30 de Mayo de 1911 (prisiones del Estado).

Real decreto de 20 de Noviembre de 1911 (destacamentos penales).

Real orden de 26 de Enero de 1912 (economatos: organización).

Real decreto de 26 de Enero de 1912 (manicomio judicial de El Dueso).

Ley (reclutamiento) de 19-27 de Febrero de 1912 (reclutamiento de penados).

Real decreto de 22 de Mayo de 1912 (Escuela de reforma de Valladolid).

Real decreto de 11 de Noviembre de 1912 (instrucción y trabajo obligatorios).

Real orden de 23 de Noviembre de 1912 (clasificación progresiva).

Real orden de 14 de Enero de 1913 (sección de menores en el Dueso).

Real decreto de 5 de Marzo de 1913 (personal, régimen y funcionamiento).

Real decreto de 5 de Mayo de 1913 (Codificación penitenciaria).

Procedimientos administrativos.

Reglamento de 17 de Abril de 1890 (del Ministerio de Gracia y Justicia), capítulo II (competencia) y III (indulto).

Retención de sueldos.

Real orden de 20 de Octubre de 1888 (publicada el 14 de Noviembre).

Tabacos.

Reglamento de 27 de Mayo de 1902 (Vigilancia de la Compañía), artículo 3 (sus agentes son de autoridad, delitos consiguientes).

Timbre del Estado (1).

Proyecto de ley de 30 de Junio de 1892, título IV, artículos 184 y siguientes; Real orden de aplicación provisional de 15 de Septiembre de 1892 y Real decreto de 15 de Septiembre de 1892 publicándole; reformado y publicado de nuevo por Decretos de 5 de Agosto de 1893, 30 de Junio de 1895, artículo 7 del Decreto de 30 Junio de 1896; 21 de Agosto de 1896 y 25 de Septiembre de 1896, aplicación; Decreto de 30 de Septiembre de 1896, capítulo IV; Reglamento de 27 de Marzo de 1900, artículos 44, 45 (multas); Ley definitiva de 1.° de Enero de 1906, 231, 32; Reglamento de 26 de Abril de 1909, artículo 24 (vigilancia).

2. — *Leyes civiles con sanción penal.*

Accidentes del trabajo (2).

Ley de 30 de Enero de 1900, artículos 17 (imprudencia) y 18 (indemnización).

Reglamento de 28 de Junio de 1900, artículo 60 (responsabilidad y faltas).

Catálogo de mecanismos preventivos de 2 de Agosto de 1900.

Hipoteca naval.

Ley de 21 de Agosto de 1893, artículo 40, § 2 (en relación artículo 547, Código penal).

Matrimonio.

Ley de 20 de Junio de 1862 (consentimiento y consejo).

Ley de *matrimonio civil* de 18 de Julio de 1870.

Decreto reformador de 9 de Febrero de 1875, artículos 2, 3.

Instrucción de 19 de Febrero de 1875, artículos 17, 18.

---

(1) BIBLIOGRAFÍA.—Agut y Fernández, *Legislación del impuesto del timbre, concordada con la antigua renta del sello del Estado y anotada con los Códigos de comercio y penal*, Madrid, 1882; *Legislación del timbre del Estado, anotada y concordada*, Madrid, Góngora, Catalá y Gavilá y Ruiz Pastor, *Ley del timbre*, Madrid, 1910.

(2) *Legislación obrera*. Madrid, Góngora; Estasén, *Accidentes del trabajo y seguro de accidentes*, Madrid, 1904.

Real decreto de 31 de Agosto de 1875, artículos 6, 7.

Código civil de 1889, artículos 45 (prohibición); 46 (licencia); 47 (consejo); 50 (sanciones); 51 (nulidad); 77 (requisitos y multa); 83, 84 (imposibilidad). Circular (F.) de 9 de Junio de 1902 (militares).

Préstamos.

Ley de usura de 23 de Julio de 1908, artículos 5 (corrección disciplinaria) y 14 (responsabilidad criminal).

Reglamento de 12 de Junio de 1909 (casas de), capítulo VII (infracción), en relación artículo 559, Código penal (antes provisional de 23 de Septiembre de 1908).

Propiedad intelectual (1).

Ley de 10 de Junio de 1847.

Ley de 10 de Enero de 1879 (aprobada el 23 de Diciembre de 1878), artículos 45-49 (defraudación), en relación artículo 552 del Código penal.

Reglamento de aplicación de 3 de Septiembre de 1880, capítulo IX (penalidad), artículos 52 y 53.

Convenio de Berna de 9 de Septiembre de 1886 (en vigor desde 5 de Diciembre de 1887).

Convenio de 9 de Septiembre de 1886 (obras literarias y artísticas).

Real decreto de 15 de Junio de 1894 (reformado el artículo 52 del Reglamento).

Decreto de 10 de Junio de 1813.

Circular de 4 de Mayo de 1814.

Propiedad industrial (2).

Real decreto de 27 de Marzo de 1826.

Real decreto de 20 de Noviembre de 1850 (marcas de fábrica), en relación artículos 291-293 del Código penal.

Real orden de 14 de Marzo de 1858 (mercancías extranjeras con marcas españolas: prohibición).

Real orden de 30 de Abril de 1865 (privilegios sin garantía).

Real orden de 25 de Febrero de 1868 (timbre).

Real orden de 20 de Diciembre de 1871 (domicilio fuera de España).

Real orden de 14 de Agosto de 1873.

Real orden de 27 de Agosto de 1875.

Ley de patentes de 21-30 de Julio de 1878, título IX (usurpación, fabricación y penas).

Tratado internacional (Bélgica, Francia, Guatemala, Italia, Holanda, Portugal, Salvador, Suiza, Servia), de 20 de Marzo de 1883 (después Ecuador, Gran Bretaña y Túnez).

(1) *Manual de propiedad literaria, artística y dramática,* Madrid, Góngora.
(2) *Manual de propiedad industrial,* Madrid, Góngora.

Circular (F.) de 20 de Mayo de 1901.

Ley de 16 de Mayo de 1902, artículo 11 (punibilidad) de la falsificación (artículos 134-137 y 140-144), competencias ilícita (131, 132, 138, 139), y falsa indicación de procedencia (124, 130 y 139).

Reglamento de 12 de Junio de 1903, art. 1.°

Quiebras (1).

Código de Comercio de 1829, artículos 536, 541 y 1102, 1005, 1006.

Leyes de Bolsa de 10 de Septiembre de 1835 y 8 de Febrero de 1854, artículos 71-75.

Código de Comercio de 22 de Agosto de 1885, artículos 888-897 (culpables ó fraudulentas), 13, números 1.° y 2.° (prohibición de ejercer el comercio á los quebrados no rehabilitados).

Registro civil.

Ley de 17 de Junio de 1870, artículo 65 y título IV, artículos 75, 85 y 86.

Reglamento de 13 de Diciembre de 1870, artículos 36 y 45 al 62, en relación con el artículo 265 del Código penal, y el 402 del Código civil.

Código civil de 1.° de Agosto de 1888, artículo 331.

3.—*Leyes gubernativas con sanción penal.*

Abordajes.

Instrucción de 4 de Julio de 1873 (sumarios), título VI (expedientes).

Reglamento de 24 de Marzo de 1897.

Real decreto de 10 de Enero de 1901.

Aguas (2).

Ley de 13 de Junio de 1879, capítulo XIII, sección 2.ª (jurados de riegos), artículos 244, número 2, y 247, números 2 y 3.

Baños.

Reglamento de 12 de Mayo de 1874.

Real orden de 27 de Septiembre de 1890 (aplicando la de fondas de 1858).

Asociaciones (3).

Concordato de 16 de Marzo: Ley de 17 de Octubre de 1851 (artículos 29 y 30).

Ley de 30 de Junio de 1887, artículos 198-201 (delitos), publica-

(1) Estasén, *Tratado de suspensión de pagos y de quiebras*, Madrid, 1909.

(2) *Legislación de aguas*. 4.ª edición, Madrid, Góngora, 1905.

(3) Bibliografía.—*Leyes de Imprenta, Reunión y Asociación vigentes en la Península anotadas con la jurisprudencia y disposiciones dictadas para la mejor inteligencia de sus preceptos, hasta 1892*, ed. *Revista de Tribunales*, 2.ª, Madrid, Góngora, 1892.

da el 12 de Julio; Circulares (F.) de 4 de Marzo de 1893 y 15 de Febrero de 1896.

Real orden de 6 de Abril de 1899 (recordando el cumplimiento de la ley).

Real decreto de 9 de Abril y Real orden de 6 de Octubre de 1900 (militares).

Real decreto de 19 de Septiembre de 1901 (plazo para inscripción).

Real orden de 9 de Abril de 1902 (reglas para el cumplimiento del anterior).

Real orden de 23 de Agosto de 1902 (procedimiento).

Cables telegráficos.

Convenio internacional de 14 de Marzo de 1885, publicado en España en 1.° de Mayo de 1888; en vigor desde 1.° de Mayo de 1889.

Ley de 11 de Enero de 1887 (cables submarinos), artículos 3.° (ruptura, deterioro: penalidad), 4.° (señales y penas), 6.° (reparación forzosa), 7.° (multa), 11 (competencia).

Real decreto de 26 de Junio de 1900 y Reglamento de 15 de Junio de 1901.

Cafés y Restaurants.

Real orden-circular de 29 de Septiembre de 1907 (cierre), artículo 5.° (corrección).

Real orden de la misma fecha (descanso dominical).

Carreteras (Policía de).

Real Instrucción de 25 de Julio de 1790 (camineros).

Reglamento de 19 de Enero de 1867, capítulo IV (denuncias y multas).

Reglamento de 4 de Febrero de 1905, artículo 19.

Reglamento de 3 de Diciembre de 1909, artículos 11-13, 16-25, 36-77.

Carruajes, automóviles.

Reglamento de 13 de Mayo de 1857 (carruajes públicos), artículos 32-35 (multas).

Real decreto de 18 de Junio de 1857 (Instrucciones á la Guardia civil).

Real orden de 9 de Abril de 1863 (ídem á los Gobernadores).

Reglamento de 24 de Mayo de 1878 (construcción y explotación de tranvías).

Bando del Gobierno de Madrid de 27 de Junio de 1895 (bicicletas).

Reglamento de 17 de Septiembre de 1900 (automóviles), artículos 16 (penalidad, en relación con los Reglamentos de policía de carreteras, arbitraria) y 21 (jurisdicción ordinaria).

Real orden de 24 de Mayo de 1907 (automóviles).

Orden del Gobierno de Madrid de 7 de Julio de 1908 (deberes del cuerpo de vigilancia, en esto).

Casa.

Reglamento de 3 de Mayo de 1834 (caza y pesca), títulos V-VIII (penas), modificado por ley de 1837.

Ley de 10 de Enero de 1879, artículos 25, 27 y sección 8.ª (penalidad y procedimiento), artículos 44-54.

Circular de 14 de Marzo de 1881.

Ley de 16 de Mayo de 1902, artículos 50-54 (delitos), 17-38 (faltas) y sección 8.ª, artículos 44-54 (penas).

Real orden de 1.º de Julio de 1902 (cumplimiento de la ley, competencia).

Real orden de 17 de Marzo de 1903 (licencias para cazar con perros).

Reglamento de 3 de Julio de 1903, sección 8.ª (procedimiento y penalidad).

Real orden de 25 de Septiembre de 1903 (reclamos de perdiz).

Real orden de 26 de Octubre de 1903 (necesidad de licencia de caza y uso de armas para cazar).

Real orden de 12 de Noviembre de 1903 (necesidad de licencia para cazar pájaros no insectívoros).

Real orden de 23 de Febrero de 1904 (modificando los artículos 30 y 32 del Reglamento).

Real orden-circular de 25 de Mayo de 1905 (cumplimiento riguroso y codornices).

Circular de la Fiscalía del Tribunal Supremo de 14 de Febrero de 1905).

Cementerios (Policía de).

Reales órdenes de 30 de Octubre de 1835, 12 de Marzo de 1849-12 de Diciembre de 1853; Ley de 12 de Abril de 1855, artículos 1.º-2.º; Reales órdenes de 15 de Mayo y 6 de Agosto de 1867; Ley de registro civil de 1.º de Junio de 1870, artículos 75-77 y siguientes; Reales órdenes de 16 de Julio de 1871 y 28 de Febrero de 1872; Ley municipal de 9 de Octubre de 1977, artículo 72; Real orden de 26 de Junio de 1883.

Reales órdenes de 17 de Febrero de 1886, 16 de Julio de 1888, 15 de Octubre de 1898; Instrucción (sanidad) 12 de Enero de 1904.

Censo de población.

Instrucción de 6 de Julio de 1900, artículo 15 (delincuencia de los vocales), en relación con los artículos 314, 380-982, Código penal.

Comunidades de labradores.

Ley de 8 de Julio de 1898.

Reglamento de 23 de Febrero de 1906, título VI (jurado).

Real orden de 22 de Enero de 1907.

Correos.

Real decreto de 25 de Agosto de 1893, capítulo X, artículos 53 y siguientes.

Ley de 21 de Agosto de 1896 (á consecuencia del tratado de Viena de 4 de Julio de 1891).

Real decreto de 15 de Diciembre de 1896, capítulo IX, artículos 44 y siguientes.

Reglamento de 1.º de Julio de 1898, artículos 147 (empleo de sellos usados y multa), 148 (sellos falsos).

Emigración.

Real orden de 15 de Noviembre de 1905 (menores), en relación con el artículo 459 del Código penal.

Ley de 21 de Diciembre de 1907, artículos 33, 34 (recluta y propaganda). Capítulo VI (sanciones penales) 51-55 (infracción).

Reglamento de 30 de Abril de 1908, capítulo VII (sanciones penales)

Ferrocarriles (Policía de) (1).

Ley general de 7 de Julio y ley de policía de 14 de Noviembre de 1855.

Reglamento de 8 de Julio de 1859.

Reglamento de 26 de Agosto de 1872 (señales) y Real orden de 23 de Agosto (roza).

Decreto de 21 de Enero de 1874, artículos 1 al 4.

Ley de 23 de Noviembre de 1877, título V (delitos y faltas), artículos 16-26, título VI (procedimiento).

Reglamento de 8 de Septiembre de 1878, artículos 5-7, 10, 184 185 (delincuencia y penalidad) y 160-168 (procedimiento) y aclaración de 2 de Octubre de 1878.

Reglamento de 27 de Marzo de 1893 (Tratado con Portugal, apéndice 5.º).

Real decreto de 15 de Febrero de 1901 (huelgas), artículos 1-3.

Ganadería.

Reglamento de 13 de Agosto de 1892 (Asociación general de ganaderos), título IV (penalidad), artículos 105-109, 111, 114, 116.

Guardia civil.

Reglamento de 2 de Agosto de 1852.

Real orden de 9 de Agosto de 1876 (adiciones á la cartilla).

Real orden de 6 de Mayo de 1886 (custodia de vías férreas).

Real orden de 30 de Abril de 1889 (asistencia á los juicios).

---

(1) *Colección legislativa de Ferrocarriles*, edición *Gaceta de los caminos de hierro*, Madrid, 1891-92; Moltó, *Legislación de Ferrocarriles*, Madrid, 1891.

Juegos y rifas.

Reales órdenes de 23 de Septiembre de 1843 (eclesiásticos), 25 de Mayo de 1853 (empleados) y 14 de Marzo de 1855 (militares).

Real decreto (rifas) de 20 de Abril de 1875, artículos 9 (defraudación), 10 (procedimiento), 11 (multa).

Reales órdenes (juegos prohibidos) de 4 y 6 de Diciembre de 1877.

Reales órdenes de 13 de Enero, 7 de Agosto y Diciembre de 1879; 3 de Diciembre de 1880.

Reales órdenes de 2 de Marzo y 31 de Mayo de 1881.

Real orden de 4 de Diciembre de 1887.

Circulares del Ministerio de la Gobernación de 14 de Septiembre de 1888 y Fiscalía del Tribunal Supremo de 17 de Abril de 1888 y 16 de Octubre de 1889.

Ley de 31 de Diciembre de 1888 (prohibe rifas).

Real orden de 23 de Diciembre de 1889.

Real decreto de 21 de Agosto de 1891 (reventa de billetes de la Loteria).

Real decreto de 22 de Mayo de 1892.

Real orden de 4 de Diciembre de 1892.

Marítimo (Derecho penal).

Código de Comercio (22 de Agosto de 1885 y 1.° de Enero de 1886), artículo 605 (robo ó hurto á bordo), 614 (deserción del capitán y sanción), 618 (daños), 621 (fraude), 631 (descuido ó imprudencia del piloto), 633 (del contramaestre), 637 (perturbación del orden y despedida).

Reglamento de 18 de Noviembre de 1909 (policía de buques).

Mercados (policía de).

Real decreto de 30 de Marzo de 1905, artículo 8.

Minas (policía minera) (1).

Ordenanzas de 22 de Agosto de 1584.

Ley de 6 de Julio de 1859.

Ley de 4 de Marzo de 1868 (reformada la anterior), artículos 94, 95 y Reglamento de 24 de Junio, artículo 87.

Real orden de 20 de Marzo de 1889 (siniestros).

Reglamento de 15 de Julio de 1898, artículos 9, 32, 35, 43, 74, 177-183 (penalidad administrativa).

Reglamento de 16 de Junio de 1905, artículo 133 (penalidad).

Reglamento provisional de 28 de Enero de 1910, artículos 229 á 266.

---

(1) BIBLIOGRAFÍA —*Colección legislativa de minas*, Madrid, 1889-90. Freixa y Rabasó, *Legislación de minas*, 2.ª edición, Madrid, 1892; Sánchez Ocaña, *La legislación minera*, Madrid, 1892; Aguilar y García, *Cuestiones de Derecho civil español minero*, Madrid, Góngora. (s. a.)

Montes (1).

Ordenanzas de 1748.

Ordenanzas de 22 de Diciembre de 1833, artículos 128 y siguientes, títulos III y IV (policía) V, (delitos y contravenciones), V (penas).

Real orden de 23 de Mayo de 1848.

Reglamento de 17 de Mayo de 1865 (para aplicación de la ley de 24 de Mayo de 1863), artículo 120, 121 (confirma parte penal ordenanzas).

Real orden de 16 de Octubre de 1880.

Real decreto de 8 de Mayo de 1884 (derogándolas), artículos 1 al 66.

Real decreto compt. de 22 de Mayo de 1892 (competencia).

Real decreto compt. de 21 de Julio de 1904 (competencia ordinaria).

Pesas y medidas.

Ley de 12 de Julio de 1849 (sistema decimal).

Reglamento de 27 de Mayo de 1868, título III (penas).

Ley de 8 de Julio de 1892.

Reglamento de 4 de Septiembre de 1895, artículos 58 (penalidad), 99 (competencia), 100 (delincuencia).

Reglamento de 4 de Enero de 1907.

Pesca.

Reglamento de 3 de Mayo de 1834 (caza y pesca), título VI (restricciones) y VIII (penas).

Real decreto de 3 de Junio de 1834, títulos V y siguientes, artículos 36 y siguientes, esp. 53-55 (delincuencia y penalidad de las pesquerías).

Ley de 22 de Marzo de 1873 (pesca marítima).

Real decreto de 27 de Febrero de 1880 (veda en el Bidasoa).

Reglamento de 2 de Octubre de 1885 (costas entre España y Portugal).

Tratados con Francia de 28 de Febrero de 1886 y 20 Septiembre de 1888 (pesca en el Bidasoa).

Real orden de 4 de Julio de 1890 (aguas particulares).

Reglamento de 17 de Julio de 1893 (Tratado con Portugal, apéndice 6.°), artículos 8, 27-29, 33 y 36.

Ley 27 de Diciembre de 1907 (pesca fluvial), artículos 51-57.

Reglamento de 7 de Julio 1911 (aplicación de la ley), título XIII (infracción).

---

(1) BIBLIOGRAFÍA.—Ramos, *Legislación de montes*, 1888; Díaz Rocafull, *Legislación forestal*, Madrid, 1891; Bravo, *Legislación de montes*, en *Biblioteca judicial*, Madrid, Núñez, 1892.

Real orden de 22 de Septiembre de 1911 (veda del cangrejo), pone en rigor la de 30 de Marzo y 14 de Abril de 1910.

Ley de 24 de Diciembre de 1912 (pesca del salmón), artículos 38 y 53.

Policía gubernativa (1)

Reglamento de 4 de Mayo de 1905.

Proyecto de Reglamento, Real orden de 15 de Agosto de 1907, (servicios de la Policía de Madrid).

Ley de 27 de Febrero de 1908, (Cuerpo de vigilancia y seguridad).

Real decreto de 27 de Diciembre de 1912 (Dirección de seguridad), artículo 4.

Policía privada.

Constitución de 1876, artículo 6.°; Ley de Enjuiciamiento criminal, artículo 545 y Reglamento de 2 de Agosto de 1852, artículos 36, 42, 43.

Real orden de 9 de Agosto de 1876 (guardas jurados).

Reglamento de 15 de Agosto de 1907.

Real decreto de 24 de Febrero de 1908 (porteros).

Ley de 27 de Febrero de 1908, artículo 15.

Policía urbana (2).

Reales decretos de 10 de Marzo y 16 de Junio de 1844; 10 de Julio y 11 de Septiembre de 1848; 11 de Mayo de 1853; 28 de Julio y 1.° de Agosto de 1857; 5 de Abril y 13 de Septiembre de 1851; 9 de Noviembre de 1862 y 5 de Febrero de 1863.

Real orden de 10 de Junio de 1854, artículo 7.

Ley de 2 de Octubre de 1877 (vigente), artículos 72, 73, 74, 76, 77 y 114.

Real orden de 19 de Junio de 1881 (hornos de cal).

Código civil de 1889, artículos 590-593, 389-390, 1907 y 1908.

Real orden de 13 de Agosto de 1907.

Real decreto de 24 de Febrero de 1908 (guardia municipal y serenos).

Reales decretos de 28 de Agosto de 1909 y 15 de Noviembre (descentralización administrativa) artículo 18.

Ley de 8 y 12 de Junio de 1911 (casas baratas).

Posadas, casas de huéspedes, fondas, hoteles.

Real decreto de 18 de Mayo de 1893.

Real orden de 27 de Noviembre de 1858, en relación al Código penal, artículo 600, p. 1.°.

---

(1) Molina y Fernández, *Policía general del Estado*, Madrid, Hernández, 1908; Méndez Alanís, *La policía*. Estudio científico-jurídico de la función, órgano y elementos de acción de la Policía de Derecho ó de seguridad, I Madrid, Velasco, 1913.

(2) *Revista de Tribunales, Legislación municipal*, Madrid, Góngora.

Ley de 29 de Agosto de 1882, artículo 22 (multa).

Real orden de 28 de Noviembre de 1892.

Gobierno de Madrid de 29 de Abril de 1907, regla 3.ª (multa).

Real orden de 25 de Mayo de 1908.

Real orden de 17 de Marzo de 1909, artículos 9 y 10.

Puertos (policía de).

Ley de 7 de Mayo de 1880, artículo 35.

Reglamento de 11 de Julio de 1912, artículos 64, 65.

Reunión (1).

Real orden de 23 de Octubre de 1876 (tolerancia de reuniones religiosas).

(Véase ley de 28 de Noviembre de 1878, artículo 28.)

Ley de 15 de Junio de 1880, artículos 5 (disolución), 7 (exenciones religiosas y autorizadas).

Real orden de 8 de Octubre de 1888 (intervención de la autoridad).

Sanidad (2).

a) Interior.

Ley de 28 de Noviembre de 1855, artículos 81 85 y 90-92.

Real orden de 17 de Noviembre de 1865 (vocales de Juntas).

Ley modificadora de 24 de Mayo de 1866.

Ley de 19 de Diciembre de 1867 (reitera el artículo 81 de la 1.ª Ley de Sanidad)

Real orden circular de 11 de Marzo (virus antirrábico en el Ejército) y 21 de Abril de 1902 (maleina).

Instrucción general de 14 de Julio de 1903.

Instrucción definitiva de 12 de Enero de 1904, artículos 64, 67, 90, 125, 130, 206 y 207.

Alimentos.

Real orden de 31 de Diciembre de 1887 (carnes), en relación al Código penal, artículo 356.

Reales órdenes de 26 de Enero de 1898 y 19 de Octubre de 1908 (nievelina).

Real decreto de 31 de Diciembre de 1902 (pimentón ilícito).

Ley de 24 de Diciembre de 1903 (sacarina).

Circulares de 11 de Agosto de 1906 y 16 ídem (Ministerio de Justicia y Fiscalía).

Real decreto de 2 de Diciembre de 1908 (falsificación, adulteración y fraude).

Real orden de 8 de Junio de 1911 (carne de toro).

---

(1) BIBLIOGRAFÍA. Véase atrás: *Asociaciones*.

(2) BIBLIOGRAFÍA. *Legislación sanitaria*, Madrid, Góngora; Molina Serrano, *Policía sanitaria*, Madrid, Hernández, 1903; Sanidad nacional. *Disposiciones oficiales del Ministerio de la Gobernación (inspección general de Sanidad*, volúmenes I-XIV, Madrid, Tordesillas, 1911,

Bebidas alcohólicas.

Real orden de 28 de Julio de 1887.

Real decreto de 27 de Octubre de 1887.

Real decreto de 11 de Marzo de 1892.

Ley de 27 de Julio de 1895 (vinos artificiales), artículo 1-4.

Real orden de 23 de Diciembre de 1895 (inspección de establecimientos).

Real orden de 26 de Julio de 1889.

Real decreto de 25 de Septiembre de 1902 (depósitos de cadáveres).

Convenio internacional de París, 3 de Diciembre de 1903.

Epidemias.

Real orden de 19 de Julio de 1855 (médicos titulares: abandono de servicio); Real orden circular de 14 de Julio.

Circular de 22 de Septiembre de 1884.

Instrucción de 11 de Julio de 1886.

Circular (F) de 3 de Noviembre de 1887 (salud pública).

Real decreto de 21 de Marzo de 1895. Real decreto de 15 de Enero de 1903 (vacunación).

Real orden de 25 de Septiembre de 1908 (cólera).

Real decreto de 31 de Octubre de 1901, artículos 9-16 (entrada forzosa).

Orden-circular de 2 de Febrero de 1911.

Epizootias.

Reales órdenes de 15 y 30 de Septiembre de 1848 (comisión inspectora) 15 de Junio de 1858; 19 de Junio de 1867; 22 de Febrero y 14 de Junio de 1875.

Reglamento de 13 de Marzo 1877 (asociación general de ganaderos), artículos 82-88.

Real orden de 13 de 13 de Octubre de 1888 (carbunco).

Reales órdenes de 3 de Abril de 1894 y 1.° de Febrero de 1899 (inspectores veterinarios).

Real orden circular de 14 de Mayo de 1901 (peste bovina) y 25 de Agosto.

Ordenanzas de Farmacia, aprobadas por Real decreto de 18 de Abril de 1860, esp. capítulo VIII.

Real orden de 28 de Diciembre de 1861.

Real orden de 6 de Agosto de 1908 (substancias venenosas).

Inhumación.

(Ley del Registro civil de 17 de Junio de 1870).

Reales órdenes de 19 de Marzo de 1848; 13 de Junio de 1885; 16 de Julio de 1888; 26 de Enero y 14 de Octubre de 1898.

Prostitución.

Real orden de 6 de Diciembre de 1892.

Real orden de 24 de Enero de 1901.
Instrucción general (24 de Enero de 1904), artículo 19.
Reglamento de 24 de Enero de 1907.
Real orden de 1 y 16 de Marzo de 1908.
Real orden de 28 de Septiembre de 1910.
Vacunación.
Real decreto de 15 de Enero de 1903, artículos 6 (obligación), en relación con el 536, casos 3.º y 9.º del Código penal (sanción); 14 (medidas), en relación á los artículos 596 y 600 del Código penal; 15 y 16 (aviso), en relación al artículo 382 del Código penal.
b) Exterior.
Reglamento de 28 de Octubre de 1889, capítulo XIII (infracción y penalidad).
Seguros, mutualidad (1).
Ley de 1908 (Compañías de Seguros: registro é inspección), artículos 33, 35, 37 y 39 (penalidad).
Reglamento de 2 de Febrero de 1912, Sección V, capítulo II, (responsabilidades y sanciones).
Real orden de 8 de Marzo de 1912 (rectificaciones).
Real orden de 5 de Agosto de 1912 (aclaratoria).
Teatros, Toros, Cinematógrafos (Policía de espectáculos).
Real orden de 3 de Julio de 1865 (despejo en los toros).
Ley de 26 de Julio de 1878.
Real orden de 27 de Febrero de 1879 (entrega de ejemplares).
Reglamento de 14 de Febrero de 1880 (corridas de toros en Madrid).
Real orden de 26 de Febrero 1881.
Real orden de 13 de Mayo de 1882.
Circular de 16 de Septiembre de 1882.
Reales órdenes de 29 y 31 de Octubre de 1882 (plazas de toros).
Reglamento de 27 de Octubre de 1885 (construcción y reparación).
Real decreto de 11 de Julio de 1886.
Reglamento de 2 de Agosto de 1886 (policía de espectáculos), artículos 28 (prohibición), 32 (denuncia), 35 (competencia).
Circular de 3 de Junio de 1887.
Reglamento de 30 de Marzo de 1888 (alumbrado y calefacción).
Real orden de 27 de Noviembre de 1888 (cafés cantantes).
Real orden de 21 de Marzo de 1891.
Reglamento de 12 de Septiembre de 1894 (frontones).
Real orden de 12 de Marzo de 1900 (salones de baile y espectáculos).

(1) *Legislación de seguros, mutualidad y previsión.* Madrid, Góngora, (s. a.)

Circular de 23 de Abril de 1902.

Reglamento de 15 de Febrero de 1908 (cinematógrafos).

Reglamento de 12 de Octubre de 1913, artículos 11, 27, 30, 48, 64.

Telégrafos y teléfonos.

Real orden de 16 de Septiembre de 1883 (exhibición y entrega de telegramas) artículos 1, 3.

Circular (F). de 28 de Marzo de 1892 (sustracción de cables).

Real decreto de 26 de Julio de 1900 (teléfonos), artículo 14 sanción).

Real decreto de 9 de Junio 1903 (Id.), artículo 2 (deroga).

Circular (F.) de 29 de Noviembre de 1904 (sustracción de alambres).

4.—*Leyes judiciales con sanción penal.*

Condenas y penados.

Real orden de 10 de Marzo de 1836 (gastos de ejecución pena capital).

Real decreto de 24 de Noviembre de 1890 (testimonio, traslación).

Registro central de penados y procesados.

Real decreto de 2 de Octubre de 1878, artículos 1-4.

Real orden circular de 7 de Diciembre de 1887 (datos de tribunales militares).

Reales órdenes de 12 de Agosto y 5 de Diciembre de 1892.

Real orden circular de 11 de Octubre de 1894.

Reales órdenes de 5 de Diciembre y 22 y 27 de Febrero de 1903.

Real decreto de 1.° de Febrero de 1904; en relación con el Real decreto de 18 de Febrero de 1901, artículo 2, C.

Estadística criminal.

Orden de 9 de Marzo y Constitución de 1812, artículos 267, 277.

Decreto de las Cortes de 17 de Abril de 1821, artículos 30, 22 (orden y sanción).

Decreto de 2 de Febrero de 1837.

Decreto de Febrero de 1838.

Real decreto de 5 de Diciembre de 1855 (ordenando reunir materiales).

Real decreto de 8 de Julio de 1859 (creando sección en el Ministerio).

Real decreto de 18 de Marzo de 1884.

Circular de 10 de Enero de 1891.

Real decreto de 25 de Febrero de 1901.

Jurado.

Ley de 20 de Abril de 1888, artículos 30 (retraso del juez y multa), 59 (negativa á jurar, en relación artículo 265, Código penal), 86 88 (abstención, en relación artículo 393, Código penal), 89 (en relación ídem 378) 110 (acta especial, en relación 383, Código penal).

Real decreto de 8 de Marzo de 1897 (listas) artículos 10 (en relación 382 del Código penal), 15 (en relación artículo 30 de la ley), 22 (corrección y multa).

Real orden de 14 de Septiembre de 1899, artículo 12 (en relación con artículos 116, 117 Reglamento Ordenación de pagos de 24 Mayo de 1899).

Laboratorios de Medicina legal.

Real decreto de 11 de Julio de 1886, artículos 1, 6.

Libro-registro de Audiencias.

Circular de 14 de Julio de 1883.

Memorias de Fiscalía.

Circular de 3 de Abril de 1883.

Circular de 19 de Agosto de 1884 (inspección de sumarios).

Poder judicial.

Ley de 15 de Septiembre de 1870 (Orgánica), título XIX (jurisdicción disciplinaria).

Ley de 14 de Octubre de 1882 (adicional á la orgánica), título II, artículo 38 (exclusión y postergación correccionales y preferencia premial).

Real decreto de 4 de Abril de 1904 (invalidación de correcciones disciplinarias).

Procedimiento contencioso-administrativo (1).

Real decreto de 16 de Marzo de 1886 (organización del servicio).

Ley de 13 de Septiembre de 1888.

Real orden de aplicación de 29 de Diciembre de 1890.

Real decreto de 22 de Junio de 1894.

Servicio antropométrico.

Real decreto de 10 de Septiembre de 1896 (organización), en relación Ley de enjuiciamiento criminal, artículos 374, 379.

Real decreto de 18 de Febrero de 1901 (reorganización en relación Real decreto de 1.° de Febrero de 1904, artículos 1-6).

Instrucciones de 3 de Mayo de 1907.

Inspección fiscal.

Circular de 11 de Febrero de 1893.

Tribunales industriales.

Ley de 19 de Mayo de 1908, artículo 27 (condena y multa).

Tribunales de honor.

(Código de justicia militar—25 de Junio de 1890—, arts. 720 á 727).

---

(1) Caballero y Montes, *Lo contencioso administrativo*, Zaragoza, 1902-1904.

(Ley de enjuiciamiento de Marina - 10 de Noviembre de 1894—, artículos 443-450).

Real decreto de 25 de Mayo de 1900.

Real decreto de 15 de Junio de 1900.

Real decreto de 6 de Julio de 1900.

Real decreto de 4 de Septiembre de 1902.

Real decreto de 20 de Diciembre de 1902.

Real decreto de 25 de Septiembre de 1903

5. —*Leyes políticas con sanción penal*

Delitos electorales (1).

Real orden de 20 de Agosto de 1863 (reuniones electorales).

Ley de 18 de Julio de 1865.

Ley de 20 de Agosto de 1870, título III (sanción penal).

Ley de 8 de Febrero de 1877 (Senado).

Ley provisional de 20 de Julio de 1877 (restablece la de 1865).

Ley de 28 de Diciembre de 1878 (para diputados á Cortes deroga la de 1877), artículo 136 (indulto condicional).

Circular de 8 de Febrero de 1881 (banquetes políticos).

Ley de 6 de Julio de 1888.

Circulares (F.) de 15 de Abril de 1884 y 15 de Septiembre de 1890.

Ley de 26 de Junio de 1890, título III, artículos 20 y siguientes.

Real decreto de 5 de Noviembre (ampliada á diputados provinciales y concejales). Idem aplicación á Cuba y Puerto Rico de 25 de Noviembre de 1897.

Ley de 8 de Agosto de 1907, título VIII (sanción penal), capítulo I (delitos), capítulo II (infracciones), capítulo III (disposiciones generales), especialmente artículo 84 (nuevo delito de abstención electoral).

Representación en Cortes.

Reglamento de 18 de Junio de 1887 (Congreso).

Ley de 9 de Febrero de 1912 (causas contra senadores y diputados).

---

(1) Bibliografía.—Bravo, *Legislación electoral*, Biblioteca judicial, Madrid, Núñez, 1890; Redacción de la *Revista de los tribunales, Legislación electoral*, 2.ª edición, Madrid, Góngora, 19.3.

§ 11.—*Bibliografía del Derecho penal imperial y de sus ciencias auxiliares.*

Carecemos de una completa Bibliografía. Para la época antigua, hay valiosos manuales de Bibliografía de Derecho criminal de G. W. Böhmer (*Handbuch der Literatur des Kriminalrechts nit besonderer Kücksicht auf Kriminalpolitik* 1816 y de Kappler, 1838.—Para la época moderna, ofrecen un acervo, completo en lo posible, los índices generales alfabéticos y de materias de los veinticinco primeros tomos de la Revista (*Zeitschrift*, de Liszt), á los que nos remitimos. Sobre leyes complementarias, véase arriba § 10. Sobre Bibliografía extranjera, véase abajo § 12.

Los trabajos más notables dignos de citarse en este lugar, son:

I. Ediciones escolares: Rudorff, 23 edición (por von Liszt y Delaquis), 1910; Olshausen, 8.ª edición, 1905; Dande, 11.ª edición, 1910; Dahke, 11.ª edición, 1908; Standinger, 9.ª edición, 1907 (preparada por Schmidt); Binding y Nagler, 1903. Para Baviera, Henle, y Schierlinger, 2.ª edición, 1902; suplemento, 1907. Para Sajonia, Mauckisch, 2.ª edición, 1901. Para Baden, Traub, 6.ª edición, 1897.

II. Exposiciones sistemáticas: Tratados de Berner, 1.ª edición, 1857, 18.ª edición, 1898; Schutze, 2.ª edición, 1874; H. Meyer, 1.ª edición, 1875, 6.ª edición, preparada por Allfeld, 1907; Merkel, 1889; Finger, volumen I, 1904, (sobre él véase Köhler, *Kritische Viertelyahrschrift*, tomo, XLVII, página 182). von Holtzendorff († 1889), *Handbuch des deuschen Strafrechts in Einzelbeiträgen von verschiedenen Verfassern* (Manual de Derecho penal alemán, en colaboración por diversos autores), 4 volúmenes, 1871-77; *Deusches Strafrecht, Vorlesungen herausgegeben von* (Derecho penal alemán, lecciones dadas por...) von Wächter, 1881; Hätschner, *Das gemeine deutsche Strafrecht systematisch dargestelt* (El Derecho penal alemán común en exposición sistemática), tomo I, 1881, tomo II, 1.ª parte, 1884, 2.ª 1887; von Bar, *Handbuch* (Manual), tomo I; *Geschichte des deutschen Strafrechts und des Strafrechtstheorien* (Historia del Derecho penal alemán y de las teorías penales), 1882; Binding, *Handbuch*, tomo I, 1885, (sobre él véase Merkel en *Zeitschrift*, cit VI, 496 y v. Liszt, ídem V, 1663); Binding, *Grundriss, Allgemeiner Theil* (Fundamentos, Parte general), 7.ª edición, 1907; *Lehrbuch*, (parte especial), tomo I, 2.ª edición, 1902; tomo II, Sección 1.ª, 2.ª edición, 1904; Sección 2.ª, 1905; Thomsen, *Das deutsche Strafrecht* (El Derecho penal alemán), Parte general, 1906. —*Grundriss* (Fundamentos) de Beling, 3.ª edición, 1905; de Birkmeyer, 7.ª edición, 1908; de Lilienthal, 3.ª edición, 1908. Exposiciones abreviadas de Birkmeyer, en su *Enzyklopädie*, 2.ª edición, 1904 y de Wachenfeld en la Enciclopedia de Holtzendorf y Kohler, 1904. - Liepmann, *Einleitung in das Strafrecht* (Introducción al Derecho penal), 1900; Beling, *Die Lehre vom Verbrechen* (la teoría de los delitos), 1906; v. Bar. *Gesetz und Schuld im Strafrecht* (Ley y culpa en Derecho penal), tomo I, 1906; II, 1907; III, 1909, (sobre esta obra, véase Kriegsmann en *Zeitschrift* de Liszt, XXIX, 493 y XXX, 542). Thomsen, *Grundriss des deutschen Verbrechenbekämpfungsrechts* (Fundamentos del Derecho de defensa penal alemán), parte general, 1905; parte especial, 1906. - Hay una muy valiosa exposición de Seuffert en *Strafgesetzgebung der Gegenwart* (La legislación penal actual), I, 1894.

III. En la literatura de «Comentarios» son de notar con los de Meyer (Thorn), Kirchmann, Blum, Hahn, Puchelt y Rubo, los de Oppenhoff, 14.ª edición, 1901, publicada por Délius; Rüdorff, 4.ª edición, por Stenglein, 1892; v. Schwarze, 5.ª edicion, 1884 y especialmente, Olshausen, 1.ª edición, 1880, 8.ª edición, en colaboración con Zweigert (2 tomos), 1909-1910 y Franck, 1.ª edición, 1897, 5.ª-7.ª edición, 1908 (nueva edición, en prensa).

IV. Trabajos de carácter general: Seeger, 1858; Köstlin, desde la muerte del autor editado por Gessler, 1858; Glaser († 1885), *Abhandlungen aus dem österreichischen Strafrecht* (Trabajos de Derecho penal austriaco), I, 1858. El mismo, *Kleinere Schriften über Strafrecht und Strafprozess* (Escritos menores de Derecho penal y procedimiento criminal), 2.ª edición, 1883; Merkel, *Kriminalistische Abhandlungen* (Trabajos criminalistas), 1867; Wahlberg († 1901; véase la Necrología en la *Zeitschrift*, XXIII, 64), *Gesammelte Keinere Schriften* (Colección de escritos menores), I, 1875, II, 1877, III, 1882; Binding, *Die Normen und ihre Ubertretung* (Las normas y su transgresión), I, 1872 (2.ª edición, 1890), II, 1877; Hertz, *Das Unrecht und die allgemeinen Lehren des Strafrechts* (Lo ilícito y las teorías generales del Derecho penal), I, 1880; Ilrehorowicz, *Grundbegriffe des Strafrechts* (Conceptos fundamentales del Derecho penal), 2.ª edición, 1882; Bünger, *Über Vorstellung, Wille und Handlung als Elemente der Lehre von Verbrechen und von der Strafe* (Sobre la representación, la voluntad y la acción como elementos de la teoría del delito y de la pena), 1888; Geyer, *Kleinere Schriften strafrechtslichen In-*

halts (Escritos penales menores), edición por Harberger, 1889; Kohler, *Studien aus dem Strafrechts* (Estudios de Derecho penal), I á VI, 1890 y siguientes; von Buri, *Beiträge zur Theórie des Strafrechts und zum Strafgesetzbuch, Gesammelte Abhandlungen* (Contribución á la teoría del Derecho penal y al Código penal, trabajos coleccionados), 1894; Thyrén, *Abhandlungen aus dem Strafrechts und der Rechtsphilosophie* (Trabajos de Derecho penal y de Filosofía del Derecho), 1894, 1896 (s. a.); A. Merkel, *Gesammelte Abhandlungen aus dem Gebiet der allgemeinen Rechtslehre und des Strafrechts* (Colección de trabajos sobre teoría general del Derecho y de Derecho penal), 2 volúmenes, 1899, edición por R. Merkel; von Liszt, *Strafrechtsliche Aufsätze und Vorträge* (Artículos y discursos penales), 1905, 2 volúmenes.

V. Revistas: *Der Gerichtssaal* (La sala de justicia), fundada en 1849 por Yagemann y editada desde 1904 por Otker y Finger.—*Archiv für preussisches Strafrecht* (Archivo de Derecho penal prusiano), fundada en 1853 por Goltdammer y editada desde 1907 por Kohler con el título de *Archiv für Strafrechts und Strafpozess* (Archivo de Derecho penal y procedimiento criminal); colaboradores constantes: Olshausen, Goldschmidt y Maas). -*Zeitchrift für die gesammte Strafrechtswissenschaft (Revista general de ciencias penales),* fundada en 1881 por Dochow y Liszt; continuada, desde la muerte del primero, (1881), por v. Liszt y v. Lilienthal; desde 1905, por éstos v. Hippel y Kohlrausch; desde 1909, por éstos y Delaquis (colaboradores actuales constantes: Beling, Frank, Knapp, Mittermaier y Steidle). —*Mitteilungen der Internationalen Kriminalistiche Vereinigung* (Comunicaciones de la Unión internacional de Derecho penal, en francés: *Bulletin de l'Unión internationale de droit pénal*), desde 1889 (van publicados 13 tomos). *Abhandlungen des preusissische Kriminalistiche Seminars* (Trabajos del seminario prusiano de criminología), editado desde 1889, por v. Liszt (nueva serie desde 1901).—*Strafrechtliche Abhandlungen des juristichen Seminars der Universität Breslau* (Trabajos penales del seminario jurídico de la Universidad de Breslau), editados por Bennecke († 1898) y Beling, I 1895.—*Strafrechtliche Abhandlungen,* editados: desde 1896 (con otros maestros alemanes de Derecho penal), por Bennecke, desde 1899, por Beling; desde 1906, por Lilienthal.—Son también importantes, menos directamente, el *Archiv fur Kriminalanthropologie und Kriminalistik* (Archivo de Antropología criminal y de Criminalística), editado desde 1899, por H. Gross, así como la *Monatsschrift für Kriminalpsychologie und Strafrechtsreform (Revista mensual de Psicología criminal y reforma del Derecho penal),* editada por Aschaffenburg con la colaboración de Kloss, v. Lilienthal y v. Liszt. —Además la *Schweizerische Zeitschrift für Strafrecht (Revista penal suiza)*, desde 1888 á 1896, fundada por Stooss, editada ahora por Stooss, Zurcher, Gautier y Hafter y la *Österreichische Zeitschrift für Strafrecht (Revista penal austriaca)*, fundada y dirigida desde 1910 por Löffler.

VI. Colecciones de Jurisprudencia: *Die deutsche Strafrechtspraxis* (La práctica criminal), I, 1877, por Pezold, Stiegele y Köhn, II, 188, por Zimmerle.—*Die Rechtsprechung des Deutschen Reichsgerichts in Strafsachen* (La jurisprudencia imperial alemana en asuntos penales); 10 volúmenes, en conjunto, incluído hasta fin de 1888. - *Entscheidungen des Reichsmilitärgerichts* (Decisiones de la justicia militar imperial), editadas por el presidente del tribunal y el primer procurador militar, desde 1902.—*Sammlung der Entscheidungen des obersten Gerichtshofes für Bayern in Gegenständen des Strafrechts und Strafprozesses* (Colección de resoluciones del Tribunal Supremo de Baviera en asuntos penales y de procedimiento criminal), 1872 á 1880. *Sammlung von Entscheidungen des Obersten Landesgericht München in Gegenständen des Strafrecht und Strafprozesses* (Colección de resoluciones del Tribunal Supremo de Munich en asuntos penales y de procedimiento criminal), 1882-1901. *Sammlung von Entscheidungen des bayrischen Obersten Landesgerichts in Strafsachen seit 1902* (Colección de resoluciones del Tribunal Supremo de Baviera en materia penal desde 1902).—*Entscheidungen des Hanseatischen Obersten Landesgerichts in Strafsachen* (Ibid.), editado por Vogt, 1899; continuado por Kock.—Franz, *Rechtsprechung des Obersten Landesgerichts Colmar in Strafsachen* (Jurisprudencia criminal del Tribunal Supremo de Colmar) 1886, 1891, 1897, 1903, 1909. —Apt.-Beling, *Grundlegende Entscheidungen des Reichsgerichts und Reichsmilitärgerichts* (Decisiones fundadas de la justicia imperial y de la justicia militar imperial) 3.ª edición, 1903. Warneger, *Jahrbuch des Entscheidungen* (Anuario de resoluciones) I En materias penales y de procedimiento criminal, 1907 (preparado por Rosenmüller).—*Kritische Überschau über die Rechsprechung der Reichsgerichts* (Ojeada crítica sobre la jurisprudencia de la justicia imperial), en la Revista de Frank y Beling; Stenglein, *Lexicon des deutschen Strafrechts nach den Entscheidungen des Reichsgerichts* (Diccionario de Derecho penal alemán, según la jurisprudencia), 1900. Tomo complementario de Galli, 1904.

VII. Casuística penal: Además de la vieja *Kasuistik des Kriminalrecht* de Ossenbrüggen (1854), von Bar, *Strafrechtsfälle* (casos penales), 1875, v. Liszt, *Strafrechtsfälle zum akademischen Gebrauch* (casos penales para uso académico), 9.ª edición, 1909

(1 ed. de Dochow 1896) Kohler, *Strafrechstsaufgaben zum Gebrauche bei dem akademischenStrafrechtspraktlcum* (cuestiones penales para uso de las clases prácticas penales), Seción 1.ª, 1889, 2.ª, 1899. Schultze, *Rechtsfälle aus der Praxis der Strafsenats des Reichsgerichts als Strafrechtsaufgaben mitgeteilt* (casos penales de la práctica de la sala de lo criminal de la justicia imperial, comunicados como asuntos penales), 1891. Harburger, *Strafrechtspraktlcum* (El práctico penal), 1892; Frank, *Strafrechtliche Fälle zum akademischen Gebrauch* (casos penales para uso académico), 4.ª edición, 1908; Stelling, *Praktische Strafanzeigen* (indicaciones prácticas penales), 1902. v. Rohland, *Strafrechtsfälle* (casos penales) 2.ª edición, 1908. Stooss, *Strafrechtsfälle für Studierende* (casos penales para alumnos), 1907.—*Der Pitaval, der Gegenvart* (el «Pitaval» moderno), editado por Frank, Rossher y Schmidt, desde 1903.—Lucas, *Anleitung zur strafrechtliche Praxis* (guía para la práctica ciminal), 2 Parte 1904; 2.ª edición, 1907.

VIII. Ciencias auxiliares:

1. Los trabajos sobre Criminología y Política criminal están indicados abajo § 15; sobre cicencia penitenciaria, § 61; sobre Psicología: Ebbinghaus, *Grundzüge* (Fundamentos) I, 1902; Höffding, 2.ª edición alemana, por Bendixen, 1893; Fichen, *Leitfaden der physiologischen Psychologie*, (guía para la psicología fisiológica; hay traducción española de Rodriguez Lafora, *Compendio*... Madrid, 1910), 6.ª edición, 1902; Wundt, *Grundriss der Psychologie* (Elementos de Psicología); 6.ª edición, 1904; Jodt, *Lehrbuch der Psychologie*, (Tratado de Psicología) 2.ª edición, 1903.

2. Medicina legal y Psiquiatría: *Handbuch*, de Casper-Liman, 2 tomos, 9.ª edición, publicado por Schmidtmann, 1905 y siguientes; Maschka, *Handbuch in Einzelbeiträgen* (Manual, en colaboración), 4 volúmenes, 1881 y siguientes; Hofmann, *Lehrbuch*, 9.ª edición, publicado por Koliska, 1903; Strassmann, *Lehrbuch der gerichtlichen Medizin* (Tratado de Medicina legal), 1895; Guder; *Gerichtliche Medicin für Mediziner und Juristen* (Medicina legal para médicos y juristas), 2.ª edición, publicado por Stolper, 1900; Gottschalk, *Grundriss der gerichtlichen Medizin für Ärzte und Juristen* (Fundamentos de Medicina legal para médicos y juristas) 2.ª edición, 1903; Puppe, *Gerichtliche Medizin*, 2 volúmenes, 1908, v. Kraft-Ebing, *Lehrbuch der Psychiatrie*, 2 volúmenes, 7.ª edición, 1903; Kräpelin, *Psychiatrie*, 2 volúmenes, 7.ª edición, 1903 904; Cramer, *Gerichtliche Psychiatrie*, 4.ª edición, 1908; Delbrück, *Gerichtliche Psychopathologie* (Psicopatología forense), 1 897; Hoche, *Handbuch der gerichtlichen Psychiatrie*, 1901; Weygandt, *Atlas und Grundriss der Psychiatrie*,

1902; Sommer, *Kriminal psychologie und strafrechtliche Psychopathologie auf naturwissenschaftlicher Grundlage* (Psicología criminal y psicopatología penal sobre fundamentos naturales), 1904; Zinger, Hoche y Bresser, *Juristisch-psychiatrische Grundfragen,* (Problemas fundamentales de la psiquiatría forense), 1903 y siguientes v. Kraft-Ebing, *Psychopathia sexualis*, 13.ª edición, 1907; Moll *Die konträre Sexualempfindung* (las oposiciones del instinto sexual), 3.ª edición, 1899; Forel, *Der Hypnotismus,* 1901; v. Lilienthal, en *Zeitschrift,* de Liszt, VI, 315; Forel, en Id., IX, 131; Hitzig, *Über die strafrechtliche Bedeutung der Epilepsie insbessonderer* (Sobre la importancia penal de la epilepsia), véase especialmente Ilberg, en la Revista de Liszt, XXI, 440; Friedreichs, *Blätter für gerichtliche Medizin und Sanitätspolizei* (Hojas de Medicina legal y policía sanitaria), editada por Messerer, desde 1898 por Gudden.

3. Policía criminal: Ortloff, *Lehrbuch der Kriminalpolizei* (Tratado de policía criminal), 1881; Avé-Lallemant, *Physiologie des deutschen Polizei* (Fisiología de la policía alemana), 1882; Seuffert, W. V., I, 885; Véanse los escritos mencionados abajo, § 16, nota 12.

ADICIONES

§ 11.—*Bio-bibliografía del Derecho penal español y ciencias penales.*

(Contemporáneos.)

Mejor que índices de libros, dan razón del estado de la ciencia planos de labor personal, junto á figuras de hombres; preferimos al material árido, inerte, de una *Bibliografía,* la fecunda, representativa vitalidad de una *Bio-bibliografía.*

En el estado actual de las ciencias penales, en España, vale y significa más lo que se espera de los hombres que lo otorgado por el tiempo: las promesas que las realidades.

F. Aramburu y Zuloaga (Oviedo, 27 de Julio de 1876, Madrid 1913), Rector en Oviedo y Profesor en Madrid, ameno conferenciante y sutil crítico.

La nueva ciencia penal (exposición y crítica), Madrid, Fé, 1887. Es una colección de conferencias pronunciadas en el Casino de Oviedo.

Notas á la traducción española de los *Elementos de Derecho penal,* de Pessina, Madrid, *Revista de Legislación,* 1892.

Et nunc erudimini, en *La nueva ciencia jurídica,* II, 1892, 257-261.

La actual orientación del Derecho penal y la lucha contra el delito, Discurso de recepcion en la Academia de ciencias morales y políticas, Madrid, 1910.

El maestro *Dorado Montero* (n. Béjar, 19 de Mayo de 1861), Profesor en Salamanca, profundo pensador, que importó aquí las ideas de Garófalo y los positivistas, y expone las del correccionalismo absoluto; ensayando, con la unión de ambas, un sistema armónico.

La Antropología criminal en Italia, 1.ª edición, Madrid, *La España moderna,* 1889; 2.ª en *El positivismo en la ciencia jurídica y social italiana,* tomo I, Madrid, *Revista de Legislación,* 1890.

Problemas jurídicos contemporáneos, Madrid, *La España moderna,* 1893.

Estudio crítico (sobre la doctrina de Garófalo y de la nueva escuela penal italiana), al frente de la traducción española de *La indemnización á las víctimas del delito,* Madrid, *La España moderna,* 1893, páginas 5-55. Principal fuente para conocer el pensamiento del autor, frente al exclusivismo de las escuelas.

Problemas de Derecho penal, I: Las fuentes del Derecho penal. - La interpretación de las leyes penales.—Las leyes penales en el tiempo. - La ignorancia de las leyes penales. Madrid, *Revista de Legislación,* 1895. Principal obra del autor, que pasará á la posteridad. Sin continuar, por ahora, desgraciadamente.

El reformatorio de Elmira. Estudio de Derecho penal preventivo, Madrid, *La España moderna,* 1898.

Estudios de Derecho penal preventivo: Del Derecho penal represivo al preventivo. - Misión de la justicia penal en lo porvenir. El caso del loco delincuente en el Derecho penal moderno.—La pena propiamente dicha, ¿es compatible con los datos de la Antropología y la Sociología criminales? - Algunas indicaciones sobre el concepto de las faltas y sobre el tratamiento penal de quienes las ejecutan. —Ideas de algunos antiguos escritores españoles sobre prevención de los delitos. — ¿Es posible dar una definición del delito? - La Sociología y el Derecho penal.— Concepciones sociales y penales de Tolstoy, según su novela *Resurrección.*— Sobre el libro *Hampa* del señor Salillas. Madrid, Suárez, 1901.

El Derecho penal en Iberia (Contribución al estudio de la Historia primitiva de España), Madrid, *Revista de Legislación,* 1901.

Asilos para bebedores: Fin á que responden, historia, estado actual, número y organización de los mismos en Europa y América, resultados que producen como medio de lucha contra el alcoholismo. Madrid, Hernández, 1901.

Bases para un nuevo Derecho penal, Barcelona, Gili, 1902.

Valor social de leyes y autoridades, Barcelona, Gili, 1903.

Nuevos derroteros penales, Barcelona, Henrich y Compañía, 1905.

Los peritos médicos y la justicia criminal, Madrid, Hijos de Reus, 1906.

De Criminología y Penología: Acerca de la base de la función penal.—La cárcel.—¿Exige el interés del patrono que la mayoridad penal sea lo más elevada posible?—Diapasón moral.—Un poco de Psicología criminal.—La Psicología criminal ante los crímenes llamativos.—De nuestro matonismo.—Balance penal de España en el siglo XIX.—La criminalidad y la lucha contra la misma en España, durante la Regencia de Doña María Cristina. Las faltas en el Derecho legislado español. Madrid, Viuda de Rodríguez Serra, 1906.

El Derecho y sus sacerdotes, Primera parte, Madrid, *Revista de Legislación*, 1909.

La Psicología criminal en nuestro Derecho legislado, 2.ª edición corregida y aumentada, Madrid, Reus, 1910; antes en *Revista de Legislación*.

Una misma doctrina, con iguales fórmulas, en libros de diverso tamaño y porte. La esencia del pensamiento en *Misión de la justicia criminal en lo porvenir*, Informe al IV Congreso internacional de Sociología, París, 1898, y *El Derecho protector de los criminales*, en *Revista de Legislación*, 1913; dos fórmulas complementarias de anarquismo penal, igualmente bellas y utópicas.

El maestro *Salillas* (n. Angües, Huesca, 20 de Marzo de 1854), Director de la escuela de Criminología, único investigador y pensador genial de la vida criminal y penal de España; psicólogo y sociólogo criminalista.

La vida penal en España, Madrid, *Revista de Legislación*, 1888.

La Antropología en el Derecho penal, Madrid, *Revista de Legislación*, LXXII (1888), 603-629.

Las asociaciones de Patronatos de presos en España, en *Revista de Legislación*, LXXVII (1890), 378 y siguientes.

Museo criminológico español: El corazón en el tatuaje.—El cura Merino, en *La nueva ciencia jurídica*, I (1891), 98, 165, 240, 276, 321 y siguientes; II (1892), 39, 143, 344 y siguientes.

Doña Concepción Arenal en la Ciencia penitenciaria, Madrid, Suárez, 1894, páginas 3-67.

El Delincuente español.—*El lenguaje*. (Estudio filosófico, psicológico y sociológico), con dos vocabularios jergales. Madrid, Suárez, 1896.

El delincuente español.—*Hampa*. (Antropología picaresca). Madrid, Suárez, 1898.

Los locos delincuentes en España, en *Revista de Legislación* XCIV, 1899, páginas 117-142.

Trata de blancas. Discurso leído en el Ateneo de Madrid, Madrid, Rivadeneyra, 1902.

Instrucciones para la formación de topografías criminológicas, Madrid, 1902.

La edad y el delito en España, en *Revista de Legislación*, 1902.

Poesía rufianesca, en *Revue hispanique*, 1905.

Consejo penitenciario. Memoria leída en la sesión inaugural celebrada el 19 de Octubre. Madrid, Arias, 1905.

La fascinación en España (Brujas, brujerías, amuletos). Estudio hecho con la información promovida por la sección de Ciencias Morales del Ateneo de Madrid. Madrid, Arias, 1905.

Un gran penólogo español El coronel Montesinos. Madrid, 1906.

La traslación de los presidios de Africa y la reforma penitenciaria, Madrid, 1906.

Poesía matonesca (Romances matonescos), en *Revue hispanique*, XV (1906), 387-452.

El Anarquismo en el presidio, Madrid, 1907.

Una página histórica fotografiada. La ejecución de Angiolillo, en *Revue hispanique*, XIX (1908), 135-158.

El Tatuaje, Madrid, 1908.

Sentido y tendencias de las últimas reformas en Criminología, en *Asociación para el progreso de las ciencias*, Congreso de Zaragoza, V. Madrid, Arias, 1909, páginas 153-181.

Además dirigió y redactó, casi íntegramente, la *Revista penitenciaria*, Organo oficial del Consejo penitenciario, desde Mayo de 1904 hasta Diciembre de 1908, VI volúmenes de 800 páginas; el *Anuario penitenciario*, de 1890, y la *Reforma penitenciaria*. (Expediente general para preparar la.....), Madrid, García, 1894.

D. César Silió y *Cortés* (n. Ríoseco, Valladolid, 18 de Abril de 1865), ex-subsecretario de Instrucción Pública, elocuente y culto político, cuya intervención— luego abandonada—en el momento más culminante de la renovación de la ciencia penal no puede olvidarse.

La crisis del Derecho penal. Prólogo de Alvarez Taladriz y siete cuadros estadísticos y planos de la temperatura y delictuosidad en los pueblos de España, Madrid, 1891.

La criminalità nella Spagna, en *Scuola Positiva*, 1891 y en *La nueva ciencia jurídica*, I 12-18, 11-78 y 224-232.

El paralelismo entre los delitos de sangre y los delitos contra la propiedad, en *La nueva ciencia jurídica*, II 262-270 y 331-340.

Problemas del día: La civilización y la moral.—Contra el anarquismo y otros. Prólogo de G. Tarde, Madrid, 1899.

C. Bernaldo de Quirós, del Instituto de Reformas Sociales, notable vulgarizador é investigador ligero, más estimable como literato que como científico.

Las nuevas teorías de la criminalidad, 1.ª Madrid, Reus, 1898; 2.ª refundida, con *Prólogo* del Dr. Näcke, 1908 Hay traducciones inglesa de De Salvio, con *Introduction de Schithers, en The Modern Criminal science series,* Boston, Litle, Brown, and C.ª, 1911 y tcheque, de la parte sociológica, por Dr. Thot Laszlo, Budapest, Kundszy, 1906.

La mala vida en Madrid: Estudio psicosociológico (en colaboración con J. M.ª Llanas Aguilaniedo), Madrid, Rodríguez Serra, 1901; traducción alemana, *(Verbrechertum und Prostitution in Madrid)* con Prólogo de Lombroso, Berlín, Marcus. (s. a.). Publicado por la *Biblioteca de psicología sexual,* acervo extraño de ciencia y pornografía.

El Alcoholismo, Barcelona, Gili (1903).

Alrededor del delito y de la pena, Madrid, Viuda de Rodríguez Serra, 1904.

Criminología de los delitos de sangre en España, Madrid. Editorial internacional, 1906.

Vocabulario de Antropología criminal, Madrid, Editorial internacional, 1906.

La picota. (Crímenes y castigos en el país castellano en los tiempos medios), Madrid, Suárez, 1907.

El doble suicidio por amor, Madrid, 1910.

Figuras delincuentes, Madrid, (s. a.)

Teoría del Código penal. (Su examen y crítica). Parte general (en colaboración con A. Navarro de Palencia), Madrid, Suárez, 1911.

Derecho penal, en *Derecho usual,* Manuales «Ciencia y educación», Madrid, «La Lectura» (s. a.), páginas 409-487.

Bandolerismo y delincuencia subversiva en la baja Andalucía, en *Anales* de la Junta de ampliación de estudios, IX, Madrid, Fortanet, 1912.

Métodos y éxitos de la policía contemporánea, en «La Lectura», año XII (1912), tomo III, páginas 345-352.

Neo-bandolerismo, en Id., 1912, II, 149-157.

J. Martínez Ruiz, maestro de la crítica literaria, que ha probado su acierto en la científica.

La Sociología criminal, Prólogo de Pí y Margall, Madrid, Fe, 1899.

E. Cuello Calón (n. Salamanca, 20, Octubre, 1879). Profesor en Barcelona.

El alcoholismo, Salamanca.

La Mafia. Notas sobre la criminalidad en Sicilia. Prólogo de B. de Quirós, Madrid, Viuda de Rodríguez Serra, (s. a.)

La criminalidad anarquista (Memoria doctoral), Salamanca, 1910.

Los procedimientos experimentales para el estudio de la psicología de los niños anormales, en «Anales de la junta para la ampliación de estudios», III, Madrid, 1911, páginas 321-4 2.

El tratamiento actual de la criminalidad de los menores, en «La Lectura», 1912, II, 1-16.

La policía criminal de Berlín, en «La Lectura», 1813, tomo 1.º, páginas 1-10.

La reforma de la legislación penal alemana en *Revista de legislación* CXXIII (1913) 250-287.

Fructuoso Carpena, organizador y director del Instituto criminológico.

El hombre criminal (estudio comparativo de una serie de cráneos), en «Asociación española para el progreso de las ciencias», Congreso de Zaragoza, V, Madrid, 1909, páginas 99-105 y 5 planchas.

Antropología criminal, Prólogo de Salillas, Madrid, Fe, 1909.

Las huellas dactiloscópicas en la prueba judicial, Comunicación al Congreso de las ciencias de Madrid, 1913, Ciencias sociales.

Estatutos del Instituto español criminológico, Madrid, Hernández.

R. P. J. Montes, (n. Matanza, León, 30 de Septiembre de 1865), Profesor en El Escorial, primer investigador en la historia de las ideas penales en España.

La pena de muerte y el derecho de indulto, Madrid, 1897.

Los principios del Derecho penal según los escritores españoles del siglo XVI, 1.ª en *La Ciudad de Dios,* 1903; *Estudios de antiguos escritores españoles sobre los agentes del delito,* Madrid, imprenta Helénica, 1907.

Precursores de la ciencia penal en España: estudios sobre el delincuente y las causas y remedios del delito, Madrid, Suárez, 1911.

Las penas corporales, Madrid 1913.

Federico Castejón (n. Córdoba, 20 de Noviembre de 1888), Profesor en Sevilla, *leader* de la nueva escuela de la defensa social.

Traducción y Prólogo de *La defensa social y las transformaciones del Derecho penal,* de A. Prins, Madrid, Reus, 1911.

Asexualización de anormales, en *Revista de Legislación,* CXIX (1911), 514-524.

Teoría de la continuidad de los Derechos penal y civil. Ensayo filosófico-legal sobre las notas de diferenciación é integración de estos derechos. Madrid, *Revista de Legislación,* 1913.

La legislación penitenciaria, Madrid, Reus, 1914.

L. Jiménez Asúa, pensionado en Berlín, monografía, las modernas instituciones. Es la más fecunda promesa de la juventud actual.

La sentencia indeterminada. Sistema de penas determinadas «a posteriori», Madrid, Reus, 1913. Primer ejemplo de alumno que sale de las aulas de la Universidad con un nombre catalogado en la *Biblioteca jurídica de autores españoles y extranjeros;* autor de una *tesis doctoral* que merece, como en el Extranjero, todas las consideraciones editoriales de un libro científico. Publicará en breve: *La ley del perdón.*

Los autores de *obras de texto* para las cátedras; alguna vez científicas.

R. Rueda, Profesor que fué en Santiago y Madrid, *Elementos de Derecho penal,* 2.ª, Santiago, 1889.

J. Valdés, Profesor en Madrid, *Programa razonado de un curso de Derecho penal,* 1.ª, Madrid, 1892, 2.ª, 1910, 2 volúmenes.

González Lanuza, Profesor en la Habana, *Programa razonado de Derecho penal,* Habana, 1892.

Leal de Ibarra, Profesor que fué en Granada, *Derecho penal,* 2.ª edición, Granada, López Guevara, 1904.

J. Rovira, Profesor en Santiago, *Programa de Derecho penal,* I, Santiago, 1912; por no citar sino los más conocidos y modernos.

§ 12. *La legislación penal extranjera en el siglo XIX.*

Bibliografia. — *Die Srafgesetzgebung der Gegenwart in rechtsvergleichende Darstellung.* (La legislación penal actual comparada (1), editada por la Unión internacional de Derecho penal, I. El derecho penal de los Estados europeos, edición por von Liszt, 1894 (Vid. Birkmeyer, en *Zeitschrift* XVI 95; II. El Derecho penal de los Estados no europeos, edición por von Liszt y Crusen, 1808, (con Apéndices al primer tomo); Complementos en *Mitteilungen,* IX y siguientes. — *Sammlung ausserdeutscher Srafgesetzbücher in deutscher Übersetzung* (Colección de Códigos penales extranjeros, traducidos al alemán), edición por la redacción de la *Zeitschrift* de Liszt. - *Vergleichende Darstellung des deutschen und ausserdeutchen Strafrechts. Vorarbeiten zur deutschen Strafrechtssreform* (Exposición comparada del Derecho penal alemán y extranjero. Trabajos preparatorios para la reforma del Derecho penal), edición á ruego del despacho de legislación, por Birkmeyer, van Kalker, Frank, von Hippel, Kahl, von Lilienthal, von Liszt, Wach, 1905-1909, 16 volúmenes.

I *Austria-Hungría.*

1. *Austria.*—Véase Hiller, stg. I. 115. El Código penal vigente de 27 de Mayo de 1852 es solo una edición corregida del Código de 1803 (Véase arriba § 7, II, 1). Proyectos de von Hye, 1867; Glaser, 1874; Prazat, 1881; Schönborn, 1889 y 1891 (Véase *Zeitschrift,* XIV 221). Nuevo Anteproyecto de Septiembre de 1909 (impreso en la *Zeitschrift,* tomo XXX).

Obras principales: Herbst *Handbuch,* 7.ª edición, tomo I, 1882; II, 1884. Janka, *Lehrbuch,* 4.ª edición por Kallina, 1902. Finger, *Lehrbuch,* I, 2.ª edición, 1902; II, 1.ª edición, 1895. Lammasch, *Grundriss,* 3.ª edición, 1906. Stooss, *Lehrbuch der österreichischen Strafrechts,* 1.ª edición, 1909-10 (2.ª edición, 1913). Stooss y von Künssberg, *Allgemeine Bestimmungen österreichischen*

(1) En alemán y en francés. Hay traducción española de Posada, *La legislación penal comparada,* Madrid, *Revista de Medicina y Cirugia,* 1895). Las citas del texto se refieren á la edición alemana, con la abreviatura stg.

Strafgesetzbücher (1768 1852), 1909. Hoegel, *Geschichte des österreichischen Strafrechts in Verbindung mit einer Erläuterung seiner grundsätzlichen Bestimmungen* (Historia del Derecho penal austriaco, con una exposición de su doctrina fundamental), 1904 y siguientes. - Ediciones académicas de Cramer (ahora de Löffler y Lorenz), 21.ª edición 1908 y Löffler, 1904. —Jurisprudencia del tribunal de casación desde 1876 (en Mauz).—Código penal militar de 16 de Enero de 1865; edición Koller, 2.ª 1901. Código penal de impuestos, de 11 de Julio de 1835.

2. *Hungría*.—Vid. von Wlassies, stg., I, 162, y Fayer, stg., II, 459; *Mitteilungen*, IX, 257. Interesantes proyectos de 1791-92 (publicados en 1899) y de 1843 (publicados en cuatro volúmenes por Fayer en 1896 á 1902). De 1852 á 1861 está vigente el Código penal austriaco. Nuevo Código penal de 1878 á imitación del alemán, en vigor desde 1.° de Septiembre de 1880. Traducción oficial alemana de 1878. Materiales para su estudio, por Löw, 1880, dos volúmenes. Proyectos de nueva ley de 1888 Código penal de las faltas de 12 de Junio de 1879. Traducción oficial alemana de 1879. Ley de 1908, en vigor desde 1.° de Junio de 1910. Trabajos científicos de Fayer, 3.ª edición, 1905, Finkey, Horovitz. Kautz, Nemeth, Schnierer, Werner; Comentarios de Illés, tres volúmenes.

3. El Código penal austriaco de 1852 está vigente también en Croacia, Slavonia y en Lichtenstein. Sobre el proyecto crocta de 1879, véase Tauffer, 1882; Silovic, en *Mitteilungen*, VI, 157. En Bosnia y Herzegovina fué introducida la legislación austriaca en 1889, con pequeñas modificaciones.

II.—*Holanda.*

Véase van Hamel, stg., I, 189: Muy pronto empezaron las inquietudes por abolir el Código penal del año 1811, que había sustituído al Código penal indígena de 31 de Enero de 1809. Hay proyectos de 1827, 1839 á 1846 y 1859. Primero el proyecto de 1875 condujo al Código penal de 3 de Marzo de 1881, en vigor desde 1.° de Septiembre de 1886; la obra excelente del determinista A. F. J. Modermann († 1885). Traducción alemana en suplemento á la *Zeitschrift*, tomo I. Código penal militar de 27 de Abril de 1903. En la *India* holandesa está vigente para los europeos un Código penal de 1866, modificado en 1875 (edición de Pinto). Proyecto de un nuevo Código de 1891. Para los indios un Código penal de 1872, modificado en 1876 y 1879. En la *India occidental* (Lurinam y Curaçao), Código penal de 1868 (ediciones de van der Kinderen).

H. J. Smidt, *Geschiedenes van het Wetbock van Strafrecht*,

3.ª edición, 1900 y siguiente, cinco volúmenes. Comentarios al Código penal de van Swinderen, 1889 y siguiente. Edición de materiales completos en Belinfanto seis partes, 1879 á 1886 (*Zeitschrift,* IX, 374). Tratados de van Hamel (1889), 2.ª edición, 1907; Simons, I, 1904; II, 1907. Elementos de Pols, 1879. Tijdschrift voor Strafrecht (Revista de Derecho penal) desde 1886

III.—*El Norte escandinavo.*

1. *Dinamarca.*—Vid Olrik, stg., I, 207; *Mitteilungen,* VI, 210 y IX, 215. Código penal de 19 de Febrero de 1866 (edición académica de Olrik, 1902); traducción alemana de Bittl en suplemento á la *Zeitschrift,* tomo XXI Código penal militar de 7 de Mayo de 1881; traducción alemana en suplemento á la *Zeitschrift,* tomo II. Obra principal: Goos, *Den Danske Strafferet* (El Derecho penal danés), 1875 y siguientes. El Código penal *islandés* de 25 de Junio de 1869 está de acuerdo en lo esencial con el danés.

2. *Suecia.* Vid. Uppström, stg., I, 244. Código penal de 16 de Febrero de 1864, en vigor desde 1. de Febrero de 1865. Modificaciones parciales por leyes de 28 de Octubre de 1887 y 20 de Junio de 1890. (Proyecto en preparación desde 1888). Tratado de Hagströmer († 1910), I, 1901. Código penal militar de 7 de Octubre de 1881; traducción alemana en suplemento á la *Zeitschrift,* II.

3. *Noruega.*—Vid. Getz († 1901. Necrología en la *Zeitschrift,* XXII, 481)) stg., I, 227. Proyecto de 1832. Al Código penal de 1842 (traducción alemana de Thanloso, 1845. Comentario de Schweigaard), sustituyó el de 22 de Mayo de 1902 (desde 1.° de Enero de 1905), preparado por Getz y Hagerup, que significaba el triunfo de las ideas nuevas. Edición académica de Hagerup. Traducción del proyecto y de la ley (por Urbuge y Rosenfeld) en suplemento á *Mitteilungen,* VII y XII. Traducción de la Exposición de motivos á la Parte general, por Bittl, 1907. Código penal militar de 22 de Mayo de 1902.

El Derecho penal de los *tres estados* está expuesto por Goos en la *Nordisk Retsencyklopädie* (Enciclopedia del Derecho nórdico), 1882 y 1899.

IV.—*Rusia.*

1. *El imperio ruso.*—Vid. Foinitzky, stg., I, 269. Al Código penal de 1866 (traducción alemana, San Petersburgo, 1868), sustituyó el Código penal de 1903, preparado por Taganzeff y Foinitzky. Traducción francesa de Pedone, París, 1906. Juicios del

Proyecto, por Geyer, *Zeitschrift*, III, 598; IV, 185; VI, 559; véase Liszt, *Aufsätze*, 1, 180; Foinitzky, en *Berliner Jahrbuch* (Anuario berlinés), I, 588; Lielmann, en *Zeitschrift*, XXII, 589. Juicios sobre el Código por Maryolin, en *Zeitschrift*, XXIV, 564; Gretener, en *Gerichtsahal*, LXVII, 1.—Sobre el *Lehruch* de Foinitzky, vid. Wesnitsch, en *Zeitschrift*, X, 447; sobre su *Lehre von der Strafe*, vid. Sliosberg, en *Zeitschrift*, XI, 701. Además, Tratados de Taganzeff, Spassovitsch, Sergejewsky, Neklüdoff y otros.

2. *El gran principado de Finlandia*.—Vid. Forsmann, stg., I, 313. Código penal de 19 de Diciembre de 1882, que sustituye en 23 de Abril de 1894 á la legislación sueca de 1734. Traducción alemana en suplemento á la *Zeitschrift*, XI, y francesa de Beauchtel, 1890. Vid. Forsmann († 1899), en *Zeitschrift*, XI, 578. Proyectos de 1875 y 1884. Código penal militar de 16 de Julio de 1886 (que será rehecho).

V.—*El Sudoeste en Europa*.

1. *Bulgaria*.—Schischmanow, en stg., I, 331. El mismo, en *Berliner Jahrbuch*, II, 194. Hinkoff, en *Mitteilungen*, X, 66. Hasta el año 1885 rige el derecho turco. Código penal de 4 de Marzo de 1896, preparado por Stoiloff, á imitación del proyecto ruso. Traducciones alemanas de Krüger, 1897 y de Teichmann, en suplemento á la *Zeitschrift*, tomo XVIII.

2. *Grecia*. Vid Kypriades, stg., I, 336. El Código penal de 10 de Enero de 1834, á imitación del bávaro (edición alemana 1834), es reformado muchas veces, especialmente en 1864. Proyecto de 1871. Obras principales: Manual de Larípolos, 1868 á 1871; Tratado de Kosti, 1871 á 1879, 3 volúmenes; 2 ediciones, 1892 al 93. Vid., von Thot, en *Gerichtsaal*, LXXI, 163.

3. *Montenegro*.—Véase Dickel, stg., I, 339. El Código penal, *Daniel I*, de 1885 (traducción alemana 1889), es sustituído por el de 23 de Febrero de 1906, á imitación del derecho austriaco y servio.

4. *Rumania*.—Véase Missir, stg., I, 343. Tanoviceano, en *Mitteilungen*, IX. 261. El Código penal de 1864, en la redacción de 17 de Febrero de 1874, se enlaza con el francés. Reforma de 23 de Febrero de 1894. Ley de Justicia militar de 9 de Abril de 1894.

5. *Servia*.—Véase Wesnitsch y Josefowitsch, stg., I, 352. El Código penal de 27 de Marzo de 1860 está hecho á imitación del prusiano de 1851. Nuevas leyes de 1899 y 1904. Código penal militar de 28 de Abril de 1864. Sistema de Awakumowitsch; comentario de Zenitsch.

VI.—*Suiza.*

Véase Teichmann, Gautier, Gabuzzi, stg., I, 361. Gautier, en *Mitteilungen*, VI, 61 y IX, 232. Teichmann, en *Mitteilungen*, IX, 218. De 4 de Mayo de 1799 á 1803 está vigente la legislación penal de la República francesa (Código de 1791) como Código penal suizo.

Posteriormente, Suiza llega á la unidad penal por la ley federal de 4 de Hernung de 1853, que regulaba los delitos contra la federación, los delitos de los empleados y algunos otros. Con éstos, otras leyes federales contenían toda una serie de disposiciones penales, coleccionadas por Kronaner, *Kompendium des Bunderstrafrechts* (compendio de Derecho penal federal), 1903. La ley federal de 27 de Agosto de 1851 contiene el Derecho penal para las tropas federales; ordenanza militar de 28 de Junio de 1889. Está en preparación un Código penal para toda la Federación. Los trabajos preparatorios están encomendados al Profesor Stooss, en Viena (antes en Berna). Colección de Códigos penales suizos, 1890 Stooss, *Die Grundzüge des schweizerischen Strafrechts, im Auftrüge des Baudesrates vergleichend dargestellt.* (Los caracteres del Derecho penal suizo, expuestos comparativamente por encargo del Consejo federal), I, 1892; II, 1893. Proyecto (preparado por Stooss) 1893-94 (juzgado por von Lilienthal en la *Zeitschrift*, XV, 97). Proyecto de la Comisión de peritos, 1896 (publicado como suplemento á *Mitteilungen,* VI; juzgado per Beling, en *Zeitschrift*, XVII, 303). Proyectos posteriores de 1903 y 1908. Bibliografía para el proyecto por Teichman, en *Shweizerische Zeitschrift*, XI, 189, y por Hafter, 1908. En la parte general de los proyectos han tenido realización las ideas político-criminales defendidas por la Unión internacional de Derecho penal, abriéndose paso, como en el Código penal no ruego.

Los veintidós Códigos penales de los cantones particulares (en cuanto éstos no carecen completamente de la reglamentación legal del Derecho penal y se guían en su práctica criminal por ordenanzas particulares y usos judiciales), difieren mucho unos de otros; pues mientras los cantones germánicos reflejan, más ó menos fielmente, el estado actual de la ciencia y de la legislación alemanas, en cambio los franceses, especialmente Genf, toman por modelo al Código penal francés. Véase Pfenninger (†1896), *Das Strafrecht der Schweiz.* (El Derecho penal suizo), 1890.

Uri y Nidwalden carecen de Código penal. Rigen antiguas leyes en Waadt, 1843-44 (proyecto de 1882); Glaubungen, 1851; Wallis, 1858-59; Schaffhausen, 1859 (nuevas leyes de 1891). Nuevos Códigos han sido introducidos en Obwalden, 1864-65 (modificado en parte en 26 de Abril de 1908); Berna, 1866-57 (edición Stooss, 2, 1826); Glarus, 1867 (rehecho en 7 de Mayo de 1899); Thugan, 1868; Zurich, 1871, redacción de 6 de Diciembre de 1897 (publicado por Benz-Züzcher, 4.ª edición, 1908); Baselstadt, 1872-73 (edición, 1887); Baselland, 1873; Tessino, 1873; Friburgo, 1873; Genf, 1873; Zug, 1876 (con modificaciones de 1882); Appenzell sobre el Rhin, 1878; Schwiz, 1881; San Gall. 1885 (en aplicación desde 1.º de Mayo de 1886); Solothurm, 1885 (en vigor desde 1.º de Julio de 1886); Aargau, 1857; con leyes complementarias de 1886 y 1903 (edición Huber, 1904); Neuenburg, de 12 de Febrero 1891 (preparado por Cornaz); Appeuzell en el Rhin, de 30 de Abril de 1899; Lucerna, de 22 de Mayo de 1906 (sustituyendo al Código penal de 1860, desde 1.º de Enero de 1907). Véase la importante *Schweizerische Zeitschrift fur Strafrecht* (*Revue pénale suisse*), fundada por Stooss, hoy editada en colaboración con Hafter (desde 1888).

VII.—*Francia, Bélgica, Luxemburgo, Mónaco.*

1. *Francia.*—Véase Rivière, stg., I, 435 y *Mitteilungen,* VI, 38. Aquí el Código penal de 1910 (véase arriba § 7, II, 3) ha sido transformado por leyes repetidas y en parte de honda huella (18.2, 1848, 1850, 1854 1863, etc.). Código penal militar para el Ejército de 9 de Junio de 1857; para la Marina, de 4 de Junio de 1858. Merecen citarse, en la literatura penal: Chaveau y Helie, *Théorie du code pénal*, 6.ª edición (de Willey) 1887 y siguientes, 6 volúmenes; Ortolan († 1873), *Elements du droit pénal,* 5.ª edición, 1886, 2 volúmenes; Willey, *Précis d'un cours de droit criminel*, 5.ª edición 1891; Blanche, *Etudes pratiques sur le Code pénal,* 2.ª edición, 1888-91, 7 volúmenes; Boitard, *Leçons de droit criminel,* 13.ª edición (de Willey), 1890; Laborde, *Cours élémentaire de droit criminel,* 2.ª edición, 1898; Garraud, *Précis de droit criminel,* 8.ª edición, 1904; Molinier-Vidal, *Traité,* 1893-94, 2 volúmenes; Normand, *Traité élémentaire,* 1896; Vidal, *Cours de droit criminel et de science pénitentiaire,* 3.ª edición, 1906; Saleilles, *Individualisation de la peine,* 2.ª edición 1909 (traducción española de J. Hinojosa, Madrid, Reus, 1914), Especialmente, Garraud, *Traité théorique et pratique de droit pénal français,* 2.ª edición, 1898 y siguiente, 5 volúmenes y Garçon, *Code pénal annoté,* 1901 y siguiente, *Revue pénitentiarie,* (editada por la *Société générale des prisons*) La reelaboración del Código penal está dete-

nida. El Proyecto de la parte general se publicó en *Mitteilungen*, IV, 165. Sobre la *India francesa,* véase E. Fauvel, en *Journal de droit criminel,* 1884. En *Cochinchina* se introdujo el Código penal en 1880.

2. *Bélgica.* - Véase Prins, stg., I, 461 y *Mitteilungen* VI, 202; y Lenz, *Mitteilungen,* IX, 211 Aquí rige el Código penal francés, desde 1867, en forma mejorada esencialmente; Haus († 1881), *Principes generaux du droit pénal belge,* 3.ª edición, 1879, 2 volúmenes; Nypels, *Le code pénal belge interprété,* nueva edición de Servais, 1896, 3 volúmenes; Thry, *Cours de droit criminel,* 2.ª edición, 1899; Prins, *Science pénale et droit positif,* 1899; Código penal militar de 15 de Junio de 1899.

3. *Luxemburgo.*—Véase Berg, stg., I, 472; Delahaye, en *Mitteilungen,* XI, 63. El Código penal de 1879 está hecho á imitación del belga; edición franco-alemana de Ruppert, 1900.

4. *Mónaco.* —Véase Turrel y Crusen, stg., I, 475. El Código penal de 12 de Diciembre de 1874 se parece mucho al Código penal francés.

VIII.—*La península ibérica.*

1. *España.*—Véase Rosenfeld, stg., I, 483. Código penal de 1848. Transformación de 1.° de Enero de 1871. Proyectos repetidos en los años del 80 Código penal militar de 17 de Noviembre de 1884. *Código de justicia militar,* de 27 de Septiembre de 1890. Obra capital: Silvela, *El Derecho penal,* etcétera, 1874-1879. Viada y Vilaseca, *Código penal,* de 1890 (1891), 4 volúmenes; R. Rueda, *Elementos de Derecho penal* 2.ª edición, 1889, 3 volúmenes; García, *El Código penal,* I, 1908. Juicio de los proyectos por Kirchenheim y S. Mayer, en *Gerichtsaal,* XXXVII, 417 y XL, 272.

2. *Portugal.* —Véase Tavares de Medeiros, stg., I, 535. Código penal de 10 de Diciembre de 1852; rehecho del 14 de Junio de 1884 al 16 de Septiembre de 1886. Traducción alemana de Zamder, en Suplemento á la *Zeitschrift,* tomo XXIV.

IX.—*La península italiana.*

1. *Italia.*- Véase Alimena, stg., I, 581; II, 533 y *Mitteilungen,* IX, 263. - 1. Estado jurídico hasta 1890: en Cerdeña y Piamonte rige el Código penal albertino de 26 de Octubre de 1857; en Lombardía y Venecia, el Código penal austriaco de 1852; en Parma y Piazenza, el Código penal de 1820; en Módena, el Código penal

de 1852; en Toscana, el Código penal de 29 de Junio de 1853 (transformado en 1856) á imitación del de Bad, por influencia de Mittermaier; en las dos Sicilias, el Código penal de 1813; en los Estados pontificios, la Ordenanza gregoriana de 1832.—II Desde 1859, el Código penal de Cerdeña (en el Norte, rige la redacción de 1859; en el Sur, la de 1861 va poco á poco, extendiéndose á toda la península, con excepción de Toscana. Pero inmediatamente empiezan los trabajos preparatorios de un Código nuevo y único, que continúan durante dos decenios —numerosos proyectos - hasta la aceptación del proyecto Zanardelli III. Desde 1.° de Enero de 1890 está en vigor el Código penal de 0 de Junio de 1889. Traducción alemana, en Suplemento á la *Zeitschrift,* X y otra de Stephan, 1890; francesa de Turrel, Lacointa, Larraute, 1890. Véanse los trabajos parlamentarios en la *Rivista penale,* fundada y dirigida desde 1874 por Lucchini. Juicios sobre el Proyecto Zanardelli por von Liszt, 1889 (*Aufsätze,* I 252); H Seufert, *Mitteilungen aus den Entwurf eines Strafgesetzbuch für Italien* (comunicaciones sobre el proyecto de Código penal para Italia), 1888 y otros. Elaboraciones del nuevo Código penal por Gogliolo, Crivellari, Travaglia, Pessina Puglia, Majno y otros. *Trattato di diritto penale,* por Zerboglio, Florián, Pozzolini, Viazzi, Puglia, Sighele (1906 y siguientes). 8 volúmenes: Civoli, *Lezioni di diritto penale,* 1895-96, 2 volúmenes Lanza, *Trattato teorico pratti-co,* 1896. Tuozi, *Curso di diritto penale,* 2.ª edición. 1899 y siguientes, 4 volúmenes. Obras clásicas: Carrara († 1888), *Programma del corso di diritto criminale,* Parte general, 3 volúmenes, Parte especial, 7 volúmenes, 1863 y siguientes. Las nuevas leyes penales se hallan en la *Rivista penale.* Nuevo Código penal militar en preparación. La *Rivista di discipline carcerarie* aparece desde 1897, nuevamente dirigida por Beltrani-Scalia.

2. En *San Marino* rige un Código penal de 15 de Diciembre de 1865. Véase Alimena, stg., I, 606.

X.—*Los estados de Derecho anglo-americano.*

1. *Gran Bretaña.* Atinada exposición de Schuster, stg., I, 611. El mismo, en *Mitteilungen,* X, 52. Aschrott, en *Zeitschrift,* XVII, 1. El Derecho inglés se funda en el Derecho consuetudinario *(common law),* en la jurisprudencia *case law)* y en las leyes *(statute law).* En el *Criminal law consolidation statutes* de 1865, experimentan una nueva forma los más importantes grupos de delitos (delitos contra la propiedad y delitos contra las personas). Desde que J. F. Stephen en 1860 llegó á lograr un Código penal

para la India (reformado en 1870, 1882, 1886 y 1896), se tomó en consideración el pensamiento de una legislación penal única para la gran Bretaña. Pero los proyectos de 1878, 1870 y 1880, volvieron á caer en 1883 al ser leídos, á causa de la oposición que hallaron en el parlamento. *Bibliografía:* Ashrott, *Strafensystem und Gefägniswessen in England* (Sistema penal y régimen penitenciario en Inglaterra), 1887. J. F. Stephen, *A Digest of the criminal law: crimes and punishment*, 6.ª edición, 1904. El mismo, *A history of the criminal law in England*, 1883, 3 volúmenes. Russel, *A treatise on crimes and misdemeanors*, 6.ª, edición (Smith) 1896, 3 volúmenes. Harris, *Principles of the criminal law*, 7.ª edición (Attenbrough), 1896. Kemey, *Outlines of criminal law*, 1902. Phillips, *Comparative criminal jurisprudence*, 1889, 2 volúmenes. El mismo, *Manual of Indian criminal law*, 1883. Mayne, *The criminal law of India*, 3.ª edición, 1905, Nelson, *The indian penal code act*, etcétera, 1901. En el Código penal indio se fundan los *Setlements de Singapoore* y los *Straits Settlement* (9 de Agosto de 1871); sobre esto véase Phillips, Código penal, II, 221. Sobre las *colonias inglesas*, véase Burestch, stg., II, 269. Tienen codificación, entre otros, Canadá, 1892; Victoria, 1890; Quensland, 1899; Australia occidental, 1902; Sudán, 1899. El Derecho inglés rige también, desde 1854, en *Malta*. En la isla de *San Mauricio* está en vigor todavía una Ordenanza francesa de 1838. En los territorios antiguamente independientes de las Repúblicas de Baren rige el Derecho patrio holandés. Véase Byl, stg., II, 419.

2. El Derecho penal de los *Estados Unidos* del Norte América se basa, en lo esencial, sobre los mismos fundamentos que el Derecho inglés, y tiene el mismo carácter. En los últimos años se han hecho ensayos de codificación penal en la mayor parte de los Estados (no siempre con éxito). Es importante el Código penal de Nueva York de 1881 (traducción alemana en la *Zeitschrift*, IV). El Derecho común tiene contenido penal únicamente en algunas leyes federales. Exposición acertada de Beale, stg., II, 125. Obras nuevas: Bishop, *Comentaries on criminal law*, 8.ª edición, 1892, 2 volúmenes. Wharton, *A treatise on criminal law*, 10.ª edición. (Lewis), 1895 2 volúmenes. Mc. Clain, *Criminal law*, 1897, 2 volúmenes. Proyecto de un Código penal federal de 1901 y 1908, promulgado como ley en 1909. *Hawai*, anexionado en 1898, tiene un Código penal de 1850. En *Cuba, Puerto Rico y Filipinas*, rige el Derecho español en Códigos penales copiados; en Cuba y Puerto Rico, el de 21 de Mayo de 1879; en Filipinas, el de 4 de Septiembre de 1884.

XI.—*Los Estados Centro y Sud-americanos.*

1. *Méjico.*—Eisenmann, en *Zeitschrift*, XIV, 19, y *Strafgesetzgebung*, II, 113. Código penal de 7 de Diciembre de 1871; nueva redacción de 1884. Traducción alemana en Suplemento á la *Zeitschrift*, XIV. Código penal militar de 13 de Octubre de 1898.

2. *Costa Rica.* - Eisenmann, stg., II, 140. Código penal de 27 de Abril de 1880 (en estrecha conexión con el de Chile). Reelaboración de Orozco, 1882.

3. *Honduras.* Uclés, stg., II, 133. Código penal de 27 de Agosto de 1880 (modelo Chile); Código penal militar de 31 de Mayo de 1881. Los dos han sido rehechos (el primero conforme al modelo español), en vigor desde el 1.° de Enero de 1899. Véase *Mitteilungen*, II, 67.

4. *Guatemala.*—Saravia, stg., II, 146. Código penal de 15 de Febrero de 1889.

5. *Nicaragua.* Selva, stg., II, 129. Código penal de 1891 (sustituyendo al viejo Código penal de 1879).

6. *Brasil.*—Araujo-Crusen, stg., II, 169. Araujo en *Mitteilungen*, XI, 70 En lugar del Código penal de 16 de Diciembre de 1830 (Comentarios de Tinoco, 1886 y de Vieira de Araujo, 1889), está vigente el Código penal para los Estados Unidos del Brasil de 15 de Octubre de 1890 imitado del italiano). Véase Comentarios de Araujo, 1896 á 1902. Proyectos de 1893 y 1899.

7. *Chile.* - Robustiano Vera, stg., II, 13. Código penal de 12 de Noviembre de 1874 (edición oficial de 1889). Se relaciona mucho con el modelo español. Comentarios de Vera, 1883. Traducción alemana en Suplemento á la *Zeitschrift*, XX.

8. *Bolivia.* - Eisenmann, stg., II, 161. Código penal de 3 de Noviembre de 1834.

9. *Perú.*—Crusen, stg., II, 55. Código penal de 23 de Septiembre de 1862 (vigente desde 1863) Código penal militar de 20 de Diciembre de 1898.

10. *Colombia.* - Crusen, stg., II, 89. Código penal de 18 de Octubre de 1890.

11. *República Argentina* — Piñero, stg., II, 1. Código penal de 25 de Noviembre de 1886, en vigor desde 1.° de Marzo de 1887. Proyecto de 1906 y 1907. Obra principal: Rivarola, *Exposición y crítica del Código penal*, 1890, 3 volúmenes.

12. *Uruguay.* - Martínez, stg., II, 73. Código penal de 17 de Enero de 1889, en vigor desde 18 Julio de 1890 (imitado del italiano).

13. *Paraguay.*—Eisenmann, stg., II, 81. Código penal de 21 de Julio de 1880.

14. *Venezuela.*—Código penal de 8 de Abril de 1904, que sustituyó á los Códigos penales de 1873 y 1897. Ochoa-Rosenfeld, stg., II, 45. Ochoa, *Exposición del Código penal venezolano*, 1888. El mismo, en *Mitteilungen*, II, 47.

15. *Ecuador.*—Crusen, stg., II, 21. Código penal de 1906; sustituyó á los de 1873 y 1890.

16. *Santo Domingo.*—Código penal de 20 de Agosto de 1884. Véase stg., II. 433.

17. *República de Haiti.*—Código penal de 1835. Edición académica de Chaumette, 1901. Véase stg., II, 435.

XII.—*Turquía.*

Véase Van der Berg, stg., I, 710. Sacha, *Muhamedenisches Recht nach Schaffütischer Lehre* (Derecho mahometano, según la teoría sefardita), 1897.—Código penal de 25 de Julio de 1858, (frecuentemente modificada, sobre el espíritu del Derecho francés. Traducción francesa, 1883.—Sobre *Egipto*, véase Abon-el-Fetauh, en *Mitteilungen*, VI, 411 y XI 247. Código penal de 14 de Febrero de 1904 para los indígenas (en lugar del Código penal de 13 de Noviembre de 1883). Traducción oficial francesa, 1907.—Sobre *Marruecos*, véase stg., II, 415.

XIII.—*Los Estados post-asiáticos.*

1. *China.*—No hay Código penal. Las únicas fuentes del Derecho son las ordenanzas publicadas en la revista oficial. Sind, *A capter of the Chinese penal law code*, 1887. Kohler, *Chinesisches Strafrecht*, 1886. Staunton (Renouard de Sainte-Croix), *Ta-tsing-len-lee ou les lois fondamentales du Code pénal de la Chine*, 1812, 2 volúmenes (hay traducción española). (Len-lee es la colección de las disposiciones penales) Alabaster, *Notes and conmentaries on Chinese criminal Law*, 1899 Krebs, stg., II, 369 En la actualidad las autoridades se ocupan de un Proyecto de Código penal.

2. *Japón.*—Código penal de 1907, en vigor desde 1.° de Octubre de 1908. Traducción inglesa de Lönholm. Traducción alemana en Suplemento á la *Zeitschrift*, XXVIII.—Sobre el primitivo Código penal de 1880, véase Lönholm, stg, II, 353 Boissonnade, *Proyet revisé de Code pénal pour l'empire du Japon*, 1886. Micnachi, *Zur Kenntniss des Geschichte des japanischen Strafrechts* (Datos para

la historia del Derecho penal japonés), 1887.—Proyectos de 1899, traducido por Okada en Suplemento á *Mitteilungen,* VIII, y de 1903 Sobre esto, véase Mumm en *Gerihtsaal,* LXII, 136.—Código penal militar de 1882.

3. *Siam.*—Código penal de 1.° de Junio, en vigor desde 22 de Septiembre de 1908; traducción francesa de Padoux, 1909. Véase Peschke, en *Zeitschrift*, XXX, 15.

4. *Corea.* - Código penal de 1.° de Agosto de 1908, Crémazy, *Le code pénale de la Corée*, 1904. Se prepara un nuevo Código penal.

XIV.—*Estado del Congo.*

El miembro más joven de la familia de los Estados, el *Estado del Congo,* posee un Código que entró en vigor en 1.° de Agosto de 1888. Publicado en el *Bulletin officiel de l'Etat Indépendant du Congo,* Junio de 1888. Nueva redacción de 19 de Diciembre de 1896. Véase Louwers *Lois en vigueur dans l'Etat indépendant du Congo,* 1905.

§ 13.—*El Anteproyecto de Código penal alemán.*

I. *Los trabajos preparatorios.* — La transformación de la legislación penal alemana, reconocida hacía tiempo como una necesidad, se hace inminente, á los comienzos del siglo. Los mentores de ambas direcciones, dentro de la ciencia penal (Véase abajo, § 17), dejando atrás contiendas escolares, se mostraron prontos para colaborar unidos (1) en la solución del gran problema.

El *Congreso de los jurisconsultos alemanes* que hasta entonces sólo había tratado tangencialmente las cuestiones de reforma penal y no desde el punto de vista orgánico, puso por primera vez, en el año 1902, la revisión del Código penal en su orden del día, y en éste, como en los siguientes Congresos, se esforzó en poner los fundamentos para crear la nueva obra legislativa. Sus debates vinieron á asociarse, completándolos, á los trabajos del *grupo alemán* de la *Unión internacional del Derecho penal*, que, desde su fundación, se había orientado y esforzado en preparar la reforma del Derecho penal alemán.

El 28 de Noviembre de 1902 se congregó en los locales del Ministerio de Justicia un libre *Comité científico,* que se había formado con intervención del Secretario de Estado Dr. Nieberding y se componía de representantes de las diferentes direcciones. La escuela clásica estaba representada por los Profesores *von Birkmeyer*, de Munich; *Wach,* de Leipzig, y *Kahl*, de

---

(1) Véase la Exposición de Kahl, en *Deutsche Juristentag,* (Congreso jurídico alemán), VII, 301, de 1.º de Julio de 1902, y nuestra exposición de adhesión en el lugar citado.

Berlín. La dirección moderna, por *Hermann Seuffert*, de Bonn; *von Lilienthal*, de Heidelberg y el *autor* de este libro. Una dirección intermedia tenía por representantes á *van Kalker*, de Strasburgo y *Frank*, de Tubinga. Sustituyendo á *Seuffert*, que había muerto ya antes de la reunión del Comité de 23 de Noviembre (Véase nuestra Necrología en la *Zeitschrift*, XXIII, 223 y *Aufsätze*, II, 448), entró *von Hippel*, de Gottinga.

Del Comité partió una proposición: para preparar la reforma de la legislación penal imperial, editar una obra que contuviese todas las materias penales en *exposición comparada*, de modo que los resultados de la comparación jurídica, críticamente hecha, se ajustasen á las proposiciones para la legislación alemana.

La obra fué comenzada y activada pronto por unos cincuenta colaboradores, entre los que se contaban, con raras excepciones (por ejemplo, *Binding*, de Leipzig, que rechazó la colaboración), todos los Profesores de Derecho penal en las universidades alemanas. En el año de 1909, apareció la *Vergleichende Darstellung des Deutschen und Ausländischen Strafrechts* (Exposición comparada de Derecho penal alemán y extranjero), edición otto Liebmann, de Berlín, en 16 tomos, de los cuales 6 pertenecen á la parte general, 9 á la especial y en el último el índice: una brillante prueba del progreso de la ciencia penal alemana.

II. Entretanto, habían empezado los trabajos para el establecimiento del *primer proyecto de Código penal alemán*. En 1.° de Mayo de 1906 se había reunido en el Ministerio de Justicia una Comisión compuesta de jurisconsultos prácticos que recibió el encargo de hacer «un anteproyecto articulado para un nuevo Código penal alemán, con exposición de motivos». La Comisión se componía de cinco miembros: el Director del Ministerio de Justicia de Prusia, *Lucas*, como Presi-

yecto en las publicaciones, ha sido favorable sobre todas las esperanzas (1), lo mismo en la prensa diaria, que en la crítica técnica. Unicamente la prensa social democrática se ha opuesto al Proyecto, rechazándole sin distingos; y el intransigente clásico *von Birkmeyer*, de Munich (2), levantó viva protesta contra las disposiciones progresivas del Proyecto. *Aschrott* y *nosotros*, para unificar la crítica y así esclarecer el desarrollo progresivo del Proyecto, hemos publicado en 1910 una obra de colaboración en dos tomos, bajo el título: «La reforma del Código penal» (*Die Reform des Strafgesetzgebung*), donde son examinados, uno por uno, los paragrafos del Proyecto por diferentes autores.

Así han participado en el trabajo todos los grupos para promover esta obra nacional con todas sus fuerzas. Y así hallaron valioso apoyo, al mismo tiempo, en los esfuerzos que se encaminaban con el mismo fin y en la misma dirección en otros países, especialmente en Suiza y Austria.

---

(1) Véase von Lilienthal, von Liszt, van Kalker, Mittermaier, en la *Zeitschrift*, de Liszt, XXX, 224, 250, 180, 263; von Listz, en *Osterreichische Zeitschrift, für Strafrecht*, I, 3; Binding, en *Gerichtssaal*, LXXVI, 87; von Lilienthal, en la Revista de Aschaffenburg, VI, 529; Meyer, Wach, en *Deutsche Juristentag*, XIV, 1281, y XV, 9, 108; Kohler, en el *Archiv* de Goltdamer, LVI, 285.

(2) Von Birkmeyer, *Beiträge zur Kritik des Vorentwurfs* (Contribución á la crítica del Anteproyecto), etc., 1910.

ADICIONES

§ 13.—*Los proyectos de un Código penal español.*

Bibliografía.— *Proyecto de Código penal redactado por la Comisión de Códigos y presentado á las Cortes por el señor Ministro de Gracia y Justicia,* Madrid, 1880; *Proyecto de Código penal,* Madrid, 1882; Silvela (F.), *La reforma de la legislación civil y penal,* etc., Discurso de apertura de Tribunales, Madrid. 1884; *El Proyecto de Código penal,* Madrid, J. A. García, 1885; Vida, *El proyecto de Código penal. Apuntes críticos*. Madrid, 1885; Valentí y Vivó, *Crítica del proyecto de Código penal de 1885,* Barcelona, 1885; Garófalo, *Il proyeto del Codice penale spagnnolo,* 1885; *Proyecto de Código penal del gabinete liberal-conservador, juzgado por los extranjeros. Juicios críticos de Garófalo, de E. Lehr y de Kirchenheim,* Madrid, 1887; *Proyecto de Código penal de la Academia de Jurisprudencia y Legislación, Libro primero,* Madrid, 1891; Cos-Gayón, *Sobre las reformas hechas y las que son necesarias en la legislación penal de España...*, Discurso de apertura de Tribunales en 15 de Septiembre de 1892, Madrid, *Revista de Legislación,* LXXXI, 1892, 246-277; Armengol y Cornet, *Ensayo de estudio de Derecho penal (Reformas necesarias en el Código vigente),* Barcelona, 1894; Villarrazo y González, *Memoria sobre algunas reformas necesarias en la legislación penal española,* Loja, 1895; *Proyecto de ley introduciendo reformas en el Código penal* (del señor Maura), Madrid, 1895; Castillo García y Soriano, *La reforma del Código penal español,* Avila, 1896; J. Ugarte, *Reforma del Código penal,* en *Reformas en la Administración de Justicia,* Madrid, Suárez, 1906, páginas 25-48 y 109-116.

El Código penal de 1870—obra de la Revolución y de la especulación—resulta, después del primer cambio político, á través de la constante renovación de ideas, inadaptado y discordante. Desentona, á la vez, con la Constitución y con la ciencia. Precisa, pues, una doble reforma—política y científica—que se intenta á través de diez proyectos.

Reforma política. — Como vimos, en España, á cada Constitución ha seguido un Código. A la última y vigente de 1876 no ha correspondido el consiguiente Código penal. El actual de 1870 resulta inadaptado y precisa ser sustituído por otro; al menos, ser modificado parcialmente en la parte contradictoria, y temporalmente, mientras se procede á la redacción de un Código nuevo. De aquí la característica de las reformas políticas: *temporales* y *parciales*.

La ley de 17 de Enero de 1876 ordenaba ya la reforma del Código. En 10 de Mayo de 1871, el Ministro de Gracia y Justicia—D. Francisco Cárdenas—creaba una Comisión Codificadora, compuesta de 14 Jurisconsultos y Magistrados. La sección penal fué presidida por D. Cirilo Alvarez. Encargada de la reforma, dedicó á ella los trabajos del período 1877-78, pero sin llegar á la fórmula definitiva de un proyecto.

Proyecto Estrada y Danvila (1877).—Dos Jurisconsultos: D. José Estrada Perales y D. Manuel Danvila publican un proyecto de reforma política. Se trata de una fórmula de adaptación del Código á la Constitución en la parte relativa á los derechos individuales, en relación con los delitos contra la Religión (1); seguridad exterior (2), é independencia del Estado (3); seguridad interior (4); ejercicio de los derechos consti-

(1) Libro II, título I: Diez nuevos artículos.
(2) Libro II, título II (altera el orden), capítulo 1.°, suprime los artículos 142 y 143.
(3) Idem ídem, capítulo 2.°: Cambia los artículos 144 y 149.
(4) Título III (2.° del Código): cambio de epígrafe por éste: «Delitos contra la seguridad interior del Estado, los derechos garantidos por la Constitución y con ocasión del ejercicio de los mismos.» Sustituye la sección 1.ª del capítulo 1.° con seis artículos nuevos de la 2.ª; suprime los artículos 165, 166, 168 y 169; modifica el 176; en la sección 3.ª suprime el 183.

tucionales: reunión, asociaciones (1) y petición (nuevo delito) (2).

Proyecto de la Comisión (1879).—Por orden (3) del Ministro—Aurioles—, la sección segunda de la Comisión general codificadora redacta un proyecto de reforma parcial. Se trata de otro intento de adaptación en la doble divergencia política entre el Código y la Constitución—delitos religiosos (4) y delitos políticos (5)—, seguida de una pequeña reforma en el sistema penal (6) y en el catálogo de delitos (7).

Proyecto Bugallal (17 de Junio de 1880) (8).— Esta vez es el mismo Ministro de Gracia y Justicia quien hace la reforma D. Saturnino Alvarez Bugallal revisa los trabajos de la Comisión con igual propósito de poner en armonía el Código penal con los preceptos de la Constitución.

La materia principal de reforma son los delitos contra la Religión—con diverso título (8)—y contra la patria—seguridad interior y exterior del Estado (subsiste la confusión germánica entre Nación y Estado)—

---

(1) La sección 1.ª del capítulo 2.°: «De las Asociaciones ilícitas y reuniones ilegales», viene á ser la 1.ª del del capítulo 3.°: «Delitos cometidos con ocasión del ejercicio de los derechos garantidos por la Constitución.»

(2) Sección 2.ª (capítulo 2.°): «Delitos contra el derecho de petición »

(3) Real orden de 25 de Septiembre.

(4) Libro II, título I: «Delitos contra la religión del Estado»; título II: «Delitos con motivo del ejercicio de cultos que no sean el de la religión del Estado.»

(5) Libro II, título III (1.° del Código); título IV (2.° del Código): «Delitos contra la seguridad interior del Estado y contra la Constitución»; título V (3.° del Código); título VI (el 4.°); título IX (el 6.°).

(6) En la escala penal: «Trabajos forzados», sustituyendo á la «cadena».

(7) Título 10: «De la vagancia»; el 7.° del Código pasa á ser el 11; el 8.°, á 12; el 9.°, á 13; el 11.°, á 15; el 12.°, á 16, y el 13.°, á 17.

(8) Presentado á las Cortes el 17 de Junio: en el Archivo del Senado, leg de 1879-80, apartado 6 ° al núm. 149.

(9) Libro II, título I: «Delitos contra el precepto constitucional en materia de religión y culto.»

innovaciones», dice cautamente y es un código nuevo. Después del *Título preliminar*—personalidad y territorialidad de la ley penal—volvemos, en el *libro primero*, á la definición de delito de 1822 (1); responsabilidad y personas responsables se confunden (2); el encubrimiento y el quebrantamiento de sentencia son delitos propios, que van á su lugar (3). Se distingue entre circunstancias eximentes por causa de imputabilidad y de justificación; y se adicionan las atenuantes con otras nuevas: el haber dado satisfacción al ofendido é intentado reparar el daño, la presentación espontánea y confesión—eximente en la Inquisición (4)—antes del procedimiento.

Como complemento de la pena para ciertos delincuentes—medida de seguridad—restablece la vigilancia á la autoridad; el abono de la prisión preventiva se extiende á los reos de algunas penas aflictivas (5)—mayor si la sufrieron en celular—, pero no á los reincidentes (6); se crea la «multa á plazos» (7); las seis escalas penales quedan reducidas á tres.

En el *libro segundo*, aparte las reformas políticas, incluye la protección de menores y desvalidos (8); en cambio, criba las faltas, que recobran su sentido técnico de miniaturas de delitos—generalidad y jurisdicción—eliminando las administrativas.

Significa un progreso indudable en nuestra historia

---

(1) «Toda acción ú omisión penada por la ley y ejecutada con malicia».

(2) Título 1.° (hoy 1.° y 2.°).

(3) Supresión del título 5.°

(4) Véase atrás, página 349.

(5) Modificando los Reales Decretos de 9 de Octubre de 1863 y de 2 de Noviembre de 1879.

(6) Más prudente que la vigente ley de 17 de Enero de 1901, que les incluye (artículo 3.°, párrafo 1.°).

(7) Cuando «se le irrogase grandes perjuicios»—como si la pena en sí no lo fuese—y por autorización libre del tribunal.

(8) Ley de 26 de Julio de 1878 (ejercicios peligrosos; hoy completada por las de 23 de Julio de 1903 (mendicidad y vagancia), 12 de Agosto de 1904, 13 de Marzo de 1900 y otras.

legislativa científica; es el fruto más sazonado de nuestra política criminal; incluye alguna definición; atisba algo del estado peligroso, en la fórmula diferencial de intención perversa y simple voluntad; precisa la figura moral del encubrimiento; pone las bases para el sistema correccional.

Pero en él subsiste la policromia penal de nuestro Código, tantas veces censurada (1).

2.° *Proyecto Alonso Martínez* (1886).—Es una «ley de bases autorizando al Gobierno para la reforma del Código penal», el único proyecto que llegó á ser discutido por las Cortes (2). Vuelve á ser ministro Alonso Martínez y con él vuelve el propósito de reforma penal, ahora sustanciado en diez bases. El motivo es, también, científico: los «notables progresos alcanzados por la ciencia del Derecho en la resolución de arduos problemas relativos á la delincuencia y la penalidad, merced al rápido adelanto de los estudios antropológicos y sociales y las estadísticas penitenciarias» (3).

Las diez bases comprendían: 1.ª, poner de acuerdo el Código con la Constitución; 2.ª, reducción de las escalas penales; 3.ª, señalamiento específico de las penas; 4.ª, ampliación del arbitrio judicial, en la punición; 5.ª, nueva clasificación, definición y valoración de las circunstancias; 6.ª, nueva sanción definidora ó modificadora de delitos; 7.ª, transformación de delitos leves en faltas (y traslado consiguiente); 8.ª, nueva clasificación y selección de las faltas penales; 9.ª, unificación penal de los delitos de imprenta, con pena de suspensión como subsidiaria; 10.ª, complemento imprevisto, que resulte del desarrollo de las anteriores.

---

(1) Rosenfeld, *Desarrollo histórico,* página 61: «El proyecto Silvela adopta el mismo punto de vista equívoco que el Código.»
(2) Presentado al Senado en 9 de Noviembre.
(3) Exposición de motivos.

Discutidas estas diez bases en el Senado, se convierten en quince—prolífica virtud de los padres de la patria—sin renovación esencial. Así llega el proyecto al Congreso (1), que lo pasa á las Secciones. Presentáronse algunas enmiendas; se imprimió el articulado, pero no se discutió.

Proyecto Villaverde (1891).—Notable esfuerzo de adaptación de las teorías positivistas—entonces en su apogeo—este proyecto, preparado por Salillas, no llegó á ser presentado á las Cortes.

En 15 de Septiembre de 1892—se habla de él en el Discurso de apertura de Tribunales (2)—aún se pensaba en presentarle; pero no se hizo.

Volvemos, en la criminología, al concepto intencional del delito (3), como en el proyecto Silvela; el encubrimiento pasa á ser aquí un delito (4), respondiendo sólo autores y cómplices; admite la sordomudez, entre las eximentes, en doble presunción hasta los doce y diez y ocho años; reincidencia y reiteración pasan á ser, en capítulo especial, claves para la relación entre la pena y el delito; la vagancia recobra su categoría de delito (5).

La penología es semejante á la del proyecto Silvela. Las escalas son tres; el plazo penal se divide en tres períodos—intento de progresión—; se precisa la prescripción. Es incompleto—aunque extensísimo—, porque carece del libro tercero.

Proyecto Maura (1893) (6).—El gran maestro de ciu-

(1) 22 de Marzo de 1887.

(2) Gos Gayón, *Discurso*, citado, en *Revista de Legislación*, LXXXI, 248: «Si mi actividad y mis medios fueran mayores, ó si las circunstancias hubieran favorecido más el intento, ya estaría presentado otro proyecto de Código penal, que dejó casi concluído el Sr. Fernández Villaverde».

(3) Artículo 1.° «Es delito toda acción ú omisión voluntaria y *maliciosa* penada por disposición expresa de la ley».

(4) Libro II, título 16, *Del encubrimiento*.

(5) Libro II, título 6, capítulo 5.° *Delitos contra la tranquilidad general*

(6) Presentado el día 21 de Enero.

dadanía huella á su paso por el Ministerio de Justicia la historia del Derecho penal. El proyecto es de reforma parcial y su sentido responde á fines orgánicos. Es un avance de la frontera—absolutamente artificiosa—entre delitos y faltas, en la dirección de la atenuación penal. Es, en substancia, el contenido de la ley modificativa de 3 de Enero de 1907. Leído en el Senado (1), se le combatió rudamente, para aceptarle en forma de ley doce años más tarde.

Proyecto Montilla (1902) (2).—Preparado por Bernaldo de Quirós (3), á imitación del Proyecto suizo de 1903 (Stooss), adaptado al nuestro, contiene, en fórmulas no siempre acertadas, de redacción obscura y difícil, los antiguos prejuicios y los últimos adelantos en ciencias penales: de la abolición de la pena de muerte, á la monomanía de la irresponsabilidad, desde la condena condicional (artículo 84) á la sentencia indeterminada tímidamente (artículo 33); juicio de menores (artículo 30, párrafo 3.°); casas de incorregibles (artículo 33, párrafo 4.°)..., para corregibles, libertad provisional (*Ibid.* párrafo 5.°), con inclusión de la responsabilidad disminuída por imperfección del estado mental y arbitrio judicial consiguiente (artículo 28); pero siempre desde el estéril criterio clásico—conciencia—nunca el moderno—estado peligroso—pidiendo dictamen de salud mental á los peritos médicos, no de temibilidad general á los peritos sociales: sacerdotes, jefes del Ejército, maestros, familia, autoridades.

Proyecto Ugarte (1906).—Hecho en colaboración con Salillas (4), es un simple proyecto de ley de bases

(1) El día 24 de Enero.

(2) Presentado á las Cortes el 20 de Octubre; véase Archivos del Senado, legajo 1902, apartado 2.° al núm. 40.

(3) Véase *Innovaciones principales en el Proyecto de Código penal del Ministro Montilla* (1892); en *Nuevas teorías*, 2.ª (1908), páginas 239-236.

(4) Ugarte: *Reformas en la Administración de Justicia, Ideas generales*, página 26.

para la redacción de un Código. En las veinte bases que le forman, se refleja al lado de un espíritu de Política criminal (bases 1.ª y 2.ª), un sentido de selección, tomando lo mejor de los anteriores. Así el encubrimiento como delito ailado (base 3.ª); la espiritualización de la circunstancias, á través del arbitrio judicial, en vista del grado de perversidad del delincuente y transcendencia del delito (base 4.ª); refundición de las escalas penales en una de tres grupos, reclusión, prisión y arresto (base 5.ª); trabajo obligatorio, como anexo común de toda pena (base 7.ª); condena condicional—entonces proyecto de 8 de Enero de 1900—bajo la fórmula de pena diferida (base 8.ª); remisión penal general por tres motivos: *a*), indemnización y resarcimiento; *b*), prestación de servicios, y *c*), conducta ejemplar, respectivamente (base 9.ª); régimen penal especial de menores (base 12); patronatos (base 14); colocación en familia (base 15); colonias agrícolas industriales (base 16); trasfusión de delitos á faltas (base 17); supresión de los delitos de duelo (base 18); remisión de las disposiciones penales sobre vagancia, mendicidad, etc., á la «prevención social» (base 19); inclusión en el Código de los preceptos penales de las leyes especiales (base 20). No fué presentado á las Cortes.

La reforma penal en el Congreso penitenciario de Valencia (1909).—El primer Congreso penitenciario español (1) en la sección primera—«Legislación penal»—se ha ocupado en la reforma del Código. Sobre el primer tema (2), confuso de penal y penitenciario,

(1) Celebrado en los días 23 al 30 de Octubre.

(2) *Tema 1.º*: «Reformas que, en los sistemas penal y penitenciario, han sido propuestas en los proyectos de Código penal formulados por los Ministros de Gracia y Justicia D. Saturnino Alvarez Bugallal, D. Manuel Alonso Martínez, D. Francisco Silvela, D. Raimundo Fernández Villaverde, D. Juan Montilla y Don Javier Ugarte.

¿Qué criterio deberá adoptarse para que los indicados sistemas estén de acuerdo con el progreso de las ciencias penal y peteninciaria y con las exigencias de la política penal?—Convenien-

que era el pie forzado del Congreso, recayeron importantes conclusiones:

1.ª «El Congreso entiende, de acuerdo con los principales Proyectos de reforma del Código, que deben incluirse en el mismo las reglas concernientes al Derecho penal internacional; y, en punto á la relación entre la pena y el delito, se declaren caducadas las fórmulas casuísticas actuales y se dé, en la fijación de su máximo y mínimo, la debida intervención á aquellos elementos que mejor aseguren el respeto á la ley y á la deseada enmienda del criminal.

2. Toda pena llevará, como condición indispensable, el trabajo obligatorio» (1).

Tal vez la primera conclusión era imprecisa—aparte la abolición de la casuística penal—, porque la enumeración de esos preciosos «elementos» era, justamente, lo que se deseaba. En cuanto á la segunda—justa y concreta—, hoy es ley (2). Lástima que el secreto de lo inédito nos impida evocar hoy la polifonia de las discusiones.

Contestando á otros temas de reforma penal, el Congreso se pronunció en favor de la libertad condicional (3), la reforma de nuestro Derecho penal juvenil (4), de la rehabilitación del delincuente (5), hasta de la ex-

---

cia de la reducción de las penas y de las escalas, tendiendo al objetivo de la ley pena relativamente determinada. - Comparación de este criterio con la condena indeterminada y con la remisión condicional de las penas.»

(1) No se ha publicado, hasta ahora, el libro del Congreso. Véase en Valdés, II (1910), 242, 243.

(2) Véase atrás.

(3) *Tema 2.º Conclusión* (vaga, no merece transcribirse).

(4) *Tema 3.º Conclusión 2.ª:* «Consignada ya en la ley de 17 de Marzo de 1908, con carácter preceptivo, la remisión condicional de la pena para los delincuentes jóvenes primarios, debe consistir aquella reforma en dejar al prudente arbitrio judicial la fijación de la pena y de su cuantía, teniendo en consideración el grado de discernimiento del menor de diez y ocho años y las circunstancias de los actos que ejecutó y de las omisiones en que incurriera».

(5) *Tema 4.º Conclusión:* «... sería conveniente aceptar y seguir el tipo de patronato observado en Alemania».

cusa de ignorancia del Derecho ..., apreciando antecedentes somáticos (1) y psíquicos. También se ocupó de hacer efectiva la responsabilidad civil (2).

Tal es la serie de asaltos á la ciudadela del Código, que se mantiene inexpugnable—sin defensores—, por virtud mágica de un vestiglo ancestral: el misoneismo; por eficacia psíquica de un demonio de la raza: la indolencia, inconsciente ó consciente, el miedo al esfuerzo ó el miedo al error.

---

(1) *Tema 6.° Conclusión 1.ª*: «Unicamente eximirá de responsabilidad penal la ignorancia cuando ésta sea cierta é invencible, excepto cuando se trate de bandos ó disposiones locales y sean extranjeros los infractores».

Conclusión 2.ª: «Para comprobar dicha certeza, no sólo deben aportarse al sumario los datos relativos á las circunstancias objetivas y subjetivas en que se hallare el inculpado cuando cometió el acto ó incurrió en omisión justiciable, sino que debe acordarse por el Tribunal, siempre que el Ministerio fiscal ó el defensor lo soliciten, que se hagan constar los antecedentes somáticos y psíquicos del enjuiciado, procediendo, en caso de denegarse esta prueba, el recurso de casación».

(2) *Tema 7.° Conclusión 1.ª*: «Que debe establecerse en todos los presidios, prisiones y cárceles el trabajo compatible con las facultades y aptitudes de cada reo, hasta conseguir que ninguno se halle ocioso.—El régimen del trabajo debe ser por administración, velando cuidadosamente que ésta sea integérrima. Para mayor eficacia, conviene que se funde una Junta que dependa de la Dirección general de Prisiones y que tenga los cometidos siguientes: *a*), organizar el trabajo penitenciario; *b*), dar al producto la distribución legal; *c*), aplicar también á la satisfacción de la responsabilidad civil el importe de las multas. A este fin, se deben utilizar los medios siguientes: *a*), el fomento del ahorro en los menores de edad sometidos al patronato; *b*), la intervención de las sociedades de asistencia para que los liberados no disipen el peculio; *c*), la organización permanente y eficaz del trabajo en los establecimientos penales; *d*), que las sociedades de patronato faciliten la indemnización á las víctimas del delito, en caso de insolvencia, ya por medio de anticipos á los reos para serles devueltos por deducciones de sus jornales ó en forma de prestaciones personales, ya por otros medios; *e*), la sustitución en el pago de la deuda del reo por otra persona, á condición de estar sustituída á la vez por aquél en su trabajo durante cierto tiempo y con los requisitos necesarios para evitar posibles abusos, en forma semejante á la seguida en países en que se practica ese procedimiento con el nombre de «peonaje».

FIN

INDICE

FIN DEL ÍNDICE

FSC
www.fsc.org
MIX
Papier | Fördert gute Waldnutzung
FSC® C083411

Kolibri 360 GmbH
Ferdinand-Jühlke-Straße 7
99095 Erfurt, Deutschland
produktsicherheit@kolibri360.de